Dr. Margit Brinke
Dr. Peter Kränzle
Ulrich Quack

USA - WESTEN

IWANOWSKI'S REISEBUCHVERLAG

www.iwanowski.de
Hier finden Sie aktuelle Infos zu allen Titeln, interessante Links – und vieles mehr!
Einfach anklicken!

Schreiben Sie uns, wenn sich etwas verändert hat. Wir sind bei der Aktualisierung unserer Bücher auf Ihre Mithilfe angewiesen:
info@iwanowski.de

USA-WESTEN

18. Auflage 2013

Salm-Reifferscheidt-Allee 37 • 41540 Dormagen
Telefon 0 21 33/26 03 11 • Fax 0 21 33/26 03 33
info@iwanowski.de
www.iwanowski.de

Titelfoto: Bildagentur Huber/Kiedrowski: Rainbow Bridge, Glen Canyon NRA
Alle anderen Abbildungen Dr. Margit Brinke, außer: siehe Bildnachweis Seite 605
Redaktionelles Copyright, Konzeption und deren ständige Überarbeitung: Michael Iwanowski
Karten und Reisekarte: Astrid Fischer-Leitl, München
Titelgestaltung: Point of Media, www.pom-online.de
Layout: Ulrike Jans, Krummhörn

Gesamtherstellung: Werbedruck GmbH Horst Schreckhase
Printed in Germany

ISBN: 978-3-86197-082-8

Inhaltsverzeichnis

Überblick

Außerdem weiterführende Informationen:

Interessantes

Karten und Grafiken:

Umschlagkarten:
vordere Umschlagklappe: USA Westen mit Highlights
hintere Umschlagklappe: Übersicht San Francisco

Interessantes

Legende

- Interstate Highway
- US Highway
- State/Country Highway
- sonstige Straße
- Schotterpiste (dirt road)
- Trail
- Straßenbahn
- Cable Car
- Flughafen
- Fährverkehr
- Bahnhof
- Sehenswürdigkeit
- Information
- Museum
- Camping
- Ranger Station
- Lodge/Unterkunft
- Picknickplatz
- Aussichtspunkt
- Pass

EINLEITUNG

Vorwort

„Der wahre Westen unterscheidet sich von der Ostküste auf eine großartige, beeindruckende, allgegenwärtige und Ehrfurcht gebietende Weise: durch den Raum. Die **unermessliche Weite** verändert Straßen, Häuser, ... Politik, Wirtschaft und ... die Denkungsart."

So hat der indianische Autor *William Least Heat-Moon* einmal die Faszination des nordamerikanischen Westens zusammengefasst, die jeden Reisenden noch heute in ihren Bann zieht. Die Sehnsucht nach „Wide Open Spaces" – nach endloser, dünn besiedelter Weite, wie sie die Country-Music-Band *Dixie Chicks* einmal besungen hat –, war nur ein Faktor, der bereits früh Menschen aus aller Welt tiefer hinein in den nordamerikanischen Kontinent lockte; dazu kamen Tugenden wie Optimismus, Selbstvertrauen und Risikofreude.

Bereits unter den ersten europäischen Neuankömmlingen, die sich im 17. Jh. an der Ostküste niederließen, befanden sich Unruhegeister, die neugierig gen Westen blickten. Ihnen und dem wachsenden Siedlungsdruck ist es zu verdanken, dass sich die **frontier** – die Grenze zwischen der europäisch-„zivilisierten" und der indianisch-„unzivilisierten" Welt –, allmählich westwärts verschob und sich der Mythos vom „**Gelobten Land**" breitmachte. 1845 subsummierte der New Yorker Verleger *John L. O'Sullivan* diesen Drang, sich den nordamerikanischen Kontinent untertan zu machen und dazu immer weiter nach Westen zu ziehen, unter dem Begriff **Manifest Destiny**. *Horace Greeley* (1811–1872), der Gründer der „*New York Tribune*" und einer der politisch einflussreichsten Männer seiner Zeit, erfand dazu die bis heute zugkräftige Parole: „***Go West, young man!***".

Erst folgten diesem Aufruf Trapper, Goldsucher und die Siedler, denen es im Osten zu eng geworden war, dann Mormonen und Glücksucher aller Art. Selbst modernen Touristen ist die Sehnsucht nach dem „Wilden Westen" nicht fremd: Indianer und Cowboys, Sheriffs und Desperados, Trapper und Goldsucher. In unzähligen Büchern und Filmen ist der „**Mythos Westen**" verbreitet worden: Wer kennt nicht die *Ponderosa Ranch* oder *Billy the Kid*, *Geronimo* oder *Butch Cassidy*, und wer hat nicht seine Vorstellungen vom Aussehen der berühmten Helden – freilich in der Maske eines *Clint Eastwood*, *Stewart Granger*, *Lorne Greene*, *John Wayne* oder *Robert Redford*? Die Anziehungskraft von **TV- und Film-Produktionen** bringt Besucher zu den bekannten Drehorten, aber auch zu ihren Produktionsstätten in Hollywood oder zu den Wohnstätten der Filmstars.

Hauptmotiv für eine Reise in den Westen ist jedoch unumstritten die **Natur**, die sich hier **so vielfältig wie nirgendwo sonst** präsentiert und zu großen Teilen als National oder State Parks unter Schutz steht. Hier warten eisige Gletscher und lebensfeindliche Wüsten, endlose Strände und tiefe Urwälder, Gebirge mit über 4.000 m hohen Gipfeln und Landstriche unter Meeresspiegelniveau, grandiose Canyons und imposante Geysire, Vulkane und tosende Wasserfälle auf die staunenden Betrachter.

Verstärkt wird das Erlebnis noch, wenn man sich Zeit lässt, z.B. für einen Kanutrip oder eine Floßfahrt, zum Wandern oder Klettern, Angeln oder Reiten, Skifahren oder Surfen, im Land der unbegrenzten Möglichkeiten ist auch das Spektrum der Freizeitaktivitäten nahezu grenzenlos. Zu den atemberaubenden Naturschauspielen gesellen sich **kulturelle Sehenswürdigkeiten** von ebenfalls erstaunlicher Bandbreite: Felszeichnungen, Ruinenstädte und Pueblos zeugen von der interessanten indianischen Vergangenheit und die russischen Forts, spanischen Missionen und englischen Siedlungen vom europäischen Vordringen in den „Wilden Westen". Dazu kommen sehenswerte historische Stadtteile wie in San Francisco oder Seattle, Wildweststädtchen wie Tombstone oder Bodie, moderne Architektur – geballt in Los Angeles, Portland oder Las Vegas –, Großattraktionen wie das Aquarium von Monterey oder Vergnügungsparks wie Disneyland in Anaheim.

Zugegeben, es fällt schwer, aus der **Fülle des Angebots** das Richtige auszuwählen. Doch anstatt rekordsüchtig Tausende von Meilen abzufahren und Attraktionen „abzuhaken", sollte man sich dem gemächlichen Lebensstil des Westens – abseits der geschäftigen Metropolen – anpassen und Land und Leute auf sich wirken lassen, nach dem Motto: „**Weniger ist Mehr!**"
Ziel dieses Reise-Handbuches ist es deshalb, dem Individualreisenden einen Einblick in die Geschichte und Kultur des Westens zu geben und bei der **Planung der Route** behilflich zu sein. Dabei dienen die Streckenvorschläge und -varianten sowie die Auswahl der Attraktionen und praktischen Hinweise in erster Linie als Anregungen. Schließlich würde ein Menschenleben nicht ausreichen, alle sehenswerten Orte kennenzulernen oder alle Naturschönheiten zu erleben.

Nicht versäumen möchten die Autoren, fur die vielfältige Hilfe und Unterstutzung zu danken: den Repräsentanten der staatlichen Fremdenverkehrsämter und lokalen Tourismusburos ebenso wie den deutschen PR-Vertretungen, besonders jenen von Oregon, California, Utah, Colorado und RMI.

Margit Brinke – Peter Kränzle

Das Buch ist so aufgebaut, dass dem eigentlichen Reiseteil ein **Einblick in Geschichte und Kultur** vorausgeht, ebenso allgemeine Tipps zur Planung und Ausführung einer Reise („**Gelbe Seiten**" ab S. 84). Die **Reisepraktischen Informationen** im Reiseteil enthalten nützliche Hinweise zum jeweiligen Ort bzw. zur Region, Infostellen, Touren und Veranstaltungen, Shops u.a. Bei den Übernachtungs- und Restaurant-Tipps handelt es sich jeweils um eine kleine (subjektive) Auswahl, wobei versucht wurde, ungewöhnliche Plätze zu wählen, bei denen Preis und Leistung stimmen. Auf die üblichen Kettenhotels und -motels sowie Imbissketten wurde weitgehend verzichtet. In den „**Grünen Seiten**" sind Preisbeispiele für das Reiseziel angegeben. Die getroffene **Auswahl der im Buch beschriebenen Ziele** und **Routen** basiert auf der eigenen langjährigen Reiseerfahrung - wobei aufgrund des zur Verfügung stehenden Platzes **Beschränkung** nötig war.
Bei den praktischen Hinweisen wurde auf **größtmögliche Aktualität** geachtet. Bei Angabe von zwei Zeiten („9-17/18 Uhr") bezieht sich die spätere Zeitangabe auf Hauptsaison/Sommer, die kürzere auf Nebensaison/Winter. Dabei bezieht sich erstere meist auf die Zeit von Memorial Day (letzter Montag im Mai) bis Labor Day (letzter Montag im Sept.). Wir freuen uns über Kritik, Anregungen und Verbesserungsvorschläge: info@iwanowski.de.

Die USA im Überblick

Fläche:	9.826.675 km², inkl. Alaska, Hawaii und Wasserflächen (664.709 km²) (Weltrang: 3)
Staatsland *(public land)*:	ca. 32 % = etwa 2,6 Mio. km²
Nationalpark-Land:	ca. 338.000 km²
Höchster Punkt:	Mt. McKinley (Alaska) 6.200 m
Niedrigster Punkt:	Death Valley (CA) 85 m unter Meeresspiegel
Längster Fluss:	Mississippi (zusammen mit Missouri) 6.420 km
Einwohner:	314 Mio. (Schätzung 2012), 82 % städtische Bevölkerung, dabei 273 Städte mit mehr als 100.000 EW, neun mit über 1 Mio. EW; Besiedlungsdichte: ca. 31 EW/km² (vgl. D: 229 EW/km²)
Ethnien:	79,9 % Weiße (davon 15 % Hispanics), 12,8 % Afroamerikaner, 4,4 % Asiaten, 1,1 % Indianer, Inuit, Hawaiianer, restl. Bevölkerung mehreren Ethnien zuzurechnen
Wurzeln:	ca. 80 % aller Amerikaner haben europäische Wurzeln: ca. 17 % deutsch, 11 % irisch, 9 % englisch, 5 % italienisch, 4 % skandinavisch ...
Sprachen:	82 % Englisch, 11 % Spanisch, 4 % andere europ. Sprachen, 3 % asiatische und indianische Sprachen
Hauptstadt:	Washington D.C.
Religionen:	ca. 73 % Christen, davon rund 48 % Protestanten (darunter stärkste Gruppen sind Baptisten, Methodisten, Lutheraner und Pentecostals) und rund 22 % Katholiken; 2 % Mormonen, 1 % Orthodoxe, 6 % Sonstige; etwa 20 % gehören keiner Glaubensgemeinschaft an.
Flagge:	13 waagerechte abwechselnd rote und weiße Streifen für die 13 Gründerstaaten, in der oberen, blauen Ecke 50 weiße Sterne, die die Bundesstaaten repräsentieren
Nationalfeiertag:	4. Juli (Tag der Unterzeichnung der Unabhängigkeitserklärung)
Staats- und Regierungsform:	Präsidialrepublik mit bundesstaatlicher Verfassung, wobei der Präsident Kabinettsmitglieder ernennen und entlassen kann. 2-Kammer-Parlament: Senat und Repräsentantenhaus

Die Staaten des Reisegebiets im Überblick

Staat	Abk.	Hauptstadt	Beiname	Staat seit	Fläche in km²	EW-Zahl (2012, ca.-Angaben)
Arizona	AZ	Phoenix	Grand Canyon State	14. Februar 1912	295.234	6,55 Mio.
California	CA	Sacramento	Golden State	9. Sept. 1850	423.970	38 Mio.
Colorado	CO	Denver	Centennial State	1. Aug. 1876	269.837	5,18 Mio.
Idaho	ID	Boise	Gem State	3. Juli 1890	216.632	1,59 Mio.
Montana	MT	Helena	Big Sky Country (Treasure State)	8. Nov. 1889	381.154	1 Mio.
New Mexico	NM	Santa Fe	Land of Enchantment	6. Januar 1912	315.194	2,1 Mio.
Nevada	NV	Carson City	Silver State	31. Okt. 1864	286.367	2,75 Mio.
Oregon	OR	Salem	Beaver State	14. Feb. 1859	255.026	3,89 Mio.
Utah	UT	Salt Lake City	Beehive State	4. Jan. 1896	219.887	2,85 Mio.
Washington	WA	Olympia	Evergreen State	11. Nov. 1889	184.827	6,89 Mio.
Wyoming	WY	Cheyenne	Cowboy State	10. Juli 1890	253.348	576.400

I. DER WESTEN DER USA – LAND UND LEUTE

Allgemeiner Überblick

Historisch gesehen beginnt der Westen der USA jenseits des Mississippi und dehnt sich bis zum Pazifik aus. Heute gehören zu den „**Western United States**" nach der Einteilung des für die Demografie zuständigen US Census Bureaus 13 Bundesstaaten, die mit Ausnahme von Alaska und Hawaii auch den Inhalt dieses Reise-Handbuchs bilden: Arizona, California, Colorado, Idaho, Montana, New Mexico, Nevada, Oregon, Utah, Washington und Wyoming. Geografisch umfasst der Westen neben der Pazifik-Küstenregion die Rocky Mountains und die sich dazwischen ausbreitenden gebirgigen Plateaus sowie Teile der Great Plains, d.h. die Landschaften zwischen Pazifik und den mächtigen Flusssystemen des Missouri, Colorado und Rio Grande River.

Topografisch wird der Westen durch mehrere in Nord-Süd-Richtung verlaufende Gebirgszüge (Coastal Ranges, Cascades, Sierra Nevada und Rocky Mountains) sowie dazwischenliegende Becken und Plateaus (Columbia Plateau, Great Basin, Colorado Plateau) gegliedert. Die Niederschlagsmenge variiert aufgrund der hohen Gebirge stark. Insbesondere von Westen nach Osten und in den küstenabgewandten Regionen gibt es ausgedehnte Wüsten. Gleichzeitig können extreme Temperaturgegensätze auftreten, wobei das Thermometer von weniger als minus 40 °C im Winter auf über 40 °C im Sommer klettern kann.

Extreme Temperaturgegensätze

Die **historische Entwicklung** des Westens ist niemals geradlinig verlaufen, sondern war immer von unterschiedlichen Gruppen und gegensätzlichen Mächten bestimmt. Schon die Ureinwohner, die Indianer, hatten das Gebiet in mehreren Wellen besiedelt und Gesellschaften unterschiedlicher Kulturstufen etabliert. Ihre Stammesverbände zerbrachen großteils während der europäischen Vorstöße: ab dem frühen 16. Jh. waren es die Spanier, später dann Engländer, Franzosen und Russen, die zu den wirtschaftlich, militärisch oder politisch bestimmenden Mächten aufstiegen. Die Emanzipation von den Kolonialmächten – Unabhängigkeitserklärungen 1776 (USA) und 1821 (Mexiko) – führte zu eigenen amerikanischen Staaten, die in der Folge den westlichen Teil des Subkontinents unter ihre Kontrolle bringen konnten, andererseits aber auch gegeneinander kämpften. Erst um die Mitte des 19. Jh., zuletzt 1867 durch den Kauf Alaskas, erhielt das staatliche Gebilde der USA durch Kriege, Annektionen, Verhandlungen und Landkäufe seine heutigen Konturen.

Wirtschaftlich gesehen war der Westen lange von den hoch entwickelten Oststaaten abgekoppelt. Industrialisierung, landwirtschaftlicher Fortschritt durch ehrgeizige Staudamm- und Bewässerungsprojekte, Innovationen auf dem Gebiet der Energie, Technologie und Gen-Technologie sowie Computer-Forschungszentren haben allerdings im Laufe des 20. Jh. einen gegenläufigen Prozess in Gang gesetzt. Viele der westlichen Regionen verfügen heute über einen höheren Lebensstandard als andere US-Staaten und ein überdurchschnittlich hohes Pro-Kopf-Einkommen.

Hoher Lebensstandard

Zuwachsraten konnte in den letzten Jahrzehnten der **Fremdenverkehr** verzeichnen, der im Westen vor allem von der Magnetwirkung der Naturlandschaften lebt. Die damit verbundenen Gefahren für die Umwelt, z.B. überlaufene Nationalparks wie Grand Canyon, Yosemite und Yellowstone sind nicht zu übersehen. Genauso problematisch sind

Umweltschäden wie Abholzung oder Brände, die in den letzten Jahrzehnten besonders Alaska und den Yellowstone National Park betroffen haben. Dass ökologisches Bewusstsein manchmal mit den Bedürfnissen des Arbeitsmarktes und der Einwohner kollidiert, zeigen u.a. die Auseinandersetzungen zwischen Naturschützern und Holzfällern in Oregon.

Bevölkerungsmosaik

Die **Bevölkerung** setzt sich aus vielen Mosaiksteinen zusammen, wobei Weiße den größten Anteil bilden, Nachfahren der nord- und mitteleuropäischen Einwanderer. Stark zugenommen hat das spanisch-mexikanische Element, das traditionell in den ehemaligen spanischen Kolonien im Südwesten besonders ausgeprägt ist. Außer in den Großstädten gibt es im Westen relativ wenig Afroamerikaner, aber vergleichsweise viele Ureinwohner: Meist in Reservationen leben hier drei Viertel aller US-amerikanischen Indianer. Die Nachfahren der chinesischen Eisenbahnarbeiter und ostasiatische Immigranten jüngerer Zeit bilden in den Großstädten am Pazifik größere Enklaven.

Historischer Überblick

Indianer – die ersten Amerikaner

Abgesehen von der Landschaft gehört alles, was mit Indianern zu tun hat, zu den nachhaltigsten Reiseerlebnissen im amerikanischen Westen. Nirgendwo leben mehr Ureinwohner als in den westlichen Bundesstaaten und außerhalb der Reservate findet man in den Städten einen relativ hohen indianischen Bevölkerungsanteil, besonders in Kalifornien, aber auch in Albuquerque, Phoenix, Santa Fe oder Seattle. Dieser entspricht jedoch weniger den edlen Klischeevorstellungen aus Filmen und Büchern, sondern die Realität zeigt eher schlechte Lebensbedingungen, Armut und Arbeitslosigkeit.

Lange Geschichte

Die Geschichte Nordamerikas ist nicht so kurz, wie Europäer gerne behaupten, aus indianischer Sicht ist Nordamerika vielmehr ein „Alter Kontinent". Wann die Ahnen der Indianer den nordamerikanischen Subkontinent erstmals betreten haben, wird bis dato kontrovers diskutiert. Archäologische Funde sowie Radiocarbon-Untersuchungen haben ergeben, dass Einwanderer aus dem fernen Asien eine während der Eiszeiten bestehende Landbrücke nutzten, um den Bereich der Beringstraße trockenen Fußes zu überqueren und auf den amerikanischen Kontinent zu gelangen. Nach neuestem Forschungsstand lassen sich die **ältesten menschlichen Spuren** in Nordamerika bis mindestens um 14300 v. Chr. zurückdatieren.

Manche Forscher glauben, dass die Zuwanderung über die Beringstraße ab 30000 v. Chr. in mehreren Wellen erfolgte. Die **prähistorischen Indianer** waren Großwildjäger, die den Fährten inzwischen ausgestorbener Tierarten (Bison, Mammuts, Kamele, Wildpferde usw.) von Alaska immer weiter nach Süden und in die Prärie folgten. Nachgewiesen sind Werkzeuge und andere Gerätschaften von Jäger-, Fischer- und Sammlerkulturen, die in unterschiedlichen Gebieten der heutigen USA lebten und jeweils differenzierte Charakteristika aufwiesen. Als letzte Gruppe haben wahrscheinlich die **Eskimos** ihre Wanderung angetreten und sich an den arktischen und subarktischen Küsten von Grönland, Kanada, Alaska und dem nordöstlichen Sibirien ausgebreitet. Zu diesen hielten und halten immer noch die ebenfalls von der Fischerei lebenden Indianerstämme des amerikanischen Nordwestens engen kulturellen Kontakt. Demgegenüber war die Lebensgrundlage der Prärieindianer, die in die weiten Ebenen zwischen den Rocky Mountains und dem Mississippi zogen, die Büffeljagd. Die nomadische Lebensweise von Stämmen wie Arapaho, Blackfeet, Comanche, Cheyenne, Crow, Mandan oder Sioux konnte erst mit der Einführung des Pferdes durch die Europäer zur vollen Blüte gelangen und erlebte ihren Höhepunkt Mitte des 19. Jh.

Lebensgrundlage Büffeljagd

Prähistorische Indianer

Im Südwesten kristallisierten sich schon früh kulturell hochstehende Gesellschaften heraus, wobei hier indianische Jäger- und Sammlerkulturen allmählich von **Ackerbaukulturen** abgelöst wurden. Ab ca. 2000 v. Chr. war bei den **Basketmaker** (Korbmacher)-Stämmen der Maisanbau bekannt, später z.B. auch der Anbau von Kürbissen, Bohnen, Baumwolle und Tabak. Mesolithische (mittelsteinzeitliche) Kulturgruppen mit jeweils charakteristischen Fertigkeiten und Eigenheiten entstanden (z.B. die *Cochise*-Kulturgruppe), aus denen sich wiederum verschiedene neolithische (jungsteinzeitliche) Völker herausbildeten; die Wichtigsten waren die **Sinagua**, **Anasazi**, **Patayan**, **Hohokam** und **Mogollon**.

Spätestens im 1. Jh. v. Chr. gelang es den **Hohokam** in der Nähe des heutigen Phoenix mit komplizierten Anlagen die Wüste zu bewässern, fruchtbar zu machen und zu bewirtschaften. Zur gleichen Zeit erlernten die Mogollon die Technik des Töpferns, die

Indianer gehören zum Bild vom Westen

sie bald meisterhaft beherrschten, und am San Juan River begann ab dem 7./8. Jh. n. Chr. die Kultur der **Anasazi** als große Baumeister in Erscheinung zu treten. Der Name „Anasazi" bedeutet in der Hopi-Sprache „die Alten". Zunächst gaben sie die traditionelle Architektur der **pit-houses** (Erdgrubenhäuser) auf und errichteten oberirdische Wohnstätten, ab etwa 1100 n. Chr. mehrstöckige Bauten. Beispiel sind die *Aztec Ruins* in New Mexico. Gegen 1200 konstruierten sie die **cliff dwellings** (Klippenhäuser) auf der Mesa Verde.

Weitgespanntes Handelsnetz

Ähnliches vollbrachten die Ackerbau treibenden **Sinagua** (spanisch „ohne Wasser") südlich von Flagstaff, wo sie z.B. mit dem Montezuma Castle Wohnungen und Zeremonienräume neben- und aufeinanderstapelten. Ihre edlen, schwarz-weißen Töpferarbeiten zeugen vom hohen Stand ihres Kunsthandwerks und Seemuscheln aus dem Golf von Kalifornien, die sie zu Schmuck verarbeiteten, beweisen das weitgespannte Handelsnetz damaliger Zeit.

Gegen diese hochstehenden Ackerbaugesellschaften rückten, aus dem Norden kommend, ab etwa 1400 die Nomadenstämme der **Navajo** und **Apache** vor. Diese kriegerischen Zuwanderer waren aber nicht verantwortlich für das mysteriöse Verschwinden der prähistorischen Indianer. In deren Pueblos nämlich wurden Gerätschaften so vorgefunden, als ob die Besitzer gleich zurückkommen würden. Nichts deutet auf eine Katastrophe oder eine geplante Auswanderung hin. Fest steht, dass die Anasazi gegen 1300, die anderen Volksstämme gegen 1400, ihre Wohnstätten mit unbekanntem Ziel verließen. Nur ihre unzerstörten und z.T. erst im 19. Jh. wiederentdeckten Dörfer künden von ihrer Kultur. Nach neuesten Forschungsergebnissen war wohl eine lang anhaltende Trockenheit für das Verschwinden bzw. das Aufgehen in im Umfeld lebende Jäger- und Sammlervölker verantwortlich – und das Volk der *Hopi* und die verschiedenen Pueblo-Indianerstämme in New Mexico sehen sich als deren Erben.

Gerade im Südwesten überrascht die Vielzahl der erhaltenen **prähistorischen Bauten**, seien es Grubenhäuser (*pit-houses*), Lehmziegelbauten (*adobes*), unterirdische Zeremonienräume (*kiwas*), die Ruinen der mächtigen, mehrstöckigen Klippenhäuser (*cliff dwellings*) oder die *Pueblos*. Auf diese Monumente stößt man in mehreren Nationalparks – der bekannteste ist der Mesa Verde NP.

Geschützte Denkmäler

Vielfach ist **indianische Architektur** in Gestalt von National Monuments oder National Historic Sites geschützt, z.B. in Nevada (Lost City), in Arizona (Besh Ba Gowah, Canyon de Chelly, Casa Grande, Montezuma Castle, Navajo, Pueblo Grande, Tuzigoot, Wupatki), in New Mexico (Pueblo Aztec, Bandelier, Coronado, Gila Cliff Dwellings, Pecos, Puye Cliff Ruins, Salinas, Salmon Ruins) oder Utah (Anasazi Indian Village, Hovenweep, Escalante Ruins, Edge of the Cedars, Natural Bridges). Sehenswert sind die Pueblos, die nicht zu „Museen" restauriert wurden, sondern noch heute als Wohnstätten dienen (z.B. Taos Pueblo).

Das Material für den **Adobe-Baustil** sind luftgetrocknete Lehmziegel, „Adobebackstein". Als Gerüst wurden dicke, abgerundete Holzbalken verwendet, die teilweise aus den Seitenwänden herausragen. Das typische Adobehaus hat ein Flachdach, doch es gibt eine Reihe von Variationen. So sind die Pueblo-Indianer beispielsweise dazu übergegangen, die Außenwände der Häuser mit Mörtel oder Gips zu bestreichen. Andererseits

Die prähistorischen Indianer hinterließen rätselhafte Felsbilder

wurden unter europäischem Einfluss Elemente wie Giebelfenster und Mauerüberhänge eingeführt. Ornamente in Holz, Giebeldächer und große Fenster waren besonders seitens der Angloamerikaner beliebt. **Typische Merkmale** sind das *Portal* (Haupttor) mit Überhang, die *Vigas* (Holzbalken), die das Dach tragen, und die dazwischen gesetzten *Latillas* (Holzplanken). Die *Corbels* dienen als tragende Verbindungsstücke zwischen Holzpfeilern und Dach. Wesentliches Element ist die *Banco*, eine aus Lehmbacksteinen gefertigte Bank in der Außenwand. Hier sitzt man während der heißen Mittagsstunden im Schatten und hält Siesta …

Prähistorische Zeichnungen

Neben den Bauruinen sind es **Felsbilder**, die die prähistorischen Indianer unvergessen machen. Die „Zeichnungen" wurden meist in geneigte Felsflächen hineingraviert oder geritzt (**Petroglyphen**). Daneben gibt es gemalte Bilder (**Piktographen**), die sich allerdings meist nicht so gut erhalten haben. Die Bandbreite der Symbole ist groß und eine Interpretation schwierig. Jagdszenen, Geschlechtsteile oder kopulierende Paare (Fruchtbarkeitskult), Krieger und Waffen erklären sich selbst und bestimmte Tiere werden als Clansymbole, Menschen mit Hörnern, Zwitterwesen etc. als Götter oder Schamanen gedeutet. Gerade im Süden Utahs finden sich unzählige solcher Beispiele, z.B. im *Capitol Reef NP* oder im weitläufigen *San Rafael Swell.*

Indianerkulturen im Westen

Nach der „Entdeckung“ Amerikas im Jahre 1492 durch Kolumbus zerstörten die Europäer die amerikanischen Hochkulturen und errichteten ein riesiges spanisches Kolonialreich, das im Westen auch große Teile der heutigen USA mit einschloss. Insgesamt wird die Zahl der Indianer, die damals im heutigen Staatsgebiet der USA lebten, auf eine bis zwei Millionen geschätzt. Nirgendwo gab es dabei eine solche kulturelle Dichte wie im Südwesten – in Kalifornien und ganz besonders im Gebiet zwischen Colorado River und Rio Grande.

Indianer des Südwestens

Die spätere **Pueblokultur** der Hopi und anderer Stämme in New Mexico, der im Südwesten etwa 100.000 Menschen angehörten, hatte als erste unter eingeschleppten Krankheiten, Goldgier, Landhunger und der religiösen Intoleranz der Europäer zu leiden. Schon im Jahre 1536 waren hier die Indianer vom Stamm der Zuni mit der seltsamen Gestalt des schwarzen Abenteurers *Estevanico* (ein spanischer Sklave aus Nordafrika) konfrontiert worden, und vier Jahre später durchstreifte die legendäre Expedition des Spaniers *Coronado* auf der Suche nach den sagenhaften goldgepflasterten „Sieben Städten von Cibola“ das Areal am Rio Grande.

Vertreibung der Spanier

Das Interesse der Spanier war geweckt, und am Ende des Jahrhunderts hatten sie die Region erobert und als **Nueva Mexico** ihrem Großreich einverleibt. Inmitten einer alten Indianerstadt gründeten sie 1606 den Sitz ihrer Administration, Santa Fe. Wenig bekannt ist über die blutigen Kämpfe, die die Indianer schon im 17. Jh. gegen die weißen Unterdrücker führten und die 1680 in der sogenannten **Pueblorevolte** gipfelten: Die Bewohner von 90 Pueblos vertrieben dabei zusammen mit Hopi, Navajo und Apaches die Spanier, zerstörten ihre Kirchen und Missionen und vernichteten alles, was an die Europäer erinnerte.

Lang sollte die Freiheit nicht dauern, denn schon im frühen 18. Jh. waren die Spanier wieder da, wenn auch dieses Mal rücksichtsvoller. So konnte sich die **Kultur der Pueblo-Indianer** fast uneingeschränkt entfalten. Gerade die **Töpferei** hat eine lange Tradition und die Pueblo-Indianer gelten als Meister. Vielleicht war die orange-gelbe Keramik der Hopi der Auslöser für die Legende vom „goldenen Geschirr“ der sagenhaften „Sieben Städte von Cibola“, die die ersten spanischen Konquistadoren suchten. Zwar ist durch den Tourismus seit Anfang des 20. Jh. eine gewisse Kommerzialisierung in der Keramik eingetreten, aber immer noch findet man erstaunlich viele traditionell orientierte Töpfer.

Als populärste Form der Schnitzkunst sind die **Kachinas** weitverbreitet, die hauptsächlich von den Hopi hergestellt werden. Diese oft abstrakten Statuetten symbolisieren Verstorbene, die als mächtige Freunde weiterleben. Die **Schmuckherstellung** ist ein anderer beliebter Handwerkszweig, wobei die Verbindungen von Silber und ungeschliffenem Türkis, Perlmutt oder Pechkohle eine Besonderheit ist. Berühmt sind insbesondere die **Silberschmiedearbeiten** der Pueblo-Indianer, die Silber-Armbänder und Ketohs (Armschutzplättchen) der Zuni oder die Hopi, die Muster der Korbflechterei auf Schmuck übertragen. Beim Navajo-Silber bestechen v.a. die Conchas (span. Muschel) – ovale oder runde Schmuckplatten, die am Ledergürtel befestigt werden.

Einer der unrühmlichen Höhepunkte im Südwesten war die „Verbannung" der **Navajo** und die Zerstörung ihrer existenziellen Basis. Zwischen 1864 und 1868 lebten sie gezwungenermaßen in Osten New Mexicos, dann durften sie wieder in ihre Heimat zurückkehren, wo sie heute das größte Reservat der USA bilden. Eine spezielle Kunstform der Navajo-Indianer sind die **Sandbilder**. Dabei werden aus buntgefärbtem Sand bei zeremoniellen Anlässen Bilder auf den Boden gestreut und nach der Zeremonie wieder weggewischt. Manche Navajo glauben noch heute daran, dass die Bilder Krankheiten heilen können. Daneben haben sich die Navajo einen Namen als **Textilkünstler** gemacht: Ihre fein gewobenen, schön gemusterten Kleidungsstücke, Decken oder Teppiche sind heute begehrte Sammlerobjekte.

Heilende Kunst

Erbittert setzten sich besonders die gefürchteten **Apaches** im Südwesten gegen die Weißen zur Wehr. In kleinen Gruppen lebend, ließen sie sich nicht ohne weiteres in Reservate einsperren und kämpften als Guerilleros um ihre Heimat. Immer wieder setzten sich Gruppen unter legendären Anführern wie *Mangas Coloradas, Cochise, Vittorio* oder *Naiche* in die Wüsten- und Bergwelt im Grenzgebiet zwischen den USA und Mexiko ab und spielten mit den Truppen der USA und Mexikos Katz und Maus. Erst nachdem sich mit dem berühmten *Geronimo* der letzte dieser Widerstandskämpfer 1886 ergab, brach auch für die Apaches eine neue Epoche an – der Südwesten war „zivilisiert".

Prärie-Indianer

Anders als im Südwesten rückten die **Indianer-Kulturen im Nordwesten** erst mit dem *Louisiana Purchase* 1803 ins Blickfeld. Dennoch erlitten sie ein ähnliches Schicksal, mit Unterdrückung, Vertreibung und Einweisung in Reservate, wie ihre Nachbarn. Auch hier entpuppte sich die Einführung des Pferdes aus dem Südwesten im Lauf des 18. Jh. als einschneidendes Ereignis. Es sollte das Leben der Prärie-Indianer grundlegend prägen und sorgte für die Entstehung der bis heute wohlbekannten **Prärie-Indianer-Kultur**.

Die Stämme lebten relativ **autonom**. Innerhalb des Stammes waren die Mitglieder einem strengen **Ehrenkodex** unterworfen, der auf festen Moralvorstellungen beruhte und bei schwereren Vergehen den Ausschluss aus dem Stamm vorsah. Die Anführer wurden in der Regel situationsgebunden nach Leistung und Lebenserfahrung ausgewählt und übernahmen die Funktion von Ratgebern. Zwischen den einzelnen Stämmen kam es häufig zu Auseinandersetzungen, die lange Zeit eher den Charakter von Wettkämpfen hatten. Es ging um Jagdrechte oder wertvolle Zuchtpferde, die man sich gegenseitig „auslieh". Die Kleidung der Mitglieder der Kriegergesellschaften war gemäß dem Ruhm, den sie im Kampf erworben hatten, mit Haaren oder Federn geschmückt, ebenso konnte die Haartracht mit Adlerfedern verziert werden.

Wettbewerbe

Die Prärie-Indianer waren bekannt dafür, Kleidung, Zelte, Matten etc. mit verschiedenen Materialien zu verzieren. Für solche **Applikationen** wurden auf Trägermaterialien

„Warriors of the Plains“

wie Stoff und Leder gewebte, verknüpfte oder gestickte Muster aufgetragen. Ungewöhnlich ist die Technik des *quillwork* (Stachelschweinborstenstickerei): Mit eingeweichten und gefärbten Borsten (*porcupine*) wurde besonders Lederkleidung (Hemden, Leggins, Mokassins) verziert. Die Perlenstickerei löste nach der Ankunft der Europäer die Verzierung mit Schweineborsten ab.

Klischee des „edlen Wilden“

In den kargen Hochebenen zwischen den Küstengebirgen und den Rocky Mountains sowie dem schier endlosen Grasland, den Great Plains, östlich der Rockies bis hin zum Tal des Mississippi siedelten nur verhältnismäßig kleine Gruppen dieser **Sammler und Jäger**. Die Tatsache, dass in Hollywood-Produktionen oder in der Abenteuerliteratur eines *Karl May* immer wieder Stammesnamen wie *Arapaho, Blackfoot, Cheyenne, Comanche, Crow, Kiowa, Mandan, Nez Perce* oder *Sioux* auftauchen, mag daran liegen, dass sich deren Alltag besonders gut mit dem Klischee vom freien, kämpferischen und – je nach Perspektive – grausamen oder edlen „Wilden“ vertrug. Immerhin waren es die *Sioux* gewesen, die sich unter Führern wie *Crazy Horse* oder *Sitting Bull* neben den Comanches und Apaches am heftigsten gegen die weiße Landnahme gewehrt haben.

Indianer der Hochebenen

Eine **Zwischenstellung** zwischen Prärie- und Küsten-Indianern nehmen die **Bewohner der Hochebenen** zwischen Coastal Range und Rockies ein. Einerseits wohnten sie einen Großteil des Jahres in festen Siedlungen, lebten vom Fischfang, sammelten Feldfrüchte und betrieben vereinzelt Ackerbau. Im Sommer allerdings zogen sie über die Rockies in die Prärie, um auf die Bisonjagd zu gehen. Als berühmtester dieser Stämme gelten die *Nez Perce* (Info S. 408). Zu den **Plateau-Indianern** gehören aber auch Völker wie die *Shoshone*, die in der trockenen Hochebene im südöstlichen Oregon, südlichen Idaho, Nevada und Utah ein eher karges Dasein als Sammler und Jäger fristeten.

Küsten-Indianer

Die **Küsten-Indianer** siedelten im schmalen Küstenstreifen zwischen der Cascade Range bzw. der Sierra Nevada und der Pazifikküste. Die Stämme verfügten bis zur Ankunft der Weißen über einen gewissen Wohlstand: Flüsse und der Ozean boten reichlich Fisch, das mild-feuchte Klima sorgte für holzreiche Wälder mit dichtem Wildbestand und auch die Bedingungen für Ackerbau und das Sammeln von Früchten waren gut. Das zeigte sich in ihrer Bauweise – Holzhäuser –, ihrer von einer Adelsschicht dominierten Gesellschaftsordnung und dem hoch entwickelten Kunsthandwerk. Zu den wichtigsten Völkern gehörten *Tlingit*, *Haida*, *Chinook*, *Tillamook*, *Kwakiutl* oder *Nootka*.

Günstiges Klima

Typisch war ihre Meisterschaft in der **Holzbearbeitung**. Ihre Kunstwerke, oft figurativ bzw. in Gestalt von Masken, haben meist religiöse Bedeutung und werden von Schamanen und bei kultischen Tänzen oder Riten getragen. Weithin bekannt sind die monumentalen Wappenpfähle *(totems)*, auf denen Familienembleme übereinander angebracht sind. Daneben wurden Kisten, Truhen, Zeremonienstäbe, Löffel, Schöpfkellen und Rasseln geschnitzt, teils für kultische Zwecke, teils für den Alltagsgebrauch.

Um das Ansehen einzelner Personen oder Familien zu heben, verschenkten diese ihre Reichtümer im Rahmen von **Potlatch-Festen**, die allein in diesem Raum bekannt sind.

Im Küstenstreifen weiter südlich, im heutigen Kalifornien, war das Sammeln von Eicheln ein wirtschaftlich wichtiger Faktor, da die dortigen Stämme (u.a. *Wintun*, *Maidu*, *Miwok*, *Costano*, *Yokuts*, *Pomo*, *Salina*, *Chumash*, *Gabrielino*, *Diegueno* und *Luiseno*) daraus Mehl herstellten. Im Zusammenhang mit dem Sammeln von Lebensmitteln wurde in diesem Raum das **Korbflechten** zur Meisterschaft gebracht. Aus Binsen, Weiden, Schilfrohr und verschiedenen Gräsern entstanden in vielen, teils komplizierten Techniken kultische oder Alltagsgefäße, Matten, Umhänge, Taschen, Masken und Fischreusen. Berühmt sind die konischen Hüte der *Tlingit* oder *Kwakiutl* aus dem Nordwesten, prächtig gemusterten Gefäße in Kalifornien oder die Schalen der Hopi. Nach Zeiten des Niedergangs erlebt dieses Kunsthandwerk eine Renaissance und ist heute auch als Souvenir von Bedeutung.

Beliebte Souvenirs

Indianer heute

„... *der weiße Mann, fast ein Gott und doch ein großer Dummkopf* ..." – *Plenty-Coup*, ein *Crow*-Indianer, brachte die Meinung der Indianer nach fast einem Jahrhundert Kontakt mit den Weißen um 1880 auf den Punkt. Und dennoch: Nach Jahrzehnten der Unterdrückung und Verfolgung entdecken mittlerweile viele indianische Völker, v.a. die junge Generation, ihre Wurzeln und Traditionen neu und entwickeln ein **neues Selbstbewusstsein**.

Besonders auf Powwows tritt die Rückbesinnung auf alte Traditionen deutlich zu Tage

„Wir sind keine Disney Indians“, meinte einmal *Tex Hall*, Präsident des *American Congress of Indians* und Chef der *Mandan-Hidatsa-Arikara-Nation* aus North Dakota. Deshalb halten viele indianische Persönlichkeiten heute die **Rückbesinnung** auf die eigene Kultur für lebensnotwendig. Rückblickend hatten die den Weißen stets skeptisch gesonnenen *Sioux* recht behalten: Etwa ein Jahrhundert nachdem die beiden US-Offiziere und Forscher *Meriwether Lewis* und *William Clark* den Nordwesten (1804–1806) erkundet hatten, waren durch Seuchen und Kriege fast 90 % der indianischen Bevölkerung eliminiert. Der Zustrom weißer Abenteurer und Siedler im 19. Jh. hatte sie nicht nur ihrer Heimat beraubt und sie in Reservationen verbannt, sondern bedeutete auch das Ende ihrer traditionellen Lebensweise, den Verlust der Identität und ein Leben als resignierte Almosenempfänger auf fast unfruchtbarem Land.

Die **Rückbesinnung auf alte Traditionen**, auf Powwows, Trommeln und Tanzen, und das Interesse für die Sprache und Geschichte der Vorfahren haben ein neues Selbstbewusstsein erweckt. Es gibt auch heute noch verschiedene Reservationen, beispielsweise *Pine Ridge* im Südwesten South Dakotas, die zu den ärmsten Regionen weltweit gehören, doch macht sich selbst hier, wo die Lebenserwartung gerade bei etwa 50 Jahren und die Arbeitslosigkeit bei fast 85 % liegt, ein Aufbäumen bemerkbar. Das Aufkeimen von Stolz auf Herkunft und Traditionen und der Wille zur Veränderung ist vor allem seitens der jüngeren Generation spürbar.

Schwierige Lebensverhältnisse

Ein Drittel aller Indianer soll **unter der Armutsgrenze** leben und etwa die Hälfte **arbeitslos** sein. Dennoch ist ein **Revival indianischer Kultur**, auch in Gestalt von Powwows (s. unten), verstärkt spürbar und trägt dazu bei, die Indianer aus ihrer Lethargie zu wecken. „Tradition statt Drogensucht“ heißt ein beliebter Slogan. Auf die wechselvolle Geschichte der indianischen Völker wird man während einer Reise durch den Westen immer wieder stoßen; auf einzelne Stämme und Ereignisse wird entlang der Reiseroute explizit hingewiesen.

Powwows

„Wenn ich tanze, nehme ich die Zuschauer nicht wahr,“ erzählte einmal während einer Pause ein Teilnehmer eines Powwows. *„Ich konzentriere mich ganz auf den Tanz, den Rhythmus der Drums und den Gesang … ich tanze dann für meine Familie, mein Volk und ganz besonders für meine Vorfahren – sie alle sehen mir zu.“* In der Tat prägen hohe Konzentration und Ernsthaftigkeit die indianischen Tanz- und Gesangswettbewerbe, die wäh-

Zur Terminologie des Wortes „Indianer“

info

Beim Wort „Indianer/Indians“ denken die meisten sofort an federgeschmückte Reiter. Doch derart aufgemacht liefen lediglich die Mitglieder eines bestimmten Kulturkreises, nämlich der Prärie-Indianer, zu denen die berühmten *Sioux* oder *Comanches* gehören, herum. In Wirklichkeit weisen die meisten indianischen Völker - allein in den USA gibt es über 500 - kaum Gemeinsamkeiten auf, was auch ihre zahlreichen Namen belegen.

Als „political correct“ wird die Bezeichnung **„Native Americans“** oder **„Native People“** empfunden - im Deutschen unzureichend mit „Ureinwohner“ wiedergegeben. Allerdings ist diese Bezeichnung seitens der damit Gemeinten wenig beliebt. Wie einmal der indianische Chef der Abteilung der *Smithsonian Institution* in Washington meinte: „Jeder, der in Nordamerika geboren ist, ist ein ‚Native American‘, ein gebürtiger Amerikaner. Ich persönlich bin ein Hopi, wer das aber nicht weiß, für den bin ich eben ein ‚Indianer‘.“ In der Tat ziehen die meisten Indianer, ob *Apache, Navajo, Nez Perce, Hopi* oder *Ute*, **„American Indian“** oder **„Indian“** als Bezeichnung vor, sofern sie die genaue Stammeszugehörigkeit nicht kennen. Von „Indianer“ zu sprechen ist also durchaus in Ordnung - besser jedoch, man verwendet den Namen des jeweiligen Volkes.

---

rend der Sommermonate in allen Teilen Nordamerikas stattfinden. Groß und Klein, Alt und Jung sind dann auf den Beinen und selbst die hübsch aufgeputzten Kleinen sind ganz bei der Sache – ungewöhnlich für eine Gesellschaft deren Uhren sonst nach „Indian Time“, also ziemlich ungenau, gehen und deren Kinder alle denkbaren Freiheiten genießen. Powwows sind in den letzten Jahren wieder zum **Ausdruck eines neu erwachten Selbstbewusstseins** der nordamerikanischen Ureinwohner geworden. Der Begriff „powwow“ oder „pow wow“ leitet sich vom Wort „powwaw“ – „spiritual leader“ – aus der Sprache der Narragansett-Indianer aus Rhode Island (Ostküste) ab. Wieso und wann genau der Begriff seine moderne Bedeutung erhielt, ist unklar. Spricht man heute von „Powwow“ meint man zweierlei: Einerseits die **traditionelle Form des Zusammentreffens** von Stämmen bzw. Familienverbänden im Spätsommer an einem zentralen Ort, andererseits einen **Tanz-, Trommel- und Gesangswettbewerb**.

Beliebte Tanzwettbewerbe

Diese zweite Form der **Contest Powwows** sind ein modernes Phänomen, in dessen Mittelpunkt die mit Geld- bzw. Sachpreisen dotierten Wettbewerbe stehen. In der Regel sind beide Typen nicht exakt zu trennen – auch ein traditionelles Treffen war ohne Tänze nicht vorstellbar und die Wettbewerbe heutzutage sind immer noch eng verknüpft mit Familientreffen und alten Bräuchen. Von Nah und Fern kommen die Clans meist in einer Reservation zusammen, Zelte werden aufgeschlagen und Picknicks veranstaltet, man hilft sich gegenseitig beim Anlegen der „Regalia“, der wertvollen Kostüme, Kinder werden gemeinschaftlich beaufsichtigt und Familienbande gepflegt. Rings um die Tanzarena gibt es eine „Budenstadt“ mit Imbiss- und sonstigen Verkaufsständen, es finden Begleitveranstaltungen wie ein großer Umzug, die Wahl einer „Miss Indian“ und gelegentlich auch Rodeos oder Sportturniere statt.

Mehrere Tage ertönen Trommeln und Gesänge, hängt BBQ-Duft in der Luft und beleben farbig gekleidete Tänzer und Tänzerinnen das Areal. In der Tanzarena treten die Teilnehmer **unterteilt nach Geschlecht und Alter** zu verschiedenen Tänzen an: Senio-

Verschiedene Tanzkategorien

ren und -innen (über 50 Jahre), Männer und Frauen von 18–49, Teens (13–17), Boys und Girls (6–12); Jede/r darf nur in einer Tanzkategorie teilnehmen (siehe Kasten). Dabei wird unterschieden zwischen „**Southern**" und „**Northern Dances**", die einen von den Völkern in und um Oklahoma aufgeführt, die anderen von denjenigen aus den nördlichen Staaten um die beiden Dakotas.

Begleitet werden die Tänze von wechselnden „**Drums**", wie die Gruppen von mindestens fünf Sängern, darunter ein Vorsänger, genannt werden. Sie sitzen am Rand des Tanzrunds um eine große, wertvolle Trommel und begleiten ihren kehligen Gesang mit rhythmischen Schlägen. Die dargebrachten Lieder sind ebenfalls in Kategorien, passend zu den Tänzen, eingeteilt, ihre Interpretation wird reihum gleichfalls von einer Jury bewertet. Im günstigsten Fall kassiert eine „Drum" mehrere Tausend Dollar und damit oft weit mehr als die Tänzer.

info

Powwow-Etiquette

Auch wenn es bei einem Powwow zugeht wie auf einem Rummelplatz, es ist eine ernste und für die Indianer heilige Sache und es gibt durchaus Regeln. Der **Master of Ceremonies** ist der Leiter der Veranstaltung, die stets in einem runden Stadion - der Tanzarena - stattfindet; schließlich hat der Kreis eine elementare Bedeutung in der Gedankenwelt der Indianer. Um den Tanzkreis sind Sitzgelegenheiten angebracht, manchmal überdacht. Sind Stühle oder Bänke um die Tanzarena mit Decken abgedeckt, sind diese für Teilnehmer reserviert.

Wenn die Fahnen, egal ob die der USA oder die Stammesflaggen, präsentiert werden, erhebt man sich und nimmt die Kopfbedeckung ab. Ebenfalls ist Aufstehen angesagt, wenn der Zeremonienmeister zu Anfang oder Ende des Powwows zum Gebet auffordert. Dazu wird oft noch ein spezielles Lied gesungen. Kündigt der **Master of Ceremonies** hingegen einen **intertribal dance** an, dürfen auch Zuschauer mittanzen. Dabei müssen Frauen jedoch einen Schal tragen (den bekommt man geliehen).

Fotografieren ist in der Regel erlaubt, aber niemals während eines Wettbewerbs mit Blitz. Auch sollte man bei Einzelaufnahmen und Porträts um Erlaubnis fragen. Videoaufzeichnungen sind in der Regel untersagt. Teile der „Regalia", des Tanzkostüms, sollte man nie anfassen. Sie haben nicht nur persönliche Bedeutung und wurden mit viel Liebe, Mühe und Geld hergestellt, sie haben oft auch spirituelle Bedeutung. Verliert ein Tänzer eine Adlerfeder, wird der Tanz unterbrochen und ein spezielles Gebet gesprochen. Die Zuschauer müssen sich dafür von den Plätzen erheben. Jeder Teilnehmer darf nur in einer Tanzkategorie teilnehmen.

▶ **Powwow-Tänze für Männer/Buben (Auswahl)**

- **Traditional Dance**: Komplizierte Bewegungen, die einst zur Vorbereitung eines Kriegers auf den Kampf dienten. Sehenswert sind besonders die Seniors, die nur an diesem einen Tanz teilnehmen.
- **Grass Dance**: Die Tanzbewegungen ahmen sich im Wind wiegendes Präriegras nach und müssen symmetrisch nach links und rechts ausgeführt werden.

- **Fancy (Feather) Dance**: Bei den Jugendlichen sehr beliebt, da er Raum zur Selbstdarstellung bietet und ausgefallene, individuelle Kostüme zulässt. Spezielle Lieder *(trick songs)* als Begleitung.
- **Chicken Dance**: Die Kleidung ist dem Traditional Dance ähnlich. Die Bewegungen gleichen denen eines balzenden Präriehuhns.

▸ **Powwow-Tänze für Frauen/Mädchen (Auswahl)**
- **Traditional Dance**: Fließende Bewegungen, bei denen die Füsse nie ganz den Boden verlassen. So soll die enge Verbindung mit Mutter Erde symbolisiert werden.
- **Jingle Dress Dance** (Prayer Dance): Angeblich sollen die Ojibwa in den 1920ern diesen Tanz entwickelt haben, bei dem das Tanzkleid mit unzähligen Glöckchen verziert ist. Sie klingeln im Takt zu den Trommeln.
- **Fancy Shawl Dance** (Butterfly Dance): Wie Schmetterlinge scheinen die Tänzerinnen zu schweben, auf jede Bewegung in eine Richtung muss die Gegenbewegung folgen.

Das neue Selbstbewusstsein der Indianer zeigt sich in den zahlreichen Powwows

▸ **Sonstige Wettbewerbe**
- **Drum/Singing Contest**: Eine Gruppe von mindestens fünf Sängern trommelt und singt unter Anleitung des *Lead Singers* nach Aufruf durch den *Master of Ceremonies* einen speziellen Song zu einem der Tanzwettbewerbe und wird dafür bewertet.

Infos zu Veranstaltungen: www.powwow-power.com und www.powwows.com

Der europäische Vorstoß

Nach Amerikas „Entdeckung" durch Kolumbus 1492 konzentrierte sich das Interesse der europäischen Kolonialmächte zunächst auf die hochentwickelten Gebiete Mittel- und Südamerikas, etwas später auch auf die nordamerikanische Ostküste, während der größte Teil des Westens lange Zeit unerforscht blieb und als **terra incognita** („unbekanntes Land") galt. Dabei hatten bereits zu Anfang des 16. Jh. spanische, portugiesische und englische Expeditionen stattgefunden, die von der mexikanischen Pazifikküste in den Norden gingen und sämtlich von der Suche nach Gold und Edelsteinen geleitet wurden. Daran, dass es im Westen etwas zu holen gab, hatten die Kolonialherren nie Zweifel: Schon um 1510 war erstmals von einem Gerücht über die Insel „California" zu hören gewesen, auf der schwarze Amazonen leben, die Goldschätze horten…

Auf der Suche nach Gold

Die Mär vom sagenhaften Goldland „El Dorado" wurde von einigen spanischen Abenteurern auf den Westen der heutigen USA bezogen. Unter ihnen befanden sich *Hernando Cortéz* (1485–1547), sein spanischer Landsmann *Francisco Vásquez de Coronado* (1510–1554), der 1540 das heutige New Mexico erforschte, oder der Portugiese *Juan Rodríguez Cabrillo* (1499–1543), der 1542 von Mexiko aus entlang der pazifischen Küste nach Norden segelte und als erster Europäer in Kalifornien vor Anker ging. Auch der englische Seeheld *Sir Francis Drake* (1540–1596) ist mit seinem Schiff *The Golden Hind* in Kalifornien an Land gegangen – irgendwo zwischen San Francisco und Los Angeles. Und noch im Jahre 1638 malte der Holländer *Johannes Jansson* (1588–1664) Kalifornien als Insel. Es sollte eine ganze Weile dauern, bis das kalifornische Gebiet wirklich erforscht und unter die Kontrolle der Spanier geraten war.

Die südwestlichen Pueblo-Indianer waren zu dieser Zeit bereits Einwohner der Provinz **Sante Fé de Nueva Mexico**, 1598 eingerichtet und von *Juan de Oñate* (1552–1626) als erstem Gouverneur verwaltet. Er erkundete als erster Europäer weite Areale des Westens und gründete 1608 **La Villa Real de la Santa Fé de San Francisco de Asís**, das heutige Santa Fe, als neue Hauptstadt der Provinz. Zur gleichen Zeit riefen Jesuiten, später auch Franziskaner, dort zahlreiche Missionen ins Leben um die vermeintlich „Wilden" zu bekehren. Die Ausbeutung der Indianer führte 1680 zur **Pueblo-Revolte**, die kurzzeitig die Spanier aus dem Südwesten vertrieb.

Missionsgründungen

Erst sehr viel später, im Jahr 1769, begann die **spanische Kolonisation Kaliforniens**. Um den von Norden her vorstoßenden Russen zuvorzukommen, drängte König Karl III. auf eine rasche Annektion des Gebietes. Der zu diesem Zweck losgeschickten Expedition von *Gaspar de Portalá* folgten, wie schon in New Mexico, christliche Missionare. Entlang der Küste wurden dabei unter dem Franziskaner *Junípero Serra* (1713–1784), dem sogenannten **Apostel Kaliforniens**, bis 1823 insgesamt 21 Missionsstationen gegründet, die erste 1769 in San Diego. Die Missionen, deren Bauwerke heute geschichtsträchtige Attraktionen sind, waren nicht nur kirchliche Institutionen, sondern zugleich landwirtschaftliche Unternehmen, die auf die Mitarbeit der Indianer angewiesen waren. Den Schutz der Franziskaner übernahmen die Soldaten, deren befestigte Forts *(Presidios)* die militärische Herrschaft der Spanier sicherten. Die politische Zentrale befand sich in der Provinzhauptstadt Monterey.

Die Spanier waren jedoch nicht die einzigen Europäer im Westen des nordamerikanischen Kontinents. Die **Engländer** setzten sich nicht nur frühzeitig an der Ostküste fest, sondern konnten ihren Besitz auch auf die größten Teile des heutigen Kanada, die Bundesstaaten Washington, Oregon und Idaho sowie Teile Montanas und Wyomings ausweiten. Sie standen in heftiger Auseinandersetzung mit den **Franzosen**, die über die Großen Seen und den Mississippi vordrangen und deren Kolonie **Louisiana** im Westen Teile der heutigen Bundesstaaten Colorado, Wyoming und Montana umfasste. Diese beiden europäischen Mächte führten den **Siebenjährigen Krieg** (1756–63) auf amerikanischem Boden. In der Folge des Krieges konnte der englische Besitz vom Atlantik bis zum Mississippi vorgeschoben werden.

An der Pazifikküste trat als weitere fremde Großmacht das **russische Zarenreich** in Erscheinung, das von 1788 bis 1867 in Alaska bereits Land okkupiert hatte. 1794 segelten von den Alëuten und Alaska russische Pelzhändler und Siedler in den Süden, 1812 gründeten Russen aus Alaska im kalifornischen **Fort Ross** eine befestigte Station mit Kommandantur, Kirche, Landwirtschaft und Trading Post (v.a. Pelzhandel). Obwohl diese Kolonie 1844 wegen wirtschaftlicher Schwierigkeiten aufgegeben werden musste und die Russen ihre kalifornischen Besitzungen verkauften und das Land verließen, stießen Robben- und Seeotterjäger, Pelztierfänger und Händler aus dem Zarenreich auch fortan noch weit in den Süden vor.

Russische Pelzhändler

Erschließung und Besiedlung des „Wilden Westens"

Die 13 einstigen englischen Kolonien an der Ostküste hatten inzwischen im **Unabhängigkeitskrieg** gegen England (1776–83) die staatliche Autonomie erkämpft und die Basis für die heutigen **Vereinigten Staaten** geschaffen. Früh ließen die USA keinen Zweifel daran, dass sie den gesamten Subkontinent vom Atlantik bis zum Pazifik als ihre alleinige Interessenssphäre betrachteten. So kaufte das junge Staatengebilde unter Präsident *Jefferson* 1803 *Napoleon* für $ 15 Mio. das französische Gebiet „**Louisiana**" westlich des Mississippi ab und meldete bei den Engländern durch die legendäre **Lewis&Clark-Expedition** in den Nordwesten zwischen 1804 und 1806 ihre Ansprüche auf das Land an.

Die **Erschließung und Besiedlung** des „**Wilden Westens**" nahm ihren Anfang und die *frontier*, die Grenze zwischen weißer Zivilisation und Wildnis, verschob sich konstant

Die wegweisende Expedition von Lewis&Clark wird bis heute nachgespielt

Vormarsch der Weißen

weiter westwärts. Der große Zug gen Westen, über den Mississippi, setzte zu Anfang des 19. Jh. ein: Hohe Geburtenraten in den Ostküstenstaaten sowie ein nichtabreißender Einwandererstrom aus Europa – 1825 waren über 10.000, 1854 bereits über 4 Mio. Menschen zugewandert – förderten die Besiedlung der Gebiete im mittleren und pazifischen Westen. Die Annexion des Indianerlandes erfolgte dabei in mehreren Phasen: von Forschern, Pelzhändlern, Trappern und Händlern über Holzfäller, Landvermesser, Viehzüchter, Bergleute und schließlich Farmer, „normale" Siedler, deren Pioniergeist beispielhaft war: „*The cowards didn't start and the weak didn't make it*".

Die Weiten des Westens wurden ursprünglich von der US-Regierung als **Jagd- und Indianerland** angesehen, doch musste man sich mehr und mehr dem Druck der Abenteurer, Unternehmer und Kolonisten beugen. Ab 1841 zogen Tausende auf der Suche nach einer neuen Zukunft über Routen wie dem *Oregon* oder *California Trail* westwärts ins „Gelobte Land". Entlang der Strecke wurde in kürzester Zeit jedes Stück fruchtbarer Boden vereinnahmt, alles vermessen und jegliches Großwild abgeschossen.

Die Besiedlung des Westens ging einher mit zunehmenden **Auseinandersetzungen mit den Indianern**. Die Lebensbedingungen der Indianer, dezimiert durch eingeschleppte Krankheiten und erschöpft vom verzweifelt geleisteten militärischen Widerstand, verschlechterten sich zusehends. Mit der Ausrottung der vormals riesigen Büffelherden hatte man die einst stolzen „Herren der Prärie" ihrer Lebensgrundlagen beraubt; sie wurden in Reservate gepfercht bzw. zwangsumgesiedelt.

Der Westen wird Teil der USA

Der amerikanische Vorstoß in den Westen ging einher mit politischer Schwäche und organisatorischer Unfähigkeit der europäischen Kolonialmächte. Als 1821 Mexiko die Unabhängigkeit vom spanischen Mutterland erklärte, sollte sich dieser Zustand nicht wesentlich verändern. Nicht zu unterschätzen ist dabei die Rolle der Comanche-Indianer, die ab etwa 1700 fast zwei Jahrhunderte lang den Südwesten und die südlichen Plains beherrschten und die Ausbreitung der Kolonialmächte verhinderten.

Staatenbildung

Weitere Stationen auf dem Weg zur staatlichen Einheit waren die Loslösung der **Republik Texas** von Mexiko im Jahre 1836 und die Integration in den Staatenbund USA im Jahre 1845. Die daraus resultierenden Auseinandersetzungen mit Mexiko mündeten 1846 im **amerikanisch-mexikanischen Krieg**. Im gleichen Jahr traten die Engländer das **Oregon-Territorium** an die USA ab, weil für sie der Besitz des Nordwestens wegen seiner Distanz und schwachen Besiedlung verwaltungstechnisch schwierig war. 1847 besiedelten die aus Illinois vertriebenen Mormonen Teile des Staates **Utah** und gründeten Salt Lake City.

1848 endete der amerikanisch-mexikanische Krieg mit dem **Frieden von Guadelupe**, in dem Mexiko riesige Gebiete im Südwesten an die USA verlor – die heutigen Staaten Kalifornien, Nevada, Utah, New Mexico und den größten Teil Arizonas. Mit dem **Gadsden Purchase**, bei dem die Amerikaner 1853 für $ 10 Mio. Teile von Süd-Arizona und Südwest-New Mexico von Mexiko erwarben, war der Westen der USA komplett.

Der Goldrausch und seine Folgen

Zu jener Zeit, als im Südwesten der amerikanisch-mexikanische Krieg endete und die größten Gebiete der heutigen Bundesstaaten Kalifornien, Nevada, Utah, Arizona und New Mexico an die USA fielen, ging ein weiteres Ereignis wie ein Lauffeuer um die Welt: **„Gold in Kalifornien!"** Aus aller Welt machten sich Tausende von Glücksrittern auf den Weg und zwischen 1848 und 1851 zog der **California Gold Rush** rund 300.000 Menschen auf dem See- und Landweg an; die Meisten nutzten San Francisco als Ausgangspunkt auf ihrem Weg zum Sacramento River.

Berühmte Jeans

Für die passenden Hosen, die den Anforderungen des harten Schürferalltags gewachsen waren, sorgte *Levi Strauss*, ein Immigrant aus Bayern. Er steht symbolisch für die Riege der **Nutznießer des Goldrauschs**: Es waren nicht die Goldgräber selbst, sondern Unternehmer wie er, Bankiers, Händler und Ladenbesitzer, die die Preise für Unterkunft, Lebensmittel, Ausrüstungsgegenstände und Dienstleistungen nach Belieben diktieren konnten. Während die Schürfer für eine Unze (28,365 g) Goldstaub gerade einmal $ 16 erhielten, mussten sie beispielsweise für eine Holzplanke rund $ 20, für ein Ei mindestens $ 1, für ein Pfund Kaffee $ 5 oder für ein paar Stiefel über $ 100 zahlen. Das alles konnte den Zustrom jedoch nicht bremsen, zu verführerisch war die Vorstellung vom schnellen Reichtum!

Im Jahr 1852 wurde die *Wells Fargo & Company* gegründet, die mit Schiffen und Kutschen Postgut bis nach New York transportierte. Dasselbe Jahr stellte jedoch gleichzeitig den Höhe- und Wendepunkt des Goldrausches dar. Eine Rekordsumme von $ 81 Mio. wurde aus den Minen geholt. Spätestens 1854 waren dann die Vorräte erschöpft und die Euphorie verflog fast so schnell, wie sie gekommen war. Einige der Glückssucher zogen weiter nach Colorado, Nevada, Alaska oder Kanada, Montana oder in die Black Hills (South Dakota) um weiter nach Edelmetallen zu schürfen, viele blieben und trugen so zur weiteren **Besiedlung des Westens** bei.

Goldrausch

Den Abenteurern folgten Händler und Rancher und aus chaotischen Verhältnissen entstand langsam ein **zivilisiertes Gemeinwesen**. Man installierte Postkutschenlinien, baute Straßen und Städte und Dörfer entstanden. Der Indianergefahr begegnete man mit drastischen Maßnahmen und verbannte beispielsweise 1864 die Navajo für vier Jahre aus ihrer Heimat, zerstörte in dieser Zeit ihre Felder und Wohnstätten, schlachtete ihr Vieh ab und vernichtete so ihre Existenzgrundlagen.

Die Bedeutung der Eisenbahn

Bald schon machten die neuen Siedlungsräume bessere **Verkehrsanbindung** nötig um mit der Zivilisation des Ostens in Verbindung zu bleiben. Um 1850 war die Ostküste großteils durch Eisenbahnlinien erschlossen und man begann den Westen für erste Überlandlinien zu vermessen. Als am 10. Mai 1869 die **erste Transkontinentalverbindung** mit dem symbolischen Zusammentreffen der Bautrupps von *Union* und *Central* (später *Southern) Pacific Railroad* bei Promontory, Utah, gefeiert wurde, war ein weiterer entscheidender Schritt zur Besiedlung des Westens getan. Es folgten weitere transkontinentale Strecken im Norden und im Süden, und auch im Zentrum der USA erschlossen mehr und mehr Eisenbahnlinien das vormals „wilde" Land. 1879 wurde Tucson an das Eisenbahnnetz angeschlossen, kurze Zeit später El Paso und schließlich Santa Fe. 1883 bzw. 1885 erreichte schließlich auch Los Angeles die Eisenbahn aus Richtung New Orleans bzw. Chicago. Und als fast zeitgleich die Eisenbahn nach Seattle im Nordwesten kam, war die Nation infrastrukturell erstmals vereint.

Chinesische Arbeitskräfte

Für die immensen Bauvorhaben griff man auf chinesische Arbeiter zurück, von denen viele im Lande blieben, geballt z.B. in San Franciscos Chinatown. Auf der Suche nach einem neuen Leben, Arbeit oder Land brachten die neugebauten Eisenbahnlinien **Tausende von Einwanderern** aus Europa und den Staaten östlich des Mississippi in den Westen. An den Verkehrsknotenpunkten der Bahnlinien entstanden neue Orte, die wiederum neue Immigranten anzogen. Landvermesser, die der ständig vorrückenden *frontier* folgten, teilten das Land in ein den Himmelsrichtungen entsprechendes Raster auf. Die Straßengitter vieler amerikanischer Städte gehen ebenso wie die schnurgeraden Straßen über Land darauf zurück.

Das Ende der „Frontier"

Vom **Bürgerkrieg** (1861–65), bei dem Kalifornien und Oregon auf Seiten der siegreichen Nordstaaten kämpften, waren die Staaten des Westens weit weniger betroffen als

Entstehung der „Wild-West-Staaten“

info

Nach einer Bestimmung aus dem Jahre 1787 konnte ein neu erschlossenes Gebiet erst dann als Staat in die Union eintreten, wenn es mehr als 60.000 freie Einwohner zählte. Auffallend ist, dass die Küstenregionen im fernen Westen früher Bundesstaaten wurden - 1850 Kalifornien als 31. Bundesstaat, 1859 Oregon als 33. - als die weiten Landstriche zwischen der pazifischen Gebirgskette und dem Mississippi.

Dass 1890 Idaho und Wyoming (als 43. und 44. Staat) 1896 trotz der 50 Jahre vorher etablierten Mormonensiedlung Salt Lake City Utah als 45. Staat und erst 1912 New Mexico und Arizona als (47. und 48.) eigenständige Staaten der Union beitraten, lag auch daran, dass diese Regionen nur als „Durchgangsstationen“ betrachtet wurden und stets dünn besiedelt waren. Dafür waren auch die schlechteren landwirtschaftlichen Voraussetzungen verantwortlich: Westlich des 98. Längengrades ist wegen der Trockenheit Landwirtschaft und Viehzucht nur mit Bewässerung möglich.

---

die Staaten auf der Ostseite des Kontinents. Zwei Jahre nach Kriegsende konnte an der Pazifikküste das amerikanische Territorium erheblich erweitert werden, indem man Russland für $ 7,2 Mio. **Alaska** abkaufte. Und während im Norden Pelztierjäger, Goldsucher, Kartografen und Fischer die subarktische Landschaft erforschten, gelang es im Südwesten *John Wesley Powell* mit der erstmaligen Erkundung des Colorado River (1869), die letzten weißen Flecke auf der Landkarte zu eliminieren.

Wie eine Bombe schlug 1893 der anlässlich des jährlichen Treffens der American Historical Association während der Weltausstellung in Chicago publizierte Aufsatz „*The Significance of the Frontier in American History*“ eines bis dato unbekannten jungen Historikers namens *Frederick Jackson Turner* (1861–1932) ein. Er äußerte die Meinung, dass die Besonderheit der USA auf die kontinuierliche **Interaktion von Zivilisation und Wildnis** an der „Frontier“ zurückzuführen sei. „*Die Existenz freier Landflächen, ihr steter Rückzug und das Vorrücken amerikanischer Siedlungen nach Westen erklärt die Entwicklung Amerikas*“, schrieb er damals.

Der „frontier spirit“

Nur dieser stete Kampf mit der Natur habe den USA „*eine Position außerhalb der üblichen Regeln und Gesetze der menschlichen Geschichte verliehen*“. Zudem hatte seiner Ansicht nach die Frontier zugleich als soziales Ventil gedient: Sobald die Bedingungen im Osten schlecht wurden, blieb immer noch die Aussicht auf einen Neuanfang im Westen. Zudem war er davon überzeugt, dass der Prozess zu Ende des 19. Jh. abgeschlossen und die Frontier damit Geschichte geworden war.

Von der Provinz zum Hightech-Zentrum

Um 1900 strebte man im Westen verstärkt den **Anschluss an den entwickelteren Osten** an. Neue Städte wie Seattle entwickelten sich in atemberaubender Geschwindigkeit und liefen schon nach wenigen Jahrzehnten z.B. San Francisco den Rang ab. Entscheidend waren dabei an der Küste die Verkehrsverhältnisse und die Existenz eines Hafens, die einen Ort für den transpazifischen Handel prädestinierte oder eben nicht. So profitierte z.B. Los Angeles einerseits vom Anschluss an das Eisenbahnnetz in den 1880ern, andererseits vom Hafen, der 1899 bis 1914 als einer der größten künstlichen Häfen der Welt entstand. Von 1890 bis 1900 stieg die Einwohnerzahl von 50.000 auf 102.000 Menschen (im gleichen Jahr hatten New York 3,4 Mio. und San Francisco über 300.000 EW).

Starkes Bevölkerungswachstum

Als zu Anfang des 20. Jh., angelockt durch das ganzjährig milde Klima Südkaliforniens, die **Filmindustrie** in Los Angeles Fuß fasste, war der erste Schritt in Richtung Megalopolis getan. Entscheidend für das Aufblühen der südkalifornischen Küste zur heute am stärksten besiedelten Region der USA war die **Umverteilung des Wassers**. Im regenarmen Süden musste das Wasser aus der Sierra Nevada durch Aquädukte zugeführt werden, das expandierende Los Angeles wurde durch ein 1913 eröffnetes Aquädukt wassertechnisch angebunden. Aufsehen erregte in diesem Zusammenhang die Einweihung des Hoover-Staudamms im Jahre 1936, der in der Nähe von Las Ve-

Die Landwirtschaft, besonders Viehzucht, spielt im Westen immer noch eine große Rolle

gas den Colorado River zum Lake Mead aufstaut und einer der größten Staudämme der Welt ist.

Im Hinterland lebte (und lebt) man hauptsächlich von der **Landwirtschaft**, die allerdings einen mehrfachen Strukturwandel durchmachte. Noch um 1870 zählte Kalifornien zu den weltweit führenden Weizenproduzenten. Die Eisenbahn und die Einführung von Kühlwaggons (1880) machte es dann aber möglich, auf bewässerten Feldern Zitrusfrüchte und anderes Obst zu kultivieren und in den Osten zu exportieren. Bis heute ist der Bundesstaat einer der größten Exporteure von Gemüse, Obst und Früchten in der Welt. Daneben wurde im Napa und Sonoma Valley der Weinanbau ein führender Wirtschaftszweig. Auch die Fischerei (Sardinen-Konserven in Monterey, heute besonders Tunfisch in San Diego und Lachs in Seattle) war und ist ein Wirtschaftsfaktor.

Export von Obst und Gemüse

Ab den 1920er-Jahren kamen immer mehr Industriebetriebe dazu und Ölfunde in Südkalifornien, Automobilindustrie, Flugzeugbau und Rüstungsindustrie wurden insbesondere nach dem Zweiten Weltkrieg zu bestimmenden Wirtschaftszweigen. Noch mehr Arbeitsplätze wurden allerdings in der **Verwaltung** und im **Dienstleistungssektor** geschaffen. Gerade der **Tourismus** mauserte sich von bescheidenen Anfängen im 19. Jh. – auch dank des infrastrukturellen Ausbaus der Nationalparks in den 1930ern – in einigen Staaten zum prosperierendsten Wirtschaftszweig überhaupt.

War seit den Gold- und Silberfunden im späten 19. Jh. v.a. der Südwesten mit Wohlstand gesegnet, geriet der **Nordwesten** erst relativ spät in den Genuss umwälzender Veränderungen. Die Verbesserung der Infrastruktur, der Aufbau einer zukunftsorientierten Industrie und städtebauliche Maßnahmen rückten spätestens seit der Weltausstellung 1962 in Seattle den Bundesstaat Washington ins Rampenlicht. Als im Jahre 1980 der Republikaner und ehemalige Gouverneur von Kalifornien, *Ronald Reagan*, Präsident der Vereinigten Staaten wurde, konnte man daran eine Verschiebung der regionalen Kräfte innerhalb der USA ablesen. Auf einmal war es nicht mehr der Europa-affine Osten mit seinen Eliteuniversitäten und dem Beziehungsgeflecht aus Banken, Politik und Wirtschaft, der die Führung Amerikas repräsentierte. Unterstützt wurde das **neue politische Selbstbewusstsein** des Westens durch wirtschaftliche Entwicklungen ab den 1970ern. Hochtechnologische Entwicklungssysteme, Mikrochips und Computer fanden ihr Forschungs- und Fertigungszentrum im **Silicon Valley** in der Nähe San Franciscos.

In der **Bevölkerungsentwicklung** liegt der Staat Kalifornien seit 1960 vor New York, mit großem Abstand. Besonders der pazifische Küstenstreifen gilt als hochentwickeltes Ballungszentrum, doch Zuwächse verzeichneten auch andere Staaten des Westens. Hier sind es besonders Zentren wie Phoenix oder Albuquerque, die enorm hohen Zustrom meist mexikanischer Einwanderer erleben, während die Bevölkerungszahlen auf dem Land stagnieren.

Städtische Ballungszentren

Östlich des Kaskadengebirges gilt der Westen immer noch als „Provinz". So haben selbst die Großräume von Seattle oder San Diego mehr Einwohner als beispielsweise die Bundesstaaten Wyoming, Montana, Idaho oder Nevada. Gerade dieses **Nebeneinander** von boomenden Großstädten und hochentwickelten Wirtschaftsregionen einerseits und Weite, Menschenleere und ursprünglichen Naturlandschaften andererseits, ist es jedoch, was jährlich unzählige Besucher in den Westen lockt.

info

Die politischen Staatsorgane und ihre Aufgaben

Die **Verfassung der Vereinigten Staaten von Amerika** wurde 1787 vom Verfassungskonvent in Philadelphia verabschiedet und zwei Jahre später als rechtsgültig erklärt. Die Frage, ob der Staat zentralistisch oder föderalistisch organisiert werden solle, führte zu einer **Kompromisslösung**. Viele Diskussionen wurzeln gerade in der **Gewaltenteilung zwischen Zentralregierung und Bundesstaaten** und werden vielfach außerhalb der USA nicht verstanden.
Mit der Einführung der Gewaltenteilung in Exekutive, Legislative und Jurisdiktion, d.h. der Trennung von ausführender, gesetzgebender und rechtsprechender Macht, ist die amerikanische Verfassung **Grundlage der modernen Demokratie**. Darüber hinaus führte sie die **Trennung von Kirche und Staat** und das Prinzip der **Volkssouveränität** ein, die durch die demokratischen **Grundrechte** *(Bill of Rights)* gewährleistet ist.

Der Präsident – Exekutive

Der Präsident wird auf vier Jahre über Wahlmänner (Elektoren) und nicht direkt vom Volk gewählt. Eine Wiederwahl ist nur einmal möglich, und bei seinem Tod rückt der Vizepräsident automatisch nach. Der US-Präsident ist gleichzeitig Staats- und Ministerpräsident. Er ist für die Bildung seiner Regierung verantwortlich und kann dabei auch auf qualifizierte Personen anderer Parteien oder Parteilose zurückgreifen. Der Präsident ist Oberbefehlshaber des Militärs, allerdings ist eine eventuelle Kriegserklärung Sache des Kongresses. Die beiden großen Parteien, Demokraten und Republikaner, bestimmen auf den Nationalkonventen im Sommer des Wahljahres ihre Präsidentschaftskandidaten. Die Bundesstaaten schicken ihre Wahlmänner, die zuvor durch Wahlen *(Primaries)* oder Parteitreffen *(Caucuses)* bestimmt und auf einen Kandidaten eingeschworen wurden. Ihre Zahl hängt von der Größe des jeweiligen Bundesstaates (50 insgesamt) ab.

Der Kongress – Legislative

Der Kongress setzt sich aus dem Senat *(Senate)* und dem Repräsentantenhaus *(House of Representatives)* zusammen. Unabhängig von seiner Größe entsendet jeder Bundesstaat für jeweils sechs Jahre zwei Senatoren in den **Senat**, insgesamt sind es also 100. Alle zwei Jahre wird jeweils ein Drittel der Senatoren direkt vom Volk neu gewählt. Der Senat hat insbesondere in außenpolitischen Fragen eine starke Stellung. Der US-Präsident benötigt eine Zweidrittelmehrheit im Senat um internationale Verträge abschließen zu können und auch die Benennung hoher Beamte sowie Richter bedarf der Senatszustimmung.
Im **Repräsentantenhaus** sind die Bundesstaaten proportional zu ihrer Bevölkerungsgröße vertreten. Die Zahl von 435 Abgeordneten ist seit 1912 konstant, wobei sie jeweils für nur zwei Jahre gewählt werden. Die Wahlen finden stets am ersten Dienstag im November eines Jahres mit gerader Zahl statt. Das Repräsentantenhaus hält aufgrund seiner Stimmenmehrheit insbesondere bei Budget-Verhandlungen eine Schlüsselstellung inne.

Das Gerichtswesen – Jurisdiktion

Dem unabhängigen Gerichtswesen steht der **Oberste Gerichtshof** (*Supreme Court*) vor. Er kann im Bedarfsfall die Verfassungsmäßigkeit aller politischen Entscheidungen überprüfen und ist damit die **Kontrollinstanz** gegenüber Präsident und Kongress. Der Präsident benennt die Richter des Obersten Gerichtshofes in Beratung und mit Zustimmung des Senats.

info

Präsidenten der Vereinigten Staaten von Amerika

Nr.	Name	Amtszeit	Partei
1	George Washington (1732-1799)	1789-1797	Föd.
2	John Adams (1735-1826)	1797-1801	Föd.
3	Thomas Jefferson (1743-1826)	1801-1809	Dem.-Rep.
4	James Madison (1751-1836)	1809-1817	Dem.-Rep.
5	James Monroe (1758-1831)	1817-1825	Dem.-Rep.
6	John Quincy Adams (1767-1848)	1825-1829	Dem.-Rep.
7	Andrew Jackson (1767-1845)	1829-1837	Dem.
8	Martin van Buren (1782-1862)	1837-1841	Dem.
9	William H. Harrison (1773-1841)	1841	Whig
10	John Tyler (1790-1862)	1841-1845	Whig
11	James K. Polk (1795-1849)	1845-1849	Dem.
12	Zachary Taylor (1784-1850)	1849-1850	Whig
13	Millard Fillmore (1800-1874)	1850-1853	Whig
14	Franklin Pierce (1804-1869)	1853-1857	Dem.
15	James Buchanan (1791-1868)	1857-1861	Dem.
16	Abraham Lincoln (1809-1865)	1861-1865	Rep.
17	Andrew Johnson (1808-1875)	1865-1869	Dem.
18	Ulysses S. Grant (1822-1885)	1869-1877	Rep.
19	Rutherford B. Hayes (1822-1893)	1877-1881	Rep.
20	James A. Garfield (1831-1881)	1881	Rep.
21	Chester A. Arthur (1830-1886)	1881-1885	Rep.
22	Stephen G. Cleveland (1837-1908)	1885-1889	Dem.
23	Benjamin Harrison (1833-1901)	1889-1893	Rep.
24	Stephen G. Cleveland (1837-1908)	1893-1897	Dem.
25	William McKinley (1843-1901)	1897-1901	Rep.
26	Theodore Roosevelt (1858-1919)	1901-1909	Rep.
27	William H. Taft (1857-1930)	1909-1913	Rep.
28	Thomas Woodrow Wilson (1856-1924)	1913-1921	Dem.
29	Warren G. Harding (1865-1923)	1921-1923	Rep.
30	Calvin Coolidge (1872-1933)	1923-1929	Rep.
31	Herbert C. Hoover (1874-1964)	1929-1933	Rep.
32	Franklin Delano Roosevelt (1882-1945)	1933-1945	Dem.
33	Harry S. Truman (1884-1972)	1945-1953	Dem.
34	Dwight D. Eisenhower (1890-1969)	1953-1961	Rep.
35	John F. Kennedy (1917-1963)	1961-1963	Dem.
36	Lyndon B. Johnson (1908-1973)	1963-1969	Dem.
37	Richard M. Nixon (1913-1994)	1969-1974	Rep.
38	Gerald R. Ford (1913-2006)	1974-1977	Rep.
39	James E. Carter (1925-)	1977-1981	Dem.
40	Ronald W. Reagan (1911-2004)	1981-1989	Rep.
41	George H. W. Bush (1924-)	1989-1993	Rep.
42	Bill J. Clinton (1946-)	1993-2001	Dem.
43	George W. Bush (1946-)	2001-2009	Rep.
44	Barack H. Obama (1961-)	2009-2017	Dem.

Abk.: Föd. = Föderalisten; Dem.-Rep. = Demokratische Republikaner; Dem. = Demokraten; Rep. = Republikaner; Whig = Partei der Gegner des Demokraten *Andrew Jackson*.

lichen Teil dieses Systems bilden die **Coast Ranges** mit dem Thompson Peak (2.744 m) als höchster Erhebung. Im Süden sind die Coast Ranges durch das Kalifornische Längstal von der **Sierra Nevada** und im Norden durch das Tal des Willamette River von der **Cascade Range** (Kaskadengebirge) getrennt. Die breiten Täler sind äußerst fruchtbar, v.a. das kalifornische Great Valley ist die bedeutendste Agrarregion des Westens. Insgesamt kennzeichnen das Pazifische Gebirgssystem etliche Vulkankegel und Bergspitzen, die sich in Alaska zu Nordamerikas höchsten Gipfeln auftürmen (Mt. McKinley: 6.200 m; Mt. Logan: 6.050 m). In Washington gehört der Mt. Rainier (4.392 m) zum Kaskadengebirge und im Süden der Mt. Whitney (4.421 m) zur Sierra Nevada.

Die Rocky Mountains, hier die Grand Tetons, prägen weite Teile des Westens

③ **Intermontane Zone**: Damit bezeichnet man das Gebiet zwischen dem Pazifischen Gebirgssystem und den Rocky Mountains. Es ist in Becken und Hochplateaus gegliedert, die zwar bis zu 3.000 m hoch liegen können, aber keinen Hochgebirgscharakter aufweisen. Im Norden erstreckt sich das vulkanische **Columbia Plateau**, das mehr oder weniger eben ist und durch Columbia und Snake River modelliert wird. In Washington erreicht es nur eine Höhe von etwa 300 m, während es in Idaho bis zu 1.800 m ansteigt. Daran schließt sich südlich das abflusslose **Great Basin** (Große Becken) an, das im Norden bis 1.500 m hoch ist und im Süden im Death Valley und in der Salton-Senke unter Meeresspiegel-Niveau absinkt. Charakteristisch für das Great Basin sind Wüsten und wüstenartige Gebiete sowie die eigenständige Region des Großen Salzsees. Südöstlich wird das Becken vom **Colorado Plateau** begrenzt. In dessen 1.500 bis 2.000 m hoch gelegenem Schichttafelland haben der Colorado River samt Nebenflüssen mächtige Canyons eingegraben. Das Wüsten-Hochland von Arizona und New Mexico schließlich erreicht immerhin Höhen von 2.000–3.000 m und hat den Charakter eines Tafellandes, aus dem sich einzelne Berge und Bergketten erheben.

④ **Rocky Mountains**: Der östliche Kordillerenstrang des „großen Felsengebirges" zieht sich auf amerikanischer Seite über etwa 2.250 km Länge von NNW nach SSO hin, ist an einigen Stellen über 500 km breit und hat Hochgebirgscharakter. Wie die Alpen sind die Rockies verhältnismäßig jungen Ursprungs, sie entstanden vor etwa 100 Mio. Jahren. Die höchsten Erhebungen (Mt. Elbert 4.399 m) liegen zwar knapp unter denen des Pazifischen Gebirgssystems, dafür übersteigt aber die durchschnittliche Höhe dieses und häufen sich die Viertausender. Allein im Staat Colorado gibt es 53 Gipfel, die höher als 4.250 m sind. Auch rings um Yellowstone- und Wyoming-Becken befinden sich etliche Viertausender-Gipfel. So ist es kein Wunder, dass die eigentlichen Rocky-Mountain-Staaten die Durchschnittshöhe der USA (763 m) weit überragen: Colorado 2.074 m, Wyoming 2.044 m, Utah 1.861 m. Die Rockies fungieren auch als große amerikanische Wasserscheide. Die hier entspringenden Flüsse fließen entweder in den Atlantik, den Golf oder den Pazifik, darunter so berühmte Wasserläufe wie Missouri, Arkansas, Rio Grande und Colorado River (alle über 2.000 km lang!).

Zahlreiche Viertausender

⑤ **Great Plains**: Die „großen Ebenen" fallen vom Fuße der Rocky Mountains, d.h. von etwa 1.400 m Höhe, langsam nach Osten ab, bis sie bei 350 m durch eine Terrasse in die Interior Plains übergehen. Trotz ihres Namens sind die Plains nicht flach, sondern werden im Landschaftsbild durch Flussläufe und Kegelberge konturiert. Mit ihnen beginnt die landwirtschaftlich (Viehweiden, Kornfelder) intensiv genutzte Mitte der Vereinigten Staaten.

Auch der amerikanische Osten gliedert sich in mehrere Regionen: die sich an die Great Plains anschließende **Golfküstenebene/Coastal Plains** (Mississippi-Tal), das **Zentrale Tiefland/Lower Plains**, das sich von den Großen Seen bis zur Golfküstenebene erstreckt, das **Appalachengebirge**, das sich parallel zur Atlantischen Küstenebene von Kanada im Nordosten bis nach Alabama im Süden über 4.000 km erstreckt, und die **Atlantische Küstenebene**, die sich vom Cape Cod im Nordosten bis nach Florida im Südosten zieht.

Die Nationalparks

Seit 1872 mit dem Yellowstone NP zum ersten Mal auf der Welt ein großes Areal unter **Naturschutz** und **staatliche Aufsicht** gestellt wurde, hat sich bis heute die Zahl der Nationalparks in den USA auf 59 vergrößert. Heute sind von den etwa 9,8 Mio. km² US-Landfläche immerhin fast 2,6 Mio. km² als „Public Land" ausgewiesen – über ein Viertel ist also öffentliches Land. Im Westen der USA sind es sogar fast zwei Drittel der Landfläche. Allerdings unterstehen davon nur rund 338.000 km² dem **National Park Service (NPS)**.

Riesige Naturschutzgebiete

Von den derzeit insgesamt 398 vom NPS betreuten „Units" sind 59 Nationalparks, der Rest gliedert sich in eine Vielzahl weiterer Schutzgebiete: *National Historical Parks* und *Sites*, *National Monuments* und *Memorials*, *Battlefields* und *Military Parks*, *National Preserves* und *Recreation Areas*, *National Seashores* und *Lakeshores*, *Reserves* und *Parkways*.

Zunächst oblag die Verwaltung der Nationalparks verschiedenen Behörden, dann unterzeichnete Präsident *Woodrow Wilson* am 25. August 1916 den **National Park Service Organic Act** und schuf damit eine eigene, dem Innenministerium *(Department of the Interior)*, nicht den einzelnen Bundesstaaten, unterstellte Behörde, den National Park

Service (NPS), die älteste Umweltschutzbehörde der Welt. Ein neues Gebiet muss seither per Kongressbeschluss zum Nationalpark erklärt werden, der Präsident selbst kann lediglich mittels Erlass ein „National Monument" ausweisen.

Aufgaben der Ranger

Park Ranger sind für das Wohlergehen von Parks und Besuchern zuständig. Sie werden prinzipiell in vier Kategorien – *Education & Interpretation, Maintenance, Administration* und *Law Enforcement* – eingeteilt; Letztere üben auf dem Parkgelände auch Polizeigewalt aus. Von den Rangers aus der „Bildungs"-Abteilung erhält man die nötigen *permits* (Erlaubnisscheine) für längere Wanderungen und Zelten im Hinterland; sie überwachen die Campingplätze und leiten vielerlei Aktivitäten wie Touren oder Vorträge. Andere Angestellte kümmern sich um das „Wild-Management". Gemäß dem Gesetz von 1916 soll der NPS nämlich die *„Landschaft und die daran befindlichen natürlichen und historischen Objekte wie auch die Flora und Fauna erhalten"*, damit sie auch zukünftigen Generationen *„intakt zur Freude gereichen!"*

Da nicht jede schützenswerte Region zum Nationalpark erklärt werden kann, machte es der **Wilderness Act** von 1964 möglich, auch weniger bedeutsame Wildnis unter Schutz zu stellen. Im Rahmen des *National Wilderness Preservation Systems* wurden bis dato über 700 Gebiete, fast 5 % der gesamten USA oder rund 435.000 km², als „wilderness" ausgewiesen. Diese Areale verfügen meist über keine Infrastruktur und Besucher werden hier nur in streng reglementierter Zahl geduldet.

Erste Anlaufstation in einem Nationalpark ist das Besucherzentrum

Wie diese Wilderness Areas wird auch der Rest des öffentlichen (Staats-)Landes nicht vom NPS, sondern von anderen Behörden des Innenministeriums verwaltet: *Bureau of Land Management (BLM), US Fish and Wildlife Service (FWS)* und *Bureau of Reclamation.* Dazu kommt der *US Forest Service*, eine Abteilung des Landwirtschaftsministeriums. In den *National Forests* ist in begrenztem Umfang Nutzung wie Jagen, Beweidung, Bergbau oder Holzschlag erlaubt, während die dem NPS unterstellten Gebiete diesbezüglich komplett verschont bleiben. Außerdem dürfen die Bundesstaaten in Eigeninitiative zum Schutz von Naturgebieten und historischen Orten selbst eigene **State Parks** ernennen, die oft in Schönheit und Wildheit den Nationalparks nicht nachstehen.
Infos zum NPS und einzelnen Parks: www.nps.gov.

Schutzgebiete des NPS

info

Außer den 59 **National Parks** (NP) unterstehen dem NPS weitere Schutzgebiete, wie:

- **National Monument** (NM): kleinere Gebiete mit bedeutenden geologischen, landschaftlichen, historischen, ökologischen oder kulturellen Erscheinungsformen.
- **National Memorial Park** (NMP) – kulturell interessante Punkte wie Friedhöfe, Kriegsdenkmäler und Präsidentenmonumente (v.a. in Washington, D.C.)
- **National Preserve** (NP): abgegrenzte Gebiete zum Schutz eines Naturdenkmals.
- **National Lakeshore & Seashore** (NL/NS): naturgeschützte Seeufer oder Meeresküsten.
- **National Historic Site** (NHS) und **National Historic Area** (NHA): Stätten von historischer Bedeutung.
- **National (Scenic) River** (NSR): naturgeschützte Landstriche an Flüssen.
- **National Recreation Area** (NRA): landschaftlich bedeutsame Erholungs- und Naherholungsgebiete, oft an Gewässern gelegen.
- **National Scenic Trail** (NST)/**National Historic Trace** (NHT): geschützte Wege durch schöne Landschaften.
- **National Grassland**: schützenswerte Prärieareale.
- **National Battlefield** (NB): historisches Schlachtfeld.

Klimatische Bedingungen

Allgemein ist das Klima im Westen trockener und sonnenreicher als im Osten. Die Größe des Raumes aber bringt es mit sich, dass zwischen Rio Grande und Pazifik und zwischen der kanadischen und mexikanischen Grenze **sehr unterschiedliche klimatische Gegebenheiten** herrschen. Dabei wird das westamerikanische Klima maßgeblich durch den Pazifischen Ozean, die Nord-Süd-Ausrichtung der Kordilleren sowie die sich dadurch ergebende Verteilung von Niederschlägen beeinflusst.

Rasche **Wetterwechsel** und plötzliche **Temperaturänderungen** sind in erster Linie auf das Fehlen von quer laufenden Gebirgszügen zurückzuführen, sodass Kalt- und Warmluftströme ungehindert nach Süden bzw. Norden fließen können. Besonders im **Winter** macht sich dies bemerkbar: Die als **„Northeners“** bezeichneten Kaltlufteinbrüche wirken sich bis zur mexikanischen Grenze und darüber hinaus aus. Dadurch sind Temperaturminima von -50 °C und darunter in den nördlichen Plains zu erklären. In der gleichen Region kann es aber andererseits im **Sommer** über 40 °C heiß werden.

Sommernebel

An der **Küste** jedoch sind die Temperaturen normalerweise ausgeglichener. Verantwortlich dafür ist der Pazifik. Dessen im Sommer nordwärts gerichtete kalte (Kalifornienstrom) und im Winter südwärts gerichtete warme Strömung („Kuro-Schio-Strom") sorgen in Kalifornien für die berühmten Sommernebel und bringen dem Nordwesten die höheren Niederschläge. Der Ozean ist für ganzjährig milde Temperaturen bis hinauf nach Seattle verantwortlich. San Francisco z.B. hat ein Jahresmittel von 13,6 °C (das auf ähnlicher Breite gelegene Neapel 19,4 °C und New York 11,7 °C), wobei nur 6,7 °C zwischen dem kältesten und dem wärmsten Monat liegen.

Hinsichtlich der **Niederschläge** hat der Staueffekt des Pazifischen Gebirgssystems zur Folge, dass es an der Westküste ausreichend bis viel regnet, während auf den Hochebenen zwischen den Gebirgszügen Dürre und wüstenhafte Bedingungen vorherrschen. Die höchsten amerikanischen Niederschläge überhaupt liegen mit mehr als 4.000 mm im jährlichen Durchschnitt an der Pazifikküste Alaskas, aber auch in Washington und Oregon werden noch Werte von etwa 2.000 mm erreicht.

Eine Ausnahme bildet die **trockene Küstenregion Südkaliforniens**. Da sich mit Los Angeles, San Diego, Long Beach und Dutzenden anderer Städte ausgerechnet hier die größte urbane Konzentration herausgebildet hat, macht dieser Umstand eine Umverteilung des Wassers durch Stauseen und Aquädukte notwendig. Demgegenüber nimmt zwischen den Coastal Ranges und der Sierra Nevada sowie jenseits der Gebirgszüge die Trockenheit zu. Hier werden manchmal nur Durchschnittswerte von 100–30 mm Niederschlag erreicht.

info

Das Klima im Überblick

- **Nordwestküste:** Ganzjährig reichlich Niederschlag mit einem Maximum im Winter; im Sommer mäßig warm, im Winter mäßig kalt.
- **Nordkalifornische Küste**: Ganzjährig Niederschlag; im Sommer und Winter ausgeglichene milde Temperaturen.
- **Südkalifornische Küste**: Wenig Niederschlag (im Sommer fast nie); im Sommer warm, im Winter mäßig warm.
- **Nordwestliches Binnenland**: Wenig Niederschlag; im Winter kalt, im Sommer mäßig warm.
- **Columbia Plateau**: Insgesamt wenig Niederschlag, zumeist im Winter; die Temperaturen sind abhängig von der Höhenlage. Zwischen November und Mai kann es sehr kalt sein, im Sommer dagegen warm bis heiß.
- **Great Basin**: Niederschlag und Temperaturen sind abhängig von der Höhenlage. In manchen Regionen (v.a. Norden) sinken die Temperaturen im Winter deutlich unter den Gefrierpunkt, in anderen nie. Auch die Sommertemperaturen schwanken zwischen 20 und über 30 °C, ebenso variabel ist die Niederschlagsmenge.
- **Südliches Hochland**: Kaum Niederschlag; im Winter mäßig kalt, im Sommer heiß.

Das periodisch auftretende Naturphänomen **El Niño** (so genannt, weil es meist in der Weihnachtszeit auftritt) ist nach Ansicht vieler Wissenschaftler für die immer wieder im Westen auftretenden Naturkatastrophen, Waldbrände und Temperaturschwankungen verantwortlich, wie sie z.B. Anfang 1998, 2002, 2008 und 2010 auftraten. Starke Niederschläge setzten dabei in Kalifornien ebenso wie an der mexikanischen Pazifikküste weite Teile des Landes unter Wasser, während Stürme wie die gefürchteten Santa Anas gerne Feuer entfachen, starke Niederschläge für Springfluten und Schlammlawinen sorgen und der Winter in manchen Bergregionen nicht zu Ende gehen will.

Vegetation

Vernichtung der Wälder

Die ersten Siedler stießen an der Ostküste noch auf riesige Waldbestände, die sich bis hin zu den Prärien erstreckten. Im Laufe der folgenden Jahrhunderte dann wurden diese Regionen – im Norden boreale Nadelwälder, südlich Misch- und Laubwälder – immer weiter abgeholzt. Der Landhunger kannte keine Gnade. Nur in den unzugänglicheren Appalachen konnten sich noch weite Gebiete sommergrüner Laubwälder halten. Selbst die eintönigen, wenig einladenden Grasflächen der Prärien mussten den Menschen weichen, und auf riesigen Feldern von mehreren Hundert Hektar Größe wurde Getreide angebaut.

In Arizona und im „intermontanen Becken", wo die Niederschläge äußerst gering ausfallen, herrscht **Halbwüstenvegetation** mit Kakteen, Dornensträuchern und vereinzelten Zwergsträuchern vor. Die **Rocky Mountains** sind vorwiegend mit Laubmischwäldern besetzt, die größtenteils erhalten blieben, da diese Region wegen mangelnder Infrastruktur erst sehr spät und nur sehr dünn besiedelt wurde. Durch Gesetze und die Anlage vieler Nationalparks und verschiedenster Schutzgebiete hat der Staat früh Sorge um den Erhalt dieser Gebiete getragen.

In den **pazifischen Gebirgszügen** reicht das Spektrum von borealem Nadelwald (Sitka- und Douglas-Fichten) im Norden bis hin zu Mischwäldern im Süden, wobei besonders im Küstenraum Koniferenarten gehäuft auftreten. Charakteristisch für die **Sierra Nevada** ist übrigens der Mammutbaum. Er ist, wie einige andere kalifornische Baumarten, ein widerstandsfähiges Hartholzgewächs. Das **kalifornische Längstal** ist heute überwiegend landwirtschaftlich geprägt, man ahnt kaum noch etwas von den ursprünglichen Baumbeständen.

Flora und Fauna des Westens

info

Unbekannte Pflanzen und Tiere zu entdecken macht eine Reise in den US-Westen mit aus. Doch Vorsicht: Es handelt sich nicht um einen Zoo, sondern um Wildnis. Man sollte deshalb stets gebührenden Abstand halten und den Anweisungen der Park Ranger in den Nationalparks Folge leisten.

Der **Bison** *(Bison bison,* amerikanisch: *buffalo)* ist das wohl bekannteste Tier auf dem nordamerikanischen Kontinent und eine endemische Art. Er ist mit dem europäischen Wisent

Bison sind die bekanntesten Tiere des Westens

verwandt und das **größte Landsäugetier Nordamerikas**. Bullen können ein Gewicht von über 1.000 kg erreichen. Einst weideten die Bison in kleinen Trupps von 20 bis 200 Tieren und fanden sich nur zu ihren Wanderungen zu riesigen Herden von bis zu einer Million Tieren zusammen. Ihr Lebensraum reichte um 1800 noch von den Appalachen bis zu den intermontanen Ebenen der westlichen Gebirgsketten und vom Norden Kanadas bis in den Norden Mexikos. Damals gab es schätzungsweise 50–60 Mio. Bison - um 1900 zählte man nur noch wenige Hundert!

Für die **Vernichtung der riesigen Bisonbestände** durch die Weißen gab es verschiedene Gründe: Einerseits galten sie als Nahrungshauptkonkurrenten für das Vieh (zumeist Rinder und Schafe) und gefährdeten die Getreideernte, andererseits waren sie ein Instrument zur Unterwerfung der Indianer. Um diese zu schwächen, wurde ihre Hauptnahrungsquelle fast ausgerottet. Dank Schutzmaßnahmen und Zuchtfarmen ist die Zahl heute wieder auf fast eine halbe Million gestiegen.

Dort wo sich Bison wohlfühlen, ist der **Präriehund** (*Arctomys ludivicianus)* oder *prairie dog* nicht weit. Auch von ihm lebten viele hundert Millionen Exemplare in Kolonien, sogenannten **Prairie Dog Towns**, auf weiten Präriearealen. Die aufgeworfenen Hügel der neugierigen Nager waren und sind charakteristisch für diese Landschaft. Die ersten Siedler sahen jedoch nur den Schaden, den sie anrichteten und leiteten einen rücksichtslosen Vernichtungsfeldzug gegen die Tiere ein. Beinahe zu spät erkannte man die nützliche Funktion der Tiere: Sie lockern nämlich nicht nur den Boden auf, sondern fressen auch tierische Schädlinge. Ihr Futter besteht zu 70 % aus Unkräutern und Samen giftiger Pflanzen - für das Vieh ohnehin schädlich.

Enge Begleiter der Bisonherden waren auch die **Kojoten** *(Canis latrans)*, die sich von altersschwachen und kranken Bison ernährten. Heute gelten sie vielfach als Plage, da sie sich in die Städte vorwagen und Müllcontainer plündern. Für die Indianer haben die Tiere dagegen eine besondere Bedeutung: In ihrer Mythologie erlebte der Kojote als Schlitzohr und „Trickser" zahllose Abenteuer und teilte seine Lebensweisheiten dem Menschen mit.

Der **Wolf** *(Lupus lupus)* ist in ganz Nordamerika von Alaska bis Nord-Mexiko verbreitet. Da er vor allem ausgedehnte Waldgebiete bewohnt hat, die heute großteils zerstört sind, ist sein Bestand sehr zurückgegangen. Wölfe, die in Rudeln leben, können Tiere bis zur Größe von Rentieren erlegen. Der Hauptteil ihrer Nahrung besteht jedoch aus kleineren Tieren, und sogar Obst und Beeren werden nicht verschmäht. Wölfe außerhalb von Schutzgebieten sieht man kaum mehr.

Nur in den westlichen Gebirgsketten heimisch ist der **Grizzly**. Er ist der bekannteste aus der Gruppe der amerikanischen Braunbären und war früher auch am meisten verbreitet. Sein Lebensraum erstreckte sich ursprünglich von Alaska bis Nord-Mexiko, war aber auf den westlichen Teil des Kontinents beschränkt. Seinen Namen hat er von den vereinzelten grauen Haaren, die sein Fell teilweise grau erscheinen lassen (englisch *grizzle*). Ein Grizzly wird bis zu 2,30 m groß und bis zu 400 kg schwer. Er kann sowohl von pflanzlicher als auch von tierischer Nahrung (Reh- und Elchkälber) leben und menschlicher Abfall zieht ihn magisch an. Der lateinische Name des Grizzly, *Ursus horibilis*, deutet schon an, wie er vom Menschen vielfach gesehen wurde und wird: als „blutrünstige Bestie". Was nur eingeschränkt stimmt, allerdings können Weibchen mit Nachwuchs schnell aggressiv werden.

Black Bears *(Ursus americanus)* sind anders als Grizzlies weit verbreitet. Die schwarzen bis zimtfarbenen Tiere, die oft einen weißen Fleck auf der Brust tragen, werden im Schnitt etwa 1,30 m (auf allen Vieren) groß und 90 kg schwer - Männchen sind meist größer und wiegen bis zu 200 kg. Schwarzbären sind nicht nur gute Schwimmer und Kletterer, sondern auch sehr schnell (bis zu 50 km/h). Sie leben in Wäldern und bewaldeten Bergregionen und halten Winterschlaf in Schlafhöhlen, ehe die erwachsenen Weibchen im Januar, Februar Junge zur Welt bringen, die bis zu 20 Monate bei der Mutter blei-

Der Weißkopf-Seeadler ist das Wappentier der USA

info

ben. Wenn die Bären im Frühjahr aus ihren Höhlen herauskommen, haben sie zunächst nur Fressen im Sinn. Bären sind **Allesfresser**, ernähren sich jedoch überwiegend vegetarisch. Da sie von ihrem extrem feinen Geruchssinn geleitet werden und sehr intelligent sind, kann es auf Futtersuche zu Konflikten mit Menschen kommen.

Schlangen sind zahlreich, aber überwiegend harmlos. Man sieht sie normalerweise nicht, da sie menschenscheu und nachtaktiv sind. Zwischen November und März/April machen Schlangen einen Winterschlaf, zumeist in Scharen in warmen Höhlen. Die giftigen Arten gehören der Gattung der ***rattlesnakes*** (Klapperschlangen) an, die den Vorteil haben, dass sie durch Rasseln auf sich aufmerksam machen. 90 % der Unfälle mit Klapperschlangen sind vermeidbar, wenn man ihnen nicht zu nahe kommt und die Flucht ermöglicht. Vorsicht ist in felsigem Gelände geboten, wo man, z.B. zum Klettern, Hände und Füße einsetzt. Ein Biss ist für gesunde Erwachsene selten tödlich, da in der Hälfte der Fälle wenig oder gar kein Gift injiziert wird. Zu den Schlangen, deren Bisse schmerzhaft, aber nicht giftig sind, gehört die *Gopher Snake*. Sie ahmt die Klapperschlange nach und gilt als deren natürlicher Feind. Zudem gehören die von Farmern als Mäusefänger sehr geschätzte *Kingsnake* (Königsnatter), die *Garter Snake* (Strumpfbandnatter) oder *Racer Snake* (Schlanknatter) dazu.

Adler sind die majestätischsten Vertreter der vielfältigen Vogelwelt. Der Weißkopf-Seeadler – **Bald Eagle** *(Haliaeetus leucocephalus)* – ist das nationale Wappentier der USA und obwohl er inzwischen unter strengem Naturschutz steht, ist er selten geworden. Sein Verbreitungsgebiet reicht von Alaska bis Florida. In den Wintermonaten finden sich zahlreiche Exemplare zum Überwintern am Oberlauf des Mississippi ein. Erkennbar ist der *Bald Eagle* an seinem weißen Kopf, Hals und Stoß, ansonsten ist das Gefieder braun. Der **Golden Eagle** dagegen ist ganz braun, mit einem goldfarbenen Schnabel.

Wirtschaftlicher Überblick

Astronomisches Haushaltsdefizit

Lange Jahre galten die USA als Wirtschaftsmacht Nummer eins und war der amerikanische Lebensstandard der höchste der Welt. Im Zuge der Wirtschaftskrise sind die USA in den letzten Jahren auf den Ranglisten abgerutscht. Die militärischen Aktionen des Präsidenten *George W. Bush* nach dem 11. September 2001 haben das Haushaltsdefizit, das unter Präsident *Bill Clinton* fast abgebaut worden war, wieder in astronomische Höhe getrieben. Großstädte sind hoch verschuldet und Arbeitslosigkeit, Immobilienkrise und Bankensterben, Börsencrash und Rezession in aller Munde. Doch Resignation ist unbekannt und wie *Barack Obama* trotz aller Probleme immer wieder versichert: Man wird auch weiterhin die wohlhabendste und mächtigste Nation der Welt bleiben.

Wer das erste Mal in die USA kommt, wird **einige Besonderheiten** bemerken. Dazu gehört das **fast unüberschaubare Angebot** an Gütern aller Art in Supermärkten, in Malls (Einkaufszentren), auf Märkten oder in Spezialgeschäften. Die größeren Shops stehen in gnadenloser Konkurrenz zueinander, werben aggressiv und überall, überbieten sich mit Rabatten und Dienstleistungen. Auffällig sind aber auch die große **Kundenfreundlichkeit** und das wesentlich ausgeprägtere **Service-Bewusstsein**. Der Kunde ist hier tatsächlich noch König und wird entsprechend hofiert.

Wirtschaftsmentalität und -bedingungen

Der Amerikabesucher wird schnell bemerken, dass sich nicht nur Wirtschaftsstruktur oder Einzelaspekte von europäischen Verhältnissen unterscheiden, sondern in hohem Maße auch die zugrundeliegende Mentalität. Gilt es in vielen europäischen Ländern nicht gerade als fein, über Verdienst oder Gewinne zu reden, ist es in Amerika wichtig zu wissen, wieviel „Geld man macht". Und während man in Europa Spitzenverdienern oft ambivalent, wenn nicht unverhohlen neidisch gegenübertritt, zollt man ihnen in Amerika öffentliche Anerkennung und Bewunderung. Warum wirtschaftlicher Erfolg einen solchen Stellenwert hat, kann mit dem historischen Erbe der frühen puritanischen Siedler erklärt werden, mit der Pionierzeit, in der alle materiellen Werte aus eigener Kraft geschaffen wurden. Deswegen ist der Respekt auch am höchsten für diejenigen, die ohne einen Cent in der Tasche Karriere machten und die klassische „Vom-Tellerwäscher-zum-Millionär"-Karriere einschlugen.

Puritanische Werte

Auch die **Einstellung zum Job** unterscheidet sich zu der in der „Alten Welt": Es gibt kaum sichere Arbeitsplätze. Nach dem Prinzip des ***hire and fire*** können Kandidaten für nahezu jeden Job kurzfristig eingestellt und genauso schnell wieder entlassen werden. Es zählen der aktuelle wirtschaftliche Erfolg und der persönliche Einsatz, nicht etwa Loyalität oder Verantwortung den Mitarbeitern gegenüber. Sehr viel schneller als in Europa werden in den USA auch hochrangige Manager oder ganze Spezialabteilungen entlassen. Jeder Mitarbeiter ist **Repräsentant der Firma** und deshalb werden strenge Arbeitsdisziplin, korrekte Kleidung und höfliche Umgangsformen erwartet.

Das Qualifikationsniveau ist niedriger, der **Spezialisierungsgrad** höher. Komplexe Arbeitsvorgänge, die bei uns zum Repertoire eines bestimmten Berufsstandes gehören, werden in den USA unterteilt und an mehrere Personen delegiert. Der Vorteil liegt in der schnelleren Erlernbarkeit der Handgriffe – man muss nicht den gesamten Ausbildungsprozess durchlaufen, sondern nur einzelne Arbeitsschritte lernen. Nachteil ist das fehlende berufsspezifische Allgemeinwissen.

Der **Prestigewert** bestimmter Arbeiten ist unerheblich. Es gibt keine „guten" oder „schlechten" Berufe an sich, sondern nur Jobs, die Erfolg bringen oder nicht. Deswegen ist das gesellschaftliche Ansehen eines Lehrers oder Piloten nicht größer als das eines Lagerarbeiters oder Lastwagenfahrers. Dementsprechend bunt kann die Palette der Arbeiten sein, die ein und dieselbe Person im Laufe ihres Lebens ausführt.

Die **Fluktuation** ist entsprechend groß. Da der Verlust des Arbeitsplatzes schneller erfolgen kann, Prestige eine geringere Rolle spielt als Erfolg und man bei lukrativen Angeboten sofort zugreift, wechseln die Amerikaner ihren Arbeitsplatz viel häufiger als ihre europäischen Kollegen. Dabei spielt größere **Mobilität** eine Rolle. Von ihren Firmen auf einen Außenposten versetzt oder auf der Suche nach besser bezahlten Jobs, ziehen Familien quer durch die Vereinigten Staaten. Es gilt überhaupt nicht als unzumutbar, wegen einer Arbeitsstelle von einer Stadt in eine andere, von einem Staat in einen anderen zu ziehen. Der Besitz von Grund und Boden spielt dabei keine Rolle: Amerikaner sind bereit, wenn nötig, ihr Eigenheim kurzfristig aufzugeben und sich einen neue Bleibe zu suchen.

Hohe Mobilität

Landwirtschaft

Die US-Landwirtschaft hat in den vergangenen Jahrzehnten einen **rapiden Wandel** durchgemacht. Während sich die Zahl der Farmen halbierte, stieg die durchschnittliche Größe auf beinahe das Doppelte an. Heute wird die Landwirtschaft von Großbetrieben, vom „Agrobusiness", beherrscht. Amerika ist nicht nur **weitgehend Selbstversorger**, sondern auch einer der **größten Exporteure der Welt** in Bezug auf Getreide und Grundnahrungsmittel. Gesunkene Weltmarktpreise, Überproduktion sowie der allgemeine Wertverfall der entsprechenden Betriebe hatten in den letzten Jahrzehnten allerdings zahlreiche Konkurse und zunehmende Verarmung zur Folge.

Cowboys und Rinder gehören noch heute zum Bild des Westens

Schon die ersten weißen Siedler fanden vor 300 Jahren **vielversprechende Gegebenheiten** vor. Die natürlichen Grundlagen für eine gute Landwirtschaft waren vorhanden: In den östlichen und südlichen Landesteilen gab es genügend Niederschläge, gute und für den Getreideanbau geeignete Böden waren besonders im Osten und Mittelwesten vorhanden, und man hatte Platz für großflächigen Anbau.

Im Westen der USA ist die Landwirtschaft heute der **primäre Wirtschaftssektor** und gerade in den Staaten an der Pazifikküste von überragender Bedeutung. Amerika verdankt die Tatsache, dass es weitgehend autark ist, in hohem Maße den Obstplantagen und Gemüsefeldern Kaliforniens, den Viehweiden des Westens und den Getreidefeldern im Nordwesten. Doch auch andere Regionen sind an der landwirtschaftlich glänzenden Stellung der USA beteiligt: Von den diesbezüglich 20 wichtigsten Staaten liegen allein 13 westlich des Mississippi!

Forstwirtschaft

Von der Kolonialzeit bis 1920 wurden zur Schaffung von Agrarflächen etwa 130 Mio. ha Wald gerodet, was der dreieinhalbfachen Fläche Deutschlands entspricht. Seit in den 1930er-Jahren ein staatliches Konservierungsprogramm aufkam, konnten weitere **Rodungen** und, damit verbunden, Erosionsschäden verhindert werden. Die Bundesstaaten mit der größten forstwirtschaftlichen Bedeutung sind Kalifornien, Oregon und Washington. Die pazifischen Wälder bedecken knapp 87 Mio. ha und stellen so mit fast 30 % den Löwenanteil aller forstwirtschaftlichen Nutzflächen in den USA.

Da hier außerdem die Bäume besonders hoch wachsen und voluminös sind, bergen diese Wälder ein **Drittel der gesamten Holzvorräte** des Landes. Andererseits wird dieses Potenzial wegen der schwierigen topografischen Bedingungen nur zu 15 % genutzt. Im Gegensatz zum Osten, dessen Laubwälder vorwiegend harte Nutzhölzer für die Bau- und Möbelindustrie liefern, wandern die Nadelhölzer des Westens hauptsächlich in die Zellulose- und Papierindustrie. Neben den pazifischen sind die Wälder der Rocky Mountains ein bedeutender Wirtschaftsfaktor. Beide Gebiete haben wesentlichen Anteil daran, dass der Bedarf zu etwa 90 % gedeckt werden kann; der Rest wird hauptsächlich aus Kanada importiert.

Bedeutender Wirtschaftsfaktor

Einer Ausweitung des Holzeinschlages stehen im Westen einige Faktoren entgegen: Im Gegensatz zum Osten sind die Wälder nur selten in privater Hand, sondern fast ausschließlich Staatswälder oder Naturschutzgebiet. Außerdem haben vulkanische Aktivitäten und verheerende Waldbrände in den 1980er- bis 2000er-Jahren, besonders in Washington und Wyoming, schon sehr viel an Substanz vernichtet. Und schließlich verhindern Auseinandersetzungen mit Naturschützern in Oregon und Nordkalifornien einen noch weiterreichenden Kahlschlag. Insgesamt sind die **Aktivitäten der Holzindustrie** in den genannten Bundesstaaten rückläufig.

Fischfang

Mit ihren Tausenden von Küstenkilometern sind die USA eine der wichtigsten Fischfangnationen der Welt und nehmen derzeit den vierten Platz ein. Dabei hat es innerhalb der drei klassischen Fanggebiete (Atlantik, Golfküste, Pazifik) Verschiebungen gegeben. Die Quoten am Atlantik und Pazifik sind größer geworden, die am Golf geringer – auch durch Ölkatastrophen wie im Sommer 2010. In Kalifornien, Washington und Alaska ist der Fang von Lachs, Garnelen, Hummer und Krabben vorherrschend. Ein weiterer Aktivposten ist die Tunfischjagd, die im südlichen Kalifornien (San Diego) betrieben wird. Demgegenüber ist die Bedeutung anderer Fischarten zurückgegangen. Die einstmals übermächtige Sardinenfischerei (Monterey) wurde durch das Ausbleiben der Sardinenschwärme beendet; die von Heilbutt und Makrelen litt unter der Überfischung der nordpazifischen Gewässer. Eine Gesundung der Bestände erhofft man sich durch stark herabgesetzte Fangquoten.

Tunfisch aus San Diego

Bergbau, Industrie und Energiegewinnung

Die Staaten des Westens sind vielfach **hochentwickelte Industriestandorte** mit langer Tradition. Bereits die Indianer kannten die Metallverarbeitung und die Bodenschätze, die es in den verschiedensten Landesteilen gab und gibt, konnten von den weißen Pionieren schon im 19. Jh. intensiv ausgebeutet werden. Ihnen kam zugute, dass die großen Wälder für das nötige Baumaterial sorgten und dass die Flüsse nicht nur vorzügliche Transportwege boten, sondern auch ein hohes Energiepotenzial, anfangs zum Betrieb der Mühlen, später zur Stromerzeugung genutzt.

Was die Spanier erfolglos gesucht hatten, fanden Abenteurer ab Mitte des 19. Jh. in den Bergregionen des Westens: reiche Lagerstätten an Gold, später auch Silber und andere Mineralien und Metalle. In den Gebirgszügen der Kordilleren erinnern viele *Ghosttowns* an die turbulente Vergangenheit, aber immer noch kommen 70 % des amerikanischen Goldes und 50 % des Silbers aus den Rocky-Mountain-Staaten. Das **Zeitalter der Schwerindustrie** begann mit der Erschließung von Kohle, Eisenerz und anderen Metallen. Kein Land der Erde verfügte zu Ende des 19. Jh. über eine solche Vielfalt an (bekannten) Rohstoffen.

Vielzahl an Bodenschätzen

Inzwischen sind etliche **andere Bodenschätze** entdeckt und gefördert worden, viele davon im Westen der USA. Weltweit führend sind die Vereinigten Staaten z.B. in der Produktion von Uran, Kupfer, Kohle, Blei und Phosphat, und auch bei der Förderung von Erdöl, Schwefel, Gold und Silber nehmen sie einen der vorderen Plätze ein. Die genannten Bodenschätze werden in regional sehr unterschiedlicher Intensität in den Staaten Arizona, Colorado, Idaho, Kalifornien, Montana, Nevada, New Mexico und Wyoming abgebaut. Das Kupferbergwerk von Bingham (Utah) ist das bedeutendste der USA und der hier durch den Tagebau geschaffene Krater die größte künstliche Grube der Welt (s. Kap. 6). Die immensen Uran-Vorkommen in New Mexico haben der Gegend von Grants den Beinamen „Uranium Capital of the World“ eingebracht. Andere Bergbauprodukte (Erdgas, Zink, Nickel usw.), bei deren Ausbeutung die USA ebenfalls führend sind, kommen in den östlicheren Regionen des Landes vor.

In dem Maße, in dem die Industriezweige **Elektronik und Feinmechanik** wuchsen, wurde der Westen für das Bruttoinlandsprodukt immer wichtiger. Besondere ab den 1970er-Jahren, als die Branchen Halbleiter- und Computerproduktion ungeheure Steigerungsraten erlebten, vereinte das kalifornische *Silicon Valley* die bedeutendste Konzentration von **Hightechfirmen** in der Welt. Die Krise in den 1980ern konnte man durch ein Gesundschrumpfen meistern. Ein weiterer Effekt war die Verlagerung von Fertigungsstätten nach Arizona, Colorado, New Mexico, Oregon, Utah und Washington, die damit ebenfalls in den Sog der hochwertigen Industrieproduktion gerieten. Ansonsten werden im Westen u.a. Nutzfahrzeuge (CA, UT), Flugzeuge und Raumfahrt-Bauteile (AZ, CA, WA), Chemieprodukte (ID, WY) und Maschinen (CA, UT) hergestellt und es gibt metallurgische Industrie (UT, WA) und Erdölraffinerien (CA, WA).

Hoher Energieverbrauch

Nach wie vor sind die USA der mit Abstand größte **Energieproduzent** der Welt und können ihren Bedarf zu mehr als 80 % aus eigenen Ressourcen decken. Wichtigster Energieträger ist **Erdöl**, obwohl unter dem Schock der Ölkrise von 1973/74, der Beinahekatastrophe im Kernkraftwerk Harrisburg und dem BP Oil Spill vor der Golfküste 2010 die ausreichend vorhandene **Kohle** wieder in den Blickpunkt des Interesses geriet. Für den Westen ist das insofern von Belang, als an der Westflanke der Rocky Mountains (MT, WY) etwa die Hälfte der amerikanischen Kohlereserven lagert. Zudem lagern in der sogenannten *Bakken Formation* unter den Great Plains (MT, ND) riesige **Erdöl**- und **Erdgasvorkommen**. Diese werden derzeit verstärkt abgebaut – mittels umstrittenem „Fracking“ (hydraulische Erdgasgewinnung) – und sollen die USA bald vom Import unabhängig machen.

Bei der Nutzung der verschiedenen Energieträger gibt es große Unterschiede in den einzelnen Landesteilen. Trotz des hohen Industrialisierungsgrads ist der Verbrauch von Erdöl, Erdgas, Kohle und Kernkraft im Westen deutlich geringer als im Süden, Nordosten oder Mittelwesten der USA. Dafür machen Produktion und Verbrauch von **Wasserkraftenergie** im Westen erheblich mehr als 50 % der amerikanischen Gesamtmenge aus! Andererseits wird Erdöl (CA, WY, ID, UT, CO, ND) und Erdgas (ID, UT, CO, ND) zu einem beträchtlichen Teil im Westen (und in Alaska) gefördert.

Umweltbewusstsein

Nicht nur in der Energiegewinnung, sondern auch im Pro-Kopf-Verbrauch nehmen die USA eine Spitzenstellung ein. Trotz eines inzwischen veränderten Bewusstseins trägt der amerikanische Lebensstil weiterhin zu einem **hohen Verbrauch** bei. Die Amerikaner stellen derzeit etwa 5 % der Weltbevölkerung, sind aber mit 25 % am globalen Energieverbrauch beteiligt. Andererseits spielen **Umweltschutz** in Vergangenheit und Gegenwart eine große Rolle in den USA, insbesondere in den Küstenstaaten Washington, Oregon und **Kalifornien**. Der Bundesstaat, der bis 2020 seinen Strom zu 33 % aus erneuerbaren Energieträgern gewinnen will, hat schon jetzt auf verschiedenen Feldern der **alternativen Energiegewinnung** eine globale Spitzenstellung: Nirgendwo sonst in der Welt drehen sich so viele Windmühlen zur Energiegewinnung oder gibt es so viele „Sonnenfarmen". Das *Electric Power Research Institute* (EPRI) in Palo Alto ist das führende Energie-Forschungsinstitut in der Welt, das geothermische Kraftwerk *The Geysers* bei San Francisco das weltweit größte und das Kohlekraftwerk *Cool Water* in der Mojave-Wüste zählt zu den modernsten und umweltfreundlichsten.

Gerade im Westen der USA, speziell an der Küste, ist das **Umweltbewusstsein** stark ausgeprägt. Selbst in einer „Autostadt" wie L.A. hat in den letzten Jahren ein Umdenkprozess, ausgehend von Nordkalifornien, eingesetzt. Es waren v.a. die anfangs belächelten Aussteiger in der Bay Area, die die Richtung vorgaben und das immer noch tun. Der Ausbau des öffentlichen Nahverkehrs, die Unterschutzstellung neu-

Bio-Obst und -Gemüse gibt es auf jedem Wochenmarkt und in vielen Supermärkten

er bzw. die Vergrößerung existierender Naturareale, die Einrichtung von Umwelt- und Naturschutzbehörden, Recycling und Energiesparprogramme – all das sind Schritte in eine bessere Zukunft.

Steigendes Umweltbewusstsein

Ein **Wandel in der Lebenskultur** macht sich unter anderem in der wachsenden Beliebtheit leichter kalifornischer Küche bemerkbar, die sich gegen transport- und verpackungsaufwendiges Fastfood und Supermarkt-Gefrierkost durchgesetzt hat. In lokalen Kleinbrauereien und Weingütern wurde erfolgreich der Kampf gegen Dosen und Massenprodukte angetreten und derzeit ist man in der Bay Area dabei, ein **Umdenken in der Agrarwirtschaft** zu forcieren. Zurück zu hoher Qualität und zu lokalen, biologischen Produkten von Kleinbetrieben, heißt die Devise und ***Buy local and organic*** das neue Motto, das längst nicht mehr auf Nordkalifornien und Oregon beschränkt ist.

Aus den anfangs belächelten Aussteigern, die für den Eigenbedarf produzierten und auf Festivals und Märkten als Exoten galten, ist inzwischen eine lukrative Bewegung geworden, die der rein wirtschaftlich orientierten Landwirtschaft, dem sogenannten *Agrobusiness*, Konkurrenz macht. Der Begriff des *Organic Farming* wurde 1973 geprägt, als sich 90 Bauern zur *California Certified Organic Farmers Association* zusammenschlossen. 1979 machte das *Organic Food Law* die Richtlinien dieser Gruppe zum Gesetz und so gilt Kalifornien als der erste Staat der Welt, der Bio-Richtlinien schriftlich fixierte. Inzwischen ist die **Akzeptanz in der Bevölkerung** stark gestiegen, etwa ein Drittel der Kalifornier gibt an, regelmäßig mehrmals die Woche Bio-Produkte zu kaufen und fast 80 % der Küchenchefs der Bay Area setzen sie auf ihre Speisezettel. ***Natural foods*** sind in den USA die am stärksten wachsende Sparte im Einzelhandel.

Ehrenamtliche Mitarbeit

In den USA ist der Staat – sowohl *Federal* als auch *State Government* – durch die Einrichtung von Naturparks eine der wichtigsten **Umweltschutzorganisationen**. Daneben betreiben Millionen Bürger aktiv Umweltschutz, sind Mitglied einer Umweltschutzorganisation oder unterstützen diese finanziell oder ehrenamtlich. Die sogenannten ***Big Ten***, die zehn größten Umweltschutzorganisationen – darunter *National Audubon Society, National Wildlife Federation, Wilderness Society, American Hiking Society, National Parks and Conservation Association* oder *National Park Foundation* – zählen teilweise mehrere Millionen Mitglieder. Unzählige weitere Gruppen unterschiedlicher Größe widmen sich speziellen Themen – Flüssen, Robben, Lachsen oder speziellen Naturarealen oder Pflanzen –, zum Beispiel *Sierra Club, California Wilderness Coalition* oder *Save-the-Redwoods League*.

Tourismus

Der Tourismus besitzt einen **bedeutenden Stellenwert** für die USA. Seitens internationaler Besucher bekleidet nach New York und Florida immer noch Kalifornien die Nummer 3 in der Beliebtheitsskala der US-Destinationen. An vierter Stelle folgt Nevada (Las Vegas), etwas später Arizona, Colorado, Washington und Utah. Der Südwesten und die gesamte pazifische Küstenregion zählen in ihrer Gesamtheit zu den Spitzenreitern (Infos: ITA Office of Travel & Tourism Industries, http://tinet.ita.doc.gov). Unter den West-Städten haben **Los Angeles** (Nr. 2 nach New York) sowie **San Francisco** und **Las Vegas** (Nr. 4 bzw. 5) die Nase vorn. In Zeiten der Wirtschaftsflaute und der wachsenden Arbeitslosigkeit gelang es allein der Tourismusbranche zuzulegen, da sie zudem von einem relativ niedrigen Dollarkurs profitiert.

Neben den ganzjährig warmen Gebieten im Südwesten üben die Nationalparks, Seen und Berge die größte **Anziehungskraft** auf Besucher aus. Zum inneramerikanischen Tourismus, der seinen Höhepunkt in den Sommerferien und in Form von Naherholungszielen und Wochenendausflügen erlebt, trat ab den 1950er-Jahren der **Wintersport**. Einen wichtigen Impuls erhielt der amerikanische Westen als Wintersport-Destination im Jahre 2002 durch die Ausrichtung der Olympischen Winterspiele in Salt Lake City.

Touristen aus aller Welt

Ansonsten ist der Tourismus v.a. auch für kleine, günstig gelegene Orte (z.B. Moab, Prescott, Palm Springs etc.) von **entscheidender wirtschaftlicher Bedeutung**. Aber auch einige Großstädte profitieren aufgrund ihrer allgemeinen Popularität (z.B. San Francisco) oder wegen bestimmter Attraktionen (z.B. Los Angeles, Las Vegas) ganzjährig vom Fremdenverkehr. Auch die Zahlen der ausländischen Besucher sind in den letzten Jahren wieder steigend. Neben dem grenzüberschreitenden „Nahverkehr" von Kanadiern und Mexikanern sind es besonders Japaner, Deutsche und Briten, die im Westen der USA einen erheblichen Anteil der Besucher stellen.

Auch wenn es im Westen genügend sehenswerte Städte gibt, ist und bleibt die **Hauptattraktion die Natur**. Von Vorteil ist dabei, dass in diesem Landesteil fast zwei Drittel dem Staat gehört und vieles unter Naturschutz steht.

Gesellschaftlicher Überblick

Trotz der engen historischen und kulturellen Verwandtschaft mit Europa fallen in den USA Unterschiede auf, die sich im alltäglichen zwischenmenschlichen Umgang äußern und nicht selten einem anderen Lebensgefühl entspringen. Allgemein gelten die Amerikaner als unkompliziert, freundlich und hilfsbereit. Es ist einfach, mit ihnen in Kontakt zu kommen, sehr schnell werden Adressen getauscht und Einladungen ausgesprochen. Bemerkenswert ist auch eine grundsätzlich optimistische, manchmal geradezu euphorische Grundstimmung.

„American Way of Life"

Aus der Tradition der „Frontier-Zeit" stammt wohl auch der **Freiheitsdrang**, ein Kennzeichen des *American Way of Life*. Das Gefühl für **Selbstverantwortlichkeit**, das **Vertrauen auf die eigene Kraft** und die **Ablehnung starker staatlicher Eingriffe** sind damit gekoppelt. Es war gerade dieses Zugeständnis von **Individualität** und persönlichem Glück, das den Westen der USA zum Mekka für Hippies und Alternative werden ließ. Ab Mitte der 1960er-Jahre zog es Heerscharen von Jugendlichen an die kalifornische Küste, wo sie ihre Vorstellung von Freiheit ausleben konnten. Die Rock- und Popkultur „entdeckte" San Francisco, das in etlichen Songs als Kapitale der Flower-Power-Bewegung gefeiert wurde.

Längst nicht alles aus dieser Zeit ist vergessen. Erhalten haben sich verschiedentlich alternative Lebensformen, die sich z.B. in Wohngemeinschaften, Hausbooten und expe-

Menschen aus aller Herren Länder bilden in den USA ein faszinierendes Mosaik

rimenteller Architektur äußern. Geblieben sind auch die **Lebenslust** der „Wilden 1960er", die Popularität von San Francisco und die legendären Größen der Musikgeschichte. V.a. Kalifornien nimmt innerhalb der Vereinigten Staaten die Rolle als Sinnbild für Liberalität, Freizügigkeit und unkonventionelle Lebensführung ein.

Puritanische Werte

Dem widersprechen eine oft überraschend **puritanische Mentalität** und eine **restriktive Gesetzgebung**. Nicht nur im Mormonenstaat Utah, sondern allgemein in den USA (also auch in Kalifornien) äußert sich das Erbe der streng-religiösen Pioniere auf vielfältige Weise: Amerikaner sind **weitaus prüder** als Mitteleuropäer. Mag der *Playboy* auch aus den USA stammen, sind Nacktszenen im Fernsehen in den USA undenkbar und höchstens auf Pay-TV-Kanälen zu sehen, wobei in den Programmzeitschriften vor den Sexszenen gewarnt wird („X-rated"). Nacktheit in der Öffentlichkeit, hierzu zählen auch „Oben ohne"-Baden oder nackte Kinder, gilt, selbst in privater Umgebung, als obszön.

Jedem Wildwest-Klischee zum Trotz gibt es in den meisten Staaten keine legale Gelegenheit zum Pokern oder anderen Spielen. Lediglich auf Indianerreservaten, auf manchen Gewässern (v.a. in Louisiana) und in Nevada wurde das **Glücksspiel** legalisiert.

Zwar kann man den Führerschein mit 15 oder 16 Jahren machen *(legal driving age)* und in jungen Jahren auch der Armee beitreten, eine „**Volljährigkeit**" wie bei uns gibt es nicht, man unterscheidet zwischen *legal drinking age* (21), *legal marriage age*, *legal gambling age* etc. und diese liegen, auch abhängig vom Staat, zwischen 18 und 21 Jahren.

Zwar geben sich die Amerikaner bei den meisten Gelegenheiten sehr leger, laufen durchaus auch sonntags in Shorts und Shirt herum und mähen lautstark den Rasen. Dennoch gilt vielfach ein strenger ***Dress Code***. So ist in besseren Restaurants, Clubs oder bei Events *formal attire* gefragt, d.h. Sakko und Krawatte, keine Jeans, Shirts oder Turnschuhe. Allgemein heißt es auch bei hohen Temperaturen: „*No shoes, no shirt – no service!*"

Die Mär vom „Schmelztiegel"

Oft wird die amerikanische Gesellschaft als „Schmelztiegel" oder „Melting Pot" bezeichnet, denn von den rund 315 Mio. Menschen gehört fast die Hälfte einer Minderheit an: Über 50 Mio. sind Hispanics, über 40 Mio. Afroamerikaner, knapp 15 Mio. Asiaten, fast 3 Mio. Indianer/Eskimos und knapp 0,5 Mio. Hawaiianer und andere Inselbewohner. Allerdings kann von Verschmelzung nicht die Rede sein, vielmehr von einer **Vielzahl von Ethnien**, die nebeneinanderher existieren und ihre Eigenarten beibehalten haben; der Dichter *Walt Whitman* sprach deshalb schon Mitte des 19. Jh. von einer **Nation of Nations**.

Fast die Hälfte der Bevölkerung gehört einer Minderheit an

Folge von fast 400 Jahren Siedlungsgeschichte in Nordamerika ist ein **einzigartiges Kulturgemisch**, das besonders in den Großstädten lebendig ist: Einmal glaubt man sich ins ferne China versetzt, dann mitten in eine pulsierende mexikanische Metropole oder in eine süditalienische Kleinstadt. Wenige Straßen weiter steht man dann in einem typisch amerikanischen modernen Geschäftszentrum. Die einzelnen Ethnien, allen voran Afroamerikaner, Latinos und Asiaten, aber auch die Südeuropäer bildeten eigene Enklaven, verfügen über eigene Infrastrukturen und Traditionen, pflegen ihre Sprache – Spanisch ist nach Englisch die am häufigsten gesprochene Sprache in den USA –, ihre Feiertage, Feste, Bräuche, Küchen und Religionen.

Eines haben sie jedoch alle gemeinsam: die Liebe für und den Stolz auf ihre neue Heimat. Obwohl nämlich die Weigerung, die eigene Identität abzulegen, kulturübergreifend ist und kulturelle Differenzierung wichtiger ist als oberflächliche Integration, sind die amerikanische Flagge, die Hymne und die Verfassung völkerverbindende Symbole. So gesehen, handelt es sich bei der amerikanischen Gesellschaft um einen **bunten Flickenteppich**, dessen Einzelteile zwar für sich stehen, in der Gesamtschau aber harmonieren.

Flagge und Verfassung als verbindende Elemente

Bevölkerungsverteilung und Siedlungsstruktur

Die **Besiedlung** der Vereinigten Staaten verlief sehr unterschiedlich. Während in den Nordoststaaten, die ungefähr 20 % der Gesamtfläche ausmachen, ungefähr die Hälfte der Bevölkerung wohnt, ist der Westens höchst **ungleichmäßig besiedelt**. Insgesamt leben im Westen inzwischen über 70 Mio. – in den ganzen USA sind es rund 315 Mio. An der Küste, v.a. in Kalifornien, drängeln sich die Menschen, während das Landesinnere extrem dünn besiedelt ist. Besonders deutlich wird das in den östlich der Pazifikküste gelegenen Staaten Arizona, Colorado, Idaho, Montana, New Mexico, Utah und Wyoming, die insgesamt kaum 20 Mio. Menschen beherbergen. Das sind auf einem riesigen Gebiet gerade einmal 6 % der amerikanischen Gesamtbevölkerung! Die durchschnittliche Einwohnerzahl liegt hier weit unter dem amerikanischen Durchschnitt von rund 34 Menschen pro km² (vgl. Deutschland: 229 EW/km²) und erreicht in Wyoming und Montana noch nicht einmal 3 EW/km². Zum Vergleich: Die höchste Bevölkerungsdichte hat der Staat New Jersey mit über 459 EW/km², die geringste Alaska mit 0,5 EW/km².

Ungleiche Bevölkerungsverteilung

Zwar verzeichnen alle diese Staaten **Zuwachsraten**, diese sind aber oft gering. Dazu muss man die Binnenwanderung innerhalb der Bundesstaaten berücksichtigen: Immer mehr Menschen ziehen in die wenigen großen Städten. So entwickelte sich Phoenix zur Millionenstadt (1,5 Mio. bzw. 4,2 Mio. in der Metro Area), große Teile Arizonas sind jedoch menschenleer. Dass die Gesamtpopulation in Arizona von 1980 bis 2009 trotzdem von 2,7 Mio. auf 6,55 Mio. stieg, ist hauptsächlich der Einwanderung aus Mexiko zuzuschreiben. Überproportional war in diesem Zeitraum der Menschenzustrom auch im Staat Washington (von 4,1 Mio. auf 6,89 Mio.) und besonders in Kalifornien (von 23,6 Mio. auf über 38 Mio.). Schon seit den 1960ern ist der Golden State das bevölkerungsreichste Land der USA, vor Texas (über 26 Mio.), New York (19,57 Mio.) und Florida (19,3 Mio.).

Beliebte Innenstädte

Die Siedlungsstruktur zeigt in den USA allgemein eine weitgehende **Verstädterung**. Lebten 1900 noch 60 % der Menschen auf dem Land, waren es 1950 nur noch 46 % und jetzt ist es nur noch rund ein Fünftel. Nachdem in den 1970ern die städtische Bevölkerung wegen der Abwanderung in benachbarte ländliche Gemeinden *(counter urbanization)* nicht mehr so rapide wuchs, ist in den letzten Jahren die „Landflucht" vielfach wieder rückläufig; die Innenstädte (wie in L.A., Portland oder auch Salt Lake City) sind wieder zu beliebten Wohnadressen geworden.

Am bevölkerungsreichsten sind die Städte an der Pazifikküste, unter denen der Großraum Los Angeles mit fast 18 Mio. Menschen, allein etwa 3,8 Mio. in der City, inzwischen nach dem Großraum New York (18,9 Mio.) und vor Chicago (9,4 Mio.) auf dem zweiten Platz in den USA liegt. Auch die Metropolen San Francisco/Oakland/San Jose mit 7,5 Mio., Seattle/Tacoma mit 3,5 Mio. und San Diego mit 3,1 Mio. Menschen gehören zu den Top 20.

Quelle und Infos: U.S. Census Bureau, www.census.gov

Indianer und Eskimos

Die Ureinwohner des Landes, Indianer und Eskimos, bilden heute die **kleinste ethnische Gruppe**. Durch die Indianerpolitik der Kolonialmächte, Kriege und eingeschleppte Krankheiten war ihre Zahl seit dem Auftreten der Europäer rapide gesunken. Ihre Anzahl, die ursprünglich bei ein bis zwei Millionen gelegen haben muss, erreichte den tiefsten Stand zu Ende des 19. Jh. Im Jahr 1900 wies die amtliche US-Statistik nur noch 237.196 Indianer aus. Die Angaben darüber, wie viele Indianer es in den Vereinigten

Der amerikanischen Fahne verpflichtet: Indianer im Militär

Staaten heute gibt, variieren stark, abhängig davon, wer als „Indianer" gezählt wird bzw. sich als solcher registrieren ließ. Fasst man jene zusammen, die sich selbst so bezeichnen und entsprechend bei den Behörden gemeldet sind, leben fast 3 Mio. – einschließlich etwa 50.000 Eskimos *(Inuit)* – in den USA. Über 560 Tribes (indianische Stämme) sind offiziell als unabhängige Nationen von der Bundesregierung in Washington, D.C. anerkannt – insgesamt gibt es über 1.400 (!) indianische Völker in Nordamerika. Ungefähr die Hälfte der Indianer lebt in Reservaten, die z.T. autonom verwaltet werden und dem *Bureau of Indian Affairs*, einer Behörde des Innenministeriums, unterstehen.

Die weitaus meisten Indianer leben im Westen der USA. Die größten **Reservate** sind das *Navajoland*, das sich über 6,5 Mio. ha über die Bundesstaaten Arizona, New Mexico und Utah erstreckt, sowie das *Papago-* und das *Hopi-Reservat*, beide in Arizona. Hinzu kommen größere Gebiete im Nordwesten, wie Wind River (Wyoming), in den beiden Dakotas, in Montana und Washington. Da in diesen Reservaten zumeist der Boden unfruchtbar, die Infrastruktur schlecht ist und Bodenschätze fehlen, kann das Land weder landwirtschaftlich noch industriell in großem Stile genutzt werden. Obwohl die Reservate mit staatlichen Mitteln gefördert werden, ist in den meisten Fällen die wirtschaftliche, soziale und gesundheitliche Lage alles andere als erfreulich: Arbeitslosigkeit, Diabetes, Alkoholismus, frühe Sterblichkeit und hohe Selbstmordraten machen viele Reservate zu „**Entwicklungsländern**".

Indianer-Reservate

Nachdem 1988 durch ein Gesetz *(Indian Gaming Regulatory Act)* die **Eröffnung von Spielcasinos** auf dem Gebiet von Indianerreservaten legalisiert wurde, versuchen viele indianische Nationen, diese Geldquelle zu nutzen. Inwieweit die Einnahmen jedoch tatsächlich dazu beitragen, die Situation der Indianer zu verbessern, ist lokal unterschiedlich. Es gibt Stämme, die die Erträge für Schulen, Straßenbau, Kultur-, Sprach- und Fortbildungsprogramme verwenden, bei anderen hingegen profitiert in erster Linie das Individuum selbst, manchmal durch einen Arbeitsplatz im Casino – wo er/sie das verdiente Geld vielfach gleich wieder selbst verspielt.

Lateinamerikaner

Von den über 50 Mio. Menschen aus Lateinamerika, die in den Vereinigten Staaten leben, sind alleine über 31 Mio. „*Chicanos*", eine ursprünglich in Kalifornien aufgebrachte diskriminierende Bezeichnung für Mexikaner bzw. ihre Nachfahren *(Mexican Americans)*. Sie gehören damit wie die Lateinamerikaner (v.a. Puerto Ricaner) zur Gruppe der **Hispanics** bzw. der **Latinos**, d.h. Menschen hispanoamerikanischer oder spanischer Herkunft. Ein Hispanic kann „schwarz" oder „weiß" sein.

Spanischsprachige Immigranten

1950 lebten 4 Mio. Hispanics in den USA, 1970 waren es 9 Mio., 1980 rund 15 Mio. und 2010 bereits über 50 Mio. Bis 2050 könnte ihr Anteil ein Viertel der Gesamtbevölkerung ausmachen. Sie leben hauptsächlich im Westen und Südwesten der USA, v.a. Kalifornien, Arizona, New Mexico, Texas, Florida (Kubaner), Colorado, Nevada, aber auch in New York (Puerto Ricaner). In Arizona stellen sie rund 20 %, in Colorado 14 %, in Kalifornien 30 % und in New Mexico bereits über 50 % der Gesamtbevölkerung.

Der **rapide Anstieg** speist sich aus dem ständigen Nachzug weiterer junger und kinderreicher Familien aus Mexiko. Außerdem liegt deren Geburtenrate eindeutig über US-Durchschnitt. An der Zahl von etwa 30 Mio. Menschen in den USA, die kein Englisch beherrschen, ist diese Gruppe entscheidend beteiligt. Deswegen hat sich jetzt schon im Süden des Reisegebietes **Zweisprachigkeit** durchgesetzt. In East Los Angeles gibt es ganze Stadtteile, die geschlossen spanischsprachig sind, ebenso in San Diego, Tucson, Santa Fe und Phoenix.

Schlechte Arbeitsbedingungen

Bedingt durch die schlechten wirtschaftlichen Verhältnisse in Mexiko und die relativ lange Grenze (über 3.000 km) zur USA, die sich in ihrer Gesamtheit trotz Zäunen und Grenzpatrouillen schlecht überwachen lässt, sehen viele Mexikaner in einem **illegalen Grenzübertritt** in Richtung USA eine Chance, ihre Lebensqualität zu verbessern. Mit Hilfe von gut bezahlten Schleuserbanden werden die Einwanderungswilligen in einem menschenleeren Wüstenabschnitt 30 km hinter der Grenze abgesetzt und dort ihrem Schicksal überlassen. Diejenigen, die es schaffen, versuchen bei Landsleuten am Stadtrand von Los Angeles, San Diego, Tucson, San Antonio oder Phoenix Unterschlupf zu finden und sich Arbeit zu suchen. Ohne Aufenthalts- und Arbeitsgenehmigung sind sie zwar gezwungen, für wenig Geld zu arbeiten, doch verdienen sie meist immer noch mehr als im Heimatland.

Es sollen über 6 Mio. **illegale Einwanderer**, v.a. aus Mexiko, in den USA leben. Kein Wunder, dass eine neue Einwanderungspolitik heftig diskutiert wird und Präsident Obama eine Neuregelung anstrebt. Denn eines ist sicher: Gerade in der Landwirtschaft – besonders in den Pazifikstaaten und im Südwesten – kann auf diese häufig nur zur Ernte in die USA kommenden Mexikaner nicht verzichtet werden.

Afroamerikaner

Afro-American oder **African-American** wird die schwarze Bevölkerung politisch korrekt genannt. Ihre Vorfahren waren nicht freiwillig in die „Neue Welt" gekommen: 1638 hatte man in Boston die ersten „Leibeigenen" bestaunt, die auf den *West Indies* (Karibik) gefangen und mit Schiffen hertransportiert worden waren. Der organisierte **Sklavenhandel** blühte nach 1660 auf und erlebte im 18. Jh. seinen unrühmlichen Höhepunkt. Schwerpunktmäßig arbeiteten die Schwarzen auf den Plantagen des Südens, wo sie auch die Bevölkerungsmehrheit bildeten.

Nach dem Bürgerkrieg, aber besonders ab 1915 brachen in der ***Great Migration*** eine Million Afroamerikaner zu den Industriestädten des Nordostens und des Mittleren Westens auf. Ab 1940 begann die Wanderung auch Richtung Pazifik, mit Schwerpunkt Kalifornien. Während in den meisten Regionen des Westens die Afroamerikaner nur in kleinen Zahlen vertreten sind, liegt mit über 2 Mio. Farbigen Kalifornien hinter New York an zweiter Stelle. Innerhalb Kaliforniens leben sie hauptsächlich auf zwei Großräume konzentriert: Los Angeles, wo sie etwa 7 % der Bevölkerung stellen, und die östliche Bay Area mit Berkeley und Oakland. Eine, wenn auch viel kleinere, Konzentration weisen die Städte Phoenix, San Francisco und Seattle auf.

Starke Minderheit

Heute sind die Afroamerikaner mit **über 40 Mio.** (rund 13 %) an der Gesamtbevölkerung beteiligt und bilden damit neben den Lateinamerikanern die stärkste Minorität in den USA. Zwar wurde als Folge der ab 1955 aktiven Bürgerrechtsbewegung mit den *Civil Rights Acts* von 1964, 1965 und 1968 Rechtsgleichheit festgelegt, aber der Traum des bekannten Bürgerrechtlers, *Dr. Martin Luther King*, ist dennoch in Realität noch nicht in Erfüllung gegangen.

Zwar gibt es inzwischen eine afroamerikanische Mittel- und Oberschicht und oberflächlich betrachtet scheint sich die **Situation der Afroamerikaner** verbessert zu haben: Statistiken sprechen von mehr gemischt-ethnischen Ehen, von Gleichberechtigung am Arbeitsplatz und im gesellschaftlichen Leben, aber dennoch scheint der **Teufelskreis** nicht zu durchbrechen zu sein: Farbige Frauen bekommen oft sehr jung und unverheiratet Kinder, dadurch sinken die Chancen auf eine Berufsausbildung, auf einen guten Arbeitsplatz und eine annehmbare Wohnung – der soziale Abstieg ist vorprogrammiert, auch für die Kinder.

Schwierige soziale Lage

Noch immer sind schwarze Wohnviertel isoliert, gibt es rein schwarze, schlecht ausgestattete Schulen, schwarze Kneipen und Kirchen, Diskriminierung und Verachtung. Ob sich an der Situation durch den ersten afroamerikanischen Präsidenten *Barack Obama* langfristig etwas ändern wird, bleibt abzuwarten.

Asiaten

Amerikaner asiatischer Herkunft stellen einen Bevölkerungsanteil von knapp 5 % (14,6 Mio.). Allein in Kalifornien und Hawaii lebt die Hälfte aller eingebürgerten Asiaten. In den letzten Jahren stellte die Immigration aus dem asiatischen Raum eines der größten Kontingente. Die älteste und größte Gruppe stellen die **Chinesen** (ca.

1,5 Mio.), deren Vorfahren im 19. Jh. in den amerikanischen Westen kamen, wo sie am Goldrausch Anteil nahmen und in den 1860er- bis 1870er-Jahren beim Bau der transkontinentalen Eisenbahn Arbeit fanden.

Einwanderer aus dem Fernen Osten

Als der Zustrom der Chinesen auch nach der Fertigstellung der Eisenbahn nicht abebbte und in den 1870ern durchschnittlich 15.000 jährlich nach Kalifornien einwanderten, kam der Begriff der „gelben Gefahr" auf. 1882 beugte sich der Kongress der öffentlichen Meinung und erließ den *Chinese Exclusion Act*, der der chinesischen Einwanderung zunächst ein Ende setzte. Erst während des Zweiten Weltkrieges wurde auf Veranlassung von Präsident *Theodore Roosevelt* das Gesetz wieder aufgehoben. Ab 1947 wurde ihnen gestattet, auch außerhalb der Chinatowns Grund und Boden zu erwerben, 1948 hob Kalifornien das Verbot von Mischehen zwischen Chinesen und Weißen auf. In der Nachkriegszeit kamen, auch verursacht durch die Ereignisse in der Volksrepublik China und in Hongkong, wieder sehr viele Chinesen ins Land. Hinsichtlich Bildungsstands und Einkommens liegen sie über dem nationalen Durchschnitt, und gelten wegen ihres Fleißes und ihrer Strebsamkeit als **Model Minority**.

Die **Japaner** (heute etwa 1,3 Mio.) folgten in der zweiten Einwanderungsphase und haben sich zu gut einem Drittel in Hawaii und Kalifornien niedergelassen. Wie die Chinesen hatten auch sie lange Zeit unter Rassismus zu leiden, der in Sondergesetze und ein Einwanderungsverbot mündete. Erst nach dem Zweiten Weltkrieg wurde diesen Gruppen wieder der Zuzug in die Vereinigten Staaten erlaubt.

San Franciscos Chinatown gibt einen faszinierenden Einblick in eine andere Welt

Wegen ihrer besseren Anpassungsfähigkeit waren die **Filippinos** von diesem Verbot nie betroffen. Sie stellen mit über 1 Mio. Menschen die zweitgrößte asiatische Gruppe und leben ebenfalls hauptsächlich in Hawaii und Kalifornien. Infolge der Kriege, an denen die USA im Fernen Osten beteiligt waren, kamen überdies viele **Koreaner** und **Vietnamesen** ins Land. Relativ gleichmäßig verteilt leben **Inder** in den USA. Die sprachlich und kulturell sehr andersartige asiatische Einwanderungsgruppe hat sich v.a. in New York und in Kalifornien, dort bevorzugt im Großraum Los Angeles und in der Bay Area, niedergelassen.

Weiße Amerikaner

Mit rund 64 % stellen die **White Americans** – nicht-hispanische Weiße, v.a. Einwanderer aus Europa und dem mittleren Osten, die im Unterschied zu den Hispanics entweder als **Caucasians** oder als **Anglos** bezeichnet werden – die mit Abstand größte Bevölkerungsgruppe dar, obwohl ihr Anteil stetig sinkt. Die Immigration der europäischen Weißen, die von der Pionierzeit bis in die 1930er in mehreren Schüben und im Laufe der Zeit stärker werdend, verlief, brachte zunächst vorwiegend Briten, Iren, Deutsche, Skandinavier und Franzosen auf den Subkontinent.

Sinkender Anteil

In der zweiten Phase folgten Einwanderer aus Süd- und Osteuropa, vielfach Juden. Insgesamt sind die europäischen Weißen diejenigen, die sich am schnellsten und nachhaltigsten assimiliert haben. Trotzdem gibt es auch hier große ethnische und religiöse Unterschiede. Noch heute ist die Gruppe der **deutschstämmigen Amerikaner** mit fast 17 % die größte Gruppe im Land und unter den *White Americans*, gefolgt von Iren (12 %), Engländern (9 %), Italienern (6 %), Polen und Franzosen (je ca. 3 %).

Soziale Situation

Ausländischen Besuchern erscheint der amerikanische Westen auf den ersten Blick nicht nur als schönes, sondern auch als reiches Land, als „Paradies auf Erden". Erst auf den zweiten Blick nimmt man die „Homeless People" in den Innenstädten wahr, erkennt die höchst unterschiedliche Wohnstruktur, die auch Baracken- und Wohnwagensiedlungen aufweist, und bemerkt die missliche Lage in den Indianerreservaten. Es besteht kein Zweifel: Auch hinsichtlich der sozialen Lage sind die USA **ein Land der Kontraste**.

Immer mehr Menschen in den USA – auch im Westen – geht es statistisch zu Beginn des neuen Jahrtausends schlechter als Ende der 1970er-Jahre. Von den Amerikanern lebten im Jahre 1970 insgesamt 12,6 % unter der **Armutsgrenze** *(poverty line)*, 1982 waren es 15 % und 2010 etwa 25 %. Die Zahl der sozial Schwachen hat sich dabei in allen ethnischen Gruppen (Weiße, Schwarze, Chicanos, Indianer, Eskimos) vergrößert, allerdings am stärksten bei den Hispanics und Afroamerikanern.

Steigende Armut

Vor allem Afroamerikaner und Latinos sind von der Misere betroffen, zudem soll rund ein Viertel der Kinder unterhalb der Armutsgrenze aufwachsen. Zwar geht es dem Westen im Landesdurchschnitt noch am besten, aber dennoch wächst auch hier die Kluft zwischen Arm und Reich. Soziale Sprengkraft erzeugt, auch im Westen, die zunehmend ungleiche Verteilung der Einkommen: das reichste eine Prozent der Bevölkerung konnte in 20 Jahren sein Einkommen im Schnitt um 120 % steigern während die Reallöhne des überwiegenden Teils der Arbeitnehmer im gleichen Zeitraum um 20 % sanken.

Krankenversicherung

Keine Versicherungspflicht

Während des Arbeitslebens sind, zumindest derzeit noch, die meisten Amerikaner – Beamte und Staatsbedienstete sowie vorbildhafte Firmen ausgenommen – gezwungen, sich selbst, d.h. privat, zu versichern. Nicht jeder kann sich das leisten, und da **keine Versicherungspflicht** wie hierzulande besteht, nehmen viele das Risiko einer Krankheit und die damit verbundenen Kosten in Kauf. Arbeitgebern ist immer noch freigestellt, ob und in welcher Höhe sie sich an der Krankenversicherung beteiligen. Mehr und mehr größere Firmen kümmern sich heute stärker um die soziale und gesundheitliche Absicherung ihrer Mitarbeiter, wohingegen Staats- und viele städtische Bedienstete schon immer dieses Privileg genießen.

Bislang gewährt der Staat Sozialhilfeempfängern und Rentnern eine **Krankengrundversorgung**, die *Medicaid* bzw. *Medicare* genannt wird. Diese Versicherung wird wie die Sozialversicherungsbeiträge je zur Hälfte vom Arbeitgeber und vom Arbeitnehmer finanziert. Allerdings müssen die Patienten – mit Ausnahme der finanzschwachen *Medicaid*-Versicherten – einen Eigenanteil an Krankenhaus-, Arzt- und Behandlungskosten leisten.

Reformversuch

Präsident *Barack Obama* versucht derzeit eine **staatliche Krankenversicherung für alle** durchzusetzen und hat 2010 ein entsprechendes Gesetz in die Wege geleitet. Ob es sich allerdings umsetzen und vor allem finanzieren lässt, steht derzeit noch in den Sternen. Zu kompliziert – und oft undurchschaubar –, zu unterschiedlich sind die bundesstaatlichen und lokalen gesetzlichen Vorlagen, sodass sich mit einem Gesetz keine übergreifende Regelung finden lassen wird. Gerade in dieser Frage wird eine Besonderheit der USA deutlich: In vielen Bereichen hat die zentrale Regierung in Washington D.C. einen schweren Stand gegenüber der Eigenständigkeit der Bundesstaaten. Diese wiederum sind nicht geneigt, ihre Autonomie aufzugeben, auch wenn es am Ende um das Wohlergehen der Allgemeinheit geht …

Rentenversicherung

1935 wurde mit dem **Social Security Act** die Rentenversicherung, ein Sozialhilfeprogramm und einzelstaatliche Arbeitslosenversicherungen in den USA eingeführt. Heute sind die meisten Arbeitnehmer rentenversichert. Die Altersbezüge sind jedoch gering, da auch die Beiträge niedrig sind, ein Grund dafür, dass viele *retirees* auch im hohen Alter noch Nebenjobs annehmen. Die Rente, weniger als die Hälfte des letzten Nettoeinkommens, wird über die *Social Security* finanziert, in die anteilig Arbeitnehmer und Arbeitgeber einzahlen.

Im Gegensatz zur deutschen Rentenversicherung verfügt die amerikanische Sozialversicherung über einen stetig wachsenden Rentenfonds. Das Rentenalter schwankt je nach Zahl der Einzahlungsjahre zwischen 63 und 67 Jahre, es besteht allerdings die Möglichkeit, unter Inkaufnahme von Abschlägen früher in Rente zu gehen. Diejenigen, die finanziell dazu in der Lage sind, schließen darüber hinaus private Rentenversicherungen bzw. Lebensversicherungen ab, um im Alter ihren Lebensstandard halten zu können.

Arbeitslosen- und Sozialhilfe

Hohe Arbeitslosigkeit durch Wirtschaftskrise

Lange Jahre lag die **Arbeitslosenquote** in den USA unter 4 %, während der letzten Wirtschaftskrise stieg die Zahl auf fast 10 %, inzwischen sinkt die Quote wieder langsam (unter 8 %). Die Zahlen zeigen im Übrigen auch die Benachteiligung der Afroamerikaner und Lateinamerikaner, deren Arbeitslosenrate mit 15 bis 20 % erheblich höher liegt.

Arbeitslose werden in den USA weniger großzügig unterstützt als hierzulande. Ein Arbeitsloser erhält 26 bis maximal 39 Wochen lang eine finanzielle **Unterstützung**, die zwischen 30 und 50 % seines letzten Arbeitslohnes liegt. Genau wie bei der Arbeitslosenversicherung variieren die Leistungen der Sozialhilfeprogramme von Staat zu Staat jedoch gravierend. **Sozialhilfe** *(workfare)* wird jenen gewährt, deren Einkommen unter der offiziellen Armutsgrenze liegt, dazu gehören etwa ein Drittel der Afroamerikaner und ein Viertel der Latinos. Neben *Medicaid* erhalten die Bedürftigen *food stamps* (Lebensmittelmarken), Kostenbefreiung für Kindergarten- und Schulbesuch und Mietzuschuss.

Mindestlohn

Kein Bürger darf länger als fünf Jahre Sozialhilfe aus Bundesmitteln empfangen. Jeder Empfänger ist verpflichtet, nach zwei Jahren mindestens 20 Wochenstunden zu arbeiten. Zahlungsdauer und Höhe von Arbeitslosenversicherung und Sozialhilfe haben zur Folge, dass die Betroffenen auch **schlecht bezahlte Jobs** annehmen. Immerhin verfügen die USA über ein Mindestlohngesetz, das staatlich bei $ 7,25 liegt (in Deutschland diskutiert man seit Jahren über eine Einführung), die auch von den meisten Staaten als Untergrenze akzeptiert werden.

Bildungswesen

Die Wurzeln des amerikanischen Bildungswesens liegen in Neuengland. Die erste höhere Schule – die „**Boston Latin School**" – wurde 1635 in Boston gegründet. 1637 eröffnete das „Newtowne College", das ein Jahr später in „**Harvard University**" umbenannt wurde und heute als eine der renommiertesten Hochschulen der Welt gilt. Nach den großen Universitäten an der Ostküste folgten Ende des 19. Jh. die *University of California* (1871 in Berkeley), *Stanford University* (1885), *University of Washington* (1861) und *Brigham Young Academy* (später *University*, 1875).

Das amerikanische Bildungssystem war von Anfang an auf **Pragmatik** ausgerichtet, man hing weit weniger einem abstrakten, akademischen Bildungsideal nach als in Europa und erhob nie Anspruch auf eine humanistisch geprägte Allgemeinbildung. Den Siedlern und Pionieren genügten sogar noch die **Three R**: **r**eading, w**r**iting, a**r**ithmetic (Lesen, Schreiben und Rechnen).

Schulen

Große Qualitätsunterschiede

1671 hatte man in allen Kolonien außer Rhode Island die allgemeine Schulpflicht eingeführt. Das Schulwesen lag von Anfang an in den Händen der Stadt oder der Gemeinde, was erklärt, wie es zu der immensen Zersplitterung in um die 16.000 Schuldistrikte kam. Die **Qualität der Schulen** ist in erster Linie von der sie umgebenden Sozialstruktur und dem Wirtschaftsgefüge abhängig. Da sie durch die Grundsteuer finanziert werden, sind Schulen in „guten Wohngegenden" besser ausgestattet, verfügen über bessere (und höher bezahlte) Lehrer als solche in einer armen Neighborhood mit geringem Steueraufkommen. Die großen Qualitätsunterschiede im Bildungsangebot haben in Amerika zu einer **Bildungsmisere** geführt, die sich in geringer Allgemeinbildung und Wissensdefiziten äußert.

Positiv zu bewerten ist hingegen, dass während der Schulzeit ein Schwerpunkt auf die **Förderung des Sozialverhaltens** gelegt wird – naheliegend in einem Einwanderungsland wie den USA, wo von Anfang an vielerlei Nationalitäten und Kulturen miteinander auskommen mussten. Außerdem spielen in den Ganztagsschulen **„außerschulische" Aktivitäten** wie Sport, Musik, Benimmkurse oder Fahrschule eine weit größere Rolle als hierzulande. Aufgrund der Größe des Landes konzentrieren sich die Lerninhalte logischerweise überwiegend auf den eigenen Kontinent und die eigene Sprache. Das **Schuljahr** umfasst nur rund 180 Tage (aber es gibt zusätzliche Sommerkurse) und statt des deutschen dreigliedrigen Systems mit Grund-/Hauptschule, Realschule und Gymnasium herrscht ein einheitliches Zwölf-Klassen-System, das Chancengleichheit gewährleisten soll. Mit sechs Jahren geht ein Kind in die sechsklassige ***Elementary (Primary) School***. Die *grades* 7–9 werden „Middle" und 10–12 „High School" genannt. Im Alter von ca. 18 Jahren geht es dann weiter auf dem College oder der University, für normalerweise vier Jahre bis zum ersten Abschluss.

Universitäten

„*Your career is our business*" – so lautet die Devise an amerikanischen Universitäten. In den ganzen USA sind es über **4000 höhere Bildungseinrichtungen**, die miteinander konkurrieren. Der Großteil davon sind *Junior Colleges* und *Colleges*, an denen keine höheren Abschlüsse als *Bachelor Degrees* möglich sind. Generell gibt es keine allgemein gültige staatliche Regelung oder Kontrolle des Bildungswesens, keine gesetzlich geregelte staatliche Anerkennung der Hochschulen. Es herrscht **akademische Selbstverwaltung** und die Aufnahmebedingungen seitens der Unis unterscheiden sich ebenso wie ihr Niveau. Aufnahmetests spielen meist eine geringere Rolle als das persönliche Vorstellungsgespräch, Noten sind oft weniger wichtig als Charakterstärke, Engagement und Neigungen, und Vermögen wird weniger Bedeutung zugemessen als beispielsweise der Tatsache, ehemalige Studenten *(alumni)* in der Familie zu haben. Eine Pflicht zur Aufnahme besteht generell nicht.

Persönliches Engagement wichtig

Die University of California in Berkeley gehört zu den legendären Hochschulen des Landes

Rund 40 % aller *Colleges* und *Universities* befinden sich in öffentlicher Hand, d.h. erhalten Zuschüsse von Bundesstaaten, Gemeinden oder Städten. Die Mehrzahl stellen private Hochschulen, die meist einen besseren Ruf als die staatlichen genießen, jedoch auch um einiges höhere **Studiengebühren** (*tuition*) erheben. Unterschiede werden dabei auch nach dem Herkunftsort gemacht: Studenten aus dem gleichen Bundesstaat zahlen weniger als Ortsfremde. Angesichts der hohen Studienkosten, die übers Jahr durchaus in die Zehntausende Dollar gehen können, mag man zunächst den Kopf schütteln, sollte aber bedenken, dass amerikanische Universitäten seit jeher als **Wirtschaftsunternehmen** nach dem Prinzip „Leistung – Gegenleistung" und „Der Kunde ist König" arbeiten.

Hohe Stiftungsvermögen

Vor allem die Privatunis werden komplett **privatwirtschaftlich betrieben** und gehören in den kommerziellen Dienstleistungssektor. Unis finanzieren sich in erster Linie aus Studiengebühren, Stiftungsvermögen, Spenden und Einnahmen – z.B. aus TV-Übertragungsrechten für ihre Sportteams – und verfügen im Allgemeinen über ansehnliche Etats, die eine gute personelle und materielle Ausstattung der Einrichtungen erlauben. Die Stiftungsvermögen sind hoch, Gelder werden reinvestiert und hauptberuflich agierende *Fundraiser* werben um Spenden und erschließen neue Geldquellen. Die Hochschulen konkurrieren um die besten Professoren, die begabtesten Studenten und die großzügigsten Sponsoren. Dies führte zur Herausbildung sogenannter **Eliteuniversitäten** wie *Yale, Harvard, Brown, Princeton* oder *Stanford*.

Das elterliche Vermögen spielt keine allein bestimmende Rolle. Mit der Aufnahme in eine Universität wird ein „**Finanzierungsplan**" erarbeitet. Abgesehen von den angebotenen zinsgünstigen Krediten gibt es eine Vielzahl verschiedenster **Stipendien** um die man sich bewerben kann und außerdem eine breite Palette an **Nebenjobs**. Anders als hierzulande befinden sich z.B. Verwaltung, Bibliotheken oder Dienstleistungsbetriebe in studentischer Hand. Die Universität bzw. der Campus stellt eine **eigene Stadt** für sich dar, mit kompletter Infrastruktur und einem breiten Angebot im akademischen und nichtakademischen Bereich; dazu gehören z.B. Sport- und Freizeiteinrichtungen, Kurse und Veranstaltungen. Der Campus bietet **Rundum-Versorgung** – z.B. Gesundheitszentrum, Job-Service, Beratungsstellen und Finanzhilfe – und fördert zweifellos die Konzentration aufs Studium.

Campus mit Rundum-Versorgung

Studium

Normalerweise schließt sich an die High School ein **College-Studium** in einem der klassischen Ausbildungsgänge an. Die Einrichtungen unterscheiden sich hinsichtlich Studiendauer, -angebot und Spezialisierungsgrad, wobei viele Universitäten ein College-Studium und viele Colleges Master-Studiengänge wie an Universitäten anbieten. Das College-Studium wird auch als **Undergraduate Studies** bezeichnet und dauert zwei oder vier Jahre. Rund 1100 *Community (Junior) Colleges* sind von den Kommunen betriebene öffentliche Einrichtungen, die eine zweijährige, praxisorientierte Ausbildung ermöglichen.

Während dieser Zeit – die Ausbildung gleicht vom Niveau her etwa der deutschen gymnasialen Oberstufe – wird der Student auf den Berufseinstieg vorbereitet. Über 80 % der amerikanischen Studenten steigen nach Absolvieren des Undergraduate-Studiums mit einem ***Bachelor*-Abschluss** ins Berufsleben ein, knapp ein Fünftel setzt die Ausbildung nach dem College-Studium mit einem *(**Post**-)**Graduate***-**Studium** fort, meist an der Graduate School einer Universität. Absolviert wird hier ein vertieftes, wissenschaftlich ausgerichtetes Studium in einer bestimmten Fachrichtung. Die sogenannten *Postgraduate Studies* enden in der Regel nach zwei zusätzlichen Jahren mit dem Verfassen einer *thesis* und bringen dem Studierenden einen ***Master's Degree***, einen Magisterabschluss, ein, der mit „M.A." (Master of Arts) oder „M.S." (Master of Science) abgekürzt wird. Der dritte Studienabschnitt wäre ein **Doctorate Program**, das sich, je nach Uni, auch unmittelbar an den Bachelor anschließen kann. Eine **Habilitation** ist in den USA nicht vorgesehen – bei entsprechender Leistung und hoher jährlicher Punkte-Bewertung durch die Studenten steigt man vom *Assistant Docent* zum *Professor* auf.

Verschiedene Abschlüsse

Religion – „God's own Country"

Mit der Verankerung der **Religionsfreiheit** und der **Trennung zwischen Staat und Kirche** in der Verfassung wurden die USA zu „**God's own Country**", zu einem Land, in dem jeder seinen Glauben ausleben kann, solange er nicht Gesellschaft oder Staat schadet. Dieses *Disestablishment*, als erster **Verfassungszusatz** *(Amendment I)* 1791 in der Verfassung verankert, führte zu mehr Mobilität und Konkurrenz. Kirchen und ihre Prediger mussten nun um ihre „Schäfchen" buhlen. Im 19. Jh. erreichte die **Vielfalt**

an Glaubensgruppen bzw. Sekten in den USA ihren Höhepunkt; und bis heute ist die religiöse Zersplitterung nirgendwo sonst so stark wie hier.

Trotz der strikten Trennung von Kirche und Staat ist das Leben der Amerikaner von der Religion bzw. Kirchengemeinde geprägt – was hierzulande oft unterschätzt wird. So gilt in vielen Teilen der USA der Sonntag immer noch als „Heiliger Tag", an dem man sich gut gekleidet und in feierlicher Stimmung in der Kirche trifft. Und die Bibel ist weiterhin das meistgelesene Buch.

Religiöse Vielfalt

Die ersten europäischen Siedlungen in Nordamerika wurden von verschiedenen Gruppen **religiöser Flüchtlinge** aus dem damals intoleranten Europa gegründet. Als Erste träumten die in den 1560er-Jahren in Großbritannien aufgekommenen **Puritaner** den Traum vom *Promised Land*, vom „Gelobten Land". Sie sahen sich als *The Chosen People*, als Auserwählte, die von Gott den Auftrag erhalten hatten, ein „neues Jerusalem" zu schaffen. 1620 segelten die ersten Puritaner, die sogenannten Pilgerväter, mit der „Mayflower" nach Amerika und siedelten sich im heutigen Neuengland an.

Religiöse Vielfalt, hier der Mormon Temple in Salt Lake City, zeichnet die USA aus

Motiviert durch die erfolgreichen Koloniegründungen in Nordamerika zu Beginn des 17. Jh. stieg die Zahl religiös motivierter Auswanderer stetig an. Zu den meistbeachteten Versuchen, ein neues „Gelobtes Land" zu schaffen, gehört das von *William Penn* gegründete **Pennsylvania**. Als Mitglied der in den 1650er-Jahren in England entstandenen *Religious Society of Friends*, besser bekannt als **Quäker**, schlug *Penn* auf der Suche nach Freiheit den Weg nach Nordamerika ein und legte die Regeln des Zusammenlebens in der 1701 von ihm verfassten *Charter of Privileges* fest. Gerade Pennsylvania wurde fortan zum Zufluchtsort vieler religiöser Gruppen aus Europa, darunter eine Gruppe um den Schweizer Prediger *Jacob Amman*, die **Amischen** *(Amish People)*, eine Splittergruppe der **Mennoniten**, die 1536 unter Führung des charismatischen Niederländers *Menno Simons* entstanden waren.

Wiedererweckungs-Bewegungen

Religiöse Strömungen

Nicht allein religiöse Flüchtlinge sind für die Kirchenlandschaft der USA verantwortlich, auch **religiöse Wiedererweckungs-Bewegungen** *(Great Awakenings)* spielten eine zentrale Rolle. Das **erste Great Awakening** griff zwischen 1720 und 1750 auf die englischen Kolonien in Nordamerika über. Zu den damals herausragenden Figuren zählte der Prediger *George Whitefield*, der zum Führer der calvinistisch-protestantischen Gemeinschaft der **Methodisten** aufstieg. Erstmals rückte dabei die individuelle religiöse Erfahrung statt des Gemeinschaftserlebnisses in den Mittelpunkt. Auf fruchtbaren Boden fiel diese Bewegung auch im Mutterland England: 1747 gründete sich in Manchester die *United Society of Believers*, die als **Shaker** nach ihrer Flucht 1774 in Nordamerika regen Zulauf verzeichneten.

Zwischen 1795 und den 1840er-Jahren kam es zu einem **zweiten Great Awakening**. Evangelisten wie *Charles G. Finney* propagierten den freien Willen eines jeden Menschen und die Vergebung der Sünden für alle. Am folgenreichsten erwiesen sich jedoch die Visionen des *Joseph Smith* (1805-44) im September 1823, die sieben Jahre später die Basis des *Book of Mormon* bildeten und in der Gründung der **Church of Jesus Christ of Latter-Day Saints** mündeten. Wachsende Ablehnung trieb diese **Mormonen** jedoch immer weiter nach Westen, bis 1846 *Brigham Young* die Führung übernahm. Er führte die damals rund 17.000 Gemeindemitglieder in ihre neue Heimat am Great Salt Lake, wo der Mormonenstaat „**Deseret**" (Biene), das heutige Utah, entstand.

Jedem das Seine

Catholic, Baptist, Methodist, Presbyterian, Pentecostal, Episcopalian, Latter-Day Saints, AME/African Methodist Episcopal, Church of Christ, Jehovah's Witnesses, Jews, Muslims, Seventh-Day Adventist – die Liste der Glaubensgruppen und Kirchen in den USA zeigt eine **einzigartige Vielfalt**. Die meisten davon sind, streng genommen, protestantische Gruppen, hierzulande vielfach unter dem Begriff „Evangelische Freikirchen" firmierend, und die größte unter ihnen bilden die **Baptisten**. Die 1845 gegründete *Southern Baptist Convention* gilt als rigoros fundamentalistische Organisation, die die Allmacht der Bibel, einen traditionellen Moralbegriff sowie eine eher informelle Art der Gottesverehrung – man denke an Gospelmessen – vertritt. Als fortschrittlicher gelten die **Presbyterianer** und die **Methodisten**, quantitativ ebenfalls stark sind **Pentecostal** und **Episcopal Church**, **Lutherans** und die **Churches of Christ**.

Religionswechsel möglich

Doch ein Amerikaner gehört nicht unbedingt sein ganzes Leben lang ein und derselben Religionsgemeinschaft an: Bei einem Umzug kann es durchaus sein, dass ein Episkopaler zum Methodisten wird, sofern diese Gemeinde näher beim Wohnort liegt oder das Angebot an Kinderaufbewahrung, Alten- und Krankenpflege, Familienprogrammen oder Veranstaltungen mehr überzeugt. Da es weder Steuern noch Kirchengeld gibt und auch der Pfarrer nicht beamtet ist, lässt sich die Kirche diese Art von Service natürlich bezahlen. Es gilt der *blessing pact*: Gott liefert den Segen, der Besucher das Geld – und der darf dafür in „God's own Country" nach eigenem Gusto glücklich werden.

Gibt es den „American Way of Life"?

Hot Dogs und Hamburger, Jeans und Cowboystiefel, Turnschuhe und Kaugummi, endlose Vorortsiedlungen und vielspurige Autobahnen, Shopping Malls und Outlet Center, „*How are You*" und Duzen, Oberflächlichkeit und Smalltalk, Macht des Geldes und Jagd nach ewiger Jugend – was macht eigentlich den „**American Way of Life**" aus?

Verbreitete Vorurteile

Natürlich lassen sich die alten Vorurteile über die Amerikaner nicht ausrotten (gleiches gilt vice versa z.B. in Bezug auf die Verbindung zwischen Deutschen und Sauerkraut, Autobahn oder Kuckucksuhr), aber der aufmerksame Beobachter wird eine derart vielfältige und oft gegensätzliche Welt vorfinden, dass er in Zukunft nicht mehr von einen universellen „American Way of Life" sprechen wird.

Das **Klischeebild vom typischen Amerikaner** gibt es nicht wirklich, sondern lediglich spezifische Züge, Gemeinsamkeiten, aber auch grundlegende Unterschiede zum europäischen Lebensstil. Im Folgenden sollen zwei Aspekte des vielschichtigen „American Way of Life" herausgegriffen werden, die besonders deutlich die Unterschiede aufzeigen.

Aus dem Vollen schöpfen

Fast Food ist zwar keine amerikanische Erfindung – schon im alten Rom gab es Garküchen an jeder Ecke –, doch in den USA wurde die „schnelle Küche" zum lukrativen Geschäft. Andererseits findet man heute kaum ein Land mit einer derart **kreativen und vielfältigen Küche**, die von frischen, lokalen Ingredienzien und variablen, einfallsreichen Kombinationen und Zubereitungsweisen lebt. Eine multiethnische Bevölkerungsstruktur, wachsendes Gesundheitsbewusstsein, Fantasie und Innovationsgeist haben dazu beigetragen, dass sich die amerikanische Küche zu etwas Besonderem entwickeln konnte und dass viele Restaurants mit den Gourmettempeln der französischen *Haute Cuisine* leicht konkurrieren können. Wochenmärkte schießen aus dem Boden und selbst Supermärkte bieten eine breite Palette an Obst- und Gemüsesorten, Fisch und Meeresfrüchten an.

Vielfältige Küche

Die **Küche der USA** – im Reiseteil wird auf lokale Besonderheiten hingewiesen – kann man mit einem Eintopf vergleichen, in den die unterschiedlichsten Zutaten geworfen werden, um zu einem leckeren Gericht zu verkochen. So verdankt man den **Indianern** die Verwendung einer Vielfalt von lokalen Gemüse- und Obstsorten, das Wild und den Fisch, das Maismehl für die Tortillas und nicht zuletzt Chilis und Bohnen. Die **Zuwanderer** aus anderen Teilen der Welt führten Pflanzen wie Oliven, Trauben (Wein), Datteln, Nüsse oder Zitrusfrüchte ein, trieben den Fischfang zur Perfektion und entwickelten sich zu Meistern in der Viehzucht und -haltung. Schon in den 1970er-Jahren begann mit der kulturellen auch eine **kulinarische Revolution**. Neben Kalifornien avancierte speziell der Nordwesten (Washington und Oregon) zur kulinarischen Hochburg.

Die angeblich schönste Nebensache der Welt

Sport ist Teil der Kultur

Eine Nebensache ist der **Sport** in den USA keineswegs, er spielt im Alltag der Amerikaner eine **zentrale Rolle**. Ausgehend von Amerika ist Sport außerdem zu einem **wichtigen Wirtschaftsfaktor** und einem bedeutenden **Teil des Showgeschäfts** geworden. Seit über hundert Jahren gilt das passive Miterleben sportlicher Wettkämpfe als **Bestandteil des Kulturlebens** einer Stadt oder Region. Man kleidet sich entsprechend, zahlt einen hohen Preis für ein Ticket und erwartet dafür mehrstündige Rundum-Unterhaltung für die ganze Familie.

Sport in Nordamerika – neben American Football, Baseball, Basketball und Eishockey gewinnen NASCAR-Autorennen und Fußball (Soccer) immer mehr Fans – ist fest verankert in Geschichte, Kulturleben und sogar im Kalender. Kein Wunder, reichen die

Baseball ist Amerikas Nationalsport

Wurzeln vieler Sportarten doch ins 19. Jh. zurück. Selbst Profiligen und -teams können häufig auf eine **jahrhundertelange Tradition** verweisen. So interessiert beispielsweise niemanden der kalendarische Frühlingsbeginn, wenn jedoch der US-Präsident Anfang April, am „Opening Day", die Baseballsaison eröffnet, dann ist für die Amerikaner das **Frühjahr** da. Bis in den Herbst hinein werden nun das Schlagspiel mit dem kleinen Lederball und die *Boys of Summer* Gesprächsthema Nummer eins sein. **Baseball** ist nicht einfach nur ein Sport – das *National Game* ist Teil der amerikanischen Geschichte, Kultur, Lebensphilosophie und des Alltags.

Werden die Blätter gelb, die Tage kürzer und die Abende kühler, hört man überall die Blechinstrumente und Trommeln der *Marching Bands*: Der **Herbst** ist die Jahreszeit des

American Football. Gerade die Profi-Football-Liga **NFL** (*National Football League*) ist die florierendste Sportliga der Welt. Daneben ziehen auf dem „flachen Land", dort wo die meisten Universitäten angesiedelt sind, die *American Football*-Mannschaften der Hochschulen Millionen von Fans in ihren Bann: **College Football** lockt auch im Westen genauso viele Fans in die Stadien wie die NFL. Sportstudenten, mit Stipendien versehen, stellen vier Semester lang die Kader der Uniteams, um danach – sofern gut genug – in das Profisportgeschäft zu wechseln. Kommen Kälte und Schnee, dann pilgert man in die Hallen, um **Eishockey** der weltbesten Liga, der **NHL** *(National Hockey League)* oder **Basketball** zu sehen. Neben der weltberühmten **NBA** *(National Basketball Association)* ist auch **College Basketball** beliebt.

College Football

In den letzten Jahren hat sich eine weitere Sportart zum Volkssport entwickelt: **Fußball**, in den USA „**Soccer**" genannt. Haben einst nur Zuwanderer aus Südamerika und Südeuropa dem Fußball gehuldigt, kickt heute in den USA fast jedes Kind und die Bedeutung der **Profiliga MLS** *(Major League Soccer)* wächst stetig.

Der Westen – Mythos und Legende

Nirgendwo stellt sich die **Frage nach einer einheitlichen Kultur** stärker als in den USA. Zwar hat seit der Gründung der Vereinigten Staaten die angloamerikanische Mehrheit ihre Normen zu setzen versucht, doch andererseits definieren sich die USA bis heute als **Summe von Minderheiten.** Ungeachtet allen Wandels und aller Vielschichtigkeit gibt es **kulturelle Konstanten**, die sich seit der Kolonialzeit herauskristallisiert haben: der Glaube, im „Gelobten Land" zu leben, Tugenden wie Unabhängigkeit, Optimismus, Selbstvertrauen, Risikofreude, Fortschrittsglaube, Individualismus, Toleranz, Erfolgsstreben, Mobilität und schließlich die Sehnsucht nach *Wide Open Spaces*.

Ein prägendes Element der gesamten Region ist das **Phänomen „Westen"**. Bereits unter den ersten Siedlern, die sich im 17. Jh. an der Ostküste niederließen, befanden sich Unruhegeister, die neugierig Richtung Westen blickten. Ihnen ist es zu verdanken, dass sich die *frontier* – die Grenze zwischen der europäisch-„zivilisierten" und indianisch-„unzivilisierten" Welt –, allmählich westwärts verschob und sich der Mythos vom „Gelobten Land" im „**Wilden Westen**" verbreitete. 1845 subsummierte der New Yorker Verleger *John L. O'Sullivan* diesen Drang, sich den nordamerikanischen Kontinent untertan zu machen, unter dem Begriff „**Manifest Destiny**". *Horace Greeley* (1811–72), der Gründer der „New York Tribune" und einer der politisch ein flussreichsten Männer seiner Zeit, erfand dazu die bis heute zugkräftige Parole „**Go West, young man!**".

Unbekannter, wilder Westen

Grandiose Landschaften, Cowboys und Indianer

Es war erstmals der Historiker *Frederick Jackson Turner*, der 1893 feststellte, dass die *Frontier*-Tage Vergangenheit seien. Seitdem begann sich jene Epoche als Mythos in den Köpfen der Menschen festzusetzen. Eine „Auswirkung" ist die **Western Art**. Sie hat

info

„Reise in das Innere Nord-America"

Es sind eindrucksvolle Indianerporträts, darunter als wohl bekannteste dasjenigen des Mandan-Häuptlings *Mató-Tópe*. Sie haben den in der Schweiz geborenen, später in Deutschland und Frankreich lebenden Maler *Karl Bodmer* (1809-93) unsterblich gemacht. 23-jährig hatte sich *Bodmer* 1832 erfolgreich bei *Prinz Maximilian von Wied* (1782-1867), früherer preußischer Militär, als Begleiter auf dessen „Reise in das innere Nordamerika" beworben. Zusammen mit seinem Diener und dem Künstler folgte *Prinz Max* in den Jahren 1833 und 1834 13 Monate lang der Route des *Corps of Discovery* von St. Louis bis Fort McKenzie bei Great Falls/Montana. Zuvor hatte man sich von keinem Geringeren als *William Clark* beraten und mit Karten ausstatten lassen.

Während der fünf Monate im Winterlager in Fort Clark, unter *Mandan* und *Hidatsa*, entstand ein Großteil jener Indianer- und Landschaftsbilder, die nach der Rückkehr in Form kolorierter Kupferstiche als gesondertes Portfolio *Maximilians* detaillierte Tagebuchaufzeichnungen illustrierten. „Reise in das Innere Nord-America" gilt heute als eines der bedeutendsten Werke der Völkerkunde und als eine der letzten authentischen Schilderungen der Prärie-Indianer und ihres Lebens. Epidemien und Siedlerzustrom hatten wenig später die indianische Lebensweise weitgehend zunichte gemacht.

nicht nur Indianer und Pferde, Cowboys und Ranchalltag zum Thema, sie zeigte sich auch fasziniert von der landschaftlichen Vielfalt und Weite des Westens. **Thomas Moran** (1837–1926) war beispielsweise der erste Künstler, der die majestätische Landschaft des Yellowstone festhielt und damit nicht unerheblich dazu beitrug, dass der US-Kongress die Region zum Nationalpark erklärte. Später entdeckte er den Grand Canyon als Bildmotiv. *Moran* war dabei nicht an einer exakten Naturwiedergabe interessiert, sondern wollte die ihr innewohnende Kraft zum Ausdruck bringen, ebenso wie der deutschstämmige Maler **Albert Bierstadt** (1830–1902) oder der weltberühmte Fotograf **Ansel Adams** (1902–84).

Karl Bodmers Porträt des Mandan-Häuptlings Mató-Tópe

Für andere Künstler, z.B. **Karl Bodmer** (1809–93), **George Catlin** (1796–1872), **Frederic Remington** (1861–1909) oder **Charles M. Russell** (1864–1926) standen dagegen Cowboys und Indianer im Vordergrund. Vor allem *Remington* pries mit seinen Werken, großteils kleinformatige Bronzeskulpturen, das heroische Leben der weißen Siedler und glorifizierte Cowboys und Indianer. „Die Zivilisation ist der größte Feind der Natur," soll *Russell* einmal gesagt haben. Der 1864 geborene *Russell* gilt neben *Remington* als der Wildwest-Künstler schlechthin, hatte lange selbst als Cowboy gearbeitet und während der einsamen Stunden auf den Weiden seine Liebe zur Malerei entdeckt.

Kunst aus dem Westen

Die Westernliteratur geht neue Wege

Der Ursprung des Westerns und damit der Beginn der Mythologisierung des Westens liegt im Jahr 1902: Damals erschien „*The Virginian*" von **Owen Wister** (1860–1938). Wie sein Freund, der spätere Präsident, *Theodore Roosevelt*, war der Harvard-Absolvent vom Westen fasziniert gewesen. Mit seinem Roman schuf er den Prototypen des Westernhelden und zugleich ein Genre, das bis heute gerade in den USA große Bedeutung hat. Zumeist spielen die Abenteuer im letzten Drittel des 19. Jh., irgendwo westlich des Mississippi, wo Gesetz und Gerechtigkeit durch Anarchie bedroht sind und nicht nur Gute gegen Böse kämpfen, sondern auch der Konflikt zwischen Individuum und Gemeinschaft immer wieder thematisiert wird.

Während *Wister* sich schon früh einen Platz in der Rangliste wichtiger amerikanischer Schriftsteller erkämpft hat, haben auch andere Westernautoren wie **Zane Grey** (1872–1939), **Louis L'Amour** (1908–88) oder **Max Brand** (das bekannteste Pseudonym von *Frederick Shiller Faust*, 1892–1944) inzwischen ihren Ruf als „Groschenromanautoren" verloren. Einige ihrer Romane werden sogar als Meilensteine der Literatur des Westens angesehen. In ihre Fußstapfen sind Autoren getreten, die dem Genre des Westerns neue Impulse gegeben und ihn in die Moderne geführt haben. Dazu gehören *Larry McMurtry, Robert Coover, Elmer Kelton, Annie Proulx, Elmore Leonard, Cormac McCarthy* oder der *Lakota*-Indianer *Vine Deloria, jr.* Auch Krimiautoren wie *Tony Hillerman, James Doss, Peter Bowen, C. J. Box* oder *James Lee Burke* haben dem modernen Western eine neue Dimension gegeben.

Schauplatz von Krimis

Der Western lebt!

In *John Fords* Film „Der Mann, der Liberty Valance erschoss" gesteht ein US-Senator *(James Stewart)* einem Zeitungsredakteur, dass er vor 30 Jahren jenen Verbrecher gar nicht erschossen hätte. Die Heldentat, die ihm als Sprungbrett für seine Politikerkarriere gedient hatte, wäre eine Lüge gewesen. Als der Zeitungsredakteur die Geschichte gehört hatte, erklärte er nur: „Das ist der Westen, Sir, und wenn die Legende zur Wirklichkeit wird, drucken wir eben die Legende ab." Besser lässt sich der „**Mythos Westen**" nicht beschreiben.

Die Mythologisierung des Westens war bereits weit fortgeschritten, als die ersten **Westernfilme** überhaupt gedreht wurden. Noch ehe die Leinwandhelden in den Son-

Was wäre der Westen ohne Cowboys?

nenuntergang hineinreiten durften, hatten Groschenromane, Theaterstücke und Wildwest-Shows wie die legendäre Show eines William Frederick **„Buffalo Bill" Cody** (1846–1917) die Vorstellungen geprägt. Der Film eröffnete lediglich ein neues Medium für ein bereits populäres Genre. Auch wenn der Westernfilm nach der Blüte unter Regisseuren wie *John Ford* und *Clint Eastwood* und legendären Schauspielern wie *John „The Duke" Wayne* (1907–76) nicht mehr gefragt schien und Western-TV-Serien wie „Bonanza" oder „Rauchende Colts" ausliefen, belegten in jüngerer Zeit Filme mit *Kevin Costner* wie „Der mit dem Wolf tanzt" oder „Open Range" sowie der 2005 Aufsehen erregende Film „Brokeback Mountain" dass der Western immer noch lebt. Auch die Western von 2007 „3:10 to Yuma" und „The Assassination of Jesse James" sowie die geplante Verfilmung von Cormac McCarthys Meisterwerk „Blood Meridian" sowie neue TV-Serien wie „Deadwood" oder „Hell of Wheels" legen davon Zeugnis ab.

Westernfilme

Zuletzt sorgten die Filme „True Grit" der Coen-Brüder und „Django Unchained" von Quentin Tarantino sowie die neue TV-Serie „Hell on Wheels" für eine vielbeachtete Wiederbelebung des Westernfilms.

Die Welt der Countrymusic

Längst ist **Countrymusic** zu einem weltweiten Phänomen geworden, Verkörperung des Traums von Freiheit und Abenteuer, Romantik und wahrer Liebe, harten Männern und schönen Frauen, Freundschaft und edlen Tugenden. Dabei hat die Musik ursprünglich mit dem Cowboy-Image wenig zu tun. Ihre **Wurzeln** liegen vielmehr in der englisch beeinflussten Volksmusik des Südostens, der spanisch-mexikanischen Musik des Südwestens und Texas' und im Blues der schwarzen Landbevölkerung Mississippis. In den 1920er-Jahren wurde Countrymusic erstmals populär, dank der *Carter*-Familie aus Virginia und dem unvergessenen *Jimmy C. Rodgers* aus Mississippi. Radiosendungen, vor allem aus der legendären *Grand Ole Opry* in Nashville, waren damals Straßenfeger. In den 1930ern brachten die *Texas Playboys* nicht nur die Geige ins Spiel, sondern sorgten auch dafür, dass erstmals das Cowboy-Image in die Konzerte einfloss und zum Markenzeichen von Musikern wie *Gene Autry* oder *Roy Rogers* wurde.

Waren es in den 1950er-Jahren Namen wie *Roy Acuff, Ernest Tubb, Kitty Wells, Minnie Pearl* oder *Hank Williams*, deren Hits jedes Kind kannte, schickte sich in den 1960ern und 1970ern *Country & Western* („C&W") an, sich als Popmusik-Richtung zu etablieren. Zu den unvergessenen Legenden jener Tage gehören **Willie Nelson** und **Johnny Cash** (1932–2003), der *Country & Western* um ein gesellschaftskritisches Element bereichert hat. Berühmt sind die Auftritte des „Man in Black" in den Gefängnissen San Quentin und Folsom oder seine Alben, die den Old West oder die Probleme der Indianer thematisierten: „Ride this Train", „Bitter Tears",„Ballads of the True West" oder „America" sind Beispiele aus seinem breiten Repertoire.

Längst ist Nashville nicht mehr das alleinige **Mekka der Countrymusic**, in zunehmendem Maße als innovativ erweisen sich Orte wie Bakersfield in Kalifornien oder Austin, die Hauptstadt von Texas. Die Entstehung dieser neuen Zentren forcierten Musiker wie *Merle Haggard, Cash* oder *Nelson*, die auch den derzeit weltweit populären „Country Rock" prägten. *Emmylou Harris, Dolly Parton, Kenny Rogers, Reba McEntire, Ricky Skaggs, George Strait, Toby Keith* oder *Randy Travis* gelten heute als „New Traditionalists", da sie den *Country Rock* mit alten Elementen mischen. Daneben sorgen Stars wie *Martina McBride, Tim McGraw, Kenny Chesney* oder die **Dixie Chicks** mit ihrer stark vom Pop beeinflussten Musik für ungeahnte Popularität gerade in der jungen Generation. Neben *Cash* und *Nelson* war es besonders der 1962 in Tulsa, Oklahoma, geborene **Garth Brooks**, der Countrymusic einem breiten Publikum näher gebracht hat; diese drei Stars verkörpern perfekt all das, was in *Country & Western* steckt – von schnulzigen Balladen bis hin zu Protestsongs.

In letzter Zeit beginnen Künstler und Bands sich wieder der **Wurzeln** zu besinnen, dabei werden moderne Einflüsse nicht ignoriert, sondern geschickt eingesetzt und verwendet. Die berühmteste Band dieser Richtung ist **Reckless Kelly** aus Austin/Texas, auch *Ryan Bingham and the Dead Horses, The Flaming Lips, Hinder* oder *Cody Jinks* begeistern derzeit die New-Country-Szene. Gilt die texanische Hauptstadt Austin unter Musikfreunden als Mekka der alternativen Country-Musik-Szene im Osten, hat sich **Bakersfield** in Kalifornien diesen Ruf im Westen erworben. Der berühmteste Vertreter des Bakersfield Sounds ist **Merle Haggart**. Ohne diesen speziellen Countrysound wären andere legendäre Bands aus dem Westen wie die **Eagles** oder **John Fogerty** und **CCR** (Creedance Clearwater Revival) nicht vorstellbar.

Ganz neue Wege geht die Band **Calexico** aus Tucson/Arizona, die Einflüsse der Countrymusic mit Tex-Mex, Folk und mexikanischer Mariachi-Musik zu einem unvergleichlichen Klangteppich verwebt.

2. ALLGEMEINE REISETIPPS A–Z

Hinweis

In den **Allgemeinen Reisetipps** finden Sie - alphabetisch geordnet - reisepraktische Hinweise für die Vorbereitung Ihrer Reise und für Ihren Aufenthalt im Westen der USA. In den Kapiteln 3-10 finden Sie dann bei den jeweiligen Orten und Routenbeschreibungen detailliert Auskunft über Infostellen, Sehenswürdigkeiten, Adressen und Öffnungszeiten, Unterkünfte, Essen und Trinken, Verkehrsmittel, Einkaufen und Sportmöglichkeiten.

Abkürzungen

Abgesehen von den geläufigen Abkürzungen für Tage, Monate, Zeiten etc. sind nachfolgend einige häufig gebrauchte Abkürzungen zusammengefasst, die in den USA (z.B. in Broschüren, auf Landkarten, Straßenschildern usw.) bzw. in diesem Buch benutzt werden:

a.m.	ante meridiem (vormittags)
Ave.	Avenue
Bldg.	Building
Blvd.	Boulevard
CVB	Convention & Visitors Bureau (Tourismusamt)
Dr.	Drive
DZ	Doppelzimmer
E	East
EW	Einwohner
Frwy.	Freeway
HS	Hauptsaison (Memorial bis Labor Day, d. h. letzter Mo im Mai bis 2. Mo im Sept.)
Hwy.	Highway
I	Interstate (Autobahn)
Ln.	Lane
N	North
mi	mile (Meile), entspricht 1,6 km
mph	miles per hour
Mt.	Mount
Mtn.	Mountain
NHS	National Historic Site
NF	National Forest
NM	National Monument
NP	National Park
NRA	National Recreation Area
NS	Nebensaison (s.o. „HS“)
OG	Obergeschoss
Pkwy.	Parkway
p.m.	post meridiem (nachmittags)
Rd.	Road
RV	Recreational Vehicle (Wohnmobil)
S	South
SP	State Park
St.	Street
VC	Visitor Center (Besucherinformationsstelle)
W	West
/	bei Adressangaben, weist auf eine Straßenecke hin
-	Hinweis auf die Straßen, zwischen denen ein Punkt liegt
D	Deutschland
A	Österreich
CH	Schweiz

Staatenabkürzungen

AZ	Arizona
CA	California
CO	Colorado
ID	Idaho
MT	Montana
NM	New Mexico
NV	Nevada
OR	Oregon
UT	Utah
WA	Washington
WY	Wyoming

Alkohol

Der Verkauf und Ausschank von Spirituosen ist bundesstaatlich geregelt. In Arizona, Colorado, Kalifornien, New Mexico und Oregon liegt das Mindestalter für Alkoholkonsum bei 21 Jahren, in Montana und Wyoming bei 19 Jahren. Häufig muss man einen Ausweis oder Führerschein vorzeigen. In der Öffentlichkeit ist der Konsum von Alkoholika (einschließlich Bier) verboten, gekaufte Dosen und Flaschen sollten in Papiertüten *(brown bags)* verpackt im Kofferraum verstaut werden. Nie geöffnete Flaschen/Dosen im Fahrgastraum transportieren.

Je nach Staat bekommt man Alkohol (manchmal nur Bier und Wein) in Supermärkten und Tankstellen, manchmal auch nur in *Liquor Stores* (v.a. Hochprozentiges). Einfachere Lokale, besonders Fastfoodrestaurants verfügen meist über keine Alkohollizenz. Auf Indianerreservaten darf nur in Casinos Alkohol ausgeschenkt werden, in Utah gelten eigene Regeln (s. dort).

Auto fahren *siehe auch unter Stichpunkt „Mietwagen“*

Im Allgemeinen fährt man in den USA weniger aggressiv als in Europa. Man bewegt sich gemächlich vorwärts, schaltet dabei die Cruise Control an und agiert im Allgemeinen rücksichtsvoll und überholt wenig. Abgesehen von städtischen Ballungsgebieten ist die Verkehrsdichte geringer, und trotz einer Höchstgeschwindigkeit von meist 75 mph (ca. 120 km/h) kommt man über Land zügig voran. Das Fahren in großen Städten kann hingegen Zeit und Nerven kosten, vor allem während der Rushhour, d.h. zwischen etwa 7 und 9/10 bzw. von 17 bis 20 Uhr.

Amerikanische Wagen

Komfort und Bequemlichkeit spielen bei amerikanischen Pkws eine große Rolle. *Cruise Control* (Tempomat), Klimaanlage (AC), Servolenkung und -bremsung, mehrere Airbags, Zentralverriegelung etc. gehören meist zur Grundausstattung, ebenso Automatikgetriebe. Dabei ist zu beachten, dass die beiden vorhandenen Pedale für Bremse und Gas ausschließlich mit dem rechten Fuß bedient werden und dieser immer bremsbereit sein muss, da das Standgas sonst das Auto langsam in Bewegung setzt. Je nach Fahrzeugkategorie befindet sich der Schalthebel zwischen den Vordersitzen oder rechts am Lenkrad. Die Handbremse ist im zweiten Fall als kleineres Pedal im Fußraum ganz links außen angebracht.

Die **Symbole des Automatikgetriebes** bedeuten:

- **P Park** (Position) – Parken (blockiertes Getriebe, zum Starten des Wagens bzw. zum Abziehen des Schlüssels)
- **N Neutral** – Leerlauf (Bremsen!)
- **R Reverse** – Rückwärtsgang
- **D Drive** – Fahrstufe. Ein eingerahmtes D steht für normale ebene Strecken, einfaches D für hügeliges bzw. ansteigendes Terrain. Um schnell zu beschleunigen: das Gaspedal durchdrücken.
- **2** – zweiter Gang, bei mittleren Steigungen (kurzzeitig) zu empfehlen. Eine Höchstgeschwindigkeit von 50 mph sollte nicht überschritten werden.
- **1 oder L** (Low) – entspricht dem ersten Gang und wird genutzt bei steilen Steigungen und Gefällen und langsamer Geschwindigkeit (max. 25 mph).

Fahrweise

Bei Überlandfahrten passt man sich dem Verkehrsfluss an. Amerikaner wechseln die Spuren nicht häufig und selten abrupt. Ungewohnt ist das erlaubte Rechtsüberholen bei mehreren Spuren. Im Stadtbereich hält man sich an die zweite oder dritte Spur von rechts, auch um auf Linksabfahrten vorbereitet zu sein. Bei nur zwei Fahrspuren wird nur ausnahmsweise überholt, es wird erwartet, dass der Langsamere die nächste Gelegenheit zum Herausfahren wahrnimmt.

Car Pools sind speziell ausgewiesene Fahrbahnen für Fahrgemeinschaften (meist ab zwei Personen), Taxis oder Busse. Da sie weniger Abfahrten aufweisen und gelegentlich von Mauern oder Zäunen begrenzt werden, die einen Spurwechsel unmöglich machen, ist Vorsicht geboten.

Auf- und Abfahrten auf Interstates *(Exits)* sind entweder nach Meilen zur Staatsgrenze beziffert oder durchnummeriert. Sie können sich auch links befinden. Oft führen mehrere Exits in eine Stadt, wobei Ankündigungsschilder meist nur Straßennummern, keine Orte nennen. Vorheriges Kartenstudium ist erforderlich.

Unterwegs auf Amerikas Highways – hier in Oregon

Straßentypen und -nummerierung

Highway ist der übergeordnete Begriff für Straßen. Exakt wird unterschieden zwischen autobahnähnlichen Interstates, übergeordneten bundesstaatlichen, oft vierspurigen **US Highways** und untergeordneten **State** oder **County Highways**, die meist zweispurig sind und in manchen Staaten auch *Route* (Rte.) genannt werden. State-Highway-Schilder zeigen meist außer der Nummer die jeweilige Staatskontur, *County Highways* werden durch kleinere Schilder, meist mit Nennung des County (Landkreises), markiert. *Gravel* oder *Unpaved Roads* sollten möglichst gemieden werden, erst recht Dirt Roads (fast Feldwege).

Interstate Highways werden durch rot-blaue Schilder angekündigt. Ungerade ein- oder zweistellige Straßennummern signalisieren N-S-, gerade O-W-Verlauf. Zubringer oder Nebenstrecken tragen korrespondierende dreistellige Nummern (z.B. I-180 als Zubringer zur I-80). Bei gerader erster Ziffer handelt es sich um eine Stadtumgehung, bei ungerader um eine Stichstraße. *Interstates* heißen im städtischen Großraum gelegentlich auch **Freeway** oder **Expressway** und sind mindestens vierspurig. Gelegentlich werden Interstates im Stadtgebiet bzw. als Umfahrung zu gebührenpflichtigen **Toll Roads** oder **Turnpikes**.

Am Straßenrand listen Schilder vorhandene Serviceeinrichtungen wie öffentliche WCs, Rastplätze etc. auf.

Tanken

1 Gallone (3,8 l) des für die meisten Mietwagen ausreichenden Normalbenzins *(gas)* kostet im Westen der USA zwischen etwa $ 3,30 und 4 (Stand: 2013). Üblich ist *self-service*, gezahlt wird bar *(cash)* oder mit Kreditkarte *(credit)* direkt an der Zapfsäule. Ge-

legentlich muss, vor allem nachts, vor dem Tanken bezahlt werden *(pay cashier first)*. In Oregon darf nicht selbst getankt werden.
Die aktuellen Preise finden sich unter http://gasbuddy.com.

Automobilclub AAA
Die *American Automobile Association* – AAA („Triple A") – ist auch für ausländische Besucher eine gute Einrichtung. Mit einem deutschen *ADAC*- oder *AvD*-, einem österreichischen *ÖAMTC*- oder Schweizer *TCS*-Ausweis erhält man gratis vor Ort aktuelle Karten und Stadtpläne, außerdem hilfreiche *Tour*- und *CampBooks*, in denen Sehenswürdigkeiten, Unterkünfte und Restaurants aufgelistet sind. Man kann in den Büros auch Reiseschecks tauschen und sich Routen ausarbeiten lassen. Jede größere Stadt verfügt über eine *AAA*-Niederlassung (www.aaa.com), in der man sich am besten gleich zu Reisebeginn mit allen nötigen Karten, Stadtplänen und *TourBooks* eindeckt. In Deutschland gibt es einen Teil der hilfreichen *TourBooks* auch gegen Gebühr beim *ADAC*.

Pannen und Notfälle
Notruf ist 911. Mietwagenfirmen haben eigene Telefonnummern für den Fall einer Panne oder eines Unfalls und sollten als Erste informiert werden. Man ruft Hilfe per Mobile Phone oder an der Notrufsäule. Ein kostenloser zentraler Notruf in deutscher Sprache (ADAC) ist erreichbar unter **1-888-222-1373**, im Sommer rund um die Uhr, sonst von 8 bis 18 Uhr. Der AAA-Pannendienst *(AAA Emergency Road Service*, ✆ 1-800-222-4357) hilft ebenfalls weiter. Bei kleineren Defekten kann ein Mietwagen unkompliziert an der nächsten Verleihstation umgetauscht werden. Als nicht beteiligter Dritter Vorsicht mit der Leistung von Erster Hilfe bei Unfällen, da Gefahr besteht, in einen Schadensersatzprozess wegen „nicht sachgemäßer Hilfeleistung" verwickelt zu werden. Besser, per Mobile Phone sofort einen Notruf absetzen.

Parken
Parken, vor allem in Parkhäusern, kann in Metropolen, aber auch in Hotels höherer Kategorien, teuer werden. Auf Überlandstraßen und Autobahnen darf nur in Notfällen abseits der Fahrbahn angehalten werden; in Städten sind Hydranten und *„Tow Away"*- bzw. *„No Parking"*-Zonen ein absolutes Tabu.
Auf Straßen signalisieren farbige Randsteinmarkierungen die Parkregeln:

- **Rot**: absolutes Halteverbot
- **Gelb/Gelb-Schwarz**: Liefer-/Ladezone, über Nacht ist das Parken erlaubt
- **Grün**: 10-Minuten-Parken
- **Weiß**: Anhalten zum Ein-/Aussteigen erlaubt
- **Blau**: Behindertenparkplätze

Verkehrsschilder
Häufiger tragen Schilder Worte als Symbole und Farben signalisieren zudem, um welche Art von Regel es sich grundsätzlich handelt. Dabei bedeutet

- **Gelb**: Warnung (Kurvengeschwindigkeit, Kreuzung etc.)
- **Weiß**: Gebot (Höchstgeschwindigkeit, vorgeschriebene Fahrtrichtung, Abbiegeverbot etc.)
- **Braun**: Hinweise (Sehenswürdigkeiten, Naturparks etc.)
- **Grün**: Hinweise, z.B. nächste Ausfahrten oder Entfernungen
- **Blau**: Hinweis auf offizielle und Serviceeinrichtungen (Rastplätze, Tankstellen etc.)

Vielfach erfolgen Warnungen nicht in Symbol-, sondern in Schriftform:

Yield – Vorfahrt achten
Stop – Halt
Speed Limit/Maximum Speed – Höchstgeschwindigkeit
MPH – Miles per hour (Meilen pro Stunde; 1 mi = 1,6 km)
Dead End – Sackgasse
Merge – Einfädeln, die Spuren laufen zusammen
No U-Turn – Wenden verboten
No Passing/Do not pass – Überholverbot
Road Construction *(next … miles)* oder **Men working** – Baustelle auf den nächsten … km
Detour – Umleitung
Alt Route – *Alternative Route* oder Umleitungsstrecke
RV – Recreation Van (alle Arten von Wohnmobilen, Campern)
Railroad X-ing (= Crossing) – Bahnübergang
Ped X-ing – Fußgängerüberweg

Besondere Verkehrsregeln und Tipps

- „Rechts vor links" ist in den USA prinzipiell unbekannt, stattdessen gibt es in Ortschaften, wenn Ampeln fehlen, ***Four-way Stops*** – d.h. Stoppschilder in allen Fahrtrichtungen. Wer zuerst kommt, fährt zuerst – und das wird auch genau befolgt, falls nötig, mit Handzeichen geregelt.
- **Ampeln** hängen ungewohnt hoch, mitten über der Kreuzung und schalten unmittelbar von Rot auf Grün.
- **Rechtsabbiegen** bei roter Ampel ist erlaubt, sofern gefahrlos möglich und es kein Schild ***„No turn on red"*** gibt.
- Auf mehrspurigen Straßen darf **rechts überholt** werden.
- Orangefarbene **Schulbusse** dürfen, wenn sie Zeichen (Blinklicht/Kelle) geben, nicht überholt werden, auch nicht in Gegenrichtung. In Schulnähe gilt bei Blinklicht verringerte Höchstgeschwindigkeit
- Die **Höchstgeschwindigkeit** variiert je nach Bundesstaat, liegt aber meist auf Interstates bei 75 mph (Details s. www.iihs.org/laws/speedlimits.aspx).
- **Allgemeine Richtwerte** sind:
- Stadtgebiet: 30–35 mph – 50–55 km/h
- Landstraßen (US/State Hwy.) bzw. Autobahnen im städt. Einzugsbereich: 55–65 mph – 90–105 km/h
- Autobahnen: 65–75 mph – 105–120 km/h
- **Rasen** *(speeding)* wird schärfer überwacht und härter bestraft als hierzulande. Kontrollenerfolgen durch geschickt am Straßenrand oder auf dem Mittelstreifen verborgene Polizeiwagen mit Radargeräten, die sich hinter einem Verkehrssünder einreihen und ihn per Signal zum Halten zwingen. Ggf. sofort halten, im Auto sitzen bleiben, Papiere bereithalten und den Strafzettel widerspruchslos hinnehmen und (bar) bezahlen.
- **Alkohol** im Kofferraum transportieren. Gesetzlich gelten 0,5 Promille und Verstöße werden streng geahndet.
- Achtung bei **Nachtfahrten** bzw. bei Dämmerung: Wildwechsel!
- Nie den Tank komplett leer fahren, häufig liegen **Tankstellen** weit auseinander.

Besondere Gesellschaftsgruppen

Behinderte

Insgesamt gelten die USA als sehr behindertenfreundlich. Rampen an Zugängen, abgesenkte Bordsteinkanten, Lifts, eigene Parkplätze, Telefonzellen und WCs, spezielle Motelzimmer und Leihwagen, Blindeneinrichtungen, kostenlos zur Verfügung gestellte Rollstühle sowie ein „Helping-Hand-Service" erleichtern *handicapped people* das Reisen. In Detailfragen helfen die regelmäßig aktualisierten Handbücher „Handicapped Driver's Mobility Guide" vom Automobilclub AAA und der Führer von Mobility International USA (www.miusa.org) weiter. Infos erteilt außerdem **SATH** (Society for Accessible Travel&Hospitality), www.sath.org.

Senioren

Meist ab 62 oder 65 Jahren, gelegentlich auch schon früher, genießt man in den USA als *„senior (citizen)"* Sonderkonditionen. Abgesehen von zuvorkommender Behandlung, z.B. an Flughäfen, gibt es zahlreiche Rabatte, z.B. bei Fluggesellschaften, bei der Eisenbahn, bei Tourveranstaltern, in Motels und Hotels oder auch in Museen, Parks u.a. Attraktionen.

Kinder

Amerika ist kinder- und familienfreundlich. Es gibt vielerlei Vergünstigungen, sei es im Flugzeug, in der Bahn oder in öffentlichen Verkehrsmitteln. In vielen Unterkünften übernachten Jugendliche bis 18 Jahre kostenlos im Zimmer der Eltern. Restaurants bieten Kindersitze und -menüs an, in Fast-Food-Lokalen oder Parks gibt es Spielplätze. Neben den Swimmingpools für Erwachsene sind Planschbecken die Regel. Größere Sehenswürdigkeiten und Parks stellen oft Kinderwagen zur kostenlosen Benutzung bereit. Öffentliche Picknickplätze sind verbreitet, ebenso Toiletten mit Wickeltischen.

Botschaften und diplomatische Vertretungen

siehe auch „Einreise und Visum"

Die ausländischen Botschaften und Konsulate im Heimatland sind in erster Linie für die Erteilung von Visa zuständig, nämlich

in Deutschland:

- **Amerikanische Botschaft**, Pariser Platz 2, 14191 Berlin, ✆ (030) 83050; Konsularabteilung (Visa): Clayallee 170, 14191 Berlin, Terminabsprachen: ✆ 0900-1-850055 (Mo–Fr 7–20 Uhr, 1,86 €/Min.), http://germany.usembassy.gov
- **US-Generalkonsulat Frankfurt**, Gießener Str. 30, 60435 Frankfurt/Main, ✆ (069) 7535-0
- **US-Generalkonsulat München**, Königinstr. 5, 80539 München, ✆ (089) 2888-0

in Österreich:

- **Amerikanische Botschaft**, Boltzmanngasse 16, A-1090 Wien, ✆ (01) 31339-0, http://austria.usembassy.gov; Visaabteilung: Parkring 12, A-1010 Wien, ✆ 0900-510300 (2,16 €/Min.)

in der Schweiz:

- **Amerikanische Botschaft**, Sulgeneckstr. 19, 3007 Bern, ✆ (031) 357-7011; Visa-Terminabsprachen: ✆ 0900-878472 (CHF 2,50/Min.), http://bern.usembassy.gov

Visa-Informationen im Internet

- **http://german.germany.usembassy.gov** – hilfreiche Informationen der US-Botschaft auf Deutsch unter dem Stichpunkt „Visa"
- **www.cbp.gov** – Seite der U.S. Customs and Border Protection zu Einreise und Zoll

Botschaften in den USA

- **Embassy of the Federal Republic of Germany**, 4645 Reservoir Rd. NW, Washington, D.C., 20007-1998, ✆ (202) 298-4000, www.germany.info
- **Austrian Embassy**, 3524 International Court NW, Washington, D.C. 20008, ✆ (202) 895-6700, www.austria.org
- **Swiss Embassy**, 2900 Cathedral Ave. NW, Washington, D.C. 20008-3499, ✆ (202) 745-7900, www.eda.admin.ch/eda/en/home/reps/nameri/vusa/wasemb.html

In anderen Städten helfen (Honorar-)Konsulate im Notfall weiter. Amerikanische Botschaften in anderen Ländern im Internet unter: www.travel.state.gov.

Die wichtigsten Konsulate im Reisegebiet:

für deutsche Staatsbürger:

- **San Francisco**, CA, Generalkonsulat, 1960 Jackson St., San Francisco, ✆ (415) 775-1061
- **Las Vegas**, NV, Honorarkonsulat, 4815 W Russell Rd., Suite 10 J, ✆ (702) 873 6717
- **Los Angeles**, CA, Generalkonsulat, 6222 Wilshire Boulevard, Suite No. 500, ✆ (323) 930 2703
- **Portland**, OR Honorarkonsulat, 200 SW Market St., Suite 1775, ✆ (503) 222-0490
- **Salt Lake City**, UT, Honorarkonsulat, 60 E South Temple, ✆ (801) 350-7608
- **Seattle/Mercer Island**, WA, Honorarkonsulat, 7853 SE 27th St., ✆ (206) 230-5138
- **Phoenix**, AZ, Honorarkonsulat, 4600 E. Washington St., ✆ (602) 722-3986
- **San Diego**, CA, Honorarkonsulat, Emerald Center, 1620 5th Ave., Suite 500, ✆ (619) 321-0606

für Österreicher:

- **Las Vegas**, NV, Honorarkonsulat, 633 S. 4th St., ✆ (702) 314 9615
- **Los Angeles**, Generalkonsulat, 11859 Wilshire Blvd., Suite 501, ✆ (310) 444 9310, www.austria-la.org
- **Phoenix**, AZ, Honorarkonsulat, 4521 E Quartz Mtn. Rd., Paradise Valley, ✆ (480) 502 8510
- **Portland**, OR, Honorarkonsulat, c/o Stoel Rives LLP, 900 SW 5th Ave., Suite 2600, ✆ (503) 552-9733
- **Salt Lake City**, UT, Honorarkonsulat, 240 Edison St., ✆ (801) 364-1045
- **San Francisco**, CA, Honorarkonsulat, 580 California St., Suite 1500, ✆ (415) 765-9576
- **Seattle**, WA, Honorarkonsulat, 2200 Alaskan Way, Seattle, ✆ (206) 923-9650

für Schweizer:

- **Las Vegas**, NV, Honorarkonsulat, 1861 Casa De Elegante Court, ✆ (702) 885 7947
- **Los Angeles**, CA, Generalkonsulat, 11766 Wilshire Blvd., Suite 1400, ✆ (310) 575 1145
- **Phoenix**, AZ, Honorarkonsulat, 7320 E. Shoeman Lane, Suite 201, Scottsdale, ✆ (480) 329 4705
- **Salt Lake City**, UT, Honorarkonsulat, 2782 Durban Rd., Sandy/UT, ✆ (801) 804-6727
- **San Francisco**, CA, Generalkonsulat, 456 Montgomery St., Suite 1500, ✆ (415) 788-2272
- **Seattle**, WA: Honorarkonsulat, 6920 94th Ave SE, Mercer Island, ✆ (206) 228-8110

Listen aller Auslandsvertretungen findet sich auf folgenden Webpages:

- **www.auswaertiges-amt.de**, Link „Auslandsvertretungen"/„Botschaften und Konsulate" bzw. www.germany.info/Vertretung/usa/en/03__Consulates/00/__Consulates.html
- **www.bmaa.gv.at**, Link „Bürgerservice" (A)
- **www.eda.admin.ch**, Link „Vertretungen" (CH)

Busse

Zwar etwas billiger, aber weniger komfortabel als mit der Eisenbahn, gelangt man mit den Bussen der führenden amerikanischen Busgesellschaft ***Greyhound*** ans Ziel. Die Überlandbusse galten früher als preiswertes, alternatives Transportmittel für Aussteiger und Weltenbummler, inzwischen sind jedoch die Preise deutlich gestiegen und die Klientel hat sich verändert. Die Busbahnhöfe liegen selten zentral und in guten Vierteln. Vor allem bei nächtlicher Ankunft ist es ratsam, ein Taxi zu nehmen und eine Unterkunft im Voraus zu arrangieren.

Greyhound bietet derzeit keine Netzkate mehr an, man kann nur Einzelkarten erwerben. Daher sind auch keine Buchungen in D mehr möglich (nur Internet).
Greyhound USA: ✆ 1 (800) 231-2222, www.greyhound.com.

Während im Osten der USA die **Überlandbusse** ein Revival erleben, bieten im Westen nur **Megabus** Service in Kalifornien (http://us.megabus.com) sowie **GotoBus** an der Westküste und in Arizona (www.gotobus.com) an.

Camping und Camper

siehe auch „Nationalparks"

Camping ist ein Stück Weltanschauung, der eine mag's, der andere nicht. Grundsätzlich sind die **Bedingungen in den USA sehr gut**. Für eine Tour durch den amerikanischen Westen kann ein Camper, auch *motorhome* oder übergreifend „RV" *(Recreational Vehicle)* genannt, als Transportmittel durchaus eine Alternative sein. Die Beweglichkeit ist zwar gegenüber dem Pkw eingeschränkt (vor allem in Städten), die Reisegeschwindigkeit ist insgesamt niedriger und die Kosten sind höher, aber dennoch könnte ein Camper **für**

Kleingruppen oder Familien mit Kindern, die sich die ständige Hotelsuche sparen, sich selbst verpflegen und dem Naturerlebnis den Vorrang geben möchten, ideal sein.

Bei der Entscheidung zu bedenken sind die wesentlich **höheren Kosten**, selbst in Vergleich zu Mietwagen plus Unterkunft: Zu den Mietkosten addiert sich der hohe Benzinverbrauch und die Stellplatzkosten. Ein kleiner *Van Camper* kostet pro Tag inkl. 100 Freimeilen mindestens 70 €, dazu kommen Übergabe-, Endreinigungsgebühren, Kosten für Wartung, Zubehör, Zusatzversicherungen und ggf. Wochenendgebühren. Ebenfalls nicht jedermanns Sache sind die konstant anstehenden **Wartungsarbeiten** (wie Wassertanks füllen, Abwasser entsorgen etc.) und die nötige strategische Vorausplanung (wie das Finden geeigneter, schöner Campingplätze und deren Vorreservierung in der HS).

Buchung im Voraus ist immer sinnvoll, in der HS unabdingbar, wobei die Camper-Preise Mitte Oktober bis Anfang April am günstigsten sind. Noch mehr als beim Mietwagen ist es aufgrund der komplizierten Miet-, Versicherungs- und Haftungskonditionen sinnvoll, einen Camper bereits zu Hause, z.B. im Reisebüro, zu buchen. Größte Anbieter sind *El Monte RV*, *Cruise America* oder *Moturis*. Es gibt auch kombinierte Angebote mit Flug. zwischen *Camper Van*, *Motorhome* (die zu Campingbussen werden können) und *Pick-up-* bzw. *Truck-Campern* (Kleinlastwagen mit Campingaufsatz). Die zuletzt genannten beiden Typen verfügen über ein Doppelbett über der Fahrerkabine und meist eine tragbare Chemie-Toilette.

Je größer das Fahrzeug, umso komfortabler ist es, umso höher ist jedoch auch der Benzinverbrauch, umso mehr Technik und damit Wartung und Anfälligkeit sind im Spiel und umso eher sind entlegene (romantische) Plätze, aber auch Großstädte tabu. Erfahrung mit dem Lenken eines solchen Fahrzeugs ist nicht unbedingt erforderlich, man gewöhnt sich relativ schnell an Dimensionen und Fahrweise.

Bei **Übernahme vor Ort** – im Allgemeinen am Tag nach der Ankunft – d.h., es ist eine Übernachtung nötig – genügt die Vorlage eines normalen Pkw-Führerscheins und die Kreditkarte für die Stellung einer Kaution. Im Normalfall beträgt das Mindestalter 21 Jahre. Camper-Verleiher holen ihre Kunden in der Regel im Hotel (selten am Flughafen) ab und geben zunächst eine mehr oder weniger gründliche Einweisung; zusätzlich gibt es unterschiedlich umfangreiche Bedienungsanleitungen. Sinnvoll ist es, das gesamte Fahrzeug auf Schäden bzw. Verschmutzungen hin zu prüfen und diese protokollieren zu lassen.

Bei der Übernahme ist es üblich, ein Ausrüstungspaket *(convenience kit)*, ab $ 50 pro Person, zu erwerben, das Geschirr und Kochutensilien beinhaltet. Hinzu kommen die Kosten für für die erste Gasfüllung und Toilettenreinigung (ca. $ 40-70) sowie eine per Kreditkarte zu stellende Kaution von ca. $ 500. Um hohe Endreinigungskosten zu vermeiden, sollte der Camper besenrein mit entleerten Abwassertanks und gefülltem Frischwassertank in äußerlich ordentlichem Zustand zurückgegeben werden.

Campingplätze: Campingplätze sind meist leicht zu finden, unterscheiden sich aber in Ausstattung und Lage, Preis und Größe. Allen gemeinsam ist, dass sie meist sauber, gepflegt und großzügig proportioniert sind. Man unterscheidet grundsätzlich zwischen kommerziellen und privaten bzw. staatlichen Plätzen, wobei jene in den Nationalparks besonders begehrt und nicht unbedingt preiswert sind. In den meisten State Parks, National oder State Forests gibt es einfache *campgrounds (campsites)* in landschaftlich reizvoller Lage. Oft besteht auch die Möglichkeit zu kostenlosem *backcountry camping* nach Einholen einer Erlaubnis *(permit)* in einer Ranger Station.

Relativ teuer, aber in der Regel gut ausgestattet sind die **kommerziell betriebenen Plätze**, speziell jene von *KOA* – mit sogenannten *hook-ups*, d.h. Wasser-, Stromanschluss und Abwasserentsorgung *(dump station)* sowie Luxus Sanitäreinrichtungen, Laden und anderen Gemeinschaftseinrichtungen. Sie liegen meist in Straßennähe, allerdings oft wenig idyllisch. Bei privaten Plätzen ist der Standard höchst unterschiedlich. Die Preise beginnen ungefähr bei $ 20.

Tipps für Camper

Hilfreich bei der Campingplanung sind die AAA CampBooks für die verschiedenen Regionen und der Rand McNally Campground&Trailer Park Guide, ansonsten helfen zur ***Vorabinformation*** *über Modelle, Angebote, Saisonzeiten:*

- *www.adventuretouring.com, www.cruiseamerica.com, www.elmonte.com, www.rvamerica.com*
- ***www.recreation.gov***, *✆ 1 (877) 444-6777 oder (518) 885-3639 – Seite des National Recreation Reservation Service (NRRS); hier können Campingplätze aller Art und überall reserviert werden. Es gibt ein Suchprogramm nach dem passenden Platz mit weiteren touristischen Infos.*
- ***www.reserveamerica.com***, *Campground Directory für Park- und private Campgrounds, die dem Reservierungssystem angeschlossen sind.*
- ***http://koa.com***, *✆ (406) 255-7402 – KOA-Campingplätze mit Reservierungsmöglichkeit*
- ***www.camping-usa.com*** *– ein hilfreicher Campgrounds Directory, der über 12.000 Campingplätzen in Parks, privat u.a. verzeichnet.*
- ***Tipp:*** *Das Unternehmen* ***Road Bear*** *bietet verschieden große Camper günstig und bestens ausgestattet ab L.A., San Francisco und Las Vegas. Infos: www.roadbearrv.com*

Einkaufen

Es gibt in den USA zwar **kein verbindliches Ladenschlussgesetz**, aber dennoch stimmt das Märchen von endlos geöffneten Läden nicht. Die meisten „normalen" Geschäfte sind auch in den USA nur zwischen etwa 9 oder 10 und 18 Uhr geöffnet, lediglich Kaufhäuser, Einkaufszentren und Supermärkte/Drugstores haben verlängerte Öffnungszeiten (bis mind. 20 Uhr, manchmal tägl. und rund um die Uhr), Buch- und Musikläden sind oft bis 22 oder 23 Uhr geöffnet. In ländlichen Regionen werden abends die Gehsteige jedoch früh hochgeklappt.

Zu den angegebenen Preisen kommt in den USA immer noch die ***Sales Tax***, eine Art Mehrwertsteuer, in Höhe von 0 % (MT, OR) bis 7,25 % (CA), variierend je nach Staat. Oregon und Montana gelten als „Shoppingparadiese", doch viele Sachen sind, egal wo, **preiswerter als zu Hause**, z.B. Freizeitkleidung und -zubehör, Jeans, Sportschuhe und -artikel und, für den, der sich auskennt, technische Geräte wie Laptops, Digitalkameras, I-Pods etc. Zu beachten ist bei solchen Einkäufen, ob die Garantie weltweit gilt, dass bei Computern z.B. die Tastatur eine andere Buchstabenanordnung hat und dass Elektrogeräte auf 110 V laufen und ein Adapter und anderer Stecker nötig sind.

Für einen Einkaufsbummel sollte immer Zeit sein

Am günstigsten bekommt man vieles in sogenannten **Factory Outlets** oder **Outlet Malls**, einer Ansammlung von Shops, in denen Markenartikel bestimmter bekannter Firmen zu enorm reduzierten Preisen angeboten werden. Sie befinden sich häufig weit außerhalb von Städten an einer Interstate oder einem viel befahrenen Highway. Die größten Betreiber, auf deren Webpages sich die einzelnen Standorte finden lassen, sind:

- Prime Outlets – www.primeoutlets.net
- Tanger – www.tangeroutlet.com
- VF Outlets – www.vfoutlet.com

Shopping Malls oder **Centers** sind im Normalfall Mega-Einkaufs- und Kommunikationszentren mit verschiedenen, oft stark spezialisierten Läden, großen *Department Stores* (Bekleidungsgeschäften) und Kaufhäusern – wie *Macy's*, *Neiman Marcus*, *Nordstrom* oder *JC Penney* unter einem Dach. Außerdem verfügen sie über andere Einrichtungen wie Friseur, Kinos, *Food Court* bzw. *Eatery* (Imbissstände) und Restaurants. ***Strip Malls*** hingegen befinden sich meist am Stadtrand und sind lose Konglomerate verschiedener Shops, meist mit einem großen wie *Walmart* oder *Safeway* im Zentrum, und Serviceeinrichtungen wie Banken, Schlüsseldienst, Reinigung, manchmal auch mit Tankstelle und immer mit großem gemeinsamen Parkplatz.

Supermärkte – wie *Albertsons* oder *Safeway* oder der **Bio-Supermarkt** *Whole Foods* – und **Drugstores** – z.B. *Walgreen* oder *Duane Reade* – befinden sich meist an

Ausfallstraßen am Stadtrand im Rahmen von **Shopping Malls** und sind umgeben von großen Parkplätzen. Die meisten Supermärkte führen Zeitungen, Schreib- und Haushaltswaren, Drogerieartikel und je nach County/Region auch alkoholische Getränke (ab 21 Jahre, oft kein Verkauf am Sonntag), in Drugstores gibt es außer Drogerieartikeln auch Reformkost, Snacks, Softdrinks, Schreib-, manchmal Haushaltswaren und dazu einen Schalter für ärztliche Verordnungen.

In Stadtzentren finden sich häufiger kleinere **Lebensmittelgeschäfte** – *Convenience, General Stores* oder *Delis* – eine Art Gemischtwarenladen. Große Tankstellen bieten ebenfalls ein breites Lebensmittelangebot, allerdings keine Frischprodukte. *Sears, Kmart, (Super)Target* oder *Wal-Mart (Superstore)* sind **Kaufhäuser**, die preiswert Kleidung, Haushaltswaren, Möbel etc., in letztgenannten drei Fällen auch Lebensmittel führen. Große **Baumärkte** sind *Home Depot* und *Lowe's*; *Office Depot* oder *Staples* führen **Schreibwaren** und Büroartikel. Ein großer **Buchladen** mit zahlreichen Filialen ist *Barnes & Nobles*. Meist gehören ein gemütliches Café und eine große Zeitschriftenabteilung dazu, manchmal auch eine Musikabteilung.

Einreise und Visum

siehe auch „Botschaften und diplomatische Vertretungen"

27 Staaten, darunter Deutschland, Österreich und die Schweiz, sind am **Visa-Waiver-Programm** (VWP) beteiligt, was heißt, das es bei einer Aufenthaltsdauer bis 90 Tage keine Visumspflicht gibt. Außer einem **Rückflugticket** muss der bordeauxrote **Europapass** vorgelegt werden. Alte Kinderausweise und Einträge in den Reisepass der Eltern sind ungültig. Die **„ePässe"** (10 Jahre Gültigkeit) enthalten biometrische Daten wie die digitale Speicherung des Gesichts und Fingerabdrücke.

Nur wer keinen Europapass besitzt bzw. länger als 90 Tage im Land bleiben möchte (z.B. als Schüler, Student oder Mitglied bestimmter Berufsgruppen), muss sich der aufwendigen und teuren Prozedur der **Visumsbeschaffung** unterziehen. Dazu ist persönliche Vorsprache in den Konsulaten nach vorheriger Terminvereinbarung nötig. Vorgelegt werden muss dabei das ausgefüllte Antragsformular, Reisepass, Passbild und ein Online-Zahlungsbestätigungsformular über die geleisteten Gebühren. Über das aktuelle Prozedere informiert die Botschaft ausführlich unter http://germany.usembassy.gov/visa.

Sicherheit

Seit September 2001 sind **verschärfte Kontrollen** an den Abflughäfen in Deutschland und in den USA üblich. Reisende sollten daher genügend Zeit für Check-in bzw. Umsteigen einplanen. Abgesehen von gelegentlichen Handdurchsuchungen des Gepäcks (Koffer nicht abschließen!) und Abtasten per Hand oder Körperscanner wird häufig das Ausziehen der Schuhe und das Aktivieren von Laptops und Kameras verlangt. Alle Art von spitzen Gegenständen, auch Taschenmesser, Pinzetten, Nagelscheren etc. müssen in den Koffer gepackt werden. Die Mitnahme von Waffen, Gaskartuschen, Feuerzeugen und ähnlichen als gefährlich eingestuften Objekten ist streng untersagt. Gels und Flüssigkeiten (Getränke, Zahnpasta, Cremes etc.) dürfen nur noch in Behältern bis 100 ml in einem durchsichtigen und wiederverschließbaren Plastikbeutel im Handgepäck mitgeführt werden. Sie müssen separat aufs Gepäckband. Mengenmäßig ausgenommen sind dringend benötigte Medikamente und Babynahrung. Konkrete Auskünfte erteilen die Fluggesellschaften bzw. gibt es unter www.tsa.gov/traveler-information.

ESTA und andere Formulare

Seit 12. Januar 2009 müssen sich Reisende, die ohne Visum einreisen, im Rahmen des **Electronic System for Travel Authorization (ESTA)** spätestens 72 Stunden vor Abflug online registrieren (Name, Geburtsdatum, Adresse, Nationalität, Geschlecht, Passdaten sowie die erste Adresse in den USA). Die gleichen Angaben mussten früher auf den verteilten grünen I-94W-Formularen gemacht werden. Die Bearbeitungsgebühr beträgt den aktuellen Gegenwert von $ 14 (mit Kreditkarte bezahlbar). Das kann bereits im Reisebüro oder im Internet (s. u.) erfolgen. Wer einmal registriert ist, kann **innerhalb von zwei Jahren beliebig** oft einreisen, sofern der Pass solange gültig ist. Es fällt auch nur einmal die Gebühr an. Änderungen und Ergänzungen wie die erste Adresse vor Ort, sind nachträglich möglich. Nach der Registrierung erfolgt im Allgemeinen sofort eine Mitteilung, ob die Einreise genehmigt wird („Authorization Approved"). Bei Besitz eines Visums ist keine Registrierung, jedoch das Ausfüllen eines weißen I-94-Formulars nötig.

Seit dem 1. November 2010 müssen die Fluggesellschaften im Rahmen von **Secure Flight** 72 Stunden vor Abflug alle maßgeblichen Passagierdaten zur Weiterleitung an die TSA *(Transportation Security Administration)* vorliegen haben: voller Name gemäß Reisepass, Geburtsdatum und Geschlecht. Normalerweise werden diese Angaben bereits bei Flugbuchung gefordert. Die erste Adresse in den USA mit Postleitzahl kann beim Check-in nachgereicht werden.
Infos: www.tsa.gov/stakeholders/secure-flight-program.

@ Infos im Internet
- *http://german.germany.usembassy.gov/visa/vwp – deutsche Erläuterungen zu Visa Waiver Program und ESTA*
- *https://esta.cbp.dhs.gov/esta/ – ESTA-Antrag*

Zusätzlich muss im Flugzeug pro Familie ein weißes Zollformular – die **Customs Declaration** – ausgefüllt werden. Auf diesem sind ggf. über die Richtwerte hinaus eingeführte Waren und Devisen anzugeben. Streng verboten ist die Einfuhr von Frischprodukten aller Art (Obst, Gemüse, Wurst etc.), Samen, Drogen/Medikamente, Waffen, Tiere etc. *(siehe „Zoll")*.

Immigration (Einreisekontrolle)

Bei Ankunft am ersten Flughafen in den USA – bei Reisen in den Westen häufig in Los Angeles, San Francisco oder Seattle – muss der Reisende zunächst durch die „Immigration" und vor einem der Schalter zunächst einmal mehr oder weniger lange Schlange stehen, bis das ausgefüllte Formular und der Pass geprüft, elektronische Fingerabdrücke (beide Daumen und die vier Finger jeder Hand) genommen und ein digitales Foto gemacht werden. Dies alles geschieht, während der Pass gescannt wird und der *Officer* Fragen zu Reiseroute, Zweck der Reise, Beruf, Bekannten oder Freunden in den

USA, gelegentlich auch zu den Finanzen stellt. Daraufhin wird die Aufenthaltsdauer auf normalerweise drei Monate festgelegt und in den Pass eingestempelt.
Infos zu den aktuellen Einreisebestimmungen: http://travel.state.gov/visa/temp/without/without_1990.html.

Gepäck und Zoll

Danach geht es Richtung **Gepäckband** *(baggage claim)*, auch wenn ein Weiterflug gebucht ist. Letzte Station: der **Zoll** *(customs)*. Beim Ausgang mit der Aufschrift „*Nothing to declare*" wird die ausgefüllte Zollkarte abgegeben; gelegentlich finden schon vorher Checks mit Hunden oder Stichproben statt. Bei inneramerikanischem Anschlussflug muss das Gepäck anschließend neu eingecheckt werden. Sofern man am Endflughafen angelangt ist, sieht man sich entweder nach „Car Rental" (Automietstationen) oder *Ground Transportation/Public Transport* (Öffentlicher Nahverkehr) bzw. Taxis um. Alles ist im Ankunftsgebäude im Allgemeinen gut ausgeschildert und leicht zu finden.

Eintritt

Je nach Art (staatlich/städtisch/privat) und Größe der Einrichtung unterscheiden sich die Eintrittspreise. Wenige **Museen** sind gratis, wenn, dann sind dies meist staatliche. Einige, v.a. in Städten, bieten an bestimmten Tagen oder zu bestimmten Zeiten freien Eintritt. Manchmal wird eine freiwillige Spende *(suggested donation)* erwartet, die Amerikaner in der Regel auch genau bezahlen. In Städten mit zahlreichen Sehenswürdigkeiten gibt es häufig Kombitickets bzw. einen *CityPass*.

Nicht ganz billig sind die neuen und modernen *Hands-on-* und *Science*-Museen, die großen Freiluftmuseen, Zoos, Aquarien oder Vergnügungsparks. Für häufige Nationalparkbesuche lohnt sich der Erwerb eines ***National Park Pass*** („America the Beautiful" oder „Annual Pass") für derzeit $ 80. Er gilt für ein ganzes Jahr in allen amerikanischen Nationalparks u.a. staatlichen Naturschutzgebieten für drei Insassen eines Fahrzeugs über 16 Jahren; Kinder unter 15 sind gratis. Der Pass kann im Internet unter **http://store.usgs.gov/pass** gekauft werden.

Eisenbahn

Eisenbahnreisen in den USA mit der halbstaatlichen Eisenbahngesellschaft *Amtrak* ist eine bequeme und gesellige Art, große Strecken z.T. im Schlaf und überaus bequem zurückzulegen und dabei unterschiedlichste Landschaften und Staaten sowie Menschen kennenzulernen. Im Unterschied zum Flugzeug besteht die Möglichkeit, die Reise beliebig oft gratis zu unterbrechen und so *CityHopping* zu praktizieren. Im Vergleich zum Mietwagen bietet die Bahn den Vorteil, lange Wege stressfrei und unter Einsparung eventuell fälliger Rückführgebühren zurücklegen zu können. Der Preisunterschied zwischen Bahn und Flugzeug ist auf längeren Strecken nur gering, wenn man das Bahnticket vor Ort kauft.

Allgemeine Informationen: **www.amtrak.com**.

Preiswerter ist Bahnfahren mit einer Netzkarte *(Rail Pass)*, die ausschließlich Nichtamerikaner über deutsche Reisebüros (s. u.) für eine bestimmte Gültigkeitsdauer bekommen. Der Pass gilt im „Sitzwagen" *(coach)*, Aufpreise fallen für Schlafwagen an. Maximal zwei Kinder zwischen zwei und 15 Jahren zahlen den halben Preis, ein jüngeres Kind fährt kostenlos. Da in den Fernzügen Reservierungspflicht besteht und täglich bzw. sogar wöchentlich nur ein oder zwei Züge bestimmte Strecken frequentieren, ist genaue **Vorausplanung und Vorreservierung** nötig. Die eigentlichen Tickets holt man sich unter Vorlage von Reisepass und Reservierungsschein am ersten Bahnhof in den USA ab. *Metroliner, Acela Express* u.ä. Züge können mit einem solchen Pass nicht benutzt werden.

Preise Rail Pass (Stand Februar 2013)

Seit 2009 gibt es ein vereinfachtes Passsystem auf dem Gesamtstreckennetz mit Segmenten. Ein Segment entspricht dabei einer zurückgelegten Bahnstrecke (ohne Zwischenstopp, vom Einsteigen bis Aussteigen).

- 15 Tage/8 Abschnitte: $ 439
- 30 Tage/12 Abschnitte: $ 669
- 45 Tage/18 Abschnitte: $ 859
- 4 Fahrten in Kalifornien: $ 159

Erworben werden können die Tickets z.B. bei:

- **Meso-Amerika-Canada Reisebüro**, Wilmersdorfer Str. 94, 10629 Berlin, ✆ (030) 212-34190, www.meso-berlin.de/usa-reisen/usa-zug-bahnreisen
- **North America Travelhouse/CRD International**, Stadthausbrücke 1-3, 20355 Hamburg, ✆ (040) 300-6160 bzw. RD Amtrak-Hotline, ✆ (040) 300 61623, www.crd.de
- **Flug- und Reiseservice Hageloch & Henes**, Lindenstr. 34, 72764 Reutlingen, ✆ (07121) 330-184, www.buspass.de

Interessante Zugverbindungen für die beschriebenen Reisegebiete:

California Zephyr: von Chicago über Denver, Salt Lake City, Reno, Sacramento nach San Francisco.

California Corridors: verschiedene Routen in Kalifornien.

Coast Starlight: von Seattle über Portland, Sacramento, San Francisco, Santa Barbara nach Los Angeles.

Empire Builder: von Chicago über Montana (Glacier NP), Spokane nach Seattle bzw. Portland.

Pacific Northwest Corridor: von Vancouver über Seattle, Portland nach Eugene.

Southwest Chief: von Los Angeles über Flagstaff (Bus zum Grand Canyon), Albuquerque, Kansas City nach Chicago.

Sunset Limited: von Los Angeles über Tucson (Bus nach Phoenix) und Texas nach New Orleans.

Essen und Trinken

Gleich vorweg: Die amerikanische Küche besteht nicht nur aus Hamburgern und Hot Dogs, Budweiser und Coke, und die Amerikaner ernähren sich nicht ausschließlich von Dosen und Tiefkühlfertigkost. In den letzten Jahren hat sich das kulinarische Angebot in den USA enorm zum Positiven gewandelt, und gerade die Westküstenstaaten glänzen durch ein besonders vielfältiges kulinarisches Angebot.

Die amerikanischen **Essenszeiten** unterscheiden sich kaum von den unsrigen: Mittagessen *(lunch)* gibt es zwischen 12 und 14 Uhr, Abendessen *(dinner)* etwa von 18 bis 21 Uhr, die spätere Variante heißt auch *supper*. Abends isst man meist sogar etwas früher als hierzulande.

Selbstversorgung ist ebenso kein Problem. Supermärkte sind meist hervorragend sortiert und verfügen häufig über Salatbars und Imbisstheken. Auch die Obst- und Gemüseabteilungen bieten viel und die Auswahl an Naturkost *(Health Food)* ist mittlerweile sehr ordentlich. Es gibt *Mini Marts* in Tankstellen oder Wochenmärkte mit großer Auswahl.

Schnelle Küche

Fastfood ist nichts „typisch Amerikanisches", sondern ein weltweites Phänomen, man denke nur an Döner-Stände, Chinaimbiss, Pizzaschnitten oder Bratwurstsemmeln. Die

Gerichte aus aller Herren Länder, hier hat das Café de la Presse in San Francisco aufgetischt

Palette an Fastfood in den USA ist groß und man überbietet sich gegenseitig mit Sonderangeboten und Werbeaktionen. Die meisten Fastfood-Restaurants sind von frühmorgens bis Mitternacht oder sogar rund um die Uhr geöffnet. Alkohol gibt es hier nicht, dafür preiswerte Softdrinks, die manchmal sogar gratis nachgefüllt werden können *(free refill)*. ***Diners*** und ***Food Trucks*** servieren das „bessere Fastfood", z.B. „richtige" Hamburger, die zwar etwas mehr kosten, dafür aber auch besser schmecken.

Food Courts oder ***Eateries*** in Einkaufszentren beinhalten Imbissstände verschiedenster Ausrichtung mit einem gemeinsamen Essbereich mit Tischen und Stühlen. Es gibt internationale Gerichte (Pizza, Chinesisches, BBQ, Hühnchen, Sandwiches, Gyros), Salate, Sandwiches, aber auch Kaffee und Süßes zum Gleichessen oder Mitnehmen.

Essen im Restaurant

Selbst im Hinterland wird man immer wieder überrascht von kleinen Lokale, die bodenständige Qualität oder sogar Haute Cuisine zu anständigen Preise bieten. Im Südwesten ist es mexikanisch beeinflusste Küche, an der Küste Fisch und Meeresfrüchte, im Landesinneren vor allem Steaks. Die Westküste ist bekannt für *organic food*, für saisonale Gerichte aus lokalen Produkten und für leichte-kreative Zubereitungsweisen, in die unterschiedlichste ethnische Nuancen einfließen.

Für den Lunch bieten viele Lokale spezielle, preiswertere Mittagskarten bzw. *Lunch Specials* mit leichten Gerichten – v.a. Salate, Sandwiches oder Suppen – an. Teurer wird es zum Dinner. In besseren Restaurants ist es, speziell an Wochenenden, ratsam, einen **Tisch zu reservieren**. Die Amerikaner sind bekannt für ihre stoische Geduld beim Schlangestehen vor einem bestimmten Lokal, doch das ist nicht jedermanns Sache, und wer reserviert hat, ist im Vorteil. Dinieren in einem Lokal der gehobenen Kategorie (ggf. nach Kleidervorschriften erkundigen!) ist verhältnismäßig teuer, dafür sind Service und Qualität des Essens hervorragend und die Portionen im Allgemeinen groß.

Nach dem **Prinzip „wait to be seated"** wird dem Gast von einem Manager ein eigener Tisch – an dem man auch allein bleibt – zugewiesen und die Speisekarte *(menu)* überreicht. Die Bedienung *(server)* stellt sich am Tisch vor und zählt die Tagesgerichte *(daily specials)* auf; Brot und Eiswasser kommen (meist vom *busboy*) unaufgefordert auf den Tisch.

Speisenfolge: Man beginnt mit der Vorspeise *(appetizer)*, geht dann zum Hauptgericht *(entrée)* über, wobei ein Salat, wenn er zum Menü gehört ggf. ebenfalls als Vorspeise serviert wird. Den Abschluss bilden der Nachtisch *(dessert)* und der Kaffee. Selbst ein mehrgängiges Menü wird **schnell serviert**; man sitzt nicht im Restaurant, um gemütlich mit Freunden zu plaudern, dazu geht man in eine Bar oder einen Pub.

In amerikanischen Lokalen gibt es viel **Servicepersonal**, wobei die Aufgaben streng aufgeteilt sind. Arbeitskräfte sind billig, schlecht bezahlt und leben zum Großteil von Trinkgeldern. Daher sollte man nach der Schlussfrage, ob alles in Ordnung war, und nach dem anschließenden, unaufgeforderten Erhalt der Rechnung *(cheque)* in einem Ledermäppchen oder auf einem Tellerchen unbedingt mindestens **15 % Trinkgeld** addieren. Selten, in einfacheren oder Familien-Restaurants, wird die Rechnung an einer Kasse *(cashier)* beglichen. Einpacken von Essensresten in ein ***doggy bag*** ist übrigens selbst in einem Feinschmeckerrestaurant üblich. Die Portionen sind nämlich oft sehr reichlich bemessen.

Getränke

Restaurants verfügen meist über eine Schanklizenz, die meisten Fastfood-Lokale und einfachen Kneipen hingegen nicht. Sie bieten nur Softdrinks, Milkshakes und Kaffee an. An Sonn- und Feiertagen darf in manchen Staaten generell kein **Alkohol** verkauft bzw. nur zu genau definierten Zeiten ausgeschenkt werden. Im Lokal wird am Tisch gefragt, ob etwas „von der Bar" erwünscht sei. Da jedoch **(Eis-)Wasser** automatisch zum Essen gehört und ständig unaufgefordert nachgeschenkt wird, ist man nicht gezwungen, etwas Zusätzliches zu bestellen.

Ein Glas Bier oder Wein zu einem guten Abendessen ist durchaus üblich, möchte man allerdings mehr, geht man in eine *Cocktail Lounge*, Bar oder Pub, wo Cocktails, Wein und Bier die beliebtesten Getränke sind. Harte Sachen werden, mit Ausnahme von Whiskey, selten konsumiert. *Brew Pubs* und *Sports Bars* sind gute Alternativen, um den Abend gemütlich ausklingen zu lassen, wobei gerade Erstere oft auch gute, preiswerte Gerichte servieren und *Sports Bars* die Gelegenheit bieten, Sportübertragungen auf Mega-Bildschirmen zu verfolgen. Im Westen, speziell in Kalifornien, Oregon und Washington, werden **hervorragende Weine** produziert, allerdings dominieren auf Weinkarten vielfach leider immer noch europäische neben (durchschnittlichen) kalifornischen Weinen.

Wie in Sachen **Kaffee** – es gibt nicht nur *Starbucks*! – hat sich auch, was das **Bier** angeht, in den letzten Jahren viel getan. Ausgehend von der Westküste schossen sogenannte *Microbreweries* (Kleinbrauereien) überall wie Pilze aus dem Boden und produzieren Biere, die ihresgleichen suchen. Die **Kleinbrauereien** betreiben oft eigene Pubs, in denen die eigenen Produkte vom Fass serviert werden. Es gibt mittlerweile beinahe in jedem größeren Ort eine solche Kleinbrauerei und auch Supermärkte und *Liquor Stores* sind zunehmend besser sortiert. Sie bieten neben den Bieren von Großfirmen mehr und mehr, in pfandpflichtigen Wegwerfflaschen (0,35 l) auch Produkte lokaler Brauereien an.

Erfrischungsgetränke – *soft drink, pop* oder *soda* genannt – werden eiskalt getrunken. Gute Durstlöscher sind *ice tea* oder *lemonade*, probieren sollte man *root beer* oder *smoothies* (Frucht-Milchmischgetränke).

Feiertage und Veranstaltungen

Da Amerikaner im Schnitt nur **zwei Wochen Jahresurlaub** bekommen und auch die Zahl der Feiertage, der *public holidays*, gering ist, werden einige Feiertage (Ausnahme: Weihnachten, Ostern und 4. Juli) auf einen Montag gelegt, damit ein verlängertes Wochenende entsteht. Anders als hierzulande ist an Feiertagen nicht grundsätzlich alles geschlossen; Supermärkte, Museen und andere Attraktionen sind häufig geöffnet, zumindest ab mittags.

Aktuelle **Veranstaltungskalender** finden sich im Internet bzw. sind in den CVBs oder Besucherzentren der einzelnen Städte bzw. Bundesstaaten *(Welcome Center)* erhältlich und können regionalen Tageszeitungen und Szene-Magazinen entnommen werden. Wichtige lokale Feste im Jahreskalender werden bei den entsprechenden Orten genannt.

Gesetzliche Feiertage

- 1. Januar: **New Year's Day** – Neujahr, vorausgeht **New Year's Eve** – Silvester (kein eigentlicher Feiertag)
- 3. Montag im Januar: **Martin Luther King's Birthday**
- 3. Montag im Februar: **President's Day** *(George Washington's Birthday)* – Gedenktag zu Ehren aller Präsidenten
- Ende März/April: **Easter Sunday** (Ostersonntag); Karfreitag *(Good Friday)* gilt nur eingeschränkt als Feiertag, Ostermontag ist unbekannt.
- 22. Mai: **Harvey Milk Day** – Feiertag in Kalifornien
- Ende Mai/Juni (50 Tage nach Ostern): **Pentecost** (Pfingstsonntag) – kein besonderer Feiertag
- Wochenende vor dem letzten Montag im Mai: **Memorial Day Weekend** (zu Ehren aller Gefallenen) – Beginn der Ferienzeit
- 4. Juli: **Independence Day** (Tag der amerikanischen Unabhängigkeit) – Nationalfeiertag
- Letzter Samstag im Juli: **National Day of the Cowboy** – Feiertag in CA, AZ und WY; andere Staaten werden bald folgen.
- Wochenende vor dem 1. Montag im September: **Labor Day Weekend** (Tag der Arbeit) – Ende der Ferienzeit
- 2. Montag im Oktober: **Columbus Day** (Erinnerung an die Entdeckung Amerikas)
- 31. Oktober: **Halloween** (kein offizieller Feiertag)
- 11. November: **Veterans' Day** (Ehrentag für die Militärveteranen)
- 4. Donnerstag im November: **Thanksgiving Day** (Erntedankfest), das große Familienfest, halb Amerika ist unterwegs zu Besuchen.
- 25. Dezember: **Christmas Day**; keine Feiertage sind der Heilige Abend *(Christmas Eve, Holy Night)* und der 2. Weihnachtstag

Flüge

Es kann verwirrend sein, den passenden Flug in die USA zu finden. Eine schier unüberschaubare Zahl konkurrierender Reiseveranstalter, Internetbroker und verschiedener Airlines stehen zur Auswahl. Dazu kommen unterschiedliche Saisonzeiten, Abflugorte und Routenführungen, ein Wust an Sonder- und Spezialpreisen, Last-Minute- und Internetangeboten. Gerade deshalb ist es sinnvoll, sich vor der Buchung gründlich über Routen, Preise, Flüge und Bedingungen zu informieren. Das kann im Internet oder anhand von Reisekatalogen geschehen. Um zu Anfang eine grobe Preisvorstellung zu bekommen, hilft z.B. ein Blick im Internet auf **www.expedia.de** weiter.

Die meisten Linienfluggesellschaften bedienen die USA täglich oder mehrmals wöchentlich und unterhalten *Codesharing*-Verträge, d.h., sie kooperieren mit anderen Gesellschaften und erweitern dadurch ihr Angebot. Die wichtigsten Allianzen im Nordamerika-Bereich sind das **Sky Team** (www.skyteam.com) u.a. mit *Delta, AirFrance/KLM, Alitalia,* die **Star Alliance** (www.staralliance.com/de/) mit *Air Canada, Austrian, United, Lufthansa, US Airways, SAS und Swiss* oder aber **One World** (www.oneworld.com) mit *Air Berlin, American Airlines, British Airways und Iberia*. Für Leute, die regelmäßig mit einer bestimmten Gesellschaft (bzw. Gruppe) fliegen, lohnt es sich, (gratis) Mitglied eines *Frequent Flyer Program* zu werden.

Hauptflughäfen

Hauptflughäfen für die im Buch beschriebene Reiseregion sind **San Francisco, Los Angeles, Las Vegas, Salt Lake City, Phoenix, Seattle** und **Portland**. Linienflüge starten meist am Vormittag oder Mittag und man erreicht am Nachmittag bzw. frühen Abend Ortszeit seinen Zielort. In der Regel beträgt die reine Flugzeit zur Westküste **zwischen 10,5 und 12 Stunden**.

Nur einige Ziele werden von bestimmten Flughäfen aus, meist Frankfurt bzw. München, **nonstop** angesteuert, z.B. von *Lufthansa* (bzw. dem Star-Alliance-Partner *United*) sind es Seattle, San Francisco und Los Angeles, *Condor* fliegt im Sommer Las Vegas direkt an, *Air Berlin* Los Angeles.

Ansonsten ist bei allen anderen Flügen mindestens **einmaliges Umsteigen** nötig, sei es noch in Europa, z.B. in London, Paris oder Amsterdam oder aber – bei amerikanischen Fluggesellschaften je nach Gesellschaft z.B. in Atlanta, Chicago, Washington D.C.,

Im Anflug auf Los Angeles

New York oder Philadelphia. Bei einem gewählten Zwischenstopp in Europa bleibt einem der Gepäckcheck am ersten US-Flughafen erspart.

Preise und Bedingungen

Die **Flugpreise** hängen von mehreren Faktoren ab, wobei generell Flüge in der NS, vor allem im zeitigen Frühjahr oder im Herbst preisgünstiger sind als solche in der HS. Auch Ferienzeiten bzw. Feiertagen und Wochenende sollte man möglichst meiden. Als Hauptreisezeit gelten im Allgemeinen die Sommermonate (ab Mitte Juni/Anfang Juli bis Ende August), als Zwischensaison die Zeit um Pfingsten und Weihnachten sowie die Monate September und Oktober, allerdings variiert das je nach Ziel. Zubringerflüge bzw. Bahntickets für die Anreise zum Flughafen sind nicht automatisch inklusive und die neu eingeführte *Ticket Handling Fee* (niedriger bei Internetbuchung), die Höhe von Umbuchungs- und Stornierungskosten, bestimmten Zuschlägen sowie Service und Alter des Fluggeräts schwankt. Die **Preise für einen Flug** in den Westen beginnen inklusive Steuern und Versicherungen im günstigsten Fall und in der NS bei ca. 600 €. Im Allgemeinen muss man eher mit Summen um die 800–1.000 € rechnen, wobei die Unterschiede zwischen den oben genannten Hauptflughäfen im Westen eher geringfügig sind.

Fluggesellschaften unterscheiden sich nicht nur darin, von wo aus sie wohin, wann und wie oft fliegen, sondern auch darin, wie viele und welche Zwischenstopps sie einlegen. Davon abhängig ist wiederum die Höhe der Steuern und Gebühren. Unterschiedlich wird überdies gehandhabt, ob bzw. zu welchem Aufpreis **Gabelflüge und Stop-over** möglich sind – wichtig, wenn man eine Rundreise plant und auf teure Inlandsflüge verzichten möchte. Diese Möglichkeiten auszuschöpfen, ist normalerweise günstiger, als **Flugcoupons** zu erwerben. Diese sogenannten Airpässe, die verschiedene Gesellschaften anbieten, umfassen eine bestimmte Anzahl an Gutscheinen (Coupons) für eine bestimmte Zielregion und Dauer und müssen außerhalb den USA, oft zusammen mit dem Transatlantikflug, erworben werden.

Sondertarife sind das ganze Jahr über zu bekommen, allerdings unterschiedlich in Kontingentierung und Bedingungen. Die angepriesenen Superangebote aus Internet oder Reisezeitschriften erweisen sich häufig als Flop, da nur geringe Platzkapazitäten zur Verfügung stehen, diese oft an strikte Bedingungen gebunden sind oder die Flüge mehrmaliges Umsteigen und lange Zwischenaufenthalte erfordern. Immer häufiger, vor allem in der NS, bieten die Linienfluggesellschaften selbst im Internet bzw. über Zeitungsannoncen **Sonderkonditionen** an, die jedoch nur über einen meist kurzen Zeitraum gebucht werden können. Die Reise muss dann bis zu einem ebenfalls festgelegten Datum angetreten werden. Es lohnt sich immer, erst einmal die Webpages (s. u.) zu checken!

Preiswerte **Last-Minute-Flüge** offerieren spezialisierte Reisebüros (s. Telefonbuch), z.B. *Travel Overland* (www.travel-overland.de) oder www.ltur.de, im Internet bieten oft auch „Broker“ wie www.expedia.de oder www.opodo.de günstige Tarife.

Über **Ermäßigungen** für Jugendliche und Studenten sowie über die unterschiedlich gehandhabten Bedingungen für Kinder informieren Fluggesellschaften bzw. Reisebüros.

Die wichtigsten Fluggesellschaften im Internet

Air Berlin: *www.airberlin.com*
Air France: *www.airfrance.de*
American Airlines: *www.americanairlines.de*
Austrian Airlines: *www.austrian.com*
British Airways: *www.britishairways.com*
Condor: *www.condor.com/fluege*
Delta: *http://de.delta.com*
KLM: *www.klm.com*
Lufthansa: *www.lufthansa.com*
Southwest: *www.southwest.com*
Swiss: *www.swiss.com*
TUIFly: *www.tuifly.com*
United Airlines: *www.united.com*
US Airways: *www.usairways.com*

Wichtige Hinweise

- *Man sollte, auch wenn es keine Pflicht mehr ist, den Flug 48 bis 72 Stunden vor Rückflugtermin checken, um die Flugzeiten zu überprüfen.*
- *Es wird empfohlen, bei internationalen Flügen drei Stunden vor Abflug einzuchecken. Sitzplätze können im Vorfeld reserviert werden, wobei Plätze mit mehr Beinfreiheit meist eine Gebühr kosten.*
- *Die Gepäckfreigrenze liegt im Normalfall bei einem eingecheckten Gepäckstück pro Person mit max. je 23 kg, dazu kommt ein Handgepäckstück unterschiedlich definierter Größe und Gewichts sowie eine Hand-, Foto- oder Laptoptasche. Vorher bei der Airline erkundigen!*

Besonderer Tipp

America Unlimited, Leonhardtstr. 10, 30175 Hannover, ✆ (0511) 37444750, und Buchenstraße 3, 22299 Hamburg (Winterhuder Markt), ✆ (040) 530348-34, www.america-unlimited.de. Dieser kleine Nordamerika-Spezialist bietet ungewöhnliche Mietwagenrundreisen an. Seine Stärke sind individuelle Zusammenstellungen von Reisen nach Kundenwünschen.

Fotografieren

Speicherkarten, Batterien und Akkus für **Digitalkameras** sind in Fotoläden, Elektronikshops und auch in den Fotoabteilungen von Drugstores und Supermärkten zu bekommen. Dort gibt es häufig auch digitale Druckservices, *photo kiosks*. Mitgebrachte Ladegeräte müssen „reisetauglich" sein, d.h. der anderen Spannung angepasst werden können, zudem ist ein Adapter für die anderen Steckdosen nötig.

In Museen und manchen anderen Sehenswürdigkeiten sowie im Umkreis von militärischen Anlagen ist Fotografieren verboten bzw. nur zu Privatzwecken erlaubt, ohne Blitz und Stativ. Bei Personenaufnahmen ist **Respekt** oberstes Gebot (ggf. vorher eine Erlaubnis einholen).

Kameras und Zubehör sind in den USA preiswerter als hierzulande; beim Kauf ist allerdings zu prüfen, ob die Garantie weltweit gilt und ob die Stromspannung von Netzgerät und sonstigem Zubehör passt bzw. angepasst werden kann. Zum annoncierten Preis muss meist noch die Steuer addiert werden, außerdem u.U. Zoll am deutschen Einreiseflughafen.

Geldangelegenheiten

Bargeld

Obwohl man heute tatsächlich in nur noch wenigen Situationen Bargeld benötigt, sollte man einen **gewissen Dollarbetrag**, v.a. Kleingeld, in der Tasche haben, z.B. um am Flughafen eine Zeitung kaufen zu können, für den Gepäckwagen oder am Getränkeautomaten. Der Umtausch von Euro oder Schweizer Franken in Dollar ist an Flughäfen, in speziellen Wechselstellen oder in Banken grundsätzlich kein Problem, lediglich können die Kurse ungünstiger sein, Gebühren anfallen und die ganze Prozedur zeitaufwändig sein. Größere Summen Bargeld kann man sich dann in den USA mit Reiseschecks oder (teurer) am Automaten per Karte zu beschaffen.

Währung

1 Dollar ($) = 100 Cent (c).
An **Münzen** gibt es Penny (1 c.), Nickel (5 c), Dime (10 c), Quarter (25 c); selten sind hingegen 50 c (Half Dollar) und Dollarmünze. An **Scheinen** sind $ 1, 5, 10, 20, 50, 100 und – theoretisch – auch $ 500 und $ 1000 in Umlauf. Die alten Scheine unterscheiden sich vor allem im Wertaufdruck und dem abgebildeten Staatsmann. Scheine über $ 20 sind den meisten Amerikanern suspekt, und es kann Probleme geben, mit einer $ 50-Note bar zu bezahlen. Quarter (und Dollarscheine) sollte man sammeln, da sie für Automaten aller Art bzw. als Trinkgeld benötigt werden.
Aktuelle Wechselkurse im Internet unter **www.oanda.com**.

Maestro/EC-Karte

Inzwischen kann man an über 200.000 Geldautomaten in den USA Geld abheben, wobei Voraussetzung ist, dass das **Maestro-Zeichen** an der „ATM" *(Automated Teller Machine)* vorhanden ist und man seine PIN-Nummer weiß. Auch an vielen Kassen mit Maestro-Zeichen ist Zahlung mit der **EC-Karte** möglich.
Achtung: Einige Banken setzen seit 2011 aus Sicherheitsgründen einen neuen Chip in ihre EC-Karten ein (sog. V Pay), was dazu führt, dass man mit der Karte außerhalb Europas weder Geld abheben noch damit bezahlen kann. EC-Karten mit der „Maestro"-Funktion können weiterhin unabhängig vom Produktionsjahr weltweit eingesetzt werden. Im Zweifel vorher bei seiner Bank erkundigen und unbedingt eine Kreditkarte mitnehmen.

Die Gebühr für eine Automatenabhebung variiert je nach Bank, beträgt bis zu 5 € und ist unabhängig von der Höhe der Abhebung (meist max. 500 € pro Tag). Wenn die EC-Karte abhanden kommt, sollte man sie sofort sperren lassen (Sperrnummer s. u.), man muss dazu jedoch seine Kontonummer nennen können.

Kreditkarten
Als Tourist kommt man ohne Kreditkarte nicht aus, denn nur damit gilt man in den USA als kreditwürdig und kann z.B. eine verbindliche Zimmerreservierung, den Erwerb von Tickets via Telefon oder die Stellung der Kaution für einen Mietwagen vornehmen. *Euro/MasterCard* und *VISA* sind die **verbreitetsten Kreditkarten**, seltener werden *American Express* und *Diners Club* akzeptiert.

Die „Plastikkarten" müssen rechtzeitig bei der Bank oder Unternehmen wie dem *ADAC* beantragt werden. Zweitkarten sind preiswerter, „Goldkarten" beinhalten oft Versicherungen und Notfallservice. Die getätigten Ausgaben werden unter Aufschlag einer Umrechungsgebühr von meist 1 % von einem eigens eingerichteten Konto abgebucht, auf dem für Notfälle immer ein Guthaben deponiert werden sollte, das sich verzinst. Gegen Gebühr von bis zu 5,5 % oder mindestens rund 5 € lässt sich mit einer Kreditkarte Geld an beinahe jedem Bankautomaten auch Bargeld ziehen.

Kreditkarten sind versichert und bei Verlust oder Diebstahl sorgt die Gesellschaft nach einem Anruf unter ihrer **Notfallnummer** (s. Kartenrückseite bzw. Merkblatt, Nummer vor der Reise notieren!) für Sperrung und raschen Ersatz (Informationen auch unter www.kartensicherheit.de).

Kartensperrung

Für Deutschland gibt es eine einheitliche Sperrnummer:
✆ **0049-116116** und vom Ausland zusätzlich **0049 (30) 4050-4050**. Sie gilt mit wenigen Ausnahmen für alle Arten von Karten (auch Maestro/EC-Karten) und Banken sowie Mobilfunkkarten (Details im Internet unter www.sperr-notruf.de).

Für Karten von bisher nicht angeschlossenen Kreditinstituten und für **österreichische** und **Schweizer Karten** sind die gültigen Notrufnummern dem mit der Karte erhaltenen Merkblatt zu entnehmen oder bei der jeweiligen Bank vor der Reise zu erfragen und zu notieren.

Reiseschecks
Durch den vermehrten Einsatz von Karten mittlerweile eher selten in Gebrauch sind versicherte Reiseschecks. Am gebräuchlichsten sind ***Travel(l)ers Cheques*** (TC) von *American Express*. Man muss sie in der Bank vorbestellen (am besten in kleiner Stückelung) oder erhält sie z.B. auch beim ADAC. Schneller und unkomplizierter als in Banken, wo außer dem Reisepass manchmal ein Fingerabdruck gefordert wird und Gebühren anfallen können, lassen sich die Schecks in den USA in *American-Express-* oder *Travelex*-Agenturen eintauschen. Am einfachsten ist es aber, im Hotel einen Scheck einzulösen („*to cash a cheque*"), wobei normalerweise maximal $ 50 pro Tag ausbezahlt werden, oder gleich damit zu bezahlen. In Läden und sogar in Supermärkten gelten die Schecks als Zahlungsmittel, mit dem selbst Kleinstbeträge beglichen werden können. Restsummen werden bar herausgegeben.
Nur gegen Angabe der Seriennummern (immer notieren!) bzw. des Kaufbelegs werden **Reiseschecks** innerhalb von 24 Stunden ersetzt. Dazu ist bei Verlust oder Diebstahl

umgehend Meldung bei *American Express* bzw. *Travelex* nötig: Telefonnummern und Hinweise erhält man zusammen mit den gekauften Schecks bzw. der Card (vorher notieren!). Gegebenenfalls wird ein Polizeiprotokoll gefordert und muss ein Rückerstattungsformular ausgefüllt werden.

Sperrung AmEx Reiseschecks: in D: ✆ 0800-1012 362 (kostenfrei); A: ✆ 0800-232340; CH: ✆ 0800-255200
In den USA hilft das *AmEx*-Kunden-Service Center unter ✆ 1 (800) 221-7282 (gratis).

Gesundheit

siehe auch „Notfall" und „Versicherung"

Ein USA-Reisender ist **keinen besonderen Gesundheitsrisiken** ausgesetzt. Ernährungsbedingte Umstellungsprobleme sind selten, das Leitungswasser kann unbesorgt getrunken werden, besondere Impfungen sind nicht nötig. Häufig sind Erkältungen aufgrund der Vollklimatisierung der Räume – ***Air Conditioning*** oder *AC*. Eine Strickjacke oder ein Pullover in der Tasche können nützlich sein. Sauberkeit wird großgeschrieben, und ein eigenes Badezimmer gehört zu jedem noch so billigen Motel, ein passables WC zu jeder Raststätte oder Tankstelle. Allerdings sollte man nie nach der *toilet* fragen, ein WC heißt *restroom, ladies' room* oder *men's room, bathroom* oder *powder room*.

Im Krankheitsfall ist in den USA für rasche und effektive Behandlung gesorgt. An qualifizierten Ärzten *(physicians)* bzw. Zahnärzten *(dentists)* besteht kein Mangel; der Spezialisierungsgrad ist hoch, die Konkurrenz groß. Namen und Adressen von Ärzten können leicht über die Hotelrezeption bzw. die Gelben Seiten des Telefonbuchs herausgefunden werden. Hausbesuche sind unüblich und meist bieten die in größeren Orten bzw. Städten existierenden *Health Care* oder *Family Centers*, Gemeinschaftspraxen, die ohne Terminvereinbarung *(walk-in)* weiterhelfen, die schnellste Behandlung.

Im Notfall ruft man die **Ambulanz** (**911**) oder fährt zur **Notaufnahme** eines Hospitals *(Emergency Room)*.

Arzt-, Medikamenten- und Krankenhauskosten sind hoch und jeder Patient wird systembedingt als Privatpatient behandelt. Das setzt auch beim Besucher einen Nachweis der Zahlungsfähigkeit (Kreditkarte) voraus. Zudem muss für jeden Arztbesuch sofort und häufig bar bezahlt werden. Zu Hause erstattet die Versicherung gegen ausführliche Bescheinigung und Quittungen über Diagnose, Behandlungsmaßnahmen und Medikamente die Kosten zurück. Bei schweren Erkrankungen oder Unfällen sind zusätzlich der Notfallservice der Versicherung und ggf. Botschaft bzw. Konsulat zu informieren.

Außer den dringend benötigten (rezeptpflichtigen) **Medikamenten** (bei größeren Mengen ist eine englischsprachige Bescheinigung für den Zoll nötig) sollte auch die übliche kleine Reiseapotheke mit dabei sein. ***Pharmacies*** (Apotheken) existieren eigentlich nur in Form von Spezialabteilungen in Supermärkten und vor allem ***Drugstores***. Dort gibt es preiswert und rezeptfrei ein Grundsortiment an Arzneimitteln, Standardmedikamente gegen Schmerzen, Durchfall oder Erkältungen. Am ***Prescriptions Counter*** in Drugstores löst man ärztliche Verordnungen ein und erhält Beratung durch einen Apotheker.

Es empfiehlt sich, leichte (Baumwoll-) **Kleidung** mitzunehmen und diese ggf. in Schichten übereinander zu tragen. Regenschutz und feste Schuhe, aber auch Sonnenbrille, Mütze oder Hut gehören in den Koffer, außerdem ggf. Insektenschutzmittel *(bug revelant)* und Sonnenschutzmittel mit hohem Lichtschutzfaktor, v.a. im Westen hat es die Sonne in sich, auch wenn der Himmel bedeckt ist.

Informationen

Allgemeine reisepraktische Infos finden sich unter **www.usa.gov/visitors/travel.shtml** (v.a. Links) und ganz besonders unter der offiziellen Reise- und Tourismus-Seite der USA, **www.discoveramerica.com**. Letztere ist die Webpage des neu eingerichteten US-Fremdenverkehrsamts „**Brand USA**".

Alle im Reisegebiet liegenden Staaten sind durch deutsche PR-Agenturen vertreten. Nachfolgend aufgelistet die Repräsentanzen der Stellen in Deutschland, die auch für Österreich und für die Schweiz zuständig sind, des Weiteren die maßgeblichen Webseiten der einzelnen Bundesstaaten in den USA.

RMI (Rocky Mountains International) – ID, MT, ND, SD und WY

- **RMI (Rocky Mountains International)**, c/o Wiechmann Tourism Services GmbH, Scheidswaldstr. 73, D-60385 Frankfurt/Main, ✆ (069) 25538-230, www.rmi-realamerica.de
- **North Dakota Tourism Division**: www.ndtourism.com
- **South Dakota Dept. of Tourism**: www.travelsd.com
- **State of Idaho**: www.visitidaho.org
- **Travel Montana**: www.visitmt.com
- **Wyoming Division of Tourism**: www.wyomingtourism.org

OR und WA

- **Pacific North West – Oregon & Washington State**, c/o Wiechmann Tourism Service, Scheidswaldstr. 73, D-60385 Frankfurt/Main, ✆ (069) 25538-240, www.washingtonstate.de
- **Travel Oregon**: www.traveloregon.com bzw. www.traveloregon.de (deutsch)
- **Washington State Tourism**: www.experiencewa.com

CO und UT

- **Get it Across Marketing**, Neumarkt 33, 50667 Köln, ✆ (0221) 2336-406, www.goutah.de (deutsch)
- **Colorado Tourism Office**: www.colorado.com
- **Utah Travel Council**: www.visitutah.com

CA

- **Touristikdienst Truber**, Schwarzwaldstr. 13, 63811 Stockstadt, ✆ (06027) 402820, TouristikdienstTruber@t-online.de, www.visitcalifornia.de (deutsch). Informationsmaterial zu Kalifornien
- **California Tourism**: www.visitcalifornia.com

NV

- **Nevada Commission on Tourism**, c/o AVIAREPS Tourism GmbH, Josephspitalstr. 15, 80331 München, ✆ (089) 552533 821, www.travelnevada.de
- **Nevada Commission on Tourism**, www.travelnevada.com

AZ

- **Arizona Office of Tourism**, c/o Kaus Media Services, Luisenstr. 4, 30159 Hannover, ✆ (0511) 899-8900, www.arizonareise.de bzw. www.arizonaguide.com
- **Phoenix und Scottsdale**: Get it Across Marketing, Neumarkt 33, 50667 Köln, ✆ (0221) 2336-408, www.experiencescottsdale.com, www.visitphoenix.com

Vor Ort helfen ***Visitor Information, Convention & Visitor Bureaus*** *(CVB)* oder ***Chambers of Commerce*** weiter, an den Staatsgrenzen (Interstates) gibt es ***Welcome Center*** – Besucherzentren, die vielerlei Prospektmaterial, Karten etc. bereithalten, z.T. auch bei der Zimmerreservierung behilflich sind und in denen die lohnenden „Coupon-Hefte" ausliegen. Infos und Adressen finden Sie beim jeweiligen Ort.
Deutsch-Amerikanische Institute bzw. Zentren existieren derzeit in Freiburg, Hamburg, Heidelberg, Kiel, Köln, München, Nürnberg, Saarbrücken, Stuttgart und Tübingen (Adressen s. http://german.germany.usembassy.gov/germany-ger/dais.html). Daneben gibt es beim ***ADAC*** allgemeines Informationsmaterial und Karten über die verschiedenen Regionen in den USA.

Kartenmaterial

Neben der diesem Reiseführer beigelegten Reisekarte empfiehlt sich der Rand „McNally Road Atlas USA/Canada/Mexico", der auch hierzulande erhältlich ist, außerdem gibt es beim *ADAC* gratis Regionalkarten sowie allgemeine Infos („TourSets") zu Autoreisen in den USA.
Geo Center (www.geocenter.de) vertreibt topografische und geophysische Karten unterschiedlicher Maßstäbe; sie sind in gut sortierten Buchhandlungen erhältlich.

Vor Ort sollte die erste Fahrt zu einem *AAA Office* führen (siehe „*Auto fahren*") um dort *Maps* sowie *AAA TourBooks* mit Motel- und Hotelverzeichnissen, Restaurants, Attraktionen und anderem Wissenswerten, außerdem ggf. *CampBooks* zu besorgen. Manche *TourBooks* sind auch beim *ADAC* gegen Gebühr erhältlich. Infos unter: www.adac.de/aaa.

Überblickskarten der einzelnen Bundesstaaten bzw. einzelner Städte gibt es im Internet bzw. bei Fremdenverkehrsämtern, *Welcome Centers* oder *CVBs*.

Im Internet helfen bei der Planung weiter: www.mapquest.com, www.randmcnally.com, www.nationalatlas.gov (zahlreiche Spezialkarten), http://maps.google.com.

Maßeinheiten

Hohlmaße
1 fluid ounce = 29,57 ml
1 pint = 16 fl. oz. = 0,47 l
1 quart = 2 pints = 0,95 l
1 gallon = 4 quarts = 3,79 l
1 barrel = 42 gallons = 158,97 l

Flächen
1 square inch (sq.in.) = 6,45 qcm
1 sq.ft. = 929 qcm
1 sq.yd. = 0,84 qm
1 acre = 4840 squ.yd. = 4046,8 qm oder 0,405 ha
1 sq.mi. = 640 acres = 2,59 qkm

Längen
1 inch (in.) = 2,54 cm
1 foot (ft.) = 12 in. = 30,48 cm
1 yard (yd.) = 3 ft. = 0,91 m
1 mile (mi.) = 1760 yd. = 1,61 km

Gewichte
1 ounce (oz.) = 28,35 g
1 pound (lb.) = 16 oz. = 453,59 g
1 ton = 2000 lb = 907 kg

Temperaturen
Umrechnung: (Grad F - 32) x 0,56 = Grad C

23 °F	-5 °C	32 °F	0 °C	41 °F	5 °C	50 °F	10 °C
59 °F	15 °C	68 °F	20 °C	77 °F	25 °C	86 °F	30 °C
95 °F	35 °C	104 °F	40 °C				

Größentabelle

Herrenbekleidung:
Deutsche Größe (z. B. 50) minus 10
ergibt amerikanische Größe (40)

Herrenhemden:

D	36	37	38	39	40/41	42	43
USA	14	14,5	15	15,5	16	16,5	17

Herrenschuhe:

D	39	40	41	42	43	44	45
USA	7	7,5	8	8,5/9	9,5/10	10,5	11/11,5

Damenbekleidung:

D	36	38	40	42	44	46
USA	6	8	10	12	14	16

Damenschuhe:

D	36	37	38	39	40	41	42
USA	5,5	6/6,5	7/7,5	8	9	9,5	10

Kinderbekleidung:

D	98	104	110	116	122
USA	3	4	5	6	6x

Medien

An jeder Straßenecke für $ 1 erhältlich ist die einzige wirklich überregionale, optisch gut aufgemachte Tageszeitung „**USA Today**“, die vor allem nationale Geschehnisse behandelt und über einen hervorragenden Sportteil und ausführlichen Wetterbericht verfügt. Renommiert und überall erhältlich ist die überregionale Tageszeitung „**New York Times**“, in San Francisco lohnen der „**San Francisco Chronicle**“, in Portland „**The Oregonian**“ und in Los Angeles ist es die „**Los Angeles Times**“.

Große Buch- und Zeitschriftenläden in Städten oder an Flughäfen und Bahnhöfen führen meist auch **deutsche Zeitungen** und Zeitschriften, allerdings teuer und meist nicht aktuell. Amerikanische Zeitungen und Zeitschriften sind preiswerter und in größerer Auswahl als hierzulande erhältlich. Beliebte überregionale Wochenmagazine sind „Time“, „Newsweek“ und „Fortune“; „Ebony“ gibt z.B. einen Einblick in die afroamerikanische Szene und „Sports Illustrated“ und „Sporting News“ in die Welt des Sports.

TV und Radio

Obwohl jedes noch so billige Motelzimmer über einen **Fernseher** verfügt, unterscheiden sich Empfang und Senderzahl enorm. Gängige überregionale Sender sind *PBS, NBC, CBS, ABC* und *Fox*, darüber hinaus gibt es Kabel- und Satellitensender, die je nach „Paket“, das die Unterkunft gewählt hat, unterschiedlich in Angebot und Zahl sind. Im Stun-

Bunte Zeitungslandschaft, auch am Straßenrand

dentakt laufen auf festen Programmschienen dieselben Sendungen zur selben Zeit und am selben Tag.

Viele Sender haben sich dabei auf bestimmte Genres spezialisiert haben, z.B.
- **Spielfilme**: *HBO, Hallmark Movie Channel, Fox Movie Channel*
- **Soap Operas**: *TNT, TBS*
- **Sport**: *ESPN*
- **Nachrichten:** *CNN, Bloomberg TV, ABC News*
- **Wetter**: *Weather Channel*
- **Natur, Abenteuer & Outdoors**: *Discovery Channel, National Geographic, Travel Channel*
- **Geschichte**: *History*
- **Kochen**: *Food Network, Cooking Channel*
- **Comics/Cartoons**: *Disney Channel, Cartoon Network*
- **Musik**: *MTV, Great American Country*

u.v.a.

Im **Radio** dominieren die privaten Sender. Sie sind mehr oder weniger stark spezialisiert, z.B. auf Country, Jazz, Rock, Klassik, Sport, Talkshows oder Nachrichten, und je nach Finanzen unterschiedlich stark von Werbung abhängig. Ein überregionaler Sender mit breit gefächertem Angebot ist *National Public Radio (npr)*.

Mietwagen

siehe auch „Auto fahren"

Finanzielle und sicherheitstechnische Vorteile sprechen dafür, einen **Mietwagen bereits zu Hause zu buchen**, im Reisebüro oder über das Internet, besonders wenn die Mietdauer mindestens eine Woche beträgt. In der Regel sind die **Tarife günstiger** (v.a. weil in Europa die Versicherungspauschalen und sonstigen Gebühren bereits im Preis enthalten sind!), und zum anderen spart man Zeit.

Im Allgemeinen sind die **Wochenpreise am günstigsten**. Normalerweise muss ein Wagen an ein- und demselben Ort abgeholt und abgegeben werden, ansonsten fallen **Rückführgebühren** an, die sich je nach Veranstalter und Strecke unterscheiden. Allerdings gibt es **Ausnahmen**, z.B. zwischen bestimmten Flughäfen oder Städten, differenzierend je nach Anbieter, v.a. zwischen den Staaten CA, NV und AZ sowie OR und WA. Normalerweise fällt kein Aufschlag an, wenn an verschiedenen Stationen in derselben Stadt abgeholt/abgegeben wird. Ggf. sollte man auch vor Buchung prüfen, ob es am Ankunfts- bzw. Abflugort, d.h. am Flughafen bzw. am Bahnhof/in der Stadt, tatsächlich eine Mietstation existiert. **Zahl und Verteilung der Mietstationen** unterscheiden sich je nach Firma.

Im Laufe der letzten Jahre haben sich die Anbieter bezüglich der **Preise und Mietbedingungen** weitgehend angeglichen und alle sind dazu übergegangen, verschiedene Pakete anzubieten. Es gelten außerdem spezielle (höhere) *Rates* für „Jugendliche" zwischen 21 (Mindestalter!) und 25 Jahren. Alle Pakete schließen **Vollkasko** *(CDW/LDW – Collision/Loss Da-*

mage Waiver), pauschale Erhöhung der Haftpflicht-Deckungssumme *(ALI – Additional Liability Insurance)* und sämtliche Steuern und Zusatzgebühren *(taxes and fees)* sowie *unlimited milage* (freie Fahrmeilen) ein.

Bei der (selten nötigen) **Luxusversion** sind u.a. die Kosten für einen Zusatzfahrer und oft eine Tankfüllung im Preis enthalten, außerdem Zusatzversicherungen (Insassen- bzw. Gepäckversicherung, *PAI – Personal Accident Insurance* oder *PEC – Personal Effects Coverage*), die oft jedoch schon durch bestehende Versicherungen oder den Versicherungsschutz von Gold-Kreditkarten abgedeckt sind. Vorher prüfen! Es gibt außerdem Pakete inklusive Navigator.

Die gekoppelte Buchung von Flug und Mietwagen oder auch Campern – **Fly&Drive** – kann eine Alternative sein. Große Reiseveranstalter wie *Meier's*, *DERTour* oder *FTI* bieten oft günstige Varianten an. Man sollte jedoch speziell in der NS, wenn Flüge billig sind, das Angebot mit den Einzelpreisen vergleichen.

Fahrzeugkategorien

Die großen Vermieter besitzen neuwertige **Fahrzeugflotten** meist spezieller Autofirmen. Ein bestimmter Wagentyp kann nicht reserviert werden, doch ist es vor Ort möglich, Wünsche zu äußern. Alle Wagen haben Automatik, Airbags, Klimaanlage und CD-Player, ab der *Intermediate*-Kategorie sind zudem *Cruise Control* (Tempomat), Servolenkung und -bremsung üblich, meist auch Zentralverriegelung und automatisches Tages-Fahrlicht. Die Palette reicht mit unterschiedlichen Bezeichnungen von Klein *(Economy)* über Mittel bzw. *Midsize/ (Compact, Intermediate* oder *Standard) bis Groß (Full Size)*, dazu gibt es eine Luxusversion *(Premium* o.ä.) und je nach Firma *Minivan* oder *Station Wagon*, *SUV/4-wheel-drive* oder *Cabriolet und Pick-up*. Autos mit Navigator stehen ebenfalls zur Verfügung. Bei der Wahl der Kategorie sollten v.a. Personenzahl, Art und Menge des Gepäcks und geplante Streckenlänge bzw. Fahrzeiten bedacht werden.

Genaues Vergleichen lohnt sich, denn je nach Fahrregion kommt z.B. ein *Mini Van* nicht viel teurer als ein *Full Size* Car (z.B. Rocky Mountains Region), wobei Bequemlichkeit und Geländegängigkeit gegen höheren Spritverbrauch abgewogen werden müssen. Im Allgemeinen dürfte ein Fahrzeug der **mittleren Kategorie** genügen. Oft wird in den amerikanischen Büros wesentlich pauschaler unterschieden und die Zahl der Türen spielt dort beispielsweise keine Rolle. Mit etwas Glück (v.a. in Stadtbüros) erhält man statt der gebuchten Kategorie ohne Aufschlag einen größeren Wagen.

Günstige Mietwagen

Abgesehen von den überregionalen großen Anbietern wie **Avis**, **Alamo** oder **Hertz**, **Budget** und **National** gibt es Mietwagen-Broker, die oft günstige Konditionen, v.a. im Internet, bieten, z.B.:

- **ADAC**: www.adac.de/autovermietung
- **Holiday Autos**: http://holidayautos.de
- **Sunny Cars**: www.sunnycars.de
- **FTI**: www.driveFTI.de
- **TUI**: www.tui.de/mietwagen
- **DERTour Cars**: www.dertour.de/mietwagen
- **Auto Europe Deutschland GmbH**: www.autoeurope.de

Ein Mittelklassewagen genügt meist für eine Rundfahrt durch den Westen

Wagenübernahme
An jedem internationalen Flughafen befinden sich Niederlassungen der großen Mietwagenfirmen, teilweise gibt es nur einen Schalter im Flughafen, an dem die Formalitäten erledigt werden und von wo aus dann kostenlose Shuttlebusse den Kunden zum Parkplatz des Unternehmens bringen, teilweise muss das gleich im Office auf dem Parkplatz erledigt werden. *Rental Car Return* ist an allen Flughäfen gut ausgeschildert und die Rückgabe verläuft meist unkompliziert und schnell, meist direkt am Auto per Handcomputer.

Am Schalter muss außer der Reservierungsnummer bzw. dem Voucher eine Kreditkarte zur Stellung der Kaution und Begleichung sonstiger anfallender Kosten vorgelegt werden. Dazu kommen der Führerschein (ein internationaler ist kein Muss und alleine dazu ungültig) und die Heimatadresse, dazu Mobile Phone-Nummer und erste Adresse in den U.S.A. Man vereinbart, sofern nötig, vor Abfahrt noch Zusatzversicherungen und mietet Sonderzubehör, wie Kindersitz oder Dachgepäckträger. Das vielfach angebotene „günstige" *Upgrading* (Buchen einer höheren Klasse) und das Angebot, eine Tankfüllung im Voraus (teuer) zu bezahlen, lehnt man besser ab und tankt stattdessen vor Abgabe noch einmal selbst.

Der **Mietvertrag** muss mehr oder weniger aufwendig per Initial (z.B. Ablehnung von Zusatzversicherungen oder Tankfüllung) und/oder Unterschrift bestätigt werden. Sicherheitshalber sollte man einen Blick auf die auf dem Mietvertrag angegebene **Rückgabezeit** werfen, da sich hier gerne „Fehler“ einschleichen. Jede Verspätung von mehr als einer halben oder ganzen Stunde geht nämlich ins Geld.

Mit Stadtplan und leider meist nur einem (bzw. zwei bombenfest miteinander verbundenen) Autoschlüssel(n) geht es zum auf dem Umschlag mit Mietvertrag angegebenen Stellplatz bzw. zur entsprechenden Reihe. Vielfach kann man an Flughäfen aus einer ganzen Reihe gleichkategorisierter Autos frei auswählen und sollte dann auf möglichst geringen Tachostand, Reifenzustand, Kofferraumkapazität und *Cruise Control* achten. Vor Fahrtantritt sollte kurz der äußere Zustand, v.a. die Reifen, die Sauberkeit (auch innen) sowie **Funktionstüchtigkeit** von Lichtern, Blinker, Scheibenwischern, Gurten, Fensterhebern, Motorhaube- und Kofferraumöffnern und Schlössern sowie Ersatzreifen und Tankanzeige gecheckt werden. Es gibt meist nur sehr knapp gehaltene Bedienungsanleitung im Auto.

Direktbuchung vor Ort

Ein Leihwagen kann auch kurzfristig vor Ort, gleich am Flughafen (Servicetelefone) oder in der Stadt, gechartert werden; Mindestalter ist meist 21 Jahre (unter 25 fällt ein Zuschlag an). Direktbuchung ist jedoch meist teurer, wobei man trotzdem wegen Service, Sicherheit, Fahrzeugflotte und Netz die großen Anbieter den kleineren, lokalen Firmen (in den Gelben Seiten des Telefonbuchs zu finden) vorziehen sollte. Vor allem ist darauf zu achten, ob *unlimited milage* und *CDW/LDW (full coverage*/Vollkasko*)* im genannten Preis enthalten sind. Man sollte auf alle Fälle nach **„Specials“** (z.B. *Weekend/Senior/AAA-Specials*) fragen.

Reservierung ist sinnvoll (1-800-Nummern gebührenfrei in USA):

- **Alamo**: ✆ 1 (877) 222-9075, www.alamo.com
- **Avis**: ✆ 1 (800) 230-4898, www.avis.com
- **Budget**: ✆ 1 (800) 527-0700, www.budget.com
- **Dollar**: ✆ 1 (800) 800-3665, www.dollar.com
- **Enterprise**: ✆ 1 (800) 261-7331, www.enterprise.com
- **Hertz**: ✆ 1 (800) 654-3131, www.hertz.com
- **National**: ✆ 1 (877) 222-9058, www.nationalcar.com

Eine Vielfalt an **Auto-Rundreisen** wird ebenfalls in den Katalogen vieler Veranstalter angeboten, z.B. bei *Canusa* oder *America Unlimited* (www.america-unlimited.de) mit individuell veränderbaren Routen.

Nahverkehr

Der öffentliche Nahverkehr ist in Städten wie Portland, Seattle, San Francisco oder Salt Lake City, mit Einschränkungen sogar in Los Angeles, gut ausgebaut und bietet sich dort an Stelle eines Autos (zumindest teilweise) zur Besichtigung an. Voraussetzung für die Benutzung von Bahnen und Bussen ist ein Routenplan und etwas Ortskenntnis bzw. ein Stadtplan, außerdem Kleingeld, da Tickets meist vorher am Automaten gekauft oder der Betrag abgezählt beim Fahrer bezahlt werden muss. Für Transfers gibt es eigene verbilligte Zusatztickets, außerdem in vielen Städten ermäßigte Tages-, Mehrtagestickets oder

Wertkarten. Bei Bussen wird zwischen *Express* (schneller, da wenige Stopps) und *Local* unterschieden. Details finden sich in den „*Reisepraktischen Informationen*" der jeweiligen Orte.

Natur- und Nationalparks

siehe auch „Camping"

Das amerikanische **National Park System (**www.nps.gov) umfasst derzeit 398 *National Parks, Forests, Monuments, Battlefields, Historic Sites, Recreation Areas* u.a. geschützte Areale. Rechtzeitige **Vorausbuchung von Unterkünften bzw. Campingplätzen** ist dort v.a. in der HS (Juli/August) nötig. Besonders in viel besuchten Parks wie Grand Canyon, Zion, Grand Teton, Yellowstone und Yosemite sind die Unterkünfte und Campingplätze frühzeitig ausgebucht.

Informationen zu den National Parks

- www.nps.gov – offizielle Seite des National Park Service mit Links zu den einzelnen Parks
- www.nationalparks.org – Webpage der National Park Foundation
- www.recreation.gov – Seite der USGS (U.S. Geological Survey), Suchmaschine für alle staatlichen Erholungseinrichtungen, Infos zu Jahrestickets, Touren, Campingplätze, Aktivitäten und Erholung.
- www.ohranger.com – Infos zu allen zu allen Parks und Public Lands online, eher Blog mit Fragen und Antworten, nach Staaten sortiert (✆ 212-581-3380).

In jedem Nationalpark gibt es eine oder mehrere Zufahrten, dort wird die Gebühr kassiert und gibt es ein Faltblatt mit den Basisinfos zum betreffenden Park. Zusätzlich befindet sich fast immer in der Nähe der Zufahrt ein ***Visitor Center*** (Besucherzentrum) und dort informieren **Park Ranger** über Programme, Angebot und Besonderheiten, Unterkunfts- und Wandermöglichkeiten im Park. Bei geplanten längeren Wanderungen sind meist Registrierung und ein *permit* nötig. Zu den VCs gehören häufig kleine **Ausstellungen und Filmvorführung** und/oder Dia-Shows zur spezifischen Flora und Fauna, Geologie und Geografie, Geschichte oder anderen Besonderheiten des jeweiligen Parks. Meist gibt es einen Shop oder Verkaufsstand mit weiterführender Literatur, Karten u.a. Souvenirs.

In den meistbesuchten Nationalparks verkehren während der Hochsaison, je nach Klimazone von April oder Mai bis September oder Oktober, **kostenlose Shuttlebusse** innerhalb der Parkgrenzen mit Stopps an verschiedenen Aussichtspunkten. Bisher ist die Nutzung dieser Kleinbusse nur im Zion und Teilen des Grand Canyon National Parks zu bestimmten Zeiten obligatorisch, in vielen anderen Parks jedoch angeraten.

Eintritt

Der Eintritt wird im Allgemeinen pro (Privat-)Fahrzeug berechnet, im Regelfall inklusive vier Insassen. Die Gebühr liegt bei $ 5–25 je nach Park und mit dem erhaltenen

Kassenbon an der Windschutzscheibe darf man im Allgemeinen 7 Tage im Park bleiben bzw. beliebig ein- und ausfahren. Wer mehrere Parks besuchen möchte, sollte einen ***America the Beautiful (Annual) Pass*** kaufen. Er kostet derzeit $ 80 und gilt ein ganzes Jahr in allen amerikanischen Nationalparks u.a. staatlichen Naturschutzgebieten für drei Insassen eines Fahrzeugs über 16 Jahren; Kinder unter 15 sind gratis. Der Pass kann im Internet unter **http://store.usgs.gov/pass** erworben werden.

Camping

In den meisten National Parks oder Forests gibt es kostenpflichtige *campgrounds* oder *campsides* unterschiedlicher, meist einfacher Ausstattung in reizvoller Lage. Sie sind in der Hochsaison schnell gefüllt, zumal überwiegend das System ***first-come, first-served*** gilt und nur ein Teil über einen zentralen Reservierungsservice (s. unten) gebucht werden kann. In der Regel bekommen Interessenten nach Erscheinen einen nummerierten Stellplatz zugewiesen. Oft besteht darüber hinaus die Möglichkeit zu kostenlosem *backcountry camping* nach Einholen einer Erlaubnis *(permit)* in einer *Ranger Station*. Teurer und besser ausgestattet sind meist die kommerziell betriebenen Plätze, speziell jene von KOA. Sie befinden sich nie in den Parks, sondern im Umfeld.

Hilfreich bei der **Camping-Planung** sind:

- **www.recreation.gov**, ✆ 1 (877) 444-6777, *National Recreation Reservation Service (NRRS)* – die einzige Buchungsmöglichkeit für NP-Campingplätze. Es können Plätze aller Art und überall reserviert werden, es gibt ein Suchprogramm nach dem passenden Platz mit weiteren touristischen Infos.
- **www.reserveamerica.com** – *Campground Directory* für staatliche und private Campgrounds, die dem Reservierungssystem angeschlossen sind.
- **http://koa.com/** – KOA-Campingplätze mit Reservierungsmöglichkeit
- **www.camping-usa.com** – hilfreicher *Campgrounds Directory*, der über 12.000 Campingplätze in Parks, privat u.a. verzeichnet.

„Schwarz auf Weiß" gibt's Infos in den **AAA CampBooks** und im **Rand McNelly Campground & Trailer Park Guide**

Unterkünfte

Die Unterkünfte in den (großen) Parks werden meist wie Läden, Outfitter, Busbetreiber u.a. von Privatunternehmen wie Xanterra Parks & Resorts verwaltet. Bei weitem nicht alle Parks verfügen über Herbergen innerhalb des Parks, doch sofern solche oft rustikalen Unterkünfte (Lodges) vorhanden sind, müssen diese langfristig vorher gebucht werden. Darüber hinaus bieten sich meist preiswertere Unterkünfte in den am Parkrand gelegenen Orten.

Infos zu Unterkünften in den Parks finden sich unter den einzelnen Parks unter

- **www.nps.gov/…** (siehe einzelne Kapitel)
- **www.nationalparkreservations.com**, ✆ 1 (866) 875-8456 (gratis) bzw. +1 (406) 862-8190 – viele, aber bei weitem nicht alle NPs sind diesem privaten Reservierungssystem (Gebühr!) angeschlossen
- **www.nationalparkhotelguide.com** – *Where to stay in America's National Parks?* Liste nach Staaten und Parks sortiert, allerdings vorwiegend Hotels und Motels in Randgemeinden. Mit Sofortbuchungsmöglichkeit.

Notfall, Notruf

siehe auch „Auto fahren“, „Geldangelegenheiten“, „Gesundheit“, „Sicherheit“ und „Versicherung“

Im Notfall, egal welcher Art, hilft ein **Polizist** *(cop)*, das nächste **Polizeirevier (Operator 0)**, die gebührenfreie **Emergency Number 911** (Notrufzentrale) oder die deutschsprachige Notfall-Telefonnummer des ADAC: ✆ **1 (888) 222-1373**. Bei **Diebstahl oder Verbrechen** ist im nächsten Polizeirevier Anzeige zu erstatten, denn nur bei Vorlage eines Polizeiprotokolls ersetzen Versicherungen den erlittenen Verlust. Ebenfalls zu melden ist der Vorfall bei der betreffenden Stelle, wie Fluggesellschaft oder Bank, möglichst mit Nummern bzw. Kopien der entsprechenden Papiere. Bei Verlust der Kreditkarte oder der Reiseschecks muss umgehend die Sperrung bei der auf der Kartenrückseite oder auf dem zugehörigen Merkblatt angegebenen und vorher notierten Notfallnummer veranlasst werden (*siehe „Geldangelegenheiten“*).

In Deutschland gilt für alle Arten von Karten und Banken (mit wenigen Ausnahmen, siehe: www.sperr-notruf.de) die **einheitliche Sperrnummer** ✆ **0049-116116** bzw. im Ausland zusätzlich **0049 (30) 4050-4050**. Eine Ersatzkarte wird normalerweise innerhalb von 24 Stunden zur Verfügung gestellt. Bei Schecks sind die Vorlage des Kaufnachweises und die Nummern der ausgegebenen Schecks nötig.

Im Notfall hilft dank ihres Verfügungsrahmens und des schnellen Ersatzes die Kreditkarte weiter, wobei allerdings mit dieser wie auch mit EC/Maestro-Karte pro Transaktion bzw. Woche nur ein eingeschränkter Höchstbetrag bar abgehoben werden kann. Je nach ausgebender Bank und Art der Karte bzw. Konditionen gilt ein Tageslimit von ca. 500–1.000 €, so lange, bis der vorgegebene Kreditrahmen ausgeschöpft ist.

Wer dringend größere Geldsummen benötigt, kann sich weltweit über ***Western Union*** Geld von zu Hause schicken lassen. Der Sender muss dazu bei einer *Western Union*-Vertretung – z.B. Postbank oder ReiseBank an vielen Bahnhöfen, Flughäfen etc. – ein Formular ausfüllen und den Code der Transaktion telefonisch oder elektronisch in die USA übermitteln. Mit dieser Nummer und dem Reisepass erhält man in einer beliebigen Vertretung von *Western Union* nach Ausfüllen eines Formulars das Geld binnen Minuten ausgezahlt (www.westernunion.com, ✆ 0800 181 1797).

Bei schwerer Erkrankung, Unfall oder schwerwiegenden Verbrechen sind außer dem Notfallservice der Versicherung ggf. Botschaften bzw. Konsulate zu informieren. Sie stellen bei Passverlust nach Klärung der Identität ein Ersatzdokument aus und sind auch sonst vermittelnd behilflich.

Öffnungszeiten

In den USA gibt es kein verbindliches Ladenschlussgesetz und vielfach gilt sogar „24/7“, d.h. Betrieb rund um die Uhr an sieben Wochentagen. Selbst an Sonn- und Feiertagen sind viele Läden, vor allem Supermärkte und Malls (Einkaufszentren), sowie touristische

Shops geöffnet. Geschäfte sind je nach Art und Größe sowie Viertel von 9/10 bis mind. 18 Uhr, oft aber länger geöffnet. V.a. Buch- und Musikläden sowie Souvenirshops und Läden in touristischen Arealen sind häufig länger offen. An Sonntagen haben viele Geschäfte geschlossen.

Als „Regelzeiten" gelten die folgenden:
- **Läden**: meist von 9/10–18/19 Uhr
- **Kaufhäuser/Malls**: 10–19/20 Uhr, So meist 11–18/19 Uhr
- **Restaurants**: ca. 12–15 und 18–22 Uhr Essensservice
- **Supermärkte** mind. 8–20 Uhr, manchmal 24 Std.
- **Bürozeiten**: Mo–Fr 9–17 Uhr
- **Banken**: werktags 10–14/15 Uhr
- **Postämter**: Mo–Fr 8/9–17, Sa oft bis 13/14 Uhr
- **Tankstellen und Fastfood-Ketten**: mind. 8–20 Uhr, oft bis Mitternacht oder sogar 24 Std.
- **Museen und Sehenswürdigkeiten** 10–17 Uhr (häufig Mo geschlossen). Genaue Öffnungszeiten finden sich in den jeweiligen Kapiteln im Routenteil. Bei Angabe mehrerer Öffnungszeiten dort bezieht sich der längere angegebene Zeitraum auf die Hauptsaison von Memorial Day (letzter Mo im Mai) bis Labor Day (1. Mo im Sept.), der kürzere auf die Nebensaison.

Post

Postämter sind nicht immer leicht zu finden, aber man benötigst sie normalerweise auch nur einmal zum Kauf einer größeren Menge **Briefmarken**. Diese sind zwar auch an Automaten erhältlich, dort allerdings oft in ungünstigen Stückelungen und mit Preisaufschlag. Ein Brief oder eine Karte nach Europa benötigt im Schnitt eine Woche. Standardsendungen *(First-Class Mail)* sind preiswerter als die schnellere *Priority Mail* oder *Express*. Bei **amerikanischen Adressangaben** müssen Bundesstaat sowie die Postleitzahl *hinter* dem Ortsnamen angegeben werden. Briefkästen sind blau-rot mit der Aufschrift „USMAIL".

Postgebühren (Stand: 2013):
- **Europa**: Karten und Briefe bis 1 oz (28 g) 105 c (jedes weitere oz: 87 c)
- **Inland** (*Standard* oder *First-Class*): Briefe bis 1 oz (28 g) 45 c, jedes zusätzliche oz kostet weitere 20 c, Karten 32 c.

Air Mail ist Luftpost und *Registered/Certified Mail* heißt Versand per Einschreiben. Für Eilsendungen gibt es eigene Kurierdienste wie *FedEx*, *UPS* oder *DHL*. Telegramme oder Geldanweisungen gibt man bei *Western Union* auf *(siehe „Notfall")*.

Rauchen

Raucher haben in Amerika ein hartes Leben: Das Rauchen ist auf den meisten öffentlichen Plätzen, in öffentlichen Gebäuden und Einrichtungen, in Nahverkehrsmitteln, Zügen, Taxis und Flugzeugen, in Büros, Geschäften, Theatern, Museen oder Kinos, aber auch in den meisten Restaurants und Bars verboten und unter Strafe gestellt. Selbst in offenen Sportstadien ist Rauchen, wenn überhaupt, nur in markierten Arealen *(designated areas)* erlaubt. *Nonsmoking*-Hotel-/Motelzimmer und auch *smokefree rental cars* sind üblich. Es gibt Raucher-Lounges, die Clubs, Bars oder Tabakläden angeschlossen sind und gelegentlich Raucher-Patios im Freien.

Reisezeit

siehe auch „Land und Leute, Geografischer Überblick“

Im Vergleich zu denselben Breitengraden in Europa herrschen im Westen der USA **extremere Temperaturunterschiede**. In den Bergregionen und in den Hochwüsten sind kalte, schneereiche Winter die Regel. In letzteren wird es hingegen im Sommer trocken-heiß. In den Wüstenregionen Südkaliforniens und Arizonas herrschen im Sommer Hitze, im Winter dagegen milde Temperaturen. An der Küste macht sich der Einfluss des Pazifiks deutlich bemerkbar: Die Temperaturunterschiede zwischen Nacht und Tag sowie Winter und Sommer sind gering und milde Winter und nur moderat warme Sommer die Regel. Viel Bewölkung und eine relativ hohe Zahl von Regentagen sowie reichlich Nebel sind charakteristisch, allerdings sind auch lange Phasen mit viel Sonnenschein, besonders im Herbst, möglich.

Angesichts der Größe des Reisegebiets können kaum pauschale Empfehlungen zur „besten“ Reisezeit gegeben werden. In den meisten Fällen dürften das Frühjahr und der Herbst – speziell die **Monate Mai bzw. September/Oktober** – die geeignetste Reisezeit sein. Das Frühjahr gebärdet sich häufig launischer als der Herbst, für den längere Schönwetterperioden und höhere Wassertemperaturen sprechen, andererseits sind aber die Tageslicht-Stunden dann weniger. Je weiter man nach Norden bzw. in die Berge kommt, umso später ins Frühjahr bzw. später in den Herbst sollte der Reisetermin gelegt werden.

Eine Rolle bei der **Zeitplanung** spielt auch die Art des Reisens: Wer zeltet oder im Camper unterwegs ist, wird anders planen als der Hotelgast. Gleiches gilt für sportlich Engagierte, für Wanderer und Wassersportler, Baderatten oder Golfer. Zu bedenken ist überdies, dass in der Nebensaison Flüge, Leihwagen oder Camper preiswerter sind und dass dann und während der amerikanischen **Ferienzeit** vom letzten Montag im Mai *(Memorial Day)* bis zum ersten Montag im September *(Labor Day)* Strände, Campingplätze, Naturparks und andere Attraktionen gern überfüllt sind.

Kleidung im Zwiebelschalenprinzip, Hut oder Mütze gegen die Sonne, Wanderschuhe und Regenschutz, aber auch warme Pullover bzw. Anoraks sind unabdingbar. Freizeitkleidung und -schuhe aller Art lassen sich jedoch auch preiswert in den USA kaufen.

Sicherheit und Verhaltensregeln

siehe auch „Notfall, Notruf"

Die USA sind **nicht krimineller oder gefährlicher als jede andere Reiseregion**. Locker baumelnde Handtaschen und aufwendige Fotoausrüstungen, dicke Brieftaschen oder lose Scheine in Gesäßtaschen und teurer Schmuck sowie unbeaufsichtigtes Reisegepäck stellen überall auf der Welt ein potenzielles Risiko dar. Originaldokumente sollten am sichersten am Körper (Brustbeutel, Gürteltasche o. Ä.) getragen oder, wenn möglich, im Hotelsafe deponiert werden.

Es empfiehlt sich, nur eine **kleine Bargeldmenge** mit sich herumzutragen. Sinnvoll ist es auch, Wertgegenstände, Dokumente und Karten zwischen zwei Personen auszutauschen und **Kopien aller wichtigen Dokumente** (Pass, Versicherungsscheine, Führerschein, Flugticket etc.) anzufertigen und sämtliche Nummern und Telefonnummern in einer Art „Notfall-Pass" zu notieren.

Bei **Massenveranstaltungen**, Menschenaufläufen oder in öffentlichen Verkehrsmitteln ist Taschendiebstahl *(pick pocket)* ein häufiges Delikt. Mit voll gepacktem **Mietwagen** (auf geschlossenen Kofferraum und nicht sichtbares Gepäck achten!) sollte man möglichst überwachte Parkplätze bzw. Parkgaragen aufsuchen; bei langsamer Fahrt, speziell bei Nacht, die Türen des Wagens verriegeln und die Fenster schließen. Ein Navigator bzw. gutes Kartenmaterial und dessen Studium *vor* der Abfahrt sollten selbstverständlich sein.

In **Motels/Hotels** sollte man Spione, mehrfache Schließanlagen, verschließbare Verbindungstüren sowie das Angebot, Wertgegenstände im Safe zu deponieren, nutzen. Serviceschilder (wie *„Service, please!"*) besser nicht an die Türklinke hängen, da sie anzeigen, dass niemand im Zimmer ist.

Bad neighborhoods erkennt man an leeren Straßen, verfallenen Häusern, Schrottautos und dubiosen Gestalten. Solche Viertel sollte man durch vorherige Erkundigungen meiden. Falls man sich verirrt hat, weitergehen, bis man wieder in belebteres Areal kommt, und ggf. in einem Laden o. Ä. nachfragen. Auch Parks, dunkle Parkgaragen und Unterführungen sollte man **nach Einbruch der Dunkelheit** (besonders allein) meiden und lieber Umwege oder Taxikosten in Kauf nehmen. In U-Bahn-Stationen gibt es meist gesondert gekennzeichnete und kameraüberwachte Sicherheitsbereiche *(offhour waiting areas)*, und die Zugbegleiter *(attendants)* haben eigene Kabinen in der Mitte des Zuges.

Sport und Freizeit

Sportfans kommen im amerikanischen Westen voll auf ihre Kosten – von Wassersport aller Art, Surfen und Angeln über Wandern und Biking, Climbing und Skifahren bis hin zu Reiten, Golf und Tennis ist alles geboten. Ein besonderes Erlebnis ist der Besuch einer großen Sportveranstaltung, und da ist die Palette ebenfalls breit.

Zuschauersport

Es gibt in den Metropolen Profiteams der vier „Nationalsportarten" – American Football, Baseball, Basketball und Eishockey – außerdem *College Sport* und natürlich auch viel Fußball *(soccer)*. Der Besuch einer Sportveranstaltung bedeutet Spaß für die ganze Familie, mehrere Stunden Unterhaltung und Show mit Wettbewerben und Verlosungen, Musik, Tanz, *Tailgate-Parties*, Hot Dogs oder BBQ.

- **American Football:** Profiteams der ***NFL*** *(National Football League)* spielen So. Sept.–Dez. in Oakland, San Francisco, San Diego, Tempe/Phoenix und Seattle.
- **Baseball**: Profiteams der beiden Ligen *(**AL** – American League* und ***NL** – National League)* des **MLB** *(Major League Baseball)* tragen ihre Spiele April–Okt. in Oakland, San Francisco, San Diego, L.A. (2 Teams), Phoenix und Seattle aus. Außerdem lohnt ein Besuch bei einer der zahlreichen *Minor League*-Mannschaften (Nachwuchs-Profiteams) der drei Klassen A, AA und AAA, die es fast in jeder größeren Stadt gibt.
- **Basketball**: Profiteams der ***NBA*** *(National Basketball Association)* spielen Okt.–April in Oakland, Portland, Sacramento (Umzug nach Seattle geplant), L.A. (2x), Phoenix und Salt Lake City. Die Teams der Frauen-Profiliga **WNBA** *(Women's National Basketball Association)* spielen Mai–Sept. in L. A., Phoenix und Seattle.
- **Eishockey**: die Profiteams der weltbesten Liga ***NHL*** *(National Hockey League)* kann man Okt.–April in L. A. (2x), Phoenix und San Jose anschauen.
- **Soccer**: Profiteams der ***MLS*** *(Major League Soccer)* spielen Mai–Okt. in Portland, Seattle, San Jose, L.A. (2x) und Salt Lake City.

Details zu den einzelnen Teams finden sich beim jeweiligen Ort.

Sport aktiv

Angeln/Fischen ist eine beliebte Freizeitbeschäftigung der Amerikaner. Es gibt in nahezu jedem Ort Angeln und Zubehör zu kaufen, v.a. *fly fishing* (Fliegenfischen) – mit biegsamerer Rute und künstlichem Köder in Form einer Fliege – und *catch-and-relase* (Zurückwerfen der Fische nach dem Fang) sind beliebt. Lizenzen stellen in der Regel Parkbehörden, Ranger, Gemeindebehörden, Tourveranstalter oder Touristenämter aus, in kleinen Orten manchmal auch Tankstellen und Geschäfte. An der Pazifikküste werden des Öfteren (ein- bis mehrtägige) Hochseeangeltouren angeboten.

Kanu-, Kajak- und Floßfahrten sind ebenfalls beliebt. Vor allem *Wildwater Rafting* (Schlauchboot-Wildwassertouren) steht ganz oben in der Popularität. In der Nähe attraktiver Outdoorgebiete finden sich zahlreiche „Outfitter", die nicht nur Ausrüstung verkaufen oder vermieten, sondern auch Touren organisieren bzw. leiten. ***Wildwater Rafting*** wird in unterschiedlichen Schwierigkeitsgraden angeboten. Einige der schönsten und bekanntesten Reviere liegen in Idaho (Hells Canyon, Salmon River, Payette River, Lochsa River), andere schöne Strecken sind in Utah der Colorado River um Moab, in Washington die Umgebung von Kettle Falls und Republic und in Oregon der Rogue River.

Auf ruhigeren Flussabschnitten – z.B. auf dem Payette River oberhalb Boise in Idaho oder auf dem Columbia River sowie Snake River in Oregon bzw. Washington – bieten sich **Kajaktouren** an. Dabei hängt die Fließgeschwindigkeit des Gewässers wesentlich vom Wasserstand ab. ***Seakajaking*** ist besonders im Puget Sound und nördlich San Francisco empfehlenswert. **Kanutouren** können auf allen Seen unternommen werden sowie auf den ruhigeren, aber auch weniger attraktiven Flüssen auf den Ebenen.

Zu den besonderen Erlebnissen gehört ein Ausritt in die Wildnis des Westens

Strände sind im Nordwesten (OR, WA) eher für Spaziergänge als zum Baden geeignet, dazu ist das Wasser zu kalt. Attraktiv zum Baden sind hingegen die zahlreichen Binnenseen und natürlich die Flüsse. Die Temperaturen sind aber nirgends mit jenen am Atlantik zu vergleichen und nur die warmen Sommermonate bieten einigermaßen wohltemperierte Badefreuden. Anders verhält es sich mit den kalifornischen Stränden südlich von Monterey. Dort ist „Beachlife" angesagt und neben Schwimmen und Sonnenbaden ist v.a. Surfen beliebt.

Reiter finden im Westen ebenfalls ideale Verhältnisse vor. Speziell *Guest Ranches* (siehe am Ende der einzelnen Kap.) bieten Reitprogramme für Anfänger wie für Fortgeschrittene an. Anbieter für Reiterreisen sind z.B. **Argus Reisen** (www.argusreisen.de) oder **Pegasus** (www.reiterreisen.com).

Zum **Skilaufen** bieten sich im beschriebenen Reisegebiet v.a. die **Rockies** in Montana, Utah, Idaho sowie in Nordwest- Wyoming an, außer dem die **Sierra Nevada** in Kalifornien (z.B. Lake Tahoe-Areal) und die **Cascade Range** in Washington und Oregon. Beliebt sind auch Skilanglauf, *Snowmobiling* und Schneeschuhwandern. Infos gibt es außer auf den Staats-Webpages (siehe „Information") z.B. unter:

- www.wintermt.com (Montana)
- www.skiwildwest.de/wyoming.php (Wyoming)

In Arizona locken Flüge mit **Heißluft-Ballons**, für **Golfer** ist der amerikanische Westen, speziell seine südlichen Regionen, ein wahres Eldorado. Die weltweit besten Courses sollen sich u.a. in Scottsdale/Arizona sowie um Palm Springs, Los Angeles und San Diego befinden.

Sprache und Verständigung

Es dürfte schwierig sein, in den USA ganz ohne Englisch auszukommen, doch vermutlich ist eine Verständigung dort eher möglich als an vielen anderen Orten Europas. Die Fremdsprachenkenntnisse der Amerikaner sind gering, dafür sind Geduld und Freude über selbst geringe Englischkenntnisse stark ausgeprägt.

Das **Amerikanische** weicht in mehreren Punkten vom Schulenglisch ab, es gibt **Unterschiede in Wortschatz, Grammatik und Aussprache**. Auffällig ist vor allem, dass viele Substantive auf *-re* (wie *centre* oder *theatre*) im Amerikanischen auf *-er* enden *(center, theater)* und *ou* zu *o* wird *(color, harbor)*. Doppellaute *(travelling)* werden im Amerikanischen vereinfacht und es heißt *traveling*. Oft wird geschrieben wie gesprochen, z.B. *nite* für *night*. Wo möglich, wird abgekürzt, z.B. *Xmas (Christmas)*, *Xing (Crossing)*, *u (you)* oder *4 (for)*. Außerdem unterscheiden sich bestimmte Vokabeln vom Oxford-Englisch, z.B. wird (engl.) *baggage* zu *luggage* (Gepäck), die *bill* zum *check* (Rechnung), der *policeman* zum *cop* (Polizist), *autumn* zu *fall* (Herbst), der *ground floor* zum *first floor* (Erdgeschoss), *petrol* zu *gas* (Benzin), *trousers* zu *pants* (Hosen) oder *holiday* zu *vacation* (Ferien, Urlaub).

Es gibt gewisse **Universalfloskeln**, die man sich angewöhnen sollte, da sie zum guten Ton gehören: „*How are you?*" ist nicht nur die Frage nach dem Befinden, sondern eine Begrüßungsformel, auf die ein „*fine*" oder „*good*" meist genügt. Wer höflich ist, stellt die Gegenfrage. „*Have a nice day (trip)*" dient der Verabschiedung, ebenso wie „*it was a pleasure to meet/meeting you*". „*I would appreciate it*" meint Bitte und Aufforderung zugleich, während man sich mit „*I (really) appreciate it*" für einen Gefallen bedankt. „*See you*" ist weniger eine Einladung als ein legerer Abschiedsgruß.

Small Talk ist ein beliebter Zeitvertreib. Man beginnt eine Unterhaltung über das Wetter, über die letzten Sportergebnisse oder Herkunft und Reisen. Europäer sind ungeachtet aller Kontroversen in den letzten Jahren beliebt, „*Good Old Europe*" – ein (selten realisiertes) Traumziel vieler Amerikaner. Was die **Anrede** betrifft, sind viele Amerikaner sehr altmodisch: Frau Miller wird möglicherweise nach der Heirat offiziell mit Vor- und Nachnamen ihres Mannes: „*Mrs. Edwin L. Miller*" angesprochen. Dabei wird *Mrs.* (Frau) nicht prinzipiell für verheiratete Frauen verwendet, gebräuchlicher ist, gerade bei jüngeren Frauen, das *Miss (Ms.)*.

Buchtipp

Im Reise Know-How Verlag (www.reise-know-how.de) gibt es in der Reihe „Kauderwelsch" zahlreiche Sprachführer Amerikanisch (auch digital und mit Aussprachetrainer).

Strom

Der amerikanische Haushaltsstrom hat eine Wechselspannung von **110-115 V** (60 Hz). Daher müssen mitgebrachte Geräte umstellbar sein. Die besondere Form amerikanischer Steckdosen erfordert zudem einen **Adapter**, den man am besten schon von zu Hause mitbringt.

Telekommunikation

Das Telefonwesen ist in den USA in den Händen privater Gesellschaften und das Telefonnetz ist das dichteste der Welt. Es gibt grundsätzlich **mehrere Möglichkeiten**, innerhalb der USA bzw. nach Europa zu telefonieren: von öffentlichen Apparaten – was sich nur für Ortsgespräche bzw. mit *Calling Card* (s. u.) anbietet, da sonst zu viel Kleingeld nötig ist –, vom Hotel aus (was ohne *Calling Card*, mit Ausnahme von Ortsgesprächen, teuer kommen bzw. unmöglich sein kann) oder per „Handy" (korrekt: *Mobile* oder *Cell Phone*). An Airports, Bahnhöfen oder in Malls ist es häufig möglich, mit Kreditkarte zu telefonieren, wobei die Preise höher liegen als mit *Calling Card*.

Formal wird unterschieden zwischen *local calls* (Ortsgespräche, meist 50 c.), *non-local* oder *zone calls* (im gleichen bzw. benachbarten Bundesstaat), *long-distance* (innerhalb USA) und *oversea calls* (z.B. nach Europa). Gebührenfrei, aber regional (oft auf den Bundesstaat) begrenzt, sind 1-800-, 1-866-, 1-877-, 1-888- und bald 1-855-, 1-844- und 1-833-Nummern. Diese können auch von Deutschland aus, allerdings dann kostenpflichtig, gewählt werden.

Von Hotels aus kosten diese wie ein Ortsgespräch, vielfach sind diese aber frei. Ein internationales Gespräch kostet im Schnitt $ 1–2 pro Minute. Anrufe von Deutschland in die USA sind vielfach günstiger.

In jedem Hotelzimmer gibt es Telefonbücher: ein *General Directory* (Weiße Seiten) und ein *Classified Directory* (*Yellow Pages* – Gelbe Seiten). Um eine Außenleitung zu bekommen, muss im Allgemeinen eine 9 oder 8 vorgewählt werden. Bei amerikanischen Telefonnummern folgt einem dreistelliger *Area Code*, der in manchen Bundesstaaten einheitlich ist, die normalerweise siebenstellige Rufnummer, manchmal als werbewirksame Buchstabenkombination angegeben:
2 – ABC • 3 – DEF • 4 – GHI • 5 – JKL • 6 – MNO • 7 – PRS • 8 – TUV • 9 – WXY

Telefonkarten

Telefonkarten sind bzgl. ihrer Kosten, Gültigkeit und Bedingungen oft schwer durchschaubar. Grundsätzlich wird zwischen *Calling Cards* und *Prepaid* oder *Phone Cards* unterschieden, bei den meisten handelt es sich um wiederaufladbare Karten. Sie können über eine Hotline – gegen Belastung der Kreditkarte – nachgeladen werden. Anbieter solcher Karten sind u.a. *Telekom* (www.teltarif.de/a/telekom/card.html). Günstig ist z.B. die **US-CallingCard** (www.us-callingcard.info). Mittels persönlicher Geheimnummer (PIN) und Einwahlnummer (USA: 1-800-… kostenfrei) lässt es sich einfach (auch ohne Karte) von jedem Apparat aus telefonieren. Eine **Übersicht** zu verschiedenen Karten findet sich unter **www.fonecards.de**.

In den USA gibt es **Telefonkarten** auch in Supermärkten oder Tankstellen zu kaufen. Bedingungen (Einwahlgebühren, Zuschläge, Gebühr, Glütigkeitsdauer) bzw. Einsatzmöglichkeiten unterscheiden sich jedoch gravierend und viele sind für Überseegespräche ungeeignet.

Mobile Phone und Internet

Mobile oder **Cell(ular) Phones** funktionieren in der *Triband-* oder *Quadband-*Version mit dem in den USA nötigen 1900-Mhz-Band erfahrungsgemäß gut, vor allem in den Einzugsbereichen größerer Metropolen. Man sollte sich vor Reiseantritt bei seinem Provider nach Roamingpartnern erkundigen und diese durch manuelle Netzauswahl voreinstellen. Die Rufumleitung auf die Mailbox sollte aus Kostengründen auf alle Fälle deaktiviert werden. Alternativ kann man sich z.B. bei **Cellion** (www.cellion.de) eine amerikanische SIM-Karte besorgen und ist so für jeden unter einer amerikanischen Nummer erreichbar.

Falls das **Mobiltelefon verloren geht** oder gestohlen wird, sollte man die Nutzung der SIM sofort beim Provider sperren lassen (Nummern notieren!).

Mit dem eigenen Laptop stellt **Internetnutzung** kein Problem dar. *WLAN/WiFi* ist in Hotels üblich, oft gratis, manchmal kostenpflichtig. Auch stehen des Öfteren Gästecomputer zur Nutzung zur Verfügung oder man kann in Internetcafés, öffentlichen Bibliotheken, Buchläden oder Elektronikshops gegen Gebühr bzw. gratis ins Internet gehen.

Wichtige Telefonnummern

- von den **USA**
  nach **Deutschland**: 01149 + Ortsvorwahl (ohne 0) + Teilnehmernummer
  nach **Österreich**: Ländervorwahl 01143
  in die **Schweiz**: Ländervorwahl 01141
- von **Deutschland** in die **USA**: 001
- **Operator**: 0
- **internationale Fernsprechauskunft**: 00
- **internationale Vermittlung**: 01

Trinkgeld

Trinkgeld – *tip* oder *gratuity* – ist in den USA nicht inklusive. Da die Löhne der Beschäftigten im Dienstleistungsgewerbe extrem niedrig sind, sind diese auf Trinkgelder angewiesen. Amerikaner achten genau auf die korrekte Höhe von **mindestens 15 %**, die man bei Restaurantbeträgen zu der Gesamtsumme ohne Tax addiert.

Etwa denselben Bonus erwarten Taxifahrer und *bellboys* in Hotels bekommen im Schnitt $ 1 pro transportiertes Gepäckstück. Für das Bereitstellen des Pkws in Hotels ist ebenfalls ein Trinkgeld fällig, auch an der Bar oder für das Zimmermädchen (ca. $ 2–3 pro Tag).

Umgangsformen

siehe auch „Sprache und Verständigung"

Die **Schlüsseleigenschaften** der Amerikaner sind Freundlichkeit, Hilfsbereitschaft, Toleranz, Aufgeschlossenheit und Kontaktfreudigkeit. Man stellt sich ordentlich an, lässt anderen den Vortritt oder die Vorfahrt, wartet geduldig und gibt hilfsbereit Auskunft. Freundliche Gesichter in Läden sind für uns ebenso ungewohnt wie ehrlich gemeint – in den USA ist der Kunde noch König und wenn auch ein paar freundliche Worte nur Floskeln sind, machen sie immerhin das Klima angenehmer und erleichtern den Umgang. **Händeschütteln** ist eher nicht üblich, dafür werden gleich die Vornamen benutzt.

Die **amerikanische Art zu Essen** unterscheidet sich von unserer: Amerikaner schneiden mit dem Messer vor und benutzen dann nur noch die Gabel. Statt beidhändig „europäisch" zu essen, bleibt eine Hand unter dem Tisch. Andererseits würde es keinem Amerikaner einfallen, Pizza oder Meeresfrüchte mit Messer und Gabel zu essen, nicht einmal in einem Top-Restaurant, wo man zudem einen *doggy bag* ohne schiefe Blicke – ebenso wie Leitungswasser als einziges konsumiertes Getränk – bekommt. Alkohol in der Öffentlichkeit zu konsumieren, und sei es auch nur eine Dose Bier, ist verpönt.

Bei Einladungen und in Restaurants achtet man streng auf **Kleidervorschriften** – *formal* (elegant), *smart/business casual* (ordentlich mit Hemd/Sakko) oder *casual* (leger) – und genau nimmt man es auch mit dem Trinkgeld: Es wird meist auf den Cent genau, oft anhand von Tabellen, berechnet: Mindestens 15 % auf den Basispreis ohne Tax sind üblich. Gibt es in einem Museum eine *suggested admission* (einen vorgeschlagenen Eintrittspreis), würde kaum ein Amerikaner es wagen, weniger zu bezahlen.

Unterkunft

In bestimmten Fällen kann es von Vorteil sein, ein Zimmer **im Voraus**, z.B. im Internet, **zu buchen**: bei später Ankunft in einer Stadt, während Großveranstaltungen, Messen oder an Feiertagen, im Umkreis von Top-Attraktionen und besonders in Nationalparks während der HS. Da sich zudem das Angebot der Reiseveranstalter auf Mittelklasse bis gehobene Kategorie, mit Schwerpunkt Standard- und Kettenhotels/-motels, konzentriert, und daher die Kosten häufig höher sind, sollte man diese Alternative nur in obengenannten Fällen wählen. Preiswerter und flexibler kommt man meist mit Buchung vor Ort weg.

Zimmersuche vor Ort

Im „Normalfall" gibt es kaum Probleme, spontan ein Zimmer zu finden. Zum einen häufen sich an den Ausfallstraßen von Städten oder in der Nähe von Flughäfen die Leuchtreklamen und Plakate von Motels und Hotels unterschiedlichster Kategorien (das Schild *Vacancy* bedeutet, dass es noch freie Zimmer gibt), zum anderen helfen die Unterkunftslisten in den *AAA TourBooks* weiter – manche Häuser gewähren sogar Vergünstigungen für Autoclub-Mitglieder. Auf alle Fälle lohnt es sich, nach *Special Rates* (z.B. auch für Senioren) zu fragen.

Klassifizierung der Unterkünfte

Die Preiskategorien der Unterkünfte verstehen sich pro Standard-Doppelzimmer (DZ), sofern nicht anders angegeben, ohne Frühstück und Tax. An Wochenenden, in der Nebensaison, mit Rabattcoupons, bei Sonderaktionen usw. können z.T. erheblich abweichende Tarife gelten.

$	unter $ 70 (= einfacher Standard)
$$	$ 70–120 (= Mittelklasse-Hotel)
$$$	$ 120–200 (= Hotel der gehobenen Mittelklasse)
$$$$	$ 200–300 (= First-Class-Hotel)
$$$$$	über $ 300 (= Luxushotel)

Auch in *Welcome* oder *Visitors Centers* gibt es Informationen, Hotellisten, Broschüren und Coupons; manchmal wird die Reservierung auch gleich für den Besucher vorgenommen. Ideal für Sparsame sind die dort erhältlichen „**Couponhefte**". Anhand dieser Hefte, nach Orten bzw. Regionen sortiert und mit Stadt- und Lageplänen versehen, kann man v.a. in der Nebensaison und an Werktagen günstige Schnäppchen, sogar in Hotels gehobener Kategorien, für eine Nacht bekommen. Man muss lediglich vorher telefonisch mit Hinweis auf den Coupon anfragen und Glück haben.

Urlaubshotel in traumhafter Landschaft, das Gateway Canyons Resort

Wer **telefonisch im Voraus** ein Zimmer reservieren möchte, muss häufig die Kreditkarte bereithalten. Sie garantiert das Zimmer und dem M/Hotel das Geld. Bei Nichterscheinen wird der Zimmerpreis abgezogen. Eine Ankunft nach 18 Uhr („*late arrival*") sollte man ankündigen, ansonsten wird das Zimmer vielleicht weitervergeben. Ohne Kreditkarten-Garantie verfällt eine **Reservierung** meist nach 18 Uhr.

Die **Übernachtungspreise** schwanken naturgemäß je nach Lage, Ort und Qualität der Unterkunft. Auch saisonale Unterschiede – lokal unterschiedlich und auch von Veranstaltungen abhängig – können enorm sein. Die Übergänge zwischen den einzelnen **Herbergstypen** sind fließend und eine Kategorisierung nach Bezeichnungen ist kaum möglich.

Unterkunfts-Know-how

Motels und *Motor Inns* sind im Allgemeinen preiswerter (aber schlichter) als Hotels. Zahlreiche Hotels verfügen über eigene Gastronomie und Extras wie Fitnesscenter, Wäscherei/Reinigung, Bügeleisen, Radiowecker, Tageszeitung, mehr TV-Programme, kostenlosen Flughafentransfer etc.

Zum **Grundpreis**, der sich in Motels (nicht in Hotels!) häufig auf eine Person bezieht (geringer Aufpreis für die zweite und weitere), kommt die ***tax*** (Steuer). Ein Zimmer darf mit maximal vier Personen belegt werden; Kinder und Jugendliche bis zu einem gewis-

Pensionen wie das Bronze Antler B&B in Joseph/OR bieten erholsame Stunden bei viel Luxus

sen Alter können gratis im Elternzimmer übernachten. Bei Motels ist ***Check-in*** ganztags möglich, wohingegen in Hotels die Zimmer häufig erst ab 15 Uhr freigeben und in B&Bs von etwa 16 bis 20 Uhr bezogen werden können. ***Check-out*** ist normalerweise am Mittag. Im Motel muss in der Regel gleich beim Einchecken, nach Ausfüllen des Anmeldebogens, bezahlt werden, im Hotel wird die Kreditkarte gespeichert und die entsprechende Summe bei Abreise inklusive evtl. Extras abgerechnet.

Für relativ wenig Geld bekommt man in den USA im Allgemeinen ein **sauberes und großes**, wenn auch (v.a. in Motels) **uniform, funktional-schlicht ausgestattetes Zimmer** mit Badezimmer (meist Dusche), genügend frischen Handtüchern, mehr oder weniger lauter Klimaanlage, Telefon und Fernsehen sowie oft (kleinem) Swimmingpool. In Motels mit Außenkorridoren kann man zwischen *first* oder *second floor* wählen, wobei das Erdgeschoss zwar weniger Gepäckschlepperei bedeutet, aber andererseits auch lauter ist, da sich die Parkplätze direkt vor der Tür befinden. Man bekommt meist zum gleichen Preis *one bed* (*king size* 1,95 m) oder *two beds* (zwei *queen size*-Betten von 1,40–1,50 m). Bei nur einem Bett bleibt meist Platz für Tisch und Stühle oder Couch.

In vielen Motels/Hotels gibt es immer häufiger ein kostenloses kleines **Frühstück** mit Kaffee und Gebäck *(„continental breakfast")*, manchmal handelt es sich auch um volle Frühstücksbuffets. ***Local calls*** sind häufig ebenfalls gratis, und in besseren Hotels wird eine Tageszeitung vor die Tür geliefert.

Kettenmotels und -hotels

Die **Qualität** der Motels/Hotels kann selbst innerhalb derselben Kette, abhängig vom Alter des Hauses bzw. vom Ehrgeiz des Pächters, schwanken, je nach Ort und Zustand auch preislich. Im Allgemeinen sind billige Kettenhotels den unabhängigen superbilligen Einzelmotels vorzuziehen. Die **Verteilung und Dichte** von Hotels und Motels verschiedener Ketten ist ebenfalls unterschiedlich.

Verbreitet sind z. B. Mittelklasse-Motels/-Motels wie **Days Inn** (www.daysinn.com), **Comfort Inn**, **EconoLodge** oder **Quality** (www.choicehotels.com), **Howard Johnson** (www.hojo.com), **Ramada** (www.ramada.com), **Best Western** (www.bestwestern.com), **Travelodge** (www.travelodge.com), **Radisson** (www.radisson.com) oder **Holiday Inn** (www.holidayinn.com).
Zur preiswerten Motelkategorie zu rechnen sind z.B. **Motel 6** (www.motel6.com), **Red Roof Inn** (www.redroof.com), **Sleep Inn** (www.sleepinn.com) oder **Super 8** (www.super8.com).
Eine Liste der wichtigsten Ketten mit Links findet sich im Internet unter: **www.us-infos.de/tourtips-motels.html**.

Inns und Lodges

Historic Inns bzw. **Country Inns** sowie **Historic Hotels** (www.historichotels.org) sind Hotels bzw. ehemalige Gasthäuser mit Geschichte. **Lodges**, meist malerisch in der Natur gelegene mehrteilige Hotelanlagen oder Resorts (Ferienanlagen mit Sportmöglichkeiten), können preislich nicht pauschaliert werden. In manchen Fällen ist Halbpension oder Pension – *(Modified) American Plan* (MAP oder AP) – im Preis enthalten. Eine Übersicht gibt auch www.selectregistry.com, die Seite der *Independent Innkeeper's Association*.

Bed&Breakfast

Immer beliebter wird die Alternative *Bed&Breakfast* (B&B) englischen Stils, allerdings in den USA wesentlich komfortabler (und teurer). Die „Zimmer mit Frühstück" haben persönlichen Touch und sind oft sehr liebevoll mit Antiquitäten und vielerlei Schnickschnack ausgestattet. Das Spektrum reicht von historischen oder modernen Privathäusern mit zwei oder drei Gästezimmern bis hin zu *B&B Inns* mit bis zu zehn Zimmern, von einfachen Häusern mit Familienanschluss bis hin zu intimen Luxus-Inns und aufwendig restaurierten *Historic Homes*.

B&Bs sind teurer als Motels, bieten neben individuellem Service persönlichen Kontakt, denn die Besitzer sind meist Vermieter aus Passion und daher sehr kontaktfreudig und ortskundig. Ein üppiges Frühstück, manchmal auch Extras wie Nachmittagstee, freie Getränke, Kekse, Betthupferl, Abend-Häppchen oder Sherry üblich und die Nutzung von Gemeinschaftseinrichtungen wie Bibliothek, Musikzimmer o. Ä.. Manchmal fehlen hingegen ein Fernsehgerät und ein Telefon im Zimmer, und kleine Kinder werden meist nicht aufgenommen.

Infos:

- www.abba.com *(American Bed&Breakfast Association)* – B&Bs nach Staaten, Orten und Zusammenschlüssen sortiert
- www.bedandbreakfast.com – umfassende Listen nach Staaten und Regionen mit Sofortbuchungsgelegenheit; ebenfalls hilfreich: www.bbexplorer.com
- www.cabbi.com – *California Association of Bed and Breakfast Inns*

Ranch-Aufenthalt

Freunde des in Deutschland immer beliebter werdenden Westernreitens können interessante Aufenthalte auf Ranches verbringen. In der Regel sollte man dazu aber mindestens eine Woche einplanen. Man unterscheidet sogenannte ***Dude*** und ***Working Ranches***. Erstere sind ganz auf Urlauber ausgerichtet und haben den landwirtschaftlichen Betrieb eingestellt; die Unterkünfte und Angebote sind eher luxuriös und breitgefächert und dementsprechend hoch im Preis. Im Gegensatz dazu sind auf *Working Ranches* handfeste Rancharbeit und Reiten kombiniert, die Unterbringung ist eher rustikal, in Cabins oder auch Zimmern, Mahlzeiten (und Familienanschluss) eingeschlossen.

Einen **längerfristigen Ranchurlaub** bucht man bereits in Deutschland, an verschiedenen Stellen in den einzelnen Kapiteln wird auf spezielle Ranches hingewiesen. Darüber hinaus gibt es spezialisierte Reiseunternehmer, die Ranchaufenthalte im Angebot haben:

- Argus Reisen, ✆ (05594) 804949-0, www.argusreisen.de („Ranchurlaub in Nordamerika")
- Pegasus Reisen/EQUITOUR AG, ✆ 0800-505-1801 (gratis), www.reiterreisen.com
- Sonstige Infos im Internet: www.ranchweb.com, www.guestranches.com, www.duderanch.org

Jugendherbergen u. Ä.

Ein internationaler Jugendherbergsausweis – zu Hause besorgen über den *DJH* (www.jugendherberge.de) bzw. seine Pendants in Österreich (www.oejhv.at) und der Schweiz (www.youthhostel.ch) – macht sich in *American Youth Hostels, Mitglied von Hostelling International (HI)* bezahlt. Dabei können nicht nur Jugendliche die Herbergen nutzen. *YMCA/YWCA* – kurz „The Y" genannt – sind weitere Alternativen, wobei Erstere auch gemischtgeschlechtliche Gäste aufnehmen.

Eine ausführliche Liste von Hostels und sonstigen „Billigunterkünften" (Hotels) mit Beschreibungen, Wertungen und Sofortbuchungsmöglichkeit findet sich unter:

- www.hostels.com
- http://hiusa.org oder www.hihostels.com/dba/country-US.de.htm (deutsch)
- www.ymca.net oder www.ywca.org

Hotelbroker

Am preiswertesten ist meist Buchung im Internet, mit Buchungsmöglichkeit z.B. bei:

- www.expedia.de/hotels
- http://de.hotels.com – 24.000 Hotels weltweit, mit www.hoteldiscount.com kooperierend
- www.hotelbook.com – Hotelreservierung in verschiedenen amerikanischen Städten
- www.hrs.de – weltweite Hotelreservierungen, außerdem Auskünfte zu Airports, Fluggesellschaften etc.
- www.quikbook.com– landesweite Hotel-„Schnäppchen" zum Sofortbuchen
- www.roomsusa.com – Zimmersuche und Informationen allgemeiner Art (Restaurants, Touren, Geschichte, Sights, Pläne)
- www.worldres.com – 40.000 Hotels weltweit
- www.tripadvisor.de – Wertungen und Beschreibungen von Hotels

Versicherung

siehe auch „Gesundheit"

Am unkompliziertesten, wenn auch nicht unbedingt am billigsten ist es, gleich bei Reisebuchung eines der von den Reiseveranstaltern angebotenen **Versicherungspakete** unterschiedlicher Gültigkeitsdauer (z.B. *Rat-und-Tat-* oder *Vierjahreszeiten*-Paket) abzuschließen, das Kranken-, Unfall-, Gepäck- und Haftpflicht-, manchmal auch Reiserücktrittsversicherungen einschließt. Für Leute, die viel reisen, gibt es **Jahresversicherungen**, für Familien preiswertere Familienvarianten. Gold-Kreditkarten-Besitzer sollten Bedingungen und Leistungsumfang der in der Karte enthaltenen Versicherungen prüfen.

Fest steht, dass der gezielte **Abschluss einzelner Policen**, z.B. bei Banken, freien Versicherungsmaklern oder dem ADAC, günstiger ist. Nicht immer sind nämlich alle Versicherungen auch wirklich nötig und sinnvoll, und oft sind z.B. **Unfall- und Haftpflicht** schon durch bestehende Versicherungen abgedeckt. Eine **Gepäckversicherung** hat viele Haken, so sind z.B. „Sonderausstattung" (Laptop, Foto-, Sportgeräte etc.) oder Campinggeräte im Allgemeinen nicht versichert und eine Mitschuld beim Verlust muss ausgeschlossen sein. Auch bei **Reiserücktrittsversicherungen** gibt es viele Einschränkungen. Dazu lohnt sich eine solche meist nur bei Buchung mehrerer (teurer) Leistungen.

Die einzige Versicherung, auf die man auf keinen Fall verzichten sollte, ist die **Reisekrankenversicherung**. Banken, vor allem aber Privatversicherer wie *Debeka* oder *Universa* bieten günstige Tarife, wobei auf Vollschutz ohne Summenbegrenzung, Verlängerung der Versicherung im Krankheitsfall und ggf. Rücktransport zu achten ist. Europäische Krankenkassen – mit Ausnahme einiger Privatversicherer – übernehmen die hohen medizinischen Kosten in den USA nicht. Krankenversicherungen erstatten hingegen gegen Vorlage ausführlicher Bescheinigungen und Quittungen (mit Datum, Namen, Bericht über Art/Umfang der Behandlung, Medikamente etc.) zu Hause die Kosten.

Tipp

Für alle abgeschlossenen Versicherungen Notfallnummern notieren und mit der Policenummer sicher verwahren!

Visum

siehe „Einreise und Visum"

Zeit und Zeitzonen

Im Westen gelten zwei Zeitzonen, die **acht bis neun Stunden Zeitverschiebung** zur mitteleuropäischen Zeit (zurück) bedeuten. Ist es in Deutschland 12 Uhr mittags, ist es in Salt Lake City 4 Uhr morgens und in San Francisco 3 Uhr nachts. Auch in den USA gibt es die Umstellung auf Sommerzeit, ***Daylight Saving Time (DSL)***, allerdings dauert sie länger: vom 2. Sonntag im März bis zum 1. Sonntag im November. In Arizona gibt es außer auf dem Land der Navajo Nation keine DSL.

- **Pacific Time** (CA, NV, OR, WA, Nord-ID): MEZ minus 9 Std.
- **Mountain Time** (AZ, UT, NM, CO, WY, MT, Süd-ID): MEZ minus 8 Std.

In den USA werden die **Stunden** nicht bis 24 durchgezählt, sondern in *ante meridiem*, abgekürzt **a.m.** (vormittags), und **p.m.** – *post meridiem* (nachmittags) – unterteilt. So entspricht 6 a.m. unserer Morgenzeit 6 Uhr, dagegen entspricht 6 p.m. 18 Uhr am Abend. 12 Uhr mittags heißt *noon* (12 p.m.), 12 Uhr Mitternacht *midnight* (12 a.m.) Das **Datum** wird in der Reihenfolge Monat-Tag-Jahr angegeben, z.B. *July 22, 2013* oder kurz *7-22-13*.

Beim Hinflug erreicht man den Westen meist am Nachmittag oder frühen Abend und der **Jetlag** spielt kaum eine Rolle, sofern man die innere Uhr sofort an die Ortszeit anpasst. Schwieriger ist es beim Rückflug, da man nach meist durchwachter Nacht am Morgen oder Vormittag in Deutschland ankommt.

Zoll

Einreise in die USA

Eine Devisenbeschränkung gibt es nicht, lediglich Summen über $ 10.000 müssen deklariert werden. Die Einfuhr von Alkohol und Tabak ist wie folgt begrenzt: 1 l Alkohol bzw. 200 Zigaretten oder 100 Zigarren (keine kubanischen), Geschenke im Wert bis $ 100. Verboten sind alle tierischen und pflanzlichen Frischprodukte/Lebensmittel sowie Samen und Pflanzen, außerdem Klappmesser u.a. gefährliche Objekte. Bei Medikamenten in größeren Mengen empfiehlt es sich, ein ärztliches Attest dabei zu haben, da die Einfuhr von Rauschmitteln untersagt ist. Details finden sich unter www.customs.gov.

Einreise in Europa

Bei der Rückreise nach Europa dürfen folgende Waren zum persönlichen Ge- oder Verbrauch eingeführt werden: Tabakwaren (über 17-Jährige in EU-Länder und CH): 200 Zigaretten oder 100 Zigarillos oder 50 Zigarren oder 250 g Tabak, Alkohol (über 17-Jährige in EU-Länder): 1 Liter über 22 Vol.-% oder 2 Liter bis 22 Vol.-% und zusätzlich 2 Liter nichtschäumende Weine; in die Schweiz: 2 Liter (bis 15 Vol.-%) und 1 Liter (über 15 Vol.-%) Geschenke und Waren für den persönlichen Gebrauch (uber 15-Jährige in EU Länder) dürfen bis 430 € zollfrei mitgebracht werden. In die Schweiz dürfen andere Waren bis zu einem Wert von CHF 300 eingeführt werden. Wird der Warenwert von maximal 430 € bzw. CHF 300 überschritten, werden Einfuhrabgaben auf den Gesamtwert der Ware erhoben.

Einfuhrbeschränkungen bestehen z. B. für Tiere, Pflanzen, Arzneimittel, Betäubungsmittel, explosive Materialien, Lebensmittel, Raubkopien, bestimmte Schriften (Hetzschriften, Pornografie etc.), Waffen und Munition; in Österreich auch für Rohgold und in der Schweiz für CB-Funkgeräte. Nähere Informationen liefern folgende Stellen:

- **Deutschland**: www.zoll.de, Zollinfocenter, ✆ (069) 46997600
- **Österreich**: www.bmf.gv.at, Zollamt Villach, ✆ (04242) 33233
- **Schweiz**: www.ezv.admin.ch, Zollkreisdirektion Basel, ✆ (061) 2871111

Entfernungstabelle

in Meilen	Al	Boi	Den	Fla	Las	Los	Pho	Por	Sal	SaD	SaF	San	Sea	Spo
Albuquerque NM	-	944	417	323	583	807	432	1371	604	787	1115	61	1440	1316
Boise ID	944	-	811	851	666	849	951	432	340	974	658	951	501	384
Denver CO	417	811	-	657	777	1059	792	1238	504	1108	1235	356	1307	1089
Flagstaff AZ	323	851	657	-	260	484	137	1241	511	591	792	384	1347	1223
Las Vegas NV	583	666	777	260	-	282	285	981	433	331	564	644	1152	1050
Los Angeles CA	807	849	1059	484	282	-	389	959	715	125	379	868	1131	1205
Phoenix AZ	432	951	792	137	285	389	-	1266	648	355	763	493	1437	1335
Portland OR	1371	432	1238	1241	981	959	1266	-	767	1084	636	1378	172	348
Salt Lake City UT	604	340	504	511	433	715	648	767	-	764	752	611	836	712
San Diego CA	787	974	1108	591	331	125	355	1084	764	-	504	848	1256	1300
San Francisco CA	1115	658	1235	792	564	379	736	636	752	504	-	1176	808	882
Santa Fe NM	61	951	356	384	644	868	493	1378	611	848	1176	-	1447	1323
Seattle WA	1440	501	1307	1347	1152	1131	1437	172	836	1256	808	1447	-	278
Spokane WA	1316	384	1089	1223	1050	1205	1335	348	712	1300	882	1323	278	-

Das kostet Sie das Reisen im Westen der USA

Stand Frühjahr 2013

Die „Grünen Seiten“ verstehen sich als grober Anhaltspunkt für eine Reise in den Westen der USA. Sie ermöglichen es, die Kosten für einen Aufenthalts halbwegs realistisch einschätzen zu können. Die Angaben verstehen sich jedoch lediglich als Orientierungshilfen und erheben keinerlei Anspruch auf Aktualität oder Vollständigkeit. Unterkünfte, Restaurants, Touren und Eintritte liegen im Durchschnitt etwas unter europäischem Preisniveau. Die Flugpreise haben sich im Vergleich zu vor 10, 20 Jahren nur wenig erhöht, die Grundpreise liegen meist sogar niedriger, wohingegen diverse Steuern und Zuschläge deutlich zu Buche schlagen.

Generell wird in den USA auf alle Waren und Dienstleistungen eine „tax“, eine Mehrwertsteuer aufgeschlagen, je nach Staat zwischen 4 und 14 % – Ausnahme: In Oregon und Montana gibt es keine Steuer. Hotels können zusätzliche Steuern *(room tax)* erheben.

1 U$$ = ca. 0,77 €, 1 € = ca. 1,31 US$
Der aktuelle Wechselkurs findet sich unter: www.oanda.com.

Beförderung

Flüge *(siehe „Gelbe Seiten, Allgemeine Reisetipps A–Z, Flüge“)*

Das Angebot an Transatlantikflügen ist nahezu unüberschaubar geworden. Als Richtlinie kann gelten, dass während der Hauptsaison je nach Routenführung und Zeit die Preise nach Los Angeles, Seattle oder San Francisco bei ca. 600–1.000 € liegen. Während der Zwischensaison und besonders in der Nebensaison kann man Flüge für um bzw. unter 600 € bekommen.

Spartipp
Sondertarife sind das ganze Jahr über erhältlich, oft auf den Websites der Fluggesellschaften oder per Zeitungsannonce. Sie sind allerdings unterschiedlich in Kontingentierung und Bedingungen (meist knapper Buchungs- und Flugantrittszeitraum). Vor allem in der NS bieten Fluggesellschaften günstige Tickets an und es lässt sich schon für um bzw. unter 600 € ein Flug bekommen.

Inlandsflüge

Auch hier gilt es, besondere Tarife zu beachten, die sich täglich ändern können. Sogenannte Rundflugtickets (Visit-USA/VUSA) bzw. „Air Passes“ umfassen eine je nach Gesellschaft differierende Anzahl von Gutscheinen (Coupons) und werden meist am günstigsten in Verbindung mit dem Transatlantikflug erworben. Günstiger ist es in den meisten Fällen Gabelflüge und Stopovers einzuplanen, was auf Transatlantikflügen in unterschiedlichem Umfang und zu unterschiedlich hoher Gebühr möglich ist.

Mietwagen

siehe „Gelbe Seiten, Allgemeine Reisetipps A–Z, Mietwagen"

Einen Mietwagen schon zu Hause im Internet bzw. im Reisebüro bei einem der überregionalen großen Anbieter wie Avis, Alamo, Hertz oder Budget zu buchen, ist bei einer Mietdauer von einer Woche und länger im Allgemeinen wesentlich günstiger als vor Ort, v.a., weil es zu Hause günstige Inklusivpreise gibt. Zu prüfen sind ferner die Tarife von Mietwagen-Brokern wie ADAC Mietwagen, holiday autos, Sunny Cars, FTI, TUI oder DERTOURCars.

Direktbuchung vor Ort kann teuer werden, da meist Versicherungen, manchmal auch Meilen, gesondert berechnet werden. Das lohnt nur bei kurzfristiger bzw. kurzzeitiger Buchung. Eine Buchung über das Internet bei renommierten Firmen ist selbst für ein paar Tage oft die bessere und günstigere Variante.

Mitunter ist es vorteilhaft, Flug und Mietwagen als Kombination *(Fly & Drive)* zu buchen. Bucht man direkt bei den Mietwagengesellschaften kostet ein Mittelklassewagen (Compact/Midsize) etwa ab 180 € pro Woche im „Sparpaket". Bei Abgabe des Fahrzeugs an einem anderen Ort als dem Abholort können Rückführungsgebühren anfallen. Diese liegen distanzabhängig zwischen $ 100 und 500.

Camper

Generell sprechen die komplizierten Miet-, Versicherungs- und Haftungsbedingungen für eine Buchung zu Hause. Wohnmobile oder „RVs" kosten je nach Größe, Ausstattung und Saison zwischen etwa 70 € und 250 €/Tag. Der Preis hängt stark von den unterschiedlichen Modellen (Motorhome, Van und Pick-up- bzw. Truck Camper), ein wenig von den diversen Anbietern (wie El Monte, Cruise America, Moturis) und – stärker – von der Saison ab. HS ist im Allgemeinen die Zeit von Anfang Juli bis Mitte August, am preiswertesten sind die Fahrzeuge von November bis März. Zum Grundpreis addieren sich beträchtliche Nebenkosten, für Zusatzausstattung, Endreinigung und gelegentlich Übergabe, ggf. auch für Zusatzversicherungen, Wochenendzuschläge und gefahrene Meilen (meist keine oder nur wenige inklusive). Die Campingplätze schlagen gesondert zu Buche: Für ein Campmobil inklusive zwei Personen sind mindestens $ 20 für den Stellplatz zu rechnen. Eine Kostenersparnis gegenüber einem normalen Mietwagen und Übernachtungen in Motels ergibt sich kaum.

Eisenbahn

siehe „Gelbe Seiten, Allgemeine Reisetipps A–Z, Eisenbahn"

Günstige Preise erhält man bei Benutzung eines USA-Rail-Pass, der für einen Zeitraum von 15, 30 oder 45 Tagen gültig ist. Die Railpässe kosten z.B. für 15 Tage (8 Abschnitte) $ 439, sie werden nur außerhalb der USA verkauft und vor Ort an den AMTRAK-Schaltern gegen Bahnfahrkarten eingetauscht. Ein Reiseabschnitt beginnt mit dem Einstieg in einen Zug und endet mit dem Aussteigen, unabhängig von der Reisedauer. Lange Strecken sollten im Voraus reserviert werden, Max. zwei Kinder im Alter von 2–15 Jahren fahren in Begleitung zum halben Preis, ein Kind unter 2 J. ist frei.

Aufenthaltskosten

Übernachtung

siehe „Gelbe Seiten, Allgemeine Reisetipps A–Z, Unterkunft“

Es ist schwer, genaue Preise anzugeben, denn vor Ort bestimmen Angebot und Nachfrage, Saison und Wochentag, Lage und Stadtnähe, Specials und gewährte Rabatte die Preise. Entlang der Highways versuchen Hotels und Motels verschiedener Kategorien mit „Specials“ (Sonderangeboten) Kunden zu ködern. Generell berechnet sich der Preis in den USA für das Zimmer, unabhängig von der Belegung bzw. mit nur geringem Aufpreis für weitere Personen.

In den großen Städten ist für ein gutes **Hotelzimmer** leicht mit rund $ 150 aufwärts zu rechnen. Dafür gibt es in abgelegeneren Regionen durchaus gute Unterkünfte, in denen man unter $ 100 nächtigen kann. Wer die preiswerte Kategorie bekannter **Motelketten** (wie Budget Inn, Red Roof Inn, Comfort Inn oder Motel 6) wählt, kann sogar mit cirka $ 70–80 fürs Doppelzimmer, oft sogar inkl. kleinem Frühstück, wegkommen. In der Mittelklasse (z.B. Days Inn, Howard Johnson, Holiday Inn, Best Western, Hampton Inn) beginnen die Preise je nach Lage bei etwa $ 80–100. In einem deutschen Reisebüro vorab zu buchen, lohnt nur in Ausnahmefällen, wie evtl. am Ankunfts- bzw. Abflugtag sowie in Nationalparks bzw. im Umkreis vielbesuchter Attraktionen.

Spartipp

In vielen staatlichen und städtischen Tourismusbüros, Visitor Information Centers, CVBs und vor allem in den Welcome Centern an Staatsgrenzen, liegen kostenlose Couponhefte aus. In diesen bieten Hotels für Kurzentschlossene „ Zimmer für eine Nacht zu günstigen Preisen – oft bis zu 50 % ermäßigt – an. Um sicher zu gehen, kann man vorher anrufen, ansonsten legt man den Coupon beim Check-in vor.

Verpflegung

Generell liegt das Preislevel für Lebensmittel in etwa auf europäischem Niveau. (Ausländische) Feinkost ist teurer, Fertigkost aller Art, Fleisch und Fisch, Softdrinks und Drogerieartikel meist billiger. Fast Food ist erheblich preiswerter als in Europa. Die untere und mittlere Restaurantkategorie entspricht trotz hinzuzurechnender Taxes und Trinkgeld in etwa der unsrigen (wobei Qualität und Service meist besser und die Portionen größer sind), durchschnittlich dürften es mit Getränk, alles inklusive, ca. $ 20–40 sein. In Top-Lokalen sind pro Mahl rund $ 50–80 zu rechnen; sie sind allerdings ihr Geld auch wert.

Benzin

Normalbenzin (regular) genügt für die meisten Mietwagen und kostet – abhängig von der Region – pro Gallone (3,8 l) im Westen der USA zwischen $ 3,30 und 4. Das kommt einem Literpreis bis 0,74 € gleich.

Eintritte

siehe „Gelbe Seiten, Allgemeine Reisetipps A–Z, Eintritt“ und „Natur- und Nationalparks“

Wer viel im Westen der USA herumfährt und sich viel anschauen möchte, muss genügend Geld für Eintritte einplanen. Speziell Zoos, Aquarien, Vergnügungsparks, Filmstudios und spektakuläre Museen sind teuer. In Einrichtungen des National Park Service wird der Eintritt im Allgemeinen pro (Privat-)Fahrzeug berechnet, im Regelfall inklusive vier Insassen. Es fallen zwischen rund $ 5–25 an. Für den Besuch mehrerer Parks lohnt der **America the Beautiful (Annual) Pass**. Er kostet derzeit $ 80 und gilt ein ganzes Jahr in allen amerikanischen Nationalparks u.a. staatlichen Naturschutzgebieten für drei Insassen eines Fahrzeugs über 16 Jahren; Kinder unter 15 sind gratis.

Auch die Parkgebühren, die häufig bei Attraktionen ($ 10–15), aber auch in Großstädten (besonders L.A.) anfallen, können sich zu einer beträchtlichen Summe addieren. So zahlt man in Stadthotels oft $ 30–50 nur fürs Parken im Hotel.

Hinweis

Alle genannten Eintrittspreise im Reiseteil beziehen sich auf den Eintritt eines Erwachsenen; Kinder- und Seniorenermäßigungen sind die Regel, oft gibt es auch stark reduzierte Eintrittspreise für Familien.

Gesamtkostenplanung

Die Kostenplanung, die mehr oder weniger alle anfallenden Reisekosten für eine Reise zusammenfasst, ist für zwei Personen bzw. eine 3-köpfige Familie kalkuliert, die 3 bzw. 4 Wochen unterwegs sind und bei den Übernachtungen auf günstige Mittelklasse-Motels zurückgreifen (Angaben in € und gerundet für 20 bzw. 27 Übernachtungen bzw. 21/28 Tage). Nicht berücksichtigt wurden hier Kosten für Versicherungen, Parken und Trinkgelder, Extragetränke und andere persönliche Zusatzausgaben und Einkäufe.

Aufenthalt	3 Wochen	4 Wochen
2 Flugtickets	1.500	1.500
Mietwagen Standardpaket, Mittelgröße	540	720
Benzin (5.000 bzw. 7.000 km bei 8 l/100 km und $ 3/Gall.)	250	340
Übernachtungen (20 bzw. 27 à $ 120/DZ)	2.400	3.240
Verpflegung – Sparversion mit Selbstverpflegung, Fastfood (pro Tag/Pers. $ 20)	420	560
Verpflegung mit regelmäßigen Restaurantbesuchen (pro Tag/Pers. $ 40)	840	1.120
Eintritte (geschätzt, stark variabel)	300	400
Gesamt (je nach Verpflegung)	**ca. 5.400–5.800**	**ca. 6.800–7.300**
Für ein Kind im Alter von unter 11 Jahren kämen noch folgende Kosten hinzu (Übernachtung im Zimmer der Eltern):		
Flugticket (65 %)	900	900
Unterkunft (zusätzlich $ 15/Tag)	230	330
Verpflegung (Sparversion, halbe Summe)	210	280
Verpflegung (bessere Version)	410	600
Eintritte (geschätzt)	100	150
Gesamt ca. (je nach Verpflegung)	**ca. 1.400–1.650**	**ca. 1.750–2.000**
(Sondertarife für Kleinstkinder sind u.a. bei Flügen, Unterkünften und Eintritten möglich).		
Gesamt (Eltern mit Kind) (je nach Verpflegung)	**ca. 6.800–7.450**	**ca. 8.550–9.300**

3. REISEN IM WESTEN DER USA

Überblick

Der Westen der USA gilt als Traumziel, da hier einige der schönsten Landschaften der Welt vereint sind, allerdings auf großer Fläche. Allzu oft werden die räumlichen Dimensionen unterschätzt. Die Vorstellung, man könne in einem durchschnittlich bemessenen Urlaub von rund drei bis maximal vier Wochen nicht nur die Nationalparks im Hinterland, sondern auch die berühmten Küstenstädte plus Las Vegas und die Wüsten erleben, ist Utopie.

Genügend Zeit einplanen

Diese Tatsache hat mehrere Möglichkeiten als Konsequenz: Entweder man plant von Vornherein genügend Zeit ein und erfüllt sich den Traum einer umfassenden Rundreise, die **mindestens sechs Wochen** dauern sollte. Das würde bedeuten, dass man den Großteil der in diesem Reiseführer beschriebenen Routen nachfahren könnte.

Alternativ könnte man sich auf ein **bestimmtes Gebiet konzentrieren** – z.B. Canyonlands, Kalifornien mit Abstechern in die Nachbarstaaten oder den Nordwesten – und dieses in zwei bis vier Wochen intensiver erkunden. Eine andere Möglichkeit wäre, sich auf einer Kurzreise einen **ersten Überblick** zu verschaffen, den man später in weiteren Reisen vertieft.

Das **individuelle Reiseprogramm** richtet sich jedoch nicht allein nach der zur Verfügung stehenden Zeit, sondern hängt auch von den spezifischen Interessen und v.a. von der Wahl des Transportmittels ab. Wer einen Pkw gemietet hat, kann größere Strecken zurücklegen als Fahrer eines *RVs*. Wer mit Bussen oder Eisenbahn unterwegs ist, muss z.B. die zeitaufwändigen Transporte in die Städte bzw. von den Städten zu den Nationalparks in Betracht ziehen. Wer inneramerikanische Flüge einplant, verliert zwar an den Flugtagen Zeit und zahlt mehr, kann dafür aber weiter entfernte Gebiete kombinieren. Der eine interessiert sich mehr für Städte und nimmt vielleicht nur einen Nationalpark „mit", der andere ist Naturfreak und lässt die Großstädte aus. Möglichkeiten gibt es viele und sie alle obliegen den persönlichen Gegebenheiten.

Reisen im Westen

Große Entfernungen

Um die Planung zu erleichtern, nachfolgend Vorschläge, die als **Anregungen** zu verstehen sind und helfen sollen, eine eigene Route „zusammenzubasteln". **Oberstes Gebot** ist dabei, die Entfernungen richtig einzuschätzen und zu beachten um welche Art von Routen bzw. Straßen es sich handelt. Bergstrecken nehmen wesentlich mehr Zeit in Anspruch als Autobahnfahrten. Wegen des geringen Verkehrsaufkommens und trotz relativ niedriger, streng überwachter Geschwindigkeitslimits, können Überlandfahrten durchaus erholsam sein. Auf alle Fälle sollte man nicht jeden Tag riesige Strecken zurücklegen, denn nur wenn man sich Zeit nimmt für Pausen, für Abstecher und Stopps, lernt man Land und Leute kennen.

Das weite Land des Westens will auch heute noch „erobert" und „erfahren" werden. Das bedeutet in erster Linie **gute Vorbereitung**, den richtigen Ausgangs- und Endpunkts, eine überlegte Auswahl der sonstigen Standpunkte und eine ungefähre Festlegung der Fahrtroute. Da alle größeren Städte im Westen der USA leicht per Flugzeug erreichbar sind, bezieht sich die Frage nach Ausgangs- und Endpunkt in erster Linie auf die Vorlieben: Eher Norden oder Süden, eher Städte oder Natur, eher Küste oder Berge.

Routenvarianten

Wer der in diesem Reiseführer **rot gekennzeichneten Hauptroute** folgt, dürfte je nach Verweildauer und Fortbewegungsgeschwindigkeit etwa fünf bis sechs Wochen brauchen. Man kann allerdings auch einzelne Streckenabschnitte miteinander kombinieren und/oder Alternativen bzw. **Streckenvarianten** einplanen. Die einzelnen Routen können im vorliegenden Band nicht bis ins letzte Detail beschrieben werden, denn das würde den Rahmen sprengen.

Natürlich sind auch **One-way-Strecken** möglich, doch fallen für solche bei den Mietwagenfirmen meist hohe Rückführgebühren an. Manchmal ist es allerdings möglich, Autos an verschiedenen Orten, ohne Extragebühren, anzumieten und zurückzugeben, z.B. innerhalb von Kalifornien, zwischen Kalifornien und Las Vegas/Nevada, zwischen Kalifornien und Arizona bzw. Kalifornien und Oregon/Washington State. Eine überlegenswerte Alternative!

Verschiedene Reiseveranstalter und Fluggesellschaften bieten Air-Pässe (mit vorher festgelegter Anzahl an Flugcoupons) an, aber auch bei Linienflügen müssen der Ziel- und Abflugort nicht identisch sein, sondern können z. T. ohne Mehrkosten **Gabelflüge** geplant werden (z.B.: Hinflug Frankfurt–Seattle, Rückflug San Francisco–Frankfurt). Überdies stehen Busrundreisen ebenso wie organisierte Mietwagen-Rundreisen im Angebot. Dabei werden die Unterkünfte im Voraus festgelegt und es existiert die Möglichkeit sich eine Reise nach eigenem Gusto von Fachleuten durchplanen und buchen zu lassen (z.B. bei America Unlimited, *www.america-unlimited.de*).

Große Rundreise durch den USA-Westen

Das in diesem Buch beschriebene Areal reicht von der Südspitze Kaliforniens bei San Diego bis hinauf nach Seattle und zur Olympic Peninsula, vom Pazifik bis zum Westrand der Rocky Mountains. Damit umschließt es die schönsten Landschaften, die größten Städte und die wichtigsten Attraktionen des Westens. Die gesamte vorgeschlagene Route ist eher „fiktiv" gemeint, denn nur die wenigsten Reisenden werden sie aus Zeitgründen komplett abfahren können. Sinnvoller ist es daher, selbst eine **Tour aus einzelnen Bausteinen** aus Hauptroute und Routenvarianten zusammenzustellen.

Startpunkt L.A.

Als **Ausgangspunkt** der großen Rundreise wurde **Los Angeles** vorgeschlagen, von dort geht es im Gegenuhrzeigersinn nach Südwesten, nach Nordwesten und an der Pazifikküste zurück. Aber auch andere Ausgangspunkte sind jedoch möglich; San Francisco, Portland, Seattle, Las Vegas oder Salt Lake City.

Die erste **Etappe zwischen Kalifornien und Utahs Canyonlands** orientiert sich am Colorado River. Bei einem derart dichten Angebot von relativ nah beieinander liegenden National Parks ist es unmöglich, alle zu besuchen. Es gilt besonders hier, je nach Interesse auszuwählen, auch was Alternativrouten durch den Südwesten angeht.

Die anschließende **Strecke zwischen Salt Lake City und dem Nordwesten** kann nicht mit einer derartigen Häufung an Highlights aufwarten. Und doch kann die Fahrt mit spektakulären Erlebnissen wie dem Yellowstone NP aufwarten. Auf dem Weg westwärts nach Seattle bietet sich außer der nördlichen Hauptroute ebenfalls eine Alternative weiter südlich an, die den Spuren der ersten Siedler folgt.

Highlight Yellowstone NP

Auch für die **Etappe zwischen dem Nordwesten und Kalifornien** bieten sich zwei Varianten an: Gibt man der Küstenroute der Vorzug oder zieht man die Fahrt durch das Landesinnere mit landschaftlichen Höhepunkten wie Crater Lake oder Lassen Volcanic NP vor?

Vor die Qual der Wahl stellt den Besucher auch die letzte **Etappe zwischen San Francisco und Los Angeles**: Fährt man durchs Hinterland – einschließlich eines Besuchs von Reno, der Nationalparks Yosemite, Kings Canyon und Sequoia und des Gold Country – oder über den berühmten Hwy. 1 entlang der Pazifikküste?

Wichtigste Stationen auf der Gesamtroute

Los Angeles - Palm Springs - Joshua Tree - Las Vegas - Grand Canyon NP - Zion Canyon NP - Bryce Canyon NP - Capitol Reef NP - Arches NP - Salt Lake City - Grand Teton NP - Yellowstone NP - Missoula - Coeur d'Alene - Spokane - Mount Rainier NP - Seattle -Portland - Newport - Eureka - Redwood NP - San Francisco - Monterey - Santa Barbara - Los Angeles.

- ungefähre Fahrstrecke: 4.200 mi/6.700 km
- Dauer: 5-6 Wochen

„Kleine" Rundreisen durch den Westen

Der Begriff „kleine Rundreisen" kommt, wenn es um ein Gebiet wie den Westen der USA geht, beileibe keinem Wochenendausflug gleich. Gemeint ist idealerweise ein etwa **vierwöchiger Trip**, doch gibt auch Vorschläge für eine **einwöchige Rundreise**. Auch ein Kurztrip kann nachhaltige Erlebnisse bringen, z.B. wenn man einen Städteaufenthalt mit einem Abstecher ins Umland kombiniert. **Zwei** oder **drei Wochen** bieten schon wesentlich mehr Optionen und erlauben, ein größeres Gebiet kennenzulernen. Bei der Planung bildet die auf der Karte **rot gekennzeichnete Hauptroute** den roten Faden. Unter Zuhilfenahme der Routenvarianten können davon ausgehend beliebige Touren zusammengestellt werden.

Routenvorschläge

Für eine Woche

Die Möglichkeiten zu kurzen Routen ist im Süden des Reisegebietes leichter, da hier viele Attraktionen kompakt zusammenliegen. Im Nordwesten sind hingegen die Highlights weiter voneinander entfernt. Mögliche Fahrtstrecken wären:

- Ausgangspunkt **Los Angeles** – Las Vegas – Zion Canyon NP – Grand Canyon NP – Pam Springs/Joshua Tree NP – Los Angeles (auch als One-way zwischen L.A. und Las Vegas möglich)

• Ausgangspunkt **Los Angeles** – San Diego – Palm Springs/Joshua Tree NP – Las Vegas – Los Angeles (auch One-way zwischen L.A. und Las Vegas möglich)
• One-Way: **Los Angeles** – Santa Barbara – Monterey – **San Francisco** (oder umgekehrt)
• One-Way: **Los Angeles** – Las Vegas – Death Valley NM – Yosemite NP – **San Francisco** (oder ungekehrt)
• Ausgangspunkt **San Francisco** – Lake Tahoe – Mono Lake – Yosemite NP – Kings Canyon/Sequoia NP – San Francisco
• Ausgangspunkt **San Francisco** – Eureka – Redding/Lassen Volcanic NP – Lake Tahoe – Sacramento – San Francisco
• One-Way: **San Francisco** – Yosemite NP – Death Valley NM – **Las Vegas** (oder umgekehrt)
• Ausgangspunkt **Las Vegas** – Zion Canyon NP – Lake Powell – Grand Canyon NP – Flagstaff – Hoover Dam – Las Vegas
• Ausgangspunkt **Seattle** – Olympic NP – Astoria – Newport – Portland – Mt. Rainier NP – Seattle (auch von **Portland** als Ausgansgpunkt aus machbar)
• Ausgangspunkt **Salt Lake City** – Moab (Arches & Canyonlands NP) – Capitol Reef NP – Bryce Canyon NP – Zion Canyon NP – Salt Lake City
• Ausgangspunkt **Salt Lake City** – Grand Teton NP – Yellowstone NP – Crater of the Moon NM – Salt Lake City

Für zwei Wochen

Alle oben angeführten Routen lassen sich unkompliziert auf zwei Wochen ausdehnen. Das gibt für einzelne Attraktionen mehr Zeit oder erlaubt, Abstecher/Umweg einzuplanen und böte sich besonders im Canyonland (Utah) an. Andere Reisevarianten bei zwei Wochen Aufenthaltsdauer wären:
• **Los Angeles** – Palm Springs/Joshua Tree NP – Phoenix – Grand Canyon NP – Zion NP – Las Vegas – Death Valley NP – Yosemite NP – **San Francisco** (evtl. über Monterey – Santa Barbara zurück nach L.A.). Route auch umgekehrt möglich.
• Ausgangspunkt **Las Vegas** – Zion Canyon NP – Bryce Canyon NP – Capitol Reef NP – Moab (Arches & Canyonlands NP) – Monument Valley – Grand Canyon NP – Las Vegas (auch als One-way-Strecke über Palm Springs/Joshua Tree NP nach L.A. denkbar).

Für drei Wochen

Drei Wochen Reisedauer erlauben bereits wesentlich umfangreichere Routen, z.B. die folgenden:
• **Los Angeles** – Palm Springs/Joshua Tree NP – Phoenix – Grand Canyon NP – Monument Valley – Moab (Arches & Canyonlands NP) – Capitol Reef NP – Bryce Canyon NP – Zion Canyon NP – **Las Vegas** – ab hier verschiedene Optionen: zurück nach L.A. oder über Death Valley NP und Yosemite NP nach **San Francisco** sowie evtl. weiter über Monterey – Santa Barbara zurück nach L.A. (Route auch umgekehrt oder ab Las Vegas möglich)
• **Las Vegas** – Zion Canyon NP – Bryce Canyon NP – Capitol Reef NP – Salt Lake City – Moab (Arches & Canyonlands NP) – Monument Valley – Grand Canyon NP – Flagstaff – ab hier Alternativen: 1. zurück nach Las Vegas (evtl. mit Umweg über Phoenix) oder 2. über Palm Springs/Joshua Tree NP nach L.A. (Route auch vice versa oder ab Las Vegas möglich)

• **Seattle** – Spokane – Yellowstone NP – Grand Teton NP – Salt Lake City – ab hier entweder 1. über Reno/Lake Tahoe nach San Francisco und entlang der Küste via Portland zurück nach Seattle oder 2. entlang dem Oregon Trail über Pendleton/Ost-Oregon und Portland nach Seattle (Route auch von Salt Lake City oder Portland möglich)

Für vier Wochen

Die **ideale Reisedauer** für den US-Westen! Sie erlaubt, die oben aufgeführten Routen beliebig auszubauen bzw. anders zu kombinieren. Auch hier kann es sich lohnen, bei der Planung die Bedingungen der Mietwagenfirmen zu studieren. Hier einige Anregungen für vierwöchige Rundreisen:

• **Große Südroute**: Los Angeles – Palm Springs/Joshua Tree NP – Las Vegas – Grand Canyon NP – Lake Powell – Zion Canyon NP – Bryce Canyon NP – Capitol Reef NP – Salt Lake City – Grand Teton NP – Yellowstone NP – Twin Falls – Reno/Lake Tahoe – Yosemite NP – San Francisco (möglicher Endpunkt) – Santa Barbara – L.A. (auch ab San Francisco, Las Vegas oder Salt Lake City möglich)

• **Kleine Südroute**: Los Angeles – San Diego – Tucson – Phoenix – Grand Canyon NP – Monument Valley – Mesa Verde NP – Moab (Arches & Canyonlands NP) – Capitol Reef NP – Bryce Canyon NP – Zion Canyon NP – Las Vegas – Death Valley NP — Yosemite NP – San Francisco (möglicher Endpunkt) – Santa Barbara – L.A. (auch ab San Francisco, Phoenix oder Las Vegas)

• **„Kleine" Gesamtroute**: Los Angeles – Palm Springs/Joshua Tree NP – Las Vegas – Grand Canyon NP – Zion Canyon NP – Bryce Canyon NP – Capitol Reef NP – Salt Lake City – Grand Teton NP – Yellowstone NP – Missoula – Spokane – Seattle – Mt. Rainier NP – Portland – Newport – Eureka – Redwood NP – San Francisco (möglicher Endpunkt) – Santa Barbara – L.A. (oder ab San Francisco, Las Vegas, Salt Lake City oder Portland/Seattle)

• **Inlandsroute**: Salt Lake City – Grand Teton NP – Yellowstone NP – Crater of the Moon NM – Pendleton – Seattle – Mt. Rainier NP – Portland – Ost-Oregon – Crater Lake NP – Lassen Volcanic NP – Lake Tahoe (von hier Fahrt nach San Francisco möglich) – Death Valley NP – Las Vegas (Anschluss an Los Angeles möglich) – Grand Canyon NP – Zion Canyon NP – Bryce Canyon NP – Capitol Reef NP – Salt Lake City (Tour auch von Las Vegas, Seattle oder Portland aus möglich sowie im Anschluss an San Francisco oder Los Angeles planbar)

• **Nordroute**: Seattle – Portland – Newport – Eureka – Redwood NP – San Francisco – Yosemite NP – Death Valley NP – Las Vegas – Grand Canyon NP – Lake Powell – Zion Canyon NP – Bryce Canyon NP – Capitol Reef NP – Salt Lake City – Grand Teton NP – Yellowstone NP – ab hier zwei Möglichkeiten: 1. über Spokane nach Seattle oder 2. über Craters of the Moon NM und Pendleton/Ost-Oregon nach Portland (Route auch von Portland, San Francisco, Las Vegas oder Salt Lake City durchführbar).

Zeiteinteilung und touristisches Angebot

Gebiet	Seite	Unternehmungen/Ausflugsziele	Tage	ca. km	touristische Interessen
Los Angeles und Umgebung	152	Stadtbesichtigung; Hollywood; Disneyland; Beach Areas; Hafen; Malibu	2–3	200	Attraktionen, Filmgeschichte, Strandleben, Kunst & Kultur
Los Angeles – San Diego	235	Küstenstraße; Stadtbesichtigung San Diego; Zoo; Sea World	2–3	250	Attraktionen, spanisch-mexikanische Kultur, Strandleben, Tiere
Los Angeles – Las Vegas	200	Mojave-Wüste; Palm Springs; Joshua Tree NP	3	550	Landschaft, Wandern, Golf, Architektur, Flora und Fauna der Wüste
Alternativroute Los Angeles – Flagstaff	235	San Diego, Tucson, Phoenix, Flagstaff	8	1.500	Wüstenlandschaft, Indianerkulturen, Stadt- und Alternativarchitektur, Pueblos, Museen
Las Vegas und Umgebung	218	Casinos; Hoover Dam; Lake Mead; Valley of Fire	2	200	Glücksspiel und Shows, Architektur, Landschaft, Baden, Indianergeschichte, Energieversorgung
Las Vegas – Salt Lake City, Variante 1	285	Route 66; Grand Canyon NP; Bryce Canyon NP; St.George; Zion NP; Capitol Reef NP; Moab und Umgebung; Green River	7	1.200	Landschaft, Flora und Fauna der Nationalparks, Indianergeschichte, Wandern
Las Vegas – Salt Lake City, Variante 2	295, 338	Grand Canyon NP; Monument Valley; Natural Bridges NP; Abstecher Colorado; Moab und Umgebung	8–9	1.400	Landschaft, Flora und Fauna der Nationalparks, Indianergeschichte, Wandern
Salt Lake City und Umgebung	356	Stadtbesichtigung; Kennecott Kupfermine; Großer Salzsee	1	30	Geschichte der Mormonen, Architektur, Landschaft, Bergbau
Salt Lake City – Seattle, Variante 1	369, 397	Grand Teton NP; Yellowstone NP; Boise; Hells Canyon; Pendleton; Mt. Rainier NP	7–8	1.100	Landschaft, Flora und Fauna der Nationalparks, Wandern, Bergwandern
Salt Lake City – Seattle, Variante 2	369, 385	Grand Teton NP; Yellowstone NP; Missoula, Spokane	7	1.300	Landschaft, Flora und Fauna der Nationalparks, Vulkanismus, Wandern
Seattle und Umgebung	414	Stadtbesichtigung (evtl. Olympic NP)	1(3)	20 (300)	Architektur, Stadtleben (Landschaftsfahrt, Wandern)

Seattle – San Francisco, Variante 1	430	Astoria; Oregon Dunes; Redwood NP; Eureka; Fort Ross	4–6	1.600	Küstenlandschaft, Wälder, Wandern, Kleinstädte, Geschichte
Seattle – San Francisco, Variante 2	457	Mt. St. Helens; Portland; Bend und Ost-Oregon; Crater Lake NP; Lassen Volcanic NP; Sacramento	4–6	1.600	Vulkanismus, Landschaft, Architektur, Geschichte
San Francisco	488	Stadtbesichtigung; Bootsfahrt; evtl. Scenic Drive	2–3	40–80	Stadtarchitektur, Geschichte, Botanik, Brücken, Museen, exotisches Leben
Marin County	519	Sausalito; Muir Woods; evtl. Mt. Tamalpais	1	20–40	Ausblicke, Wälder, Wandern
Wine Country	527	Napa; Calistoga; Sonoma	1–2	50–150	Landschaftsfahrt, Weinprobe, Architektur, Geschichte
Östlich der Bay	523	Oakland; Berkeley	1	20–40	Stadtarchitektur, Museen, Geschichte, Universitätsleben
San Francisco – Los Angeles, Variante 1	541	Monterey; Big Sur; San Simeon; Santa Barbara	3	800	Geschichte, Architektur, Küstenlandschaft, Kunst, Badeleben
San Francisco – Los Angeles, Variante 2	564	Sacramento; Reno; Lake Tahoe; Gold Country; Yosemite NP; Kings Canyon & Sequoia NP	5	1.000	Architektur, Glücksspiel, Geister- und Westernstädte, Geschichte, Landschaft und Vegetation der Nationalparks

4. LOS ANGELES – EINE WELT FÜR SICH

Überblick

„Los Angeles, das sind 72 Vororte auf der Suche nach einer Stadt.“ So schrieb vor über einem halben Jahrhundert die amerikanische Dichterin *Dorothy Parker* (1893–1967) über ihre Wahlheimat. In der Tat, Los Angeles ist alles andere als eine Stadt im üblichen Sinne, es ist ein Konglomerat aus 88 eigenständigen Gemeinden und Städten. Mitten drin in diesem wuchernden Moloch liegt die eigentliche Stadt, Downtown, markiert durch ein Häufchen weithin sichtbarer Hochhäuser. Daneben existieren andere städtische Zentren mit Skyscrapern, z.B. Century City. Der Rest dehnt sich endlos in die Fläche aus, bis zum Horizont nichts als monoton wirkende Straßen, Häuser und Viertel.

Offiziell sollen fast 18 Mio. Menschen in der *Five County Area* – dem Zusammenschluss der fünf Landkreise Los Angeles, Riverside, Ventura, Orange und San Bernardino County – auf einer Fläche von etwa 87.500 km^2 leben. Dagegen präsentiert sich die eigentliche Stadt, die **„City of Los Angeles“**, mit ihren 1.290 km^2 und knapp 4 Mio. Menschen verhältnismäßig klein.

„L.A.“ meint daher auch landläufig nicht nur die „Stadt“ selbst, sondern den gesamten Großraum. Die **Lebensadern** sind die **Freeways**, mehrspurige Stadtautobahnen, über die sich permanent Blechlawinen schieben. L.A. ist flächenmäßig **eine der größten Städte der Welt** und von den Dimensionen wie vom Verkehr her schwer überschaubar bis angsteinflößend. Los Angeles erschließt sich nicht auf den ersten Blick, es gibt keinen eigentlichen Stadtkern, sondern viele gleichwertige Viertel, deren Attraktionen weit auseinander liegen. Diese von Kontrasten, Vielfalt und Toleranz geprägte Stadt will entdeckt, erobert und erfahren werden.

Tipp: Besichtungsprogramm

Bei einer Rundreise durch den Westen sollte man mindestens drei Tage für L.A. einplanen und die könnten wie folgt aussehen:

Mindestens drei Tage einplanen

1. Tag: *Vormittags Besuch von Hollywood sowie legendärer Viertel wie Beverly Hills auf der Westside. Am späten Nachmittag – nach Besuch von Getty Center und Getty Villa – Fahrt nach Santa Monica oder Venice mit Sonnenuntergang am Strand.*

2. Tag: *Vormittags, je nach Interesse, einige weitere sehenswerte Museen – z.B. LACMA oder MOCA, Autry Museum, ScienCenter oder Natural History Museum besichtigen, nachmittags: Downtown mit Bummel durch das Pueblo (Olvera St.), Chinatown, Little Tokio, Bunker Hill (Disney Concert Hall), Fashion District und abends L.A. LIVE mit Grammy Museum, Lokalen und Clubs.*

3. Tag: *Ganztägiger Besuch von Disneyland oder Universal City. Zum Sonnenuntergang zum Observatorium im Griffith Park. Alternativ bietet sich eine geruhsame Fahrt entlang der Strände inklusive Long Beach an. Besonders empfehlenswert ist überdies ein Abstecher zur Huntington Library & Gardens in Pasadena.*

Orientierung

Über eines sollte man sich im Vorfeld klar sein: Es ist unmöglich, alle Attraktionen auf einmal „mitzunehmen", dazu sind die Distanzen zu groß und die Fahrtzeiten zu lang. Schwerpunkte müssen gesetzt werden und es gibt ein paar Grundregeln:
Intensives Kartenstudium vor Fahrtantritt und möglicherweise ein Navigationssystem helfen beim Herumkommen. Ein kartenkundiger, aufmerksamer Beifahrer ist gleichermaßen hilfreich. Aktuelles Kartenmaterial gibt es z.B. von AAA (s. S. 89).
Wichtig ist es, sich über die **Himmelsrichtung**, in die man fahren möchte, im Klaren zu sein. Oft gibt es nämlich zusätzlich zum Namen des Freeway nur die Richtungsangabe. Beispielsweise führt der „San Diego Fwy. North" gar nicht nach San Diego, sondern in die entgegengesetzte Richtung.
Straßenschilder geben meist die größeren Städte (Stadtteile) an, zu denen der Freeway führt, die Autobahn trägt dann den entsprechenden Namen (z.B. San Diego Freeway).
Gewissenhafte Angelenos haben es sich zur Regel gemacht, beim Fahren immer **eine Dreiviertelstunde extra** einzuplanen. Auf diese Weise ist man erfahrungsgemäß entweder 15 Minuten zu früh dran oder „nur" eine Viertelstunde zu spät.

Die wichtigsten Straßen

- **I-5: Golden State /Santa Ana Freeway**, wie US 101 nordwestlicher Verlauf von Downtown in die Valleys und weiter nach San Francisco (N) bzw. Richtung Anaheim (Orange County) und San Diego (S).
- **I-10: Santa Monica /San Bernadino Freeway**, quert L.A. von W nach O, ausgehend von Santa Monica und trennt Hollywood, Beverly Hills und Midtown von South L.A. ab. Folgt dem Verlauf der legendären Route 66.
- **US Hwy. 101: Hollywood/Ventura Freeway**, der Pacific Coast Highway, der der Pazifikküste von San Diego im S bis Olympia (Washington State) im N folgt.
- **I-110: Harbor /Pasadena Freeway**, in N-S-Richtung, westlich der Downtown.
- **I-405: San Diego Freeway**, N-S-Achse in der Westside der Stadt.
- **I-210: Foothill Freeway**, parallel zur I-5 im N und der I-10 im O.
- **I-710: Long Beach Freeway**, von L.A. nach Long Beach.
- **CA Hwy. 1**: Nebenroute des Pacific Coast Hwy., direkt entlang der Pazifikküste.

Geschichte

Langsame Entwicklung

Die **Geschichte von L.A.** beginnt 1781, als sich eine kleine Gruppe spanischsprachiger Siedler – v.a. Indianer, Schwarze und Mischlinge – aus Mexiko hier niederließ und **El Pueblo de Nuestra Señora la Reina de los Ángeles de Porciúncula** gründete. Die weitere Entwicklung verlief zunächst schleppend. Zwar erhielt 1850, drei Jahre nachdem die mexikanische Provinz California an die USA gefallen war, L.A. Stadtrecht, doch bis Ende des 19. Jh. blieb die „Stadt der Engel" nur ein unbedeutendes Nest in der Wüste.

Nachdem der Ort 1885 an das Eisenbahnnetz angeschlossen worden war und 1899 bis 1914 einen künstlichen Hafen erhielt, begann der steile Aufstieg. Zwischen 1890 und 1900 hatte sich die Einwohnerzahl mehr als verdoppelt, dann stieg die Zahl von 4.000 (1910) weiter an auf 235.000 (1930). Das dringliche **Problem der Wasserversorgung** wurde mit dem 1913 eröffneten und rund 370 km langen Owens River(Mulholland)-Aquädukt gelöst. Die Filmindustrie begann in den 1920ern Hollywood weltberühmt zu machen.

Immigrantenstadt

Im Zweiten Weltkrieg gewann die **Flugzeugindustrie** an Bedeutung und über 200.000 Afroamerikaner strömten auf der Suche nach Jobs in die Stadt. Die Rassenspannungen nahmen zu, einhergehend mit den knapper werdenden erschwinglichen Wohnungen. 1950 hatte sich L.A. zur Immigrantenstadt und zum industriellen Zentrum entwickelt, in den 1970ern kam es in South Central zu schweren Ausschreitungen, die der afroamerikanische Bürgermeister *Tom Bradley* während seiner Amtszeit von 1973 bis 1993 einigermaßen erfolgreich in den Griff bekam. Mitte der **1990er-Jahre** setzte ein wirtschaftliches Revival ein, ein Immobilienboom und die Eröffnung vieler spektakulärer, moderner Bauten wie Getty Center, Staple Center, L.A. LIVE und Disney Concert Hall folgten. **2005** wurde, der Bevölkerungsentwicklung entsprechend, der Latino *Antonio R. Villaraigosa* zum 41. Bürgermeister von Los Angeles gewählt und 2009 im Amt bestätigt.

Längst ist die Megalopolis **eine Welt für sich**, in der Menschen aus 140 Ländern und mit über 200 verschiedenen Ethnien und etwa 80 Sprachen leben. Nach den Statisti-

Die Universal Studios gehören zu den Besucher-Highlights in L.A.

Redaktionstipps

Sehenswürdigkeiten

▸ **Disneyland** (S. 186), **Hollywood** mit dem „**Walk of Fame**" (S. 166), ein Studiobesuch - am besten in den **Universal Studios** (S. 168) -, das Strandleben um den Pier von **Santa Monica** (S. 179) oder **Venice Beach** (S. 180) sowie der **Griffith Park** mit Observatorium (S. 169) und **Autry National Center of the American West** (S. 170). Zu den interessantesten Museen gehören das **Getty Center** (S. 175), die **Getty Villa** (S. 177), das **LACMA** (S. 173), das **Museum of Tolerance** (S. 174), das **NHM** (S. 163) und das **California ScienCenter** (S. 163). Sehenswert sind überdies in Pasadena die **Huntington Library & Gardens** (S. 184).

Außergewöhnliche Erlebnisse

▸ Ein Konzert in der **Walt Disney Concert Hall** (S. 160).

▸ Ein Spiel der **Lakers**, der legendären Basketball-Mannschaft, im Staples Center (S. 161) oder ein Baseballspiel im **Dodger Stadium** (S. 162).

▸ Eine Fahrt über den **Mulholland Drive** (S. 175), bevorzugt im Cabrio.

▸ Einige Stunden Erholung an einem der **Strände** (S. 177) sollte man sich gönnen.

Einkaufen

▸ Frische, lokale Lebensmittel und auch Feinkost gibt es auf dem **L.A. Farmers' Market** (S. 171), mexikanische Spezialitäten gibt es auf dem **Grand Central Market** (S. 161).

▸ Ein Paradies für Bummler ist die **Third Street Promenade** in Santa Monica (S. 179).

▸ Ein Muss für Schnäppchenjäger sind die **Ontario Mills** (S. 195).

Restaurants

▸ Man muss kein Vermögen für ein Restaurantessen ausgeben, L.A. ist eine Hochburg legendärer Diners, z.B. **Mel's Drive-In**, **Philippe**, **Pig'n Whistle** oder **Pink's Famous Chili Dogs** (alle S. 193).

Übernachten

▸ Das **InterContinental Century City** (S. 191) liegt nicht nur günstig mit Top-Ausblick von den Balkonen, sondern es bietet erschwinglichen Luxus für Jedermann.

▸ Das **Boutiquehotel O Hotel** (S. 191), supergünstig gelegen in Downtown.

ken von 2012 ist fast die Hälfte der Bevölkerung Hispanics oder Latinos, d.h. sie haben mexikanisch-lateinamerikanische Wurzeln, 14 % stammen aus asiatischen bzw. pazifischen Ländern und rund 9 % sind Afroamerikaner. Weiße nicht-hispanischer Herkunft machen rund 28 % aus. Dass das Zusammenleben der einzelnen ethnischen und sozialen Gruppen **nicht problemlos** abläuft, zeigten die Rassenunruhen seit den 1930ern, erst zwischen Mexikanern und Weißen, dann v.a. in den 1960er-Jahren und im April 1992 seitens der Afroamerikaner in South Central.

Sehenswürdigkeiten

Downtown L.A.

Hinweis
Die Nummern beziehen sich auf die nebenstehende Karte Los Angeles – Downtown.

El Pueblo (1)

Die Wiege der Stadt steht in Downtown, auf der Plaza, dem historischen Hauptplatz. Hier wurde 1781 **El Pueblo** gegründet. Heute steht das Areal unter Denkmalschutz, obwohl nicht mehr viel aus den alten Tagen erhalten ist. An die Geschichte erinnern die **Avila Adobe** von 1818, das älteste, erhaltene Haus der Stadt, das **Sepulveda House** (1887) und die alte **Missionskirche**, *Nuestra Señora la Reina de los Angeles*, an der Ecke N. Main St./Sunset Blvd., die zwei Vorgängerinnen hatte. Der erhaltene Bau stammt aus den 1860ern. Angrenzend daran befindet sich die neue **LA Plaza de Cultura y Artes**, ein Kulturzentrum und Museum zur Geschichte der Mexikaner bzw. Nexican-Americans in L.A.

LA Plaza de Cultura y Artes, *501 N Main St., Mi–Mo 12–19 Uhr, frei, www.lapca.org*

Touristisches Kernstück des geschichtsträchtigen Platzes ist die kurze **Olvera Street**, die von der Plaza nach Norden führt. Neben einer

Los Angeles – Downtown
N
0,31 mi
500 m
Echo Park
Elysian Park Av
Elysian Park
Solano Av
Hollywood Fwy
Glendale Boulevard
Douglas Street
E. Kensington Road
Sunset Boulevard
Stadium Way
Lilac Tr.
Figueroa Tr.
Pasadena Frw
N. Broadway
Chinatown
College Street
Alpine Street
N. Main Street
CHINATOWN
Ord Street
Cesar Chavez Av
Vignes Street
Beverly Boulevard
WEST LAKE
1st Street
Boylston Street
Beaudry Av
2nd Street
Alvarado Street
Burlington Avenue
3rd Street
4th Street
McArthur Park
Lucas Av
Bixel Av
Wilshire Boulevard
6th Street
7th Street
8th Street
9th Street
Olympic Boulevard
11th Street
Harbor Fwy
Figueroa Street
Temple Street
Civic Center
4th Street
Olive Street
3rd St.
Main Street
1st St.
2nd Street
Santa Ana Fwy
Little Tokio(Arts Distri
1st Street
Pershing Square
7th St./ Metro Center
5th Street
6th Street
7th Street
8th Street
Grand Avenue
Los Angeles Street
Central Avenue
Alameda Street
3rd Street
Los Angeles River
4th Street
5th St
Palmetto St
6th Street
Figueroa Street
Flower Street
9th Street
Olympic Boulevard
Pico Boulevard
Pico
DOWNTOWN
San Pedro Street
5th Street
6th Street
7th Street
Agatha St
Kohler Street
Industrial St
Jesse St
7th Street
11th Street
12th Street
Santee St
Maple Av
Wall St
San Julian St
Olive Street
Broadway
14th St
15th St
16th St
San Julian Street
Crocker Street
Olympic Boulevard
Pico Boulevard
San Pedro Street
14th St
Central Avenue
Mateo Street
Bay Street
Alameda Street
Figueroa Street
Grand
18th Street
Flower St.
Grand Avenue
Broadway
Main Street
Washington Boulevard
Santa Monica Fwy
San Pedro
101
110
10
1 El Pueblo
2 Union Station
3 Chinatown
4 Little Tokyo
5 Civic Center
6 Cathedral of our Lady of the Angeles
7 Museum of Contemporary Art
8 Walt Disney Concert Hall
9 Bradbury Building
10 Grand Central Market
11 Pershing Square
12 Jewelry District
13 Los Angeles Central Public Library
14 FIGat7th
15 L.A. LIVE mit Grammy Museum
16 Staples Center
17 Fashion District
18 FIDM
19 Angelino Heights
20 Dodger Stadium
21 Exposition Park
22 Watts Towers
23 Koreatown
Metro
© graphic

Vielzahl von kleinen Läden und Straßenhändlern gibt es mehrere Restaurants, vor bzw. in denen abends Mariachi-Musikgruppen an den Tischen aufspielen. Insgesamt alles etwas touristisch.

El Pueblo de Los Angeles Historical Monument, *VC im Sepulveda House, W12 Olvera St., Mo–Sa 9–16 Uhr, Gelände (Läden/Restaurants) tgl. 10–22 Uhr (im Winter 10–19.30 Uhr), Avila Adobe und Sepulveda House tgl. 9–16 Uhr (frei).* **Infos** *(auch zu Veranstaltungen und Gratistouren): www.ci.la.ca.us/elp oder www.lasangelitas.org.*

Union Station (2)

Sehenswerter Bahnhof

Östlich gegenüber befindet sich der alte Hauptbahnhof, ein architektonisch außen wie innen sehenswerter Bau. 1939 als letzter der großen, kathedralartigen Bahnhöfe der USA erbaut, verwendete man hier den Mission Style mit Art-déco/Streamline-Anklängen. Die Union Station gilt zu Recht als eines der schönsten öffentlichen Gebäude dieser Zeit in Kalifornien. Sie fungiert zudem mit *Metro* (Nahverkehr) und *Amtrak* (Fernverkehr) als wichtiger Knotenpunkt für den öffentlichen Nahverkehr.

Chinatown (3)

Im Umkreis von Pueblo und Union Station liegen, leicht mit Metro oder zu Fuß zu erreichbar, zwei interessante ethnische Viertel, schwerpunktmäßig von Chinesen bzw. Japanern besiedelt. Folgt man dem Broadway, der die Plaza begrenzt, in nördlicher Richtung, bemerkt man allein an den Reklameschildern und Ladenauslagen, dass man sich in **Chinatown** (900er-Block des N. Broadway) befindet. Zwar kann das Viertel nicht mit der berühmteren Schwester in San Francisco konkurrieren, doch lebt hier immerhin die zweitgrößte chinesische Gemeinde der US-Westküste.

Auch in Los Angeles gibt es ein interessantes Chinatown

Little Tokyo (4)

Die zweite fernöstliche Gemeinde lebt südlich davon, dort, wo die 2nd St. von der San Pedro St. geschnitten wird. **Little Tokyo** ist das religiöse, kulturelle und wirtschaftliche Zentrum der Japaner, von denen es hier so viele gibt wie nirgendwo sonst in den USA mit Ausnahme von Hawaii. Ein guter Startpunkt für einen Rundgang ist die **Japanese Village Plaza** (335 E. 2nd St.) mit zahlreichen Geschäften und Restaurants. Das **Japanese American National Museum** informiert anschaulich über Rolle, Geschichte und Bedeutung der japanischen Immigranten in den USA.

Große japanische Gemeinde

Japanese American National Museum, *369 E. 1st St., www.janm.org, Di/Mi/Fr/Sa/So 11–17 Uhr, Do 12–20 Uhr, $ 9, Do 17–20 Uhr frei.*

Wer der dritten ethnischen Großgruppe aus dem Fernen Osten einen Besuch abstatten möchte, muss nach **Koreatown (23)** fahren, an der westlichen Peripherie von Downtown gelegen. Dort haben sich um den **Wilshire Boulevard** koreanische Emigranten ein quirliges Zentrum mit ganz spezifischer Infrastruktur aufgebaut.

Civic Center (5)

Zwischen Little Tokyo und El Pueblo finden sich die einzelnen Bauten des von Grünanlagen umgebenen Civic-Center-Komplexes. Ins Auge sticht dabei im Zentrum die **City Hall**, ein 1928 fertiggestellter, repräsentativer Art-déco-Bau. Bis 1964 überragte das weiße Rathaus mit 27. Stockwerken alle anderen Gebäude, da sonst eine Obergrenze von 13 Etagen galt. Die Aussichtsterrasse bietet einen imposanten – und kostenlosen – Panoramablick auf das Geschäftszentrum der Downtown und das ausufernde Häusermeer im Umkreis.

Panoramablick

City Hall Observation Level, *200 N. Main St., 27th floor, Mo–Fr 9–17 Uhr, frei.*

Cathedral of Our Lady of the Angeles (6)

Aus den gleichförmigen Verwaltungsbauten ragt die ungewöhnliche **Cathedral of Our Lady of the Angeles** heraus. Die Bischofskirche des Erzbistums Los Angeles wurde 2002 nach Plänen des spanischen Architekten *José Rafael Moneo* fertiggestellt und geweiht. Der Bau wirkt luftig und leicht und ähnelt kaum einer typischen Kirche. Sehenswert ist gleich am Hauptportal die monumentale „Our Lady of the Angels", geschaffen von *Robert Graham*.

Cathedral of Our Lady of the Angeles, *555 W. Temple St., www.olacathedral.org, kostenlose Touren Mo–Fr 13 Uhr ab Eingang Temple St., mit Café und Shop.*

Bunker Hill und Walt Disney Concert Hall (8)

Gegenüber der Kathedrale beginnt das **Music Center**, der Musikkomplex der Stadt und die Heimat von *Los Angeles Master Choir, Symphonie Orchestra* und *Opera*. Markanter Blickfang ist hier die 2003 fertiggestellte **Walt Disney Concert Hall** mit ihrer organisch geschwungenen, auffälligen Architektur. *Frank Gehry*, der berühmte Architekt aus Toronto, schuf diesen „eyecatcher" für *Lillian Disney*, Ehefrau von *Walt Disney*, die 1987 mit einer Geldspende an die Stadt sicherstellte, dass diese städtische Konzerthalle entstand.

Ungewöhnliche Architektur

L.A.s neues Wahrzeichen, die Walt Disney Concert Hall

Diese zählt heute zu den bedeutendsten weltweit, ist viel diskutiert wegen der Architektur und heiß geliebt wegen der hervorragenden Akustik des Japaners *Yasuhisa Toyota*. Die Innengestaltung mit viel Holz, Kunst und warmen Farben kontrastiert mit der von einer silbernen Stahlhaut überzogenen mehrteiligen Halle. Die Formen sollen an Segel und Rosen erinnern, letzteres eine Referenz an die Spenderin und ihre Liebe zu Gärten und Blumen. Deshalb hat *Gehry* auch einen außergewöhnlichen *Roof Garden (tgl. 9–23 Uhr, frei zugänglich)* mit Rosenbrunnen aus Delfter Porzellan eingeplant.
Walt Disney Concert Hall, *111 S. Grand Ave., frei, regelmäßig verschiedene Gratistouren ab Information Desk im Foyer, www.laphil.com/visit/tours.*

Die Blocks südlich werden von den Wolkenkratzern von **Bunker Hill** überragt, die seit den 1960ern aus dem Boden wuchsen. 2014 eröffnet hier **The Broad**, ein neues Museum für zeitgenössische Kunst (www.broadartfoundation.org).

Museum of Contemporary Art – MOCA (7)

Berühmte Sammlung moderner Kunst

Das **MOCA Grand Ave.** befindet sich in einem ungewöhnlichen postmodernen Gebäudekomplex des japanischen Architekten *Arata Isozaki* (1986). Es beherbergt eine der wichtigsten amerikanischen Sammlungen an moderner und zeitgenössischer Kunst (Gemälde, Skulpturen, Objekte und Fotografien) mit Werken von *Mark Rothko, Robert Rauschenberg* oder *Claes Oldenburg* sowie jungen kalifornischen Künstlern. Eine Filiale ist das

Geffen Contemporary *(152 N. Central Ave., Little Tokio)*, eine andere das **Pacific Design Center** *(8687 Melrose Ave., West Hollywood)*, wo Wechselausstellungen zu zeitgenössischer Architektur und Design stattfinden. Gegenüber dem MOCA entsteht derzeit **The Broad**, ein Museum für zeitgenössische Kunst *(www.broadartfoundation.org)*.
MOCA, *250 S. Grand Ave., www.moca.org, Mo/Fr 11–17, Do 11–20, Sa/So 11–18 Uhr, $ 12 inkl. Geffen, mit Café und Laden (gute Auswahl an Kunstbüchern!).*

Pershing Square, Broadway und Grand Central Market

Erinnerung an die große Zeit der Filmindustrie

Nur zwei Blocks östlich verläuft der Broadway. Hier brodelt das Leben und die hier lebenden Latinos setzen Akzente. Im unteren Bereich verkörpern die sechs Blocks des **Broadway Historic Theatre District** die große Zeit der Filmindustrie – nur schade, dass viele der grandiosen Kinopaläste langsam dem Verfall preisgegeben werden. Immerhin wurde das **Bradbury Building (9)** unter Denkmalschutz gestellt, ein bauliches Meisterstück aus dem Jahre 1893, dessen bizarrer Innenraum u.a. als Kulisse für den Science-Fiction-Klassiker „Blade Runner" gedient hat *(304 Broadway)*.

Gegenüber befindet sich der **Grand Central Market (10)**, L.A.s größter und ältester Markt mit Verkaufs- und mexikanischen Imbissständen, lohnend zum preiswerten Imbiss *(www.grandcentralsquare.com)*.

Nicht weit entfernt liegt der **Pershing Square (11)**, um den sich die höchsten Wolkenkratzer der Stadt gruppieren. Der Platz wurde als erster Stadtpark von L.A. 1866 angelegt, mit kreisrundem Pool, violetter Riesen-Stele, Palmen und Mini-Wasserfall sowie einem modernen ungewöhnlichen Fahrradständer. Unmittelbar südlich schließt sich der **Jewelry District (12)** mit zahllosen Schmuckläden an.

Über die **Los Angeles Central Public Library (13)** *(630 W. 5th St.)* mit riesigem Atrium und über 2 Mio. Büchern erreicht man das neue Open-Air-Einkaufszentrum **FIGat7th** *(www.figat7th.com)* **(14)**.

L.A. LIVE mit Grammy Museum (15) und Staples Center (16)

Zwischen 2007 und 2010 entstand mit **L.A. LIVE** in der südlichen Innenstadt ein großer, moderner Entertainmentkomplex. Zu ihm gehört neben Restaurants und Bars, Kinos und Musikclubs das Luxushotel *Ritz Carlton* in den oberen Etagen. Interessant für Besucher ist v.a. das zugehörige

Der Entertainment-Komplex L.A. LIVE belebt die Innenstadt

Grammy Museum, wo es auf mehreren Stockwerken vieles über den „Oscar der Musikindustrie", berühmte Musiker und Bands, Produzenten und Labels zu lernen gibt. Daneben treten im **Club Nokia at L.A. LIVE** (*800 W. Olympic Blvd., www.club nokia.com*) aufstrebende Talente und altbewährte Künstler auf mehreren Ebenen vor bis zu 2.300 Besuchern auf.

Sport-Tempel

Daneben liegt das **Staples Center**, eine von vier Profisportmannschaften genutzte Sporthalle. Neben den legendären Basketballern der *Los Angeles Lakers* trägt der Lokalrivale *Clippers* seine Heimspiele hier ebenso aus wie die Profibasketballerinnen der *Los Angeles Sparks* und die Profi-Eishockey-Cracks *Los Angeles Kings*. Immer wieder finden außerdem Konzerte großer Musiker und Bands statt. Dahinter fällt die riesige, hypermoderne Glas- und Stahlkonstruktion des **Convention Center** ins Auge.
L.A. LIVE *mit Grammy Museum, S. Figueroa St., www.LALive.com (auch zu Veranstaltungen),*
Museum: *www.grammymuseum.org, Mo–Fr 11.30–19.30 und Sa/So 10–19.30 Uhr, $ 12,95.*
Staples Center, *1111 S. Figueroa St., Infos und Tickets: http://staplescenter.com.*

Fashion District (17)

Nicht weit entfernt lockt der **Fashion District** *(Main–San Pedro St., 7th–16th St.)* mit preiswerten Designerläden, dem New Mart, dem California Market Center und dem Cooper Design Space zum Einkaufsbummel. Das **FIDM (Fashion Institute of Design & Merchandising) (18)** betreibt nicht nur ein Museum sondern auch einen Laden (*919 S. Grand Ave., https://thefidmmuseumstore.org*), in dem man günstig von Studenten entworfene Accessoires (Schmuck), Bücher, Handtaschen und Geschenkartikel erwerben kann.

Dodgers Stadium und Umgebung

Beliebter Baseball-Club

Ebenfalls noch zu Downtown gehörig, aber schon weiter im NW liegt **Angelino Heights (19)**, die erste Vorstadt von L.A., die 1983 unter Denkmalschutz gestellt wurde und sehenswerte viktorianische Architektur birgt. Einen guten Kilometer weiter westlich erstreckt sich die großzügige Grünanlage des **Elysian Park**, der außer viel Natur v.a. das imponierende, nach dem Baseballclub benannte **Dodger Stadium (20)** aufzuweisen hat. 1962 eröffnet, finden hier bei den Heimspielen der Dodgers 56.000 Zuschauer Platz. Zu den über 80 Heimspielen des Teams strömen jeweils an die 40.000 Fans ein und machen es damit zu einem der populärsten Baseballclubs der USA.
Dodger Stadium, *Elysian Park Ave, http://losangeles.dodgers.mlb.com (mit Infos zu Touren).*

Exposition Park (21)

Am Südrand der Innenstadt (erreichbar mit Auto oder neuen Metro „Expo Line") liegt der **Exposition Park** mit herrlichem **Rosengarten** (etwa 17.000 Pflanzen, rund 750 Sorten). Außerdem sind auf der weitläufigen Anlage, auf der 1913 die Weltausstellung sowie die Olympischen Sommerspiele von 1932 und 1984 stattfanden, mehrere Sportstätten und Museen vereint. Die markantesten Gebäude sind das **Los Angeles Coliseum**, ein 92.000-Plätze-Stadion, Schauplatz der Olympischen Sommerspiele von 1984, sowie die **Los Angeles Memorial Sports Arena**, eine überdachte Sporthalle mit 16.000 Plätzen. In beiden Sportarenen tragen die Football- bzw. Basketballteams der benachbarten *University of Southern California (USC)* vor meist ausverkaufter Kulisse ihre Heimspiele aus.

Es sind jedoch besonders **zwei ungewöhnliche Museen**, die den Abstecher hierher lohnen: Das **NHM – Natural History Museum of L.A. County** – ist Anlaufpunkt für alle, die sich für Fossilien, Urtiere wie Dinosaurier, Mineralien und Muscheln, Tiere und Pflanzen etc. interessieren. Daneben geht es hier um die Geschichte des vorkolumbianischen Amerika, besonders des Südwestens. Im Jahr 2014 wird das NHM 100 Jahre alt und erhält gegenwärtig ein umfangreiches Facelift. Besonders sehenswert sind neben der Gold- und Mineralienausstellung die neuen, attraktiv aufgemachten Abteilungen „*Age of Mammals*" und „*Dinosaur Mysteries*". Hier begegnen Besucher sogar einem „lebendigen", sprich animierten Dinosaurier.

Im Natural History Museum begegnet der Besucher einem „lebendigen" Dinosaurier

In Sachen Popularität kann das gegenüberliegende **California ScienCenter** mithalten. Hier werden Besucher umfassend über Raumfahrt und Naturwissenschaften informiert, daneben gibt es Ausstellungen zu Themen der Mathematik, Gesundheit, Ökonomie und Landwirtschaft. Vorherrschend sind Hands-on- (interaktive) Ausstellungsstücke und besonders interessant ist die Abteilung „**Ecosystems**": Sie gibt einen Überblick über die Ökosysteme der Welt. In der „L.A. Zone" lernt die ganze Familie spielerisch Prozesse und Abläufe des Ökosystems Stadt. Besonders lehrreich ist zudem die Dokumentation über Erdbeben. „**Kelp Forest**", eine andere Abteilung, gilt als einziges Aquarium weltweit für Seetang. Außerdem werden im IMAX-Theater auf einer Großleinwand spektakuläre Filme gezeigt.
NHM, *900 Exposition Blvd., www.nhm.org, tgl. 9.30–17 Uhr, $ 12.*
California ScienCenter, *700 Exposition Park Dr., www.californiasciencecenter.org, tgl. 10–17 Uhr, frei, IMAX und Parken $ 10.*

Watts Towers (22)

Bizarres Kunstwerk

Weit im Süden, in der South Side, und dort im afroamerikanischen Stadtviertel Watts, erhebt sich mit den Watts Towers ein bizarres Folk-Art-Monument, an dem der Künstler *Simon Rodia* (*1879, †1965) von 1921 bis 1955 ohne jegliche technische Hilfsmittel gearbeitet hat. Die Watts Towers – der höchste ist 30 m hoch – präsentieren sich als Sammelsurium von Stahldrähten, Flaschen, Geschirr, Keramikfliesen, Matratzenfedern und 70.000 Muscheln. Wer dieses kuriose, beeindruckende Gebilde aus 17 verbundenen Einzelteilen sehen möchte, das von Weitem an *Gaudís Sagrada Familia* in Barcelona erinnert, gelangt entweder mit dem Auto (Alameda Ave., dann 107th St.) oder per Metro Rail (Blue Line „103rd St.“) – Letzteres besser nur tagsüber – hierher.

Watts Towers, *1761–1765 E. 107th/Graham Ave., www.wattstowers.us, Mi–Sa 10–16, So 12–16 Uhr, $ 7, Touren Do/Fr halbstündl. 11–15, Sa 10.30–15, So 12–15 Uhr, mit Wechselausstellungen im zugehörigen Watts Towers Arts Center.*

Hollywood

Hinweis

Die Nummern beziehen sich auf die Karte Los Angeles – Hollywood (S. 165). Falls man nicht die MetroRail (Red Line) nimmt, empfiehlt es sich, relativ früh ins Zentrum Hollywoods zu fahren und einen Parkplatz im Umfeld Hollywood/La Brea/Sunset Blvd. (Parkuhren bzw. Zeitlimit auf den Straßen, Parkhäuser bzw. Parkplätze) zu suchen. Von dort kann man die Sehenswürdigkeiten leicht zu Fuß erreichen.

Rasante Entwicklung

Der Stadtteil **Hollywood**, westlich von Downtown, kann auf eine erstaunliche „Karriere“ zurückblicken. Aus einem kleinen verschlafenen Bauerndorf, das erst 1903 in L.A. eingemeindet wurde, entwickelte sich das heute von Touristen aus aller Welt besuchte „**Tingletown**“, die „Lamettastadt“. Hollywood stand und steht für Glitz und Glimmer, Showbiz und Oscars, Filmstudios und *Walk of Fame*. Anfang des 20. Jh. hatten die Film-

Hollywoods Walk of Fame: Marilyn Monroe auf dem Bürgersteig verewigt

regisseure und Produzenten die Vorteile des milden Klimas für ihr expandierendes Gewerbe entdeckt. Dreharbeiten von Szenen für den „Grafen von Monte Christo" aus dem Jahr 1910 machten den Anfang, *Carl Laemmle* gründete 1912 die Universal Studios und von da an ging steil bergauf. Aufwändige, **fantasievolle Theater** und Kinos am Hollywood Blvd. entstanden: *Grauman's Chinese* (Nr. 6925) 1927, *El Capitan Theatre* (Nr. 6838) von 1926, *Egyptian* (Nr. 6712) 1922, *Pantages* (Nr. 6233) oder *Wiltern Theatre* (3790 Wilshire Blvd.) legen vom teils etwas ausgefallenen Geschmack der Filmleute Zeugnis ab.

Mittlerweile sind die meisten Studios in die Vorstädte abgewandert und Stars und Sternchen trifft man hier nur noch selten. Dennoch ist Hollywood mit *Dolby* (früher: *Kodak*)

...heatre, *Walk of Fame* und Hände- und Fußabdrücken der Stars vor *Grauman's Chinese Theatre* immer noch ein Touristenmagnet. Der riesige Schriftzug hoch über der Stadt im Griffith Park kündigt es großspurig an „**H-O-L-L-Y-W-O-O-D**" **(17)**. 1923 hatte eine Immobilienfirma auf ungewöhnliche Weise versucht, Siedler anzulocken: Ein weithin sichtbarer, aus 16,50 m hohen Buchstaben bestehender Schriftzug „Hollywoodland" auf einem 460 m hohen Hügel über dem Beachwood Canyon sollte auf die dortigen Grundstücke aufmerksam machen – was bekanntlich ein erfolgreicher Werbeschachzug war.

Der berühmteste Bürgersteig der Welt

Man beginnt den Rundgang am besten an der Kreuzung **Hollywood-Highland**. Hier befindet sich auf dem Hollywood Blvd., im Abschnitt zwischen La Brea und Gower, der **Walk of Fame (1)** *(www.walkoffame.com)*, der vielleicht berühmteste Bürgersteig der Welt. Mehr als 2.400 Persönlichkeiten aus dem Film-, Fernseh- und Showgewerbe sind hier mit einem Bronzestern auf einer Terrazzoplatte mit Symbol (unterschiedlich für die Kategorien Film, TV, Musik, Radio und Bühnen/Showstars) und Namenszug verewigt, jedes Jahr kommen neue dazu, wobei die Ausgewählten ihre Ehrung selbst bezahlen müssen. Wesentlich profaner, mit Unmengen an weitgehend identischem Kitsch, Souvenirs und T-Shirts, sind die Läden, die den *Walk of Fame* rahmen.

Im Zentrum Hollywoods eröffnete 2001 an der gleichnamigen Kreuzung **Hollywood & Highland (2)** (*www.hollywoodandhighland.com, tgl. 10–22, So bis 19 Uhr*), ein Multi-Purpose-Komplex mit Kinos, Studios, Läden, Restaurants und Hotel. Neben einer Infostelle der Stadt befindet sich hier auch das **Dolby Theatre**, in dem alljährlich im Februar die Oscars verliehen werden. Vom Freiplatz im Obergeschoss des Komplexes hat man den besten Blick auf das Hollywood Sign.

Der Shopping- und Entertainmentkomplex Hollywood & Highland hat Hollywood neuen Schwung gegeben

Ein Stück weiter westlich sieht man das **Roosevelt Hotel** (*7000 Hollywood Blvd.*), eine prächtige Herberge, in der 1929 die erste Oscar-Verleihung stattfand (kleine Ausstellung im Hotel). Gegenüber liegt **Grauman's Chinese Theatre (3)**, das wie eine chinesische Pagode wirkt. Seit der Eröffnung 1927 durch *Sid Grauman* ist dieses Kino das wohl bekannteste in der Filmstadt geblieben und trägt seinen Beinamen „King of Theatres" zu Recht. Außer der fernöstlichen Architekturdetails und Symbolik und der Tatsache, dass hier Filmpremieren gezeigt werden, locken v.a. die Fuß- und Handabdrücke von fast 200 Stars. Theatermann *Grauman* hatte auf dem Vorplatz die Stars der hier gezeigten Premierenfilme veranlasst, in frisch verlegten Betonplatten ihre Fuß- und Handabdrücke sowie Unterschrift und Datum zu hinterlassen.

König der Kinos

Neben dem Kino befindet sich seit 2009 **Madame Tussauds Hollywood**, in dem mehr als 100 Wachsfiguren von Berühmtheiten wie *Vivien Leigh, Barack Obama, Marilyn Monroe, Marlon Brando* oder *Johnny Depp* in Originalgröße zu bewundern sind. Ebenfalls eher kurios als ein „Muss" sind **Ripley's Believe It Or Not!**, das **Guinness World Records Museum** und das **Hollywood Wax Museum (4)**.

Madame Tussauds Hollywood, *6933 Hollywood Blvd., www.madametussauds.com/hollywood, meist 10–19/20 Uhr, $ 20.*

Ripley's Believe It Or Not!, *6780 Hollywood Blvd., http://hollywood.ripleys.com, $ 16,99, tgl. 10–24 Uhr.*

Guinness World of Records Museum, *6764 Hollywood Blvd., im Hollywood Theatre, www.guinnessmuseumhollywood.com, tgl. 10–24 Uhr, $ 16,99.*

Hollywood Wax Museum, *6767 Hollywood Blvd, www.hollywoodwaxmuseum.com, tgl. 10–24 Uhr, $ 16,99.*

Sehenswert ist hingegen das **Hollywood Museum (5)** (*1660 N. Highland Ave, www.thehollywoodmuseum.com, Mi–So 10–17 Uhr, $ 15*), seit 2001 im historischen *Max Factor Building* von 1935 untergebracht. In verschiedenen Abteilungen erfährt der Besucher mehr über die Unterhaltungsindustrie, über die Kosmetikfirma *Max Factor*, zur Geschichte von Hollywood, zum Art-déco-Bau selbst und zu unterschiedlichen Filmen und Stars.

Ebenfalls legendär ist das nahegelegene **Grauman's Egyptian Theatre** (*www.egyptiantheatre.com*), 1922 in sehenswertem ägyptisierenden Stil als erstes reines Kino in Hollywood eröffnet. Wie mit dem ersten Filmtheater in den USA, dem *Million Dollar Theater* am Broadway in Downtown, war Betreiber *Sid Grauman* auch hier großer Erfolg beschert. Vor dem Abriss gerettet, wurde das Kino 1998 restauriert; heute werden Filmklassiker gezeigt.

Hollywoods erstes reines Kino

Das **Hollyhock House (6)** (*4800 Hollywood Blvd., www.hollyhockhouse.net, derzeit wegen Renovierung geschlossen*) war das erste Projekt des weltberühmten Architekten *Frank L. Wright* in L.A. 1919 bis 1921 war es für die Ölerbin *Aline Barnsdall* in prächtiger Parklandschaft errichtet worden. Heute sind das unter Denkmalschutz stehende Haus mit seiner Ausstattung sowie der Barnsdall Park zu besichtigen.

Wer etwas Zeit übrig hat, sollte einen Rundgang über den **Hollywood Forever Cemetery (7)** (*6000 Santa Monica Blvd., www.hollywoodforever.com*) einplanen. Auf diesem 1899 gegründeten Friedhof sind Berühmtheiten wie *Rudolpho Valentino, Charlie Chaplin Jr., Douglas Fairbanks, Jayne Mansfield* oder *Tyrone Power* bestattet und wurden Filme wie die „L.A. Story" mit *Steve Martin* gedreht. Auf dem rückwärtigen Teil des Friedhofs stehen die **Paramount Studios (8)** *(860 N. Gower St., Touren auf Anm., www.paramountstudiotour.com)*.

Auffällige Kirche

Am **Sunset Boulevard**, der als schnurgerade, palmenbestandene Allee Hollywood durchzieht, stehen sehenswerte Gebäude wie die **Church of the Holy Sacrament (9)** aus dem Jahre 1928. Der neobarocke, hispanisierende Stil der Kirche setzt im ansonsten nüchternen Stadtbild einen Akzent. Auf dem kleinen Platz daneben *(6671 Sunset Blvd.)* steht mit „**Crossroads of the World**" eine architektonische Ikone: 1936 wurde hier die erste moderne Shoppingmall eröffnet.

Für den Einkaufsbummel empfiehlt sich die **Melrose Avenue**, genauer der Abschnitt westlich der La Brea Ave. (7000er-Nr.) **(10)**. Er bietet elitäre Hotels, Cafés und Lokale, Boutiquen und Shops, Bars und Clubs aller Art in Hülle und Fülle. Der Abschnitt ist ideal zum kostenlosen *star-gazing*.

Universal Studios Hollywood (12)

Die Universal Studios sind von Hollywood aus schnell über die Highland Ave. (Hwy. 170) und den Hwy. 101 (eigene Ausfahrt) erreichbar. Auf dem Weg dorthin passiert man den riesigen Komplex des **Hollywood Bowl (11)**, eine Freiluft-Arena von 1922, in der von Juli bis September Open-Air-Veranstaltungen unterschiedlichster Art stattfinden. Das angeschlossene kleine Museum *(2301 N. Highland Ave., www.hollywoodbowl.com, frei)* befasst sich mit der Geschichte der Filmindustrie und insbesondere der des berühmten Hollywood Bowl.

In den Universal Studios Hollywood finden Besucher Show und Unterhaltung

Die **Universal Studios** sind die mit Abstand bekanntesten Filmstudios. Sie bieten dazu ein breites Spektrum an Aktivitäten, Shops, Lokalen, Shows u.a. Attraktionen und ähneln einem Vergnügungspark. Von den obligatorischen Parkhäusern (Gebühr) gelangt man zum **Universal CityWalk**, einem gratis zugänglichen futuristischen Entertainmentkomplex mit Läden, Restaurants und Fastfood-Lokalen, Souvenirshops und Kinos, Clubs und Bars. Erst wenn man das Firmenemblem, die Weltkugel, und die Ticketschalter passiert hat, betritt man die eigentliche Filmstadt, die zweiteilig ist und aus Vergnügungspark und Filmkulissen besteht. Einen halben Tag sollte man für den Besuch mindestens veranschlagen, auch angesichts der oft langen Warteschlangen vor den einzelnen Attraktionen und bei den Studiotouren.

Legendäre Filmstudios

Am besten beginnt man das Besichtigungsprogramm mit der **Studio Tour**. Mit einem offenen Bähnchen geht es durch die „Filmstadt", durch Kulissen von Städten, Häusern und Landschaften aus verschiedenen Filmen. Natürlich fehlen Spezialeffekte wie der *Weiße Hai* oder sintflutartige Überschwemmungen nicht und man sieht sich mit *King Kong 360 3 D*, im Kampf gegen einen Dinosaurier auf Skull Island, konfrontiert. Ein weiterer Höhepunkt ist ein simuliertes Erdbeben (8,3 auf der Richterskala) in einem U-Bahn-Tunnel. Speziell für Kinder ideal sind die Attraktionen im **Theme Park**: vielerlei aufregende „Rides" (Fahrgeschäfte), eine 3-D-Vorführung mit der Animationsfigur *Shrek*, eine Fahrt durch das Reich der *Flintstones* oder ein Besuch des riesigen Wasserspielplatzes „Curious George". Etwas ältere Besucher zieht es eher zu der feuerspeienden Show „Backdraft", zum Seekriegsabenteuer „Waterworld" oder zu einer rasanten Achterbahn, während der man die „Revenge of the Mummy" fürchten muss. Weitere Attraktionen sind der „Jurassic Park", das Reich der „Simpsons" oder der neue Ride-3D „Transformers". Natürlich gibt es auch hier Shops und Imbissstationen in Hülle und Fülle.
Universal Studios Hollywood, *Universal Studios Blvd., www.universalstudioshollywood.com (mit Infos zu den saisonal unterschiedlichen Öffnungszeiten und verschiedenen Tickettypen).*

Griffith Park (13)

Östlich von Universal City und nördlich von Hollywood breitet sich am Ostende der Santa Monica Mountains der **Griffith Park** aus. Der Park selbst, 1896 von dem Waliser Zeitungsmann *J. Griffith* der Stadt zum Geschenk gemacht, hat riesige Ausmaße und gilt mit 16 km^2 als größter öffentlicher Stadtpark in den USA. Er ist zugleich ein beliebtes Naherholungsgebiet für die Angelenos mit Fußball-, Golf- und Tennisplätzen, Picknick-Arealen, Wander- Reit- und Fahrradwegen, Möglichkeiten zu Pony- und Pferderitten sowie einem Open-Air-Theater im griechischen Stil *(Greek Theatre)*, in dem im Sommer auch Veranstaltungen stattfinden. Ein Hauptgrund, den Park zu besuchen, ist der sich von hier bietende Panoramablick über die Stadt, besonders bei Nacht.

Größter öffentlicher Stadtpark der USA

Um zu dem Aussichtspunkt zu gelangen, benutzt man am besten den südlichen Parkeingang (Los Feliz Blvd./Vermont Ave.) und orientiert sich am Hinweisschild „Observatory". Über mehrere Serpentinen erreicht man einen großen Parkplatz vor dem mächtigen, weißen **Griffith Park Observatory (14)**, ein eindrucksvolles Gebäude aus dem Jahre 1930. Das Observatorium beherbergt ein großes Planetarium mit Vorführraum für 600 Zuschauer, die wissenschaftshistorische Hall of Science und ein Zeiss-Doppelteleskop. Der Zugang zu den Aussichtsterrassen ist frei.

L.A. Partnerstadt von Berlin

Nördlich vom Parkplatz führt ein Wanderweg – 8 km einfach – auf den **Mt. Hollywood**. Es lohnt sich diesem Weg ein kurzes Stückchen zu folgen, wobei man an einem Wegweiser nach Berlin (1.617 mi) und dem kleinen Wäldchen „Berlin Forest" vorbeikommt: Seit 1967 ist Berlin die Partnerstadt von L.A. Dahinter eröffnet sich ein herrlicher Blick auf die Stadt, das Observatorium und den Sonnenuntergang. Ebenfalls von hier aus gut zu sehen sind die Hollywood Hills mit dem Mount Lee, an dessen Hängen man das **Hollywood Sign (17)** erkennt, das jedoch eingezäunt ist und nicht mehr aus nächster Nähe besichtigt werden kann.
Griffith Park Observatory & Planetarium, *2800 E. Observatory Rd., www.griffithobservatory.org, Mi–Fr 12–22, Sa/So 10–22 Uhr, frei außer Planetarium-Shows.*

Los Angeles Zoo (15)

Ideal für Familien ist ein Besuch im **Zoo** am Ostrand des Griffith Park. Aufgrund seiner Dimensionen und der hier gezeigten Artenvielfalt wird er als zweitwichtigster Tiergarten des amerikanischen Westens (nach San Diego und vor San Francisco) bezeichnet. Besonders sehenswert sind das große Vogelhaus, das Koala-Haus, das Reptilienhaus, die Abteilung amerikanischer Tiere und das neue Campo Gorilla Reserve.
Los Angeles Zoo, *5333 Zoo Dr., www.lazoo.org, detaillierte Infos zu saisonal unterschiedlichen Zeiten und Tickets.*

Autry National Center of the American West (16)

In unmittelbarer Nachbarschaft zum Zoo liegt das **Autry National Center of the American West**. Da bekanntlich der Westernfilm in Hollywood „erfunden" worden

Das Autry National Center of the American West gehört zu den besten Western-Museen

ist, wurde hier aus dem Nachlass von *Gene Autry*, einem legendären Film-Cowboy, der auch in L.A. wohnte, ein sehenswertes Museum über den Wilden Westen eingerichtet. Das Museum erläutert in acht Abteilungen die Geschichte und Kultur des westlichen Amerika, zeigt Exponate von der Prähistorie bis zum 20. Jh., verfügt über ein eigenes Theater und organisiert Ausstellungen. Besonders dem Mythos Wilder Westen, den Westernfilmen und der Western Art wird viel Raum eingeräumt. Dem Komplex zugehörig ist das **Southwest Museum of the American Indian**, 1907 als erstes Museum der Stadt gegründet und führend in Sachen indianische Kunst und Kultur.

Sehenswertes Museum zur Kultur des Westens

Man beginnt den Besuch im Untergeschoss, vor einem großen Wandbild, das historische Personen und Ereignisse, aber auch TV- und Filmhelden des Westens Revue passieren lässt. Anschließend geht es auf Zeitreise durch den Westen und am Ende steht die Rolle des Westens in Literatur und Film, wobei eine 1:1 rekonstruierte *Western Town* als Filmkulisse nachgebaut wurde. Die obere Etage steht hingegen ganz im Zeichen der bildenden Kunst, der *Western Art* mit großartigen Gemälden und Skulpturen von *Bierstadt, Moran, Remington* oder *Russell.*
Autry Center, *4700 Western Heritage Way, http://theautry.org, Di–Fr 10–16, Sa/So 11–17 Uhr, $ 10, jeden Sa 8–13 Uhr Farmers' Market.*

Beverly Hills und die Westside

Hinweis
Die Nummern beziehen sich auf die Karte Los Angeles – Beverly Hills u. Westside (S. 172).

Der berühmte **Sunset Boulevard** führt aus Hollywood Richtung Westen zum Pazifik. Hier liegt die Westside, der westliche Teil der Megalopolis L.A., bestehend aus Nobelorten wie Beverly Hills, West Hollywood oder Bel Air. Noch immer *cruist* man hier gerne im Cabrio über den als **„Sunset Strip"** bekanntesten Teil des Boulevards zwischen Crescent Heights Blvd. im Osten und Doheny Dr. im Westen. Dort, wo der Sunset Blvd. eine leichte Linkskurve macht und nach rechts der Laurel Canyon Blvd. in die Santa Monica Mountains führt, fällt das **Chateau Marmont Hotel** im Stil eines normannischen Schlosses ins Auge. Hier haben schon viele Filmstars übernachtet.

„Cruisen" über den Strip

Von hier führt der Sunset Blvd. zunächst durch **West Hollywood**, nominell eine Stadt für sich, dann nach **Beverly Hills**.

Tipp

Ideal für eine Pause ist der **L.A. Farmers' Market (1)**. Seit den 1930ern lieben die Angelenos diesen Wochen- und Spezialitätenmarkt mit über 100 Läden, Restaurants und Obst/Gemüsebuden. Am Rand befindet sich der *World Store* und *Whole Foods* sowie **Du-par's** Restaurant und Bäckerei, in dem zwischen 4 und 6 Uhr morgens und zwischen 16 und 18 Uhr das „Beat the Clock"-Menü der Renner ist: Man zahlt für ausgewählte Speisen nur so viel, wie die Uhr anzeigt.
L.A. Farmers' Market, *Ecke 3rd St./Fairfax Ave., www.farmersmarketla.com, Mo–Fr 9-21, Sa 9-20, So 10-19 Uhr.*

Die Museum Row

Einen Block südlich des Markts, parallel zur 3rd St., verläuft der Wilshire Blvd., dessen zwei Meilen langer Abschnitt hier im Westen der Stadt wegen einer Häufung hochklassiger Museen auch **„Museum Row“** genannt wird. Zu den sehenswertesten gehört das **George C. Page Museum (2)** mit seinen prähistorischen Fossilien aus den Teergruben von *La Brea*, dem reichsten Fundort von Eiszeit-Tieren überhaupt. Auch die Teergruben, Ansammlung natürlichen Asphalts, auch Erdpech oder Bergteer genannt, Spuren der unterirdischen Teer-, Erdöl- und Erdgas-Vorkommen im Becken von

L.A, aus denen seit 1906 Paläontologen wahre Schätze ans Tageslicht förderten, sind zu sehen. Neu angelegt wurde ein Pleistozän-Garten.
George C. Page Museum, *5801 Wilshire Blvd., www.tarpits.org, tgl. 9.30–17 Uhr, $ 12.*

Hochkarätige Kunstsammlung

Das **LACMA – Los Angeles County Museum of Art (3)** ist ein Komplex aus sieben Gebäuden. Hier werden sehenswerte Wechselausstellungen gezeigt und es findet sich in ansprechender Präsentation eine hochkarätige Kunstsammlung mit Malerei, Skulpturen, Textilien und dekorativer Kunst von der Prähistorie bis heute. Über die zentrale Plaza mit dem Kunstwerk *Urban Lights* erreicht man die verschiedenen Gebäudeteile, als neueste und spektakulärste zwei von *Renzo Piano*: das **Broad Contemporary Art Museum/BCAM** (zeitgenössische Kunst) und der Exhibition Pavilion (Wechselausstellungen). Zudem ist das Filmarchiv beachtlich und (Gratis-)Konzerte u.a. Veranstaltungen locken nicht nur Kunstinteressierte an. Das Museum verfügt über einen lohnenden Souvenirshop und mehrere Cafés.
LACMA/BCAM, *5905 Wilshire Blvd., www.lacma.org, Mo/Di/Do 11–17, Fr 11–20, Sa/So 10–19 Uhr, $ 15.*

Hinter den modernen Bauten des LACMA verbergen sich sehenswerte Kunstsammlungen

Das **Craft & Folk Art Museum/CAFAM** ist zwar nur klein, dafür werden aber auf zwei Etagen sehenswerte Wechselausstellungen zu ungewöhnlichen Themen gezeigt. Ziel ist vor allem, Kunsthandwerk und Alltag zusammenzubringen und interessante Einblicke in Kulturen aus aller Welt zu geben. Allein der Laden – mit Souvenirs passend zu den Ausstellungen – ist sehenswert.
CAFAM, *5814 Wilshire Blvd., www.cafam.org, Di–Fr 11–17, Sa/So 12–18 Uhr, $ 7.*

Vorbei an einem der größten erhaltenen Teile der **Berliner Mauer** – Berlin ist die Partnerstadt von L.A. – erreicht man nach wenigen Schritten das überaus sehenswerte **Petersen Automotive Museum (4)**, das über 150 *Classic Cars* zeigt, eine historische Straße u.a. Nachbauten im Maßstab 1:1 beherbergt und über die Zukunft des Verkehrs informiert.
Petersen Automotive Museum, *6060 Wilshire Blvd, www.petersen.org, Di–So 10–18, Fr 10–21 Uhr, $ 12.*

Museum of Tolerance (5)

Aufsehenerregendes Museum

Weiter westlich, auf dem südlichen Pico Blvd. gelegen, sorgt das **Museum of Tolerance** seit seiner Einweihung im Jahre 1993 für Aufsehen. Der interessante Hightech-Bau auf der Simon Wiesenthal Plaza, auch „Holocaust-Museum" genannt und u.a. von Regisseur *Steven Spielberg* („Schindlers Liste") gesponsert, dient der Dokumentation und Erforschung von Rassenhass, insbesondere während der Nazi-Zeit. Mittels Videoinstallationen werden daneben auch aktuelle Rassenkonflikte aufgearbeitet.
Museum of Tolerance, *9786 W. Pico Blvd., www.museumoftolerance.com, Mo–Fr 10–17, So 11–17 Uhr, $ 15,50.*

Rodeo Drive (6)

1914 entstand der **Rodeo Drive** als Shopping- und Promeniermeile des Nobelorts Beverly Hills. Dabei konnte in den frühen Anfängen von Luxus keine Rede sein: Der alte spanische Name „Rancho Rodeo de Las Aguas" bezieht sich darauf, dass man hier bei Ölbohrungen zwar nicht auf das „schwarze Gold", dafür aber auf lebensnotwendiges Wasser stieß, das es ermöglichte, Schafzucht zu betreiben und Felder zu bebauen.

Shopping-Paradies

Das Herz dieser berühmten Straße, die oft mit der 5th Ave. in New York City verglichen wird, befindet sich an der Ecke Rodeo Dr./Wilshire Blvd., genannt „Two Rodeo". Entlang dem Drive reihen sich Designershops wie *Versace, Christian Dior, Dolce & Gabbana, Hermès* oder *Prada* auf. Heute wird das Areal zwischen Rodeo und Beverly Drive sowie Wilshire Blvd. „**Golden Triangle**" genannt und von der Haute-volée und Touristen frequentiert. Im alten **Beverly Hills Hotel** (*9641 Sunset Blvd., www.beverlyhillshotel.com*) am Ende des Rodeo Drive treffen sich noch heute Filmproduzenten, Regisseure und Schauspieler. Abgeschottet leben die Reichen nicht nur in Beverly Hills, sondern auch im benachbarten **Bel Air**, das durch die Soap Opera „Fresh Prince of Bel Air" mit *Will Smith* bekannt geworden ist.

Westwood/UCLA (7)

Ein Stückchen weiter südwestlich, jenseits des Santa Monica Blvd., liegt eine weitere beliebte Wohnstadt: **Westwood**. Weniger vornehm als Beverly Hills dominieren hier eher große Wohnkomplexe – für das sonst eher „horizontale" L.A. ungewöhnlich. Im Westen des Viertels liegt die 1920 eröffnete **University of California at Los Angeles – UCLA** und auf ihrem Campus sind gepflegte Parks, botanische Gärten, repräsentative Architektur und eine entspannte studentische Atmosphäre vorzufinden. Wer hinter die Kulissen blicken möchte, kann an einer geführten Campus-Tour teilnehmen *(Infos: www.admissions.ucla.edu/tours.htm).*

An der Ecke Wilshire/Westwood Blvd. liegt das der UCLA angeschlossene **Hammer Museum of Art** (8) (*10899 Wilshire Blvd., http://hammer.ucla.edu*) mit einer Sammlung moderner Kunst. Daneben werden interessante Wechselausstellungen gezeigt. Auf dem Campus liegt überdies das kulturhistorische **Fowler Museum of Cultural History** (*308 Charles E. Young Drive N., www.fowler.ucla.edu*).

info

Mulholland Drive (9)

Benannt nach dem Ingenieur *William Mulholland* (1855–1935), der mit der Konstruktion eines funktionierenden Wasserversorgungssystems berühmt wurde, eröffnete man 1924 die sich zumeist auf dem Kamm der Santa Monica Mountains dahinschlängelnde Straße. Sie diente zunächst der Erschließung der Bergregion südlich des Hwy. 101 zwischen Cahuenga und Sepulveda Pass.

Angesichts der prominenten Höhenlage wundert es nicht, dass sich heute am Drive einige der teuersten Immobilien der Stadt befinden. Der Normalsterbliche kann den grandiosen Ausblick während einer Fahrt auf dem Drive genießen, der weltberühmt geworden ist durch Filme, Popsongs und sogar Videospiele.

Die Fahrt beginnt am Cahuenga Pass (Hwy. 101, Cahuenga Blvd.) im Osten, über den Sepulveda Pass (I-405) westwärts. Dort führt sie in Woodland Hills wieder auf den Hwy. 101. Kurz vorher zweigt der Mulholland Hwy. ab, der nach wenigen Kilometern als Schotterpiste (gesperrt für Autos) in die Santa Monica Mountains NRA (s. S. 177) führt. Von dort verläuft die Straße wieder geteert als Mulholland Hwy. zur Küste und zum Hwy. 1.

Getty Center

In fast 300 m Höhe in den Santa Monica Mountains hat Stararchitekt *Richard Meier* mit dem **Getty Center** (1 – s. Karte S. 178) eine weiß strahlende Kunst-Kathedrale geschaffen. Für den hellen, luftigen Gebäudekomplex, zu dem vom Zugangsbereich mit Parkhaus am Fuße des Hügels eine Luftkissen-Kabelbahn hinaufführt, war das Beste gerade gut genug: Allein zur Verkleidung der Fundamente wurden 15.000 t römischer Travertin per Schiff aus Italien herangeschafft. Die Grünanlagen ringsum mit Teichen, Spezialgärten und öffentlich zugänglichen Rasenflächen wurden von dem kalifornischen Künstler *Robert Irwin* gestaltet, sie verbinden zusammen mit Terrassen, Durchblicken, Treppenaufgängen und Rampen die verschiedenen Bauten.

Das Getty Center ist eines der **wohlhabendsten und bedeutendsten Museen** der Neuen Welt. Gezeigt werden u.a. Sammlungen wertvoller Handschriften aus Mittelalter und früher Neuzeit sowie amerikanische und europäische Fotografien aus dem 19. Jh. Auch die Kunstbibliothek mit 840.000 Büchern ist eine der größten der Welt. Die Kunstsammlung deckt zeitlich das Spektrum vom Mittelalter bis zur Moderne ab und umfasst geografisch Kunst aus aller Welt, dazu sehenswerte Wechselausstellungen. *840.000 Bücher*

Das Getty Center besticht durch seine Lage und seine Kunstsammlungen

Hinweis

Mit dem Mietwagen erreicht man das Getty Center auf dem San Diego Fwy. N. (I-405, Exit „Getty Center Dr.“). Da in der Umgebung das Parken verboten ist, muss man das gebührenpflichtige Parkhaus am N. Sepulveda Blvd. (nahe Autobahnausfahrt) nutzen. Von dort fährt gratis eine Bahn hinauf zum Museum.

Millionen-Budget für den Kunstkauf

Zu dem weitläufigen Komplex gehören verschiedene Dependancen des **Getty Trust**: ein Informationszentrum, ein Institut, das für Stipendien zuständig ist, ein pädagogisches Institut, ein Forschungsinstitut, das sich mit der Verknüpfung von Geschichte, Politik und Kunstgeschichte beschäftigt und das *Conservation Institute*, das alljährlich Millionen von Dollars zur Rettung von Kulturschätzen auf allen Erdteilen ausgibt.

The Getty Center, *1200 Getty Center Dr., www.getty.edu, tgl. außer Mo 10–17.30, Sa 10–21 Uhr, frei, Parken $ 15, mit empfehlenswertem Restaurant, Café und Museumsladen.*

Die Beach Cities

Hinweis
Die Nummern beziehen sich auf die Karte Los Angeles – Die Beach Cities (S. 178).

Ein rund 65 km langer, nahezu durchgehender Sandstrand markiert die weitgeschwungene Santa Monica Bay. An ihm hat sich ein vielfältiges Bade- und Strandleben entwickelt. Der Santa Monica Blvd. führt vom Zentrum, wie die I-10, direkt nach Santa Monica und trifft auf den Hwy. 1. Dieser „Pacific Coast Highway" verläuft von San Diego bis hinauf nach Washington State entlang der Küste.

Malibu und Pacific Palisades

Heimat deutscher Emigranten

Die traumhafte Lage direkt an der Küste hat Pacific Palisades und Malibu zu beliebten Wohnorten der „Reichen und Schönen" gemacht. **Pacific Palisades**, nur knappe 30 km von Downtown Los Angeles entfernt, wurde während des Zweiten Weltkriegs zur neuen Heimat berühmter deutscher Emigranten wie *Thomas Mann* und *Lion Feuchtwanger*. Die einstige Wohnresidenz von *Lion* und *Marta Feuchtwanger*, die **Villa Aurora (1)** (*520 Paseo Miramar, www.villa-aurora.org*), gelangte in deutschen Staatsbesitz und wurde 1995 als Künstlerresidenz, Veranstaltungszentrum und Kulturdenkmal des deutschen Exils eröffnet. Das kleine Stadtzentrum breitet sich am Ende des Sunset Blvd. aus.

Malibu gibt sich abgeschotteter, die Reichen möchten unter sich bleiben. Doch gerade hier sind es Waldbrände, die immer wieder bis in die Villenviertel vordringen und Sachschäden in Milliardenhöhe verursachen. Bekannt ist das Seebad Malibu seit den 1920er-Jahren, und bis heute hat es wenig von seiner elitären Atmosphäre verloren. Am **Malibu Pier** lässt sich ein ereignisreicher Tag bei dramatischem Sonnenuntergang stilvoll beenden.

Im Hinterland wurde ein über 60.000 ha großes Areal als **Santa Monica Mountains National Recreation Area (2)** mit VC *(401 W. Hillcrest Dr., Thousand Oaks, www.nps.gov/samo)* unter Naturschutz gestellt. Das Areal mit seinen steilen Klippen, Wasserfällen, bewaldeten Hügeln und Schluchten ermöglicht vielerlei Aktivitäten wie Wandern, Bergsteigen, Fischen und Reiten.

Getty Villa

Hoch über dem Pazifik erhebt sich mit der **Getty Villa (3)** ein höchst ungewöhnlicher, einzigartiger Bau. Der schwerreiche Öl-Tycoon *J. Paul Getty* (1892–1976) ließ sich hier, beeindruckt von

Der originalgetreue Nachbau einer antiken Villa am Pazifik, die Getty Villa

1 Villa Aurora
2 Santa Monica Mountains NRA
3 Getty Villa
4 Santa Monica Pier
5 Museum of Flying
6 Venice Beach
7 Fisherman's Village
8 The Wayfarers Chapel
9 Cabrillo Marine Aquarium
10 Los Angeles Maritime Museum
11 Ports O'Call Village
12 Vincent Thomas Bridge
WEST HOLLYWOOD
Getty Center
BEVERLY HILLS
DOWNTOWN
SANTA MONICA
Malibu
Santa Monica
CULVER CITY
VENICE
MARINA DEL REY
HUNTINGTON PARK
INGLEWOOD
FLORENCE
LAX
HAWTHORNE
EL SEGUNDO
LAWNDALE
Manhattan Beach
MANHATTAN BEACH
COMPTON
REDONDO BEACH
CARSON
TORRANCE
SIGNAL HILL
Pazifischer Ozean
LONG BEACH
Huntington Beach
RANCHO PALOS VERDES
SAN PEDRO
Two Harbors
Avalon
SANTA CATALINA I.
35 km
3,2 mi
5 km
N
© igraphic
Los Angeles – Beach Cities

den Ruinen einer antiken römischen Villa am Golf von Neapel – der *Villa dei Papyri*, die im Jahr 70 n. Chr. beim Ausbruch des Vesuvs verschüttet wurde – diese originalgetreu nachbauen. 1750 in Herculaneum ausgegraben, passt der Nachbau der einst dem Schwiegervater *Julius Caesars* gehörenden Sommerresidenz perfekt in die subtropische Landschaft am Pazifik. Nach einer umfangreichen Renovierung 2006 neu eröffnet, ist der Komplex mit herrlichen Gärten und Innenhöfen, der Villa mit ihrer hochkarätigen Antikensammlung, einem Café, einer Freiluftbühne und einem gut sortierten Museumsladen ein absolutes Highlight von L.A.

Nachbau römischer Sommerresidenz

Getty Villa, *17985 Pacific Coast Hwy., Pacific Palisades, Mi–Mo 10–17 Uhr, frei ($ 15 Parken), vorherige Anm. im Internet nötig (zeitgebundene Tickets): www.getty.edu/visit, Zufahrt zur Parkgarage am Hwy. 1 ausgeschildert.*

Santa Monica

Am westlichen Ende der legendären **Route 66** (S. 286) gelegen, ist Santa Monica unumstritten das Zentrum des Fremdenverkehrs an der Küste von Greater L.A. Mit seinen feinsandigen Stränden und seinem Pier lockt es gestresste Großstädter und Urlauber gleichermaßen an. Die **Third Street Promenade**, eine Fußgängerzone mit Läden, Cafés und Lokalen, verhilft zu weiterer Attraktivität und von ihr aus sind es zudem nur ein paar Schritte zum **Santa Monica Pier (4)** an der Ocean Avenue, bestehend aus dem 1909 erbauten Municipal Pier und dem Pleasure Pier von 1916.

Sonnenuntergang am Santa Monica Pier

Er stellt eine der ältesten ins Meer gebauten Flanierpromenaden an der Westküste dar und fungiert immer noch als aktiver Mittelpunkt des lebhaften Strandtrubels. Dazu gehört ein Vergnügungspark namens „Pacific Park" mit diversen Ständen und Fahrgeschäften – Achterbahn, Riesenrad u.a. – sowie dem „Hippodrom", einem Karussell mit 56 Holzpferden von 1922. Kein Wunder, dass der Pier der nahen Filmindustrie bei vielen Filmen als Kulisse diente. Der Eintritt zum Pier ist frei, die „action rides" kosten einzeln *(www.santamonicapier.org)*. Das am Santa Monica Airport gelegene **Museum of Flying (5)** soll 2013 als **California Aviation Hall of Fame & Museum of Flying** (*2772 Donald Douglas Loop N., www.museumofflying.com*) an der 3100 Airport Avenue neu eröffnen.

Pier als Filmkulisse

Venice (6)

Venice liegt nur wenige Fahrminuten südlich von Santa Monica. Das turbulente Seebad trägt seinen Namen seit 1905, als ein Tabakmagnat mit dem Bau von insgesamt 26 km an Kanälen Venedig nach Kalifornien verlegen wollte. 1940 hat man die Kanäle wieder zugeschüttet, jedoch sind in den 1990ern einige an Venice Blvd./Pacific Ave. in ihren alten Zustand zurückversetzt worden. Ein Revival erlebte Venice in den 1950er- und 60er-Jahren als Künstler- und Hippiekolonie. Seither tummeln sich am Strand rund um die Uhr Händler, Sonnenanbeter, Surfer, Skater, Biker, Aussteiger, Künstler und Muskelmänner. Am „Muscle Beach" begann auch der von 2004–2010 amtierende Gouverneur von Kalifornien, *Arnold Schwarzenegger*, seine Bodybuilder-Karriere.

Autofahrer sollten in eine der Stichstraßen von der Pacific Ave. Richtung Oceanfront abbiegen und dort an einer Parkuhr oder auf einem der ausgewiesenen Parkplätze den Wagen abstellen – an Wochenenden kann es eng werden. Besonders turbulent geht es auf dem **Abbot Kinney Blvd.** zu, während **Venice Beach** mit seinem Pier und feinsandigem Strand v.a. die Sonnenanbeter anzieht. Zur Stadtseite hin wird er vom 3 km langen **Venice Boardwalk**, einer Fußgängerpromenade, begrenzt. Neueste Hinzufügung ist der **Venice Beach Skate Park** am Nordende der Strandpromenade. Die neue Skateranlage ersetzt auf rund 1.500 m² Fläche den legendären „Venice Pit", wo z. B. Skater-Legende *Jesse Martinez* seine Karriere begann.

Für Sonnenanbeter und Flaneure

Marina Del Rey

Weiter südlich am Hwy. 1 liegt Marina Del Rey, das angeblich den größten künstlich geschaffenen Jachthafen der Welt besitzt. An dessen südlichem Ende findet man **Fisherman's Village (7)**, die Kopie eines Fischerdörfchens im Stil jener an der amerikanischen Ostküste. In die pittoresken Holzhäuschen sind Restaurants, Boutiquen und Kneipen eingezogen.

Südwärts nach Long Beach

Wie die Perlen einer Kette reihen sich südlich des Flughafens LAX kleine Ortschaften und lange Sandstrände wie **Manhattan**, **Hermosa** und **Redondo Beach** auf. Die Unterschiede sind eher minimal: Shops, Lokale mit Meerblick, saubere Sandstrände überall. Südlich von Redondo Beach, wo sich der Hwy. 1 (Pacific Coast Hwy.) der Küste nähert, lohnt die landschaftlich reizvolle Fahrt um die Halbinsel **Palos Verdes**, die wie ein massiger Klotz zwischen der Santa Monica Bay und der San Pedro Bay in den Ozean hineinragt. Von den höhergelegenen Straßenabschnitten hat man eine grandiose Sicht auf Strände und Wasser, an klaren Tagen bis zu den Hochhäusern von Downtown L.A.

Ein erster Stopp lohnt am **Point Vicente**. Hoch über der Steilküste gelegen hat man von hier aus einen guten Blick auf den Ozean und das nahe **Point Vicente Lighthouse**. Im *Interpretive Center* gibt es interessante geologische und kulturhistorische Ausstellungen, einen Film über die Wanderung der Wale und zwischen Dezember und April kann man mit Glück das Naturschauspiel selbst beobachten

Walbeobachtung

Point Vicente Interpretive Center *31501 Palos Verdes Dr., www.palosverdes.com/RPV/recreationparks/PointVicenteInterpretiveCenter, tgl. 10–17 Uhr, frei.*

Folgt man weiter dem Palos Verdes Drive S., stößt man auf die großteils aus Glas bestehende, von Redwoods umringte **Wayfarers Chapel (8)**. Architekt dieses Gotteshauses war *Lloyd Wright*, Sohn des renommierten Architekten *Frank Lloyd Wright*. Nächste Station ist **Point Fermin**, dessen von Palmen gerahmter Leuchtturm von 1874 bis 1913 Schiffen den Weg durch die schwierigen Gewässer wies.

Point Fermin, *807 W. Paseo Del Mar, San Pedro, www.sanpedro.com/sp_point/ptfmlths.htm, Di–So 13–16 Uhr, Touren stündl. 13–15 Uhr, Spende.*

Auf dem Hwy. 1 geht es durch **San Pedro**, einen Stadtteil von L.A. Wer genug Zeit hat, kann das **Cabrillo Marine Aquarium (9)** (*3720 Stephen M. White Dr., www.cabrillomarineaquarium.org*) besuchen. Ein interessanter Abstecher führt von hier zur Haupteinfahrt des Hafens (L.A. Main Channel). Im Gegensatz zum beschaulichen **Old San Pedro** kennzeichnet den **Port of Los Angeles** industrielle Geschäftigkeit, denn hierbei handelt es sich mit Abstand um den größten Hafen nicht nur an der amerikanischen Westküste, sondern auf dem ganzen Kontinent. Er war und ist für die wirtschaftliche Rolle Los Angeles im Im- und Export von entscheidender Bedeutung.

Am **L.A. Main Channel** steht das *Municipal Ferry Building* von 1941 mit dem **Los Angeles Maritime Museum (10)** *(Berth 84, 6th St., www.lamaritimemuseum.org, Di–Sa 10–17 Uhr, $ 3)*. Es zeigt ein breites Sammelsurium an Ausstellungsstücken und Dokumenten zum Hafen und zur Geschichte der Seefahrt. Wenige Fahrminuten weiter südlich kommt man zum **Ports O'Call Village (11)**, einem Areal im Neuengland-Stil, in dessen schmucken Holzhäuschen Boutiquen und Restaurants zum Verweilen einladen. Auch Hafenrundfahrten und Whalewatching-Touren werden hier angeboten. Überragt wird das Hafengebiet von der Hängebrücke **Vincent Thomas Bridge (12)**, über die man hinüber nach Long Beach gelangt.

Geschichte der Seefahrt

Long Beach

Long Beach mit 460.000 Einwohnern gilt in erster Linie als Hafenstadt, dabei gibt es mehr als nur Hafen- und Industrieanlagen, z.B. die legendäre **Queen Mary**, ein interessantes Aquarium und ein sehenswertes Kunstmuseum. Besuchenswert ist die **Ocean Front** (Queens Way/Shoreline Dr.) mit dem **Shoreline Village**, dem Nach-

Die Queen Mary (im Hintergrund) hat in Long Beach ihren letzten Liegeplatz erhalten

bau einer kleinen Hafenortschaft mit Läden, Lokalen und Schiffsanlegestellen (Bootsausflüge). Weithin sichtbar liegt am jenseitigen Kanalufer das einstige Luxuspassagierschiff „Queen Mary" (*1126 Queens Hwy., www.queenmary.com, auch Touren*). 1936 hatte sie als größter und schnellster Passagierdampfer der Welt ihre Jungfernfahrt absolviert, 1967 ging sie in „Ruhestand" und seit 1971 liegt sie in Long Beach als Attraktion, Restaurant und First-Class-Hotel vor Anker.

Ebenfalls an der Ocean Front liegt der blaue, kubistische Bau des **Aquarium of the Pacific**. Es zählt zu den größten in den USA, und es werden in mehreren Abteilungen Flora und Fauna an Südkaliforniens Küsten, an denen der Baja California, im Nordpazifik und im Tropischen Pazifik vorgeführt.
Aquarium of the Pacific, *100 Aquarium Way, www.aquariumofpacific.org, tgl. 9–18 Uhr, $ 24,95.*

Lateinamerikanische Kunst

Die **Pine Avenue** bildet die Zentrale der Innenstadt, markiert durch ein paar Hochhäuser. Östlich davon liegt das East Village, eine *Arts Community* mit Galerien, Cafés und dem **Museum of Latin American Art – MoLAA**. Die Ausstellung, teils permanent, teils wechselnd, gibt einen Überblick über die gesamte moderne lateinamerikanische Kunst. An das im Hof gelegene Café schließt sich ein Skulpturengarten an. Wegen seines schönen Angebots an Kunsthandwerk und Schmuck aus Lateinamerika lohnt der Museumsladen.
MoLAA, *628 Alamitos Ave./E. 6th, www.molaa.org, Mi/Fr–So 11–17, Do 11–21 Uhr, $ 9, So frei.*

Der südliche Küstenabschnitt

Zwischen Seal Beach und Newport Beach ziehen sich fast ununterbrochen sandige Staatsstrände hin, an denen sich kleine Fremdenverkehrsorte völlig dem ganzjährigen Badebetrieb verschrieben haben. Am größten und bekanntesten ist die Ortschaft **Huntington Beach**, weltberühmt als „**Hauptstadt der Surfer**". Das Wellenreiten schwappte von Hawaii auf die Westküste über und soll 1907 erstmals in Huntington Beach praktiziert worden sein.

Der populäre Strand ist mit Duschen, Fahrradwegen, Sportstätten und asphaltierten Wegen für Rollstuhlfahrer ausgestattet und auf dem Pier kann man traumhafte Sonnenuntergänge beobachten. Die **Old World Town** bei Huntington wird gerne auch als *German Village* bezeichnet. Hier gibt es Schwarzwald-Häuser, bayrische Bierhallen, deutsche Straßennamen und einen *Rathskeller*.

Deutsches Dorf

Hinweis
Wenige Meilen südlich hat man in **Newport Beach** *Anschluss an die* *ab S. 189* *beschriebene Strecke.*

Pasadena

Die sogenannen **Valleys**, die Täler in der Bergwelt nördlich der Stadt, waren einst bevölkert von wilden Tieren, Rindern und Vaqueros, mexikanischen Cowboys. Heute gelten die Städte und Gemeinden in den umliegenden Bergen als beliebte (und teure) Wohnadressen. Das am Fuße der San Gabriel Mountains gelegene **Pasadena** ist zusammen mit dem sich südlich anschließenden San Marino einer der bekannteren dieser wohlhabenden Orte und zugleich einer der sehenswertesten. Der Beiname **City of Roses** zeigt bereits an, wie wichtig hier Parkanlagen und Gärten sind. Wer am Neujahrstag in der Gegend ist, darf sich die berühmte **Rose Parade** nicht entgehen lassen – ein Blumenkorso mit riesigen Festwagen, der landesweit im Fernsehen übertragen wird. Auch das damit verbundene College-Football-Pokalspiel um einen Pokal namens **Rose Bowl** lockt jährlich über 100.000 Fans an.

Old Pasadena (Colorado Blvd., auch per Metro Rail, Gold Line, erreichbar) ist ein malerisches historisches Viertel, das Kleinstadtatmosphäre ausstrahlt und wenig mit dem Moloch L.A. gemeinsam hat. Das 20 Blocks umfassende historische Areal ist wegen seines Abend- und Nachtlebens beliebt, v.a. an Wochenenden. Es gibt gut 200 Cafés, Restaurants, Pubs mit Livemusik, Kinos, Kunstgalerien und edle Boutiquen.

Historisches Viertel mit Kleinstadtatmosphäre

Auch kulturell hat Pasadena etwas zu bieten: z.B. das **Norton Simon Museum**, von *Frank Gehry* renoviert, mit interessanter Kunstsammlung. Architekturfreunde sollten sich das **Gamble House**, 1908 von den *Greene*-Brüdern als Prototyp des „Bungalow Style" erbaut, nicht entgehen lassen.
Norton Simon Museum, *411 W. Colorado Blvd, www.nortonsimon.org, Mo/Mi/Do/Sa/So 12–18, Fr 12–21 Uhr, $ 10.*
Gamble House, *4 Westmoreland Pl., www.gamblehouse.org, Touren Do–So 12–15 Uhr, $ 12,50.*

The Huntington Library, Art Collections & Botanical Gardens

Im südlich von Pasadena gelegenen San Marino liegen Bibliothek, Kunstsammlung und Botanischer Garten von *Henry Huntington*. Von der über 400.000 Bände umfassenden Bibliothek mit vielen Original-Handschriften der englischen und amerikanischen Literatur, aber auch einer originalen Gutenberg-Bibel, werden nicht nur Bibliophile begeistert sein. Der **Botanische Garten** mit seinen 15 Themengärten ist riesig und gilt als einer der schönsten an der Westküste. Er verfügt über eine außerordentlich große Suk-

In den Gartenanlagen des „Huntington" vergisst man schnell alle Hektik

kulenten-Sammlung sowie über japanische, chinesische, subtropische, australische Abteilungen und Rosen-, Kräuter-, Palmen-, Kamelien- oder Orangengärten.

Den Park hatte sich *Huntington* ab 1903 von einem deutschstämmigen Gärtner namens *William Hertrich* anlegen lassen. In der 1911 erbauten Villa befindet sich heute eine bedeutende Sammlung britischer Malerei, in einem nahen Neubau amerikanische Kunst. Das Ganze wird komplettiert durch Tea Room, Café und einen gut sortierten Museumsshop.

The Huntington, *1151 Oxford Rd., San Marino, www.huntington.org, im Sommer tgl. außer Di 10.30–16.30 Uhr, in der NS Mo/Mi/Do/Fr ab 12 Uhr, $ 20, am Wochenende: $ 23. Mit Rose Garden Tea Room, in dem ab 12 Uhr ein großes Buffet im englischen Stil aufgebaut wird (Reservierung: ✆ (626) 683-8131).*

Unterwegs im Orange County

Der sich südöstlich an L.A. anschließende Verwaltungsbezirk heißt Orange County. Wie der Name andeutet, nutzte man seit der spanischen Inbesitznahme Ende des 18. Jh. die fruchtbare, klimatisch begünstigte Region zwischen Pazifik und Santa Ana-Bergen bevorzugt zum Anbau von Zitrusfrüchten. Hier befinden sich neben der heute meistbesuchten Attraktion, Disneyland, einige andere Sehenswürdigkeiten wie das **Segerstrom Center for the Arts (1)** in Costa Mesa (*600 Town Center Dr., www.scfta.org*). Das markante Gebäude aus rosa Granit (1986) beherbergt gleich drei renommierte Theater.

In Newport Beach befindet sich das **Orange County Museum of Art (2)** – eine wichtige Adresse für zeitgenössische Kunst des US-Westens. Der 1932 im „Mission Style" errichtete Komplex des **Bowers Museum (3)** in Santa Ana beherbergt eine bedeutende völkerkundliche und historische Sammlung.

Orange County Museum of Art, *850 San Clemente Dr., Costa Mesa, www.ocma.net, Mi–So 11–17, Do 11–20 Uhr, $ 12.*
Bowers Museum, *2002 N. Main St., Santa Ana, www.bowers.org, Di–So 10–16 Uhr, $ 13.*

Erinnerung an die Präsidenten

Weiter nördlich, in Yorba Linda, liegt die **Richard Nixon Library and Birthplace (4)**, eines von mehreren landesweit verstreuten „Presidential Centers"; hier geht es um das Leben und Werk des verstorbenen Präsidenten *Richard Nixon*. Auch der zweite kalifornische Präsident **Ronald Reagan** wird gewürdigt, in seiner Heimatstadt Simi Valley im äußersten Nordwesten des Großraums.
Richard Nixon Library and Birthplace, *18001 Yorba Linda Blvd., http://nixonfoundation.org, Mo–Sa 10–17 Uhr, So 11–17 Uhr, $ 11,95.*
Ronald Reagan Presidential Library, *40 Presidential Dr., Simi Valley, www.reaganfoundation.org, tgl. 10–17, So 11–17 Uhr, $ 11,95, Touren ab $ 7,95.*

Der Hauptort des Orange County heißt **Anaheim**, eine von Deutschen 1857 gegründete Siedlung. Pioniere aus dem Rheinland hatten hier das erste Weinbaugebiet ins Leben gerufen, doch erst der Anbau von Orangen sorgte für Aufschwung. 1955, als *Walt Disney* mit dem Bau seines Vergnügungsparks begann, war das Gelände von Orangenhainen und Farmen bedeckt und wegen dieser ländlichen Umgebung und der weiten Entfernung zu L.A. waren viele skeptisch. Heute ist Anaheim für viele Besucher identisch mit Disneyland und lebt in hohem Maße vom Tourismus.

Hinweis
Die Nummern beziehen sich auf die Karte Orange County (S. 185).

Disneyland Resort (5)

Walt Disneys Traum

Disneyland gehört zu L.A. wie der Eiffelturm zu Paris oder das Weiße Haus zu Washington. Alljährlich strömen über 15 Mio. Besucher zum „Happiest Place on Earth", mit dem sich *Walt Disney* einst einen Kindheitstraum erfüllt hatte. Der Komplex – als **Disneyland Resort** bezeichnet – ist mehrteilig: Im Norden befindet sich der „alte" **Disneyland Park**, im Süden das 2001 eröffnete **Disney's California Adventure** und zwischen beiden breitet sich nach Westen **Downtown Disney** aus, ein frei zugängliches Fußgängerareal mit Läden und Restaurants. Dazu gehört ferner ein großer, mehrteiliger Hotel- und Resortkomplex.

Anschließend an den Haupteingang zum **Disneyland Park** liegt der **Town Square**, gerahmt von viktorianischen Häusern mit hilfreichen Stellen wie Touristeninformation. Von hier führt **Main Street USA**, der fiktive Nachbau der Hauptstraße einer amerikanischen Kleinstadt um 1900, mit Ladenpassagen und Restaurants sowie Kino und Spielsalon zur Plaza, die als Verteiler zu den anderen Themenbereichen – **Adventureland** (ein tropischer Urwald, mit *Indiana Jones Adventure*), **New Orleans Square** (Platz im französischen Kolonialstil mit vielen Restaurants), **Critter Country** (Welt des Waldes und der Trapper, u. a. mit *Winnie the Pooh*), **Frontierland** (Cowboys und Indianer), **Fantasyland** (hier residiert Dornröschen im „Sleeping Beauty Castle", Neuschwanstein nachempfunden), **Mickey's Toontown** (hier leben Mickey & Co.) und **Tomorrowland** (Zukunft und ferne Planeten) – fungiert.

Walt Disney – Kinderträume werden wahr

info

Walt Elias Disney wurde am 5. Dezember 1901 als viertes von fünf Kindern in Chicago in einfachen Verhältnissen geboren: Sein Vater, ein strenger und religiöser Bauer und Zimmermann, hatte Geldprobleme und veranlasste die Familie zu einem eher unruhigen Leben: Mit seiner vielköpfigen Familie zog er aus Illinois nach Missouri, wo er eine kleine Farm bewirtschaftete, später nach Kansas City, wo er einen Zeitungsvertrieb übernahm, und schließlich zurück nach Chicago, wo er sich als Unternehmer versuchte. Obwohl die Zeiten turbulent waren, begann Walt bereits als kleiner Junge zu zeichnen.

Während des Ersten Weltkriegs wurde Disney als Angehöriger des Roten Kreuzes nach Frankreich geschickt. Zurück in Amerika, beschloss er, **Illustrator** zu werden, war zu Anfang aber wenig erfolgreich. Disney zog an die Pazifikküste, wo ihm 1927 mit der Erfindung von Mickey Mouse der Durchbruch gelang. Die Figur, neben *McDonald's* oder *Coca Cola* das amerikanische Symbol schlechthin, kam von Anfang an beim Publikum gut an und gehörte bald zum Vorprogramm jedes Kinofilms. Nach und nach dachte sich Disney eine ganze Reihe von menschenähnlichen Tieren aus. Er stellte Mickey die kokette Minnie zur Seite, führte Donald Duck und Onkel Dagobert ein und kreierte mit seinen Mitarbeitern Figuren wie Daniel Düsentrieb, die Panzerknacker, Pluto, Goofy und viele andere. Außer den bekannten Comic Strip- und Trickfilm-Gestalten fertigte er aber auch Strips für längere Filme an. Unter diesen wurde 1935 „Schneewittchen und die Sieben Zwerge" mit einem Einspielergebnis von $ 45 Mio. zum Megaerfolg.

Mickey Mouse wartet auf Besucher – L.A. ohne Disneyland geht nicht

Daneben interessierte sich Disney für Natur und Tierwelt und verlegte einen Teil seiner Schaffenskraft auf das Genre der Dokumentation. Besonders die Produktionen „Die Wüste lebt" (1953), „Wunder der Prärie" (1954) und „20.000 Meilen unter dem Meer" (1955) gerieten zu eindrucksvollen und auch kommerziell erfolgreichen Filmen. Gleichzeitig reizte ihn die Idee, Menschen nicht nur mit Comics und Filmen zu begeistern, sondern **Vergnügungsparks** zum Abschalten und zur Unterhaltung zu schaffen. Da er seinen Bruder Roy und den Aufsichtsrat der „Disney Productions" nicht für diese Idee gewinnen konnte, gründete er eine zweite Firma, die das Projekt in Anaheim in die Tat umsetzte: Disneyland wurde am 18. Juli 1955 eröffnet. Der Erfolg ermunterte Disney, sein Konzept auch in Florida umzusetzen: die Walt Disney World in Orlando wurde 1971 eröffnet, EPCOT (Experimental Prototype Community of Tomorrow), die Verwirklichung von Disneys lange gehegten Zukunftsvisionen, folgte 1982.

Die Vollendung seines Projekts in Florida erlebte Walt Disney nicht mehr: Am 7. November 1966 wurde der Kettenraucher an Lungenkrebs operiert und starb am 15. Dezember desselben Jahres. Disney hat nicht nur eine typisch amerikanische Bilderbuchkarriere erlebt, er befreite das Genre des Comic und des Trickfilms vom Stigma der „niederen Unterhaltung" und machte es gesellschaftsfähig.

Der zweite Hauptteil ist der 2001 eröffnete **California Adventure Park**. Wahrzeichen und beliebter Fotospot des Parks ist der markante Schriftzug *CALIFORNIA* am Zugang. Das gut 22 ha große Areal besteht aus drei Großbereichen, die sich an den Eingangsbereich mit verkleinertem Nachbau der Golden Gate Bridge anschließen. Viele der Attraktionen sind für Erwachsene ebenso spannend wie für Kinder. 2012 wurde das Areal u.a. um die „Buena Vista Street" und „Cars Land" erweitert.

Vergnügungen für Jedermann

Das zeigt sich gleich links vom Zugang im **Hollywood Pictures Backlot**, einem Nachbau des Hollywood Boulevards, daneben wird in *Disney Animation* die Entstehung von Cartoons erläutert. Im Zentrum des Parks liegt **Golden State** mit einem Felsmassiv, das sich bei genauerem Hinsehen als das kalifornische Wappentier, der Grizzly, entpuppt. Um und durch den künstlichen Berg und die verschiedenen Wasserareale rast eine spektakuläre Achterbahn, der *Grizzly River Run*. Nebenan laufen im IMAX-Kino sehens- und erlebenswerte Filme über Kalifornien, wie *Soarin' Over California*, wo man angeschnallt in Flugzeugsitzen in die Höhe gefahren wird und glaubt, selbst mit einem Gleitschirm über Kalifornien zu fliegen. *A bug's land* wurde kreiert für kleine Gäste und zeigt die Welt aus der Sicht eines Käfers.

Paradise Pier bildet schließlich den dritten Teil, mit weiteren Achterbahnen und einem Riesenrad am Wasser.

Reisepraktische Informationen zu Disneyland

Information/Fortbewegung im Park

Disneyland, *1313 Harbor Blvd./Santa Ana Fwy., Anaheim, Details zu Öffnungszeiten und Preisen unter www.disneyland.com.*

In direkter Parknähe sind ausreichend **Parkplätze** *vorhanden; Nummer des Stellplatzes merken! Von hier aus bringen kleine Transportbahnen Besucher zum Eingangsbereich mit den Ticketständen.* **Monorail**, *eine Hochbahn, verbindet das Disneyland Hotel, den Eingangsbereich (außen) und Tomorrowland (innen).*

Die **Disneyland Railroad** *dreht im Innenbereich eine große Runde und hält an allen Bereichen. Die von Pferden gezogenen Straßenbahnen, Replikate von der Jahrhundertwende, verkehren wie die Busse auf der Main St. Eine Gondel (Skyway) verbindet Tomorrowland mit Fantasyland.*

Unterkunft

Am westlichen Parkrand liegt das **Disneyland Resort** *mit* **Disneyland Hotel** *(1150 W.Cerritos Ave.) mit über 1100 großzügigen Zimmern, riesigem Swimmingpool, Shops, Restaurants/Bars und Activity Center. Außerdem gibt es das* **Disney's Paradise Pier Hotel** *und das luxuriöse* **Disney's Grand Californian Hotel & Spa**. *Infos, auch zu den* **Good Neighbor Hotels** *im Umkreis, unter: http://disneyland.disney.go.com/hotels.*

Zeitplanung

Allein für die wichtigsten Attraktionen braucht man mindestens einen halben, besser einen ganzen Tag Zeit. Wer frühzeitig da ist, spart sich lange Wartezeiten vor den Attraktionen. Auf aktuelle, sich wiederholende Veranstaltungen und Ereignisse wie Paraden, Shows wie die abendliche Wassershow „World of Color", Feuerwerke etc. wird am Eingang hingewiesen.

Buena Park und Knott's Berry Farm (6)

Von Disneyland geht es auf der I-5 in nordwestlicher Richtung nach **Buena Park**. Wo sich früher idyllisches Farmland erstreckte, sind heute ein paar der wichtigsten Attraktionen des Orange County konzentriert. Am bekanntesten ist **Knott's Berry Farm**. Der Name leitet sich von einem kleinen Obststand ab, an dem *Walter* und *Cordelia Knott* in den 1920er-Jahren ihre selbstgemachte Beeren-Marmelade verkauften. Daraus entwickelte sich ein Erholungs- und Vergnügungsareal, das heute immerhin das drittgrößte der Vereinigten Staaten (nach Disneyland und Disneyworld) ist und den jährlich rund 5 Mio. Besuchern mehr als 165 Attraktionen bietet.

Im Zentrum des „Wildwest-Budenzaubers" steht **Old West Ghost Town**, eine Goldgräberstadt mit Originalbauten von 1848 und gelegentlichen Stunt-Shows. Man kann mit einem authentischen Zug aus den 1880ern fahren oder sein Glück beim Goldwaschen versuchen. In **Camp Snoopy** begegnen einem die bekannten Peanuts-Figuren, die für die Farm dasselbe bedeuten wie Mickey Mouse für Disneyland. Knott's Berry Farm ist seit 1983 stolz darauf, **America's official home for Snoopy and the Peanuts Gang** zu sein. Heute macht ihr diesbezüglich das *Charles Schulz Museum* in Santa Rosa/CA (s. S. 534) Konkurrenz. Weitere Bereiche sind **Fiesta Village**, **Boardwalk**, **Indian Trails** und **Wild Water Wilderness**.

Heimat der Peanuts

Knott's Berry Farm, *8039 Beach Blvd., Buena Park, Details zu Zeiten, Eintrittspreisen und Parken siehe www.knotts.com.*

Crystal Cathedral (7)

Garden Grove heißt die Gemeinde direkt südlich von Disneyland. Die größte Sehenswürdigkeit ist hier die **Crystal Cathedral**. Dieses 1980 eingeweihte monumentale Gotteshaus gehört zu den interessantesten Sakralbauten der jüngeren Zeit. Es stammt vom Reißbrett des Stararchitekten *Philip Johnson* und besteht aus einer 12 Stockwerke hohen Glas- und Stahlkonstruktion, die eine riesige lichtdurchflutete Halle umgibt.

Bis zu 10.000 Gläubige finden sich zu den Messen ein, und dazu passt, dass eine der größten Orgeln der Welt installiert wurde. Eine weitere Besonderheit ist, dass sich während des Gottesdienstes die gesamte gläserne Rückwand hinter dem Altar öffnen lässt. So haben auch Autofahrer auf dem dahinterliegenden Parkplatz die Möglichkeit, an der Feier teilzunehmen.

Gläserne Kirche

Crystal Cathedral, *12141 Lewis St./ Chapman Ave., Garden Grove, mit VC; Details zu Touren und Gottesdiensten: www.crystalcathedral.org/visitors.*

Zwischen Newport Beach und San Juan Capistrano

Südlich von Garden Grove (I-5, dann Hwy. 55) liegt **Newport Beach**. Von hier an streift die Küstenstraße (Hwy. 1) einige der schönsten Strände Südkaliforniens, lebhafte Ortschaften, prunkvolle Villen, Jachtclubs, Inseln und Lagunen. Diese Strecke ist besonders empfehlenswert, wenn man die Fahrt in Richtung San Diego fortsetzt oder genügend Zeit eingeplant hat.

Es geht vorbei an Ortschaften mit Sandstränden und -promenaden wie **Balboa Island, Corona del Mar** oder **Laguna Beach**. Letztere hat sich einen Namen als Künstlerkolonie gemacht. Werke lokaler Künstler sind im **Laguna Art Museum (8)** *(307 Cliff Dr., http://lagunaartmuseum.org, tgl. außer Mi 11–17 Uhr, $ 7)* zu sehen und gut nächtigen lässt sich im Pacific Edge Hotel (*www.pacificedgehotel.com*).

Vierte der 21 kalifornischen Missionen

Südlich von Dana Point, einem schön gelegenen Aussichtspunkt, laufen bei Capistrano Beach die I-5 und der Pacific Coast Hwy. zusammen. Hier kann man entweder auf der Autobahn schnell nach Los Angeles zurück oder aber weiter nach San Diego fahren. Die I-5 bringt einen wenige Meilen in nordöstlicher Richtung zu einer wichtigen historischen und kulturellen Sehenswürdigkeit: **Mission San Juan Capistrano (9)** im gleichnamigen Ort. Es handelt sich um die vierte Missionsgründung des Franziskanerpaters *Junipero Serra* (s. S. 246) aus dem Jahre 1776. Ihren Beinamen „Mission der Schwalben" erhielt sie, weil die Vögel angeblich jedes Jahr exakt am Namenstag des Heiligen Joseph (19. März) ankommen und am Tag des Heiligen Johannes (23. Oktober) wieder fortfliegen.
Mission San Juan Capistrano, *26801 Ortega Hwy., http://missionsjc.com, tgl. 9–17 Uhr, $ 9.*

Reisepraktische Informationen Los Angeles und Umgebung

Vorwahl: *Aufgrund der räumlichen Dimension und der hohen Bevölkerungszahl gibt es im Großraum Los Angeles verschiedene Vorwahlnummern, die wichtigsten sind* **213** *für Downtown Los Angeles,* **323** *für Hollywood und die anderen Stadtteile,* **310 und 424** *für Beverly Hills, Santa Monica und den umgebenden Küstenstreifen,* **562** *für Long Beach, Flughafennähe und das östliche L.A. und* **714** *für das Orange County. Bei jedem Anruf muss man die Vorwahl mitwählen.*

Information

Los Angeles Tourism & Convention Board, *c/o 2shores International, Inc., Anette Kaiser-Rott, ✆ (05691) 806-6388, akaiserrott@LAinc.us; im Internet hilft weiter: www.discoverlosangeles.com.*
Beverly Hills Visitor Center, *9400 Santa Monica Blvd./Canon Dr., ✆ (310) 248-1000, www.lovebeverlyhills.com, Mo–Fr 9–17, Sa/So 10–17 Uhr.*
Hollywood Los Angeles Visitor Information Center, *Hollywood & Highland Center, 6801 Hollywood Blvd., ✆ (323) 467-6412. Mo–Sa 10–22 Uhr, So 10–19 Uhr.*

Buchtipp

Von den Autoren dieses Bandes gibt es detaillierte Infos zu L.A. im regelmäßig aktualisierten CityTrip Los Angeles, Reise Know-How Verlag, ISBN 978-3-8317-1998-3

Wichtige Telefonnummern

Ambulanz, Feuerwehr, Polizei: *911*
Highway-Verkehrsnachrichten: *✆ 1 (800) 427-7623*
Konsulate *s. Gelbe Seiten, S. 92*

Unterkunft

Die Hotel- und Motelszene ist so riesig und unüberschaubar wie die Stadt selbst. Grundfrage vorab ist, in welcher Gegend man wohnen möchte. Am praktischsten ist bei An- oder Ab-

reise ein Hotel in Flughafennähe, ansonsten sollte man sich von seinem Besuchsschwerpunkt leiten lassen. Viel fahren muss man in dieser Stadt immer. Die Parkgebühren können ebenfalls ein Argument sein, da sie in Luxushotels leicht $ 30 pro Tag betragen können. Im Folgenden eine kleine Auswahl aus dem Hotelangebot:

Downtown

Figueroa Hotel $$$, *939 S. Figueroa St., ✆ (213) 627-8971, www.figueroahotel.com; schönes, älteres Hotel im mediterranen Stil, 280 zweckmäßig eingerichtete Zimmer, Restaurant, Swimmingpool.*

Kawada Hotel $$$, *200 S. Hill St., ✆ (213) 621-4455, www.kawadahotel.com; günstige Downtownlage mit angeschlossenem Coffeeshop und Restaurant; kleine, aber ordentlich ausgestattete (Kitchenette, WiFi) 116 DZ, Parken relativ günstig.*

O Hotel $$$, *819 S. Flower St., ✆ (213) 623-9904, www.ohotelgroup.com; erstes unabhängiges Boutiquehotel in Downtown in historischem Bau (67 Zimmer), bei jungen Leuten beliebt. Fancy und hip, besonders in der Lobby mit Bar, wo am Wochenende auch Bands spielen. Zimmer eher klein, doch technisch und auch sonst gut ausgestattet, großteils allerdings ohne Ausblick und etwas laut, dafür preisgünstig, Frühstück und WiFi inbegriffen.*

Millennium Biltmore Hotel $$$$$, *506 S. Grand Ave., ✆ (213) 624-1011, www.millenniumhotels.com; elegantes Luxushotel im italienischen Renaissance-Stil, 629 komfortable Zimmer und 61 Suiten, Gourmet-Restaurants, Hallenbad, Spa, Fitness-Center. Viel Atmosphäre und üppiger Prunk!*

Standard Downtown Hotel $$$$$, *550 S. Flower/6th St., ✆ (213) 892-8080, www.standardhotels.com/los-angeles; „fancy" wie das gleichnamige Partnerhotel in New York, v.a. technisch gut ausgestattete Zimer mit Minibars, Safe, Gratis-WiFi. Zugehöriges Restaurant und Rooftopbar, günstigere Packages kombiniert mit Dodger-Tickets. Filiale am 8300 Sunset Blvd., ✆ (323) 650-9090, www.standardhotels.com/hollywood.*

Hollywood/Westside

Best Western Sunset Plaza Hotel $$$, *8400 Sunset Blvd., Hollywood, ✆ (323) 654-0750, http://bestwesterncalifornia.com/hotels/best-western-plus-sunset-plaza-hotel; im Herzen des Sunset Strip mit 100 DZ, inkl. Frühstück, teils mit Kitchenette, WiFi.*

Holiday Inn Express Hollywood Walk of Fame $$$, *1921 N. Highland Ave., Hollywood, ✆ (323) 850-8151, www.hollywoodholidayinnexpress.com; 2008 eröffnetes, zentral in Hollywood gelegenes Haus von überschaubarer Größe. Komfortable große Zimmer, Außenpool, Frühstück inklusive.*

Hollywood Roosevelt Hotel $$$, *7000 Hollywood Blvd., Hollywood, ✆ (213) 466-7000, www.thompsonhotels.com/hotels/la/hollywood-roosevelt; renoviertes Mittelklasse-Hotel direkt am Walk of Fame, 225 Zimmer, Suiten und Apartments. Schöne Art-déco-Lobby, Swimmingpool, Fitness-Center, Spa, Restaurants und Bars.*

Hotel Wilshire $$$, *6317 Wilshire Blvd., ✆ (323) 852-6000, www.hotelwilshire.com; neues umweltfreundliches Boutiquehotel in Beverly Hills mit schicken Zimmern und viel Komfort.*

InterContinental Hotel – Los Angeles Century City $$$$, *2151 Ave. of the Stars, Century City, ✆ (310) 284-6500, www.intercontinentallosangeles.com; schlicht-moderner Betonbau mit 363 hervorragend ausgestatteten und geräumigen Zimmern und Suiten. Balkone mit traumhafter Aussicht. Restaurant, Bar, Schokoladenshop und empfehlenswertes Spa zugehörig.*

Beverly Hills Hotel $$$$$, *9641 Sunset Blvd., Beverly Hills, ✆ (310) 276-2251, www.beverlyhillshotel.com; ehrwürdiger, pinkfarbener Hotelpalast inmitten einer Parkanlage,*

Das InterContinental Hotel gehört zu den Geheimtipps in Los Angeles

aufwändig renoviert. 194 Zimmer und Bungalows mit allen denkbaren Annehmlichkeiten, absolute Luxusklasse und entsprechend teuer.

Chateau Marmont Hotel $$$$-$$$$$, *8221 Sunset Blvd., Hollywood, ✆ (213) 656-1010, www.chateaumarmont.com; 1927 erbautes, elegantes Hotel im europäischen Stil, zentral in Hollywood gelegen. Lange Liste berühmter Gäste.*

Maison 140 Beverly Hills $$$, *140 S. Lasky Dr., Beverly Hills, ✆ (310) 2814000, www.maison140beverlyhills.com. Kleines, ruhig am Rand des Golden Triangle gelegenes Boutiquehotel mit 44 Zimmern und kleiner Bar.*

Sportsmen's Lodge Hotel $$–$$$, *12825 Ventura Blvd., Studio City, ✆ (818) 769 4700, www.sportsmenslodge.com; nur ca. 5 km von den Universal Studios entfernt gelegenes Familienhotel mit 190 Zimmern, Lokalen und Pool.*

Beach Cities

Cadillac Hotel $$, *8 Dudley Ave, Venice, ✆ (310) 399-8876, www.thecadillachotel.com; am lebhaften Venice Beach gelegene, einfache Unterkunft in renoviertem Art-déco-Bau. 40 saubere Zimmer, Sauna, Fitness-Studio.*

Ocean View Hotel $$-$$$, *1447 Ocean Ave, Santa Monica, ✆ (310) 458-4888, www.oceanviewsantamonica.com; nettes, helles Haus in zentraler Lage, 66 gute Zimmer (die Deluxe-Zimmer mit Balkon und Seeblick sind am schönsten), inkl. Frühstück.*

Loews Santa Monica Beach Hotel $$$$$, *1700 Ocean Ave, Santa Monica, ✆ (310) 458-6700, www.santamonicaloewshotel.com; angenehme Herberge der Luxus-Kategorie in Gehweite zum Santa Monica Pier. 311 Zimmer und 35 Suiten mit allen Annehmlichkeiten, hochgelobtes Restaurant FIG, Bars auch am Pool, Spa und Fitness Center.*

Flughafennähe

Travelodge Hotel at LAX $$, *5547 W. Century Blvd, I-405, ✆ (310) 649-4000, www.travelodgelax.com; preiswerte 147 Zimmer auf zwei Ebenen mit Coffeeshop und Pool sowie Airport Shuttle und Frühstück inklusive.*

Crowne Plaza $$$, *5985 W. Century Blvd., ✆ (310) 642-7500, www.ichotelsgroup.com; internationales Haus der oberen Mittelklasse. 610 komfortable Zimmer, Restaurant, Bar, Swimmingpool, Spa, Fitness-Center, Shuttleservice LAX.*

Anaheim

siehe Disneyland, S. 188

Portofino Inn & Suites $$$, *1831 S. Harbor Blvd., ✆ (714) 782-7600, www.portofinoinnanaheim.com; günstige DZ, auch Familiensuiten, in modernem, großzügig angelegtem Hotelkomplex; Packages inklusive Tickets für den Vergnügungspark.*

Restaurants

Los Angeles ist eine kulinarische Metropole und es gibt kaum eine ethnische Küche, die hier nicht zu finden wäre. Der Weitläufigkeit der Region und die Kurzlebigkeit vieler Betriebe machen Empfehlungen schwierig. Dominierend sind als Richtungen lokal-kalifornische und die mexikanische Küche.

Für den preiswerten Imbiss ist in Downtown der **Grand Central Market**, *wo es Tortillas und Burritos billig gibt, ideal. Auch in* **El Pueblo** *gibt es mexikanische Spezialitäten, allerdings teurer.* **Little Tokyo** *und* **Chinatown** *sind ebenfalls gut für einen preiswerten Imbiss geeignet. Die Preise in Hollywood und der Westside sind dagegen eher gehoben, schließlich speisen hier die Stars. Preiswert sind die Filialen der lokal verbreiteten Diner-Kette* **Ruby's** *(1950er-Stil), von* **Mel's** *oder* **In-N-Out Burger**. *Auch im* **L.A. Farmers Market** *kommt man gut und günstig weg. Tipps zu den aktuell angesagten Restaurants gibt es unter:* **http://la.eater.com**. *Im Folgenden werden nur Telefonnummern angegeben, sofern vorherige Tischreservierung sinnvoll ist.*

BierBeisl, *9669 S Santa Monica Blvd., Beverly Hills, ✆ (310) 2717274. Der junge österreichische Spitzenkoch Bernhard Mairinger zaubert in dem gemutlichen Lokal kalifornisch-österreichische Spezialitäten. Würste nach deutschem Rezept, österreichische Weine und Biere sowie Zotter-Schokolade.*

Boxwood Café, *1020 N. San Vicente Blvd., West Hollywood, ✆ 1-866-282-4560; Starkoch Gordon Ramsay, bekannt als Kochbuchautor und TV-Chef, steht in der Küche des zum London West Hollywood Hotel gehörigen Restaurants.*

Eagle Rock Brewery, *3056 Roswell St., Glendale; Microbrewery mit Kneipe in ehemaliger Textilfabrik unter Verwendung alter Molkereitanks. Bier unterschiedlicher Sorten und schmackhafter Imbiss.*

El Cholo, *1121 S. Western Ave., nahe Koreantown; bodenständiger und preiswerter Mexikaner mit Terrasse und Bar. Seit den 1930ern werden hier Tacos und andere mexikanische Leckereien in großen Portionen serviert, dazu Margaritas.*

Mel's Drive-In, *1650 N. Highland Ave.; neben dem Hollywood Museum, hier wurde „American Graffiti" gefilmt. Es gibt Frühstück, Lunch und Dinner. Weitere Filialen.*

Pete's Café & Bar, *400 S. Main St.; Downtown-Lokal im eher altmodischen Stil, von Locals frequentiert. Moderne amerikanische Küche, u. a. Burger und „killer blue-cheese fries".*

Philippe, *1001 N. Alameda/Ord St., Chinatown; seit 1908 in Familienbesitz befindliche Cafeteria, preiswerte typisch amerikanische Gerichte in großen Portionen. Angeblich wurden hier die „french dipped", in Sauce getunkte Sandwiches, erfunden. Die Tasse Kaffee kostet 10 c. Ebenso legendär sind die pickled pigs' feet mit hausgemachtem Senf.*

Phò Restaurant, *942 N. Broadway, Chinatown; „Pho" bezieht sich auf die vietnamesische Nudelsuppe, die hier schwerpunktmäßig serviert wird. Dazu gibt es auf der Speisekarte auch Eggrolls und Fleisch, z.B. Rice & Pork Chop, in großen Portionen und zu günstigen Preisen, schnell und effizient.*

Pig'n Whistle, *6714 Hollywood Blvd., Hollywood, ✆ (323) 463-0000; eine Institution neben dem Egyptian Theatre seit 1927.*

Pink's Famous Chili Dogs, *709 N. La Brea Ave., Hollywood; seit 1939 gibt es hier die besten Hot (und Chili) Dogs der Stadt – dafür stehen selbst die Stars Schlange!*

Wonder Bakery, *943 N. Broadway, Chinatown, tgl. 7.15–mind. 21 Uhr; Bäckerei, die traditionelles asiatisches Backwerk wie sweet-bean pies, Soft Buns oder Fleischtaschen, dazu Cremekuchen u.a. amerikanische Spezialitäten, Espresso, Smoothies und Säfte anbietet.*

Urth Caffe, *8565 Melrose Ave., West Hollywood; organische Kaffees, Tees und vegane Desserts als Spezialitäten, daneben leckere Backwaren. Filialen in Santa Monica und Beverly Hills.*
Yojisan, *260 N Beverly Dr., Beverly Hills, ✆ (424) 245-3799. Japanisches Restaurant mit kreativen Gerichten, auch Sushi und Sashimi. Top-Service.*
Wurstküche, *800 E. 3rd St., nahe Arts District; Hot Dogs, Sandwiches und viel Vegetarisches, in erster Linie berühmt für die Würste (auch vegetarisch).*
17th Street Café, *1610 Montana Ave., Santa Monica, ✆ (310) 453-2771; Café und Bäckerei sowie Restaurant mit kalifornischen Spezialitäten, von morgens bis abends serviert.*

Einkaufen

Da es nicht ein, sondern mehrere Stadtzentren gibt, liegen die Einkaufsmöglichkeiten weit auseinander. Es bietet sich an, einen Einkaufsbummel in das Besuchsprogramm einzubauen, daher nachfolgend auch keine Einzeltipps, sondern Hinweise auf Shopping-Areale.
Im Zentrum von Hollywood liegt der Einkaufskomplex **Hollywood & Highland**, *im Umfeld v.a. zahlreiche Souvenirshops. Lohnend sind die kleinen Läden entlang der Melrose Avenue in* **West Hollywood**. *Ebenfalls im Westen der Stadt, begrenzt von West Hollywood (N), Beverly Hills (W), Highland (O) und Wilshire Ave. (S) erstreckt sich der* **Fairfax District**. *Das Viertel um die Fairfax Avenue ist eine jüdische Enklave, hier sind aber auch trendige Avant-Garde- und Secondhand-Mode, Boutiquen und Kunstgalerien sowie Antiquariate, Feinkostläden und natürlich der berühmte* **L.A. Farmers' Market** *zu Hause. Daneben liegt* **The Grove** *(3rd St./Fairfax Ave.), ein schickes Einkaufszentrum. Die W. 3rd St. verbindet es mit einer weiteren großen Mall, dem* **Beverly Center** *(8500 Beverly Blvd., Beverly Hills). Die* **Third Street**, *besonders im Abschnitt zwischen La Cienega und Crescent Heights Blvd., ist bekannt für ihre Vielzahl an ausgefallenen Boutiquen, Bookshops, Cafés und Geschenkläden.*

Die Haupt-Shoppingachse von West Hollywood ist der **Sunset Strip**. *Damit ist der Streifen des Sunset Blvd. zwischen Crescent Heights Blvd. im Osten und Doheny Dr. im Westen gemeint. Besonders um die zentrale* **Sunset Plaza** *reihen sich exklusive Läden und schicke Straßencafés auf. Obwohl für die meisten Normalbesucher die Preise in den Läden des* „**Golden Triangle**“ *in Beverly Hills, zwischen Rodeo und Beverly Dr., zu hoch sein dürften, muss man den* **Rodeo Drive** *gesehen haben.*

Gut geeignet zum Shopping ist der **Fashion District** *(www.fashiondistrict.org) in Downtown L.A. Hier verteilen sich preiswerte Modeläden um 9th und Los Angeles St. sowie gehäuft im Cooper Building (860 S. Los Angeles St.), dem gegenüberliegenden California Mart (110 E. 9th St., www.californiamarketcenter.com) und dem New Mart (127 W. 9th St., www.newmart.net). Das* **FIDM** *(Fashion Institute of Design & Merchandising) betreibt einen Designerladen mit preiswerten Arbeiten der Studenten (919 S. Grand Ave., https://thefidmmuseumstore.org). Das Innenstadtareal um den* **Grand Central Market** *(317 S. Broadway) ist eindeutig mexikanisch geprägt, wohingegen man in* **Little Tokyo** *(San Pedro St., Downtown) und* **Chinatown** *(N. Broadway, Downtown) zum Shoppen in ganz andere Welten eintauchen kann.*
FIGat7th *(735 S. Figueroa St.) ist eine neue Openair-Shoppingmall mit Läden, Imbissständen und vielerlei Events.*

Im Stil einer europäischen Fußgängerzone präsentiert sich die **Third Street Promenade** *in der Küstengemeinde Santa Monica mit Läden, Cafés und Straßenkünstlern. Schnäppchen-*

jäger sollten die etwa halbstündige Fahrt in den östlichen Vorort Ontario in Kauf nehmen: Die **Ontario Mills**, *an der Kreuzung der Autobahnen I-10 und I-15, gelten als größte Outlet-Mall (Fabrikverkauf) in Kalifornien mit über 200 Läden bekannter Markenfirmen. Weitere große Einkaufszentren sind die* **Glendale Mall** *(Glendale) oder die* **Westfield Shopping Centers** *(www.westfield.com/us/) in Century City und Culver City.*

Tipp

Los Angeles ist bekannt für seine hervorragend sortierten **Museumsläden**. Herausragend sind beispielsweise die Shops des LACMA (L.A. County Museum of Art), des California ScienCenter, des NHM (Natural History Museum), des MoCA (Museum of Contemporary Art), des Getty Center und der Getty Villa sowie jener des kleinen, aber feinen Craft & Folk Art Museums und - zwar kein Museum - der Disney Concert Hall.

Strandleben

Bei so vielen Stränden kann die Wahl zur Qual werden. Allgemeine **Infos** *gibt es unter: www.beaches.co.la.ca.us, hier einige Tipps:*
Malibu – Surfrider Beach: *Strand der Surf Subculture, mit Lagune und Bird Sanctuary Vogelschutzgebiet*
Venice Beach: *aktiv sporteln (Skaten und Radfahren, Basket-, Volleyball und Fitness) oder Leute-Beobachten (am Boardwalk oder „Muscle Beach").*
Santa Monica Beach *(nördlich Pier): gut 3 km langer Sandstrand, aktiv oder passiv*
Hermosa Beach: *Pier Plaza zum Ausspannen oder Bummeln und natürlich Sandstrand*
Manhattan Beach: *vielerlei Aktivitäten, sauberer Sandstrand*
Huntington Beach: *der Hauptstrand der Surfer, weniger frequentiert als Malibu*

Zuschauersport

Drei Basketballmannschaften spielen im **STAPLES Center** *(1111 S. Figueroa St): die berühmten Lakers, die Clippers und die Frauenprofimannschaft Sparks; dazu kommen die Eishockeycracks Kings. In* **Anaheim** *sind die Ducks (Eishockey) und die Los Angeles Angels of Anaheim (Baseball) zuhause. Weit über die Stadtgrenzen hinaus berühmt sind die L.A. Dodgers, zuhause im sehenswerten* **Dodger Stadium** *(Elysian Park Ave.).*

Im Profireigen der vier Nationalsportarten – Basketball (NBA), Baseball (MLB) und Eishockey (NHL) – fehlt nur Amerian Football (NFL), dafür bieten aber die beiden großen Unis UCLA und USC College Football. Darüber hinaus gibt es zwei Fußballclubs in der höchsten Liga (MLS, Major League Soccer): Galaxy und Chivas. Sie spielen beide in Carson, im Home Depot Center (18400 Avalon Blvd.).

Infos und Tickets:
Anaheim Ducks *(NHL – Eishockey), http://ducks.nhl.com*
L.A. Angels of Anaheim *(MLB – Baseball), http://losangeles.angels.mlb.com*
L.A. Clippers *(NBA – Basketball), www.nba.com/clippers*
C.D. Chivas USA *(MLS – Fußball), www.cdchivasusa.com*
L.A. Galaxy *(MLS – Fußball), www.lagalaxy.com*

L.A. Lakers *(NBA – Basketball), www.nba.com/lakers*
L.A. Kings *(NHL – Eishockey), http://kings.nhl.com/*
L.A. Sparks *(WNBA– Frauenbasketball), www.wnba.com/sparks*
L.A. Dodgers *(MLB – Baseball), http://losangeles.dodgers.mlb.com*
USC Trojans *(College Football & Basketball), www.usctrojans.com*
UCLA Bruins *(College Football & Basketball), www.uclabruins.com*

Verkehrsmittel

Kernstück des öffentlichen Nahverkehrs ist **METRO**, *der etwa 200 Stadt- und Expressbusslinien sowie unter Metro Rail sechs Stadtbahnen und zwei Buslinien angeschlossen sind. Mit diesem System können alle Ziele in Downtown, aber auch einige Attraktionen im County und der näheren Umgebung erreicht werden.*

Metro Rail-Linien:

Red Line – *von Union Station durch Downtown nach Hollywood, Universal City und North Hollywood*

Purple Line – *von Union Station durch Downtown unter dem Wilshire Blvd. nach Mid-Wilshire*

Blue Line – *von Downtown (7th/Metro Center) über L.A. LIVE nach Long Beach*

Green Line – *von Redondo Beach vorbei am Flughafen (Shuttle-Bus) und der Kreuzung mit der Blue Line (Imperial/Wilmington) zum östlichen Stadtteil Norwalk*

Gold Line – *von Atlantic (östlich L.A.) über Downtown (Union Station, Chinatown) nach Pasadena*

Expo Line – *von Downtown (7th/Metro Center) zum Exposition Park und weiter nach Culver City (2013/14) und Santa Monica (2015)*

Silver Line – *Schnellbuslinie zwischen South L.A., Downtown (Stopps an L.A. LIVE, Staples Center, Walt Disney Concert Hall, MOCA, Union Station) und East L.A.*

Orange Line – *Hightech-Buslinie mit eigener Fahrttrasse von North Hollywood durch das San Fernando Valley zum Warner Center.*

Die Nutzung des Nahverkehrssystems ist preiswert und nicht allzu kompliziert, sieht man von den unzähligen Buslinien ab. Allerdings können die Fahrten angesichts der Entfernungen zum zeitraubenden Abenteuer werden. In Downtown und Hollywood ist es dank mehrerer Linien der Metro Rail und fünf **DASH-Buslinien** *($ 0,50) einfach und unkompliziert herumzukommen.*

Infos: *Metro-Busse und Metro-Rail-Infos: www.metro.net – hier können auch Pläne und Fahrpläne heruntergeladen werden.* ***Einzelfahrausweis*** *$ 1,50 (an Automaten in den Stationen), Ticket Metro Silver Line: $ 2,45; 2 Kinder unter 5 J. fahren gratis mit.* **Tagespass** *$ 5 (ebenfalls an Automaten oder in Bussen erhältlich), Wochenpass $ 20.*

Eisenbahn

AMTRAK *(Überland-) Züge verkehren von der Union Station (800 N. Alameda St.), außerdem fahren von hier Nahverkehrszüge –* **Metro Trains** *– ins Umland ab.*
Infos: www.amtrak.com bzw. www.amtrakcalifornia.com sowie www.metro.net

Metro – Los Angeles
Chatsworth
Ventura County Line
Antelope Valley Line
Nordhoff
Roscoe
Sherman Way
Warner Center
Canoga
de Soto
Pierce College
Tampa
Reseda
Balboa
Woodely
Sepulveda
Van Nuys
Woodman
Valley College
Laurel Canyon
North Hollywood
Universal City
Hollywood/Highlands
Hollywood/Vine
Hollywood/Western
Vermont/Sunset
Vermont/Santa Monica
Wilshire/Beverley
Wilshire/Normandie
Wilshire/Vermont
Wilshire/Western
Wil./Mac Arthur Park
7th St./ Metro Center
Civic Center
Pershing
Pico
23rd St.
Jefferson
Pico/Aliso
Culver City
La Cienega/Jefferson
Expo/La Brea
Farmdale
Expo/Crenshaw
Expo/Western
Expo/Vermont
ExpoPark/USC
37th St.
Slausen
Manchester
Mission
Highland Park
Southwest Mus.
Heritage Square
Fillmore
Del Mare
Memorial Park
Lake
Allen
Sierra Madre Villa
Heritage Square
Lincoln/Cypress
Chinatown
Union Station
LAC + USC Med. Ctr.
San Berardino Line
Cal State LA
El Monte
Little Tokyo/Arts District
Atlantic
Soto
Mariachi Plaza
Indiana
Maravilla
East LA Civic Center
Riverside Line
Orange County Line
Grand
San Pedro
Washington
Vernon
Slauson
Florence
Firestone
103rd St.
Imperial/Wilmington
Norwalk
Lakewood
Long Beach
Compton
Artesia
Del Amo
Wardlow
Willow
Pacific Coast Highway
Anaheim
Pacific Av.
5th St.
Transit Mail
1st St.
LAX
Free Shuttle
Aviation/LAX
Hawthorne
Crenshaw
Vermont
Avalon
Harbor Fwy
Mariposa
El Segundo
Douglas
Redondo Beach
Rosecrans
Artesia Transit Ctr.
Bahnhof
Umsteigebahnhof
Metro Rail
Transitway (Bus)
Metrolink & Amtrak
© graphic

LAX – Flughafen

Der **Los Angeles International Airport – LAX** *befindet sich an der Pazifikküste, etwa 30 km von Downtown entfernt. Mit über 61 Mio. Passagieren zählt er zu den ganz großen in den USA. Er ist Teil der „Los Angeles World Airports" (LAWA) – dazu gehören neben LAX der LA/Ontario International Airport (ONT), LA/Palmdale Regional Airport (PMD) und Van Nuys Airport (VNY). Das 1959 erbaute, ufoartige „Theme Building" bildet im Zentrum das Wahrzeichen und bietet noch dazu prächtigen Ausblick vom Encounter Restaurant oder vom Aussichtsdeck (Sa/So 8–17 Uhr, strenge Sicherheitskontrollen!). Es wird gerahmt von acht Terminals und dem neuen* **Tom Bradley International Terminal** *(TBIT).*

Sämtliche **Verkehrsmittel** *(auch Mietwagen-Shuttle) fahren im (unteren) Arrival Level vor jedem Terminal ab. Dazwischen verkehrt ein freier Shuttle (A-Shuttle), der C-Shuttle („Airport Parking") steuert das City Bus Center an, wo* **MTA-Busse** *die Greater L.A. Area bedienen. LAX-Busse (G-Shuttle) bringen Besucher gratis zur* **Metro Green Line** *Aviation Station und von dort geht es weiter Richtung Downtown. Eine direkte Verbindung der Metrolinie mit dem Flughafen hinein ist mit Fertigstellung des neuen West Terminals geplant (siehe: www.laxmasterplan.org).*

An den **Ground Transportation-Schaltern** *in jedem Terminal gibt es Auskünfte und Tickets für door-to-door shuttle van service von verschiedenen Firmen zu einzelnen Hotels (ab $ 15 einfach). Außerdem gibt es QuickAid Machines – Computerterminals –, die über verschiedene touristische Belange, auch Transportmöglichkeiten, informieren.*

Mit dem **Mietwagen** *geht es vom Mietwagenzentrum am Airport Blvd. im Osten des Flughafens via Century Blvd. zur I-405 (San Diego Fwy.), und von dort, je nach Fahrtziel nordwärts Richtung Hollywood bzw. südwärts zur I-105 und I-110 Richtung Downtown.*

Mit dem **Taxi** *kostet die Fahrt nach Downtown eine Flatrate von derzeit $ 42, ansonsten je nach Fahrtziel um einiges mehr. Die Fahrtdauer beträgt günstigenfalls zwischen 25 und 35 Minuten.*

Infos: *www.lawa.org, www.airport-la.com, www.iflylax.com.*

Ausflug nach Catalina Island

Catalina Island liegt 35 km entfernt vom Festland, dem Hafen von L.A. vorgelagert, und zählt zu den beliebtesten ganzjährigen Urlaubsdestinationen in Südkalifornien. Der erste Europäer, der die Insel *Santa Catalina* entdeckte, war 1542 *Juan Rodriguez Cabrillo*. Allerdings siedelte sich erst in den 1790er-Jahren ein buntes Völkergemisch von Amerikanern, Russen und Indianern hier an. Sie trotzten den mexikanisch-spanischen Zugriffen und lebten von der Jagd auf Seeotter. Während die Insel in den Kriegen mit Mexiko (1846–1848) den Amerikanern als Schmugglernest diente, kamen nach dem Eintritt in die Union 1850 die ersten Farmer hierher.

In den 1880er-Jahren begann der Aufstieg von Catalina Island zum Naherholungs- und Urlauberziel und schon zu Beginn des 20. Jh. lockten Resorthotels, Angelclubs und Golfplätze sowohl die Hollywood-Prominenz als auch Politiker an. Mehr und mehr Apartments und Ferienhäuser entstanden und Diskussionen wurden laut. 1975 erwarb schließlich die gemeinnützige Gesellschaft *Santa Catalina Island Conservancy* fast 90 % der Inselfläche, um sie vor weiterer Zersiedelung zu schützen.

Fantastische Natur – Hügelland, Felsenküste, Grotten und Sandstrände –, dazu eine artenreiche Flora und Fauna sind typisch für die Insel. Autochthon ist eine bestimmte Erdhörnchen-Art, ebenso der Catalina Island Fox. Selbst Büffel findet man hier; sie waren 1924 für einen Kinofilm auf die Insel gebracht worden und haben sich prächtig vermehrt.

Im gleichmäßig warmen Wasser des Pazifik kommen Taucher und Hochseeangler auf ihre Kosten und im Hauptort Avalon gilt es ein pittoreskes Stadtbild mit engen Gässchen und ohne Autoverkehr (Golf Carts als Ersatz), aber mit Lokalen, Cafés, Bars und Shops zu bewundern. Es ist nicht empfehlenswert, Catalina Island an einem Tag kennenlernen zu wollen. Ein Ausflug lohnt nur bei genügend Zeit für Wanderungen, Wassersport und Naturbeobachtung.

Reisepraktische Informationen Catalina Island

Infos

www.catalina.com und www.visitcatalinaisland.com

Fähren

Catalina Express, *www.catalinaexpress.com, etwa 30 Fahrten tägl. mit Tragflügelbooten ab San Pedro und Long Beach.*

Island Express Helicopter Service *von San Pedro (am Ferry Terminal) oder Long Beach (am Queen Mary-Pier), www.islandexpress.com.*

Unterkunft

Hermosa Hotel & Catalina Cottages $$, *131 Metropole St., Avalon, ✆ (310) 510-1010, www.hermosahotel.com; sehr schöne, zentral gelegene Unterkunft in historischem Haus von 1896. Zimmer unterschiedlicher Kategorien sowie einfachen Cottages.*

Pavilion Hotel $$-$$$, *513 Crescent Ave., Avalon, ✆ 1-800-626-1496, www.visitcatalinaisland.com/avalon/hote_pavilionHotel.php; neu renoviertes Hotel mit 71 Zimmern direkt am Strand, inkl. Frühstück, abends Wein und Käse.*

Camping

Auf der Insel gibt es fünf komfortable Camping- und mehrere primitive Zeltplätze (Conservancy Cove Camps – nur per Boot zugänglich). Infos: www.visitcatalinaisland.com.

5. ZWISCHEN LOS ANGELES UND LAS VEGAS

Route nach Las Vegas

Routenhinweise

Der schnellste Weg zwischen L.A. und Las Vegas beläuft sich auf etwa 450 km auf der I-15 und ist in etwa fünf Stunden zu bewältigen. Die hier vorgeschlagene **Route nach Las Vegas** bezieht sich jedoch nicht auf den schnellsten Weg, sondern bietet zwei interessante Varianten: ① über Palm Springs und den Joshua Tree NP und/oder ② durch die Mojave-Wüste und den Death Valley NP. Man sollte sich dafür 3 Tage Zeit lassen; will man beide Routen verknüpfen, sind 4-5 Tage angeraten.
Wer als Besichtigungsschwerpunkt den Südwesten wählt und Zeit hat, für den bietet sich eine **Alternativroute** Richtung Grand Canyon an, die ebenfalls kurz vorgestellt werden soll: von L.A. über San Diego nach Flagstaff/AZ. Für die Stationen Los Angeles - San Diego - Tucson - Phoenix - Flagstaff sollte man 8 Tage einplanen.

Redaktionstipps

Sehens- und Erlebenswertes

- Bummel durch die Oasenstadt **Palm Springs** (S. 201)
- Fahrt mit der Seilbahn auf den **Mount Jacinto** und kurze Wanderung auf dem Gipfel (S. 204)
- Kunst im **Palm Springs Art Museum** (S. 205)
- Besuch der sehenswerten **Indian Canyons** (S. 205)
- Kennenlernen der Flora und Fauna der Region im **Living Desert Museum** (S. 206)
- Zumindest eine kurze Wanderung im **Joshua Tree NP** (S. 208) unternehmen
- Besuch des **Death Valley** (S. 212) mit Geröllfeldern, Sanddünen, vielfarbigen Bergen und dem tiefsten Punkt Nordamerikas

Übernachten

- **La Quinta Resort & Club** (S. 207) gilt als „Grand Dame" der Resorthotels der Region Palm Springs
- Übernachten im historischen **Furnace Creek Inn** inmitten des „Tals des Todes" (S. 217)

Palm Springs und das Coachella Valley

Verlässt man L.A. auf der I-10, erreicht man nach Überquerung der San Bernadino Mountains Palm Springs und das Coachella Valley. Auf der Fahrt fallen zunächst ausgedehnte **Windfarmen (1)** mit Tausenden und Abertausenden von Windmühlen in einer kargen Wüstenlandschaft ins Auge. Kalifornien ist weltweit führend in der Nutzung von Windenergie.

Nähert man sich dem Tal, gleicht dieses einer lang gestreckten, üppig grünen Fata Morgana mitten im Wüstensand. Palm Springs ist die größte und interessanteste Stadt innerhalb einer Kette von zusammengewachsenen Orten am Hwy. 111, parallel zur I-10. Am westlichen Ende des Coachella Valley, in der Sonora-Wüste gelegen und nur zwei Autostunden von Los Angeles entfernt, reihen sich von Norden nach Süden die Siedlungen Palm Springs, Cathedral City, Rancho Mirage, Palm Desert, Indian Wells – das Tennismekka –, La Quinta und Coachella aneinander. Nördlich der I-10 sind es Desert Hot Springs, Thousand Palms und Indio.

Das **Coachella Valley** wird von den Little San Bernardino Mountains im Norden, den San Jacinto Mountains im Westen und den Santa Rosa Mountains im Süden eingerahmt und ist so wirkungsvoll gegen Regenwolken abgeschirmt, dass Wüstenklima herrscht.

Dass ausgerechnet hier eine paradiesische Oase entstehen konnte, geht auf **Mineralquellen** zurück, die von den Ureinwohnern seit Jahrhunderten zu Heilzwecken genutzt worden waren und die ab dem Jahr 1853 auch weiße Siedler zu schätzen lernten. Mit der Blüte der Filmindustrie in Hollywood entdeckte ab den späten 1930er-Jahren die Filmbranche den Ort mit seinen Quellen und den über 300 Sonnentagen als perfektes **Rückzugsidyll**. Ein Erholungsrefugium und schließlich **Touristenzentrum** am Rand des Joshua Tree NP entstand.

Durch den Entertainer *Bob Hope* forciert, entwickelte sich Palm Springs zur **Golf-Metropole** mit heute über 90 Plätzen, auf denen sich Stars und Größen dieses Sports ein

Stelldichein geben. Internationale Bedeutung haben daneben die **Tennisturniere**, insbesondere das von Indian Wells. Schließlich locken Galerien und Modeboutiquen, Resorthotels und Attraktionen und eine liberal-tolerante Atmosphäre, die Palm Springs auch beliebt in der LGBT-Gemeinde macht.

Palm Springs Aerial Tramway (2)

Auf dem Hwy. 111 (N. Palm Canyon Dr.) gelangt man ins Zentrum von Palm Springs, das sich zwischen Palm Canyon Dr. und Indian Ave. ausbreitet. Dort reihen sich Shops und Galerien, Cafés und Lokale auf. Am nördlichen Ortseingang führt die Tramway Rd. zur Talstation der berühmten Gondelbahn, der **Palm Springs Aerial Tramway**. Die von einer Schweizer Firma 1963 installierte Seilbahn bringt im Halbstundentakt Touristen, Skifahrer und Bergwanderer hinauf zur 2.597 m hohen Gipfelstation.

Lange Wanderwege und angenehmes Klima

Von dort aus ist ein Wanderweg zum Gipfel des knapp 3.300 m hohen **Mount Jacinto (3)** markiert. Trotz des relativ hohen Preises ist der Ausflug unbedingt zu empfehlen, da man in Palm Springs oder anderen Orten in der heißen Talsohle nicht ahnt, wie bewaldet und angenehm kühl die höheren Regionen sind. Gut 80 km an Wanderwegen stehen zur Verfügung, es gibt (primitive) Campingplätze und von Mitte November bis Mitte April ist Wintersport möglich. Selbst im Hochsommer liegen noch Schneereste auf dem Mt. Jacinto. In der Bergstation gibt es eine Cafeteria und ein Restaurant und besonders schön ist es, dort bei Sonnenuntergang einzukehren.
Palm Springs Aerial Tramway, *Tramway Rd., www.pstramway.com, Mo–Fr ab 10, Sa/So ab 8, letzte Tram hinauf 20 Uhr, ins Tal 21.45 Uhr, $ 23,25, mit Dinner $ 36.*

Ein kleines Stückchen von der Talstation entfernt, versorgt das **Palm Springs VC (4)** (*2901 North Palm Canyon Dr.*) die Besucher mit Infomaterial aller Art.

Die Aerial Tramway bringt Besucher von der Wüste ins Hochgebirge

Palm Springs Art Museum (5)

Im Stadtzentrum, am Museum Dr., liegt das moderne und großzügig angelegte **Palm Springs Art Museum**. Die naturgetreu nachgestellten Dioramen und naturwissenschaftlichen Zeugnissen zum Leben in der Region gleich rechter Hand des Zugangs sind etwas für naturwissenschaftlich Interessierte. Western American Paintings, darunter Landschaften von *Charles M. Russell*, und indianische Kunst sind im Erdgeschoss ebenso zu sehen, dazu eine große Abteilung zur Wildwestkunst, die *George Montgomery*, Schauspieler, Künstler, Sammler und Freund *Ronald Reagans*, zusammengetragen hat.

Naturwissenschaft und Wildwestkunst

Eine Besonderheit, die ihresgleichen sucht, ist die Miniaturensammlung von *Leo S. Singer*. Außerdem werden Wechselausstellungen gezeigt und verfügt das Museum über einen von *Frank Sinatra* gestifteten Skulpturengarten, ein Theater und einen Museumsshop.
Palm Springs Art Museum, *101 Museum Dr., www.psmuseum.org, Di–So 10–17, Do 12–20 Uhr, $ 12,50.*

Indian Canyons (6)

Rund 8 km südlich von Palm Springs erstreckt sich die größte natürliche Fächerpalmenoase Nordamerikas. Sie befindet sich auf dem Land der **Agua Caliente Band of Cahulla Indians** und ist daher Zugangsbeschränkungen unterworfen. Der Stamm betreibt das **Agua Caliente Cultural Museum** (*219 S. Palm Canyon Dr., www.accmuseum.org, Mi–Sa 10-17, So 12-17, Juni/Aug. nur Fr–So*), ein kleines, etwas angestaubtes Museum, das einmal in einen Neubau in Downtown Palm Springs umziehen soll und über Geschichte und Kultur der *Agua Caliente Band of Cahuilla Indians* und anderer *Cahuilla*-Stämme informiert.

Auf der Fahrt zu den Indian Canyons kommt man am **Palm Springs Spa Hotel & Casino** (*140 N. Indian Canyon Dr, www.sparesortcasino.com*) vorbei. Wo sich heute in 230 Zimmern und mehreren Mineralpools Erholungssuchende tummeln und Spielwütige 24 Stunden im Casino verbringen, befand sich ursprünglich ein Zeremonienplatz der Indianer, die die heißen Quellen zu Heilzwecken nutzten. Bei den Canyons handelt es sich um vier enge Schluchten von bizarrer Schönheit.

Zeremonienplatz der Indianer

Die Zufahrt zu den anderen Canyons (gebührenpflichtig) erfolgt über den S. Palm Canyon Drive, ein Stückchen südlich. Dazu gehört der **Palm Canyon**, etwa 20 km lang, mit einzigartiger Flora und Fauna, v.a. üppigen Palmen (*Washingtonia filifera*). Der **Andreas Canyon** ist für seine Fächerpalmenoase und 150 weitere Pflanzenarten im Umkreis von weniger als einem Kilometer bekannt. Auch hier gibt es einen lohnenden Fußpfad vorbei an Palmen und ungewöhnliche Felsformationen, zum Teil mit indianischer Felsmalerei, zum Andreas Creek, der sich im Frühjahr in prächtige Blütenpracht hüllt. Der **Murray Canyon** ist vom Andreas Canyon aus erreichbar (südlich). Weniger besucht, hat er mit seiner Ruhe und Einsamkeit seinen eigenen Charme (ca. 6 km Rundtrip).

Im **Tahquitz Canyon**, bekannt für seine Wasserfälle und eine Vielfalt an Pflanzen und Wild, ist ein neues *Agua Caliente Cultural Museum* (s. oben) geplant. Bereits fertig ge-

Faszinierende Wüstenlandschaft in den Indian Canyons

stellt wurde ein neues VC mit Ausstellung, Aussichtsplateau, Filmvorführung und Shop.

Indian Canyons *(Palm, Andreas, Murray Canyon), www.indian-canyons.com, tgl. 8–17 Uhr, Juli–Sept. nur Fr–So, $ 9, Rangertouren $ 3 extra (1,5 Std.).*

Tahquitz Canyon, *www.tahquitzcanyon.com, tgl. 7.30–17 Uhr, Juli–Sept. nur Fr–So, $ 12,50, auch Rangertouren (8/10/12/14 Uhr, ca. 2,5 Std.).*

The Living Desert (7)

Wüsten der Welt

Eine weitere Attraktion des Tals befindet sich in der Ortschaft Palm Desert, rund 20 km südöstlich von Palm Springs. **The Living Desert** ist ein außergewöhnlicher, seit 1970 existierender Botanischer Garten und Zoo auf einer Fläche von knapp 500 ha. Es gibt derzeit zwei große Areale, die die Wüsten Nordamerikas und Afrikas nachempfinden; weitere Ausstellungsareale zu den übrigen Wüsten der Welt entstehen nach und nach. Sehenswert sind das *WaTuTu Village* – ein afrikanischer Dorfplatz, auf dem Vorführungen und Veranstaltungen stattfinden – und die *Madagascar Gardens*. Für europäische Besucher lohnt besonders **North American Desert**, denn hier kann man sich umfassend mit Flora und Fauna der Wüste beschäftigen, die einzelnen Wüstenpflanzen studieren und die sonst nur nachtaktiven Bewohner der Wüste aus der Nähe sehen. Es gibt diverse Vorführungen um 11 und 14 Uhr *(Okt.–Mai)* im Amphitheater und mehrere Lokale und Shops.

The Living Desert, *47900 Portola Ave., www.livingdesert.org, tgl. 9–17 Uhr, im Sommer nur bis 13.30 Uhr, $ 17,25.*

Weitere Sehenswürdigkeiten im Coachella Valley

Wer genügend Zeit hat, kann auf dem gut ausgebauten Hwy. 74 hinauf in die Bergwelt fahren, wo es deutlich kühler als im Tal ist und, wie die Vegetation zeigt, mehr Niederschlag fällt. Es lohnt sich, zumindest bis zum ersten **Vista Point (8)** zu fahren, von dem aus der Blick über das gesamte Coachella Valley und bis zum Gipfel des San Jacinto reicht.

Ältestes Resorthotel des Coachella Valley

An **Indian Wells** schließt sich **La Quinta** an und hier liegt das älteste und bis heute wohl schönste Resort des Coachella Valley: der **La Quinta Resort & Club (9)**. 1926 als äußerst luxuriöse Unterkunft in der Wüste gebaut, sprachen sich in der Szene des aufblühenden Hollywood bald der Charme und Komfort der „casitas" herum, und immer mehr illustre Stars fanden den Weg hierher, viele wurden Stammgäste. Inzwischen ist die Anlage mehrfach modernisiert und ausgebaut worden und bietet noch immer höchsten Luxus.

Indio, die östlichste Gemeinde des Tals, ist nicht nur die erste, die in der Wüste entstand, sondern mit nunmehr 76.000 Einwohnern auch die größte. Ihr Stadtbild ist deutlich weniger mondän als das der Nachbarorte. Dafür spielt hier die Pferdezucht eine wichtige Rolle: Gestüte, das *equestrian center* und Polofelder legen davon Zeugnis ab. Außerdem ist die Landwirtschaft ein wichtiger Wirtschaftsfaktor. Von der Qualität der Weintrauben und Datteln kann man sich an Straßenständen selbst überzeugen – 95 % der amerikanischen Datteln stammen von hier!

Entspannen in heißen Quellen

Nicht am Hwy. 111, sondern knapp 20 km nördlich von Palm Springs und jenseits der I-10 liegt die boomende Gemeinde **Desert Hot Springs (10)** (*www.deserthotsprings.com*), die auch den Beinamen „Spa Capital" trägt. Verantwortlich für den schnellen Aufstieg ab den 1980ern war die touristische Nutzung einer Vielzahl heißer Quellen. Inzwischen gibt es über 40 Resorts, Hotels und Motels, zudem findet man hier die schönsten Campingplätze des Tals.

! Sicherheitstipps in der Wüste

- *Bei Wanderungen, aber auch bei Autofahrten, auf genügend Wasser und Sonnenschutz (Kopfbedeckung, Sonnenbrille, -creme) achten. Die Sommermonate sind wegen der Hitze nicht die beste Reisezeit.*
- *Niemals alleine wandern und immer andere wissen lassen, wohin die Wanderung geht und wie lange man unterwegs zu sein plant.*
- *Die Wüste ist alles andere als tot, daher Sicherheitsabstand zu Wildtieren halten und nicht füttern. Insbesondere auf Klapperschlangen, Skorpione und Taranteln achten, die sich gerne unter Steinen verstecken.*
- *In den Wüsten gibt es Hunderte verlassener Stollen, die noch nicht gesichert oder zugeschüttet sind. Ihr Betreten ist lebensgefährlich.*
- *Vorsicht bei Regen: Nach Wolkenbrüchen kann das Wandern in ausgetrockneten Flusstälern riskant sein. Sturzbäche kündigen sich nicht lange vorher an und selbst asphaltierte Straßen können schnell über- und unterspült werden.*

Joshua Tree National Park

Über zwei Routen gelangt man von Palm Springs zum benachbarten **Joshua Tree NP**, der sich über ein riesiges Areal von 200.000 ha nördlich der I-10 ausbreitet: auf Hwy. 62, vorbei an den Ortschaften *Morongo Valley* und *Yucca Valley* stößt man in *Joshua Tree* an den Abzweig zum **West Entrance** (Park Blvd.). Folgt man dem Hwy. 62 weiter nach **Twentynine Palms**, gelangt man zum **North Entrance**. Den **South Entrance** erreicht man hingegen über die I-10 (Exit 168), östlich des Coachella Valley.

Zusammentreffen zweier Ökosysteme

Der Nationalpark liegt im Übergangsbereich zwischen Mojave- und Sonora-Wüste. Die Tatsache, dass zwei Wüstentypen und Ökosysteme hier aufeinandertreffen, macht ihn nach dem Death Valley zum wohl interessantesten Teil der kalifornischen Wüsten. Im amerikanischen Südwesten gibt es gleich vier davon: **Chihuahua-, Sonora-, Mojave- und Great-Basin-Wüste**. Während im Südosten Kaliforniens nur Mojave und Sonora Desert zu finden sind, treffen im benachbarten Arizona alle vier zusammen.

Symbolisieren die Saguaros, die Säulenkakteen, Arizonas Wüste, sind es hier im Osten Kaliforniens die **Joshua Trees**. Der Name dieser Pflanze geht auf die Mormonen zurück: Beim Anblick fühlten sich die ersten Siedler an den Gebetsgestus eines stillen Gottesverehrers in der Wüste erinnert und nannten die prägnante Pflanze daher nach der

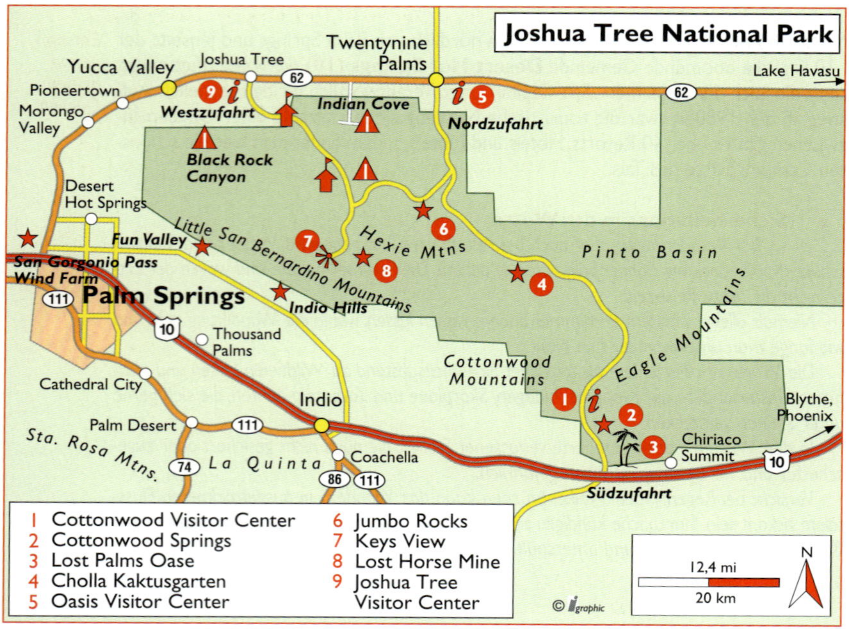

biblischen Figur Jahwe „*Joshua Tree*". Dabei handelt es sich nicht um einen Baum, sondern um ein Agavengewächs (lateinisch *Yucca brevifolia*).

Die Westhälfte des Parks mit dem Joshua Tree als Leitpflanze gehört zur höher gelegenen, feuchteren und kühleren Mojave-Wüste, während die Colorado-Wüste – Teil der weit nach Mexiko hineinreichenden Sonora-Wüste – mit den dort typischen Kreosotbüschen den Ostteil des Parks mit Höhenlagen von meist unter 600 m einnimmt; sie gilt als „low desert". Der Joshua Tree NP liegt am Ostrand der Transverse Range, und der berühmt-berüchtigte San-Andreas-Graben (jene Erdbebenfalte, an der nordamerikanische und pazifische Erdplatte aneinanderstoßen) verläuft entlang der südwestlichen Parkgrenze.

Die Wüste lebt

info

Im Joshua Tree NP, an der Übergangszone zweier Wüstenregionen, finden sich Charakteristika beider Ökosysteme. Hier gilt der Satz „Die Wüste lebt" in besonderem Maße. Außer den üblichen Insekten, Erdhörnchen, Kaninchen u.a. verbreiteten Tieren machen sich die folgenden rarer:

- **Roadrunner** (Rennkuckuck): Dieser aus Comicstrips bekannte Vogel fliegt nicht, sondern läuft durch die Wüste. Der Roadrunner ist mit dem Kuckuck verwandt und ernährt sich von Nagetieren, Reptilien, Insekten und jungen Vögeln.
- **Golden Eagle** (Steinadler): Sein goldfarbenes Nackengefieder hat dem „König der Lüfte" seinen Namen eingebracht.
- **Cojote**: Kojoten sind „Allesfresser" und ernähren sich nicht nur von Aas, Insekten, Eidechsen, Vögeln, Schlangen, Ratten, Hasen und jungen Schildkröten, sondern auch von Früchten, Nüssen und Gras. Selbst Zivilisationsabfälle werden nicht verschmäht. Charakteristisch ist das langgezogene Geheul; er kann aber auch wie ein Hund bellen.
- **Jackrabbit** (Präriehase): Das wichtigste Beutetier der Wüste hat ein dichtes, dunkles Fell, das für eine gute Tarnung sorgt.
- **Kangaroo Rat** (Kängururatte). Kleines Nagetier, das sich ausschließlich von Samen ernährt, die den gesamten Flüssigkeitsbedarf decken. Typisch sind die stark ausgebildeten Hinterläufe, auf denen diese Rattenart durch die Wüste hüpft.
- **Yucca Night Lizard** (Nachteidechse). Das merkwürdige Reptil lebt in schmalen Gängen und Spalten des Joshua Tree und ernährt sich von Termiten und Ameisen.
- **Burrowing Owl** (Höhleneule): Der massige Vogel macht in der Dämmerung Jagd auf Insekten, Reptilien und Nagetiere. Die Eule baut sich kein Nest, sondern wohnt in Höhlen, die von Nagetieren eingerichtet und verlassen worden sind.
- **Bobcat** (Luchs): Die scheue Wildkatze ist das schnellste Landtier der Wüste und geht meist nachts auf Jagd.
- **Tarantula** (Tarantel): Die Wüstenspinne lebt von Insekten. Ihr Biss it für Menschen weder giftig noch tödlich, lediglich sehr schmerzhaft.
- **Rattlesnake/Sidewinder** (Klapperschlange): Die Klapperschlangenart der Mojave-Wüste erhielt ihren Namen von der typischen Seitwärts-Fortbewegung. Bei kühlem Wetter sonnt sie sich auf Sand- oder Felsflächen, bei heißem Wetter versteckt sie sich im Schatten von Büschen und Felsen. Ihre Nahrung sind kleinere Nagetiere.

Fahrt durch den Joshua Tree National Park

Betritt man durch den South Entrance den Park, erreicht man wenige Meilen nach Verlassen der I-10 das **Cottonwood Visitor Center (1)** mit kleiner Ausstellung zur Geologie, Pflanzen- und Tierwelt des Parks. Etwa 2 km davon entfernt befindet sich die künstlich angelegte Palmenoase von **Cottonwood Spring (2)**. Nur über einen gut 6 km langen Wanderweg ist die **Lost Palms Oase (3)** mit üppigem Palmenbestand erreichbar. Man durchquert das Pinto Basin, eine Ebene in der Colorado-Wüste, durch die sich in grauer Vorzeit ein breiter Fluss zog. Die Vegetation dieser Region kann man am besten auf einem Lehrpfad durch den **Cholla Cactus Garden (4)** studieren. Neben Bigelow-Kakteen prägen die fächerartigen, filigranen **Ocotillos** *(Fouquieria splendens)*, Kreosotbüsche und andere Pflanzen diesen „Garten".

Wie Prediger in der Wüste, Joshua Tree im gleichnamigen Nationalpark

Die Parkstraße windet sich vom Pinot Basin hinauf zur Mojave-Wüste, und in der gut sichtbaren Übergangszone trifft die für beide Wüsten typische Pflanzen- und Tierwelt zusammen. Schließlich erreicht die Straße den Park Boulevard, der den West und North Entrance miteinander verbindet. Wer Zeit hat, sollte einen kurzen Abstecher durch den North Entrance zum **Oasis Visitor Center (5)** in Twentynine Palms unternehmen, ansonsten geht es auf dem Park Blvd. Richtung West Entrance, tiefer hinein in die Mojave-Wüste. Ihre schroffen Berge türmen sich bis 1.800 m hoch auf und es kann im Winter nachts sehr kalt werden. Charakteristisch sind verwitterte Granitblöcke, die aus der Ebene herauszuwachsen scheinen und wie verkleinerte Abbilder des australischen *Ayers Rock* wirken. Formationen wie **Jumbo Rocks (6)** stellen ein Eldorado für Kletterer dar.

Die asphaltierte Straße führt weiter durch das **Queen Valley**, wo man auf einem nicht übermäßig anstrengenden 3 km langen Wanderweg den 1.660 m hohen Gipfel des Ryan Mountain ersteigen kann. Lohn des Aufstiegs ist der Ausblick auf die Täler von Queen, Lost Horse, Hidden und Pleasant Valley. Die Täler weisen dichte Bestände an Joshua Trees auf, in höher gelegenen Valleys kommen Mojave-Yucca (deren Wurzeln von den Indianern als Medizin und deren harte Blätterspitzen als Nähnadeln benutzt wurden), der kalifornische Wacholder und die kalifornische Fächerpalme vor.

Nützliche Mojave-Yucca

Kurz nach dem Ryan Mountain führt eine Stichstraße rund 8 km zum **Keys View (7)**. Dieser in 1.576 m Höhe gelegene Aussichtspunkt bietet erneut gute Sicht auf Täler, Berge und Wüstenlandschaft. Auf dem Rückweg bietet sich auf halber Strecke ein 2 km langer Spaziergang ostwärts zur **Lost Horse Mine (8)** an, ein historisches Bergwerk.

Der Name **„Hidden Valley"** deutet an, dass die Mojave-Wüste für Banditen und besonders für Viehdiebe als ideales Versteck genutzt wurde. Heute ist das Tal mit seinem Netz an Wanderwegen bevorzugtes Ziel der Parkbesucher. Von hier führt der Park Blvd. schließlich zum **West Entrance** und Hwy. 62.

Reisepraktische Informationen Palm Springs und Joshua Tree NP

Information

Palm Springs Visitors Information Center, *2901 N. Palm Canyon Dr., ✆ 1 (800) 347-7746, www.visitpalmsprings.com, tgl. 9–17 Uhr, siehe auch: www.palmspringslife.com.*

Joshua Tree NP, *74485 National Park Dr, Twentynine Palms, ✆ (760) 367-5500, www.nps.gov/jotr, $ 15/Pkw, mehrere VCs:*

Oasis VC, *Oasis of Mara, Twentynine Palms, tgl. 8–17 Uhr*

Joshua Tree VC, *südl. Hwy. 62, Park Blvd., in Joshua Tree, tgl. 8–17 Uhr*

Cottonwood VC, *Cottonwood Spring, tgl. 9–16 Uhr*

Black Rock Nature Center, *Black Rock Canyon, Okt.–Mai Sa–Do 8–16, Fr 12–20 Uhr, beim Black Rock Campground.*

Unterkunft

Viceroy Palm Springs $$$$, *415 S. Belardo Rd., Palm Springs, ✆ (760) 320-4117, www.viceroyhotelsandresorts.com/en/palmsprings; elegante Herberge – eine der ersten von Palm Springs – im Adobe-Baustil. 5 Gehminuten von der Innenstadt, luxuriös eingerichtete Zimmer, Studios, Suiten und Villas, Spa sowie zugehöriges Gourmet-Restaurant.*

Riviera $$$$, *1600 N. Indian Canyon Drive, Palm Springs, ✆ 1 (866) 588-8311, www.psriviera.com; großzügiges Resort der First-Class-Kategorie, 480 Zimmer, reichhaltiges Sportangebot (Pools, Tennis, Golf etc.).*

La Quinta Resort & Club $$$$$, *49-499 Eisenhower Dr., La Quinta, ✆ (760) 564-4111, www.laquintaresort.com; die „große alte Dame" der Palm-Springs-Hotellerie. 640 Zimmer in stilvollem Ambiente, casitas und Suiten im Hacienda-Stil. Sport- und Freizeitangebote.*

Aktivitäten

Pools, Spas, Tennis und Golf gehören zur Standardausstattung jedes besseren Hotels. Infos gibt es im VC bzw. im Internet unter www.visitpalmsprings.com/play.

Routenvarianten vom Joshua Tree NP nach Las Vegas

Bei der Weiterfahrt vom Joshua Tree NP nach Las Vegas bieten sich verschiedene Strecken an:

① Verlässt man den Joshua Tree NP durch den westlichen Eingang, stößt man bei der Ortschaft Joshua Tree auf den Hwy. 62. Westlich davon, kurz vor Yucca Valley, folgt man dem Hwy. 247, der nach Fahrt durch einsame Wüste nach etwa 80 mi/128 km **Barstow** erreicht. Von hier führt die I-15 entweder direkt nach Las Vegas oder es böte sich unterwegs ein Abstecher ins **Death Valley** (s. unten) an.

② Verlässt man den Park durch den westlichen oder nördlichen Eingang und fährt auf dem Hwy. 62 in östlicher Richtung weiter, erreicht man nach 90 mi einsamer Fahrt den US Hwy. 95, der nordwärts nach **Needles** führt. Unterwegs lohnt ein kurzer Abstecher zum **Colorado River** und zu dem Stausee **Lake Havasu** mit **Lake Havasu City** *(www.golakehavasu.com)*. Hier steht eine Attraktion der besonderen Art: Stadtgründer *Robert McColloch* kaufte 1968 in London die London Bridge, ließ sie Stein für Stein zerlegen und in der Wüste Arizonas wieder aufbauen. Von Needles aus folgt man weiter dem Hwy. 95, der schnurgerade nordwärts nach Las Vegas führt.

Death Valley National Park

Ein größerer Kontrast als der, den man auf der Fahrt vom hektisch-großstädtischen L.A. in die südkalifornischen Wüsten erlebt, ist kaum denkbar. Menschenleere Einsamkeit, eine scheinbar leblose Landschaft über der die Luft vor Hitze flirrt – nur wer das klimatisierte Auto und die Hauptstraße verlässt, lernt diese scheinbar lebensfeindliche Landschaft richtig kennen.

Routenvarianten

Von L.A. gelangt man auf zwei Routen zum Death Valley - eine führt zum Westzugang, die andere nähert sich dem „Tal des Todes" von Süden her:

① Auf der I-15 geht es von L.A. nach Nordosten. Nach San Bernardino schraubt sich die Autobahn über die Sierra Nevada, eines der beliebtesten Skigebiete der Region. Die hier erreichten Höhen - am Mt. Baldy über 3.000 m - sind einerseits für den winterlichen Schneefall in den Gipfellagen und an den westlichen Hängen verantwortlich, andererseits für die Niederschlagsarmut in den östlich gelegenen Wüsten. Nördlich von San Bernardino sieht man noch bewaldete Täler mit Seen und Naherholungsgebieten, dann steigt die Straße steil an und nach dem 1.277 m hohen Cajon-Pass sind bereits die ersten Ausläufer der riesigen Mojave-Wüste zu sehen. Die Vegetation besteht aus den typischen Pflanzen der Mojave-Wüste, v.a. **Joshua Trees**, vereinzelt Kakteen und niedrigem Gebüsch.

Wenige Meilen nach der Ortschaft Cajun Junction folgt man dem Hwy. 395, der schnurgerade nordwärts führt. Nach Johannesburg lohnt es, auf der Redrock Johannesburg Rd. nach Westen zum **Red Rock Canyon SP** *(www.parks.ca.gov/?page_id=631)* zu fahren, in dem schon einige Western gedreht worden sind. Nun folgt man dem Hwy. 14, der parallel zum *Los Angeles Aqueduct,* der die Millionenstadt mit dem Wasser der Sierra Nevada versorgt, verläuft und nach wenigen Meilen auf den Hwy. 395 trifft. In der Ortschaft Olancha am Owens Lake biegt man schließlich auf den Hwy. 190 ab, der ostwärts ins Death Valley führt.

② Auf der I-15 geht es nach **Barstow**, ein 1886 gegründetes Eisenbahndepot, das später als Bergbaustadt aufblühte und heute in erster Linie als Verkehrsknoten- und Versorgungspunkt fungiert: Hier kreuzen sich die I-15, 1-40 sowie die Hwy. 247 und 58. Gut 10 mi/16 km östlich Barstow führt von der I-15 ein Abzweig zur **Geisterstadt Calico** *(Exit „Ghost Town Rd.“, www.calicotown.com, tgl. 9–17 Uhr, Läden und Lokale sowie Camping, $ 7).* Hier hat man in den 1880er-Jahren erfolgreich nach Silber geschürft, und 1885 hatte die Stadt 3500 EW, zwei Hotels, eine Kirche und besaß 13 Saloons und sogar eine kleine Chinatown. Nach zwei Bränden wurde die Kleinstadt zur *Ghost Town,* allerdings wurde das Gelände ab 1950 zu einer Art Vergnügungspark und Freiluftmuseum mit Restaurants, Shops und Entertainment ausgebaut.

Fahrt durch die Mojave-Wüste

Ganz in der Nähe liegt die archäologische Ausgrabung der **Calico Early Man Site**. Die Funde sind bis zu 80.000 Jahre alt, älter als alle anderen in Amerika, aber in der Fachwelt sehr umstritten. Die Weiterfahrt auf der I-15 zeigt die großartige Weite der Wüste. In der kleinen Ortschaft **Baker** zweigt der Hwy. 127 von der I-15 in nördliche Richtung ab. Nach dem Nest Shoshone ergibt sich via Hwy. 178 die erste Möglichkeit, in den Death Valley NP abzubiegen. Folgt man dem Hwy. 127 weiter nordwärts, kann man nach etwa 30 mi/48 km über den Hwy. 190 ebenfalls in den NP hineinfahren.

Das Death Valley

Obwohl das Tal des Todes den nordöstlichen Teil der Mojave-Wüste bildet, ist es ganz anders und gehört zweifellos zu den herausragenden Landschaftserlebnissen des amerikanischen Westens. Das war auch der Grund, warum Präsident *Roosevelt* das Tal des Todes schon 1933 zum „National Monument" erklärte; 1994 wurde daraus ein „National Park". Das Tal selbst macht dabei nur einen kleinen Teil aus, der größere besteht aus hohen Gebirgszügen, tiefen Canyons und Hochebenen mit *Joshua Tree*-Wäldern. Während die Gipfel Höhen von mehr als 3.000 m erreichen, ist das eigentliche Death Valley eine Senke, die bei Badwater 86 m unter Meeresspiegelniveau liegt. Hier bildet

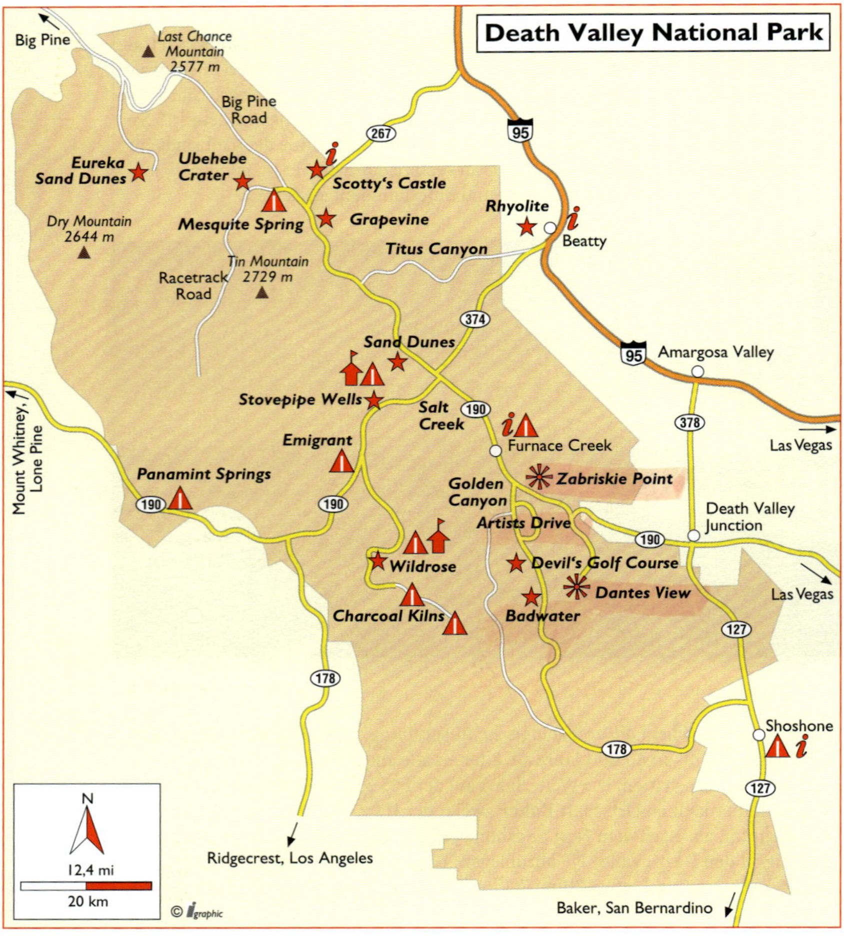

das Tal mit seinen Sand-, Stein- und Salzwüsten die **tiefste Stelle des nordamerikanischen Festlandes**.

Bei einer durchschnittlichen jährlichen Niederschlagsmenge von nur 33 mm gibt es keinerlei Wasserreservoire. Den Talboden bilden deshalb ausgetrocknete Salzseen, Geröllfelder und hohe Sanddünen. Im Gegensatz zu diesen extremen Gegebenheiten finden sich an den Hängen verschiedene Vegetationsstufen mit Halbwüstencharakter, und auf den höchsten Gipfeln der Gebirgsstränge liegt selbst im Sommer Schnee. Oberhalb der Talsohle, die nur nach Einbruch der Dunkelheit von nachtaktiven Tieren besucht wird, können u.a. Kojoten, Dickhornschafe *(bighorn sheep)*, Wildesel *(burro)* und vielerlei Greifvögel beobachtet werden.

Death Valley in Zahlen

info

Höchste gemessene Temperatur:	56,7 °C (10. Juli 1913)
Tiefste gemessene Temperatur:	-9,4 °C (8. Januar 1913)
Jahr mit dem geringsten Niederschlag:	1929, 1953 (0,0 mm)
Jahr mit dem meisten Niederschlag:	1941 (116 mm)
Tiefster Punkt:	-86 m (westlich von Badwater)
Höchster Punkt:	3.368 m (Telescope Peak)
Ältestes Gestein:	1,8 Mrd. Jahre alt
Jüngstes Gestein:	Salzkristalle, die sich permanent bilden

Unterwegs im Tal des Todes

Durch das Death Valley führen asphaltierte Straßen, wobei der **Hwy. 190** die Hauptverbindung darstellt. Er verbindet Death Valley Junction im Osten mit Owens Lake im Westen. Entlang der Straße reihen sich Versorgungseinrichtungen wie das Visitor Center und Unterkünfte (beide: Furnace Creek), ein Laden, drei Tankstellen und mehrere Campingplätze auf. Auch Hwy. 267 (nördlicher Parkabschnitt) und 374 (nach Beatty) sind uneingeschränkt verkehrstauglich, während der Hwy. 178 (südlicher Parkabschnitt, nach Shoshone) für RVs nicht zu empfehlen ist.

Hohe Berge, spektakuläre Canyons

Im Westen begrenzt die **Panamint Range** – mit den Cottonwood Mountains, dem gut 2.700 m hohen Tin Mountain sowie dem Telescope Peak, mit 3.370 m der höchste Gipfel der Region – das Death Valley. Im Osten ist es die **Amargosa Range**, die sich aufteilt in die Grapevine Mountains im Norden mit spektakulären Canyons am Westabhang und Grapevine Peak mit 2.665 m Höhe. Im Süden rahmen das Tal die Funeral Mountains bei Furnace Creek mit dem Pyramid Peak (2.043 m) und die Black Mountains bei Badwater mit dem Funeral Peak (1.950 m).

Die **geologische Entstehung** des Tals des Todes reicht rund drei Millionen Jahre zurück, als sich Gesteinschichten zu Bergen anhoben. Als im letzten Eiszeitalter die Gletscher der Sierra Nevada zurückwichen, entstand im Death Valley ein großer Frischwassersee voller Leben. Durch die umgebenden Bergketten und dadurch, dass neu ausbre-

Badwater im Death Valley ist der tiefste Punkt in Nordamerika

chende Vulkane die Panamint Mountains als Sperre hervorbrachten, stand kein Ablauf zur Verfügung. Im Laufe der Jahrhunderte veränderte sich allmählich das Klima: Es wurde heißer und der See begann auszutrocknen. Der fehlende Abfluss führte im Laufe der Zeit dazu, dass sich Mineralien im Becken anreicherten und so die heute noch sichtbaren Salzschichten entstanden. Das berühmt-berüchtigte „Tal des Todes" war geboren – eine mondartige Landschaft der Stille mit Mesquite-Sträuchern, Bartgräsern und Yuccas.

Tiefste Stelle der USA

Zu den Höhepunkten gehört **Badwater**, wo mit genau 85,34 m unter dem Meeresspiegel die tiefste Stelle der USA zu „besichtigen" ist. In nächster Nähe liegt der wohl ungewöhnlichste „Golfplatz", **Devil's Golf Course**, wo überdimensionierte steinerne „Golfbälle" herumliegen. Auf der Fahrt nach Furnace Creek sollte man nach rechts in den **Artists Drive** einbiegen. Im Nachmittagslicht leuchten die Felsen in grünen, rostroten, braunen, violetten, gelben und orangenen Farbtönen. Verantwortlich dafür sind neben der farbigen vulkanischen Asche die unterschiedlichen, z.T. oxydierten Materialien des Gesteins, besonders rotes und gelbes Eisenoxyd. Mitten im Park liegt **Stovepipe Well**, wo die ausgedehnten Sanddünen am ehesten dem gängigen Wüstenklischee entsprechen. Im nahen *Stovepipe Wells Village* gibt es einige Versorgungseinrichtungen.

Zu den ungewöhnlichsten Highlights des Nationalparks zählt **Scotty's Castle**. Mitten in die unwirtliche Wüstenlandschaft ließ sich *Walter Scott* für $ 2 Mio. Anfang des 20. Jh. ein komfortables Wüstenschloss erbauen. Nach verschiedenen Jobs hatte der gewiefte Geschäftsmann publik gemacht, im Death Valley eine Goldmine entdeckt zu haben und damit mehrere Financiers zum Investieren in eine nicht existente Ader überredet.

Zu ihnen gehörte der schwerreiche *Albert M. Johnson*, der Scotts Hauptsponsor wurde und ihm außer dem Schloss auch andere verrückte Einfälle finanzierte.

Der kurze Abstecher zum 1.677 m hoch gelegenen Aussichtpunkt **Dantes View** lohnt wegen des grandiosen Blicks über das Tal des Todes und auf die gegenüberliegende Bergkette der Panamint Mountains, **Zabriskie Point** bietet vor allem bei den ersten Sonnenstrahlen ein herrliches Panorama mit den leuchtenden Gesteins- und Sandformationen des Tales.

Farbenprächtige Steinformationen

Routenhinweis: Vom Death Valley nach Las Vegas

Richtung Las Vegas verlässt man den NP wahlweise über Hwy. 190 oder 178 nach Osten, wobei man in jedem Fall auf den Hwy. 127 stößt, der nach Norden in den benachbarten Bundesstaat Nevada geht. Dort ändert er seine Nummer (373) und führt bei dem Wüstennest **Amargosa Valley** auf den Hwy. 95. Ab hier sind es noch knapp 140 km bis zur Spielerstadt Las Vegas.

Reisepraktische Informationen Death Valley National Park

Information

Death Valley NP, ✆ *(760) 786-3200, www.nps.gov/deva, $ 20/Pkw, mehrere VCs:*
Furnace Creek VC & Museum, *Furnace Creek Resort Area/Hwy. 190, tgl. 8–17 Uhr*
Scotty's Castle VC & Museum, *Park-Nordteil, tgl. 8.45/9.30–16.45/16.15 Uhr (Winter/Sommer), 50-min. Touren durch das Haus.*

Unterkunft

Außerhalb des Parks gibt es meist einfache und preiswerte ($-$$) Unterkünfte in Beatty, Death Valley Junction und Shoshone. Unterkünfte im Death Valley sollte man vorbuchen, v.a. im Winterhalbjahr und an Wochenenden. Empfehlenswert ist:
Furnace Creek Resort $$$ *bzw.* **$$**, *Hwy. 190, Death Valley,* ✆ *(760) 786-2345, www.furnacecreekresort.com; historisches Gebäude von 1927 im Schlossstil. Erstklassiges, stilvolles Inn mit über 60 Zimmern, Tennis- und Golfplatz, Swimmingpool, guten Restaurants, Bar. Außer der Ranch gibt es ein preiswerteres Motel mit 225 zweckmäßig eingerichteten Cabins und Standardzimmern. Fahrradverleih und Touren ab Ranch!*

Camping

Im NP befinden sich neun Campingplätze, von denen einige ganzjährig geöffnet sind:
Furnace Creek, **Mesquite Spring** *und* **Wildrose**. *Infos: www.nps.gov/deva/planyourvisit/camping.htm oder www.death.valley.national-park.com/camping.htm.*

Zeitplanung

Zwei Tage wären für die Erkundung des Areals ideal, An- und Weiterfahrt eingerechnet. Am Anreisetag erkundet man den NP bis Badwater und übernachtet im Furnace Creek Inn, am nächsten Morgen geht es zu Zabriskie Point und Dantes View, ehe man weiter über den östlichen Ausgang nach Las Vegas fährt.

Las Vegas und Umgebung

Eine Fata Morgana in der Wüste? Ringsum karge Wüste und unerbittlich herabbrennende Sonne, und dann plötzlich Palmen, Wiesen, kleine Seen, plätschernde Brunnen, angenehme Kühle. Ist das da nicht der Eiffelturm, dort eine venezianische Gondel und drüben die Skyline Manhattans? Nein, es handelt sich um keine Illusion, sondern um Las Vegas – die scheinbar vom Mond gefallene **Glitzerstadt in der Wüstenlandschaft** Nevadas. Ob man diese Kunstwelt mit ihren Hollywood-Kulissen, Shows und Achterbahnen, Spielhöllen und Megahotels mag oder nicht – eines ist sicher: Man muss sie gesehen haben.

Dabei hat alles recht armselig begonnen: 1829 entstand an einer Wasserstelle auf dem Old Spanish Trail zwischen Santa Fe und Kalifornien eine **kleine Handelsstation** mit ein paar Lehmhütten. Als „Las Vegas", „die Wiesen", wurde der Ort bezeichnet. 1855 war daraus ein kleiner US-Militärposten geworden, vier Jahre später fand man in der Region erstmals Gold und Silber, 1861 wurde das „**Territory of Nevada**" gegründet und schon drei Jahre später als 36. Staat in die Union aufgenommen. Während des Bürgerkriegs konnten die Nordstaaten die Einnahmen aus den Minen dringend gebrauchen. Erst als 1904 die **Eisenbahn** durch die Gegend geführt wurde, entwickelte sich langsam eine Ortschaft. Als 1931 der Bundesstaat finanziell knapp bei Kasse war, kamen Politiker auf die Idee, das schon immer im Westen beliebte **Glücksspiel zu legalisieren** und damit die Staatskasse aufzupolieren. Sie besiegelten damit den kometenhaften Aufstieg der Stadt, die heute im Großraum knapp 2 Mio. Einwohner zählt.

1941 eröffneten die **ersten Casinos**, doch richtig los ging es in den 1950ern, als *Sahara, Riviera, Tropicana* und *Stardust* gebaut wurden. Letzteres war das erste Casino-Hotel, das auch eine Show anbot. In den 1960ern gaben die *Slot Machines* – einarmige Banditen – ihr Debüt, es folgten im nächsten Jahrzehnt neue Videospielautomaten und heute haben wiederaufladbare Geldkarten die klimpernden Münzen und Plastikbecher ersetzt. **Meilensteine in der Entwicklung** waren 1966 die Eröffnung von *Caesars Palace*, wenig später folgte *Circus Circus* und danach überschlug sich die Entwicklung.

Die Casino-Hotels werden seither immer monströser und ausgefallener, immer kurioser

Redaktionstipps

Sehens- und Erlebenswertes

▶ Die Casino-Hotels entlang dem **Strip** (S. 222) ansehen - jedes ist eine Welt für sich.

▶ Ein Trip in die Wüste als Gegenprogramm zum **Lake Mead** (S. 233) und **Hoover Dam** (S. 233).

▶ Je nach Gusto eine der zahlreichen **Shows** ansehen und in einem der tollen neuen Restaurants, wie *Botero* im Encore oder *SW Steakhouse* im Wynn dinieren.

▶ Wer es (noch) nicht bis zum Grand Canyon geschafft hat, ein **Rundflug** ist ein unvergleichliches Erlebnis, z.B. mit *Heli USA Airways* (S. 229).

Übernachten

▶ Wer sich etwas Besonderes gönnen möchte, wählt eines der neuen Luxushotels wie **Vdara** oder **Wynn** - Zimmer und Ausblicke sind unvergleichlich (S. 230).

Restaurants

▶ In Las Vegas gibt es das ganze Spektrum von billigem Fastfood und Buffets bis hin zu teueren Sternelokalen. Die Stadt gilt mittlerweile als kulinarisches Mekka mit Spitzenköchen.

Zeiteinteilung

▶ Zwei Tage, mindestens eine Übernachtung (frühe Ankunft, späte Abreise), sollte man einplanen, wobei die Stadt selbst einen Tag und einen Abend/Nacht in Anspruch nimmt, der zweite Tag dann der Umgebung gewidmet werden könnte.

Las Vegas, eine real gewordene Traumwelt mitten in der Wüste

und luxuriöser. Es begann 1989 mit dem **Mirage**. Der Bauunternehmer *Steve Wynn* hatte damit das erste große Glamour-Resort am Strip geschaffen. 1996 war der höchste freistehende Aussichtsturm westlich des Mississippi, der *Stratosphere Tower*, entstanden. Es folgten das *MGM* (1993) und zahlreiche Städte-*Theme Hotels*, wie *New York New York* (1997), *Paris*, *Mandalay Bay* und *Venetian* (alle 1999), elegante Luxusherbergen wie das *Bellagio* (1998) und zuletzt kamen 2005 das *Wynn Las Vegas*, 2008 *Palazzo* und *Encore* und das **City Center** (Dez. 2009, s. Exkurs) – ein Komplex glitzernder Wolkenkratzer mit Luxushotels und Einkaufszentren – dazu.

Luxus und High Life in Vegas

Heute spielen *Theme Hotels* eine weit geringere Rolle als spektakuläre Shows, Toprestaurants, erlesene Designershops und opulente Parties. Heute steht Vegas in erster Linie für Luxus und High Life, Lebenskultur und Fun in einem. **Wellness und Entertainment** rückten in den Vordergrund, Vergnügungsparks, Achterbahnen und Shopping-Promenaden entstanden und Shows locken mehr und mehr Besucher an. Dazu kommen Gourmetrestaurants und spektakuläre Nightclubs und Bars, und in Hotels setzt man heute v.a. auf höchsten Luxus, Spa und Wellness. Neben Glücksspiel und Shows steht noch ein Punkt ganz oben auf der Beliebtheitsskala: das **Heiraten**. Kein Bundesstaat hat diesbezüglich so lockere Gesetze und für den sofortigen Trauschein reichen ein Mindestalter von 18 Jahren, der Führerschein und wenige Dollar. Bei den größeren Hotels gehört eine Hochzeitskapelle zur Standardausstattung.

Die meisten Hotels befinden sich in Händen weniger Großunternehmer. Einer davon ist **Steve Wynn** (*1942), zu dessen Imperium *Golden Nugget, The Mirage, Treasure Island, Bellagio* und *Wynn/Encore* gehören. **Harrah's (Caesar's) Entertainment** besitzt an großen Hotels das *Caesars Palace, Paris Las Vegas, Harrah's, Flamingo, Rio* und *Bally's*; **MGM/Mirage** hat beim neuen City Center mit *Aria* und *Vdara* die Finger drin; außerdem gehören zum Imperium *MGM Grand, Mirage, Bellagio, Circus Circus, Excalibur, Luxor, Mandalay Bay, Monte Carlo* und *New York New York*.

Das Geld fließt

Für Las Vegas und Nevada hat das Glücksspiel eine immense **wirtschaftliche Bedeutung**: 44 % der Staatseinnahmen kommen aus Spielsteuer, dafür wandern 34 % des Staatshaushaltes in den Erziehungsbereich. Bei jährlich derzeit fast 39 Mio. Besuchern, von denen statistisch gesehen fast 80 % Geld in den Casinos lassen, werden fast $ 9 Mrd. pro Jahr alleine dort ausgegeben.

Achtung

Trotz scheinbarer Liberalität unterliegen Glücksspiel und Alkoholkonsum in Nevada strengen Altersbeschränkungen, die auch für Ausländer gelten. Wer jünger als 21 ist, darf in der Öffentlichkeit keinen Alkohol konsumieren und ist vom Gambling (Wettspiele) ausgeschlossen; allerdings dürfen sich Jugendliche in den Casinos aufhalten.

Downtown

Las Vegas hat zwei gut unterscheidbare Stadtteile, nämlich **Downtown** um den ehemaligen Bahnhof und den mehr als 8 km nach Süden reichenden Las Vegas Blvd., besser bekannt als **The Strip**. Noch zu Anfang der 1990er-Jahre galt **Downtown** als Verliererin im Kampf um die Gunst der Besucher, zu verstaubt war ihr Image, zu viele zwie-

Die neu gestaltete Hauptachse von Downtown Las Vegas, die Fremont Street

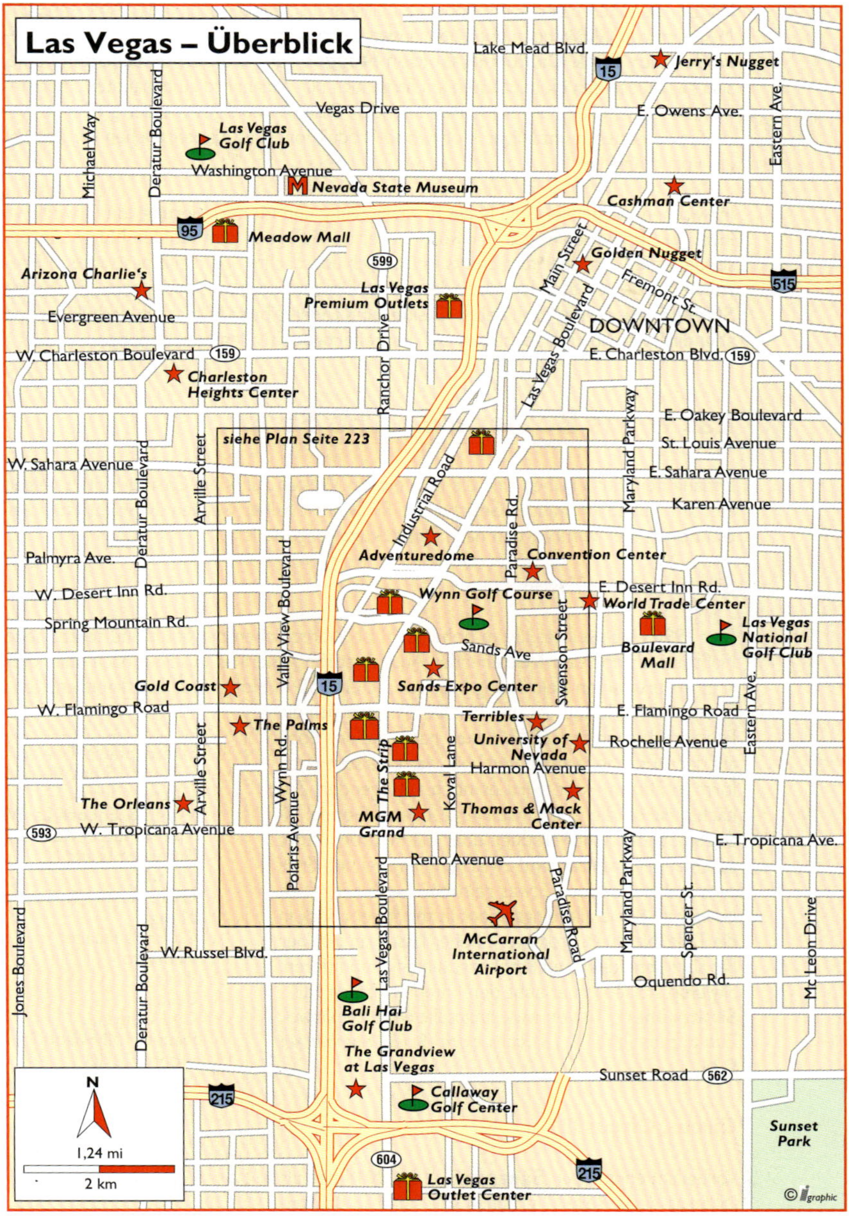
Las Vegas – Überblick
Lake Mead Blvd.
Jerry's Nugget
E. Owens Ave.
Eastern Ave.
Vegas Drive
Las Vegas Golf Club
Michael Way
Deratur Boulevard
Washington Avenue
Nevada State Museum
Cashman Center
Meadow Mall
Main Street
Golden Nugget
Arizona Charlie's
Las Vegas Premium Outlets
Fremont St.
Las Vegas Boulevard
DOWNTOWN
Evergreen Avenue
W. Charleston Boulevard
E. Charleston Blvd.
Charleston Heights Center
Ranchor Drive
Maryland Parkway
E. Oakey Boulevard
siehe Plan Seite 223
St. Louis Avenue
W. Sahara Avenue
Industrial Road
E. Sahara Avenue
Arville Street
Paradise Rd.
Karen Avenue
Deratur Boulevard
Adventuredome
Convention Center
Palmyra Ave.
Valley View Boulevard
W. Desert Inn Rd.
E. Desert Inn Rd.
Wynn Golf Course
World Trade Center
Spring Mountain Rd.
Las Vegas National Golf Club
Sands Ave
Boulevard Mall
Swenson Street
Gold Coast
Sands Expo Center
W. Flamingo Road
E. Flamingo Road
Terribles
The Palms
University of Nevada
Rochelle Avenue
Eastern Ave.
Arville Street
Wynn Rd.
The Strip
Koval Lane
Harmon Avenue
The Orleans
MGM Grand
Thomas & Mack Center
W. Tropicana Avenue
E. Tropicana Ave.
Polaris Avenue
Reno Avenue
Maryland Parkway
Paradise Road
Spencer St.
Mc Leon Drive
Jones Boulevard
W. Russel Blvd.
McCarran International Airport
Oquendo Rd.
Deratur Boulevard
Las Vegas Boulevard
Bali Hai Golf Club
The Grandview at Las Vegas
Sunset Road
Callaway Golf Center
Sunset Park
N
1,24 mi
2 km
Las Vegas Outlet Center
15
95
599
159
515
593
604
215
562
© igraphic

lichtige Gestalten trieben sich herum, zu billig und schmutzig schien das Ambiente. Die Millionen von Glühlampen und rotierenden Lichterkaskaden der Hotelcasinos **Fitzgeralds**, **Lady Luck**, **California**, **Golden Nugget** oder **Golden Gate** hatten Mühe, sich gegenüber den Hotelpalästen am Strip auch nur annähernd zu behaupten. Hier stehen die „klassischen", nostalgisch anmutenden Casinos und Signs wie der grüßende Neon-Cowboy, der in unzähligen Hollywood-Produktionen als Markenzeichen von Las Vegas vorkommt.

Nostalgie in Downtown

Inzwischen wurde viel Geld in die Revitalisierung und Modernisierung von Downtown investiert, brandneu ist z.B. der Rush Tower als Zufügung zum Golden Nugget. Insbesondere die (jetzt über fünf Blocks futuristisch überdachte und damit beschattete) **Fremont Street** ist das Herzstück der neuen Downtown. Man spricht vom „**Fremont Street Experience**" und neben Casinos und Läden gibt es Veranstaltungsbühnen und abendliche Licht- und Tonshows auf der zeltartigen Straßenüberdachung.

Las Vegas Boulevard – The Strip

Entlang dem Strip reihen sich die künstlichen Welten auf. Viele Casino-Hotels zeigen erst am Abend ihr wahres Gesicht. Der Einfachheit halber werden die wichtigsten Attraktionen hier von Norden nach Süden kurz vorgestellt.

Stratosphere Tower (1)

Der 1996 eingeweihte, 350 m hohe Turm ist Wahrzeichen der Stadt und setzte neue Maßstäbe als höchster freistehender Aussichtsturm Amerikas. In seiner nach oben ufoartig verbreiterten Bekrönung befinden sich in 250 m Höhe Hochzeitskapellen, Konferenzräume, Restaurant und Bar. Dort neigen sich die Fensterscheiben im 60°-Winkel nach außen, doch auf der Aussichtsterrasse und über der obersten Plattform in 280 m Höhe wird es noch aufregender: Zunächst ist da die 2003 installierte offene Gondel *X-Scream*, in der acht Personen über die Plattformkante geschleudert werden und zwischen Himmel und Erde zum Stehen kommen. Etwas gemächlicher bewegt sich *Insanity* im Kreis, allerdings ebenfalls mit freiem Blick in die Tiefe. Noch ein Stockwerk höher lässt man sich per *Big Shot* den äußersten Stahlmast hinaufkatapultieren. *SkyJump* schließlich erlaubt den komplett freien Fall.

Nerven-kitzel

Stratosphere Tower, *www.stratospherehotel.com/tower; Zutritt zum Tower: $ 18, Rides extra ($ 15), Kombiticket $ 34.*

1 Stratosphere Tower
2 Sahara/SLS Las Vegas Resort
3 Circus, Circus
4 Wynn & Encore Las Vegas
5 The Venetian Resort/Palazzo
6 Treasure Island
7 Harrah's
8 Quad Resort & Casino
9 Mirage
10 Caesar's Palace
11 Flamingo
12 Paris
13 Bellagio
14 City Center
15 Planet Hollywood Resort
16 Monte Carlo
17 New York, New York
18 MGM Grand
19 Tropicana
20 Excalibur
21 Luxor
22 Mandalay Bay Resort

Circus, Circus (3)

Vorbei am ehemaligen **Sahara (2)** – das 2014 neu als „SLS Las Vegas Resort" eröffnen soll – und an Baustel-

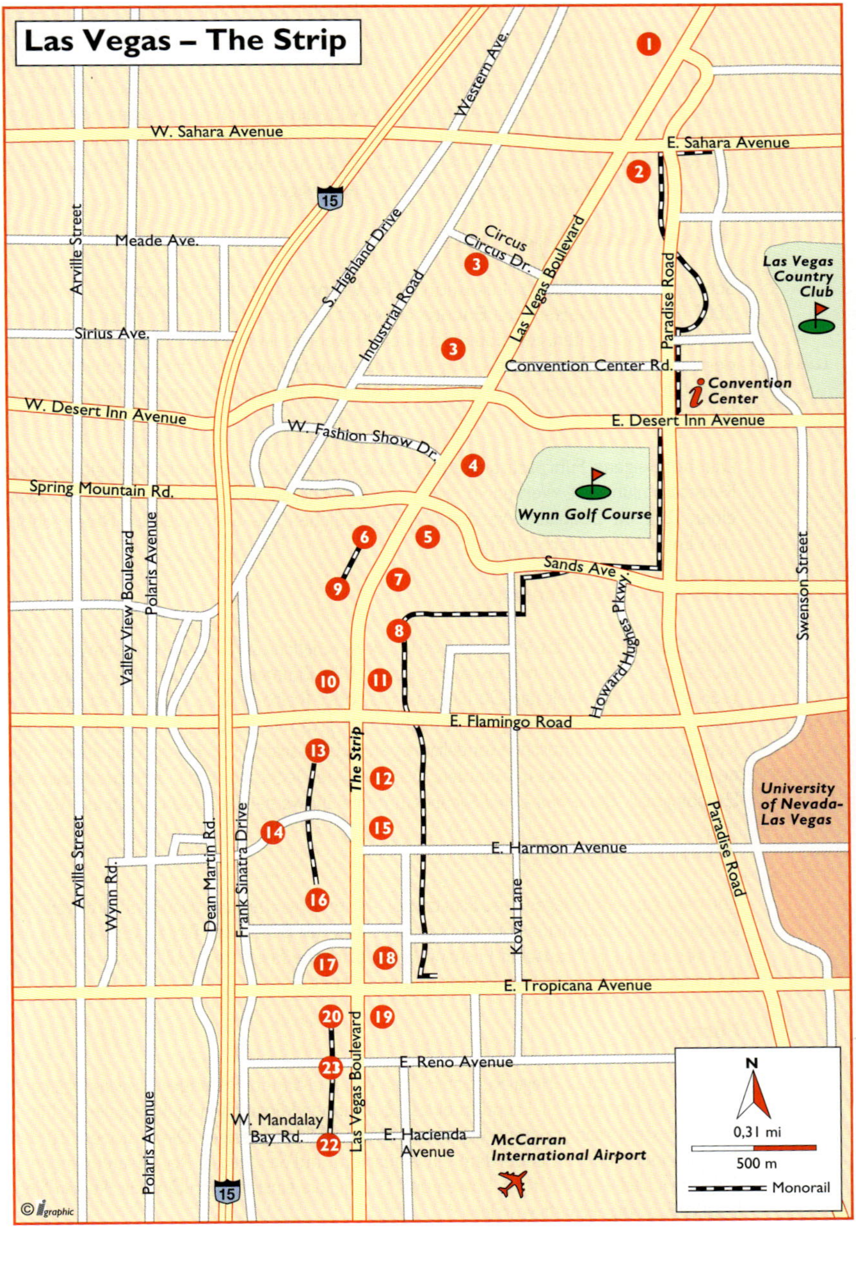
Las Vegas – The Strip
W. Sahara Avenue
E. Sahara Avenue
Western Ave.
15
Meade Ave.
Arville Street
S. Highland Drive
Industrial Road
Circus Circus Dr.
Las Vegas Boulevard
Paradise Road
Las Vegas Country Club
Sirius Ave.
Convention Center Rd.
Convention Center
W. Desert Inn Avenue
E. Desert Inn Avenue
W. Fashion Show Dr.
Spring Mountain Rd.
Wynn Golf Course
Sands Ave
Valley View Boulevard
Polaris Avenue
Howard Hughes Pkwy.
Swenson Street
E. Flamingo Road
The Strip
University of Nevada-Las Vegas
Arville Street
Wynn Rd.
Dean Martin Rd.
Frank Sinatra Drive
E. Harmon Avenue
Koval Lane
Paradise Road
E. Tropicana Avenue
E. Reno Avenue
W. Mandalay Bay Rd.
Las Vegas Boulevard
E. Hacienda Avenue
McCarran International Airport
Polaris Avenue
15
N
0,31 mi
500 m
Monorail
© graphic
1 2 3 3 4 5 6 7 8 9 10 11 12 13 14 15 16 17 18 19 20 22 23

len – hier waren einmal Großprojekte wie Echelon und Fountainebleau geplant – erreicht man **Circus, Circus** *(www.circuscircus.com)*, den größten Zirkusbau der Welt. In unmittelbarer Nähe warten zwei weitere Attraktionen: Der **Adventuredome** ist ein klimatisierter Vergnügungspark für die ganze Familie, der unter einer pinkfarbenen Kuppel u.a. eine Doppel-Looping-Achterbahn, Wildwasser-Fahrten und Lasershows bietet *(www.adventuredome.com)*. Nebenan können sich Todesmutige mit einer vollklimatisierten Rakete auf den 61 m hohen **A. J. Hackett Bungy Jump** hinaufschießen lassen und oben den ultimativen Bungee-Jump in die Tiefe wagen.

Wynn & Encore Las Vegas (4)

Schräg gegenüber fällt das Luxushotel **The Wynn** *(www.WynnLasVegas.com)* ins Auge, 2009 um das Schwesterhotel **Encore** erweitert. Dieser zweiteilige luxuriöse Hotelkomplex aus verspiegelten, gewölbten Scheiben ist weniger wegen der Casinos bekannt, sondern wegen der Luxushotels und der Restaurants der absoluten Spitzenklasse. Die Nachtclubs, wie *Surrender, xs* oder *tryst*, gehören zum Besten, was die Stadt zu bieten hat.

Luxus pur

Der hoteleigene Fuhrpark besteht u.a. aus Maseratis und Ferraris, dazu gibt es eine Kunstsammlung mit Werken von *van Gogh, Cézanne, Gauguin, Picasso* und *Warhol* sowie einen 18-Loch-Golfplatz, Wasserfall und künstlichen See. Die Revue **Le Rêve** gehört zum Entertainmentprogramm.

The Venetian Resort (5)

Südlich davon stellt das Venetian Resort *(www.venetian.com)* mit seinem Schwesterhotel *Palazzo* (nur Suiten) mit insgesamt über 7.000 Zimmern und auch flächenmäßig das größte Hotel der Welt dar. Ob Dogen-Palast oder Rialto-Brücke, Markusplatz oder Canale Grande – alles wurde perfekt nachgebaut, großteils im Originalmaßstab, und man kann sogar auf romantische Gondelfahrt gehen. Überspannt von einem künstlichen Sternenhimmel, geschmückt mit Statuen, Wand- sowie Deckengemälden sind besonders die Shoppingmall, *The Grand Canal Shoppes*, und die Shows der *Blue Man Group* ein Renner.

Venedig …

Treasure Island (6)

Vor dem gegenüberliegenden „Schatzinsel"-Hotel *(www.treasureisland.com)* drängen sich allabendlich die Zuschauer, um die Seeschlacht in der Buccaneer Bay zu verfolgen, in deren Verlauf das Piratenschiff Hispaniola die britische Fregatte Royal Britannia mit viel Kanonendonner, Feuer und Explosionen versenkt.

Mirage (9)

Das 1989 als erstes Mega-Resort in Las Vegas eröffnete **Mirage** *(www.mirage.com)* lockt ab 19 Uhr mit der Eruption eines 16 m hohen künstlichen Vulkans (alle 30 Min.). Daneben steht man staunend vor einem Wasserfall von riesigen Dimensionen. Zu den Attraktionen gehören außerdem ein Aquarium und *Siegfried & Roy's Secret Garden & Dolphin Habitat* – weiße Tiger, Löwen und Delfine, die einst für den Dressurakt von Siegfried & Roy angeschafft wurden.

Gegenüber, im Umkreis von **Harrah's (7)** *(www.harrahslasvegas.com)* und dem **Quad Resort & Casino (8)** *(www.thequadlv.com)* liegen „billige" Vergnügungsareale, einem Rummelplatz gleich, mit Verkaufsständen und Openair-Bars. Auch das benachbarte **Flamingo (12)** *(www.flamingolasvegas.com)* – umgeben von einer tropischen Poollandschaft – gehört wie Harrah's zu den „alten" Casinohotels.

Caesar's Palace gehört zu den bekanntesten Hotelcasinos der Welt

Caesar's Palace (10)

Schräg gegenüber kündigen Säulen mit vergoldeten Statuen, Springbrunnen und Arkadengänge eines der bekanntesten Hotelcasinos der Welt an: **Caesar's Palace** *(www.caesarspalace.com)*, inzwischen zum mehrteiligen Riesenkomplex angewachsen. Die Version eines römischen Palastes wurde 1966 eröffnet, seither ständig erweitert. Neben dem Casino hat Caesar's, das v.a. durch seine Architektur auffällt, mehr zu bieten: die Einkaufspassagen *Linq*, *Appian Way* und *Forum Shops* mit ihrer perfekt-illusionistischen Deckenmalerei, ein Omnimax-Kino und eine über 4.000 Zuschauer fassende Veranstaltungsarena namens *The Coliseum*, in der *Elton John, Celine Dion* oder *Jerry Seinfeld* auftreten. Die Starköche *Bobby Flay* (Mesa Grill), *Gordon Ramsay* oder *Nobu Matsuhisa* betreiben hier Lokale.

Paris (12)

Unübersehbar ist der Nachbau der Seine-Metropole *(www.parislasvegas.com)* mit nachgestellten Pariser Bauten und Ansichten wie Triumphbogen, Louvre oder Pariser Oper sowie den Einkaufsstraßen Bally's-Paris Promenade und Le Boulevard. Und natürlich darf auch der Eiffelturm nicht fehlen – zwar nur halb so hoch wie das Original, doch auch er bietet eine atemberaubende Aussicht und dazu erlesenes Essen.

... und Paris in Las Vegas

Bellagio (13)

Das jenseits der Flamingo Road liegende Bellagio *(www.bellagio.com)* mag architektonisch wenig spektakulär wirken, ist jedoch in Sachen Eleganz ein Highlight unter den Hotels. Allein die luxuriöse Empfangshalle und der Blumenschmuck sind sehenswert, dazu gibt es zahlreiche Boutiquen, eine Art überdachten botanischen Garten, einen Schokoladenbrunnen und ausgezeichnete Lokale. Auf dem Freigelände, der Landschaft am Comer See nachempfunden, stehen luxuriöse Poolanlagen den Gästen zur Verfügung und es gibt eine Wasserorgel mit 300 m langen Fontänen.

CityCenter (14)

Neben dem Bellagio und gegenüber Paris erhebt sich das neue CityCenter (s. Exkurs). Die Architektur mit den verglasten, stahlglänzenden Hochhäusern und Innenhöfen ist ein Musterbeispiel moderner Baukunst, geschaffen von weltberühmten Architekten. Zum CityCenter gehören neben Hotels luxuriöse Eigentumswohnungen und ein Unterhaltungsbereich mit Einkaufszentrum. Sogar eine eigene Hochbahn, die **CityCenter Tram**, wurde gebaut, die mit drei Stationen kostenlos den Komplex quert.

info

CityCenter Las Vegas

Der bis dato neueste Baukomplex und zugleich das größtes private Bauvorhaben in der Geschichte der USA hat im Dezember 2009 eröffnet: das **CityCenter Las Vegas** *(www.citycenter.com)*, das zugleich das Unternehmen *MGM/Mirage* zum größten Casinokonzern mit elf Hotelriesen am Strip und dem CityCenter gemacht hat. Als das Projekt begonnen wurde, waren $ 4 Mrd. veranschlagt, teils mitfinanziert von Scheichs aus Dubai, allerdings schossen die Baukosten dann in die Höhe und das Projekt stand, als Dubai selbst wirtschaftlich darniederlag, auf der Kippe, es wurde abgespeckt und zusammengestrichen.

Die Architektur ist modern und umweltfreundlich, **Weltklassearchitekten** wie *Norman Foster, Daniel Libeskind, Rafel Vinoly, Cesar Pelli* und *Helmut Jahn* waren daran beteiligt. Es entstanden vier neue Hotels mit mehreren tausend Zimmern, zwei Hochhaustürme mit 900 Wohnungen, unzählige Restaurants, zwei Casinos und ein Einkaufszentrum. Es gibt eine eigene Feuerwache und auf den 1,7 Mio. m² Fläche gehen rund 12.000 Beschäftigte ein und aus.

Das Neubauprojekt sollte das vormals fehlende „Stadtzentrum" von Las Vegas bilden. **Umweltfreundlichkeit** wurde erstmals groß geschrieben und brachte dem Komplex mit eigenem Gaskraftwerk, Spar/Energiemaßnahmen ein LEED-Siegel ein. Das Einkaufszentrum *Crystals* stammt vom Reißbrett von *Daniel Libeskind* und stellt eine ungewöhnlich bizarre Architektur mit zerklüfteter Dachlandschaft dar. Unter den neuen Hotels befindet sich das **Harmon Hotel** von *Norman Foster*, das allerdings wegen festgestellter Baumängel vermutlich wieder abgerissen wird, außerdem das **Mandarin Oriental**. Das **Hotel Aria** zeichnet sich durch Metallspitzen, LED-Licht und kaum Kitsch aus, im **Hotel Vdara** fällt schon in der Rezeption ein großes Kunstwerk von *Frank Stella* auf; insgesamt $ 25 Mio. wurden bei dem Komplex allein in Kunst investiert. Bei letzterem handelt es sich trotz seiner Größe (57 Stockwerke, ca. 1.500 Zimmer) um ein höchstluxuriöses und schickes Boutiquehotel, dessen cooles, hippes Ambiente viel junges Publikum aus L.A. anlockt. Ein Spa, eine ungewöhnliche Bar, das *Silk Road Restaurant* und ein Pool gehören dazu, dafür aber kein Casino. Die Zimmer sind durchweg geräumige Suiten mit Küchen-, Wohn- und Schlafabteil sowie großen Bädern, ausgestattet mit allen denkbaren modernen und technischen Einrichtungen in ungewöhnlichem Design. Und sie bieten atemberaubenden Ausblick auf die Stadt!

Das neueste Highlight am Strip ist das Las Vegas City Center

Gegenüber erstreckt sich wieder ein „billiger" Vergnügungsabschnitt entsprechend dem um Harrah's. Auch hier gibt es Buden, Bars, Läden und einige bekannte Lokale wie das **Hard Rock Café**, das **Hofbräuhaus Las Vegas** *(www.hofbrauhauslasvegas.com)* oder **Planet Hollywood (15)** mit den *Miracle Mile Shops*.

Monte Carlo (16)

Ein Stück weiter südlich erhebt sich auf der anderen Straßenseite das insgesamt nicht allzu bemerkenswerte 32stöckige *Monte Carlo (www.montecarlo.com)*, dessen Fassade dem *Place du Casino* in Monte Carlo nachgebildet ist. Es gibt an die zehn Restaurants, einen Foodcourt und mehrere Shows.

New York New York (17)

Ostküsten-metropole in der Wüste

Ähnlich wie Caesars und Paris ist auch bei *New York New York (www.newyorknewyork.com)* die Architektur, die „Städtekulisse" das Auffällige. Die Metropole wurde im „Kleinformat" als Stadt mit zwölf Wolkenkratzern einschließlich Chrysler Building, dem 160 m hohen Empire State Building sowie der Freiheitsstatue und der Brooklyn Bridge nachgebaut. Unter anderem tritt hier der *Cirque du Soleil* regelmäßig auf und Spa und Shops gehören ebenfalls dazu.

MGM Grand (18)

Riesiger Hotelpalast

Das gegenüberliegende *MGM Grand (www.mgmgrand.com)* ist nach dem *Venetian* mit über 5.000 Zimmern, davon 751 Suiten, mit Lofts und Privatvillen eines der größten Hotels der Welt. Der smaragdgrüne Riesenpalast wurde nach dem Hollywood-Studio mit dem brüllenden Löwen, *Metro-Goldwyn-Mayer*, benannt. Neben Läden, Top-Lokalen, Nachtclubs und Shows ist das *Lion Habitat (tgl. 11–19 Uhr, gratis)*, ein Löwengehege, die Hauptattraktion.

Tropicana (19)

Auf der anderen Straßenseite: ein Hotel-Casino im Südsee-Design *(www.troplv.com)*. Ein großer Innen- und Außenpool, Lagunen, Grotten, Wasserfälle und ein *Wildlife Walk* mit vielen tropischen Tieren sind hier die Anziehungspunkte; dazu kommen abendliche Lasershows.

Excalibur (20)

Während sich das *MGM* Hollywood verpflichtet fühlt, entführt das schräg gegenüberliegende *Excalibur (www.excalibur.com)* Besucher ins Mittelalter. Ein kunterbuntes Ensemble von Türmen, Mauern und Schlossräumen bildet das Zentrum der Anlage; das Innere richtet sich nicht nur an Spieler, sondern auch an Kinder, die an den Ritterspielen – wie den *Tournament of Kings* – Spaß finden *(Infos: www.excalibur.com/entertainment)*.

Luxor (21)

Das auffällige Gebäude steht im Zeichen des alten Ägyptens *(www.luxor.com)*. Hinter einem Obelisken und einer Sphinx – beide größer als jene in Gizeh – ragt eine schwarz glänzende Riesenpyramide mit einem 100 m hohen Atrium im Inneren auf. In dieser Halle ist der große Tempel von Luxor (Ramses II.) nachgebaut *(Fotografierverbot innen)*.

Nichts, was es nicht gibt: Ägypten am Las Vegas Strip

Mandalay Bay Resort (22)

Am Südende des Strip fallen die goldfarbig verglasten Hoteltürme *(www.mandalay bay.com)* auf. Der Clou sind hier die Spas, eine Wasserlandschaft mit künstlichem Sandstrand und über 1,5 m hohen Wellen. Außerdem gibt es ein riesiges Hai-Aquarium *(So–Do 10–20, Fr/Sa 10–22 Uhr, $ 18)* sowie hochkarätige Shows und eine Shopping Mall, die das *Mandalay* mit dem *Luxor* verbindet.

Reisepraktische Informationen Las Vegas

Information

in Deutschland: Las Vegas Convention & Visitors Authority, *c/o Aviareps Tourism GmbH, Josephspitalstr. 15, 80331 München, ✆ (089) 5525 33822, www.visit lasvegas.de.*

Las Vegas Visitor Information Center, *Convention Center, 3150 S. Paradise Rd., ✆ (702) 892-7575, www.lvcva.com bzw. www.lasvegas.com, Mo–Fr 8–17 Uhr, Infos und Hilfe bei der Hotelsuche.*

Über Shows und aktuelle Veranstaltungen informieren auch die Gratis-Hefte der Monatszeitschrift **Today in Las Vegas** *(http://todayinlv.com) oder* **What's On–Las Vegas** *(www.whats-on.com).*

Touren

Las Vegas ist ein beliebter Standort um die Attraktionen der näheren und weiteren Umgebung zu erkunden. Am meisten lohnt ein Ausflug zum Hoover-Staudamm oder ein Flug zum Grand Canyon. Das Fliegen in den Canyon hinein ist jedoch nicht mehr erlaubt.

Gray Line Tours, *✆ 1 (800) 634-6579, www.grayline.com/Las_Vegas; etliche Bustouren in und um Las Vegas, u.a. zum Lake Mead und zum Grand Canyon.*

PAPILLON Helicopters & SCENIC Airlines, *✆ (0800) 187-3676 (gratis von D.), in USA: ✆ 1 (888) 635-7272, www.papillon.com; Flüge über den Strip, den Hoover Dam und zum Grand Canyon, auch Bustouren und Rafting-Trips.*

D&R Balloons, *✆ (702) 248-7609, www.lvballoonrides.com; Ballonfahrten über Las Vegas zum Sonnenaufgang.*

Der besondere Tipp: *Der Brite Nigel Turner bietet mit den* **Heli USA Airways** *verschiedene Hubschrauber-Touren zum Grand Canyon und über den Strip an. Zu einigen der Touren gehört ein Stopp bzw. eine Übernachtung auf der historischen* **Grand Canyon Ranch**, *inklusive Programm und Verpflegung. Eine Übernachtung im Wilden Westen ist auch ohne Flug buchbar. Infos: www.heliusa.com bzw. www.grandcanyonranch.com*

Unterkunft

Las Vegas ist berühmt für seine Casino-Hotels, die meisten davon können zu günstigen Konditionen schon in Deutschland gebucht werden. Insgesamt stehen rund 140.000 Hotel-/Motelzimmer zu Verfügung, die Priese variieren stark je nach Wochentag und Saison. Günstiger sind meist So–Do; an Wochenenden oder während Feiertagen sollte man vorbuchen, z.B. über: www.lasvegas.com/hotels.

Nachfolgend ein paar Tipps **am Strip** *(s. auch oben):*

Tropicana Resort $$$, *Ecke Las Vegas Blvd./Tropicana Ave., ✆ 1 (800) 462-8767, www.tropicanalv.com; Nächtigen wie auf einer Südsee-Insel.*

The Venetian $$$-$$$$$, *3355 Las Vegas Blvd., ✆ 1 (866) 659-9643, www.venetian.com; als wäre man in Venedig.*

MGM Grand Hotel $$-$$$$, *3799 Las Vegas Blvd./Tropicana Ave., ✆ 1 (877) 880-0880, www.mgmgrand.com; Riesenpalast mit über 5.000 Zimmern.*
Luxor $$$$, *3900 Las Vegas Blvd., ✆ 1 (877) 386-4658, www.luxor.com; das verrückteste Hotel des Westens steht ganz im Zeichen des alten Ägypten.*
Mirage $$-$$$$, *3400 Las Vegas Blvd., ✆ (702) 791-7111, www.mirage.com; mit polynesischem Touch und viel Wasser.*
Bellagio $$$-$$$$$, *3600 Las Vegas Blvd. S., ✆ 1 (888) 987-6667, www.bellagio.com; luxuriös im mediterranen Stil ausgestattet, sehr schöne und erholsame Außenanlagen!*
Caesar's Palace $$$$$, *3570 Las Vegas Blvd., ✆ 1 (866) 227-5938, www.caesarspalace.com; Luxushotel im Glanz des alten Rom.*
Vdara $$$$$, *2600 W. Harmon Ave. (CityCenter), ✆ 1 (866) 745-7767, www.vdara.com; eines der neuesten Hotels in einem der spektakulären Hochhäuser des CityCenter.*
Wynn & Encore Las Vegas $$$$$, *3131 Las Vegas Blvd., ✆ 1 (877) 321-9966, www.wynnlasvegas.com. Überaus luxuriöser neuer Hotelkomplex mit exquisiten Lokalen.*

Downtown

Golden Gate Hotel $$-$$$, *1 Fremont St., ✆ 1 (800) 426-1906, http://goldengatecasino.com; mit nur 106 schlichten Zimmern das älteste noch erhaltene Hotel der Stadt mit dem Charme der Zeit um 1900.*
Golden Nugget $$$, *129 E. Fremont St., ✆ 1 (800) 634-3454, www.goldennugget.com; berühmtes Mittelklasse-Hotel der „alten Garde" im Herzen von Downtown; 300 geräumige Zimmer.*

Camping

Las Vegas KOA, *4315 Boulder Hwy., etwas außerhalb. Näher am Strip liegt* **Circus Circus KOA** *(500 Circus Circus Dr.) mit direkter Anbindung an das Hotelcasino. Infos: www.koa.com.*

Hotel der Luxusklasse, das Hotel Vdara im City Center

Oasis RV Resort, *2711 Windmill Lane, www.oasislasvegasrvresort.com; unmittelbar südlich des Strip gelegener Campingplatz.*

Restaurants

Lange Jahre waren die schwer beladenen, superpreiswerten Buffets der Hotel-Casinos der Renner, inzwischen hat sich Las Vegas jedoch zum Mekka für Gourmets entwickelt und sich nach New York und San Francisco einen kulinarischen Toprang erkämpft. Hier sind die besten Köche der Welt zu Hause und die neuen Hotels buhlen um zahlungskräftige Feinschmecker. Auch die Buffets sind teurer (und besser) geworden.

An dieser Stelle seien lediglich zwei Casino-Hotels empfohlen, die eine Auswahl mehrerer guter Lokale bieten: das **Bellagio** *sowie das* **Wynn & Encore Las Vegas**. *Letzterer Komplex gilt derzeit als das Gourmetmekka schlechthin.*
Tipps zu Buffets: *www.vegas-online.de/buffets*
Tipps zu Restaurants: *www.vegas-online.de/restaurants.htm sowie www.eatingLV.com*

Einkaufen

Die meisten großen **Casino-Hotels** *verfügen über eigene Einkaufszentren – empfehlenswert sind v.a. jene im Bellagio, Paris oder Caesar's Palace –, darüber hinaus gibt es unabhängige Einkaufszentren und zwei Outlet Malls für Schnäppchenjäger:*
Las Vegas Premium Outlets South, *7400 Las Vegas Blvd. S. (I-15, Exit 33), www.premiumoutlets.com; über 150 Outlet-Shops in einem neu renovierten Komplex im Süden der Stadt.*
Las Vegas Premium Outlets, *875 S. Grand Central Parkway (I-15, Exit 41B), www.premiumoutlets.com; attraktives Freiluft-Einkaufszentrum mit Schnäppchen im Norden von Downtown, eigenes großes Parkhaus, etwa 150 Filialen bekannter Marken.*
Fashion Show Mall, *3200 Las Vegas Blvd., www.thefashionshow.com; exklusives Einkaufszentrum gegenüber dem Wynn mit 140 Läden sowie den Kaufhäusern Neiman Marcus und Saks Fifth Avenue, außerdem Cafés.*

Veranstaltungen

Hochkarätige Showstars, berühmte Musiker oder Weltmeister im Boxen geben sich in Vegas ein Stelldichein. Leider sind die Karten für die ganz großen Veranstaltungen häufig früh ausverkauft und dazu nicht billig. Auf der deutschsprachigen Website **www.vegas-online.de/shows** *kann man sich den aktuellen Showkalender anschauen und online buchen. Vor Ort ist es möglich, über die Ticketkioske entlang dem Strip, bei den Hotelrezeptionen oder direkt an der Abendkasse Karten für die entsprechende Veranstaltung zu bekommen.*

Flughafen

Der **Las Vegas McCarran International Airport** *(www.mccarran.com) befindet sich am Südende des Strip (Las Vegas Blvd. S.), nur rund 20 Fahrminuten von den großen Hotels entfernt. Er gehört er zu den größten und am schnellsten wachsenden Flughäfen der USA und ist u.a. ein Drehkreuz von* **Southwest Airlines**. *Zu den großen Hotels verkehren meist kostenlose Shuttlebusse.*

Nahverkehr

Die Stadtbusse der **RTC** *(Regional Transportation Commision of Southern Nevada) bedienen die meisten Ziele in der Stadt und im Umland. Zentraler Stadtbusbahnhof ist am*

Downtown Transit Center (Stewart Ave., Casino Center Blvd.–4th St.). Für Besucher ist neben dem **SDX (Strip & Downtown Express)** *besonders* **The Deuce** *zu empfehlen. Rund um die Uhr fahren die Busse beider Linien den Strip entlang bis ins Stadtzentrum und halten an den großen Casino-Hotels. Der SDX verkehrt weiter nordwärts und südwärts bis zu beiden Outlet Malls. Ein Einzelticket (2 Std. gültig) kostet $ 6 (sonstige Linien $ 2), die empfehlenswerte Tageskarte $ 8 und für 3 Tage $ 20. Infos: www.rtcsnv.com.*

Der **Las Vegas Trolley** *besteht aus drei Linien (Downtown, Strip und South Loop), die miteinander verbunden sind. Das Tagesticket (8.30–17 oder 17–24 Uhr) kostet $ 4,25 und erlaubt beliebige Fahrten innerhalb der Gültigkeit, ein Einzelticket kostet $ 2,50. Infos: www.lasvegas-how-to.com/trolley.php.*

Parallel zum Südabschnitt des Strip verkehrt auf einer Hochtrasse die **Las Vegas Monorail**. *Endstationen sind die Hotelcasinos MGM Grand im Süden und Sahara im Norden. Dazwischen liegen die Stationen Ballys & Paris, Flamingo & Caesar's Palace, Harrah's & The Quad, Las Vegas Convention Center und LVH (Las Vegas Hilton). Die Züge verkehren 7–2/3 Uhr für $ 5 pro Einzelfahrt (1 Tag $ 12, 3 Tage $ 28). Kostenlos ist die Fahrt auf den Linien zwischen Treasure Island und Mirage, Bellagio und Monte Carlo sowie Excalibur und Mandalay Bay. Infos: www.lvmonorail.com.*

Rundfahrt zum Lake Mead und Hoover Dam

Routenhinweis

Lake Mead und **Hoover Dam** liegen so nahe an Las Vegas, dass man sie kombinieren kann. Wer vorhat, weiter nach Utah bzw. zum Grand Canyon zu fahren, kann beide auf der Fahrt dorthin „mitnehmen". Die Strecke ist etwa 170 mi/270 km lang und eignet sich auch als Tagesausflug. Von Las Vegas geht es zunächst Richtung Norden über die Autobahn I-15 bis Glendale (Exit 93), wo man auf den Hwy. 169 abbiegt. Dieser mündet in den Hwy. 167, der dem Lake Mead bis zum Hoover Dam folgt. Nach Besichtigung des Damms geht es auf Hwy. 93 sowie I-515 zurück nach Las Vegas.

Nachdem man die I-15 (Exit 93) verlassen hat, verläuft der Hwy. 169 durch ein fruchtbares Tal mitten in der Wüste. Hier haben schon die prähistorischen *Anasazi* Ackerbau betrieben. Heute sind es die Mormonen, die sich diese ehemals abgelegene, unbeliebte Gegend zur Besiedelung ausgesucht haben. Lohnend ist am Ortsausgang von **Overton** ein Besuch des **Lost City Museums** (*721 S. Moapa Valley Blvd., www.sunsetcities.com/lost-city-museum.html*). Dort sind nachgebaute Hütten der Anasazi und eine der vollständigsten Sammlungen der frühen Pueblo-Kulturen des Südwestens ausgestellt. Auch die erste weiße Besiedlung durch die Mormonen wird dokumentiert.

Fahrt in die Wüste

13 km südlich Overton zweigt vom Hwy. 169 der Hwy. 167 ab, der als **Northshore Scenic Drive** am Ufer des Lake Mead entlangführt. Der Hwy. 169 geht hingegen ins sehenswerte **Valley of Fire** und der Abstecher (5 mi/8 km) in den 125 km² großen

Valley of Fire SP *(http://parks.nv.gov/parks/valley-of-fire-state-park/)* lohnt sich. Das *Tal des Feuers* hat seinen Namen von den 150 Mio. Jahre alten, roten Sandsteinformationen. Stationen sollten neben dem VC der Aussichtspunkt **Rainbow Vista** und der etwa 2 mi/3,2 km lange **Scenic Loop** sein. Im Park sind gut erhaltene Petroglyphen (Felsritzungen) der prähistorischen Indianer zu sehen, v.a. entlang dem knapp 1 km langen Spaziergang durch den **Petroglyph Canyon** und auf dem **Atlatl Rock**.

Lake Mead

Jachthäfen und Sandstrände

Auf der **North Shore Scenic Road** (Hwy. 167) geht es anschließend etwa 70 km um den tiefblauen Lake Mead. Über kurze Stichstraßen erreicht man Jachthäfen, Sandstrände oder Campingplätze direkt am Ufer. Die erste Möglichkeit, an den Lake Mead heranzukommen, besteht am **Overton Beach**.

Im 640 km² großen **Lake Mead** ist der **Colorado River** zu einem der größten künstlichen Seen der USA aufgestaut. Er dient als Trinkwasserreservoir und Stromlieferant für mehrere Bundesstaaten und ist für etwa 15 Mio. Menschen von existenzieller Bedeutung. Insgesamt ist der See 177 km lang und 152 m tief; aufgrund seiner vielen Buchten beträgt die gesamte Uferlänge über 1.300 km. Der See bedeckt eine Fläche von knapp 64.000 ha und fasst 25 Mrd. Kubikmeter Wasser; zwei Jahre würde der Colorado River brauchen, um dieses Reservoir zu füllen.

Lake Mead ist eine Urlaubsregion: Angeln und jede Art von Wassersport sind möglich und die Touristen verteilen sich gut. Inzwischen ist das ganze Gebiet um den See als **Lake Mead National Recreational Area** dem *National Park Service* als Schutzgebiet unterstellt *(www.nps.gov/lake, $ 10/Pkw)*. Auf dem Weg zum westlichen Ende des Sees passiert man die Abzweige zu den Seebädern **Echo Bay** und **Calville Bay**, einst ein bedeutender Flusshafen. Unvorstellbar, wie damals die kleinen Dampfschiffe die Stromschnellen des Colorado gemeistert haben! Als 1869 der Eisenbahnbau den Warentransport auf dem Fluss überflüssig machte, verlor *Calville Bay* seine Bedeutung und wurde zur *ghost town*. Die Ruinen der alten Stadt liegen jetzt unter der Wasseroberfläche und die moderne Neugründung dient allein als Marina für Freizeitboote.

Die Rundfahrt führt weiter, vorbei am **Alan Bible VC** der Lake Mead NRA *(8.30–16.30 Uhr)*, das über die Entstehung des Lake Mead, seine Flora, Fauna und das Freizeitangebot informiert, zum **Hoover Dam**. Nach dessen Besichtigung erreicht man auf dem Hwy. 93 nach etwa 35 mi/56 km wieder Las Vegas.

Hoover Dam

Technische Meisterleistung

Der Hoover Dam ist Teil eines Systems, das den Colorado River nicht nur gebändigt hat, sondern zugleich für Landwirtschaft, Stromversorgung und Tourismus in weiten Teilen Arizonas, Nevadas und Kaliforniens von großer Bedeutung ist. Schon die ersten Menschen versuchten, den Colorado River für sich zu nutzen, doch immer wieder überfluteten die Wassermassen im Frühjahr (bedingt durch die Schneeschmelze auf den Bergen) das Land, während im Sommer und Herbst oft nur ein müdes Rinnsal übrigblieb.

Nach einer schrecklichen Katastrophe im Jahre 1905, bei der der Colorado seinen Lauf veränderte und später ins *Imperial Valley* eindrang – dabei wurde die Salton-Senke mit Wasser gefüllt und der *Salton Sea* entstand –, beschloss man 1922, seinen Lauf zu regulieren und die Wassermassen gezielt zu nutzen.

Das 1928 vom Kongress bewilligte Abkommen regelte die Wassernutzungsrechte der sieben Anrainerstaaten *(Colorado River Compact)* und sah als Kernstück der Planung den größten bis dahin gebauten Staudamm vor. Der Vertrag, der im Jahr 2017 ausläuft, teilt z.B. dem Bundesstaat Nevada 15,1 % des durch den Damm produzierten Stromes zu, Arizona erhält 18,9 % und die südkalifornischen Großstädte 28,5 %.

Wichtiger Strom-lieferant

Dimensionen und Maße

- Höhe: 221 m
- Länge: 379 m
- Mauerdicke an der Krone: 13,7 m
- Mauerdicke an der Basis: 201,2 m
- Verbauter Beton: 2,5 Mio. m³
- Wassermengen: deckt den Wasserbedarf von ca. 15 Mio. Menschen
- Elektrische Energie: etwa 4 Mrd. Kilowattstunden pro Jahr (Bedarf für 500.000 Haushalte)

Im Rahmen des „New Deal" und des damit verbundenen Arbeitsbeschaffungsprogramms wurde der gigantische Damm zwischen 1931 und 1935 erbaut. Präsident *Franklin D. Roosevelt* feierte ihn bei seiner Einweihung am 30.9.1935 als technisches Wunderwerk. Die erste Turbine ging 1936 in Betrieb, die 17. und letzte im Jahr 1961. Das zunächst „**Boulder Dam**" bezeichnete Bauwerk wurde 1947 offiziell zum „Hoover Dam", benannt nach Präsident *Herbert C. Hoover*, in dessen Amtszeit (1929–1933) der Baubeginn erfolgt war.

Der vierspurige **Hoover Dam Bypass** ist knapp 600 m lang und lagert auf einem markanten Bogen aus Stahlbeton, gut 250 m über dem Tal *(www.hooverdambypass.org)*. Auf dem Rückweg nach Las Vegas (Hwy. 93) passiert man **Boulder City**, eine Planstadt, die für die mehr als 4.000 Arbeiter des Dammprojekts entstanden ist. An die Bauzeit erinnert das **Boulder City/Hoover Dam Museum** im historischen *Boulder Dam Hotel* mit Modellen, Fotos und Dokumenten.

Strenge Sicherheits-kontrollen für Besucher

Hoover Dam, *Hwy. 93, an der NV-AZ-Grenze, www.usbr.gov/lc/hooverdam, Parkhaus (tgl. 8–17.15 Uhr, $ 7) auf NV-Seite, gegenüberliegend:* **VC** *(tgl. 9–16.15 Uhr, $ 8) am Rand des 300 m tiefen Black Canyon. Einen fantastischen Blick auf Canyon, Staudamm und See genießt man vom* **Observation Deck**. *Touren finden von 9.25–15.45 Uhr statt: Powerplant Tour $ 11 (inkl. VC), Hoover Dam Tour (inkl. Powerplant und VC) $ 30. Wegen strenger Sicherheitskontrollen kann es zu Wartezeiten kommen.*
Boulder City/Hoover Dam Museum, *1305 Arizona St., www.bcmha.org, Mo–Sa 10–17 Uhr, $ 2.*

☞ Routenhinweis

Nach der Besichtigung des Hoover Dam ließe sich die Fahrt zum Grand Canyon fortsetzen (S. 285). Der Hwy. 93 führt zunächst nach Kingman, von hier geht die I-40 nach Flagstaff (S. 288), und weiter zum Grand Canyon (Routenvarianten S. 290).

Alternativroute durch den Südwesten

Routenhinweis

Die hier vorgeschlagene Alternativroute liegt etwas abseits der Hauptroute durch den Westen und soll nur in aller Kürze vorgestellt werden. Hier begegnen dem Reisenden zwischen der glühend heißen Wüstenregion der amerikanisch-mexikanischen Grenzregion und den bewaldeten Höhen bei Flagstaff und Prescott Ruinenstädte prähistorischer Indianer, interessante Museen und Naturparks, alte Westerntowns und moderne Metropolen.
Die Route von Los Angeles über San Diego, Tucson, Phoenix nach Flagstaff misst - ohne große Umwege - rund 800 mi/1.300 km. Der Reiseplan für 7 oder 8 Tage könnte wie folgt aussehen:

1. Tag: Fahrt von Los Angeles nach San Diego
2. Tag: Besichtigungen in San Diego
3. Tag: Fahrt von San Diego nach Tucson (ca. 410 mi/656 km)
4. Tag: Besichtigungen in Tucson und Umgebung
5. Tag: Fahrt nach Phoenix
6. Tag: Besichtigungen in Phoenix und Umgebung
7. Tag: Fahrt von Phoenix nach Flagstaff (evtl. über Prescott und/oder Sedona mit Übernachtung)
8. Tag: Weiterfahrt zum Grand Canyon

TIPP: Wer sich intensiver für Routen im Süden Kaliforniens und im Südwesten interessiert, sollte zu den folgenden, ständig aktualisierten zwei Reise-Handbüchern im Iwanowski's Reisebuchverlag greifen:

- Ulrich Quack, Reise-Handbuch Kalifornien
- Dirk Kruse-Etzbach, Reise-Handbuch USA-Südwesten

Von Los Angeles nach San Diego

San Diego liegt in der äußersten südwestlichen Ecke Kaliforniens, etwa 120 mi/190 km von Los Angeles entfernt. Wer diese Distanz schnell zurücklegen möchte, kann das in rund zwei Stunden auf der I-5 tun. Empfehlenswerter ist jedoch die Route entlang der Küste auf dem berühmten *Pacific Coast Highway*, dem CA State Hwy. 1.

Erst muss man jedoch ab San Juan Capistrano (S. 190) noch die Autobahn I-5 benutzten, die zunächst das militärische Sperrgebiet der Marinebasis von Camp Pendleton passiert. Südlich davon, in **Oceanside**, geht es zurück auf den küstennäheren Hwy. 1 und nun beginnt wieder eine Kette von Stränden und Strandkommunen, die sich bis zur mexikanischen Grenze hinunterzieht. Wer eine alte spanische Mission besichtigen möchte, kann bei Oceanside auf dem Hwy. 76 die rund 8 km nach **San Luis Rey** fahren. Die dortige **Mission San Luis Rey de Francia** wurde 1798 gegründet und gilt als größte der 21 kalifornischen Missionen. Daher auch der Beiname „King of the Missions". *Spanische Mission*
Mission San Luis Rey de Francia, *4050 Mission Ave., www.sanluisrey.org, Museum: Mo–Sa 9–17, So 10–17 Uhr, $ 5.*

Redaktionstipps

Sehenswürdigkeiten

▶ In **San Diego**: **Balboa Park** (S. 240) mit dem weltberühmten **Zoo** (S. 242) und seinen **Museen**; **Gaslamp Quarter** (S. 240) und **Downtown** mit Horton Plaza, Maritime Museum und Seaport Village (S. 238); **Old Town** (S. 243); **Point Loma** und **Sea World** (S. 245).

▶ Dass die Wüste lebt, belegen das **Arizona-Sonora Desert Museum** (S. 258) und der **Saguaro National Park** (S. 258) - absolute Highlights in Sachen Natur, Flora und Fauna in **Tucson**.

▶ Die Geschichte des Wilden Westens erlebt man in den Städtchen **Bisbee** (S. 263) und **Tombstone** (S. 262) sowie in den **Old Tucson Studios** (S. 258).

▶ Die **Mission San Xavier del Bac** (S. 257) wird nicht umsonst „Weiße Taube in der Wüste" bezeichnet.

▶ In **Phoenix**: Rundgang um die **Civic Plaza** in Downtown (S. 267), das **Heard Museum** (S. 269).

▶ Bummel in **Old Town Scottsdale** (S. 270)

▶ Nicht nur Architekturfans werden von **Taliesin West** (S. 270) begeistert sein.

Übernachten

▶ Das **Heritage Park Inn B&B** (S. 249) mitten in Old Town, San Diego.

▶ Einmaliges „Cowboy- & Indianer-Erlebnis" bietet die **Apache Spirit Ranch** (S. 263) nahe Tombstone.

▶ Das Valley of the Sun um Phoenix ist bekannt für seine **Luxusresorts** mit enorm breiten Freizeit-, Sport und Unterhaltungsangebot (S. 271).

Restaurants

▶ Um Tucson soll es die beste, authentischste **mexikanische Küche** (S. 261) geben.

▶ Im Valley of the Sun um Phoenix wird **Südwest-Küche** vom Feinsten angeboten - und abends locken „Saloons" und Dancehalls mit **Country Music** (S. 272).

Kleinstädte wie **Carlsbad**, **Encinitas** und **Del Mar** sind wegen ihrer feinsandigen Strände und touristischen Infrastruktur beliebt. Wind und Wellen locken Surfer, die Vegetation Naturliebhaber an: Kokospalmen säumen die Strandroute und blühende Gärten setzen farbige Akzente mit Hibiskus und Oleander sowie der philippinischen Merill-Palme mit ihren charakteristischen roten Fruchtständen. Dieser Küstenabschnitt wird von Künstlern und Hobbymalern geliebt und es gibt entsprechend viele Galerien.

Legoland California

Wer mit Kindern reist, hat in der Ortschaft Carlsbad jenseits der I-5 ein lohnendes Ausflugsziel: **Legoland**. Der dänische Spielzeughersteller hat hier ein großzügiges Gelände wenige Meilen südlich der Stadt geschaffen, auf dem Szenerien und Bauwerke aus aller Welt im Miniformat mit den typischen bunten Steinen nachgebaut worden sind. Belebt wird der Park durch Tiere, jede Menge Spielgeräte, Show u.a. Vergnügungen.

Legoland, *I-5, Exit Cannon Rd. E, ausgeschildert, http://california.legoland.com; Legoland, Legoland Waterpark und Sea Life Aquarium, versch. Tickettypen und Kombinationen sowie Zeiten, Infos: http://california.legoland.com/tickets/admission-tickets.*

San Diego Zoo Safari Park

In Escondido, wenige Fahrminuten östlich der Ortschaft am Hwy. 78 (ausgeschildert), erstreckt sich der **San Diego Safari Park**. Diese Institution, die mit dem weltberühmten Zoo von San Diego kooperiert, beherbergt über 3.000 Wildtiere. Es wurde Wert darauf gelegt, dass sie möglichst authentisch die Lebensbedingungen ihrer afrikanischen, asiatischen oder australischen Heimat wiederfinden. Es handelt sich daher nicht um einen Zoo im landläufigen Sinn, sondern um ein Wildgehege. Den besten Überblick erhält man auf einer Fahrt mit der *Wgasa Bush Line Monorail* (mit Erläuterungen); diese 5-Meilen-Tour ist im Eintrittspreis enthalten und dauert 50 Minuten. Danach sind individuelle Entdeckungen und der Besuch von Tiershows möglich.

San Diego Zoo Safari Park, *15500 San Pasqual Valley Rd., Escondido, www.sdzsafaripark.org, tgl. 9–mind. 17 Uhr, $ 44 ($ 7 Parkgebühr).*

Vom Safari Park zurück auf die I-15 (Ausfahrt „Via Rancho Parkway") sind es noch knapp 50 km bis zur Downtown von San Diego. Kurz vor der Stadt durchfährt man den **Torrey Pines State Park**, wo letzte Bestände dieser seltenen Kiefernart (*pinus torreyana*) geschützt sind. Sie zeichnen sich durch lange Nadeln und kräftige, runde Baumkronen aus.

Seltene Kiefernart

Anschließend erreicht man **La Jolla** (s. S. 244) und befindet sich damit auf Stadtgebiet.

San Diego

Die ersten Spanier, die im 16. Jh. in der Bucht vor San Diego ankerten, waren von dem „Steinhaufen" wenig angetan, auf dem sich heute die vielbesuchte Hafenstadt erstreckt. Heute locken endlose Sandstrände, ein mildes, angenehmes Klima, sorgsam restaurierte Altstadtviertel und eine glitzernde Skyline Besucher zuhauf in die moderne Millionenstadt. Mit über 1,3 Mio. Einwohnern (über 3 Mio. im Großraum) nimmt die Stadt den zweiten Platz in Kalifornien bzw. den achten in den Vereinigten Staaten ein.

Hier liegt zugleich die **Geburtsstätte Kaliforniens**: Der Ort war der erste, den *Juan Rodríguez Cabrillo*, der bereits mit *Hernan Cortés* nach Mexiko auf seiner Reise in den Norden 1542 gekommen war, entdeckte. Hier entstand 1769 die erste spanische Mission, aus der die erste europäische Siedlung Kaliforniens hervorging. Über die Geschichte informieren viele der rund 90 Museen in der Stadt, ein Besuch der **Mission San Diego de Alcalá** oder Spaziergänge durch **Old Town** und das **Gaslamp Quarter**.

Erste spanische Missionsstation

Das Gaslamp Quarter ist eines der historischen Viertel San Diegos

Immer schon war die Stadt auch Luftfahrtzentrum und bedeutender **Marinestützpunkt**. In der Bucht prägen daher auch die grauen Schiffskörper von Zerstörern, Kreuzern, Flugzeugträgern, Kommandoschiffen und U-Booten den Horizont. Heute liegt die Bedeutung der Stadt aber nicht mehr allein auf militärischem Gebiet, San Diego hat auch wirtschaftlich und fremdenverkehrstechnisch aufgeholt.

Orientierung in San Diego

- **Downtown**: Das zentrale Finanz- und Hotelzentrum mit Skyscrapern, dem Hafen mit Maritime Museum und Seaport Village, der Horton Plaza und dem restaurierten Gaslamp Quarter.
- **Balboa Park**: Riesiges Parkgelände mit neun sehenswerten Museen, Kunstgalerien, Theatern und dem weltberühmten Zoo.
- **Old Town**: Dieser *State Historic Park* birgt die älteste Architektur der Stadt, viktorianische Häuschen und das Serra Museum.
- **Südliche Küste**: Sehenswert sind hier v.a. die Inseln, Buchten und Halbinseln: die große, über eine Brücke oder per Fähre erreichbare Halbinsel Coronado, die Jachthäfen, Harbor Island, Shelter Island, Point Loma und Ocean Beach.
- **Nördliche Küste**: Mission Beach, im Hinterland die Mission Bay mit Sea World, Pacific Beach, das exklusive La Jolla und das Birch Aquarium gehören dazu.
- **Östliche Peripherie**: Mission San Diego de Alcalá.

- **59-Mile Scenic Drive**

Der ausgeschilderte **59-Mile Scenic Drive** ermöglicht es, in kurzer Zeit einen Überblick über die Stadt zu bekommen. Die Route ist durch besondere Schilder (weiße Seemöwe auf blau-gelbem Grund) und Zusatzhinweise gekennzeichnet. Im VC oder unter www.sandiego.org/articles/tours-sightseeing/san-diegos-59-mile-scenic-drive.aspx gibt es eine Wegbeschreibung und Informationen zu allen Stationen.

Sehenswürdigkeiten in Downtown

Downtown erreicht man über die Uferstraße (Harbor Dr.). Es ist zweiteilig: das moderne Zentrum mit Hochhäusern und die niedrige Bebauung des historischen Gaslamp Quarters. Mitten im modernen Downtown erstreckt sich die **Horton Plaza (1)**, ein mehrstöckiges Einkaufszentrum mit Boutiquen, Restaurants, Theatern, Kinos, Kaufhäusern und Hotel. Der postmoderne, 1985 eröffnete Baukomplex nimmt sieben Häuserblocks ein und wurde zuletzt Mitte der 1990er-Jahre renoviert.

Zurück zum nördlich gelegenen Broadway gelangt man vorbei am 1910 gebauten U.S. Grant Hotel und dem historischen Spreckels Theatre *(www.spreckels.net)* zum **Museum of Contemporary Art (2)**. Bei dem zweistöckigen Gebäude handelt es sich um die Downtown-Filiale des Kunstmuseums von La Jolla (S. 244); beide stellen zeitgenössische Kunst und Design aus.
Museum of Contemporary Art, *Broadway/Kettner Blvd., www.mcasd.org, Do–Di 11–17 Uhr, $ 10 (inkl. La Jolla Museum).*

San Diego – Downtown und Balboa Park
N
0,31 mi
500 m
19
OLD TOWN
Maple Street
Laurel Street
Kalmia Street
Juniper Street
Ivy Street
Hawthorn Street
Grape Street
First Street
Elm Street
El Prado
Union Street
Laurel Street
zum San Diego International Airport
5
163
Park Boulevard
Balboa Park
Balboa Stadium
Harbor Drive
Pacific Highway
Kettner Blvd.
Columbia Street
Union Street
1st Avenue
3rd Avenue
5th Avenue
7th Avenue
9th Avenue
11th Avenue
12th Avenue
Spreckels Theatre
Broadway
E Street
F Street
G Street
G Street
Market Street
Island Avenue
J Street
K Street
L Street
Petco Park
Imperial Avenue
13th Avenue
14th Avenue
15th Avenue
16th Avenue
17th Avenue
19th Avenue
20th Avenue
21st Avenue
22nd Avenue
23th Avenue
24th Avenue
25th Avenue
94
Logan Avenue
National Avenue
Newton Avenue
San Diego Bay
75
San Diego Coronado Bay Bridge
© igraphic
1 Horton Plaza
2 Museum of Contemporary Art
3 Santa Fe Train Depot
4 Broadway Pier
5 Cruise Ship Terminal
6 Maritime Museum
7 Seaport Village
8 Embarcadero Marina Park
9 San Diego Convention Center
10 New Children's Museum
11 Gaslamp Quarter
12 Balboa Park VC
13 Spanish Village
14 California Tower
15 Spreckels Organ Pavilion
16 Aerospace Museum
17 Reuben H. Fleet Science Center
18 San Diego Zoo
19 Old Town

Gegenüber fällt das gelungen renovierte **Santa Fe Train Depot (3)** (Amtrak-Bahnhof) und die Trolley-Station America Plaza ins Auge. Zwei Blocks weiter steht man wieder am Harbor Dr. und kann Seeluft schnuppern. Am **Broadway Pier (4)** legen die Tourboote sowie die Personenfähren zum Ferry Landing Marketplace auf der Halbinsel Coronado (vgl. S. 248) ab. Unmittelbar nördlich davon kann man am **Cruise Ship Terminal (5)** die mächtigen Kreuzfahrtschiffe bewundern.

Piers und Schiffsmuseum

Anschließend lädt das **Maritime Museum (6)** mit historischen Schiffen ein. Hier liegen die Windjammer *Star of India*, ein Schoner aus dem Jahre 1863, die Dampffähre *Berkeley* aus dem Jahre 1898 (die bei dem Erdbeben von 1906 in San Francisco Menschen in Sicherheit brachte) oder die Luxusyacht *Medea*, die 1904 in Schottland gebaut wurde, vor Anker.

Maritime Museum, *1492 N. Harbor Dr., www.sdmaritime.org, tgl. 9–20 Uhr, $ 16.*

Schlendert man entlang dem Ufer wieder zurück, fallen südlich des Broadway viele Boote der Thunfisch-Flotte ins Auge. Das folgende Promenadenstück besteht ähnlich wie in San Francisco aus umgebauten Piers, die Restaurant-, Einkaufs- und Vergnügungsstätten aufweisen. Besonders gelungen ist das **Seaport Village (7)**, das dazu noch einen großartigen Ausblick über die Bay von San Diego bietet.

In der Nachbarschaft des Seaport Village hat sich in den letzten Jahren städteplanerisch viel getan. Hier befinden sich auch der **Embarcadero Marina Park (8)** und der Jachthafen mit Blick auf die Coronado-Brücke. Zurück zur Horton Plaza geht es vorbei am **San Diego Convention Center (9)**, dessen markante Dachkonstruktion nicht zufällig an ein Segelschiff erinnert. Familien könnten auf dem Rückweg einen Blick ins **New Children's Museum (10)** (*Front St./200 W. Island Ave., www.thinkplaycreate.org, tgl. außer Di 10–16, Do 10–18, So 12–16 Uhr, $ 10*) werfen.

Gaslamp Quarter (11)

Denkmalgeschützter Stadtteil

Südlich der Horton Plaza breitet sich das **Gaslamp Quarter** (*www.gaslamp.org*) aus. Hier wurde ein mehr als 16 Blocks umfassendes Viertel aus Ziegelstein- und Eisengussarchitektur aus dem späten 19. Jh. unter Denkmalschutz gestellt. *Alonzo Horton* aus San Francisco, der in San Diego als Immobilienmakler tätig war, hatte 1867 das Brachland für nur $ 265 gekauft und in ein lebendiges Viertel umgewandelt. Da Eckhäuser seitens der Geschäftsleute besonders begehrt waren, sorgte er dafür, dass die einzelnen Blocks relativ klein blieben. In den zwei- bis vierstöckigen Häusern aus der Jahrhundertwende befinden sich heute Büros, Kunstgalerien, Antiquitäten- und Modegeschäfte sowie Restaurants, Clubs und Bars. Am Rand mancher Straße mit Kopfsteinpflaster stehen noch Repliken alter Gaslaternen, nach denen das Viertel benannt wurde. Da im Umfeld auch das neue **Baseballstadion** – *Petco Park* – steht, ist während der 82 Heimspiele der *Padres* im Viertel immer einiges los.

Balboa Park

Der 560 ha große Balboa Park liegt nur wenige Fahrminuten in nordöstlicher Richtung von Downtown entfernt. Seinen Namen erhielt das riesige Erholungsgebiet nach *Vasco*

Der Balboa Park hat zahlreiche, auch architektonisch sehenswerte Museen zu bieten

Nuñez de Balboa, der 1513 als erster Europäer den Pazifischen Ozean sah. 1892 im Kern als Park angelegt, erhielt das Gelände anlässlich der Panama-California-Ausstellung von 1915–16 und der Internationalen California-Pacific-Ausstellung von 1935 sein heutiges Aussehen. Besonders die Architektur der Ausstellungsgebäude, die heute meist Museen enthalten, ist sehenswert, wurden doch hier auf gelungene Art und Weise spanischer Neo-Barock und Mission Style miteinander verbunden.

Riesige Parkanlage mit zahlreichen Museen

Übersichtskarten und Informationen über den Balboa Park *(www.balboapark.org)* sind im **Visitors Center (12)** erhältlich; hier und in den Verkaufsstellen der einzelnen Museen bekommt man diverse Pässe und Informationen. Vorbei am Kunstgewerbezentrum **Spanish Village (13)** geht es zunächst vorbei an einem Platz *(Village Place)* mit Seerosenteich, gerahmt von mehreren Gebäuden wie dem Botanischen Haus mit grandiosen Farnen – eine sehenswerte Holz-Konstruktion in Art der Palmenhäuser, jedoch ohne Fenster.

Schräg gegenüber steht dann das **Timken Museum of Art** *(www.timkenmuseum.org)* mit einer beachtlichen Sammlung europäischer Malerei des 14. bis 19. Jh., russischen Ikonen und Werken nordamerikanischer Künstler des 19. Jh. Noch bekannter ist gegenüber das **San Diego Museum of Art** *(www.sdmart.org)*, das berühmte Exponate der spanischen Renaissance und des Barock, niederländischer und italienischer Malerei, Grafiken des 19./20. Jh. sowie asiatische Kunst ausstellt.

Interessantes Museum zur Menschheitsgeschichte

Ein Muss ist etwas weiter der **California Tower (14)**, der architektonisch hervorragend den vorherrschenden barock-hispanisierenden Stil der Balboa-Park-Bauten verkörpert. Das Gebäude mit seiner großen Kuppel beherbergt keine Kirche, sondern das **San Diego Museum of Man** (*www.museumofman.org*). Hier wird die biologische und kulturelle Entwicklung der Menschheit dokumentiert und zahlreiche Ausstellungsstücke zum Thema Indianerkulturen gezeigt. Hinter dem California Tower erstreckt sich der Komplex des **Simon Edison Centre for the Performing Arts** mit mehreren Bühnen, u.a. dem sehenswerten Old Globe Theatre.

An der zentralen **Plaza de Panama** befindet sich der **Spreckels Organ Pavilion (15)**, dessen Glanzstück eine der größten Openair-Orgeln der Welt mit 4445 Pfeifen ist. Daneben bietet der **Japanese Friendship Garden** – ähnlich wie der japanische Garten in San Francisco – fernöstliche Atmosphäre.

Geht man vom Pavilion ein Stückchen südwärts, gelangt man vorbei an der **Hall of Nations** und dem *United Nations Building* zur *Pan-American Plaza*, um die sich weitere Museen, Bühnen und Theater gruppieren. Am auffälligsten ist das **Aerospace Museum (16)** (*www.aerospacemuseum.org*), das über eine einzigartige Sammlung zur Geschichte der Luftfahrt verfügt. Rechter Hand wird das Gebäude vom **Automotive Museum** (*www.sdautomuseum.org*) flankiert, in dem es Beispiele aus der Frühzeit des motorisierten Personenverkehrs und Wagen aus den Jahren 1940 bis 1970 zu sehen gibt.

Zurück auf El Prado, setzt man den Weg, vorbei am VC, zur **Casa del Balboa** fort. In ihr sind gleich vier Museen untergebracht: die **Hall of Champions** (*www.sdhoc.com*) stellt Stars, Weltmeister und Olympiasieger aus 40 Sportarten vor, das **Museum of Photographic Arts** (*www.mopa.org*) zeigt eine hochkarätige Sammlung von Fotografien und sehenswerte Wechselausstellungen, im **San Diego History Center** (*www.sandiegohistory.org*) geht es um Möbel, Textilien, rekonstruierte Interieurs und andere Hinterlassenschaften aus San Diegos Vergangenheit, und das **Model Railroad Museum** (*www.sdmrm.org*) richtet sich an Liebhaber von Modelleisenbahnen.

Architektonische Pracht

Gegenüber stellt die **Casa del Prado** nicht nur ein architektonisches Schmuckstück dar, sondern beherbergt auf der Nordseite auch das Casa del Prado Theatre, Sitz des San Diego Junior Theatre. Jenseits der nächsten Querstraße (Village Pl.) verfügt das schon 1920 eröffnete **San Diego Natural History Museum** (*www.sdnhm.org*) über beeindruckende Sammlungen zur Paläontologie, Mineralogie, Ökologie und Erdgeschichte. Wenig später endet die Straße an der Plaza de Balboa, wo mit dem **Reuben H. Fleet Space Theater & Science Center (17)** (*www.rhfleet.org*) eine der populärsten Attraktionen des Parks steht. Auf einer Riesenleinwand werden hier im *OMNIMAX Theatre* Filme über naturwissenschaftliche Phänomene gezeigt.

Balboa Park VC (12), *1549 El Prado, www.balboapark.org, tgl. 9.30–16.30 Uhr, der Passport to Balboa Park gewährt freien Eintritt in 14 Museen und in den Zoo (gültig 7 Tage, $ 49, mit Zoo $ 85), der Stay-for-the-Day Pass ist in 5 frei wählbaren Attraktionen gültig und kostet $ 39.*

San Diego Zoo (18)

An das Spanish Village schließt sich im Norden der **San Diego Zoo** an, der schon über 90 Jahre existiert und zu den bekanntesten Tiergärten der Welt zählt. Bei über 40 ha

Fläche, knapp 4.000 Tieren 800 verschiedener Arten und einer üppigen Vegetation verschafft man sich am besten zunächst einen Überblick auf einer der angebotenen 3-mi-Touren im offenen Doppeldeckerbus. Später kann man das Erlebnis zu Fuß intensivieren. Eine Seilbahn *(Aerial Tram)* verbindet zudem die beiden Enden des Zooareals miteinander.

Tour durch verschiedene Lebensräume

Der Aufbau des Zoos folgt beidseitig eines Canyons verschiedenen Klimazonen mit der entsprechenden Flora und Fauna. Unterschiedliche Habitate mit eindrucksvollen Namen wie *Panda Canyon, Urban Jungle, Polar Rim* oder *Africa Rocks* sind zu sehen. In „Lost Forest" wurde eine Regenwaldlandschaft mit Büffeln, Nilpferden, Okapis, Affen sowie einer Ausstellung zur dort lebenden Urbevölkerung, den Mbuti, nachgebildet. In verschiedenen Vogelhäusern *(aviaries)* leben mehr als 50 Sorten exotischer und gefährdeter tropischer Vögel, doch die eigentlichen Berühmtheiten sind die Pandabären aus China im *Panda Canyon*.

Es gibt täglich mehrere Tiershows in den beiden Openair-Theatern. Dabei handelt es sich nicht um perfekt arrangierte Dressurakte, sondern vielmehr um eine informative Vorstellung verschiedener Tiere mit ihren speziellen Charakteristika und Fähigkeiten.
San Diego Zoo, *Balboa Park, 2920 Zoo Dr., www.sandiegozoo.org, tgl. 9–mind. 17 Uhr, $ 44 inkl. Bustour und Aerial Tram.*

Old Town (19)

Bauten aus der spanischen Kolonialzeit und der frühen amerikanischen Besiedelung sind im **Old Town San Diego State Historic Park** *(Eintritt frei, Blue Line Trolley-Station, kos-*

Victorian Heritage Park

tenlose Parkplätze Heritage Park oder Juan/Congress St.) zu einem besuchenswerten Museumsdorf zusammengestellt. Obwohl in nächster Nähe nonstop der Straßenverkehr auf der I-5 tost, ist ein **Hauch des alten Mexiko** spürbar. Es gibt Shops, Restaurants und einen etwas touristisch aufgemachten mexikanischen Markt sowie in nächster Nähe das historische *Cosmopolitan Restaurant & Hotel (2660 Calhoun St., http://oldtowncosmopolitan.com)*.

Alte Bausubstanz und üppige Blütenpracht

Hier wurde von *Junipero Serra* die Mission der Franziskaner unter den militärischen Schutz des Presidio (Fort) gestellt, die ersten spanischen Profangebäude aus Stein in Kalifornien errichtet, und 1846 schließlich zum ersten Mal die amerikanische Flagge in San Diego gehisst. 1968 wurde das Viertel offiziell als „State Historic Park" unter Denkmalschutz gestellt. Doch nicht nur die alten Häuser und Plätze wie die *Presidio Plaza* mit ihrem Springbrunnen, die *Old Town Plaza* und der *Campo Santo* – ein alter katholischer Friedhof – locken Besucher an, auch die **Vegetation** mit ihrer üppigen bunten Blütenpracht macht Old Town zum reizvollen Ziel. Hier gedeihen Oliven- und Feigenbäume, wachsen Korkeichen, Eukalyptusbäume und Palmen inmitten subtropischer Gärten, hier sieht man Oleander, Pfefferbäume und Hibiskus.

An der nordwestlichen Ecke von Old Town befindet sich der **Bazaar del Mundo** mit Shops, Ständen und Restaurants ein Zentrum des touristischen Rummels. Daneben hebt sich der englisch-vornehme **Victorian Heritage Park** *(www.heritageparksd.com)* mit sechs Häusern aus den letzten beiden Jahrzehnten des 19. Jh. von der mexikanischen Architektur ab. Zwei der Häuser hat das *Heritage Park Inn B&B* (s. S. 249) bezogen.

Mission Bay und La Jolla

San Diegos nördliche Peripherie bietet weitverzweigte Buchten, Attraktionen wie *Sea World*, mondäne Vororte und Strände mit breitem Angebot an Wassersport. Der Badeort La Jolla präsentiert sich gediegen-ruhig und malerisch, mit mediterraner Vegetation und Architektur, mit Promenaden und gewundenen Gassen, Straßencafés und Fischrestaurants, kleinen, Sandstränden, romantisch von Klippen gerahmt, Grotten und Höhlen, ein Eldorado für Taucher.

Seehunde an der La Jolla Cove

Das eigentliche **Zentrum von La Jolla** erstreckt sich um die Prospect St. Landschaftlich schöner ist die Uferstraße (Coast Blvd.), von wo aus man zur **La Jolla Cove** hinabsteigen, schwimmen oder Seehunde beobachten kann. Wer sich für moderne Kunst und Design interessiert, sollte dem nahen **Museum of Contemporary Art (MCASD)** einen Besuch abstatten. 1941 gegründet, ist der postmoderne Bau von 1996 von *Robert Venturi* allein architektonisch sehenswert.
MCASD, *700 Prospect St., www.mcasd.org, Do–Di 11–17 Uhr, $ 10, Filiale in Downtown (1100 & 1001 Kettner Blvd.).*

Weiter südlich dann eröffnet sich wieder eine malerische Küstenszenerie mit Sandbuchten, markanten Felsen und Seehunden – beispielsweise am **Seal Rock Beach**. Auf dem Weg südlich zur **Mission Bay** verläuft der Mission Blvd. parallel zur Küste und passiert mehrere herrliche Strandabschnitte. Bei Sonnenanbetern und Wassersportlern gleichermaßen beliebt ist der **Pacific Beach Park**. Nur wenige Fahrminuten weiter findet man am langgezogenen **Mission Beach** einen westlichen Ozean- und einen östlichen Bay-Strand. Innerhalb des *Mission Beach Park* gelangt man dann zum **Belmont Park**, einem Vergnügungspark am Strand. Am Nordufer der Mission Bay liegt das **Mission Bay Aquatic Center**, wo sich Schwimmer, Surfer, Segler und andere Wassersportler tummeln. Über die Ingraham St. Bridge geht es dann zum Südufer der Mission Bay, wo *Sea World* wartet.

Sea World of California

Diese berühmte Institution am Südufer der Mission Bay ist eine Kombination aus Aquarium, Zoo, wissenschaftlicher Forschungsinstitution, Vergnügungseinrichtung und Show. Während Kinder die berühmten *Clydesdales*, die stämmigen Kaltblüter-Brauereipferde der Firma *Anheuser-Busch* – Besitzer von Sea World – bewundern, können die Eltern im Hospitality Center Bierproben oder -kurse absolvieren. Die eigentlichen Anziehungspunkte in Sea World sind jedoch **Orcas** (Killerwale), **Haie** und **Delfine**.

Delfine, Wale & Co.

Wenn zweimal täglich zur Shamu- (oder anderen) Show gerufen wird, strömen alle ins große Openair-Theater. Flamingos, Schildkröten, Robben, Seelöwen und viele andere Tiere kann man beobachten, und in der Abteilung *Forbidden Reef* erlebt man Rochen, Muränen oder Riff-Fische. Es gibt *Touch Pools*, in denen man Meeresbewohner anfassen darf, und wer Sea World aus der Vogelperspektive erleben möchte, kann auf den *Skytower* fahren oder per Gondel auf dem *Mission Bayside Skyride* einen Wasserarm überqueren.
Sea World, *1720 S. Shores Rd., http://seaworldparks.com/seaworld-sandiego, tgl. ab 9–22/23 Uhr, im Winter 10–17 Uhr, $ 78 ($ 15 Parkgebühr).*

Point Loma

Der Sporn, der die San Diego Bay im Westen vom Meer trennt, heißt **Point Loma**. Auf der Fahrt dorthin passiert man zunächst **Harbor**, dann **Shelter Island** – beides Inseln mit Resorthotels, Nobelrestaurants und Ausblick. Shelter Island gilt als mondänes Segelzentrum der Stadt.

Steht man an der Landspitze von **Point Loma**, vergisst man fast, dass man sich in einer Großstadt befindet. Hierher fährt man in erster Linie zur Walbeobachtung, denn vor dem *Whale Overlook* lassen sich zwischen Ende Dezember und Ende Februar vor allem Grauwale sehen, die auf dem Weg von der Bering See an die kalifornischen Küsten ziehen und nahe Baja California ihre Jungen gebären.

Die Spitze bildet das **Cabrillo National Monument** mit Besucherzentrum. Die Statue dort erinnert an *Juan Rodriguez Cabrillo*, der als erster Europäer die Bucht 1542 entdeckte. Zu Fuß erreicht man von hier aus das 1854 fertiggestellte **Old Point Loma Lighthouse**, das heute nicht mehr in Betrieb ist. Ein Naturpfad, der **Bayside Trail**, führt vom alten Leuchtturm hinunter zur Küste auf der Buchtseite, während ein weiterer zur Westseite mit den dort befindlichen Tidepools führt.
Baden ist wegen gefährlicher Klippen nicht möglich, der stadtnächste Strand befindet sich in Coronado und im äußerten Nordwesten der Point-Loma-Halbinsel in **Ocean Beach**. **„OB"** ist wegen seines hohen Wellengangs und seines 1960er-Flairs bei Surfern und *Beach Boys* und *Girls* beliebt.

Beliebter Surfer-Treff

Cabrillo NM, *1800 Cabrillo Memorial Dr, www.nps.gov/cabr, tgl. 9–17 Uhr, $ 5/Pkw.*

Mission San Diego de Alcalá

Im Osten der Stadt zweigt von der I-8 (Exit Mission Gorge Rd.) die Twain Rd. zur San Diego Mission Rd. ab und an ihr liegt die **Mission San Diego de Alcalá**. Die 1769 gegründete Mission war die erste des Franziskanerordens in Kalifornien und befand sich ursprünglich in der Nähe der heutigen Old Town, im Schutz von Fort Presidio. 1774 entschlossen sich die Mönche, zum jetzigen Standort überzusiedeln, weil hier im fruchtbaren *Mission Valley* die Wasserversorgung und die Bodenqualität besser waren.

Die Kirche wurde ein Opfer des Erdbebens von 1803. Zwischen 1846 und 1862 war das Gelände von der US-Kavallerie besetzt und die Soldaten machten sich daran, die

info

Pater Junipero Serra und die kalifornischen Missionen

Klein von Statur, jedoch groß an Tatkraft war es der auf Mallorca geborene Fransziskaner-Pater *Junipero Serra* (1713–1784) dem die Aufgabe zufiel, in Kalifornien die ersten spanischen Missionen zu gründen. Das Vordringen russischer Pelzhändler um die Mitte des 18. Jh. nach Kalifornien beäugte die spanische Kolonialmacht nämlich mit Misstrauen. Mehr als 200 Jahre nach der ersten Forschungsreise von *Juan Rodríguez Cabrillo* erhielt denn auch *Gaspár de Portolá* den Auftrag, eine Reihe von Militärposten zu errichteten. Da spanische Machtsicherung immer mit christlicher Missionierung einherging, wurden zur „Bekehrung der Wilden" gleichzeitig Kirchenstationen eingerichtet.

Mit dem Schiff, zu Fuß und zu Pferd legte der kleine Padre, obwohl gehbehindert, Tausende von Kilometern zurück und gründete mit seinen Mitbrüdern entlang der kalifornischen Küste eine Missionsstation nach der anderen. Den Anfang machte 1769 *San Diego de Alcalá*, die letzte der 21 Missionen entstand 1823 mit *San Francisco Solano* in Sonoma. Serras Missionsarbeit war dabei nicht immer von Erfolg gekrönt, einmal kam es zu Auseinandersetzungen mit dem militärischen Befehlshaber *Portolá*, der sich mehr der Krone als Gott verpflichtet fühlte, ein andermal widersetzten sich Indianerstämme gegen die Missionierungsversuche. Trotzdem konnte *Serra* bis zu seinem Tod, 1784, entlang dem *Camino Real*, dem Königsweg, neun Missionen ins Leben rufen. Seine letzte Ruhe fand der 1988 selig gesprochene Pater in der Missionskirche von *San Carlos Borromeo* in Carmel.

Die Missionen waren nicht nur geistliche Institutionen, sondern auch reiche landwirtschaftliche Unternehmen, die Bohnen, Mais und Weizen, Wein, Gemüse und Obst anbauten. Daneben gab es Viehzucht - Schafe, Rinder und Pferde. Die Arbeit leisteten die Indianer. Die Kirche erfüllte ordnungsgemäß ihren Auftrag, bekehrte und versprach, beschenkte und drohte, ließ für sich arbeiten, unterdrückte und bestrafte. Auch als sich 1821 Mexiko von der spanischen Herrschaft losgesagt hatte, im Zuge der Säkularisierung die Missionen aufgelöst und das Land privatisiert wurde, saßen die Indianer erneut am kürzeren Hebel und die Großgrundbesitzer schnappten sich die fruchtbaren Missionsbesitztümer.

Nach der Machtübernahme durch die USA 1850 erhielt die Kirche die Missionen bzw. deren Überreste zurück. Die meisten der Missionskirchen sind heute nicht mehr original erhalten, sondern oft mehrfach wieder aufgebaut. Dennoch stellen die Missionen heute nicht nur die historische Keimzelle des jeweiligen Ortes dar, sondern werden vielfach wieder von

Mönchen bewohnt und sind beliebtes Ziel von Touristen und Wallfahrern. Mit ihren blühenden Gärten sind sie zudem idyllische Ruheoasen im Rummel der kalifornischen Großstädte.

Die 21 kalifornischen Missionen:

1. San Diego de Alcalá - Gründung 1769
2. San Carlos Borromeo (Carmel) - 1770
3. San Antonio de Padua (King City/nördlich San Simeon) - 1771
4. San Gabriel Arcángel (L.A.) - 1771
5. San Luis Obispo de Tolosa - 1772
6. San Francisco de Asis - 1776
7. San Juan Capistrano - 1776
8. Santa Clara de Asis - 1777
9. San Buenaventura (Ventura) - 1782
10. Santa Barbara - 1786
11. La Purisima Conceptión (Lompoc) - 1787
12. Santa Cruz - 1791
13. Nuestra Señora de la Soledad (Soledad) - 1791
14. San José (Fremont) - 1797
15. San Juan Bautista - 1797
16. San Miguel Arcángel - 1797
17. San Fernando Rey de España - 1797
18. San Luis Rey de Francia (Oceanside) - 1798
19. Santa Inés (Solvang) - 1804
20. San Rafael Arcángel - 1817
21. San Francisco Solano (Sonoma) - 1823

Die Mission San Diego de Alcalá war die erste Gründung von Pater Junipero Serra

Apostel Kaliforniens

notdürftigsten Reparaturen auszuführen. 1862 schließlich wurden die Gebäude dem Orden zurückgegeben. Die jetzige Kirche erklärte 1976 *Papst Paul VI.* zur *Basilica Minor*. Ein Rundgang führt zum original erhaltenen Refektorium, zu den Ruinen des Klosters, zur heutigen Kirche und zum Museum. Hier werden frühe liturgische Gewänder aufbewahrt; v.a. aber erinnern Ausstellungsstücke und originale Handschriften an den Gründer vieler kalifornischer Missionen, *Junipero Serra*.

Mission San Diego de Alcalá, *10818 San Diego Mission Rd., www.missionsandiego.com, tgl. 9–16.45 Uhr, $ 3.*

Abstecher auf die Coronado Peninsula

Von Süden her schiebt sich die **Coronado Peninsula** wie ein überdimensionierter Angelhaken weit in die Bucht von San Diego hinein. Der Silver Strand Blvd. erschließt Coronado über eine schmale Landenge, oder man gelangt über die vierspurige Coronado Bridge auf die Halbinsel. Ihr markanter, zwei Meilen messender Bogen ist schon von Weitem zu sehen und ist Teil der unverwechselbaren Skyline der Stadt.

Coronado **Ferry Landing** (*1st St.*), wo die Fähren von Downtown anlegen, ist zu einem großen Laden- und Restaurantkomplex ausgebaut worden. Die Hauptattraktion im Ort ist das **Hotel del Coronado** (*1500 Orange Ave, www.hoteldel.com*), durch das es auch Touren gibt. *The Del* wurde 1888 erbaut und war von Anfang an eines der größten, luxuriösesten und bekanntesten Häuser der Westküste. Während San Diego noch eine ziemlich ärmliche Kleinstadt war, verkörperte das *Del* alles, was zu Beginn der 1890er-Jahre an Komfort und Technologie denkbar war. Außerhalb von New York gab es in ganz Amerika keinen größeren Komplex, der über elektrisches Licht verfügte. Das Hotel diente und dient Präsidenten, Adeligen und Stars als Aufenthaltsort und „Bühne". Wie die Halbinsel erhielt das Hotel seinen Namen von *Francisco Coronado*, der 1540 vom mexikanischen Vizekönig *Mendoza* ausgesandt wurde, das sagenhafte Goldland *Cibola* zu finden.

Hotellegende

Ausflug nach Tijuana

Lange Zeit war ein Besuch von San Diego ohne einen Ausflug ins mexikanische **Tijuana** unvorstellbar. Inzwischen machen verschärfte Grenzkontrollen und die zunehmende Kriminalität in der Grenzstadt, deren Attraktivität sich eh in Grenzen hält, den Besuch nicht mehr unbedingt empfehlenswert. Wer dennoch hinüber möchte, sei auf die Hinweise und Beschreibungen im Iwanowski-Reisehandbuch Kalifornien und auf die Webseite http://seetijuana.com verwiesen.

Reisepraktische Informationen San Diego

Information
San Diego CVB, *2215 India St., ✆ (619) 232-3101, www.sandiego.org.*
International Visitor Information Center, *1140 N. Harbor Dr., ✆ (619) 236-1212, tgl. 9–16/17 Uhr.*
La Jolla VC, *1162 Prospect St., La Jolla, ✆ (858) 454-5718, im Sommer tgl. 10–18 Uhr, sonst ab 11 bzw. nur bis 16 Uhr.*

Touren
Eine gute Möglichkeit, die Stadt kennenzulernen, bieten die grün-orangefarbenen Busse (im Stil der Cable Cars) der **Old Town Trolley Tours**, *die ab 9 Uhr zu 90-min. Rundfahrten starten und folgende wichtige Stationen anfahren: Old Town, Serra Museum, Maritime Museum, Cruise Ship Terminal, Seaport Village, Gaslamp Quarter, Balboa Park, San Diego Zoo, Hotel Coronado. Beliebiges Ein- und Aussteigen ist möglich. Infos und Tickets:* **Old Town Trolley Tours of San Diego**, *4040 Twiggs St., www.trolleytours.com/san-diego, $ 36 Tagesticket.*

Übernachten
Je nach Geschmack und Vorlieben eignen sich die Strandhotels von La Jolla, Pacific Beach, Shelter Island und Coronado, die Hotels in der Old Town oder aber Häuser in Downtown, die zum Shopping ideal sind. Hier ein paar Tipps:
Blue Sea Lodge $$-$$$, *707 Pacific Beach Dr., ✆ 1 (800) 258-3732, www.bestwestern-bluesea.com; Mittelklasse-Hotel der Best Western-Kette, direkt am Sandstrand und nahe Sea World, geräumige Zimmer und Suiten, Swimmingpool und Freizeitangebote – eines der Top-Waterfront Hotels der Region.*
The Horton Grand $$$, *311 Island Ave., ✆ (619) 544-1886, www.hortongrand.com; traditionsreiches, viktorianisches Hotel mit 132 Zimmern, alle mit Antiquitäten und Kamin ausgestattet, mitten im Gaslamp Quarter.*
Heritage Park Inn $$$-$$$$, *2470 Heritage Park Row, ✆ (619) 299-6832, www.heritageparkinn.com; B&B in renoviertem Haus aus dem 19. Jh., unmittelbar neben Old Town, 12 Zimmer unterschiedlicher Größe und Ausstattung – zum Teil mit Whirlpool, antiken Himmelbetten und Kaminen. Am frühen Abend Tee und Häppchen, am Morgen mehrgängiges Gourmetfrühstück – alles inklusive. Besonders schön ist der „Forget-Me-Not Room".*
Kona Kai Resort and Spa $$$-$$$$, *1551 Shelter Island Dr, Shelter Island, ✆ (619) 221-8000, www.resortkonakai.com; hübsch am Jachthafen gelegener Hotelkomplex mit geräumigen Zimmern bzw. Suiten mit Balkon (Ausblick!), mehrere Pools, Tennisplätze, Fitnesscenter und Gratis-Flughafenzubringer sowie Restaurant.*
Hotel del Coronado $$$$-$$$$$, *1500 Orange Ave., Coronado, ✆ 1 (800) 468-3533, www.hoteldel.com; eine Hotel-Legende mit 691 unterschiedlichen Zimmer auf der Coronado-Halbinsel, viktorianisches Holzhaus von 1888 mit modernen Anbauten, eigenem Strand, sieben Tennisplätzen, Fahrrad- und Bootsverleih, mehreren Restaurants.*

Camping
Chula Vista RV Resort, *460 Sandpiper Way, Chula Vista, www.chulavistarv.com.*
San Diego Metro KOA, *111 N. 2nd Ave., Chula Vista, http://koa.com/campgrounds/san-diego.*

Restaurants

San Diego steht in Sachen Haute Cuisine San Francisco oder L.A. nicht nach. In Old Town sind v.a. die „Mexikaner“ zu Hause, etwas touristisch, aber bei gutem Preis-Mengen-Verhältnis. An der 5th Ave im Gaslamp Quarter findet man Restaurants aller Richtungen und Preiskategorien, außerdem lohnt das Areal um die Adams Ave. im Mission Valley.

Anthony's Fish Grotto, *1360 Harbor Dr, ✆ (619) 232-5103, und* **Anthony's Fishette**, *Letzteres im Imbissstil und für jeden erschwinglich.*

Casa Guadalajara, *Old Town, 4105 Taylor/Juan St.; nahe dem Bazaar del Mundo gelegenes großes Restaurant mit Livemusik am Abend. Hier biegen sich die Teller und statt Brot gibt es bunte Tortillas. Lohnend sind die Kombiteller.*

George's at the Cove, *1250 Prospect St, La Jolla, ✆ (858) 454-4244; Küchenchef Trey Foshee serviert hier kreative Regionalküche, die sich v.a. durch superfrische lokale Zutaten und überaus abwechslungsreiche Zubereitungsweise auszeichnet. Sehr vornehm und teuer isst man im Ocean Viewroom, ungezwungener und erschwinglicher auf der Ocean Terrace.*

Karl Strauss' Old Columbia Brewery, *1157 Columbia St., Downtown, und 1044 Wall St., La Jolla, www.karlstrauss.com; beliebte Microbrewery mit Pub-Atmosphäre und rustikaler amerikanischer Küche, preiswert.*

Ave 5 Restaurant & Bar, *2760 5th Ave., ✆ (619) 542-0394, Mo geschlossen. Kreative „farm-to-table“-Küche zu angemessenen Preisen. Gut sortierte Bar (Cocktails/Bier). In Bankers Hill (nahe Gaslamp Quarter) gelegen.*

San Diego Brewing Company, *10450 Friars Rd, Mission Valley, www.sandiegobrewing.com; kleine Hausbrauerei mit Pub, in dem es mehr als 50 Sorten frisch vom Fass gibt.*

Sport

San Diego trägt nicht umsonst den Beinamen Sports Town. Die Profi-Mannschaften im im Baseball und American Football sind auf dem ganzen Kontinent bekannt. Tennis- wie Golfplätze sind verbreitet und Fahrradfahrer finden ein ausgedehntes Radwegenetz vor. Angesichts der Strände, der Buchten und des kristallklaren Ozeans wird jedoch v.a. Wassersport großgeschrieben. Segeln, Rudern, Kayaking, Schwimmen, Surfen, Tauchen, Schnorcheln, Wasserski, Windsurfing, Sportfischerei – alles ist möglich und wird ganzjährig betrieben.

San Diego Chargers *(NFL – American Football), Qualcomm Stadium (Trolley Stop), Tickets und Infos: www.chargers.com*

San Diego Padres *(MLB – Baseball), Petco Stadium (Gaslamp Quarter, Trolley Stop), Tickets und Infos: http://sandiego.padres.mlb.com*

Flughafen

Der **San Diego International Airport** *(Lindbergh Field, www.san.org) liegt auf Stadtgebiet und wird durch Shuttle-Bussen mit dem Zentrum verbunden.*

Eisenbahn

Zwischen L.A. und San Diego verkehren täglich auf der **Pacific Surfliner**-*Route über zehn* **Amtrak-Züge**.

Der Bahnhof (Santa Fe Depot) befindet sich günstig in der Innenstadt, 1050 Kettner Blvd, ✆ 1 (800) 872-7245, www.amtrak.com.

Nahverkehr

Busse und Trolleys sind zum Metropolitan Transit System (MTS) zusammengefasst. Die Straßenbahn – **San Diego Trolley Line** *– betreibt drei Linien:*

1. die **Blue Line** *von Old Town über den Santa Fe-Bahnhof in Downtown bis zur Endstation San Ysidro (Grenzstation nach Tijuana);*
2. die **Green Line** *fährt von Old Town über Mission Valley und das Footballstadion zu den östlichen Vororten;*
3. die **Orange Line** *vom Gaslamp Quarter über das Convention Center und Downtown in den Osten.*
Infos: www.sdmts.com; Trolley Ticket: $ 2,50; es lohnt der Kauf eines **Day Pass** *für $ 5 (2 Tage $ 9, 3 Tage $ 12, 4 Tage $ 15).*

Die **San Diego-Coronado Ferry** *($ 4,25) verbindet die Innenstadt (Broadway Pier) mit Coronado (Ferry Landing Marketplace). Sie ist ideal für Fußgänger und Radfahrer. Außerdem verkehrt Water Taxi in der San Diego Bay. Infos: www.sdhe.com.*

Von San Diego nach Tucson/AZ

Der Weg von San Diego nach Tucson/AZ ist lang: direkt, auf der I-8, sind es rund 410 mi/660 km. Nachdem man San Diego verlassen hat, geht es bergauf in eine bewaldete Gebirgswelt mit Seen, die so gar nicht in das Bild vom kalifornisch-mexikanische Grenzgebiet passen will. Nicht umsonst heißt ein Ort entlang der Strecke **Alpine**. Auf der Passhöhe angelangt, geht es in weiten Kehren hinab in die wieder wüstenhafte Ebene.

Gut 110 km hinter San Diego erreicht man den Flecken **Ocotillo**, benannt nach der typischen Wüstenpflanze, nach weiteren 50 km folgt **El Centro**. Dieser als Winterquartier beliebte Ort liegt in einer Senke, die unter Meeresspiegelniveau hinabreicht. Auch der **Salton Sea** weiter nördlich hat sich in einer solchen „Depression" gebildet. Das **Imperial Valley**, einst eine verdorrte Wüstenhölle, ist durch etliche Kanäle teilweise in eine grüne Oase umgewandelt worden. Die mexikanische Grenze liegt bei **Calexico** nur wenige Kilometer vom Freeway entfernt, weswegen es hier häufig zu Autokontrollen kommt. Nachts patrouillieren Hundestreifen und Hubschrauber leuchten mit Scheinwerfern das Gelände nach illegalen Einwanderern ab.

Oase in der Wüste

Dies trifft auch auf die knapp 100 km lange Strecke bis **Yuma** zu, auf der sich die I-8 bis auf 2 km der Grenze nähert. In diesem Abschnitt wird das Einerlei der flachen Wüste durch einen über 35 km breiten Streifen imponierender Sanddünen aufgelockert; sie ziehen sich zwischen der Ortschaft Glamis und Mexiko hin. Diese **Imperial Sand Dunes** *(www.blm.gov/ca/st/en/fo/elcentro/recreation/ohvs/isdra.html)* sind ein Tummelplatz für Fans der geländegängigen ATVs *(Quads)*, unterstehen aber zum Teil dem BLM als Naturschutzgebiet. Die unwirkliche Landschaft wurde und wird aber auch von der Filmindustrie als Wüstenkulisse genutzt; u.a. wurden hier Filme wie *Star Wars* gedreht.

Von San Diego nach Tucson

Am Colorado River

Nach **Winterhaven** ist das südöstliche Ende Kaliforniens erreicht. Auf der anderen Seite, durch den Colorado River getrennt, liegt **Yuma**, das sich mit Tankstellen und Imbisslokalen sowie einer kleinen Old Town zum Zwischenstopp anbietet. Goldfunde hatten hier zu einer kurzen Blüte und gesetzlosen Zuständen geführt. Davon zeugt das **Yuma Territorial Prison**, das von 1875–1909 mehr als 3.000 Insassen beherbergte und jetzt als State Historical Park ausgewiesen ist *(VC tgl. 9–17 Uhr, $ 6, http://azstateparks.com/Parks/yute/index.html)*.

Grenzstadt am Colorado

Die Lebensader der Stadt war lange Zeit der **Colorado River**, der mit Dampfschiffen von der Mündung bis hierher befahrbar war. An der Einmündung des Gila River in den Colorado gelegen, fungierte Yuma als Zwischenstation für Reisende. Seitdem man den langen Fluss gezähmt und eingedämmt hat, ist Yumas Rolle als „Hafenstadt" kein Thema mehr. Obwohl vom mehrfach aufgestauten und über Kanäle abgeführten Wasser des Colorado am Unterlauf nur noch ein Rinnsal übrig ist, markiert er die Staatsgrenze nach Arizona und liegt am Übergang zwischen Pazifischer Zeitzone und Mountain Time.

Die Weiterfahrt verläuft durch ebene, dürre Landschaft, in der nur ab und zu Kakteen und Ocotillos beweisen, dass Leben in der Wüste möglich ist. Klapperschlangen, Taranteln, Skorpione und das Gila Monster – eine schwarz-gelbe Krustenechse, die bis zu einem halben Meter groß wird und deren Biss tödlich sein kann – gehören allerdings nicht zu den Wüstenbewohnern, mit denen man näher in Kontakt treten möchte.

Routenhinweise

In der Kleinstadt Gila Bend muss man sich entscheiden: Der **schnellste Weg nach Tucson** beläuft sich auf rund 200 km auf der I-8. Möchte man **direkt nach Phoenix** fahren, wählt man den Hwy. 85 nordwärts bis zur I-10. Von da ist man in rund 30 Minuten in der Hauptstadt Arizonas (gut 110 km).

Interessanter ist jedoch die **südliche Route** über Ajo, die den Weg nach Tucson um etwa 80 km verlängert. Nach Abzweigen von der I-8 geht es schnurgerade auf dem Hwy. 85 in südlicher Richtung durch ein großes Übungsgelände der *Air Force*. Die Ortschaft **Ajo** ist ein kleines, verschlafenes Nest, dessen Stadtbild vom ehemaligen Kupfertagebau bestimmt wird. Davon erzählt auch das **Mining Museum**, noch interessanter ist aber der Aussichtspunkt *(Lookout)*, etwa 2 km vom Ortszentrum entfernt, von dem man in das riesige Loch des Kupfertagebaus blicken kann.

Organ Pipe Cactus – die Wüste im Südwesten Arizonas lebt!

Ab **Why** bietet sich auf dem Hwy. 85 ein Abstecher zum 30 km südlich gelegenen **Organ Pipe Cactus NM** *(www.nps.gov/orpi, VC tgl. 8–17 Uhr, $ 8)* mit seinem dichten Bestand an Orgelpfeifen-Kakteen an. Bis zu 8 m hoch wird die mehrstämmige Kakteenart (lemaireocereus thurberi), die innerhalb der USA nur hier vorkommt.

Von **Why** geht es weiter auf dem Hwy. 86 (Ayo Way) durch das riesig erscheinende Reservat der **Tohono O'Odham-Indianer** nach Tucson. Im Umfeld der Stadt leben heute über 24.000 Indianer. Bis in die 1980er als Papago-Indianer bekannt, nennen sie sich heute Tohono O'Oodham, „Menschen der Wüste".

Tucson und Umgebung

Tucson bezeichnet sich gern als „kleinste Großstadt der USA". Immerhin wuchs die Stadt von knapp 40.000 EW um 1940 bis heute zu fast einer Million im Großraum an. Mehr noch als der „Wilde Westen" hat die spanisch-mexikanische Geschichte hier ihre Spuren hinterlassen. Die Wurzeln des Ortes reichen jedoch viel weiter zurück, und er gilt zudem als eine der ältesten ununterbrochen bewohnten Siedlungen Nordamerikas.

Frühe Besiedlung

Die **Hohokam-Indianer** – „Die, die verschwunden sind" in der Sprache der Pima – waren die frühesten Siedler der Gegend und betrieben bereits im 1. Jh. n. Chr. Ackerbau. Die europäische Zeit wurde mit Jesuitenpater *Eusebio Francisco Kino* im Jahre 1687 eingeläutet. Er berichtete von Pima- und Sobaipuri-Indianerstämmen und einem Pima-Dorf namens **Stjukshon**, „Quelle am Fuße eines schwarzen Berges" – woraus „Tucson" wurde.

Den Mönchen folgten in den 1770ern vermehrt spanische Siedler, die das Militär mit der Errichtung des **Presidio San Agustin del Tucson** gegen Angriffe der Apachen zu schützen versuchte. Mauerreste dieses alten Forts sind noch erhalten. Zusammen mit anderen Teilen des spanischen Reichs wurde Tucson 1821 Teil des unabhängigen Mexiko, bis die US-Kavallerie in das alte spanische Fort einzog. Im Laufe der Zeit wandelte sich das mexikanische Grenznest zum Wildwest-Städtchen, doch hielt sich der Bevölkerungszuwachs in Grenzen. Dennoch fungierte Tucson zwischen 1867 und 1877

In Tucson bilden Moderne und mexikanische Vergangenheit eine faszinierende Mischung

als Hauptstadt des *Arizona Territory*. Mit dem Bau der Eisenbahn siedelten sich ab 1880 mehr Menschen an, während gleichzeitig Gold und Silber die Abenteuerlustigen in die Berge und in Richtung Tombstone lockten.

Das Militär bildete noch im 20. Jh. eines der wirtschaftlichen Standbeine der Stadt, insbesondere die *Davis Monthan Air Force Base*, die während und nach dem Zweiten Weltkrieg von überregionaler Bedeutung war. Dazu kamen Landwirtschaft, Kupferbergbau, Fremdenverkehr und Industrie. Heute ist Tucson zudem Sitz der *University of Arizona* und Standort etlicher astronomischer Beobachtungsstationen wie dem **Kitt Peak National Observatory** oder **Steward Observatory**.

Moderne Industriestadt

Der Tourismus profitiert vom milden Klima im Winter, aber auch von, im Vergleich zu Phoenix, erträglichen Sommern. Besonders reizvoll ist die Umgebung der Stadt: Im Norden steigen die Berge bis auf 2.750 m an *(Mt. Lemmon)*, im Osten und Westen erstreckt sich fast endlos die Saguaro-Kakteen-Landschaft und weiter südwestlich die Sonora-Halbwüste.

Downtown Tucson

„Old Town" besteht aus ein paar historischen Gebäuden. Die Innenstadt um das **Tucson Convention Center (1)**, ein großer Komplex mit überdachter Arena, Konzerthalle, Theater, Galerien, Pavillons und Gartenanlagen, wird von modernen Hochhäusern markiert und zu großen Teilen vom Uni-Campus eingenommen. Im **Tucson Visitor Center (2)** (*100 S. Church St.*) kann man sich mit Stadtplänen und touristischer Lektüre eindecken.

Sehenswert ist in der Nähe die **St. Augustine Cathedral** (*S. Stone Ave.*) von 1896. Ihre imposante Sandsteinfassade wurde in den 1920er-Jahren hinzugefügt. Im Altstadt-Bezirk **El Presidio (3)** (*Church Ave./Alameda St.*) stand einst das alte spanische Fort. Mauerreste der alten Verteidigungsanlage sind noch im *Pima County Court House* zu sehen. 1928 erbaut, spiegelt es in Dekor und architektonischen Details die spanisch-mexikanischen Einflüsse der Vergangenheit wider. Gleich dahinter ist der **El Presidio Park** heute Schauplatz vieler Festivitäten. Er wird durch mehrere Skulpturen und das *Vietnam Veterans Memorial* geschmückt.

Spanisch-mexikanische Wurzeln

Nur wenige Schritte entfernt liegt das **Tucson Museum of Arts**, das vornehmlich präkolumbische, spanisch-lateinamerikanische und zeitgenössische Kunst zeigt. Neben dem 1975 eröffneten Hauptbau befinden sich auf dem Museumsgelände fünf hierher umgesetzte historische Häuser.
Tucson Museum of Arts, *140 N. Main St., www.tucsonmuseumofart.org, Mi–Sa 10–17, Do bis 20, So 12–18 Uhr, $ 10.*

University of Arizona (4)

Verlässt man Downtown über die N. 4th Ave., eine Einkaufsstraße mit Boutiquen und Lokalen, stößt man auf den University Blvd., der direkt zum Universitäts-Campus führt. Dieser ist allein wegen der vielen Beispiele moderner Architektur sowie einigen beacht-

lichen Museen sehenswert. Dazu gehören:

Arizona State Museum, *University Blvd./N. Park Ave., www.statemuseum.arizona.edu, Mo–Sa 10–17 Uhr, $ 5.* Archäologisches Museum mit Schwerpunkt indianische Geschichte von der Urzeit bis heute.

University of Arizona Museum of Art, *1031 N. Olive Rd., www.artmuseum.arizona.edu, Di–Fr 9–17, Sa/So 12–16 Uhr, $ 5.* Renaissancekunst, europäische klassische Malerei und amerikanische Kunst sowie Wechselausstellungen.

Arizona History Museum, *949 E. 2nd St./Park Ave., www.arizonahistoricalsociety.org; Mo–Sa 10–16 Uhr, $ 5.* Eines der besten historischen Museen Arizonas zu den Indianerkulturen, der spanischen Kolonialzeit und der Pionierzeit.
Eine der Hauptattraktionen in der „**Hauptstadt der Astronomie**": Science Center mit verschiedensten wissenschaftlichen Instrumenten und Planetarium mit 41-cm-Teleskop, abendliche *Laser Light Shows* und naturwissenschaftlichen Filme im IMAX-Kino.
Flandrau Science Center & Planetarium, *1601 E. University Blvd., www.flandrau.org, Mo–Fr 10–15, Do–Fr auch 18–21, Sa 10–19, So 13–16 Uhr; $ 7, Lasershow $ 5.*

Pima Air & Space Museum (6)

Ein Halt an der südlichen Peripherie zeigt eine gleichermaßen bizarre wie erschreckende Welt: Tucson ist der Flugzeugfriedhof der Nation. Auf mehreren Flächen auf und um die **Davis Monthan Air Base (5)** stehen an die 5.000 (!) ausrangierte Militärflugzeuge der *US Air Force*. Im **Pima Air & Space Museum** sind rund 250 Flugzeuge aller Jahrgänge ausgestellt; sie repräsentieren Meilensteine der amerikanischen (Militär-)Geschichte. Besonders eindrucksvoll ist die Präsidentenmaschine von *J. F. Kennedy* und der *Blackbird*, das mit über 2.800 km/h schnellste je gebaute Flugzeug der Welt.

Flugzeugfriedhof

Pima Air & Space Museum, *6000 E.Valencia Rd., www.pimaair.org, tgl. 9–17 Uhr, $ 15,50.*

Mission San Xavier del Bac (7)

Die **Mission San Xavier del Bac** erreicht man von Downtown am einfachsten auf der I-10 und dem Freeway 19 (Exit „San Xavier Rd."). Die rund 6 km südlich der Stadt liegende Mission wurde 1795 von den Spaniern erbaut und ist zu Recht eines der meistfotografierten Objekte Arizonas. Die strahlend weiße Kirche – die „weiße Taube der Wüste" – ist im spanischen Barockstil erbaut und wird von einem üppigen rötlichen

Die Mission San Xavier del Bac gilt als eine der schönsten spanischen Missionen im Südwesten

Sandsteinportal geschmückt. Im Inneren fallen ein holzgeschnitzter Altar und barocknaive Malereien auf. Noch heute wird die Missionsstation als Kirche genutzt und finden v.a. sonntags Gottesdienste statt.
Mission San Xavier del Bac, *1950 W. San Xavier Rd., www.sanxaviermission.org, Kirche tgl. 7–17, Museum tgl. 8.30–16.30 Uhr, frei.*

Old Tucson Studios (8)

Arizonas Hollywood

Die **Old Tucson Studios** wurden 1939 von der Filmindustrie am westlichen Stadtrand Tucsons errichtet. Der unmittelbare Anlass waren die Dreharbeiten für den Western-Klassiker *Arizona*. Da man die Kulissen zur späteren Nutzung stehenließ, wurden hier im Laufe der Zeit mehr als 300 Kino- und Fernsehfilme gedreht – u.a. das Filmepos *Rio Grande* und Fernsehserien wie *Bonanza* oder *High Chaparal*. Stars wie *John Wayne, Robert Mitchum, Clint Eastwood, Elizabeth Taylor* oder *Kurt Russell* gingen im **Hollywood in the Desert** ein und aus. Bei einem Brand 1995 wurden die Filmstudios komplett zerstört, jedoch umgehend mit rund 30 aus Filmen bekannten Häusern und Museen, Restaurants und Läden wiederaufgebaut. Neueste Zufügungen sind der *Heritage Square* und ein Garten, der von den Tohono O'odham-Indianern gepflegt wird. Cowboy-Stuntshows und Zugfahrten mit einer Miniaturbahn.
Old Tucson Studios, *201 S. Kinney Rd., www.oldtucson.com, je nach Jahreszeit tgl. bzw. nur an Wochenenden 10–16/17/18 Uhr, im Hochsommer geschlossen, $ 17.*

Arizona-Sonora Desert Museum (9)

Von den Old Tucson Studios geht es auf der Kinney Rd. nordwestlich durch den **Tucson Mountain Park** (Fahrverbot nachts!), wo Prachtexemplare von Saguaros wachsen. Hier liegt auch der Haupteingang zum **Arizona-Sonora Desert Museum**, ein „Wüstenmuseum", für das man mindestens zwei Stunden einplanen sollte. In verschiedenen Abteilungen wird die geologische Entwicklung des amerikanischen Südwestens und Mexikos dargestellt. Besonders aufschlussreich ist der Besuch der Tropfsteinhöhle, in der die erdgeschichtliche Entwicklung der Region während der letzten Milliarde von Jahren erläutert wird. Eine Höhlenwohnung von Hohokam-Indianern wurde rekonstruiert und die Tier- und Pflanzenwelt der Sonora-Wüste ist weitgehend vollständig vertreten; man kann sie auf Wanderungen und in Biotopen beobachten.
Arizona-Sonora Desert Museum, *2021 N. Kinney Rd., www.desertmuseum.org, tgl. 7.30/8.30–17, Juni-Aug. 7–16.30 und Sa –22 Uhr, $ 14,50 (im Sommer $ 12).*

Saguaro National Park West (10)

Armleuchter-Kakteen

Der **Saguaro NP** verteilt sich auf zwei Areale östlich (s. unten) und westlich der Stadt (Tucson Mnt. District). Sein Kennzeichen ist die weltweit größte Konzentration der einstämmigen und hochwachsenden **Saguaros** *(Carnegiea gigantea)*. Den kleineren westlichen Teil des Nationalparks erreicht man in wenigen Fahrminuten vom *Arizona-Sonora Desert Museum* (N. Kinney Rd.). Ein erster Stopp am **Red Hills Information Center**, einem modernen Adobebau, verhilft zu Literatur, Postkarten, Broschüren und Karten.

Die Ausstellungen zur Physiognomie der Kakteen sind ebenso lohnend wie der Blick auf die dornigen Giganten von der Aussichtsterrasse. Die Wüstenpflanzen werden bis

zu 8 t schwer und bis zu 200 Jahre alt, bekommen ihre charakteristischen Arme allerdings erst ab einem Alter von 75 Jahren. Ein ausgewachsener Saguaro überragt mit bis zu 15 m Höhe selbst vierstöckige Gebäude. Am besten erkundet man den Park auf der Hohokam Rd., die als Rundstrecke nördlich vom VC von der Hauptstraße (Kinney Rd.) abgeht. Hier lohnt ein Stopp am **Valley View Overlook Trail** (3 km), der zu einem Aussichtspunkt führt.
Saguaro NP, *3693 S. Old Spanish Trail, www.nps.gov/sagu, Red Hills VC, 2700 N. Kinney Rd., tgl. 9–17 Uhr, Parkgelände 7 Uhr bis Sonnenuntergang, $ 10 (für beide Parkteile).*

Prägende Pflanzen in der Wüstenlandschaft im Süden von Arizona sind die mächtigen Saguaro-Kakteen

„A" Mountain (11)

Wer den Tag mit einem Panoramablick auf die Downtown von Tucson abschließen möchte, sollte dies auf dem **„A" Mountain** im Tucson Mnt. Park (N. Kinney Rd.) tun. Der Hügel hieß früher wegen seiner strategischen Bedeutung „Sentinel Peak" (Wachposten), doch seit ihn die Uni-Erstsemester alljährlich mit einem weißen „A" verzieren, wurde er umbenannt. Schon die ersten Indianer benutzten die Erhebung als Beobachtungspunkt, um rechtzeitig Feinde zu erspähen.

Sabino Canyon (12)

Es ist vor allem die majestätische Bergwelt der **Santa Catalina Mountains**, die den nördlichen Stadtrand für Besucher interessant macht. Von den Schluchten, die in das riesige Dreieck der Berge einschneiden, ist der **Sabino Canyon** der längste. 30 km von Downtown Tucson entfernt, erreicht man ihn über die Sabino Canyon Rd., der man bis fast zum Ende folgt. Da privater Autoverkehr im Canyon verboten ist, geht es vom Parkplatz am VC mit einer „Tram" weiter. Die gesamte 6-km-Tour in den Canyon hinein dauert 45 Minuten mit mehreren Stopps zum Ein- und Aussteigen und zum Wandern auf Trails wie dem *Blackett's Ridge Ridge* oder dem *Telephone Line Trail*.

Wanderungen durch die Bergwelt

Sabino Canyon, *5900 N. Sabino Canyon Rd., ✆ (520) 749-2861, www.sabinocanyon.com, VC Mo–So 8.30–16.30 Uhr, Touren tgl. 9–16/16.30 Uhr, $ 8.*

Mount Lemmon (13)

Alternativ zum Sabino Canyon bietet sich eine Tour zum Mt. Lemmon an, der mit 2.777 m die höchste Erhebung der Santa Catalina Mountains darstellt. Die Strecke über den kurvenreichen Catalina Hwy. bis zur Bergspitze misst 41 mi/66 km, die einfache Fahrt dauert gut 75 Minuten ohne längere Stopps.

Skigebiet

Auffällig ist der Klima- und Vegetationswechsel: Aus der glühend heißen Wüste mit ihren Saguaro-Kakteen kommend, schraubt sich die Straße immer höher hinauf in einen Kiefernwald. Hier erinnert die Landschaft eher an Kanada, und tatsächlich gilt das **Mt. Lemmon Ski Valley** als südlichstes Skigebiet der USA. Das einzige Dorf in Gipfelnähe heißt **Summerhaven** und hat sich ganz dem Fremdenverkehr verschrieben.

Saguaro National Park East (14)

Ein Großteil des Areals an Tucsons östlichem Stadtrand wird vom **Saguaro NP East** eingenommen. Am Fuße der Rincon Mountains gelegen, ist dieser Abschnitt wesentlich größer als sein westliches Pendant. Rund 90 % des Parks können lediglich auf Wanderwegen und Reitpfaden erkundet werden, Autofahrer haben die Möglichkeit, sich auf einer ca. 13 km langen Rundfahrt auf dem *Cactus Forest Drive* ein Bild zu verschaffen. Der Startpunkt befindet sich am **Rincon Mountain VC**, gleich hinter dem Parkeingang am *Old Spanish Trail.*

Saguaro NP, *www.nps.gov/sagu, Rincon Mtn. VC, 3693 S. Old Spanish Trail, tgl. 9–17 Uhr, Parkgelände 7 Uhr bis Sonnenuntergang, $ 10 (für beide Parkteile).*

Colossal Cave (15)

Tropfstein-formation

Ebenfalls am Old Spanish Trail, ca. 32 km östlich Downtown, liegt der **Colossal Cave Mountain Park**, eines der größten trockenen Höhlensysteme der Welt mit konstanten 23 °C Temperatur. Wie groß die Dimensionen tatsächlich sind, kann erst beantwortet werden, wenn Forscher das Ende der kilometerlangen Gänge gefunden haben. Außer der Besichtigung von Stalaktiten und Stalagmiten erfährt man auf den Führungen auch, dass einst Banditen ihre $-60.000-Beute hier versteckt haben sollen.

Colossal Cave, *www.colossalcave.com, tgl. 8/9–17 Uhr, $ 5, Höhlentouren $ 13.*

Reisepraktische Informationen Tucson

Information

Metropolitan Tucson CVB, *100 S. Church Ave., www.visittucson.org, ✆ 1 (800) 638-8350, Mo–Fr 9–17, Sa/So 9–16 Uhr. Viele Adressen, Tipps und Informationen enthält der „Tucson - Official Visitors Guide". Die kostenlose, donnerstags erscheinende „Tucson Weekly" informiert über Veranstaltungen, Restaurants etc. (www.tucsonweekly.com).*

Unterkunft

Tucson hat eine große Bandbreite an Unterkünften aller Art, von Ketten-H/Motels, konzentriert u.a. im Univiertel oder in Nähe der Freeway-Exits, bis zu überaus luxuriösen Hotels und Resorts. Darüber hinaus stehen zahlreiche B&Bs zur Verfügung (Infos: www.arizona-bed-

breakfast.com). Die Preise liegen in den heißen Sommermonaten meist deutlich niedriger als in den kühleren Monaten.
Ein paar Tipps:
Casa Tierra Adobe B&B Inn $$$, *1155 W. Calle Pima, ✆ (520) 578-3058, www.casatierratucson.com; westlich von Tucson gelegenes B&B mit drei Zimmern und einer Suite im mexikanischen Stil, von Wüste und Riesenkakteen umgeben. Herrliche Sonnenuntergänge, Outdoor-Whirlpool.*
Casino Del Sol Hotel $$$, *5655 W. Valencia Rd., ✆ (855) 765-7829, www.casinodelsol.com; vom Stamm der Pascua-Yaki-Indianer neu eröffnetes Casino-Hotel mit Spa, Amphitheater und Poollandschaft in Flughafennähe.*
Arizona Inn $$$$, *2200 E. Elm St., ✆ 1 (800) 933-1093, www.arizonainn.com; gemütliches, historisches Haus aus den 1930er-Jahren als Boutiquehotel im Adobe-Stil restauriert. 80 komfortable Zimmer mit Terrasse oder Balkon, Pool, Tennisplätze, Restaurant, Uni-Nähe.*
La Posada Lodge & Casitas $$$$, *5900 N. Oracle Rd., ✆ (520) 887-4800, www.laposadalodge.com; exklusives Boutiquehotel, 60 Deluxe-Zimmer mit allem Komfort, 12 Casitas, inkl. Frühstück.*

Camping

In der näheren Umgebung der Stadt gibt es mehrere Campingplätze, einige sind im Sommer geschlossen. Eher primitiv, aber landschaftlich schön gelegen, sind die Campgrounds im **Tucson Mountain Park**. *Weitere liegen entlang dem Mt. Lemmon Hwy. im Coronado NF und 12 mi/19 km nördlich von Tucson im* **Catalina SP**.

Restaurants

In Tucson herrscht Südwest- und mexikanische Küche vor.
Einige Tipps:
Gentle Ben's Brewing Co., *865 E. University Blvd.; beliebte Studentenkneipe mit preiswerten Gerichten wie Burger oder Sandwiches, dazu ausgezeichnete Biere der zugehörigen Microbrewery.*
La Fuente, *1749 N. Oracle Rd., ✆ (520) 623-8659. Geheimtipp für authentisches mexikanisches Essen. In der Lounge abendliche Livemusik (Mariachi).*
Kingfisher, *2564 E. Grant Rd., ✆ (520) 323-7739; gute Steak- und Fischgerichte, oft auch Livemusik (Jazz/Blues).*
El Charro Mexican Cafe, *311 N. Court Ave., ✆ (520) 622-1922; angeblich ältestes Restaurant in den USA mit mexikanischer Küche, mit eigenem Souvenirshop; große Portionen zu moderaten Preisen. Die zugehörige* **Bar ¡Toma!** *ist u.a. für ihre Margaritas bekannt.*

Sport

University of Arizona Wildcats, *Infos und Tickets: www.arizonawildcats.com, v.a. Football und Basketball.*

Flughafen

Der **Tucson International Airport** *(www.tucsonairport.org) liegt 6 mi/10 km südlich und ist mit dem Wagen am besten über den Kino Pkwy., Benson Hwy. und Tucson Blvd. zu erreichen. Ein Shuttlebus verbindet Airport und City rund um die Uhr; ansonsten fährt der Sun Tran-Stadtbus Nr. 25 von der Innenstadt zum Flughafen und zurück.*

Nahverkehr
Stadtbusse *(www.suntran.com) fahren an der Ecke Congress St./6th Ave. ab, allerdings meist nur bis zum frühen Abend. Bis 2013 soll eine neue Straßenbahn die Innenstadt durchqueren (www.tucsonstreetcar.com).*

Ausflug in den „Wilden Westen"

Wer kennt sie nicht, die berühmteste Schießerei des Wilden Westens am „**O.K. Corral**" in **Tombstone**? Von Tucson ist ein Ausflug in die legendäre Westernstadt einfach: auf der I-10 nach Osten und bei Benson auf den Hwy. 80 – insgesamt knapp 70 mi/110 km.

Tägliche Schießereien

Noch heute wird die Schießerei vom Oktober 1881 täglich neu inszeniert. Damals standen sich am inzwischen berühmtesten Pferdestall der Welt O.K. Corral die *Earp-Brüder Wyatt, Virgil* und *Morgan* und deren Freund, *John „Doc" Holliday*, einer Bande von Viehdieben, darunter *Ike* und *Billy Clanton*, die *McLaury-Brüder* und *Billy Claiborne* gegenüber. Als der Pulverdampf verflogen war, lagen Clanton und die McLaurys tot im Staub. *Holliday* und *Wyatt Earp* wurden vor Gericht gestellt, jedoch nie verurteilt. Romane und Filme wie „*Gunfight at the O.K.Corral*" (1957) oder „*Wyatt Earp*" (1994) halten seither die Legende wach.

Es waren die Silberminen, die Tombstone in den 1880ern zu einer der größten Städte des Westens machten. Zu ihrem legendären Namen kam sie dank besagter Schießerei, deren Originalschauplatz man besichtigen kann. Im **Tombstone Western Heritage Museum** *(Fremont/6 St., www.thetombstonemuseum.com, Mo/Di/Do–Sa 9–18, So 12.30–18 Uhr, $ 5)* gibt es gleich an der Hauptstraße zusätzliche Informationen zur Stadtgeschichte. Auch die *Dalton*-Bande – berühmt durch den Comic „Lucky Luke" – stattete der Stadt des Öfteren Besuche ab. Lynchjustiz, Meuchelmord, Schlägereien und Schießereien vor und in den Saloons standen auf der Tagesordnung. Das Resultat – die Gräber der Gangster – kann man auf dem **Boothill Graveyard** am Ortseingang besichtigen.

Neu ist eine „**Karl May Presentation Exhibition**" *(S. 4th St., Mi/Do 12–15, Fr/Sa/So 11–16 Uhr, frei, www.tombstonechamber.com/Karl-May-Presentation-Exhibition)*, entstanden aus einer Kooperation zwischen Tombstone und der Schwesterstadt Radebeul sowie der Apache Spirit Ranch (s. S. 263).

Der Abbau von Silber in großem Stil dauerte nur 15 Jahre. Dennoch

Wildwestabenteuer für jede/n bietet die Apache Spirit Ranch

wurde Tombstone nie zur Geisterstadt, im Gegenteil, der Ort ging als „**town too tough to die**“ in die Geschichte ein und lebt heute als Touristenziel von der schießwütigen Vergangenheit. Hauptachse ist die Allen St. mit ihren historischen Häusern, in die Läden und Lokale/Saloons eingezogen sind.

Wer sich für den Silberabbau interessiert, erfährt darüber mehr im 25 mi/40 km südlich von Tombstone gelegenen **Bisbee**, das allerdings erst zu Beginn des 20. Jh. größere Bedeutung erlangte, als in seinen Minen – bis in die 1970er – Kupfer abgebaut wurde. Schon um 1910 galt Bisbee als eine der reichsten Städte der USA. Benannt wurde der Ort nach einem der großen Kapitaleigner und Hauptinvestoren von der Ostküste, Richter *DeWitt Bisbee*. Die viktorianischen Wohnhäuser, in denen früher die Vorarbeiter und leitenden Angestellten der Minenfirmen wohnten, lohnen ebenso wie das **Mining & Historical Museum** (*5 Copper Queen Plaza, www.bisbeemuseum.org, tgl. 10–16 Uhr, $ 7,50*) und eine Fahrt in die **Copper Queen Mine** *(www.queenminetour.com)*.

Reisepraktische Informationen Tombstone und Bisbee

Information

Tombstone Visitor Information, *395 E. Allen /4th St., ✆ (520) 457-3929, www.tombstonechamber.com und www.tombstoneweb.com*

Bisbee VC, *2 Copper Queen Plaza/Convention Center, ✆ (520) 432-3554, www.discoverbisbee.com.*

Unterkunft

Silver Nugget B&B $$, *502 E. Allen St., Tombstone, ✆ (520) 457-9223, www.tombstone1880.com/silvernugget; mitten in der Altstadt gelegenes B&B mit vier Zimmern und zugehörigem Laden und Sandwich & Ice Cream Parlor.*

Virgil's Corner B&B $$$, *97 E. Fremont St., ✆ (520) 548-1025, http://virgilscorner.com/index.html; vier schöne, gut ausgestattete Zimmer/Suiten.*

Bisbee Grand Hotel $$-$$$$, *61 Main St., Bisbee, ✆ (520) 432-5900, www.bisbeegrandhotel.com; erste Adresse in den eleganten viktorianischen Zeiten, 1908 erbaut mit ungewöhnlicher Bar. 11 mit Geschmack und Antiquitäten eingerichtete Zimmer.*

Shady Dell RV Park $$-$$$, *1 Douglas Rd. Bisbee, www.theshadydell.com. Unterkunft mit Zeitreise – man nächtigt in liebevoll restaurierten Campern aus den 1950er-Jahren.*

TIPP:
Apache Spirit Ranch und weitere Guest Ranches

Tucson und Tombstone rühmen sich mit der Zahl ihrer Guest Ranches in der Umgebung. Die Mahlzeiten und meist auch Reitausflüge u.a. Angebote sind im Preis eingeschlossen, häufig gibt es allerdings eine Mindestaufenthaltsdauer. Allgemeine Infos: www.azdra.com.

Apache Spirit Ranch $$$$, *West Monument Rd., Tombstone/AZ, www.apachespiritranch.com; mit allem Komfort, Verpflegung und vielfältigen Freizeitmöglichkeiten. Guest Ranch im Stil einer alten Westernstadt, die der Bayer Peter Stenger mitten in der Heimat der Apachen aufgebaut hat. Ausritte in die Sonora-Wüste lassen in die Welt der Apache-Indianer, ihre Kultur, Lebensweise und Spiritualität eintauchen. Ein ereignisreicher Tag endet oft am Lagerfeuer mit der Country-Legende Jack Wheeler. Dazu tischt ein Spitzenkoch täglich neue Köstlichkeiten auf. Die insgesamt 17 Gästehäuser sind stilecht eingerichtet.*

Tanque Verde Guest Ranch $$$$, *14301 E. Speedway Blvd., Tucson, www.tanqueverde ranch.com; exklusive Gästeranch mit eigenem Restaurant in einer alter Postkutschenstation.*
White Stallion Ranch $$$$, *9251 W. Twin Peaks Rd., Tucson, www.whitestallion.com; rustikale Ranch mit Longhornzucht, 29 Zimmer in Bungalows, großes Freizeitangebot.*

Restaurants
Nellie Cashman's, *Toughnut/5th St., Tombstone; Restaurant in rustikaler Saloon-Atmosphäre von 1882, erinnert an Nellie Cashman, den „Engel von Tombstone".*
O.K. Cafe, *220 E. Allen St., Tombstone. Bekannt für Burger, auch aus Bison-, Straußen- oder Emu-Fleisch. tgl. 7–14 Uhr.*

Zwischen Tucson und Phoenix

Routenhinweis

Die schnellste Verbindung zwischen Tucson und Phoenix ist die Autobahn I-10 (ca. 115 mi/184 km), interessanter ist jedoch eine Nebenroute (Hwy. 77 und 79), da diese an zwei völlig verschiedenen Attraktionen – *Biosphere 2* und *Casa Grande Ruins NM* – vorbeiführt.

Biosphere 2

Begehbares Experiment

Biosphere 2 nördlich von Tucson nahe der Ortschaft Oracle (Hwy. 77, ausgeschildert) ist eine Vision. Zwischen 1991 und 1993 versuchte man, ein sich selbst erhaltendes Ökosystem zu schaffen, nachdem der Öl-Milliardär *Edward Bass* bereits in den 1980ern Experimente mit Biotopen unserer Erde unter einer Glaskuppel als geschlossenes ökologisches System unternommen hatte. Doch auch dieses neue Experiment scheiterte und seither nutzt die Universität Arizona das überdimensionale „Gewächshaus" zur Erforschung von Ökosystemen und globaler Erwärmung.

Während sich die Fachleute über das gescheiterte Projekt streiten, stellt die Anlage für Besucher ein surreales Erlebnis inmitten wüstenartiger Landschaft dar. Dem Zulauf trägt ein VC Rechnung, interessant ausgestattet mit einem großen Modell der Anlage, Führungen, *Biosphere Café* und Souvenirladen.
Biosphere 2, *Oracle Rd. (Hwy. 77), mi 96,5 (ausgeschildert), www.b2science.org, tgl. 9–16 Uhr, Touren $ 20.*

Casa Grande Ruins National Monument

Von Biosphere 2 aus fährt man nach Oracle Junction zurück und biegt dann nordwärts auf den Hwy. 79 Richtung Florence ab. Durch eine Kakteenwüste sind es rund 65 km bis Florence und von dort führt der Hwy. 287/387 nach Casa Grande. Das moderne Dach des **Casa Grande Ruins NM**, als Wetterschutz für die prähistorischen Ruinen

Spuren der prähistorischen Hohokam-Indianer im Casa Grande Ruins NM

gebaut, ist schon von Weitem sichtbar. Die prähistorischen **Hohokam-Indianer**, „die, die verschwunden sind" und deren Geschichte man von archäologischen Ausgrabungen und steinernen Hinterlassenschaften kennt, wohnten hier. Man weiß, dass sie seit dem 1. Jh. v.Chr. in der Wüste Arizonas ansässig waren und unter schwierigsten Umweltbedingungen eine hochstehende Kultur schufen. Ihre größte Leistung ist das mehrere hundert Kilometer lange **Kanalsystem**, das sie zwischen Gila River und Salt River zu Bewässerungszwecken installierten. Die Hauptkanäle des Systems waren bis zu 10 m breit und die Gräben bis zu 3 m tief. Auf diese Weise machten die Hohokam Landstriche fruchtbar, die längst wieder unter der glühenden Sonne verdörrt sind, und ernteten Mais, Bohnen und Baumwolle.

Prähistorische Hochkultur

Diese jungsteinzeitliche Indianergesellschaft brachte aber nicht nur Bauern hervor: Die Hohokam woben Textilien und Teppiche, waren Künstler, Handwerker, Töpfer und Holzschnitzer. Als Architekten traten sie ab etwa 1300 in Erscheinung: Sie bauten Siedlungen aus mehrstöckigen Häusern, eingefasst von einer Adobemauer. Das massivste und wohl eindrucksvollste Beispiel ist **Casa Grande**. Um das Hauptgebäude herum, das einst vierstöckige „Große Haus", das als Tempel oder Zeremoniegebäude fungierte und vielleicht auch als Observatorium benutzt wurde, entstand das Dorf mit Steinhäusern und einem Ballspielplatz. Grundmauern der einzelnen Gebäude und der Begrenzungsmauer stehen noch.

Zur Ausgrabungsstätte gelangt man durch das VC, dessen Ausstellung über die Siedlungsweise und Kultur der Hohokams informiert.
Casa Grande Ruins NM, *1100 Ruins Dr, Coolidge, www.nps.gov/cagr, tgl. 9–17 Uhr, $ 5/Person.*

Phoenix

Es ist schwer vorstellbar, wie unter der sengenden Sonne der Wüste Arizonas und bei Temperaturen um 40 °C überhaupt menschliches Leben möglich ist. Aber schon die Hohokam-Indianer haben dank Bewässerungstechniken am Salt River Ackerbau betrieben. Zwar haben sie das Gebiet um 1450 verlassen, doch wurden ihr Kanalsystem und die Ruinen des Pueblo Grande um 1860 von den ersten Pionieren wiederentdeckt.

Arizonas Hauptstadt

1867 machte sich der ehemalige Soldat *Jack Swilling* daran, das Bewässerungssystem zu reaktivieren. Bald folgten weitere Siedler, darunter *Darrel Duppa*, der prophezeite, hier würde ein Ort wie „**Phönix aus der Asche**" aufblühen – womit gleich ein Name für das 1870 offiziell gegründete Gemeinwesen gefunden war. Zwar hatte sich bereits 20 Jahre später Phoenix zum Geschäfts- und Verwaltungszentrum von Arizona gemausert und die Funktion der bisherigen Hauptstadt Prescott übernommen, doch hielt sich der Zustrom von Neuankömmlingen in Grenzen – wie in ganz Arizona, das mangels Einwohnern erst seit 1912 ein eigener Bundesstaat ist.

Diese Zeiten sind vorbei, wobei v.a. die Sicherung der Wasserversorgung eine wichtige Rolle für den Aufschwung spielte. Als im Zweiten Weltkrieg die Rüstungsindustrie (Flugzeugbau) aufblühte und Arbeitsplätze und Wohlstand brachte, setzte die Entwicklung zur Großstadt ein, die spätestens seit Beginn der 1980er-Jahre stürmisch verlief. Die Computerindustrie spielte dabei eine ebenso wichtige Rolle wie das Klima: Das Tal um Phoenix ist beliebter Altersruhesitz und Erholungsgebiet.

Die einzelnen Ortschaften wie die Mormonengründung **Mesa**, der Nobelort **Scottsdale**, die Rentnergemeinde **Sun City**, die Universitätsstadt **Tempe** und **Phoenix**

Blick auf Downtown Phoenix vor der Kulisse der Wüstenberge

selbst sind zu einem ausufernden, zersiedelten Gemeinwesen zusammengewachsen, das als **„Valley of the Sun"** bekannt geworden ist. Über 1,4 Mio. EW zählt Phoenix heute, zusammen mit den anderen 18 Städten des Valley of the Sun kommt der Großraum auf über 4,2 Mio. Damit ist Phoenix das bedeutendste urbane Zentrum des Südwestens und gilt inzwischen als sechstgrößte Stadt der USA.

Ballungsraum im Tal der Sonne

Hinweis

*Da spektakuläre Sehenswürdigkeiten in der Region fehlen, dürften **ein, zwei Tage** für den Besuch genügen. Im Sommer, wenn es unerträglich heiß ist, liegen die Hotelpreise niedriger als im Winter. Günstig, auch für Besucher, ist die neue **Metro Light Rail**, die auf einer 32 km langen Strecke die wichtigsten Sehenswürdigkeiten abfährt.*

Downtown Phoenix

Im inneren Stadtbereich sind die parallel zur Van Buren verlaufenden Jefferson und Washington St. die wichtigsten Straßen. Sie bilden eine Achse zwischen State Capitol und Phoenix Civic Plaza. Die wichtigste Nord-Süd-Verbindung ist die Central Ave., an der u.a. das Heard Museum liegt.

Die gut ausgeschilderte **Civic Plaza (1)** umfasst ein großzügiges, mit viel Wasser gestaltetes und von modernen verspiegelten Bauten gerahmtes Areal. Hier schlägt das Herz von Downtown. Am besten stellt man seinen Wagen auf einem der Parkplätze an der Central Ave. oder an der 1st St. ab und geht zu Fuß weiter. Zunächst auf der Adams St., wo gegenüber dem *Hyatt Regency Phoenix* (*125 N. 2nd St.*) das VC zu finden ist. Über eine Fußgängerbrücke, vorbei an der **Symphony Hall**, gelangt man auf den Freiplatz und genießt einen hervorragenden Blick auf die Skyline der Innenstadt.

Linker Hand erhebt sich an der Monroe St. die katholische **St. Mary's Basilica** mit historisierender Fassade im spanischen Neobarockstil, die einen auffallenden Kontrast zu den glitzernden Wolkenkratzern bildet. Nur ein paar Schritte entfernt liegt der **Heritage Square**, die unter Denkmalschutz stehende Altstadt mit dem **Arizona Science Center**, Restaurants und Shops. Die Gebäude stammen aus der Zeit um die Jahrhundertwende, wobei im 1895 errichteten **Rosson House** einst der Bürgermeister von Phoenix lebte.

Architektonische Kontraste

Arizona Science Center, *600 E. Washington St., www.azscience.org, tgl. 10–17 Uhr, $ 15.*

Einen Block weiter nördlich, jenseits der Van Buren St., erhebt sich das **Arizona Center (2)**, eine moderne Shopping Mall. Läuft man in westlicher Richtung weiter, schließt sich der **Financial District** mit seinen Wolkenkratzern an und von dort ist rasch die 1st Ave. erreicht, die das Straßennetz in W(est)- und E(ast)-Teil trennt. An der Ecke zur Washington St. findet sich sehenswerte Architektur, z.B. in Gestalt der **City Hall** oder des **Orpheum Theatre**.

Arizona State Capitol (3)

Das **State Capitol**, die Regierungszentrale des Staates Arizona, erhebt sich unübersehbar etwa 3 km westlich der Civic Plaza an der Washington St. Der Bau entstand um

1900 und fällt besonders durch seine Bronzekuppel auf, die hier allerdings flacher ausgefallen ist als bei anderen derartigen Repräsentativbauten. Auch sonst ist dieses Gebäude zurückhaltender und weniger protzig. Aus Platzgründen wird hier seit 1974 weder verwaltet noch regiert, dafür steht das Gebäude als **Museum** für Besichtigungen offen, während derer man viel über die politische Geschichte von Staat und Stadt lernt. **Arizona Capitol Museum**, *1700 W. Washington St., www.lib.az.us/museum, Mo–Fr 9–16, Sa (Sept.–Mai) 10–14 Uhr, frei.*

Phoenix Art Museum (4)

Interessant für Kunstfreunde ist das **Phoenix Art Museum** mit einer vielseitigen Ausstellung verschiedener Genres aus aller Welt. Sehenswert sind besonders die *Western American Art-* und die Fotografie-Abteilung.
Phoenix Art Museum, *1625 N. Central Ave., www.phxart.org, Mi–Sa 10–17, Mi bis 21, So 12–17 Uhr, $ 15.*

Heard Museum (5)

Empfehlenswertes Museum zur Indianerkultur

Highlight in Downtown Phoenix ist das **Heard Museum**, eines der besten zum Thema **Indianerkultur** in den USA, für das man sich genügend Zeit nehmen sollte. Die Architektur des Komplexes erinnert an eine spanische Mission, es gibt einen ruhigen Innenhof mit Orangenbäumen. Innen werden auf zwei Etagen und in zehn Abteilungen 75.000 Ausstellungsstücke geboten, darunter Kachina-Puppen und wertvolle Textilien. Viele Artefakte kommen aus den archäologischen Ausgrabungen in den prähistorischen Hohokam-Siedlungen.

In die Gegenwart zurück führt der halbstündige sehenswerte Video-Film „Our Voices, Our Land", der vom Leben in der Indianerreservation berichtet. Im Museumsshop schließlich kann man hochwertiges (und echtes) Indianer-Kunsthandwerk erstehen. Die Auswahl an Büchern zum Thema ist ebenfalls fantastisch.
Heard Museum, *2301 N. Central Ave., www.heard.org, Mo–Sa 9.30–17, So 11–17 Uhr, $ 18.*

Pueblo Grande Ruins (6)

Im Osten von Downtown liegen der internationale Flughafen sowie die Städe Scottsdale und Tempe, außerdem die Ruinen des Hohokam-Dorfes **Pueblo Grande**, die in den 1860ern entdeckt wurden. Das heute als „Municipal Monument" geschützte Baudenkmal ist zwar nicht so eindrucksvoll wie *Casa Grande* oder *Montezuma Castle*, lohnt aber mit seinen beiden Nachbauten, einem Trail und Ausstellungen dennoch den Besuch.
Pueblo Grande Ruins, *4619 E. Washington St., http://phoenix.gov/recreation/arts/museums/pueblo/index.html, Mo–Sa 9–16.45, So 13–16.45 Uhr, $ 6.*

Papago Park

Für Kakteen-Liebhaber

Etwa 12 km östlich von Downtown liegt der Papago Park, der in nächster Nähe einen **Zoo (7)** und den 1937 gegründeten **Desert Botanical Garden (8)** zu bieten hat. Letzterer ist ein Muss für Liebhaber von Kakteen und Wüstenpflanzen. Auf dem 57 ha großen Gelände wurden über 2.000 Spezies zusammengetragen, etwa die Hälfte aller Kakteenarten der Welt. Schön ist der 2 km lange Rundweg besonders, wenn im März und April die Kakteen blühen.
Desert Botanical Garden, *1201 N. Galvin Pkwy., www.dbg.org, tgl. 8–20 Uhr, $ 18.*

Scottsdale und Paradise Valley

Die Nachbarorte **Paradise Valley** (NO) und **Scottsdale** (O) haben eine ganz eigene Atmosphäre: mondänes Flair mit idyllischen Villen, charmanten Boutiquen und einer Altstadt. **Scottsdale** steht dabei wirtschaftlich im Schatten von Phoenix, hat aber urlaubstechnisch die Nase vorn. Heute eine Stadt mit knapp einer Viertelmillion Menschen wird es gerne mit dem noblen Beverly Hills verglichen. Hier sind die schönsten Resort-Hotels mit Golf- und Tennisplätzen zu finden. Auch Boutiquen, Galerien und Souvenirläden gibt es in Hülle und Fülle, besonders attraktiv vereint in **Old Town (9)** im Stil eines „Wildwest-Städtchens", östlich der Scottsdale Rd. entlang Main und Brown Street gelegen. Wahrzeichen der Stadt ist die **Soleri Bridge** an der Waterfront von Frank-L.-Wright-Schüler Paolo Soleri. Sehenswert überdies sind das **Musical Instrument Museum (MIM)** mit großer Bühne und zahlreichen Veranstaltungen und das **Scottsdale Museum of Contemporary Art**.
MIM, *4725 E Mayo Blvd., www.themim.org, Mo–Mi/Sa 9–17, Do/Fr –21 Uhr, $ 18.*
SMoCA, *7374 E 2nd St., www.smoca.org, Mo–Mi/Sa 9–17, Do/Fr –21 Uhr, $ 7 (Do 12–21 Uhr frei).*

Ein Meisterwerk der modernen Architektur, Taliesin West

Taliesin West (10)

Scottsdale ist dank *Frank Lloyd Wright* in jedem Architekturbuch erwähnt. Er errichtete nämlich seine Schule als *desert camp* in **Taliesin West** und wohnte und arbeitete hier auch selbst in den Wintermonaten von 1937 bis zu seinem Tod im Jahre 1959. Heute ist der Bau Sitz der **F. L. Wright School of Architecture** und einer Architekten-Kolonie, die sich den Ideen des wohl bekanntesten Architekten Amerikas verpflichtet fühlt.
Taliesin West, *12621 F.L. Wright Blvd., Scottsdale, www.franklloydwright.org, tgl. 9–16 Uhr, verschiedene Touren ab $ 24.*

Cosanti (11)

Um bei Architektur zu bleiben: **Cosanti** ist das Stadtexperiment des italienischen Architekten *Paolo Soleri*. Die als State Historic Site geschützte Siedlung befindet sich in Paradise Valley bei Scottsdale und vereint wie das größere **Arcosanti** (S. 274) ungewöhnliche Bauten nach ökologischen Prinzipien.
Cosanti, *6433 Doubletree Ranch Rd., Paradise Valley, www.arcosanti.org/expCosanti/main.html, Mo–Sa 9–17, So 11–17 Uhr, Spende.*

Tempe

Tempe gilt wegen seiner Computerindustrie als neues „*Silicon Valley*" der USA. Touristisch hat die junge Stadt eher wenig zu bieten, sieht man von der **Arizona State University (12)** *(www.asu.edu)* ab. Auf dem Campus gibt es u.a. ein anthropologisches und

ein geologisches Museum. Ein Abstecher nach Tempe kann mit Zielen wie Mesa (s. S. 271) oder den Pueblo Grande Ruins (s. S. 269) kombiniert werden.
Tempe CVB, *51 W. 3rd St., ✆ 1 (866) 914-1052, www.tempetourism.com.*

Mesa

Das östlich gelegene Mesa – mit rund 440.000 EW heute die drittgrößte Stadt Arizonas – war bereits von den Hohokam-Indianern besiedelt. Ihre alten Wasserkanäle waren es auch, die die Mormonen nutzten, die den Ort im Jahre 1877 gründeten. Ihr 1927 im klassisch-griechischen Stil erbauter **Arizona Temple** (*101 S. LeSueur St., 9–21 Uhr halbstündig Touren, www.ldschurchtemples.com/mesa*) gilt als heiligste Stätte der Religionsgemeinschaft in diesem Bundesstaat.

Mormonen-Tempel

In Mesa lohnt der Besuch des **Arizona Museum of Natural History (13)**, das die unterschiedlichsten Funde, Gegenstände und Modelle präsentiert. Ob Indianer, weiße Pioniere, Dinosaurier, Mormonen oder Goldrausch – die Abteilungen sind vielseitig und mit interaktiven Medien ausgestattet. Man kann auch sein Glück beim *gold panning* versuchen.
Mesa CVB, *120 N. Center St., ✆ (480) 827-4700, www.visitmesa.com.*
Arizona Museum of Natural History, *53 N. Macdonald St., Mesa, www.azmnh.org, Di–Fr 10–17, Sa 11–17, So 13–17 Uhr, $ 10.*

Reisepraktische Informationen Phoenix und Umgebung

Information

Downtown Phoenix Visitor Information Center, *125 N. 2nd St. (gegenüber Hyatt Regency), ✆ (602) 254-6500, www.visitphoenix.com, Mo–Fr 8–7 Uhr, Informationen über Phoenix und das Valley of the Sun.*
Scottsdale CVB, *Galleria Corporate Center, 4343 N Scottsdale Rd., Mo–Fr 8-17 Uhr, ✆ 1 (800) 782-1117, www.experiencescottsdale.com*

Touren

360 Adventures *(www.360-adventures.com), Wander-, Rad- und Kajaktouren verschiedener Schwierigkeitsgrade und Längen in ganz Arizona, auch für Familien.*

Unterkunft

Unterkünfte der preiswerten Art findet man entlang der Ausfallstraßen, bessere Hotels liegen in Downtown (um die Civic Plaza), Luxusresorts im Vorort Scottsdale.
Maricopa Manor B&B $$-$$$, *W. Pasadena Ave., Phoenix, ✆ (602) 274-6302, www.maricopamanor.com; empfehlenswertes B&B mit fünf elegant eingerichteten Gästezimmern, Sonnenterrasse, Garten, Spa.*
Hotel Valley Ho $$$, *6850 Main St., Scottsdale, ✆ (480) 248-2000, www.hotelvalleyho.com; traditionsreiches, neu renoviertes Haus im Zentrum von Scottsdale im Boutique-Stil; Pool, Fintnessräume, Restaurant mit polynesischer Küche, 194 geräumige Zimmer.*
The Hermosa Inn $$$-$$$$, *5532 N. Palo Christi Rd., Paradise Valley, ✆ (602) 955-8614, www.hermosainn.com; intimes Adobe-Inn mit nur 35 Zimmern, in den 1930er-Jahren*

vom Cowboy-Künstler Lon Megargee als Atelier und Gästeranch errichtet, hübsche Zimmer in der Ranch, in Casitas oder Villen, dazu Park, Pool, Restaurant.
Saguaro Hotel $$$-$$$$, *4000 N Drinkwater Blvd, Scottsdale, ✆ (480) 308-1100, www.jdvhotels.com/hotels/arizona/saguaro; 195 freundliche, moderne Zimmer, Pool, Spa und empfehlenswertes mexikanisches Lokal Distrito (über 100 Tequilas!).*
Arizona Biltmore Resort & Spa $$$$, *2400 E. Missouri Ave., ✆ (602) 955-6600, www.arizonabiltmore.com; „Jewel of the Desert" im Herzen Phoenix, 1929 im Art-déco-Stil eröffnetes erstes Resorthotel der Region in Parkambiente. Über 700 komfortable Zimmer, 8 Swimmingpools, 7 Tennisplätze, 18-Loch-Golfplatz sowie Spa und Fitnesscenter.*
TIPP: Royal Palms Resort $$$$, *5200 E Camelback Rd., Phoenix, www.royalpalmshotel.com, ✆ (602) 840-3610. Mehrfach ausgezeichnetes Hotel mit 119 Zimmern, Casitas und Villen verteilt auf großem, üppig begrüntem Grundstück. Exzellente Ausstattung, Spa, Pool, und Restaurant zugehörig. Günstig am Fuße des Camelback Mnt. nahe dem Flughafen und Scottsdale gelegen.*

Camping

Gute Campgrounds gibt es u.a. in Tempe, z.B. den **Green Acres RV Park** *(1890 E. Apache Blvd.), ebenfalls ordentlich und relativ nahe zur City liegt der* **Covered Wagon RV Park** *(6540 N. Black Canyon Hwy., I-17 bis Glendale Exit).*

Restaurants

Der Großraum Phoenix verfügt über eine Garde an jungen, experimentierfreudigen Köchen, die Elemente der mexikanischen, französischen und amerikanischen Küche verbinden und spannende Südwest-Gerichte kreieren. Ein paar Tipps:
Aunt Chilada's, *2021 W. Baseline Rd., Tempe, ✆ (602) 431-6470; im Arizona Grand Resort wird mexikanische Hausmannskost, z.B. Tamales oder Chili poblano, serviert, dazu rund 100 Tequila-Sorten!*
Cowboy Ciao Wine Bar & Grill, *7133 E. Stetson Dr. (Ecke 6th Ave.), Scottsdale, ✆ (480) 946-3111; Südwest-Küche mit verschiedenen ethnischen Einflüssen sowie vielseitige Weinkarte.*
Honey Bear's BBQ, *2824 N. Central Ave., 5012 E. Van Buren St., Phoenix, preisgünstiges Lokal mit fantastischen BBQ-Gerichten, gut zum Mittagessen.*
Old Town Tortilla Factory, *6910 E. Main St., Scottsdale; mitten in Old Town gelegenes Lokal, das für seine Tortilla-Variationen berühmt ist.*
Rustler's Rooste, *8283 S. 48th St., Phoenix. „Beef and Brew with a View" lautet das Motto. Neben Steaks, Ribs und Burgern gibt es ungewöhnliche Vorspeisen (auch Klapperschlange) und eine große Bierauswahl, dazu täglich Country Music.*
Vincent's on Camelback, *3930 E. Camelback Rd. (40th St.), Phoenix, ✆ (602) 224-0225; seit vielen Jahren die beste Adresse für innovative, mexikanisch-französisch angehauchte Gerichte, erstklassige Weinkarte, relativ teuer.*

Nachtleben

Das Valley of the Sun verfügt über zahllose „Dancehalls", in denen Country & Western Music geboten wird. Einige Tipps:
Handlebar-J Restaurant & Saloon, *7116 E. Becker Lane, Scottsdale, www.handlebarj.com; weithin bekannte Cowboy-Bar und Danceclub. Mi, Do und So kostenloser Unterricht in Western Dancing.*
Für Blues-Fans bieten sich **Char's Has the Blues** *(4631 N. 7th St., Phoenix, www.charshastheblues.com) oder* **The Rhythm Room** *(1019 E. Indian School Rd., Phoenix, www.rhythmroom.com) an.*

Einkaufen

Beim **First Friday Art Walk** *stehen Fr 18–22 Uhr über 100 Galerien und Ateliers offen, es gibt Veranstaltungen und Snacks, Kunst und Kunsthandwerk (www.artlinkphoenix.com). Eine Übersicht über Shopping Malls in und um Phoenix/Scottsdale findet sich unter www.phoenixasap.com/shopping-malls.html. Dazu gehören z.B.:*

Arizona Center, *Van Buren St./3rd St., Downtown, Filialen bekannter Marken (www.arizonacenter.com)*

Arizona Mills, *5000 Arizona Mills Circle, Tempe, Outlet Stores für Schnäppchenjäger (www.simon.com/mall/arizona-mills)*

Biltmore Fashion Park, *E. Camelback Rd., Phoenix, Filialen von Nobelmarken (www.shopbiltmore.com).*

Weitere lohnende Läden:

Bischoff's Shades of the West, *7247 E. Main St., Scottsdale; großer Laden mit indianischem Kunstgewerbe (Keramik, Schmuck, Kleidung).*

Guidon Books, *7109 E. 2nd. St., Scottsdale, www.guidon.com. Der 1964 gegründete Buchladen gilt als der beste „Western Bookstore" der USA – ein Muss nicht nur für Leseratten!*

Saba's Western Store, *7254 E. Main St., Scottsdale; traditionsreicher Anbieter qualitativer Westernbekleidung.*

Shepler's Western Wear, *829 N. Dobson Rd. Mesa, www.sheplers.com. Große Filiale des größten Western-Outfitters der USA.*

Sport

Außer Profiteams in den vier „Nationalsportarten" bieten die Teams der Arizona State Uni Spitzensport.

Arizona Cardinals *(NFL – Football), University of Phoenix Stadium, Tempe, www.azcardinals.com*

Arizona Diamondbacks *(MLB – Baseball), Chase Field, Downtown Phoenix, http://arizona.diamondbacks.mlb.com*

Phoenix Coyotes *(NHL – Eishockey), Jobing.com Arena, Glendale, http://coyotes.nhl.com*

Phoenix Suns *(NBA – Basketball), US Airways Center, Downtown Phoenix, www.nba.com/suns*

Arizona State University Sun Devils, *Tempe, Uniteams im Football und Basketball, www.thesundevils.com*

Flughafen

Phoenix Sky Harbour International Airport *(www.phxskyharbor.com) liegt nur 5 km östlich der Innenstadt, über die Buckeye Rd. zu erreichen. 24-Stunden-Shuttle vom Flughafen in die Stadt, außerdem SuperShuttle Service (✆ 602-244-9000) zu allen Destinationen im Sun Valley. Auch mit der neuen Straßenbahn erreicht man Ziele in der Stadt (s. unten).*

Nahverkehr

Die **Metro Light Rail**, *eine Straßenbahn, verbindet auf einer Länge von 32 km und mit 27 Haltestellen die Innenstädte von Phoenix, Tempe und Mesa miteinander, Stopps liegen auch am Flughafen, an der Universität und am Papago Park. Infos: www.valleymetro.org, Tickets: $ 1,75 (Einzelfahrt), $ 3,50 (Tageskarte), $ 10,50 (3 Tage).*

Von Phoenix nach Flagstaff

Auf dem Weg in den Norden verlässt man Phoenix auf der I-17 und passiert dabei sich meilenweit hinziehende Vorstädte wie **Sun City**, die klassische „Rentnerstadt". Wenige Meilen hinter der Hauptstadt bietet sich erstmals Gelegenheit anzuhalten und sich mit der Geschichte des Staates Arizona zu beschäftigen: Das **Pioneer Living History Museum**, ein Openair-Museum, ist eine kleine Stadt mit Schmiede, Schule, Geschäften, Bank, Saloon etc. Insgesamt 20 historische Häuser wurden hier nachgebaut und durch pionierzeitlich kostümiertes Personal, das auch alte Handwerkstechniken demonstriert, belebt.

Museumsdorf

Pioneer Living History Museum, *3901 W. Pioneer Rd., www.pioneeraz.org, Mi–So 7–12, Fr auch 18.30–20.30 Uhr, im Winter Mi–So 9–16 Uhr, $ 7.*

Arcosanti

Was der italienische Architekt *Paolo Soleri* und unzählige freiwillige Helfer zu Anfang der 1970er-Jahre in der Wüste Arizonas planten, wirkte von Anfang an utopisch: Ohne große finanzielle Unterstützung sollte eine neuzeitliche **ökologisch orientierte Stadt** entstehen. Bisher konnten jedoch nur Teile der Pläne in die Tat umgesetzt werden. Die Produktion und der Verkauf von bronzenen Windglocken und Skulpturen machen einen beträchtlichen Teil der Einnahmen aus, neben den Eintrittsgeldern der alljährlich etwa 80.000 Besucher, denen man auf Touren die wichtigsten Bereiche und die Philosophie des Projektes näherbringt. Die Führungen werden von den rund 70 Personen, die ständig in Arcosanti leben, ausgeführt, viele davon junge Architekturstudenten und freiwillige Helfer.

Soleri, der Erfindergeist, der hinter dem Arcosanti-Projekt steht, wurde 1919 in Turin geboren und ist ein ehemaliger Schüler *Frank Lloyd Wrights*. Seit 1956 arbeitet und lebt er in Arizona, wo er den Begriff der ***arcology*** formte – zusammengesetzt aus *ecology* und *architecture* (Umwelt und Architektur). Seine Prinzipien basieren auf ökologisch verträglicher Bauweise mit natürlichen Materialien und Rücksichtnahme auf Klima und topografische Gegebenheiten. Vor der Tour lohnt es sich, den kurzen Trail auf der rückwärtigen Seite entlangzugehen, denn von hier hat man einen fantastischen Blick auf das, einem Amphitheater gleiche, am Hang liegende Arcosanti.

Futuristisches Bauprojekt

Arcosanti, *I-17, Exit 262 (Cordes Junction, ausgeschildert), www.arcosanti.org, tgl. 9–17 Uhr, Führungen stündlich 10–16 Uhr, Touren ab $ 10, mit Café und Shop, Übernachtung im Gästehaus (ab $ 30) möglich (www.arcosanti.org/node/7369).*

Routenhinweise

Für die Weiterfahrt nach Flagstaff bieten sich verschiedene Möglichkeiten an:
① Der kürzeste Weg - nur durch die Besichtigung von *Montezuma Castle* unterbrochen - verläuft auf der Autobahn I-17 (150 mi/240 km).
② Wegen der kurvigen Strecke etwas zeitaufwendiger wird die Fahrt, wenn man nach *Montezuma Castle* von der I-17 auf den Hwy. 179 nach Sedona abbiegt. Von dort geht es durch den atemberaubenden *Oak Creek Canyon* nach Flagstaff (ca. 150 mi/240 km).
③ Bei genügend Zeit, bietet es sich an, auf dem Hwy. 69 zur alten Hauptstadt Prescott zu fahren. Anschließend geht es auf der Scenic Route 89ALT über Jerome und das Tuzigoot NM zum Montezuma Castle und schließlich über Sedona nach Flagstaff (225 mi/360 km, evtl. Übernachtung in Sedona). Diese Route wird im Folgenden beschrieben.

Prescott

Nach **Prescott** bringt einen der Hwy. 69 (ab I-17, Cordes Junction). Gegründet 1863, nach den Goldfunden im zentralen Hochland von Arizona, etablierte man sich als wirtschaftliches und kulturelles Zentrum im Norden. 1867 wurde der Ort sogar zur Hauptstadt des Territoriums Arizona erklärt, ehe 1889 Phoenix diese Rolle übernahm. Seither ist das Städtchen in einen Dornröschenschlaf versunken, aus dem es erst der Tourismus erweckt hat. Der Fremdenverkehr ist neben Land- und Forstwirtschaft der Hauptarbeitgeber der Region – kein Wunder, angesichts der fantastischen Landschaft mit dichten Wäldern, hohen Bergkuppen, klaren Seen, einer vielfältigen Tier- und Pflanzenwelt, angenehmem Klima und klarer Luft.

Ehemalige Hauptstadt

Downtown hat sich entlang der breiten Hauptstraße **Montezuma St.** ebenfalls ursprüngliches Wildwestflair erhalten. Das zentral gelegene **Courthouse** mit klassischer Tempelfassade stellt die größte Sehenswürdigkeit dar; in dem umgebenden Park finden oft Kunstausstellungen und Veranstaltungen statt. Die Vergangenheit wird im **Sharlot Hall Museum**, einem Freiluftmuseum mit historischen Bauten wie **Fort Whipple**, lebendig. Im **Smoki Museum** – im Stil eines Pueblo – kann man sich hingegen über die Indianerkulturen der Region informieren.

Sharlot Hall Museum, *415 W. Gurley St., http://sharlot.org, Mo–Sa 10–16/17, So 12–16 Uhr, $ 5.*

Smoki Museum, *147 N. Arizona St., www.smokimuseum.org, Mo–Sa 10–16, So 13–16 Uhr, $ 7.*

Reisepraktische Informationen Prescott

Information

Prescott Chamber of Commerce, *117 W. Goodwin St. (am Courthouse), ✆ 1 (800) 266-7534, www.prescott.org bzw. www.visit-prescott.com*

Unterkunft

In der Ortschaft befinden sich mehrere emfehlenswerte B&Bs. Infos unter **www.prescottbb.com** *– ein besonderer Tipp:*

Rocamadour B&B $$-$$$, *3386 N. Hwy. 89, ✆ (928) 771-1933, www.prescottbb.com/inns/10.html; dieses außerhalb, an den Granit-Bouldern gelegene B&B bietet 3 Zimmer, Whirlpool und viel Komfort.*

Hassayampa Inn $$-$$$, *122 E. Gurley St., ✆ (928) 778-9434, www.hassayampainn.com; traditionsreiches Grandhotel von 1927 mit 70 renovierten Zimmern, sehr gepflegte, etwas plüschige Atmosphäre, empfehlenswertes Restaurant.*

Veranstaltung

Prescott Frontier Days, *das angeblich älteste Rodeo (Ende Juni–Anf. Juli, www.worldsoldestrodeo.com) wird seit 1888 veranstaltet.*

Jerome

Von Prescott führt die Nebenstrecke 89 ALT weiter Richtung Sedona. Es handelt sich um eine atemberaubende Passstrecke, die bis auf 2.000 m hinaufgeht, dann durch das Waldgebiet des *Prescott National Forest* führt und schließlich durch einen engen Canyon wieder hinab. Hier trifft man auch auf den „Wilden Westen", denn mit der Ortschaft **Jerome** wurde eine Geisterstadt ins Leben zurückgeholt.

Als reiche Kupfervorräte in den Bergen entdeckt wurden, bemühten sich Bergleute, Glücksritter und reiche Industrielle aus dem Osten gleichermaßen um die lukrativen Claims. Rechtsanwalt *Eugene Jerome* aus New York vermittelte Kredite an die Grubenbesitzer und wurde so auf zweifelhafte Weise zum Namenspatron des offiziell 1876 gegründeten Ortes, den er gar nicht kannte. *Jerome* besaß eine der größten Kupferminen der USA und 1920 lebten hier knapp 16.000 Menschen. Wegen sinkender Kupferpreise wurde dann der Abbau unrentabel und zu Beginn der 1950er wurde die letzte Mine geschlossen.

Lebendige Ghosttown

Jerome wurde dennoch nicht zu einer Ghosttown wie viele andere Orte im Westen, sondern zu den wenigen Verbliebenen kamen Städter, die sich Wochenenddomizile errichteten, Aussteiger und Künstler. Das einstige „wilde" Jerome entwickelte sich zum idyllischen Ort in den Bergen mit attraktiver Main St., gerahmt von Saloons, Kunstgalerien und Antiquitätenläden. Die „eigentliche" **Ghost Town** mit dem **Gold King Museum** *(Perkinsville Rd., ausgeschildert, www.goldkingmineghosttown.com)* und der **Jerome State Historic Park** *(Mine Museum Rd., tgl. 8.30–16.45 Uhr, http://azstateparks.com/parks/JERO/index.html)* liegen etwas außerhalb der Stadt.

Reisepraktische Informationen Jerome

Information
www.jeromechamber.com *sowie* **www.azjerome.com**

Übernachten & Restaurants
Jerome Grand Hotel $$$, *200 Hill St., ✆ (928) 634-8200, www.jeromegrandhotel.net; das 1926 gegründete und 1996 wiedereröffnete Hotel liegt oberhalb der Ortschaft mit fantastischer Aussicht (v.a. von den Zimmern im 3. Stock) und gutem Restaurant.*
Charmante B&B-Häuser in Jerome sind z.B. das **Ghost City Inn $$$** *(541 N. Main St., www.ghostcityinn.com) und das* **Mile High Inn $$$** *(309 W. Main St., http://milehighgrillandinn.com); letzteres zusätzlich mit empfehlenswertem Restaurant.*

Tuzigoot National Monument

Ein paar Meilen östlich von Jerome liegt Clarkdale und hier lohnt ein Stopp am **Tuzigoot NM**. Tuzigoot ist das Apache-Wort für „gewundenes Wasser", was auf die Form des Pecks Lake zurückgeht. Sehenswert ist hier jedoch weniger die Natur als die Hinterlassenschaft der prähistorischen **Sinagua-Indianer** (S. 278). Es handelt sich um die Ruinen eines zweistöckigen Pueblos mit 77 Räumen, das zwischen 1125 und 1400 bewohnt war. Rein äußerlich unterscheidet sich Tuzigoot erheblich von Montezuma: während dort das Gemäuer hoch oben am Fels „klebt", dominiert hier das Bauwerk auf einem Bergrücken.

Baudenkmäler der Sinaguas

Tuzigoot NM, *Clarkdale, www.nps.gov/tuzi, ✆ (928) 634-5564, VC tgl. 8–17 Uhr, $ 5/Person.*

Routenhinweis

Von der nächsten Ortschaft, Cottonwood, führt der Hwy. 89 ALT weiter nordwärts nach Sedona. Wer *Montezuma Castle* besichtigen möchte, folgt dem Hwy. 260 südwärts zurück zur I-17 (12 mi/19 km). Exit 289 führt dann zum Montezuma Castle.

Montezuma Castle National Monument

Bevor man das NM besucht, könnte man einen Stopp im **Cliff Castle Casino Lodge & Conference Center** *(555 W. Middle Verde Rd., Camp Verde, I-17 Exit 289, www.cliffcastlecasinohotel.com)* einlegen. In diesem Casino, das von der **Yavapai-Apache Nation** betrieben wird, finden sich zahlreiche Kunstwerke zur Geschichte und Kultur der beiden Völker, Yavapai und Dilzhe'e Apache (Tonto Apache). Die Montezuma Castle Rd. (ab Middle Verde Rd., nahe Casino) führt schließlich zum **Montezuma Castle NM**. Im zugehörigen VC kann man zunächst u.a. ein Modell studieren, ehe man nach kurzem Spaziergang (ca. 15 Min.) durch beeindruckende Landschaft vor der prähistorischen Stätte steht.

Hoch im Fels liegt **Montezuma Castle**, wie die Siedlung von den Spaniern, die 1583 in das Tal eindrangen, bezeichnet wurde. Sie hielten fälschlicherweise die Azteken für die Baumeister, in Wahrheit lebten hier einst **Sinagua-Indianer**. Sie bauten und bewohnten diese Anlage, ebenso jene in Tuzigoot, Wupatki, Walnut Canyon und Sunset Crater. Das „Schloss“ verfügt über fünf Stockwerke mit 20 Räumen und wird ins 12. Jh. datiert. Über mindestens drei Jahrhunderte war Montezuma Castle bewohnt, dann wur-

info

Die Sinagua-Indianer

Als die Spanier in das Gebiet des Verde Valley eindrangen und die monumentalen Ruinen sahen, hielten sie nicht nur die Azteken für deren Erbauer, sondern glaubten angesichts der Wüstenumgebung auch, dass man hier ohne Wasser nicht leben konnte. Daher gaben sie den Ureinwohnern den Namen **Sinagua**, „ohne Wasser“. Die Archäologen haben längst festgestellt, dass das Volk sehr wohl Wasser hatte, da sie Kanäle und Bewässerungstechniken von den **Hohokam** übernommen bzw. gelernt hatten. Offensichtlich waren die **Hohokam** die ersten permanenten Bewohner des Verde Valley gewesen, das sie um 600 n. Chr. erreicht hatten. Die Vulkanausbrüche des Sunset Crater im 11. Jh. sorgten dafür, dass sich im Tal Sinagua niederließen, die vorher in der Gegend des Craters nördlich des heutigen Flagstaff gelebt hatten.

Zwei wichtige Dinge bestimmten die **Sinagua-Kultur**: einerseits das Bewässerungssystem, das sie von den Hohokam übernommen hatten, andererseits die mehrstöckige Bauweise, die sie wahrscheinlich im Norden bei den Anasazi kennengelernt hatten. Seine Blüte erlebte das Volk im 14. Jh. Damals wurden die oberen Stockwerke von Montezuma Castle und Tuzigoot aufgesetzt. Dann, um 1450 n. Chr., verließen die Sinagua plötzlich und ohne ersichtlichen Grund ihre Wohnstätten und wanderten mit unbekanntem Ziel nach Norden ab. Seitdem sind sie, genau wie die Anasazi und die Hohokam vor ihnen, aus der Weltgeschichte verschwunden.

Von den Sinagua-Indianern hoch in die Felswand gebaut: das Montezuma Castle

de es aus nicht näher geklärten Gründen verlassen. Leider kann das Bauwerk heute nur noch von außen besichtigt werden; ein Aufstieg ist nicht mehr möglich.

Näher am Fußweg und am Fuße der Klippen liegen die Ruinen eines weiteren Pueblos. Es bestand einmal aus 45 Räumen, in denen etwa 100 Menschen Platz fanden, und ist damit größer als Montezuma Castle. Andererseits sind die Ruinen längst nicht so gut erhalten, da kurz vor dem mysteriösen Verschwinden der Ureinwohner ein Feuer fast die gesamte Anlage zerstörte. Zu sehen sind daher v.a. zerstörte und teilweise rekonstruierte Mauern.

Mysteriöses Verschwinden

Nördlich liegt als Highlight **Montezuma Well** (I-17, Exit 293), Teil des NM, in beeindruckender Landschaft: Hinter einem Steilabhang glitzert ein klarer See, der vor langer Zeit durch den Einbruch einer unterirdischen Höhle entstanden ist. An seinem Rand haben die prähistorischen Indianerkulturen ihre Häuser und Siedlungen erbaut. Zu sehen sind noch ein *pit house* der Hohokam (ca. 1100 n. Chr.) und einige Klippenhäuser der Sinagua (ca. 1125–1400 n. Chr.).
Montezuma Castle NM, *Rimrock, I-17, Exit 289, www.nps.gov/moca, tgl. 8–17 Uhr, $ 5 (pro Person).*

Das Verde Valley

Die weiße Besiedelung des Verde Valley begann 1865. Farmer, v.a. aber Goldsucher machten bald den **Tonto Apache** und **Yavapai** das Leben schwer und diese revanchierten sich. Gerade die Tonto Apache, die sich selbst *Dilzhe'e* nannten, wehrten sich unter ihrem legendären Führer *Tel Che'e (Delsay)* in den 1860/70ern erbittert. Die US-Armee baute schließlich zum Schutz der Siedler 1865 das **Camp Verde**, das in den nächsten Jahren auch mehrfach in kriegerische Auseinandersetzungen verwickelt war und 1879 zum **Fort Verde** ausgebaut wurde. Schließlich wurden die beiden Völker 1875 gewaltsam in die *San Carlos Apache Reservation* östlich von Phoenix umgesiedelt. 1900 durften sie in ihre alte Heimat zurückziehen und dort leben heute etwa 800 Yavapai-Apaches in und um die Ortschaft **Camp Verde** und das Montezuma Castle.

Fort aus der Zeit der Indianerkriege

Im **Fort Verde State Historic Park** (*http://azstateparks.com/Parks/FOVE/index.html*), wenige Fahrminuten südlich von Montezuma Castle, sind von ursprünglich 18 Gebäuden noch drei Offiziersunterkünfte und die Fundamente weiterer erhalten, außerdem hat man den Paradeplatz wieder eingerichtet und finden Veranstaltungen statt.

Routenhinweis

Statt auf der I-17 nach Flagstaff zu „rasen", empfiehlt es sich, die Route über Sedona und durch den Oak Creek Canyon einzuschlagen. Dorthin gelangt man auf dem Hwy. 179 (I-17, Exit 298).

Sedona und der Oak Creek Canyon

Pittoresker Künstlerort

Knapp 1.400 m hoch gelegen, kann **Sedona** zu Recht mit dem Slogan werben: „warmer than the northland, cooler than the desert". Eingerahmt von der fantastischen Bergwelt des **Red Rock Country**, war es fast zwangsläufig, dass sich das von *Carl* und *Sedona Schnebly* 1902 gegründete Farmerdorf zu einer beliebten Feriendestination entwickelte. Beginnend mit dem surrealistischen Künstler *Max Ernst*, der 1950 nach Sedona zog, wurden bald schon Maler, Bildhauer, Schriftsteller und Angehörige anderer kreativer Berufe angelockt. Der Ort erlangte den Ruf einer Künstlerkolonie.

Das **Tlaquepaque Arts & Crafts Village** (*www.tlaq.com*) ist der authentische Nachbau eines mexikanischen Künstlerdörfchens mit Boutiquen, schöner Architektur und viel Flair. Ansonsten sind v.a. sportlich Aktive und Abenteuerlustige in Sedona und Umgebung gut aufgehoben: Wander- und Fahrradwege, Jeep- und Reittouren, Helikopterflüge und Ballonfahrten stehen auf dem Programm.

Der 27 mi/43 km lange Weg von Sedona nach **Flagstaff** auf dem Hwy. 89A führt durch den **Oak Creek Canyon**, den viele wegen Farbenspiel und Mächtigkeit mit dem *Grand Canyon* vergleichen. Er ist allerdings viel schmaler, gerade 1,5 km an der breitesten Stelle. Dass einem die Szenerie so bekannt vorkommt, mag an den zahllosen Western-

Inmitten der fantastischen Bergwelt des Red Rock Country liegt Sedona

filmen liegen, die hier gedreht wurden. Auf der Fahrt nach Flagstaff eröffnen sich einem immer wieder neue Perspektiven und vorbei an rotleuchtenden Bergen windet sich die schmale Straße auf eine Passhöhe von knapp 2.000 m, hinein in den dichten Kiefernwald des Coconino NF.

Reisepraktische Informationen Sedona

Informationen

Sedona Visitor Center, *331 Forest Rd./Hwy. 89A, Sedona, ✆ 1 (800) 288-7336, www.visitsedona.com, Mo–Sa 8.30–17, So 9–15 Uhr.*

Unterkunft

Sky Ranch Lodge $$-$$$, *Airport Rd., ✆ (928) 282-6400, www.skyranchlodge.com; hochgelegenes Mittelklasse-Hotel mit Topausblick und gutem Preis-Leistungsverhältnis, 94 Zimmer in Cottages und Apartments, Pool, Jacuzzi, Restaurant.*

Adobe Village Graham Inn $$$$, *150 Canyon Circle Dr., ✆ 1 (800) 228-1425, www.adobevillagegrahaminn.com; gepflegte und individuell eingerichtete Unterkunft, die „rustic luxury" bietet. Jedes Zimmer hat einen eigenen Whirlpool und Kamin.*

Lodge at Sedona $$$$, *125 Kallof Place, ✆ 1 (800) 619-4467, www.lodgeatsedona.com; von Grün umgeben und mit Blick auf die roten Berge des Red Rock Country. Gut ausgestattete, luxuriöse Zimmer unterschiedlicher Typen, Gourmetfrühstück und abendliche Hors d'oeuvres inklusive.*

Enchantment Resort $$$$$, *525 Boynton Canyon Rd., ✆ 1 (800) 826-4180, www.enchantmentresort.com; komfortabel eingerichtetes Resort in einem Canyon, umgeben von Zedernwäldern. Weitläufige Anlage mit Suiten und Adobe Casitas, Gourmetrestaurant, Pools, Spa und Golfplatz.*

Camping

Nordwärts entlang dem Hwy. 89A liegen mehrere **Campingplätze des US Forest Service**, *schön gelegen, aber sehr einfach (Infos bei der Coconino NF Ranger Station, Brewer Rd., www.fs.usda.gov/main/coconino/home).*

Restaurants

Cowboy Club, *241 N. Hwy. 89A; Cowboy-Ambiente und Südwest-Küche, daneben ungewöhnliche Spezialitäten wie frittierte Kaktus-Streifen. Angeschlossen ist das etwas vornehmere* **Silver Saddle Room**, *✆ (928) 282-4200*

Heartline Café, *1600 W. Hwy. 89 A, ✆ (928) 282-0785; helles und modernes Bistro zu Lunch und Dinner, mit Café und Gourmet Market-Shop.*

Oak Creek Brewery & Grill, *336 Hwy. 179; gemütlicher Pub mit selbstgebrautem Bier und kleinen Gerichten, z.B. Sandwichs, Burgers oder Pizza.*

Routenhinweis

Da **Flagstaff** auch Station auf dem Weg zum **Grand Canyon NP** ist, wird die Routenbeschreibung dort fortgesetzt (S. 288).

6. ZWISCHEN LAS VEGAS UND SALT LAKE CITY

Überblick

Grandiose Landschaften und Indianer sind die Hauptattraktionen im „Indian Country", jenes Landstrichs im Südwesten, wo die vier US-Bundesstaaten Arizona, Utah, Colorado und New Mexico in der „**Four Corners Region**" aneinandergrenzen. Diese Wüstenregion auf dem Colorado Plateau, im Süden Utahs und Colorados sowie im Norden Arizonas und New Mexicos, bildet das Herz des Südwestens und lässt sich kaum in Worte fassen: glatt polierte Felsen, grünlichgraue Macchia, satt-grüne Kiefern- und Wacholder-Wälder, bizarr geformte Monolithe, Felsbögen, Hoodoos, tiefe Schluchten mit rauschenden Wildbächen, Mesas und schroffe Bergketten …

Monument Valley und Grand Canyon sind die **Aushängeschilder** des Areals, doch es gibt hier die **größte Ansammlung an Nationalparks** überhaupt: Arches, Bryce Canyon, Canyonlands, Capitol Reef, Grand Canyon oder Zion NP, außerdem das Monument Val-

Routenhinweis

Um die Route von Las Vegas nach Salt Lake City zurückzulegen, gibt es viele Alternativen. Die Region um den Colorado River, Teile der Bundesstaaten NV, UT, AZ und evtl. CO und NM, steckt voller Sehenswürdigkeiten. Nachfolgend werden die Attraktionen entlang einer **Hauptroute** vorgestellt, die von Las Vegas über den Grand Canyon und durch den Südwesten Utahs nach Salt Lake City führt. Es ist jedoch auch möglich, die Route als **Rundreise** von Las Vegas oder Salt Lake City zu gestalten.

- **Hauptroute**: Las Vegas - HooverDam/Lake Mead - Kingman - Route 66 - Flagstaff - Grand Canyon NP - Lake Powell - Kanab - Zion NP - St. George - Cedar Breaks NM - Bryce Canyon NP - Grand Staircase-Escalante NM - Capitol Reef NP - Moab (Canyonlands NP, Arches NP) - Provo - Salt Lake City
- **Alternativroute**: bis Lake Powell wie Hauptroute - Navajo NM - Monument Valley - Bluff - Mesa Verde NP - Durango - Grand Junction - Moab, dann wieder wie Hauptroute
- **Rundreise ab Las Vegas**: Las Vegas - HooverDam/Lake Mead - Kingman - Route 66 - Flagstaff - Grand Canyon NP - Lake Powell - Navajo NM - Monument Valley - Bluff (evtl. Abstecher zum Mesa Verde NP) - Moab (Canyonlands NP, Arches NP) - Capitol Reef NP - Grand Staircase-Escalante NM - Bryce Canyon NP - evtl. Cedar Breaks NM - Zion NP - St. George - Las Vegas
- **Rundreise ab Salt Lake City**: Salt Lake City - Capitol Reef NP - Grand Staircase-Escalante NM - Bryce Canyon NP - evtl. Cedar Breaks NM - Zion NP - Kanab - Lake Powell - Grand Canyon NP - Navajo NM - Monument Valley - Bluff - Mesa Verde NP (evtl. Abstecher nach Durango) - Moab (Canyonlands NP, Arches NP) - Salt Lake City

Redaktionstipps

Sehens- und Erlebenswertes

Die Palette der Landschaftserlebnisse ist riesig und umfasst einige der spektakulärsten Landschaften der Welt:

- Ein Muss ist der unvergleichliche **Grand Canyon** (S. 292).
- Den mächtigen Colorado hat man neben dem **Lake Mead** am **Lake Powell** (S. 301) aufgestaut.
- Nicht so mächtig wie der Grand Canyon, dennoch eindrucksvoll ist der **Zion NP** (S. 305).
- Wenig bekannte Juwele im SW Utahs sind der **Snow Canyon** (S. 310) und das **Cedar Breaks NM** (S. 312).
- Einen Einblick in die faszinierende Welt der Canyons und Berge im Colorado Plateau bieten neben dem **Bryce Canyon NP** (S. 313), das **Grand Staircase-Escalante NM** (S. 318) und der **Capitol Reef NP** (S. 323).
- Warum Utah auch als „Canyonland" bezeichnet wird, das zeigen **Arches NP** (S. 330), **Dead Horse SP** (S. 337) und **Canyonlands NP** (S. 334) sowie das nahe gelegene **Colorado NM** (S. 349) eindrucksvoll.
- Unvergleichlich sind Fahrten auf Straßen wie dem **Scenic Byway 12** (S. 313), dem **Unaweep/Tabeguache Scenic and Historic Byway** (S. 351) oder **durch die Rocky Mountains** (S. 338).
- An der geschilderten Alternativroute empfehlen sich **Monument Valley** (S. 338), **Gooseneck SP** (S. 341), **Natural Bridges NM** (S. 341) oder **Mesa Verde NP** (S. 343).

Übernachten

- In Erinnerung bleiben: das **Red Mountain Spa & Resort** am Snow Canyon (S. 311), die **Zion Lodge** mitten im gleichnamigen NP (S. 308), die **Red Cliff Lodge** bei Moab (S. 329), die **Cowboy Homestead Cabins** (S. 327) nahe Capitol Reef NP, das **Gateway Canyons Resort** (S. 351) nahe Grand Junction oder die **Castle Valley Outdoors Ranch** (S. 354).

Restaurants

Wer Steaks und urtypische Western-Küche genießen und dazu von kleinen, lokalen Brauereien gebrautes Bier trinken möchte, sollte folgende Tipps ausprobieren:

- **Canon Breeze Restaurant** (S. 312), **Hell's Backbone Grill** (S. 322), **Café Diablo** (S. 327), **Branding Iron Restaurant** (S. 329) oder die **Palisade Brewery** (S. 353).

ley Navajo Tribal Park oder Mesa Verde NP. Viele Menschen lebten und leben hier nicht, die wenigen Ortschaften liegen oft meilenweit auseinander. Den höchsten Bevölkerungsanteil stellen bis heute die Indianer und das rechtfertigt den Namen „Indian Country". Zu den weißen Siedlern, die hier eine neue Heimat fanden, gehören zudem die Mormonen.

Tipp

*In **Grand Canyon West**, auf Reservatsgrund der **Hualapai-Indianer** am West Rim, befindet sich der **Grand Canyon Skywalk**, über die Diamond Bar Road (ab Hwy. 93 zwischen Las Vegas und Kingman, letzte 25 km Schotterpiste) erreichbar. Von diesem 20 m weit in den Canyon hinausragenden „Balkon" mit rund 10 cm dickem Glasboden blickt man hinunter auf den Colorado River – ein unvergleichliches Erlebnis. Schon die Konstruktion war eine Meisterleistung, da das Gesamtbauwerk über die Abbruchkante geschoben werden musste, über die sie nun bis zu 21 m hinausragt und freien Blick in 1.200 m Tiefe erlaubt. Daneben betreibt die Hualapai Nation am Rim ein Freiluftmuseum und die **Hualapai Ranch** (mit Unterkunft) und bietet White Water Rafting an. Auch an der Rte. 66 kann man in der **Hualapai Lodge** in **Peach Springs** übernachten (s. S. 299). Infos, Tickets, Unterkunft und Touren: www.grandcanyonwest.com.*

Nur für Schwindelfreie: der Skywalk

Hauptroute zum Grand Canyon

Auf der Route 66

Die rund 280 mi/450 km von Las Vegas zum Grand Canyon NP können gut an einem Tag mit einigen Stopps absolviert werden. Erste Attraktionen auf dem Hwy. 93 sind **Lake Mead** und der **Hoover Dam** (S. 233). Nach dem Damm verlässt man Nevada und fährt, nun in Arizona, weiter auf dem Hwy. 93 Richtung **Kingman**. Anstatt über die I-40 den schnellen Weg ostwärts zu wählen, biegt man dort auf die legendäre **Route 66** ab. Sie beschreibt einen großen Bogen über **Peach Springs** und stößt nach etwa 90 mi/ 140 km in **Seligman** wieder auf die I-40. Vorher lohnt dort ein Blick in Angel's Gift Shop, eine Rte.-66-Institution, oder ein Imbiss in **Westside Lilo's Café** *(415 Chino St./Rte. 66, Seligman)*.

Historische Altstadt

Ab **Seligman** geht es auf der I-40 Richtung **Williams**. Der Ort, im 19. Jh. als Eisenbahn- und Holzfällercamp gegründet, hat eine sehenswerte Historic Downtown mit Läden, Souvenirshops, Lokalen und B&Bs. Er profitiert auch vom Grand-Canyon-Tourismus, da es von hier nur eine gute Fahrstunde zum South Rim ist. Hauptsehenswürdigkeit ist **Bearizona**, ein Wildpark mit Bären, Wölfen und Bison.
Bearizona, *1500 E. Rte. 66, http://bearizona.com, tgl. 10–16 Uhr, $ 20.*

Eine alternative Fahrt zum Park von Williams bietet die nostalgische **Grand Canyon Railway**. Die Eisenbahn operierte bis 1968, wurde dann stillgelegt und ist seit 1989 zu touristischen Zwecken wieder aktiv.
Grand Canyon Railway, *Infos und Reservierungen: www.thetrain.com; tgl. 9.30 Uhr (an 11.45 Uhr) und zurück ab Grand Canyon 15.30 Uhr (an 17.45 Uhr), Tickets ab $ 75.*

Routenhinweis

Zur direkten Route von Las Vegas in „Utah's Canyonland“ siehe S. 312.

Reisepraktische Informationen Williams/AZ

Information

Williams Chamber of Commerce, *200 W. Railroad Ave., ☏ 1 (800) 863-0546, www.experiencewilliams.com.*

Unterkunft/Restaurants

Grand Canyon Hotel $$, *145 W. Rte. 66, ☏ (928) 635-1419, www.thegrandcanyonhotel.com; zentral gelegenes, historisches Haus von 1891 mit 25 schlichten Zimmern verschiedener Größe, z.T. ohne eigenes Bad, auch Schlafsaal-Betten.*
The Red Garter Bed & Bakery $$, *137 W. Railroad Ave., ☏ (928) 635-1484, www.redgarter.com; kleines Hotel mit angeschlossener Bäckerei/Café mitten im Ort. Die Zimmer sind im Stil der 1890er mit modernem Komfort eingerichtet.*
Doc Hollidays Steakhouse, *950 N. Grand Canyon Blvd., ☏ (928) 635-4797; gutes Restaurant mit leckeren Steaks und großen Portionen.*

info

Get your kicks on Route 66

In seinem Monumentalwerk „Früchte des Zorns" beschreibt der Literaturnobelpreisträger *John Steinbeck* die Bedeutung der legendären Route 66 und spricht erstmals von der „Mother Road"und der „Straße eines Volkes auf der Flucht". In den 1930ern, während der Wirtschaftskrise und der Zeit der Naturkatastrophen, dem sogenannten Dust Bowl, zogen nämlich Hunderttausende auf der Route 66 aus dem Mittleren Westen ins „Gelobte Land" Kalifornien.

Als Väter der „Mother Road" gelten *Cyrus Stevens Avery* aus Tulsa (Oklahoma) und *John T. Woodruff* aus Springfield (Missouri). Auf ihre Initiative hin machte man sich 1926 daran, die Ost-West-Überlandroute Stück für Stück auszubauen, zunächst, indem man einfach bestehende Straßen miteinander verband. Bei der Planung der damals ca. 2.448 mi/ 3.940 km langen Strecke zwischen Chicago und Los Angeles war nicht der kürzeste Weg das Ziel, sondern es sollten möglichst viele Ortschaften angebunden werden. Landstraßen wurden zu einem nationalen Netz ausgebaut und so hielt in mancher entlegenen Gegend plötzlich die Moderne Einzug. Bereits 1926 wurde feierlich das erste Teilstück der Route 66 zwischen Chicago und St. Louis eröffnet, doch der weitere Ausbau zog sich hin. Erst der „New Deal", eine Arbeitsbeschaffungsmaßnahme während der Wirtschaftskrise 1933 bis 1937, ermöglichte es, dass Arbeitslose aus den ganzen USA zum Straßenbau herangezogen werden konnten. 1938 war schließlich die gesamte Strecke durchgehend gepflastert und der Verkehr nahm ständig zu.

Unter den damaligen Reisenden befand sich *Robert William „Bobby" Troup, Jr.* aus Harrisburg, Pennsylvania. Der einstige Pianist der *Tommy Dorsey Band* verfasste auf der Fahrt auf der Route 66 eine „lyrische Landkarte" und komponierte den Song „Get Your Kicks on Route 66". Erstmals kam das Lied dann 1946 aus den Lautsprechern, von einer Platte von Nat King Cole; weltberühmt machten es aber erst die Rolling Stones 1964.

Entlang der „Historic Route 66" stehen noch einige alte Gebäude

info

„Get your kicks on Route 66"

Im Laufe der Jahrzehnte entwickelte sich entlang der Strecke eine Infrastruktur mit Motels, Diners, Tankstellen und Werkstätten - heute historische Attraktionen. Die schmale, oft kurvenreiche Landstraße war jedoch als wichtige Transkontinentalverbindung schon bald dem Verkehr nicht mehr gewachsen. Sie wurde auf vier Fahrbahnen erweitert, Begradigungen und Ortsumfahrungen entstanden und der erste Schritt in Richtung Interstate-System war getan. Präsident *Dwight D. Eisenhower*, ein Bewunderer der deutschen Autobahnen, initiierte 1956 den „Federal Interstate Highway Act" und überall im Land entstanden moderne Autobahnen. Die Route 66, die einst acht Bundesstaaten durchquerte, geriet mehr und mehr in Vergessenheit.

Offiziell aus den Karten gestrichen wurde sie 1985, doch die „Main Street of America", das Symbol für Freiheit, Ungebundenheit und die „gute alte Zeit", erlebte bald ein Revival: Erste Route 66 Associations wurden 1987 in Arizona und 1989 in Missouri gegründet. Diese Zusammenschlüsse von Freunden und Förderern wollten nicht nur die Erinnerung an die Straße selbst wach halten, sondern die noch vorhandenen Teilstücke, Bauten und Erinnerungsmale am Weg schützen und renovieren. Inzwischen verfügt jeder der acht einstigen Anrainerstaaten über eine eigene Route 66 Association. 1999 unterzeichnete *Bill Clinton* ein Gesetz zum Schutz der Route und stellte zugleich Geldmittel zur Verfügung. Seit September 2005 sind Teilstücke der Route 66 in den Bundesstaaten Illinois, Oklahoma, New Mexico und Arizona unter der Bezeichnung „Historic Route 66" sogar als „National Scenic Byway" ausgewiesen. Besonders jene Abschnitte, die noch den originalen Pflasterbelag aufweisen, vermitteln das Gefühl, die Zeit sei stehengeblieben.

Routenhinweis

Direkt von Williams führt der Hwy. 64 nach Norden durch den Kaibab NF nach **Tusayan**. Der Ort gilt als Tor zum Grand Canyon und ist beliebtes Standquartier mit einer Vielzahl an H/Motels. Sehenswert ist das **National Geographic VC Grand Canyon** (Arizona Tourist Office), in dessen **IMAX Theatre** (*450 SR 64, tgl. 8.30–20.30 Uhr, im Winter 10.30–18.30 Uhr, $ 14, http://explorethecanyon.com/de*) der Film „Grand Canyon" gezeigt wird. Wer Zeit hat, der sollte die Fahrt über Flagstaff und das Sunset Crater NM zum Grand Canyon (S. 292), wie im Folgenden beschrieben, vorziehen.

Zwischen Las Vegas und Salt Lake City

Flagstaff

Flagstaff entstand 1876, als eine Gruppe von Siedlern aus Boston die Äste einer Kiefer abschlugen, am kahlen Stamm die amerikanische Fahne hissten und das Land für sich beanspruchten. Der 2100 m hoch gelegene Ort wuchs stetig und wurde 1882 an das Eisenbahnnetz angeschlossen; bereits 1899 gründete man hier die **Northern Arizona University**. Abgesehen von seiner Rolle als Verkehrsknotenpunkt und Verwaltungszentrum spielt in Flagstaff (66.000 EW) heute auch der Fremdenverkehr eine Rolle.

Auf den ersten Blick ist Flagstaff nicht unbedingt attraktiv: Lange Straßen, unzählige Ampeln und Neonreklamen bestimmen das Bild. Doch es gibt einen gut erhaltenen **Altstadtkern**, der an Wildwestzeiten erinnert. Kleine Hotels, Läden mit Outdoor- und Freizeitzubehör, Cafeterias und Buchläden reihen sich auf. In der Hochsaison strömen Besucher, die im Grand Canyon NP keine Übernachtung mehr gefunden haben, nach Flagstaff.

Ausweichquartier für Grand-Canyon-Besucher

Das **Lowell Observatory** liegt eine Meile nordwestlich der Innenstadt und ist weithin bekannt, weil hier der Astronom *Tombaugh* im Jahre 1930 den Planeten Pluto entdeckte.
Lowell Observatory, *1400 W. Mars Hill Rd., www.lowell.edu, tgl. 12–22 im Sommer, sonst 12–17 Uhr, Mo/Mi/Fr/Sa 12–21.30 Uhr, $ 12.*

Gut 3 km außerhalb der Stadt liegen am Hwy. 180 (in Richtung Grand Canyon) zwei Museen: zum einen das **Pioneer Historical Museum**, das die Geschichte der Stadt präsentiert, zum anderen das **Museum of Northern Arizona**, eines der wichtigsten Museen Arizonas. Das große Feldsteingebäude aus den 1930ern duckt sich in eine nordeuropäisch anmutende Waldlandschaft.

Der Bau umschließt einen rechteckigen Innenhof mit einheimischer Vegetation, die einzelnen Abteilungen dokumentieren die Geologie, Flora und Fauna sowie die reiche Kulturgeschichte des Colorado-Plateaus. Die Ausstellung über die Indianerkultur befasst sich mit der Zeit von der ersten menschlichen Besiedlung des Plateaus (ca. 15000 v. Chr.) bis zu den heute lebenden Stämmen der Hopi und Paiute.

Interessantes Museum

Lohnend ist auch die geologische Abteilung, die nicht nur die fünf Landschaftstypen der Region präsentiert, sondern auch Reptilien und Dinosaurier, die hier einst lebten. Neben dem Museum führt ein Naturlehrpfad durch den *Rio de Flag Canyon*.
Pioneer Historical Museum, *2340 Fort Valley Rd., www.arizonahistoricalsociety.org/museums/welcome-to-pioneer-museum-flagstaff/, Mo–Sa 9–17 Uhr, $ 5.*
Museum of Northern Arizona, *3101 N. Fort Valley Rd., www.musnaz.org, tgl. 9–17 Uhr, $ 10.*

Das **Walnut Canyon NM** liegt 10 mi/16 km östlich des Stadtzentrums inmitten herrlicher Landschaft. Rund 300 prähistorische Höhlenwohnungen der Sinagua, die im 13. Jh. in der Region lebten, sind hier zu sehen. Innerhalb des Parks gibt es ein VC, ein Museum mit archäologischen Funden, einen Lehrpfad und Picknickplätze mit Sicht auf den Canyon.

Walnut Canyon NM, *Walnut Canyon Rd., I-40, Exit 204, ausgeschildert, www.nps.gov/waca, tgl. 8/9–17 Uhr, $ 5 (pro Person).*

Reisepraktische Informationen Flagstaff

Information

Flagstaff VC, *1 E. Rte. 66 (im alten Bahnhof), ✆ (928) 774-9541, Mo–Sa 8–17, So 9–16 Uhr, www.flagstaffarizona.org, auch Broschüren/Führer in dt. Sprache.*

Unterkunft

DuBeau Hostel $, *19 W. Phoenix St., ✆ (928) 774-6731, www.grandcanyonhostel.com; nettes, sauberes Hostel in Bahnhofsnähe, mit 4-Bett- und Doppelzimmern sowie zwei Gästeküchen, Gratis-Frühstück und Tourangebot.*

Little America $$$, *2515 E. Butler Ave., ✆ 1 (800) 865-1401, www.littleamerica.com/flagstaff; gut 3 km östlich der Stadt gelegenes, mehrteiliges Mittelklasse-Hotel mit Truckerparkplatz, 24-Stunden-Lokal, Werkstatt und Shops. Die 244 Zimmer sind trotzdem ruhig und komfortabel, dazu gehören ein Pool und ein Steakhouse.*

The Inn at 410 B&B $$$$, *410 N. Leroux St., ✆ (928) 774-0088, www.inn410.com; zentrumsnahes Haus von 1907 mit 10 individuell eingerichteten Zimmern und Frühstück.*

Camping

Flagstaff KOA, *Santa Fe Ave./US Hwy. 89 (I-40, Exit 201), ✆ (928) 526-9926, www.flagstaffkoa.com; 5 mi nordöstlich der City.*

J & H RV Park, *7901 N. Hwy. 89, ✆ (928) 526-1829, www.flagstaffrvparks.com; schöner Platz im N, Richtung Page, nahe mi 422, Mt. Apr.–Mt. Okt.*

Restaurants

Josephine's Modern American Bistro, *503 N. Humphreys St., ✆ (928) 779-3400; mehrfach ausgezeichnetes Restaurant in historischem Bau, amerikanische Küche (Steak, Lachs etc.) mit französischem Touch.*

Altitudes Bar & Grill, *2 S. Beaver St., ✆ (928) 214-8218; legere Atmosphäre und günstige Speisen wie BBQ-Rippchen, Salate, Suppen, Sandwiches.*

Flagstaff Motherroad Brewery, *7 S. Mikes Pike; Brauerei mit Schweizer Background an der Rte. 66 (www.motherroadbeer.com), nur eine von mehreren Brauereien am neuen „Ale Trail" (www.flagstaffaletrail.com).*

Routenhinweis

Der schnellste Weg **von Flagstaff zum Grand Canyon** geht über den Hwy. 180 (80 mi/130 km). Lohnender ist es jedoch, zunächst den **Hwy. 89** zu wählen, da er an zwei sehenswerten Attraktionen, dem **Sunset Crater** und dem **Wupatki NM** vorbeiführt. Nach der Besichtigung biegt man kurz vor Cameron dann auf den Hwy. 64 ab, der als East Rim Drive zum Grand Canyon führt (107 mi/170 km).

Sunset Crater National Monument

Das Sunset Crater NM und das Wupatki NM liegen am Hwy. 89 rund 20 mi/32 km nördlich von Flagstaff (ausgeschildert). Beide sind durch eine Loop Road (35 mi) miteinander verbunden, sodass der Besuch beider Monumente leicht kombinierbar ist. Die größte Attraktion im Sunset Crater NM ist der gut 300 m hohe Aschenkegel des zuletzt tätig gewesenen Vulkans der Region – einer von über 200 Kratern auf dem Gebiet der San Francisco Mountains. Er entstand als Folge einer Reihe von Ausbrüchen ab 1064 n. Chr.; der letzte hat um 1280 n. Chr. stattgefunden und große Zerstörungen in den Sinagua-Siedlungsgebieten angerichtet.

Nurmehr Ruinen erinnern im Wupatki NM an die prähistorischen Indianer

Vom VC in der Nähe des Lennox Crater aus kann man Wanderungen über die Lavaströme unternehmen. Aussichtspunkte, Picknickplätze und ein Campground sind ebenfalls vorhanden.
Sunset Crater NM, *Wutpaki Loop Rd., ab Hwy. 89, www.nps.gov/sucr, ✆ (928) 526-0502, tgl. 9–17 Uhr, $ 5/Person.*

Wupatki National Monument

Die Loop Road erreicht vom Sunset Crater NM nach etwa 35 mi/56 km das Wupatki NM. Hier siedelten schon um 600 n. Chr. Sinagua-Indianer in unterirdischen Behausungen. Die letzten Bewohner haben das Gebiet um 1200 wohl wegen der Vulkanausbrüche verlassen. Äußerst interessant an der Geschichte dieses Dorfes ist die Tatsache, dass außer den Sinagua offensichtlich um 1100 mehrere Indianerstämme gleichzeitig und friedlich nebeneinander hier wohnten: die *Anasazi, Mogollon, Hohokam* und *Cohonino*.

Im VC gibt es eine Ausstellung, daneben mehrere Trails über das Gelände, vorbei an den Ruinen der fünf prähistorischen Pueblos und des Ballspielplatzes. Das größte, **Wupatki Pueblo**, liegt direkt hinter dem VC und dort beginnt auch der Wupatki Pueblo Trail (0,8 km).
Wupatki NM, *Wutpaki Loop Rd., ab Hwy. 89, www.nps.gov/wupa, ✆ (928) 679-2365, tgl. 9–17 Uhr, $ 5/Person.*

Grand Canyon National Park

Steht man zum ersten Mal am Rand des Grand Canyon, hält man den Atem an: Welch kleiner Wurm ist der Mensch doch im Angesicht dieser grandiosen Landschaft! Das Ungewöhnliche ist, dass man hier nicht aufblickt zu einer monumentalen Berglandschaft, sondern umgekehrt: Man schaut von oben, auf einer Ebene stehend, hinunter in eine

etwa 1.600 m tiefe Schlucht. „*Kaibab*" – umgekehrter Berg – nannten die einst hier lebenden *Paiute*-Indianer den Grand Canyon deshalb.

Über 4,2 Mio. Besucher genießen Jahr für Jahr das grandiose Naturschauspiel, das 1919 zum Nationalpark erklärt wurde. Die meisten kommen zum **South Rim**, wo sich der Hauptort, das **Grand Canyon Village**, befindet. Zwischen Mai und Oktober ist der Verkehr enorm und ohne Reservierung ist kaum eine Unterkunft zu finden. Dabei sollte man das Naturwunder nicht im Schnelldurchlauf und mit nur kurzem Stopp am South Rim absolvieren, sondern mindestens eine Übernachtung einplanen.

Touristenmagnet

Es waren **Spanier**, die erstmals vom „Gran Cañon" sprachen. *Francisco Vasquez de Coronado* erreichte das Gebiet 1540 auf der Suche nach den mythischen „Sieben Städten von Cibola". Er selbst sah den Canyon nicht, schickte aber eine Gesandtschaft mit *Garcia Lopez de Cardenas* und Hopi-Scouts dorthin. Die goldsuchenden Spanier ließen sich durch das gebotene Naturschauspiel nicht beeindrucken, sondern betrachteten das Areal als öde und lebensfeindliche Wildnis und ließen sie links liegen.

Erst **John Wesley Powell** (1834–1902), ein naturbegeisterter Geologie-Professor, lenkte das Interesse auf den Canyon: Am 24. Mai 1869 war er aufgebrochen um Green und Colorado River von Green River/WY bis zum Grand Canyon zu erforschen. Nach drei Monaten Expedition konnte der Professor schließlich die Washingtoner *Smithsonian Institution* überreden, ihm eine weitere, diesmal offizielle Forschungsreise entlang dem Colorado zu finanzieren, aus der ein Buch resultierte.

Ein unvergleichliches Erlebnis: der Blick in den Canyon

info

John Wesley Powell

John Wesley Powell (1834-1902) durchstreifte schon als Jugendlicher die Natur, sammelte Pflanzen, Mineralien und historische Hinterlassenschaften und paddelte allein auf dem Ohio und Mississippi River. Als Soldat im Bürgerkrieg verlor er seinen linken Arm, meldete sich aber nach seiner Genesung zurück in die Armee und stieg zum Major auf. Als „Adjutant" betreute ihn mit Sondergenehmigung seine Frau *Emma Dean*. Nach Kriegsende begann Powells Karriere als Geologieprofessor und Kurator des Museums der *Illinois Wesleyan University*.

Er war kein Stubenhocker, es zog ihn in die Weiten des Westens und so ging er am 24. Mai 1869 mit neun Gleichgesinnten auf Fahrt um Green und Colorado River zu erforschen. Die Expedition folgte dem Green River von der gleichnamigen Ortschaft in Wyoming durch das heutige *Dinosaur National Monument* zum Zusammenfluss mit dem Colorado River im Südosten Utahs und weiter zum Grand Canyon.

Nach drei Monaten kehrte Powell mit fünf Begleitern - die anderen hatten unterwegs aufgegeben bzw. drei waren von Indianern getötet worden - beim heutigen Lake Mead wieder in die Zivilisation zurück.

Als gefeierter Forscher konnte Powell die *Smithsonian Institution* dazu überreden, eine weitere, diesmal offizielle Forschungsreise entlang dem Colorado zu finanzieren. Major Powell machte sich 1871 erneut auf den Weg, nun mit dem Ziel, wissenschaftliche Dokumentationen und Kartierungen vorzunehmen. Sein Begleiter *John A. Hillers* war dafür zuständig, die Naturwunder fotografisch festzuhalten (und weltbekannt zu machen). 1875 publizierte Powell seine Erlebnisse und Ergebnisse dieser Reise; es folgten weitere Bücher. 1879 wurde er zum ersten Direktor des *US Bureau of Ethnology* ernannt und zwischen 1881 und 1894 leitete er als Chef den *U.S. Geological Survey*. Danach zog er sich ins Privatleben zurück und starb 1902 in seinem Sommerhaus in Haven/Maine.

Lesetipps

J.W. Powell, **The Exploration of the Colorado River and its Canyons** *(versch. Auflagen, u.a. Dover Books, z.B. bei Amazon erhältlich)*

John Vernon – **The Last Canyon** *(2001) – schildert in packender Romanform Powells erste Grand-Canyon-Expedition*

Blick in die Erdgeschichte

Die Ausmaße des Canyons voll zu erfassen fällt schwer, noch schwieriger ist es aber, das hohe Alter dieser Schlucht – nach neuen Messungen 70 Mio. Jahre – zu begreifen. Wie ein **aufgeschlagenes Buch der Erdgeschichte** wirkt die Schichtenfolge in der Canyonwand, die rund 1.600 m tief bis zum Colorado River hinabreicht. Der Fluss hat sich im Laufe der Zeit immer tiefer in die Hochebene hineingefräst. Die oberen Schichten aus Kaibab- und Toroweap-Kalkstein entstanden beim Austrocknen urzeitlicher Meere, während die unteren Sandsteinschichten auf eine ältere Wüste zurückgehen, die vor Jahrmillionen mehr als 50.000 km² des Südwestens bedeckte.

Erst vor etwa 65 Mio. Jahren hatten **tektonische Bewegungen** eine Erdplatte nach oben gedrückt, das sogenannte **Colorado Plateau**. Durch dieses Plateau fraß sich der Colorado River und seine Seitenflüsse. Selbst Vulkanausbrüche in den letzten 2 Mio. Jahren, zuletzt jener des Sunset Crater im Jahre 1064 n. Chr., konnten die Urgewalt des Colorado nicht stoppen. Mit einer Fläche von etwa 337.000 km² ist das Plateau nur rund 20.000 km² kleiner als Deutschland, zählt aber zu den am dünnsten besiedelten Gebieten der USA. 1.500 m hoch gelegen, hat es die Form einer flachen Schüssel, durchsetzt von Canyons und Mesas (Tafelbergen). Es erstreckt sich zwischen den auch im Sommer schneebedeckten Gipfeln der *Rocky Mountains* im Osten, den *Uinta Mountains* im Norden, den *Wasatch Mountains* und dem sich dahinter ausbreitenden *Great Basin* im Westen, dem *Mogollon Rim* im Süden und dem *Rio Grande Rift* im Südosten.

Die **Flüsse**, allen voran der Colorado River, die sich tief in die Landschaft eingefressen haben, erklären den Namen **Canyonland**. Der Colorado durchfließt das Plateau in NO-SW-Richtung, dazu kommen seine Nebenflüsse: der Green River im Norden, der Gunnison im Osten, der San Juan im SO und der Little Colorado River im Süden. Aufgrund der unterschiedlich harten Gesteinsarten in den verschiedenen Schichten wirkte sich die Erosion ganz unterschiedlich aus: Es entstanden Formationen wie Hoodoos im Bryce Canyon oder Felsbögen und -brücken im Arches und Canyonlands NP.

Geologische Entwickung

Die **geologische Geschichte** des Plateaus lässt sich gut an der **Grand Staircase** („Große Treppe") nachvollziehen: Bei dieser in Stufen ansteigenden Region im Süden Utahs sind durch Erosion Gesteinsschichten aus unterschiedlichen Erdzeitaltern freigelegt worden. Nach dem Geologen *Clarence Dutton*, der in den späten 1870er-Jahren die Region erkundete und ihr den Namen *Grand Staircase* gab, unterscheidet man fünf Hauptschichten (von oben): *Pink Cliffs* (erdgeschichtlich die jüngste), *Grey Cliffs, White Cliffs, Vermilion Cliffs* und *Chocolate Cliffs*. Darunter erst liegt der **Grand Canyon**, dessen **elf Schichten** sich auch durch die Farbe des Gesteins unterscheiden und von Grau-Weiß über verschiedene Rottöne und Purpur bis hin zu Grüngrau und Braun variieren.

Powell und seine Männer erlebten auf ihren Booten noch den ungezähmten Colorado River, heute ist der Fluss gebändigt: Flussaufwärts, bei Page, liegt der **Lake Powell**, aufgestaut durch den **Glen Canyon Dam**, und flussabwärts hat der **Hoover Dam** den **Lake Mead** gebildet. Dennoch setzt sich der geologische Prozess fort und man hat ausgerechnet, dass der Colorado River täglich etwa 80.000 t an Tonteilchen, Sand und Geröll abtransportiert. Immer noch arbeitet er am Gestein und sorgt dafür, dass sich noch in Millionen von Jahren, wenn die Staudämme der Menschen längst verfallen sind, der Grand Canyon weiter verändern wird.

Ständige Erosion

South Rim

1919 wurde ein 493.070 ha großes Areal entlang dem Colorado River auf einer Länge von ca. 400 km zum **Grand Canyon National Park** erklärt. Die meisten Besucher nähern sich dem Grand Canyon von Süden. Auf der Fahrt über das Coconino Plateau mit seinen Goldkiefern-Wälder, flankiert von den San Francisco Mountains, gibt es kaum

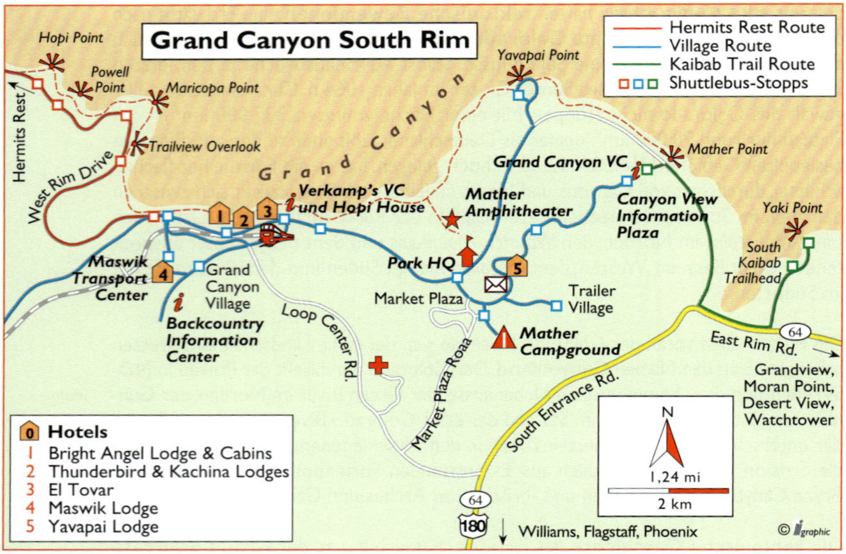

Vorzeichen auf das bevorstehende Ereignis: Vielmehr taucht der Abgrund plötzlich, wie aus dem Nichts, auf. Erste Anlaufstation sollte die Canyon View Info Plaza mit dem Hauptbesucherzentrum sein. Einen ersten Eindruck erhält man vom hier befindlichen **Mather Point**. In dessen Nähe informiert die **Yavapai Observation Station** mit Museum über die Entstehung und Geologie des Canyons und bietet ebenfalls einen fantastischen Ausblick.

Panoramastraße

Westlich davon, vorbei am Park Headquarter, liegt das **Grand Canyon Village**, das touristische Zentrum mit **Verkamp's VC**, dem **Hopi House** (Ausstellung zur Besiedelungsgeschichte, *tgl. 8-19 Uhr*), Läden sowie Hotels und Restaurants. Pendelbusse und Wandertrails verbinden die einzelnen Aussichtspunkte zwischen **Hermits Rest** ganz im Westen des South Rim und **Desert View** mit dem rund 2.500 m hohen Watchtower als östlichstem Punkt. Sehenswert ist, rund 5 km westlich von Desert View, auch das **Tusayan Museum & Ruin**. Es geht hier um das Leben der Puebloindianer im Grand Canyon vor über 800 Jahren und ein kurzer Pfad führt um die Überreste des alten Pueblo Tusayan herum.

Ein absolutes Highlight ist der **Bright Angel Trail**, der hinunter zum Canyon führt. Am Beginn des Pfades lohnt jedoch erst noch das **Kolb Studio**, ein viktorianischer Bau von 1905, in dem die *Kolb*-Brüder, Fotografen und Filmer des Grand Canyon, lebten. Mit jedem Schritt hinab in den Canyon wachsen die Stille und die Großartigkeit der Landschaft. Eine Tageswanderung führt auf dem Bright Angel Trail zu den **Indian Gardens**, einer grünen Oase 945 m unter dem Canyonrand (Camping). Wer möchte, kann den Weg weiter zum Colorado River, wo sich ein Campingplatz befindet, fortsetzen und am nächsten Tag wieder nach oben steigen.

Grand Canyon VC, *Grand Canyon Village/Plaza, tgl. 8–17 Uhr, mit Bookstore, Ausstellungen und Film sowie großen Parkplätzen (Shuttlebusse!).*
Yavapai Observation Station/Museum of Geology, *1,6 km östlich Market Plaza, tgl. 8–17/19 Uhr, zur Geologie und Entstehung des Canyons mit Modellen, Fotos und Ausstellungen. Startpunkt vieler Rangerprogramme.*
Tusayan Museum & Ruin, *tgl. 9–17 Uhr, frei, auch Rangertouren.*
Kolb Studio, *Village HD, Bright Angel Trailhead, tgl. 8–17 Uhr, frei.*

North Rim

Auf der Nord- und Südseite des Grand Canyon herrschen unterschiedliche klimatische Gegebenheiten. Im Süden ist es durchschnittlich wärmer und mit 380 mm jährlichen Niederschlags sehr viel trockener, was sich auch auf Flora und Faune auswirkt. Weniger überlaufen ist der **North Rim**, der allerdings nur über einen Umweg von Utah aus erreichbar ist. Dafür entschädigt dort der grandiose Ausblick vom **Bright Angel Point**. Noch schöner ist die Aussicht von der **Vista Encantadora**: Weit und tief sieht man hier in den Grand Canyon hinein, auf der gegenüberliegenden Seite erkennt man das 1.873 m hohe *Cape Solitude* und die Schlucht des *Little Colorado*, der sich dort mit seinem größeren Bruder vereinigt. Endpunkt der schmalen (aber asphaltierten) Straße ist der **Walhalla Overlook** am Cape Royal, auf der Spitze des harten Plateaus, um das sich der Colorado in einer großen Schleife gelegt hat.

Nördliche Canyonseite

Besonders im Licht der untergehenden Sonne bietet der Grand Canyon ein faszinierendes Bild

Göttliche Namen

Es war wohl die Schönheit der Landschaft, die die modernen Namensgeber veranlasste, Felsnadeln, Klippen und angeschliffene Berge nach den Göttern der Alten Welt zu benennen. So blickt man auf den Thron Wotans und die Burg des Ra, die Tempel von Salomon und für Vishnu, für Isis und Osiris, für Jupiter, Venus und Diana. Dabei wäre es doch angebrachter gewesen, auf die göttlichen Wesen der Ureinwohner zurückzugreifen. Immerhin beweisen die Ruinen der **Walhalla Glades**, dass die Anasazi-Kultur vom 8. bis zum 12. Jh. auch an diesem Ort präsent war – sozusagen in Sichtweite zum prähistorischen Pueblo von Tusayan auf der anderen Seite.

Besucher-Hinweise

- *Wegen des starken* ***Besucherandrangs*** *verkehren in den Sommermonaten entlang der Rim Road* ***Shuttle-Busse*** *zu den einzelnen Aussichtspunkten. Privatautos sind nicht erlaubt. Auch im Village empfiehlt sich die Nutzung des Busses.*
- *Der Grand Canyon ist* ***ganzjährig ein lohnendes Ziel****, allerdings ist im Sommer speziell der South Rim überlaufen und steigen die Temperaturen auf bis zu 40 °C. Die beste Besuchszeit ist das späte Frühjahr (Mai, Juni) oder der Herbst. Nachtfröste und erster Schnee können bereits im Oktober vorkommen, viel Nebel ist im Nov. zu erwarten.*
- *Der* ***North Rim*** *ist nur Ende Mai–Okt. zugänglich.*
- *Die* ***Wanderung*** *vom Schluchtrand hinunter zum Colorado River und zurück ist innerhalb eines Tages nicht machbar. Eine Übernachtung in der Schlucht ist zudem ein einmaliges Erlebnis!*
- *Auf* ***Wanderungen*** *ausreichend Trinkwasser und Sonnenschutz, gutes Schuhwerk und eine Taschenlampe mitnehmen. Für Camping im Hinterland ist ein* ***backcountry permit*** *nötig (Backcountry Information Center am South und North Rim oder vorab über www.nps.gov/grca/planyourvisit/permits.htm).*

Reisepraktische Informationen Grand Canyon National Park

Information

Grand Canyon NP, *www.nps.gov/grca, Park-Newspaper auch auf Deutsch: http://www.nps.gov/grca/parknews/newspaper.htm, ✆ (928) 638-7888, $ 25/Pkw. Es gibt zwei Anlaufpunkte:*

- **South Rim** *(AZ), zwei Zugänge am Hwy. 64, der durch den Südteil des Parks läuft: 1. im S von Williams (S. 285, Hwy. 64) bzw. Flagstaff (S. 288, Hwy. 180 und Hwy. 64) oder 2. im O von Cameron bzw. Flagstaff (S. 290, Hwy. 89 und Hwy. 64).*
- **North Rim** *(UT), Hwy. 67 sowie 89/89A von Kanab (S. 304).*

Der NP verfügt über mehrere VCs:

- **Grand Canyon VC**, *an der Canyon View Information Plaza (nahe Mather Point), mit Bookstore und Ausstellung im Freien, tgl. 8–18 Uhr (im Winter –17 Uhr).*
- **Verkamp's VC** *(South Rim), nahe El Tovar Hotel und Hopi House in historischem Bau, tgl. 8–17 Uhr.*
- **Desert View VC** *(South Rim), 41 km östlich vom Grand Canyon Village, Desert View Point, mit Watchtower, nahe dem östlichem Zugang, tgl. 9–17 Uhr.*
- **North Rim VC**, *nahe Grand Canyon Lodge, Backcountry Information and Permits, Mt. Mai–Ende Nov. 8–16/18 Uhr*
- **National Geographic VC** *(siehe S. 287)*

Unterkunft

Vorausbuchung empfiehlt sich, egal zu welcher Reisezeit. In der Hochsaison ist es besonders schwierig, eine (erschwingliche) Unterkunft zu finden. Insgesamt stehen im **Grand Canyon Village** *am* **South Rim** *über 1.100 Hotelzimmer zur Verfügung, die von Xanterra Parks & Resorts verwaltet werden. Die Lodges wie auch die hauseigenen Restaurants oder Cafés sind im Allgemeinen eher teuer.*

Infos und Reservierung: ✆ *(303) 297-2757 oder (928) 638-2631 (Res. für denselben Tag), www.grandcanyonlodges.com. Dazu gehören u.a.:*

Bright Angel Lodge $$-$$$, *Grand Canyon Village; 1935 gebaute, rustikale Unterkunft direkt am Canyon-Rand, 72 unterschiedliche Zimmer oder Cabins wie die* **Red Horse Cabin**, *schon 1890 als Guest Ranch erbaut und damit ältester Bau am Canyon.*

El Tovar Hotel $$$$, *South Rim Village; eines der großen historischen Hotels des Westens, 1905 gebaut und mehrfach renoviert, ausgezeichnetes Restaurant, Lounge, Souvenirshop, 78 geräumige Zimmer und Suiten, z.T. mit Balkon.*

Die einzige Unterkunft am Nordrand ist die **Grand Canyon Lodge $$-$$$**, *http://grandcanyonlodgenorth.com, eine Anlage aus den 1920ern, die 40 geräumige Zimmer im steinernen Haupthaus und Cabins anbietet; mit Restaurant, Cafeteria und Lounge.*

Hualapai Ranch $$$-$$$$, Grand Canyon West, ✆ *(928) 769-2636, www.grandcanyonwest.com/ranch.php, Unterkunft und Packages, auch Ausritte.*

Hualapai Lodge $$-$$$, Peach Springs *(Grand Canyon West),* ✆ *(928) 769-2636, www.grandcanyonwest.com/lodge.php.*

Außerdem gibt es mehrere Motels bzw. Lodges (alle $$$) im oder nahe dem Grand Canyon Village, darunter **Kachina Lodge**, **Maswik Lodge**, **Yavapai Lodge West**, **Yavapai Lodge East** *oder* **Thunderbird Lodge**. *Neu eröffnet wurde das relativ günstige* **BW Grand Canyon Squire Inn** *(Best Western) in Tusayan (www.grandcanyonsquire.com). Wem die Unterkünfte im und nahe dem Grand Canyon NP zu teuer sind bzw. wer dort kein Bett mehr findet, kann auf Flagstaff (S. 290), ca. 130 km, oder Williams (S. 285) ausweichen (ca. 100 km). Für den North Rim bieten sich Page (S. 303) oder Kanab (S. 304) an.*

Camping

Zwei Campgrounds können vorausgebucht werden: **Mather Campground** *am South Rim (Grand Canyon Village) und der* **North Rim Campground**: ✆ *1 (877) 444-6777, www.recreation.gov. Auf dem* **Desert View Campground** *(Mai–Mt. Okt.) gilt das Prinzip „first-come, first-serve".*

Außerhalb des Parks liegt der rustikale **Ten-X Campground** *(3 km südl. Tusayan, Anf. Mai–Sept., www.fs.usda.gov/activity/kaibab/recreation/camping-cabins), außerdem gibt es in Tusayan das* **Camper Village** *(✆ (928) 638-2887, www.grandcanyoncampervillage.com), das wegen eines nahen Hubschrauberlandeplatzes etwas laut ist.*

Wandern

Entlang dem **Südrand** *sind einstündige bis eintägige Wanderungen möglich. Wer in den Canyon absteigen möchte, kann dies nur abschnittsweise oder bis zum Ufer des Colorado tun. Zu den Startpunkten gibt es im Sommer einen kostenlosen Zubringerbus. Die bekanntesten Trails sind:*

Bright Angel Trail *von der Bright Angel Lodge 14,3 km zum Bright Angel Campground in der Schlucht. Bei den Indian Gardens, nach gut 5 km, gibt es die Möglichkeit, umzukehren. Für den Abstieg benötigt man gut 4 Std., für den Aufstieg etwa 8 Std.*

South Kaibab Trail: *Steiler, 11 km langer Zickzackweg vom Yaki Point; nach 5 km bzw. 445 Höhenmetern zum Cedar Ridge Umkehrmöglichkeit. Dauer für diesen Teil etwa 3–4 Stun-*

den. Der Trail führt von der Cedar Ridge weiter durch die Redwall Formation in die innere Schlucht, bevor man am Colorado über die Kaibab Suspension Bridge Anschluss an den Bright Angel Trail oder den nördlichen Kaibab Trail hat.

Hermit Trail: *Unbefestigter Weg für geübte und konditionsstarke Berg- und Wüstenwanderer ab Hermit's Rest (mit Shop und Snackbar). Nach Santa Maria Springs 8 km (360 Höhenmeter oder 5 Std.), zu Dripping Springs 9,5 km (412 m, ca. 6–7 Stunden).*

Grandview Trail: *Startpunkt dieses knapp 10 km langen, anstrengenden Wanderwegs ist am Grandview Point/East Rim Dr. Ziel ist die Horseshoe Mesa, zurückzulegen sind 792 Höhenmeter, für die mind. 7 Stunden zu kalkulieren sind.*

Am **North Rim** *bieten sich v.a. an:*

North Kaibab Trail: *Populärer Pfad für Maultierritte und ausdauernde Wanderer. Er beginnt gut 3 km nördlich der Grand Canyon Lodge und folgt dem Bright Angel Creek bis zum Colorado (Streckenlänge 23 km, 1.800 m Höhenunterschied). Endpunkt ist die Phantom Ranch. Über die Suspension Bridge dort Anschluss an den südlichen Kaibab Trail sowie den Bright Angel Trail zum South Rim. Mind. 2 Tage einplanen.*

Ken Patrick Trail: *Nicht allzu anstrengender, 12 mi/20 km langer Pfad durch dichte Wälder entlang dem Rim mit prächtigen Ausblicken. Startpunkt wie beim North Kaibab Trail, Endpunkt: Point Imperial im Norden des Walhalla Plateau.*

Detaillierte Infos *finden sich auf www.nps.gov/grca/planyourvisit/backcountry.htm.*

Weitere Aktivitäten

Helikopterflüge *starten am Grand Canyon Airport, direkt südlich des South Entrance. Es gibt sie in unterschiedlicher Dauer und zu unterschiedlichen Preisen. Es ist nicht mehr erlaubt, durch den Canyon zu fliegen, aber auch der Überflug ist ein unvergessliches Erlebnis. Empfehlenswert ist z.B.* **PAPILLON Helicopters & SCENIC Airlines**, *✆ (0800) 187-3676 (gratis), www.papillon.com, oder* **Heli USA Airways** *(S. 229).*

Wildwasserfahrten *mit Boot oder Schlauchboot können im Voraus arrangiert werden (Infos in den VCs oder bei Papillon, s. oben).*

Maultierritte *zum Talgrund starten von der Bright Angel Lodge am South Rim, es gibt überdies Ritte entlang dem North Rim (Grand Canyon North Kaibab Trail). Langfristige Vorausbuchung nötig, Infos dazu: www.nps.gov/grca/planyourvisit/mule_trips.htm und www.canyonrides.com.*

Grand Canyon Skywalk *westlich des NP im Reservat der Hualapai-Indianer:* *siehe S. 284.*

Grand Canyon Steakhouse *mit Dinner-Theater: ca. 2 km vom South Rim Entrance entfernt in Tusayan (http://grandcanyondinnertheatre.com).*

Routenhinweis

Vom Grand Canyon NP geht es auf dem Hwy. 64 (E. Rim Dr.) Richtung Osten. In Cameron stößt er auf den Hwy. 89 aus Flagstaff (S. 290), auf den man in nördliche Richtung abbiegt. Nach Tuba City erreicht man bei Bitter Springs eine weitere Weggabelung, nämlich mit dem Hwy. 89 A. Dieser rund 14 mi/23 km lange Abstecher zum Colorado River lohnt allein wegen des **Marble Canyon**. Zudem überspannt hier die **Navajo-Bridge** in schwindelerregenden 142 m das grüne Wasser des Colorado River.

Vom Grand Canyon nach Moab/UT

„Dies ist der schönste Platz auf Erden" – mit diesen Worten eröffnete *Edward Abbey* (1927–1989) seine Liebeserklärung an die **Canyonlands** in dem lesenswerten Buch „Desert Solitaire". Zwar beschreibt *Abbey* die Region um die Ortschaft Moab im Osten des Bundesstaats Utah – hier liegen mit Arches und Canyonlands NP, dem Tal des Colorado River sowie dem Dead Horse SP und dem Colorado NM gleich mehrere einzigartige Naturdenkmäler –, doch verwendet man den Begriff „Canyonlands" gerne übergreifend für das gesamte südliche Utah, wo mit mehreren NPs und SPs die einzigartige Landschaft geschützt wird.

Am Lake Powell

Gut 5 km vor Page führt eine Stichstraße vom Hwy. 89 zu einem Parkplatz und von dort ein rund 500 m langer Trail zum **Horseshoe Bend Overlook**. Hier schweift der Blick auf eine Flussschleife des Colorado River, der sich in Hufeisenform durch einen rund 100 m tiefen Canyon zwängt – ein beliebter Fotospot!

Majestätischer Ausblick

Der Ort **Page** selbst ist mit Motels, Hotels, Restaurants und Geschäften idealer Standort für alle, die die **Glen Canyon National Recreation Area** intensiver genießen möchten. Informationen über den Stausee und den **Glen Canyon Dam** erhält man im **Carl Hayden VC**. Der 200 m hohe und 457 lange Damm entstand als zweites

Malerischer Sonnenuntergang am Lake Powell

Ein Highlight am Lake Powell ist die Rainbow Bridge

Großprojekt am Colorado zwischen 1954 und 1964. Inzwischen versucht man durch regelmäßige Öffnung der Schleusen – 1996 und zuletzt 2008 – den einst ungehinderten Wasserlauf des Colorado nachzuahmen. Diese künstliche Sturzflut soll der „Renaturierung" des Colorado River dienen, dessen Versalzung und Ufer-Verstrüppung dramatisch zugenommen hat.

Glen Canyon NRA, *www.nps.gov/glca, tgl. 9–17/18 Uhr; $ 15/Pkw,* **drei VCs:**
Carl Hayden VC, *Page/AZ, tgl. mind. 8.30–16.30, im Sommer –18 Uhr*
Bullfrog VC, *Bullfrog/UT, Do–So 9–13 Uhr*
Navajo Bridge Interpretive Center, *bei Lees Ferry, Mt. Apr.–Okt. tgl. 9–17 Uhr.*

Bootstouren auf dem Stausee

Der **Lake Powell** ist einer der größten Stauseen der Welt – ein Wasserlabyrinth, das sich über 300 km in unzählige ehemalige Canyons und Buchten hineindrängt und zur Erkundung per Boot auffordert; Angeln, Wasserski, Schwimmen, Tauchen und Segeln sind möglich. Ein Teil des südwestlichen Seeufers ist über den Lakeshore Dr. zugänglich, der vom Hwy. 89 abzweigt. In **Wahweap** gibt es eine Lodge und einen Hafen, es werden Boote vermietet und Bootstouren angeboten, beliebt sind v.a. die Miet-Hausboote (s. S. 303).

Ein Highlight ist die erst 1909 entdeckte **Rainbow Bridge** östlich von Page am Südufer des Lake Powell. Die größte natürliche Steinbrücke der Welt steht als National Monument unter Schutz. Zu diesem Areal gelangt man jedoch nur mittels einer anstren-

genden und zeitaufwendigen Wanderung oder per Bootsfahrt über den Lake Powell (Übernachtung sinnvoll!).
Rainbow Bridge NM, *www.nps.gov/rabr, frei; bei einer Bootstour muss der Eintritt für die Glen Canyon NRA bezahlt werden. Vom Bootsanleger sind es rund 3 km zum Aussichtspunkt.*

Ein weiterer empfehlenswerter Ausflug führt zum **Antelope Canyon**, eine schmale Sandstein-Schlucht, deren Gestein durch den geringen Lichteinfall in den erstaunlichsten Farbeffekten leuchtet – nicht nur für Fotografen grandios. Autofahrer erreichen das Gelände von Page nach rund 6 mi/10 km auf Hwy. 89 und 98 (Richtung Kaibeto). Am Meilenstein 299 ist rechter Hand ein Parkplatz für Besucher des **Upper Antelope Canyon** ausgewiesen. Da diese Schlucht auf Navajo-Reservatsgrund liegt, darf man sie nicht in Eigenregie besichtigen, sondern muss sich einer Tour anschließen.

Grandiose Farbspiele

Antelope Canyon Navajo Tribal Park, *Rte. N. 22B, www.navajonationparks.org/htm/antelopecanyon.htm, tgl. 8–17 Uhr (NS 9–15 Uhr), $ 6 plus Gebühr für die Tour, z.B. www.antelopecanyon.com oder www.navajotours.com.*

Reisepraktische Informationen Lake Powell und Glen Canyon NRA

Informationen

Page-Lake Powell Chamber of Commerce, *644 N. Navajo, ✆ (928) 645-2741, http://visitpagearizona.com.*

Unterkunft

Aramark ist für die Infrastruktur am **Lake Powell** *zuständig. Reservierungen von Hotels bzw. Hausbooten unter www.lakepowell.com bzw. ✆ 1 (888) 896-3829. Dazu gehört das*
Lake Powell Resort $$$, *100 Lakeshore Dr.; direkt am See mit 350 Zimmern in drei Gebäuden (nach Zimmer mit Seeblick fragen!), Restaurant, zwei Pools, Bootsvermietung.*
Best Western View of Lake Powell $$, *716 Rimview Dr., ✆ (928) 645-2466, http://bestwesternarizona.com/hotels/best-western-view-of-lake-powell-hotel; viele Zimmer mit Blick auf Mesa und Damm.*
Marble Canyon Lodge $$-$$$$, *Hwy. 89A (nahe der Brücke an Lee's Ferry), Marble Canyon, ✆ (928) 355-2225, www.marblecanyoncompany.com; einsam am Highway gelegene Unterkunft mit gemütlichen Zimmern, Restaurant, Pool und Trading Post.*

Touren

Hidden Canyon Kayak *bietet versch. Touren s. http://hiddencanyonkayak.com. Mehrtägige Raftingtouren, auch durch den Grand Canyon, offeriert* **Wilderness River Adventures** *(www.riveradventures.com).*

Routenhinweis

Wer nicht der Hauptroute nach UT (Zion, Bryce Canyon etc.) folgen, sondern stattdessen ins Monument Valley fahren möchte, folgt ab Page dem Hwy. 98 nach Südosten und stößt auf die **Alternativroute** (S. 338).

Kanab

Etwa auf halbem Weg zwischen Lake Powell und Zion NP liegt die Ortschaft **Kanab**, idealer Standpunkt für die Besichtigung von Grand Canyon (North Rim), Zion und Bryce Canyon NP. Kanab ist auch wegen der hier gedrehten Western als **„Utah's Little Hollywood"** bekannt und im Osten liegt am Hwy. 89 das Wildwest-Studio „Old Paria".

Wenige Meilen nördlich von Kanab locken die **Coral Pink Sand Dunes** (Schotterpiste!), eindrucksvolle Sanddünen, die bei bestimmten Lichtverhältnissen – v.a. bei tiefstehender Sonne oder bewölktem Himmel – in rosaroten Farben leuchten.

Felsbögen, endlose Weite, Mesas und Canyons prägen den Süden Utahs

Reisepraktische Informationen Kanab/UT

Information
Kane County UT Visitor Information Center, *78 S. 100 E., Kanab, ✆ (435) 644-5033, www.visitsouthernutah.com.*

Unterkunft
Parry Lodge $$-$$$, *89 E. Center St., ✆ 1 (888) 289-1722, www.parrylodge.com; zentral gelegenes, historisches Motel mit 89 schön eingerichteten, geräumigen Zimmern, Restaurant und Pool.*

Red Rock Country Inn $$-$$$, *330 S. 100 E., ✆ (435) 644-8774, www.redrockcountry inn.com; sauberes Motel mit großen Zimmern, Jacuzzi, Pool und Restaurant nebenan.*

Restaurants

Chuckwagon Cookouts, *78 E. Center St., www.xpressweb.com/chuckwagon; ideal für Familien: mittags und abends Cowboy-Buffet im Freien.*
Fernando's Hideway, *332 N. 300 West St.; ausgezeichnete und preiswerte mexikanische Gerichte, Margaritas und oft Livemusik.*

Routenhinweis

Nach Kanab geht es weiter auf dem Hwy. 89 bis kurz vor Mount Carmel, hier biegt man auf den Hwy. 9, der direkt in den Zion NP führt, ab. Der Hwy. 89 führt weiter nordwärts zum Bryce Canyon NP (S. 313).

Zion National Park

Mit gleich fünf Nationalparks – **Arches, Bryce, Canyonlands, Capitol Reef** und **Zion** – sowie Monument Valley und North Rim des Grand Canyon NP nennt sich Utah stolz „**America's National Parks Capital**". Zion ist dabei der meistbesuchte Park im Staat und angesichts der rund 2,8 Mio. Touristen, die Jahr für Jahr den Naturpark „heimsuchen", sind Privatautos von April bis Oktober nur auf der Durchgangsstraße – dem Hwy. 9, der den Südteil des Parks in W-O-Richtung durchquert – erlaubt. Abgesehen von diesem vergleichsweise kleinen Areal in der südöstlichen Ecke ist der Großteil der insgesamt fast 600 km² Parkfläche nur spärlich erschlossen. *Beliebter Park*

Der **Zion NP** gliedert sich in zwei voneinander getrennte Abschnitte. Der **südliche Parkteil** wird vom Hwy. 9 durchquert; von hier gelangt man über eine Stichstraße (im Sommer nur Shuttle-Busse) zum gleichnamigen Canyon, den der Virgin River zusammen mit den Gletschern gestaltet hat. Der **nördliche Teil** ist dagegen nur von der I-15 (nahe St. George, S. 309) zu erreichen. Im Gegensatz zum zerfurchten Bryce Canyon beeindruckt der Zion NP durch seine massigen, rundbuckligen Berge, die mit dem East Temple 2.350 m Höhe erreichen. Charakteristischer ist der *Great White Throne* (2.056 m), dessen Kuppe weithin leuchtet.

Anders als beim Grand Canyon, wo man von oben hinab in eine tiefe Schlucht blickt, steht man im Zion NP unten im schattigen Tal und blickt hinauf auf steile Felswände. An manchen Stellen fallen die Steilklippen 1.000 m ab – kein Wunder, dass die ersten Siedler, großteils Mormonen, die Felsen als „natürlichen Tempel Gottes" betrachteten. In Anlehnung an die Bibel bezeichneten sie das grandiose Tal des Virgin River auch als „Little Zion". 1909 wurde das Tal unter Naturschutz gestellt und **1918 zum Nationalpark erklärt**. *Zerklüftete Riesensteine*

Von Kanab im Osten kommend erreicht man den Ostzugang des Nationalparks. Von hier windet sich der Hwy. 9 als **Zion-Mt. Carmel Hwy.** in Haarnadelkurven und durch

Tunnel von etwa 1.600 m Höhe durch das Parkareal hinunter ins Virgin River Valley. Im Tal folgt der Hwy. 9 dem Fluss südwärts zur Ortschaft **Springdale**, die direkt am Südzugang des Parks liegt. Ehe Hwy. 9 jedoch den Virgin River überquert, zweigt eine Stichstraße ab, die dem Fluss nordwärts ins Zentrum des Nationalparks und des Canyons folgt. Wer nicht in der dort gelegenen Parklodge übernachtet, darf diese Route in der Hauptsaison nicht selbst befahren, sondern muss die kostenlosen Shuttle-Busse nutzen. Deshalb sollte die erste Anlaufstation das **VC** am südlichen Parkzugang in Springdale (Hwy. 9) sein. Dort gibt es einen großen Parkplatz, Infos und von dort fahren auch die kostenlosen Busse (Apr.–Okt.) in den Zion Canyon ab.

Shuttle-Busse in den Canyon

Zion Canyon Scenic Drive und The Narrows

Den besten Überblick erhält man während der Busfahrt auf dem **Zion Canyon Scenic Drive**, der auf 13 km zu den schönsten Punkten bzw. Parkplätzen führt, von denen Wanderpfade unterschiedlicher Länge in die Landschaft, z.B. zu den *Emerald Pools*, hineinführen. Endpunkt der Route ist der *Temple of Sinawava* mit seinen imposanten farbigen Sandsteinwänden. Hier beginnt auch die zwar nur 10 km lange, doch anspruchsvolle Wanderung zu den Narrows.

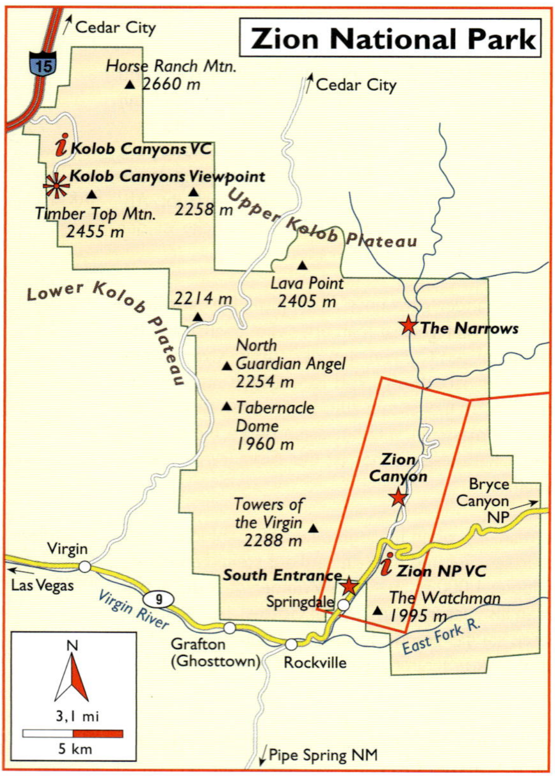

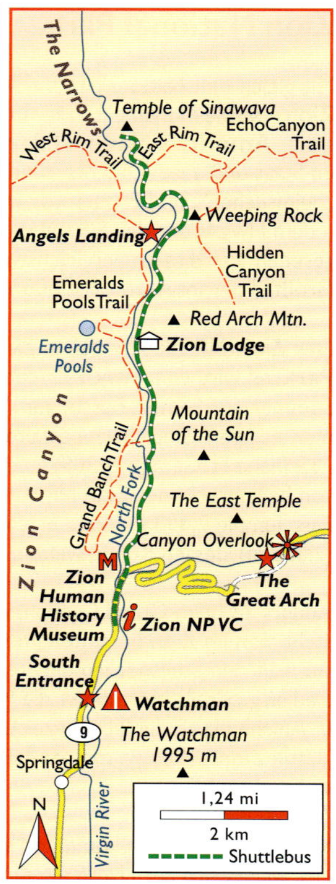

Der Spaziergang durch die Narrows gehört zu den Highlights im Zion NP

Der enge **Zion Canyon** gilt als die ungewöhnlichste Ansammlung von Navajo-Sandstein-Formationen im Südwesten und die Wanderung zu **The Narrows** als besonderes und unvergessliches Highlight. Kontinuierlich verengt sich das Tal des Virgin River, wo sich die Felswände über 730 m hoch aufbauen. Am **Temple of Sinawava** ist das Flusstal noch relativ breit und der **Riverside Walk**, rund 1,5 km entlang dem Ufer, noch einfach. Dann endet der „Spazierweg" und es geht hinein ins Flussbett, was allerdings nur bei niedrigem Wasserstand, d.h. in den Sommermonaten, möglich ist. Der meist als harmloser Bach dahinplätschernde Virgin River hat nämlich seine Tücken und kann sich im Nu in einen reißenden Strom verwandeln. Speziell nach einem Gewitter entsteht im Handumdrehen ein Strom mit Schlamm, Geröll und Baumstämmen. Zuletzt wurden bei einer solchen Flut im April 1995 fast 200 m der Straße weggeschwemmt. Entsprechendes Schuhwerk und Trittsicherheit sind Voraussetzungen, um die gut 3 km zur Engstelle zu wandern. Im Mund des Canyons angelangt, wo sich der Virgin River über 600 m tief in den Fels eingegraben hat, liegen die hochaufragenden Felswände nur noch rund 6 m auseinander und man hat das Gefühl, sie mit ausgestreckten Armen berühren zu können …

Wanderung durch die Schlucht

Reisepraktische Informationen Zion National Park

Information

Zion NP, *SR 9, Springdale, www.nps.gov/zion, ✆ (435) 772-3256, $ 25/Pkw, mit Zion Canyon VC und Zion Human History Museum an der S-Zufahrt, Kolob Canyons VC im N.*

TIPP: Touren

Mitarbeiter des ***Zion Canyon Field Institute*** *(www.zionpark.org, ✆ 1-800-635-3959) bieten interessante biologische und geologische Touren, Fotokurse und Workshops an.*

In der Hauptsaison ist der Zion NP nur mit Shuttle-Bussen zugänglich

Übernachten

Zion Lodge $$$, *einziges Hotel im Park, ✆ (435) 772-7771, www.zionlodge.com; mit Cafeteria, Restaurant und Laden sowie Zentrum vieler Aktivitäten. Die ganzjährig geöffnete Lodge besitzt rund 120 Zimmer, die sich auf das Haupthaus aus Holz oder gemütliche Cabins verteilen, außerdem gehört der Red Rock Grill dazu. In der Sommersaison ist Reservierung angeraten.*

Camping

Zwei große Campingplätze (**South Campground** *und* **Watchman**) *befinden sich nahe dem südlichen Parkeingang/VC, ein primitiver Platz in 2.405 m Höhe am Lava Point am Nordrand des South Units; außerdem Campgrounds in Springdale oder Mt.Carmel Junction. Details siehe: www.nps.gov/zion/planyourvisit/campgrounds-in-zion.htm.*

Besuchszeit

Zwar ist der Park ganzjährig geöffnet, wegen der Höhenlage sind die Winter allerdings sehr kalt. Auch im Frühjahr und Herbst kann es Nachtfrost geben und auf den Bergkuppen kann Schnee liegen. Die beste Jahreszeit ist der Sommer, im Okt./Nov. reizt die bunte Laubfärbung der Bäume am Ufer des Virgin River.

Wandern

Es werden Wanderwege aller Schwierigkeitsgrade und Längen angeboten. Detaillierte Infos liefert: www.nps.gov/zion/planyourvisit/hiking-in-zion.htm. Einige Tipps:

The Narrows Trail: *Startpunkt am Ende des Scenic Drive am Temple of Sinawava. Die gesamte Engstelle ist 16 mi/25 km lang, was einer äußerst anstrengenden Tageswanderung gleichkommt. Um unvergessliche Eindrücke zu sammeln genügt es jedoch vielfach, zwei Stunden flussaufwärts bis zum Orderville Canyon zu wandern. Da man zumeist im Flusstal watet, sind entsprechende Ausrüstung und gutes Wetter nötig.*

Weeping Rock: *Einfacher, knapp 1 km langer Fußweg vom ausgeschilderten Parkplatz am Scenic Drive zu einem vorspringenden Felsen mit „hängenden Gärten" und herabtröpfelndem Wasser.*
Emerald Pools: *Startpunkt des knapp 2 km langen Pfads ist die Fußgängerbrücke über den Virgin River nahe der Lodge. Er führt, gut ausgebaut, zu Wasserbassins und überhängenden Felsen, von denen ein Wasserschleier nach unten weht. Nochmal ebenso weit und etwas anstrengender ist der Weg zu den größeren Upper Pools, von denen aus sich eine überwältigende Aussicht bietet. Rückweg über die nördlichere Brücke zum Park- und Picknickplatz* **Grotto**, *von dort nur wenige Minuten zur Lodge.*
Angels Landing: *Schwierigere Wanderung ab* **Grotto** *(Scenic Dr.), zunächst über den Virgin River, dann entlang dem Refrigerator Canyon, im Zickzack zum Scout Lookout und weiter zur 1.765 m hochgelegenen Felsnase, die sich gegenüber der weißen Kuppe des Great White Throne ins Tal schiebt. Insgesamt 8 km, ca. 5 Std. An steilen Stellen erleichtern Seile den Auf- und Abstieg.*

Reiten
Ausritte können bei den **Zion Stables** *(gegenüber der Lodge) organisiert werden, sie führen durch das Flusstal (auch für Anfänger geeignet, 1 Std. bzw. halber Tag). Infos: www.canyonrides.com/zion_national_park_rides.html.*

Routenhinweis

Der schnellste Weg zum Bryce Canyon führt zurück auf dem Hwy. 9, wo man bei Mount Carmel wieder auf den Hwy. 89 stößt, der nach Norden führt. Für die nachfolgend beschriebene Hauptroute über St. George, Snow Canyon und Cedar Breaks NM sollte man hingegen mindestens einen Zusatztag einplanen.

„A to Zion" – Unterwegs im „Zion Country"

Die gesamte Region um den Zion NP lebt heute vom Tourismus und vermarktet sich als „**Zion Country**". Direkt am südlichen Parkzugang liegt die kleine Ortschaft **Springdale**, wo sich Hotels, Läden und Lokale an der zentrale Achse, dem Hwy. 9, aufreihen. Die hier befindlichen H/Motels sind günstig, weil man das Auto am Hotel stehen lassen kann und ein Shuttle-Bus die meisten Unterkünfte abfährt und zum VC bringt, wo der zweite Shuttle-Bus in den Park hinein startet.

Über Rockwell, Virgin und Hurricane (Hwy. 9) erreicht man **St. George**, das Versorgungszentrum im Südwesten Utahs. Zuvor hat man vor der Ortschaft La Verkin das Colorado Plateau verlassen und fährt hinunter in die Ausläufer der Mojave-Wüste. Sehenswert in St. George, einer Mormonengründung, ist der **Mormonentempel**, der 1877 als erstes Gotteshaus in Utah fertiggestellt wurde *(440 S. 300 E.)*. Auch das Winterdomizil des berühmten Mormonenführers *Brigham Young (67 W. 200 N., tgl. 10–17 Uhr, frei)* ist zu besichtigen. Die **St. George Dinosaur Discovery Site** *(2180 E. Riverside Dr.)* zeigt Dinosaurier der Spezie *Scelidosaurus* an der Originalausgrabungsstätte *(www.dinosite.org, Mo–Sa 10–17/18 Uhr, So nur im Sommer, $ 6)*.

Erste Kirche in Utah

Der Snow Canyon im Südwesten Utahs ist ein wenig bekanntes Naturjuwel

Nur wenige Kilometer westlich von St. George verbirgt sich mit dem **Snow Canyon SP** ein wenig bekanntes Naturjuwel. Interessant und andersartig ist die Region schon deshalb, weil sie im Übergangsbereich von gleich drei den Südwesten prägenden Ökosystemen liegt: der sich südwestlich über Nevada bis nach Kalifornien ausbreitenden *Mojave Desert*, dem nordwestlich gelegenen *Great Basin* sowie dem *Colorado Plateau* im Osten.

Kulisse für Westernfilme

Im Snow Canyon SP laufen genau genommen zwei Canyons zusammen und bilden eine eindrucksvolle Felskulisse aus rotem und gelbem Sandstein. Kein Wunder, dass hier zahlreiche Westernfilme, z.B. „Jeremiah Johnson" mit *Robert Redford* oder „Butch Cassidy and The Sundance Kid" mit *Paul Newman* und *Redford* gedreht wurden. Am Ausgang des Canyons liegt das **Red Mountain Spa & Resort**, ein perfekt in die Landschaft integrierter luxuriöser Hotelkomplex mit einem breit gestreuten Wellness- und Sportangebot sowie exquisitem „Biorestaurant" – der ideale Platz, um in traumhafter Naturkulisse ein paar Tage auszuspannen.
Snow Canyon SP, *Ivins (St. George), www.utah.com/stateparks/snow_canyon.htm, $ 6/Pkw.*

Den nördlichen Teil des **Zion NP** erreicht man auf der Weiterfahrt Richtung Bryce Canyon. An der I-15 liegt vor Cedar City das kleine **Kolob Canyons VC**. Von hier aus erreicht die asphaltierte Kolob Canyons Rd. nach wenigen Meilen den spektakulären **Kolob Canyons Viewpoint**. Die höchsten Gipfel in diesem Parkteil sind der Horse

Ranch Mountain mit 2.660 m und Timber Top Mountain mit 2.455 m, die größten Sehenswürdigkeiten stellen neben den Schluchten und Gipfeln der **Finger Canyons of the Kolob** die natürlichen Steinbögen (Kolob Arch, Double Arch) dar. Für die Wanderung zum La Verkin Creek und dem **Kolob Arch** sollte man zwei Tage einplanen – inklusive einer Zeltübernachtung mitten in unberührter Landschaft.

Reisepraktische Informationen St. George/Springdale

Information

St. George Area CVB *(St. George, Ivins, Snow Canyon, Zion NP, Springdale), 1835 Convention Center Dr., ✆ (435) 634-5747, www.atozion.com.*

Unterkunft

Cliffrose Lodge & Gardens $$, *281 Zion Park Blvd., Springdale, ✆ 1 (800) 243-8824, www.cliffroselodge.com; nettes Motel im Ortszentrum mit 36 geräumigen Zimmern in Holzhäuschen, umgeben von Gartenanlage mit Pool.*

Harvest House B&B $$$, *29 Canyon View Dr., Springdale, ✆ 1 (800) 719-7493, www.harvesthouse.net; familiär im Pionierstil mit vier individuell gestalteten Zimmern und reichhaltigem Frühstück.*

Red Mountain Spa & Resort $$$$, *1275 E. Red Mountain Circle, Ivins (St. George), ✆ 1 (877) 246-4453, www.redmountainresort.com; weitläufiger Komplex mit verschiedenen Unterkunftstypen vom normalen Zimmer bis zum Bungalow, sehr luxuriös und hervorragend ausgestattet, dazu Spa und breites Wellness- und Veranstaltungsprogramm (z.B. Reiten).*

Eine ganz besondere Unterkunft in traumhafter Lage: das Red Mountain Spa & Resort

Restaurants

Canon Breeze Restaurant, *im Red Mountain Spa & Resort (s. oben), ✆ (435) 673-4905 (Reservierung empfehlenswert); regionale, saisonale Küche – wie Wild oder Steaks –, schonende, kreative Zubereitungsweisen. Empfehlenswert ist auch das Bio-Frühstücks-buffet!*

Spotted Dog Restaurant, *428 Zion Park Blvd., Springdale, ✆ (919) 933-1117; Gerichte aus lokalen Produkten (Slow Food) und umfangreiche Weinliste, dabei anständige Preise.*

TIPP: Reiten

Snow Canyon Trail Rides, *✆ (435) 773-7630, www.snowcanyontrailrides.com, geführte Reittouren durch den Snow Canyon von Patty Arnett, einer erfahrenen ehemaligen Springreiterin und Züchterin.*

Alternativroute zwischen Las Vegas und St. George

Wer von Las Vegas direkt in „Utah's Canyonland" fahren möchte, folgt von Las Vegas der I-15. Nach 125 mi/200 km (ca. 2 Std.) ist **St. George** erreicht. Dabei durchquert man nach der Ortschaft **Mesquite** einige Meilen lang die fast menschenleere NW-Ecke des Bundesstaates AZ. Mit Annäherung an UT und St.George weicht die Wüstenlandschaft zurück und treten Berge in den Vordergrund, die sich zu einem tiefen und eindrucksvollen Canyon verengen. Die Schlucht des Virgin River, durch die die mehrspurige Autobahn verläuft, lässt bereits eine Ahnung aufkommen, was an landschaftlichen Highlights in Utah wartet.

Cedar Breaks National Monument und Umgebung

Nördlich von St. George befindet sich nahe der Ortschaft **Cedar City** nicht nur das südlichste Skigebiet Utahs an den Hängen des über 3.400 m hohen **Brain Head Peak**, sondern auch das **Cedar Breaks National Monument**. Cedar City, an der I-15, bezeichnet sich als „Festival City". Hier finden in der Tat zahlreiche Events, darunter das sehenswerte **Shakespeare Festival**, statt. Im Ort ist die *Southern Utah University* zu Hause und daher prägt auch ein junges Völkchen die nette Main Street mit ihren Lokalen und Geschäften.

Natürliches Amphitheater

Der Scenic Byway (Hwy. 14) führt von Cedar City durch die Mojave-Wüste wieder hinauf auf das Colorado Plateau. Eine Stichstraße (Hwy. 148) zweigt etwa 18 mi/29 km östlich von Cedar City zum 2.490 ha großen **Cedar Breaks NM** ab. Das natürliche Amphitheater am Westrand des *Markagunt Plateaus*, Teil des Colordo Plateaus, wird von 600 m hohen Steilwänden umgeben. Vergleichbar mit dem Bryce Canyon haben hier der Zahn der Zeit und die Kräfte der Erosion bizarre Formationen hervorgebracht – auf etwa 3.000 m Höhe! Es gibt ein VC am Südzugang, schöne Wanderwege und Campingplätze.

Dieses nur in den Sommermonaten zugängliche Naturschutzgebiet könnte bereits in näherer Zukunft zum **sechsten Nationalpark Utahs** erklärt werden. Hier oben sind

zudem die Wintersportverhältnisse ideal und seit einigen Jahren steht Abfahrts- und Langläufern der 3.446 m hochgelegene Ort **Brian Head** auf der Nordseite des NM zur Verfügung.
Cedar Breaks NM, *Cedar City/UT, Hwy. 148 (führt durch den Park), www.nps.gov/cebr, $ 4/Person.*

Reisepraktische Informationen Cedar City und Brian Head/UT

Information
Cedar City-Brian Head Tourism & Convention Bureau, *581 N. Main, Cedar City, ✆ (435) 586-5124, www.scenicsouthernutah.com.*

Übernachten/Restaurant
DoubleTree Resort & Spa by Hilton Brian Head, *314 Hunter Ridge Dr., Brian Head, ✆ (435) 677-9000, http://doubletree3.hilton.com; schön gelegen im Skigebiet nahe dem Nordzugang zum Cedar Breaks NM mit rund 100 Zimmern. Großer Pool, Spa, Lift Bar & Café sowie Leany's Steakhouse.*

Scenic Byway 12

info

Vom Cedar Breaks NM gelangt man auf dem Scenic Byway 143 nach Panguitch – eine Strecke, die vielerlei Landschaftseindrücke bietet: Hochgebirge, die Wälder des Dixie Forest und den fischreichen Panguitch Lake. **Panguitch** selber ist ein kleiner Ort, der von seiner zentralen Lage zu den Naturschönheiten im Süden Utahs lebt. Von Panguitch aus geht es auf dem Hwy. 89 wenige Meilen nach Süden, bis der Hwy. 12 nach Osten abzweigt.

Diese Straße führt durch eine der schönsten Landschaften des SW über den Bryce Canyon NP nach Torrey, dem Tor zum Capitol Reef NP. Auf den 124 mi/200 km Strecke passiert der **Scenic Byway 12** Canyons, Plateaus, Täler, Berge, Wüste und bewegt sich in Höhen zwischen 1.200 und 2.700 m; dazu werden archäologische Spuren und historische Ortschaften geboten. Erbaut wurde die Route durch das fast menschenleere Gebiet im Rahmen des „New Deal"-Arbeitsbeschaffungsprogramms in den 1930/40ern. Der Streckenabschnitt zwischen Boulder und Torrey wurde erst 1983 geteert. Die nachfolgend beschriebene Hauptroute folgt dem Hwy. 12 zwischen Bryce Canyon, Grand Staircase-Escalante und Capitol Reef auf seiner ganzen Länge.
Infos: www.byways.org/explore/byways/2020.

Bryce Canyon National Park

Noch vor dem Bryce Canyon passiert der Hwy. 12 ein landschaftliches Highlight, den **Red Canyon**, und schraubt sich anschließend langsam auf das *Paunsaugunt Plateau* hinauf. Direkt vor dem Parkzugang liegt **Bryce Canyon City**. Erst 2007 wurde die Ansammlung von Hotels, Lokalen und Läden zum eigenständigen Ort erklärt. Davor hieß

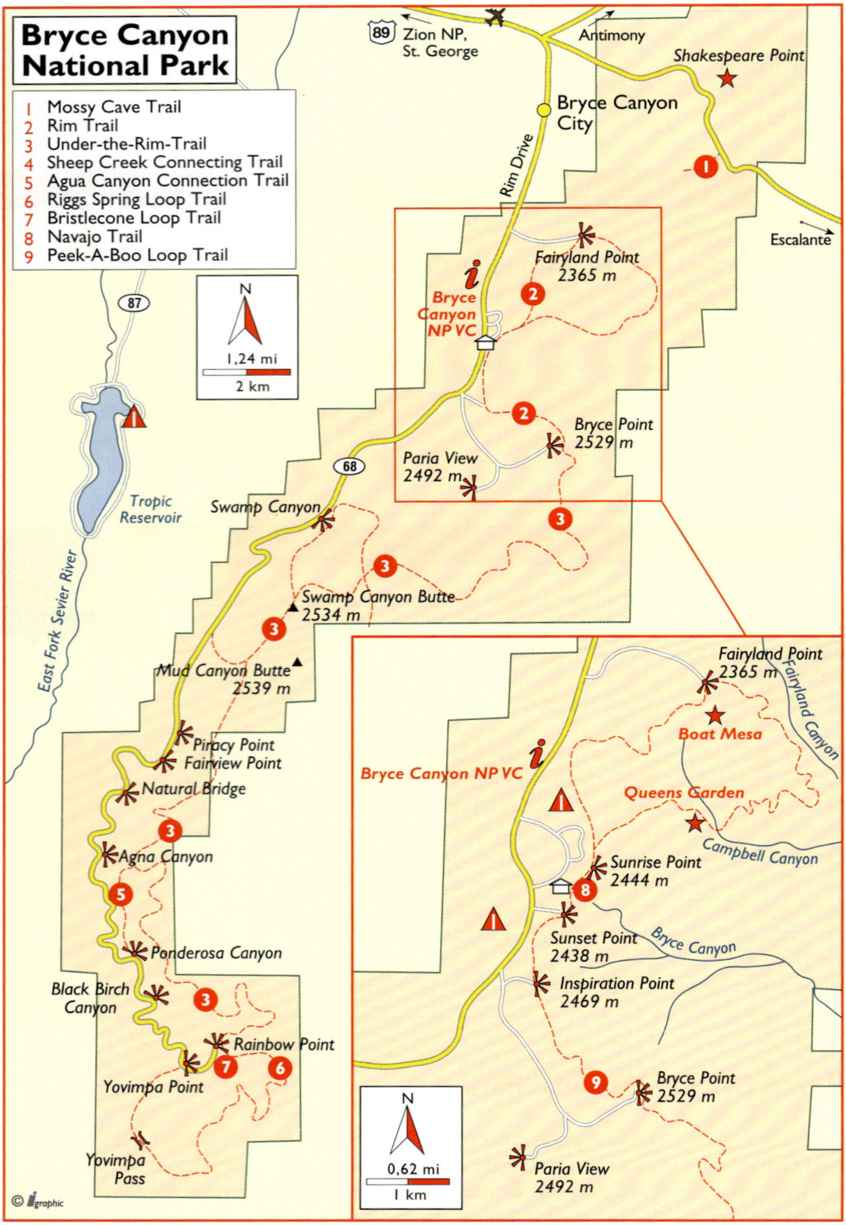
Bryce Canyon National Park
1 Mossy Cave Trail
2 Rim Trail
3 Under-the-Rim-Trail
4 Sheep Creek Connecting Trail
5 Agua Canyon Connection Trail
6 Riggs Spring Loop Trail
7 Bristlecone Loop Trail
8 Navajo Trail
9 Peek-A-Boo Loop Trail
N
1,24 mi
2 km
89
Zion NP, St. George
Antimony
Shakespeare Point
Bryce Canyon City
Rim Drive
Escalante
Fairyland Point 2365 m
Bryce Canyon NP VC
87
Bryce Point 2529 m
Paria View 2492 m
68
Tropic Reservoir
Swamp Canyon
Swamp Canyon Butte 2534 m
East Fork Sevier River
Mud Canyon Butte 2539 m
Piracy Point
Fairview Point
Natural Bridge
Agua Canyon
Ponderosa Canyon
Black Birch Canyon
Rainbow Point
Yovimpa Point
Yovimpa Pass
Fairyland Point 2365 m
Fairyland Canyon
Boat Mesa
Bryce Canyon NP VC
Queens Garden
Campbell Canyon
Sunrise Point 2444 m
Sunset Point 2438 m
Bryce Canyon
Inspiration Point 2469 m
Bryce Point 2529 m
Paria View 2492 m
N
0,62 mi
1 km
© graphic

Wie ein natürliches Amphitheater breitet sich der Bryce Canyon vor dem Betrachter aus

er „Ruby's Inn" nach einem 1916 entstandenen Laden. Die Familie *Ruby* hat den Ort nämlich erst zu dem gemacht, was er heute ist. Heute befinden sich zwei Best-Western-Hotels, Restaurants, ein General Store und **Old Bryce Town** (Shops im Stil einer alten Westernstadt) in Familienbesitz.

Beeindruckende Landschaft

Eigentlich ist der Name **„Bryce Canyon"** falsch: Es handelt sich nämlich um keinen Canyon, sondern um eine Art natürliches Amphitheater, um eine Ansammlung halbkreisförmiger Aushöhlungen in einem Steilhang. Im Laufe der Jahrmillionen haben Regen, Eis und Schnee dieses Riesenkunstwerk geschaffen, es aus dem **Paunsaugunt Plateau** herausmodelliert und dabei ein Gewirr aus gestaffelten, fast unwirklich erscheinenden Türmen und Spitzen, Zacken und Falten entstehen lassen, die im Sonnenlicht in den verschiedensten Gelb-, Rot- und Brauntönen leuchten.

An der Ostkante des Paunsaugunt Plateau gelegen, ist der Bryce Canyon Teil des größeren **Aquarius Plateaus**, das sich über fast 2.400 km^2 im Südwesten Utahs erstreckt. Es ist mit fast 3.000 m Höhe das höchstgelegene Tafelland Nordamerikas und die größte Erhebung auf dem Colorado Plateau. Immer noch verändert sich der Bryce Canyon, ist die Landschaft im Wandel. Jedes Gewitter, jeder Regen, jeder Schneefall und jeder Frost nagt am Gestein, trägt Felsbrocken ab und verändert das Profil. Man hat ausgerechnet, dass der Canyon alle 65 Jahre am Rand um mehr als 30 cm zurückweicht…

Schon die ursprünglich hier lebenden **Paiute-Indianer** waren beeindruckt von dem Naturwunder und sprachen von einem Ort, „*an dem rote Felsen wie Menschen in einer Schüssel stehen*". Die ersten weißen Siedler waren hingegen weniger angetan. So schrieb z.B. der Mormone *Ebeneezer Bryce*, nach dem der Park benannt ist und der hier im 19. Jh. eine Ranch betrieben hatte, von einer „*lausigen Gegend, wenn man darin eine Kuh verliert*". Zugegeben, Rinder im Gewirr der Schluchten und Felswände wiederzufinden, dürfte schwierig sein, doch für Wanderer oder Reiter ist der Bryce Canyon eine reizvolle Herausforderung.

Paradies für Wanderer und Reiter

Die dichten Wälder und Wiesen und das zerklüftete Felsgebiet sind Heimat einer erstaunlich vielfältigen **Flora und Fauna.** Obwohl größere Säugetiere wie Grizzlybären, Grauwölfe und Dickhornschafe in dieser Gegend ausgerottet sind, gibt es doch noch wenige Exemplare von Pumas (Berglöwen), Schwarzbären und Elchen. Etwa 165 Vogelarten sind jährlich im Bryce Canyon zu beobachten. Die fast vegetationslose Felslandschaft macht nur einen kleinen Teil des Nationalparks aus. Auf der anderen Seite dominieren grasbestandene Täler und Waldgebiete.

Der Bryce Canyon, seit 1923 National Monument und **seit 1928 National Park**, weist im Vergleich zu den anderen NPs eher bescheidene Dimensionen auf. Er umfasst nur 146 km^2 und misst in der Länge nur rund 30 km. Dies hat für Wanderer den Vorteil, dass der Park überschaubar ist und keine Gewalttouren notwendig sind. Entlang dem 30 km langen Scenic Drive im Park eröffnen sich von mehreren Aussichtspunkten immer wieder großartige Ausblicke und starten Wanderpfade.

Unterwegs im Bryce Canyon

Zum Sonnen-unter- und -aufgang

Im **VC** gibt es Informationen zu Aussichtspunkten und Wanderwegen und eine Ausstellung zur Entstehung der Landschaft, Geologie und Geografie. Die Stichstraße führt zu den einzelnen, relativ dicht beieinander liegenden Aussichtspunkten. Nahe dem Besucherzentrum warten gleich als erste Höhepunkte **Sunrise Point** (2.444 m) und **Sunset Point** (2.439 m). Ersterer ist bekannt für spektakuläre Sonnenauf-, letzterer für -untergänge. Fotografisch günstiger, da mit schräg einfallendem Licht, ist der Besuch genau andersherum.

Dann zweigt von der Hauptstraße ein kürzerer Weg zum **Inspiration Point** (2.483 m) und eine längere Stichstraße zum **Bryce Point** (2.529 m) sowie **Paria View** (2.493 m) ab. Fährt man den Scenic Drive weiter nach Süden, folgen Aussichtspunkte wie Piracy Point, Farview Point, Natural Bridge, Agua Canyon oder Ponderosa Point und schließlich der hochgelegene **Rainbow Point** (2.776 m). Wer noch höher hinaus möchte, kann von hier aus nur zu Fuß weiter, z.B. zum **Yovimpa Point**. Er befindet sich auf einem mächtigen Felsrücken und bietet auf gut 3.000 m Höhe einen hervorragenden Rundblick.

Reisepraktische Informationen Bryce Canyon National Park/ Bryce Canyon City

Information

Bryce Canyon NP, *VC nahe der Zufahrt, Sommer tgl. 8–20 sonst 8–16.30/18 Uhr, www.nps.gov/brca, ✆ (435) 834-5322, $ 25/Pkw. In der Hochsaison verkehren Shuttlebusse. Mit RV/Camper kann die Scenic Rd. nicht befahren werden.*

Bryce Canyon Country: Garfield County Office of Tourism, *55 S. Main St., Panguitch, ✆ (435) 676-1102, www.brycecanyoncountry.com.*

Beste Besuchszeit

Im Hochsommer kann es heiß werden, zudem ist der Besucherandrang am größten. Im Winter verwandelt sich der Nationalpark in einen Zaubergarten; der Schnee kann bis weit in den Mai hinein liegenbleiben. Am schönsten ist abgesehen vom späten Frühjahr der Herbst mit meist milden Temperaturen.

Übernachten/Essen & Trinken

Zur Infrastruktur in der **Bryce Canyon City Area***: www.brycecanyoncityut.gov.*

The Lodge at Bryce Canyon $$-$$$, *✆ 1 (877) 386-4383, www.brycecanyonforever.com; einziges Hotel im Nationalpark, Feldsteinbau von 1924, im Haupthaus oder verteilt auf rustikale Blockhütten 114 Zimmer, Restaurant zugehörig. Apr.–Mt. Nov. Vorreservierung nötig!*

BW Ruby's Inn, *26 SO. Main St., ✆ (435) 834-5341, www.rubysinn.com/lodging.html; BW-Motel in direkter Parknähe. Neuer und etwas luxuriöser ist das*

BW Bryce Canyon Grand Hotel, *30 N. 100 East, ✆ 1 (866) 866-6634, www.brycecanyongrand.com; gut ausgestattetes Best-Western-Hotel in idealer Lage zum Park, vor der Zufahrt, etwas abseits von dem kleinen Ort.*

Ebenezer's Barn & Grill, *26 SO. Main St., ✆ (435) 834-5341, www.ebenezersbarnandgrill.com; neben dem Grand Hotel gibt es Cowboy-Menüs und anschließend Country Music der „Bar G Wranglers".*

Camping

*Es gibt zwei Campingplätze im NP (***North Campground** *in der Nähe des VC,* **Sunset Campground** *ca. 4 km südlich) für Zelte und Wohnmobile. Reservierung nicht möglich. Details unter: www.nps.gov/brca/planyourvisit/campgrounds.htm.*

Wandern

Insgesamt umfasst das Wegnetz ca. 100 km und führt sowohl durch schöne Waldgebiete des Hinterlandes (Backcountry Trails) als auch in die spektakuläre Felsenlandschaft hinein. Für den Anfang lohnt der einfache Pfad vom **Sunrise Point zum Queen's Garden** *und wieder zurück (2,5 km). Vom Sunset Point ist die Wanderung zum* **Navajo-Loop** *und Queen's Garden (knapp 5 km, 160 m Höhenunterschied, ca. 2 Std.) ebenfalls nur mäßig anstrengend. Herrlich, aber etwas schwieriger ist der Weg vom Bryce Point zum* **Peekaboo-Loop** *(9 km, 260 m, ca. 3 Std.). Der nicht stark frequentierte* **Under-the-Rim-Trail** *folgt der Böschung unterhalb des Plateaurandes, er beginnt beim Bryce Point im N und endet beim Rainbow Point im S – insgesamt 35 km. Über Details informiert das VC bzw. die Webseite www.nps.gov/brca/planyourvisit/hiking.htm.*

Aktivitäten
Vom Corral neben Old Bryce Town werden Ausritte unterschiedlicher Länge, auch Pferdeschlittenfahrten, veranstaltet:
Ruby's Inn Premier Horseback Rides, ✆ *1 (866) 782-0002, www.horserides.net.*
Im Ruby's Inn können außerdem Mountain Bikes, Schneemobile und Langlaufski ausgeliehen werden (www.rubysinn.com). Siehe auch: www.brycecanyoncityut.gov.

Grand Staircase-Escalante National Monument

Die Region nördlich, hauptsächlich aber südlich des Scenic Byway 12, bildet das **Grand Staircase-Escalante NM**, mit über 7.500 km² eines der größten Nationalparkareale der USA. Das „große Treppenhaus" steht für eine Landschaft, die sich einer Treppe gleich im Südwesten von Utah vom Nordrand des Grand Canyon zum Bryce Canyon aufbaut. Plattenverschiebungen hatten im Laufe der Zeit für eine Hebung des Colorado Plateaus um gut 1.000 m gesorgt, einhergehend mit Brüchen, Verwerfungen und Rissen sowie Faltungen.

Eingeweiht wurde die Region östlich des Bryce Canyon 1996 in der zweiten Amtsperiode von *Bill Clinton*. Der Präsident sah sich aus politischen Gründen zur Einrichtung

Ein kleiner Teil des Grand Staircase-Escalante NM ist der Kodachrome Basin SP

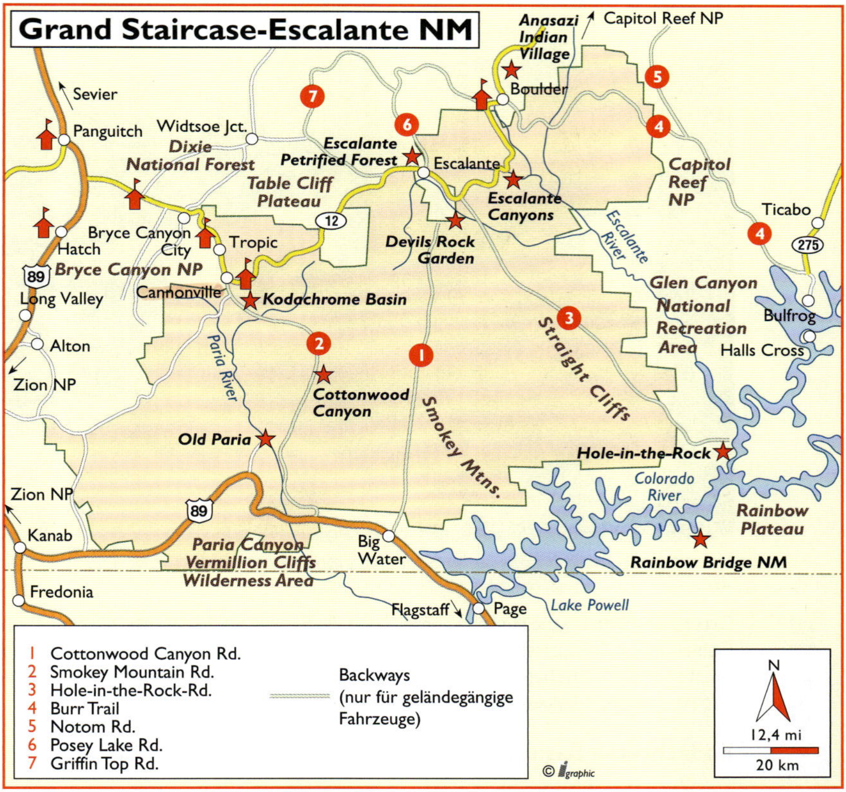

gezwungen, der Staat Utah plante nämlich hier den Abbau von Bodenschätzen. Wie weise dieser Entschluss war, zeigt die Naturschönheit mit Schluchten und Wäldern, grünen Flusstälern und wüstenartigen Hochplateaus, ausgewaschenen Felsen und bunten Sandsteinformationen wie den Pink, White und Vermilion Cliffs.

Kaum erschlossen, lässt sich die Region nur vom Hwy. 12 aus erkunden, beispielsweise mit einem Abstecher zum **Kodachrome Basin**, ein State Park innerhalb des NM, oder bei einer Wanderung oder einem Ausritt entlang dem Escalante River. Abgesehen vom Hwy. 12 gibt es nur *Backways* in den Park, fast alle sind Sackgassen; lediglich eine Piste durch den Cottonwood Canyon stellt einen Verbindungsweg dar. Wer das NM mit dem Wagen (auch 4-Wheel-Drive) erkunden möchte, sollte sich im **Escalante Interagency Visitor Center** oder im **VC** in Cannonville über den aktuellen Straßenzustand informieren (Infos s. unten).

Sackgassen

In der Weite des Grand Staircase-Escalante NM ging schon mancher Wanderer verloren

Drei geologische Erscheinungen kennzeichnen die Region: die **Escalante Canyons**, ein Gebiet voller Felsspalten und Schluchten im Nordosten, die **Grand Staircase** im Westen und dazwischen das **Kaiparowits Plateau**, eine ursprünglich von prähistorischen Indianern besiedelte Hochebene.

Kodachrome Basin SP und Escalante Petrified Forest SP

Spektakuläre Farbenspiele

Einen ersten Eindruck von der vielfältigen Hochwüstenwelt des Grand Staircase bietet der **Kodachrome Basin SP**, den man über eine Nebenstraße ab **Cannonville**, der ersten Ortschaft östlich des Bryce Canyon am Hwy. 12, in rund 6 mi/10 km erreicht. Wie der Name andeutet, ist das Spektakuläre hier das Farbenspiel, das die ungewöhnlichen Felsformationen, in unterschiedlichsten Schichten angeordnet, bieten. Etwas abseits gelegen und nicht überlaufen, erlebt man auf kurzen Trails wie dem 1 km langen **Nature Trail**, besonders jedoch auf längeren und etwas anstrengenderen Pfaden, z.B. dem **Sentinel Trail** zum Shakespeare Arch (ca. 4 km, 1 Std.), die Fels-, Canyon- und Wüstenlandschaft auf eindrucksvolle Weise.

Weiter auf dem Hwy. 12 weist kurz vor der Ortschaft Escalante ein Schild auf den **Petrified Forest SP** hin. Wer den berühmteren Park in Arizona nicht gesehen hat, findet hier Ähnliches. Ein 1,5 km-Fußmarsch führt ins Gelände hinein, wobei sich die vergleichsweise kleinen versteinerten Holzteile erst im oberen Teil des Parks befinden. Die „versteinerten Wälder" wuchsen vor etwa 200 bis 180 Mio. Jahren auf dem nordamerikanischen Kontinent. Während große Teile Kaliforniens und Nevadas von Meer bedeckt waren, gab es in Utah, Arizona und New Mexico Urwälder, deren umgestürzte

Baumstämme in Sumpfebenen geschwemmt wurden. Dort bedeckten sie Schlamm, Sand und vulkanische Asche und bildeten eine luftdichte Schicht. Die Holzzellen wurden später durch Druck und Wasser auskristallisiert und nach und nach durch Quarze ersetzt.

Escalante

Das Dorf **Escalante** erinnert an den gleichnamigen spanischen Franziskaner, der 1776 einen Landweg von den Missionsstationen in New Mexico nach Kalifornien suchte. Gegründet wurde der Ort allerdings erst 100 Jahre später durch Mormonen. Heute dient der kleine Ort als Ausgangspunkt für die Erkundung der Grand Staircase. Sehenswert ist gleich am westlichen Ortseingang das **Escalante Interagency VC**. Hier informieren der NPS, der NFS und das BLM über die gesamte Region. Es gibt einen Shop und Ausstellungen, die Einblick in die Entstehung der Landschaft geben und sich mit Klima, Flora und Fauna befassen.

Nach dem Ort beginnt einer der schönsten Abschnitte des **Scenic Byway 12**. Besonders den Aussichtspunkt östlich der Ortschaft sollte man nicht versäumen: Hier schweift der Blick endlos in die Ferne, zu den Henry Mountains im Osten, dem unübersehbaren und heiligen Berg der Navajo, „Navajo Mountain“, im Süden und dem mächtigen Boulder Mountain im Norden. Anschließend windet sich der Highway entlang dem **Escalante River** durch einen engen Canyon, an dem links und rechts rote Felsen in die Höhe ragen. Das Tal ist geschaffen für eine Pause, es gibt Parkplätze und Startpunkte für Wanderpfade entlang dem Fluss.

Heiliger Berg

„Wenn ich gehe, dann hinterlasse ich keine Spuren“

info

Der Dichter, Künstler und Abenteurer **Everett Ruess** (1914–1934) war einst von der Schönheit des Canyonlandes im Südwesten der USA derart angetan, dass er das Land am liebsten auf ewig unberührt gesehen hätte. *Ruess* hinterließ nicht nur eindrucksvolle Drucke und Skizzen von seinen tage- und wochenlangen Ausritten durch die Canyons, in Tagebüchern und Briefen schilderte er auch seine Eindrücke und Beobachtungen, erzählte vom Alltag in der Wildnis, unterwegs mit seinen zwei Pferden oder Mulis.

Geboren in Oakland und zu Hause in Los Angeles, war Everett immer ein Außenseiter. Am liebsten war er allein in den Wüstenlandschaften des Südwestens unterwegs und schilderte sie in eindringlichen Berichten und Druckgrafiken. Leider sind von diesen Zeugnissen nur wenige erhalten. Jahr für Jahr unternahm er lange, einsame Wanderungen durch den Südwesten, so auch im November 1934, nachdem er einige Monate in Escalante gelebt und bei verschiedenen Bauern ausgeholfen hatte. Der damals 20-Jährige packte seine Habseligkeiten zusammen, belud seine beiden Mulis und verschwand spurlos in den Weiten der roten Felslandschaft des Grand Straircase-Escalante…

Buchtipp
W.L. Rusho, Everett Ruess. **A Vagabond for Beauty**, *mehrere Neuauflagen, erhältlich auch in den VCs der NP in Utah*

Boulder

Nach dem Escalante Canyon schraubt sich der Hwy. 12 wieder hinauf auf das Plateau und bald weitet sich die Landschaft. Rinderfarmen tauchen auf und das Bild ändert sich fast zur landwirtschaftlichen Idylle. Hier liegt der Ort **Boulder**, wo sich ein Stopp im **Anasazi State Park Museum** lohnt. In den 1950ern fand man hier ein kleines Pueblo der prähistorischen Indianer, das nur zwischen den 1120er-Jahren und 1175 besiedelt war. Es wurde aufgegeben und bewusst niedergebrannt. In dem kleinen Freiluftmuseum befinden sich ein Nachbau sowie die ausgegrabenen Ruinen von etwa 100 Bauten. Im angeschlossenen Museum (mit interessantem Shop) erfährt man mehr über die prähistorischen Indianer der gesamten Region.

Spuren der Ureinwohner

Anasazi SP Museum, *460 N. Hwy. 12, www.utah.com/stateparks/anasazi.htm; Apr.–Okt. 8–18, Nov.–März 9–17 Uhr außer So, $ 5.*

Nach Boulder schraubt sich die Straße hinauf zum 3.450 m hohen **Boulder Mountain**. An den Berghängen breiten sich dichte Wälder aus. Jeder der zahlreichen Scenic Overlooks am Osthang des Berges lohnt einen Stopp, überall ist der Ausblick über die Berglandschaft des Dixie National Forest, den Capitol Reef NP bis zu den Henry Mountains im Osten atemberaubend. Auf der anderen Seite des Bergrückens gelangt man abwärts auf dem Hwy. 24 in die Ortschaft Torrey, das Tor zum Capitol Reef NP.

Reisepraktische Informationen Grand Staircase-Escalante NM

Informationen

Escalante/Boulder Chamber of Commerce, ✆ *(435) 826-4810, www.escalante-cc.com.*

Escalante Interagency VC, *755 W. Main St., Escalante,* ✆ *(435) 826-5499, www.blm.gov/ut/st/en/fo/grand_staircase-escalante/Recreation/visitor_centers.html, tgl. 8–16.30 Uhr;*

Cannonville VC, *10 Center St., Cannonville, Mt. März–Mt. Nov. tgl. 8–16.30 Uhr; Infos und kleine Ausstellung zur Region und den hier lebenden Menschen.*

Kodachrome Basin SP, *Cannonville, www.utah.com/stateparks/kodachrome.htm, $ 6/Pkw, Museum im VC sowie Camping, Laden und Red Stone Cabins (www.redstonecabins.com).*

Escalante Petrified Forest SP, *710 N. Reservoir Rd., Escalante, www.utah.com/stateparks/escalante.htm, $ 6/Pkw, mit VC und Camping.*

Unterkunft/Restaurant

Boulder Mountain Lodge $$$, *20 N. Hwy. 12, Boulder,* ✆ *(435) 335-7460, www.boulder-utah.com; schön gelegene Lodge, die Ruhe und Luxus vereint und idealer Standort ist. Angeschlossen ist das Restaurant* **Hell's Backbone Grill** *(www.hellsbackbonegrill.com), das lokale und biologische Produkte nach Slowfood-Prinzipien zubereitet.*

Aktivitäten

Escalante Outfitters, *310 W. Main St., Escalante, www.escalanteoutfitters.com; neben Betten im Bunkhouse oder Camping bietet das Unternehmen ein Café und verschiedene Aktivtitäten (Fly Fishing, Natural History Tour, Bike Tours etc.) an.*

Capitol Reef National Park

„*Land des schlafenden Regenbogens*" nannten die Navajo-Indianer den **Capitol Reef NP**. Das markante geologische Merkmal ist hier die **Waterpocket Fold**, eine mächtige Falte in der Erdoberfläche, die auf 160 km den Nationalpark durchzieht. Sie entstand, als sich vor ca. 65 Mio. Jahren die Oberfläche entlang einer nord-südlich verlaufenden Verwerfungslinie um fast 2 km auf einer Seite anhob. Als die weißen Pioniere und Mormonen-Siedler diese Falte erstmals erblickten, kamen sie aus dem Staunen nicht mehr heraus. Die einen glaubten, eine auf die Küste zulaufende Riesenwelle zu sehen, andere beschrieben sie als mächtiges Riff – daher der Name.

1934 entstand zunächst ein National Monument, **1971** folgte die Ausweisung zum **National Park**. Jährlich „nur" gut 660.000 Besucher finden den Weg hierher. Mit 980 km^2 Fläche ist Capitol Reef der zweitgrößte Nationalpark Utahs nach Canyonlands. Wind, Wasser und extreme Temperaturschwankungen haben im Laufe von Jahrmillionen die Falte zu wuchtigen Kuppeln, rotgefärbten Steilklippen, bizarren Felszähnen und einem Labyrinth aus verschlungenen Canyons geformt. Weiche und harte Steinschichten wechseln sich ab, wobei Wasser in den weichen Sandsteinschichten Sammelbecken ausgewaschen hat, die heute als Wasserreservoirs in der Hochwüste dienen und für den Namen „Waterpocket" sorgten.

Geologie

Mitten durch den Park führt der (gratis befahrbare) **Hwy. 24**, dem Tal des Fremont River folgend. Hier lebten einst die prähistorischen Indianer der Fremont-Kultur. Sie waren eng verwandt mit den benachbarten Anasazi, lebten jedoch, anders als diese, wei-

An ein mächtiges Riff erinnerte die ersten Siedler die Felslandschaft des Capitol Reef NP

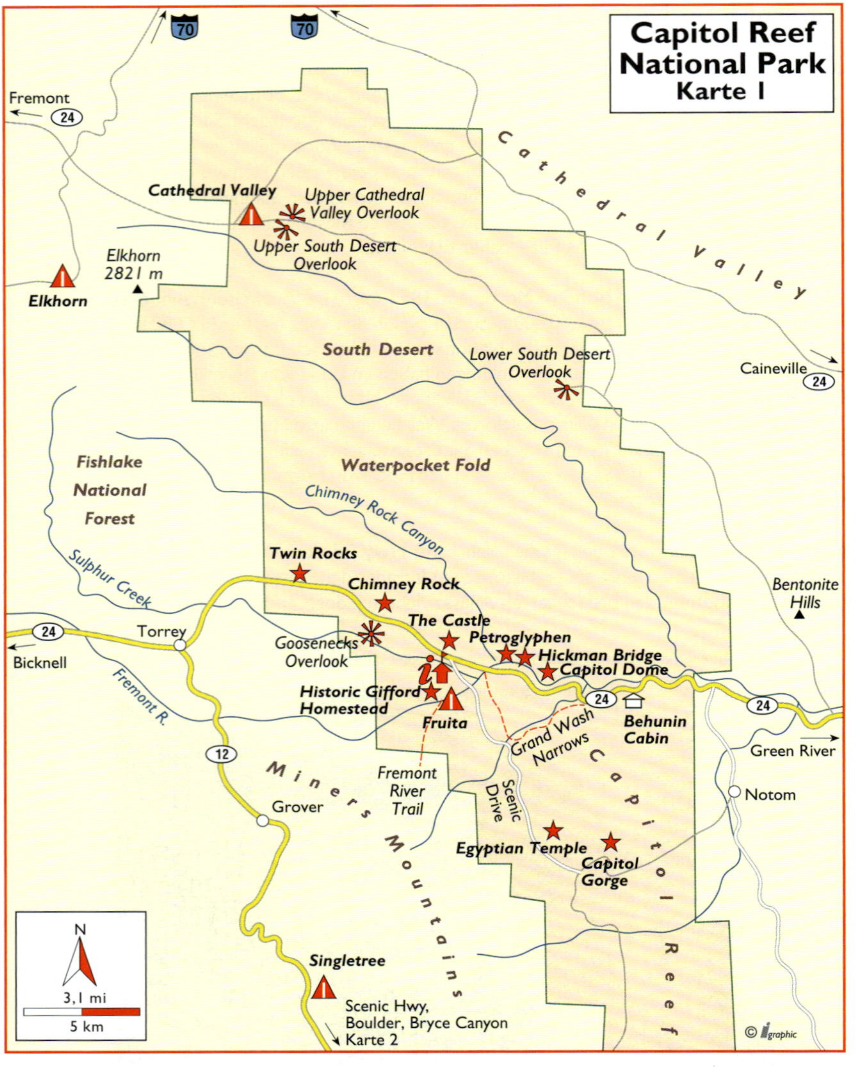
Capitol Reef
National Park
Karte I
70
70
Fremont
24
Cathedral Valley
Upper Cathedral
Valley Overlook
Upper South Desert
Overlook
Elkhorn
2821 m
Elkhorn
South Desert
Lower South Desert
Overlook
Caineville
24
Fishlake
National
Forest
Waterpocket Fold
Chimney Rock Canyon
Twin Rocks
Sulphur Creek
Chimney Rock
The Castle
Petroglyphen
Hickman Bridge
Capitol Dome
24
Torrey
Bicknell
Goosenecks
Overlook
Historic Gifford
Homestead
Fruita
Fremont R.
24
Behunin
Cabin
24
Green River
Grand Wash
Narrows
12
Miners Mountains
Fremont
River
Trail
Scenic
Drive
Grover
Notom
Capitol Reef
Egyptian Temple
Capitol
Gorge
Bentonite
Hills
Cathedral Valley
N
3,1 mi
5 km
Singletree
Scenic Hwy,
Boulder, Bryce Canyon
Karte 2
© igraphic

Capitol Reef National Park Karte 2
Karte 1
Sheets Gulch
Oak Creeks
Notom-Bullfrog Rd.
Henry Mountains
Dry Bench
Cedar Mesa
Zum Teil Schotterpiste.
Tarantula Mesa
Circle Cliffs
Waterpocket Fold
Strike Valley
Swap Mesa
Boulder, 12
Burr Trail Rd.
Studhorse Peaks
Strike Valley Overlook
Muey Twist Canyon
The Post/LowerMuley TwistTrailhead
Wagon Box Mesa
Circle Cliffs
Muley Tanks
Grand Gulch
Starr Springs, 276
Halls Creek Overlook
Brimhall Bridge 2207 m
Big Thomas Mesa
Burr Trail Road
Red Slide
Glen Canyon NRA
Purple Hills
Bullfrog Marina
N
3,1 mi
5 km
Middle Moody Canyon
East Moody Canyon
Halls Creek Narrows
Hall Mesa
© igraphic

Mächtige Felslandschaft in der Capitol Gorge mitten im Capitol Reef NP

ter in Erdhütten statt in Felswohnungen und versorgten sich als Jäger und Sammler. An einem **„Petroglyphs"** genannten Stopp blickt man heute hoch oben am Fels auf bemerkenswerte Hinterlassenschaften der Indianer: Felszeichnungen und -ritzungen, die z.B. schematisierte Menschengestalten mit dreieckigem Oberkörper, Ohr- und Kopfschmuck oder Jagdtiere zeigen. Neben *Petroglyphs* lohnt am Hwy. 24 auch ein Halt am Trailhead zur **Hickman Bridge**, ein beeindruckender Felsbogen. Von der Straße aus sind Felsformationen wie die **Twin Rocks**, der **Chimney Rock**, die **Goosenecks**, der **Capitol Dome** oder **The Castle** in nur wenigen Schritten zu erreichen bzw. zu bestaunen.

Lohnend ist ein Abstecher auf der **Scenic Road**, die gebührenpflichtig vom VC ausgehend rund 20 km weit bis zur **Capitol Gorge** in das Naturschutzgebiet hineinführt. Zunächst aber liegt direkt an der Straße die historische Siedlung **Fruita**. Erhalten sind Bauten wie die **Historic Gifford Homestead**, das Schulhaus oder eine Schmiede, dazu ausgedehnte Streuobstwiesen. Über die Mormonen-Siedler, die im fruchtbaren Tal Obst und Gemüse kultivierten und in den 1930er-Jahren ins nahe Torrey umzogen, informiert das Besucherzentrum, ebenso über die Indianer. Es gibt eine Ausstellung, einen Laden (mit Obstprodukten) und Informationen über längere Wanderungen in den kaum erschlossenen Südteil des Parks (Zelten mit *permit*).

Siedlungsgeschichte

Am Ende dieser Straße, deren letzte Kilometer Schotterpiste sind, kann man zu Fuß rund 3 km einer alten, früher sogar mit Kutschen und Autos befahrenen Siedlerroute durch eine enge Schlucht, bekannt als **Capital Gorge**, bis zu einigen Waterpockets folgen. Auf diesem einsamen Weg präsentiert sich der Park besonders majestätisch und es fällt auf, dass er weit menschenleerer ist als die meisten anderen großen Parks. Eine noch dramatischere Wanderroute beginnt am Scenic Dr. etwa auf halber Strecke und führt durch die **Grand Wash Narrows**, einen Canyon mit 115 m hoch aufragenden Wänden von nur 6 m Breite.
Auch von einem alten Ranchpfad namens **Burr Trail Road**, der den Südteil des Parks durchzieht, zweigen Wandertrails ab, die zu Aussichtspunkten wie Halls Creek oder in den Muley Twist Canyon führen.

Das 170-Seelen-Dorf **Torrey** lebt heute v.a. von seiner Lage am Rand des Capitol Reef NP. Hier beginnt bzw. endet zudem der malerische Hwy. 12, der durch das Grand Staircase-Escalante NM die Verbindung zu den südlich gelegenen NPs Bryce Canyon und Zion herstellt.

Reisepraktische Informationen Torrey und Capitol Reef NP

Information

Capitol Reef NP, *Hwy. 24, ✆ (435) 425-3791 ext. 4111, www.nps.gov/care, tgl. 9–16.30/18 Uhr, $ 5/Pkw, VC mit Infos und Shop; Ripple Rock Nature Center saisonal, ebenso historische Fruite-Bauten nicht regelmäßig geöffnet.*
Wayne County Travel Council, *Torrey, ✆ 1 (800) 858-7951, www.capitolreef.org.*

Besuchszeit

Die beste Reisezeit ist Mai bis Anfang Juni. Im Sommer kann es schwül-heiß sein, außerdem muss mit Gewittern gerechnet werden. Der Winter ist kalt und schneereich. Auch Oktober bis Anfang November sind geeignet, wenn sich das Laub färbt und die Temperaturen für Wandertouren ideal sind.

Unterkunft

Im NP gibt es weder Lodge noch Motel. Neben zwei kleinen, primitiven **Zeltplätzen** *(Cathedral Valley und Cedar Mesa) ist der ganzjährig geöffnete* **Fruita Campground** *die einzige Übernachtungsmöglichkeit. Infos: www.nps.gov/care/planyourvisit/campinga.htm.*
Im nahen Torrey gibt es eine große Auswahl an Unterkünften, z.B.:
Rim Rock Motel $$, *2523 E. Hwy. 24, ✆ 1 (888) 447-4676, www.therimrock.net; östlich der Ortschaft, mit Blick auf den NP, etwas älter, aber sauber, große Zimmer und gemütlich.*
Cowboy Homestead Cabins $$$, *2100 S. Hwy. 12, ✆ 1 (888) 854-5871, www.cowboyhomesteadcabins.com; Toptipp: vier gut ausgestattete, idyllisch ruhig gelegene und nur äußerlich rustikale Cabins auf einer Ranch mit Rodeoarena und Reitangebot.*
Sandstone Inn & Restaurant $$-$$$, *955 E. Hwy. 24, ✆ (435) 425-3775, www.sandstonecapitolreef.com; östlich des Orts an der Kreuzung mit dem Hwy. 12, modernes Motel mit großen Zimmern, Pool und eigenem Restaurant.*
Torrey Schoolhouse $$$, *150 N. Central St., ✆ (435) 633-4643, www.torreyschoolhouse.com; ungewöhnliches B&B in renoviertem Schulhaus von 1916, 10 Zimmer und Gemeinschaftsräume, üppiges Frühstück.*

Restaurants

Café Diablo, *599 W. Main St., Torrey, ✆ (435) 425-3070; das wohl beste Lokal der Region mit innovativer Südwest-Küche, zum Beispiel „Rattlesnake Cakes" oder Pecan Chicken, dazu ausgezeichnete Desserts.*
Rim Rock Restaurant & Patio, *im Rim Rock Motel, s. oben; große Portionen und dazu Superblick aufs Capitol Reef.*
Sandstone Restaurant, *s. oben; Restaurant im Diner-Stil mit üppigem Frühstück, aber auch guten Steaks.*

Wandern

Das beste Wanderrevier liegt im Süden des Parks, erreichbar auf der Burr Trail Road (Schotterpiste) ab Boulder. Gut ausgerüstete Wanderer können hier mehrtägige Trips unternehmen.

Am Scenic Dr. und Hwy. 24 starten ebenfalls mehrere Trails, z.B.
Fremont River Trail: *Gut 4 km langer, auf den ersten 750 m einfacher Weg, der später anstrengend wird. Es geht durch alte Gemüsegärten und Plantagen der Mormonen zu einem Aussichtspunkt über das Tal. Startpunkt ist der Campingplatz nahe dem VC am Scenic Drive.*
Hickman Bridge: *Einfacher, ca. 3 km langer Pfad ab Hwy. 24, führt unter einer Naturbrücke hindurch.*
Capitol Gorge *und* **Grand Wash Narrows**, *s. oben*
Details unter: www.nps.gov/care/planyourvisit/hiking.htm

Routenhinweis

Auf der Weiterfahrt ostwärts hat man in der Ortschaft Hanksville die Option, zunächst nicht nach Moab weiterzufahren, sondern südwärts Bluff (180 mi/190 km, S. 340) anzusteuern mit Anschluss an die **Alternativroute** (S. 342).

Moab, Zugangstor in die „Welt der Bögen"

Moab war noch vor gut einem halben Jahrhundert ein abgelegenes, verschlafenes Dorf, das einen kurzen Boom während des Uranabbaus in den 1950er- und 60er-Jahren erlebt hatte. Inzwischen hat sich der Ort zum Urlaubsziel und zum **perfekten Ausgangspunkt** zur Erkundung der Canyonlands entwickelt. Hotels, Lokale und viele kleine Läden, Outfitter (Tourveranstalter) und Outdoorläden stehen zur Verfügung, außerdem ist die Palette an Freizeitbeschäftigungen breit gestreut und reicht von Climbing (besonders beliebt an den roten Felswänden im Tal des Colorado River) und Whitewater Rafting (Touren verschiedener Schwierigkeitsgrade und Längen) über Hiking, Mountainbiking, Hang Gliding und Reiten bis hin zu geräuschvolleren Aktivitäten wie ATV- oder Jeep-Fahrten oder Flüge.

Literarisch verewigt

Zane Grey (1872–1939) hatte schon 1912 mit seinem Buch *Riders of the Purple Sage*, einem der ersten sogenannten Westernromane, die Landschaft um Moab einem breiteren Publikum bekannt gemacht. Er schilderte eindrucksvoll die Red-Canyon-Landschaft im Grenzgebiet der Bundesstaaten Utah und Colorado. Seither sind rote Mesas und enge Canyons, silbrige Artemisia-Sträucher und lebensfeindliche Kakteen aus keinem Westernfilm mehr wegzudenken *(Info: Filmmuseum der Red Cliffs Lodge. s. unten)*.

In wenigen Minuten ist man von Moab im Arches NP, auf der Zufahrtsstraße zum Dead Horse Point SP oder im nördlichen Teil des Canyonlands NP. Eine Art Heimatkunde-Museum beschäftigt sich mit der turbulenten Vergangenheit des Areals und zeigt Ausstellungsstücke von der Zeit der Dinosaurier bis zum Uran-Bergbau des 20. Jh.
Museum of Moab, *118 E. Center St., www.moabmuseum.org, Mo–Fr 10–17, Sa 12–17 Uhr (im Winter Mo–Sa 12–17 Uhr), $ 5.*

Reisepraktische Informationen Moab/Canyonlands

Information

Moab Information Center, *805 N. Main/Center St., www.discovermoab.com bzw. www.canyonlands-utah.com, ✆ 1 (800) 635-6622, tgl. 8–19, im Winter bis 16 Uhr; Broschüren, Buchung von Unterkünften und Aktivitäten, Shop und Ausstellung.*

Unterkunft

Kokopelli Lodge $$, *72 S. 100 E. St., ✆ 1 (888) 530-3134, www.kokopellilodge.com; kleines, sympathisches, aber schlichtes Motel mit einfachen Zimmern und einigen Suiten.*

**Dream Keeper Inn $$$**, *191 S. 200 E. St., ✆ 1 (888) 230-3247, www.dreamkeeperinn.com; ruhig gelegenes B&B mit geräumigen Zimmern, angeschlossenem Cottage ($$$$) und schönem Garten, liebevoll ausgestattet und gemütlich.*

Red Cliffs Adventure Lodge $$$, *mi 14, Scenic Hwy. 128, ✆ (435) 259-2002, www.redcliffslodge.com; mitten in einer Landschaft wie aus dem Wildwestfilm gelegenes Resort-Hotel direkt am Colorado. Pferdeställe (Ausritte), Restaurant, Café, Laden, Weingut und kleines Westernfilm-Museum. Zimmer im Hauptgebäude oder Cabins am Fluss.*

Sunflower Hill Inn $$$-$$$$, *185 N. 300 E. St., ✆ 1 (800) 662-2786, http://sunflowerhill.com; Farmhaus von ca. 1900 mit luxuriös eingerichteten Zimmern verschiedener Typen, Veranda, schönem Garten und Whirlpool.*

Camping

Campingplätze *stehen in und um Moab in großer Zahl zur Verfügung; die meisten liegen am nördlichen Ortsausgang: www.moab-utah.com, Link „Camping & RVs".*

Restaurants

Branding Iron Restaurant, *2971 S. Hwy. 191, ✆ (435) 259-6275; typisches Western-Restaurant mit leckeren, preiswerten und groß proportionierten Steaks und Burgern, mit Alkohollizenz.*

Desert Bistro, *1266 N. US 191; Bistro-Restaurant in der historischen Moab Springs Ranch von 1896, bekannt für Fisch- und Wildgerichte.*

Moab Brewery, *686 S. Main St., www.themoabbrewery.com; populäre Microbrewery mit Steaks, Fisch, Burgern, Suppen und Salaten sowie ausgezeichnetem Bier.*

The Moab Diner & Ice Cream Shoppe, *189 S. Main St.; unkompliziertes und preiswertes Imbiss-Lokal, auch Lunchpakete für Ausflüge.*

Aktivitäten

Colorado River Scenic Float Navtec, *321 N. Main St., ✆ (435) 259-7983, http://navtec.com; diese Firma mit über 35-jähriger Erfahrung bietet Bootsfahrten, Land-Safaris und Ausflüge an. Besonders empfehlenswert sind die Raftingtouren auf dem Colorado River.*

Pferdefreunde *kommen in der* **Red Cliffs Adventure Lodge** *(s. oben) voll auf ihre Kosten. Dort gibt es Reitstunden und organisierte Reitausflüge.*

Abstecher in den Colorado River Canyon

Einmal in Moab, sollten Westernfans unbedingt eine kurze Fahrt (ca. 15 mi einfach) durch das Tal des Colorado River ostwärts einplanen. Dabei folgt man kurz hinter Moab auf dem Hwy. 128 dem Fluss, dessen Tal bald in einem engen Canyon mit roten Felsen verschwindet. Dieser atemberaubende **Colorado River Canyon** fungierte als Drehort von Western wie „Rio Grande", „Stagecoach" oder „Geronimo" und man wartet fast darauf, dass *John Wayne* aus der Schlucht herausgaloppiert.

Filmkulisse

Schön lässt sich die Atmosphäre in den zur **Red Cliffs Lodge** (s. oben, Moab) gehörigen Cabins, am Ufer des Colorado River, bei untergehender Sonne und mit einem Glas Wein aus dem hauseigenen Weingut genießen.

Beliebte Filmkulisse für Western war und ist der Colorado River Canyon

Arches National Park

„Dies ist der schönste Platz auf Erden" beginnt der schon erwähnte *Edward Abbey* die Schilderung seiner Erlebnisse und Erfahrungen als Park Ranger im heutigen Arches NP in Zeiten vor dem Massentourismus. Im damaligen „Arches National Monument" – erst 1971 wurde das Areal zum Nationalpark erklärt – verdiente Abbey in den späten 1950er-Jahren sein Geld als Park Ranger. In der Tat halten viele das 29.696 ha große Naturschutzgebiet für **den schönsten Ort des amerikanischen Westens**, daher drängeln sich auch über 1 Mio. Besucher jährlich im Park.

Während der Grand Canyon durch seine Monumentalität überwältigt und der Bryce Canyon einem versteinerten Märchenwald gleicht, sind es hier die einzelnen **bizarren Formen** und Gebilde, die rund 200 durch Erosion entstandenen **Bögen und Brücken**, die den Besuch zum Erlebnis machen. Hier werden rot leuchtende Canyons, isolierte Steinsäulen, wüstenhafte Sandgebiete, versteinerte Dünen, eingestürzte Salzdome, zerfurchte Klippen und, im Hintergrund, schneebedeckte Gipfel, geboten.

Hoch über dem **Colorado River** gelegen, bildet der Arches NP nur einen Teil des weitläufigen Canyonlands in Süd-Utah. Er liegt in der Nordostecke des sogenannten

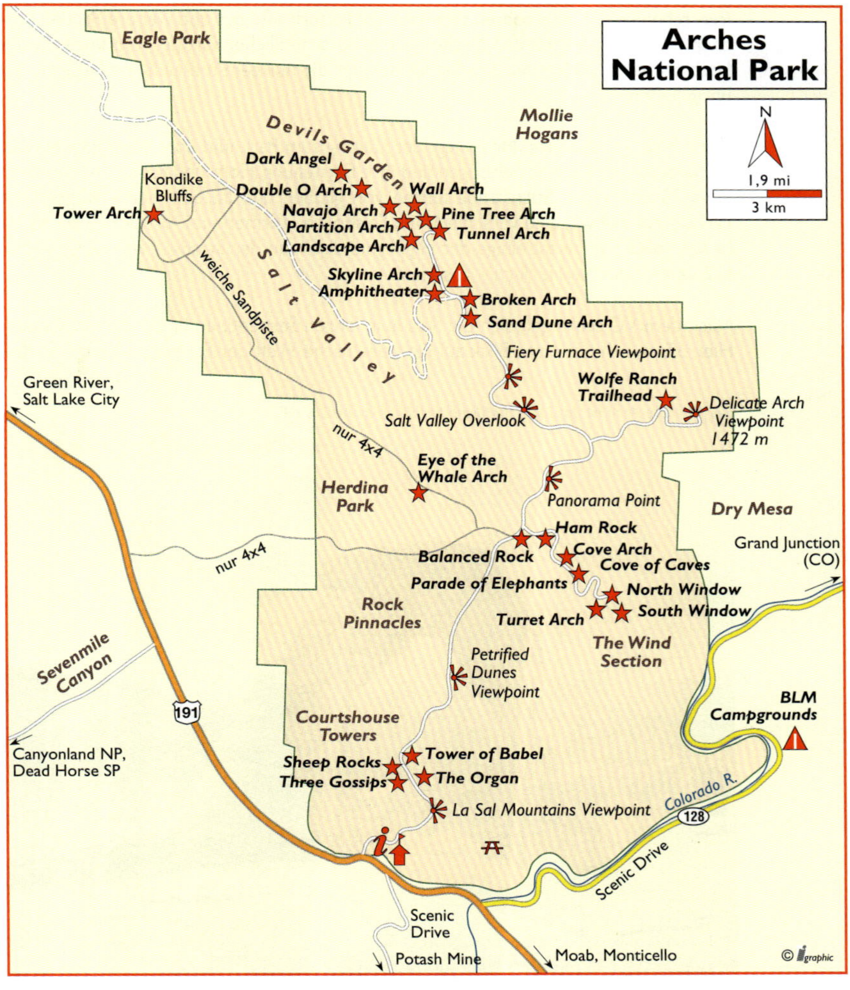

Paradox Basin, das vor rund 350 bis 300 Mio. Jahren entstanden ist und ursprünglich wassergefüllt war. Nach Austrocknen des Sees blieben ausgedehnte Salzbänke zurück. Unmengen von Erosionsgestein lagerten sich vom nahen La-Sal-Gebirge im Laufe der Zeit auf der Salzschicht im Becken ab und bewirkten eine Verformung dieser Schicht. Es folgten Aufwölbungen, die einen kilometerlangen Bergrücken mit dem sogenannten Entrada Sandstone als oberste Schicht entstehen ließen.

Entstehungsgeschichte der Bögen

Wind, Wetter und extreme Temperaturunterschiede erodierten diesen rötlichen Sandstein und formten daraus kuriose Felsgebilde, v.a. die spektakulären Bögen. Diese kamen dadurch zustande, dass sich ein Teil des Felses löste und eine Wand frei stehenblieb. An ihr tobten sich dann die Naturkräfte aus und weitere Partien brachen heraus. Es entstanden Löcher von unterschiedlicher Größe, vom fingerdicken Loch bis hin zu 100 m messenden Öffnungen, die nur zentimeterdünne Felsbrücken übrig ließen.

Keine 5 km nördlich von Moab liegt der Zugang zum Park und dort informiert ein Besucherzentrum über die Felsbögen und ihre Entstehung, Flora und Fauna. Entlang einer etwa 20 km langen Stichstraße führen von großen und im Sommer prall gefüllten Parkplätzen Fußwege zu verschiedenen Felsbögen, -türmen und -brücken. Wer es eilig hat, sollte zumindest einige der Highlights direkt an der Straße – wie *Windows, Fiery Furnace* oder *Skyline Arch* – ansehen.

Nach dem VC schlängelt sich die Straße in langen Serpentinen hinauf auf ein Plateau. Hier öffnet sich der erste Blick auf die fantastische Welt der Felsbögen. Vorbei an den

Der Delicate Arch ist das landschaftliche Highlight im Arches NP

Courthouse Towers, mächtige Felsen, die sich aus der Wand herausgelöst zu haben scheinen, erreicht man die erste Hauptattraktion, den **Balanced Rock**. Dieser fast 40 m hohe Fels ist bekrönt von einem Block, der frei zu schweben scheint und jeden Augenblick umzukippen droht. Von hier führt eine Stichstraße zur **Windows Section** mit einer Reihe unterschiedlicher Felsbögen wie **Double Arch, Cove Arch, North** und **South Window** sowie der **Parade of Elephants**, einer Felsformation, die an zum Appell angetretene Elefanten erinnert.

Höhepunkt eines Besuchs ist die **Wanderung zum Delicate Arch**, der nicht nur traumhaft über dem Plateau liegt, sondern zugleich als der vollkommenste Felsbogen im Park gilt. Eine Stichstraße führt von der Park-Hauptroute zur *Wolfe Ranch*, von dort gibt es einen Wanderweg zu dem Bogen, den fast jeder von Kalenderbildern kennt. Das Faszinierende an der Wanderung ist, dass der Delicate Arch ganz plötzlich am Rande einer Senke auftaucht und man unvermittelt vor einem perfekt geformten Tor steht, hinter dem sich in der Ferne die schneebeckte Bergkette der La Sal Mountains (bis 3.800 m) vor tiefblauem Himmel aufbaut und ein perfektes Fotomotiv ergibt.

Empfehlenswerte Wanderung

Weiter nordwärts, an der Hauptroute, liegt **Fiery Furnace**, ein Gebilde aus spitzen Finnen, die, wenn die Sonne im Westen versinkt, Feuer zu fangen scheinen. Am Ende der Straße, im Nordteil des Parks, führt ein etwa 10 km langer Wanderrundweg zum **Devil's Garden**. Dort belohnt eine ganze Ansammlung von Bögen – darunter der **Landscape Arch**, mit fast 90 m Spannweite der größte freischwebende, natürliche Felsbogen der Welt – für die Anstrengung. Noch tiefer im Gewirr der Devil's Garden versteckt liegt der **Double O Arch** mit seinen beiden torförmigen Öffnungen und **Dark Angel**, ein mächtiger Felsenturm.

Reisepraktische Informationen Arches National Park

Information

Arches NP, *www.nps.gov/arch, ✆ (435) 719-2299, VC tgl. 9–16 Uhr, $ 10/Pkw, VC mit großem Bookstore.*

Besuchszeit

Das hoch gelegene Parkgelände zeichnet sich durch bitterkalte Winter (Schnee) und brütend heiße Sommer (bis 45 °C) aus. Folglich sind Herbst und Frühjahr die besten Besuchszeiten.

Wandern

„Gleich vorweg: Du siehst nichts vom Auto aus. Du musst raus aus dieser verdammten Kiste und zu Fuß gehen, besser noch, auf Händen und Knien kriechen, über den Sandstein, durch die Dornenbüsche und Kakteen … dann siehst du vielleicht etwas."
Bereits im Vorwort unterweist der schon öfters erwähnte Edward Abbey den Leser seines Buches „Desert Solitaire", wie er das Land der Canyons, Mesas und Felsbögen am besten erkundet. Doch dabei sollte man einige Hinweise beachten. Treibsandfelder und weicher, rutschiger Sandstein kann Wandern und Klettern zum gefährlichen Abenteuer machen, besonders beim Abstieg. Nicht nur bei Tageswanderungen sind Sonnenschutz und genügend Trinkwasser ein Muss. Vielfach unterschätzt wird die Wanderung zum Delicate Arch, dabei ist der Weg, was

Steigungen und Untergrund betrifft, nicht Ohne. Es geht über Slickrocks, glatte Felsen, und auf schmalen, unbefestigten Wegen etwa 150 Höhenmeter hinauf. In Sandalen und ohne Wasser ebenso wie für Leute mit Höhenangst nicht unbedingt empfehlenswert!
Unter zahlreichen **Trails** *lohnen die folgenden besonders (km-Angaben für Hin- und Rückweg):*
Park Avenue *an den Courthose Towers, 1,6 km lang, einfach.*
Pfad zum North und South Window *in der Window Section, 1,6 km lang, moderat.*
Trail zum Delicate Arch *ab Wolfe Ranch, etwa 5 km lang, ziemlich steil, aber lohnend, v.a. abends.*
Wanderung durch den Devils Garden zum Double O Arch, *gut 6, 8 km lang, moderat.*
Weitere Infos zu Hiking unter: www.nps.gov/arch/planyourvisit/hiking.htm.

Lesetipp
Edward Abbey, **Desert Solitaire**. *A Season in the Wilderness (1968, erhältlich in den VCs und in Buchläden in Moab)*

Canyonlands National Park

Das „Land der Canyons" ist mit 136.612 ha etwa zehnmal so groß wie der Bryce Canyon NP und bietet ein Kontrastprogramm zum eher überlaufenen Arches NP. Auch hier gibt es breite Schluchten, die im Laufe von Jahrmillionen vom Colorado und Green River in den Sandstein gegraben wurden, auch hier finden sich fantastische, vielfarbige Formationen und bizarre Steinsäulen. Über den 800 m tiefen Canyons erheben sich mäch-

Blick ins Endlose am Grand View Point Overlook im Canyonlands NP

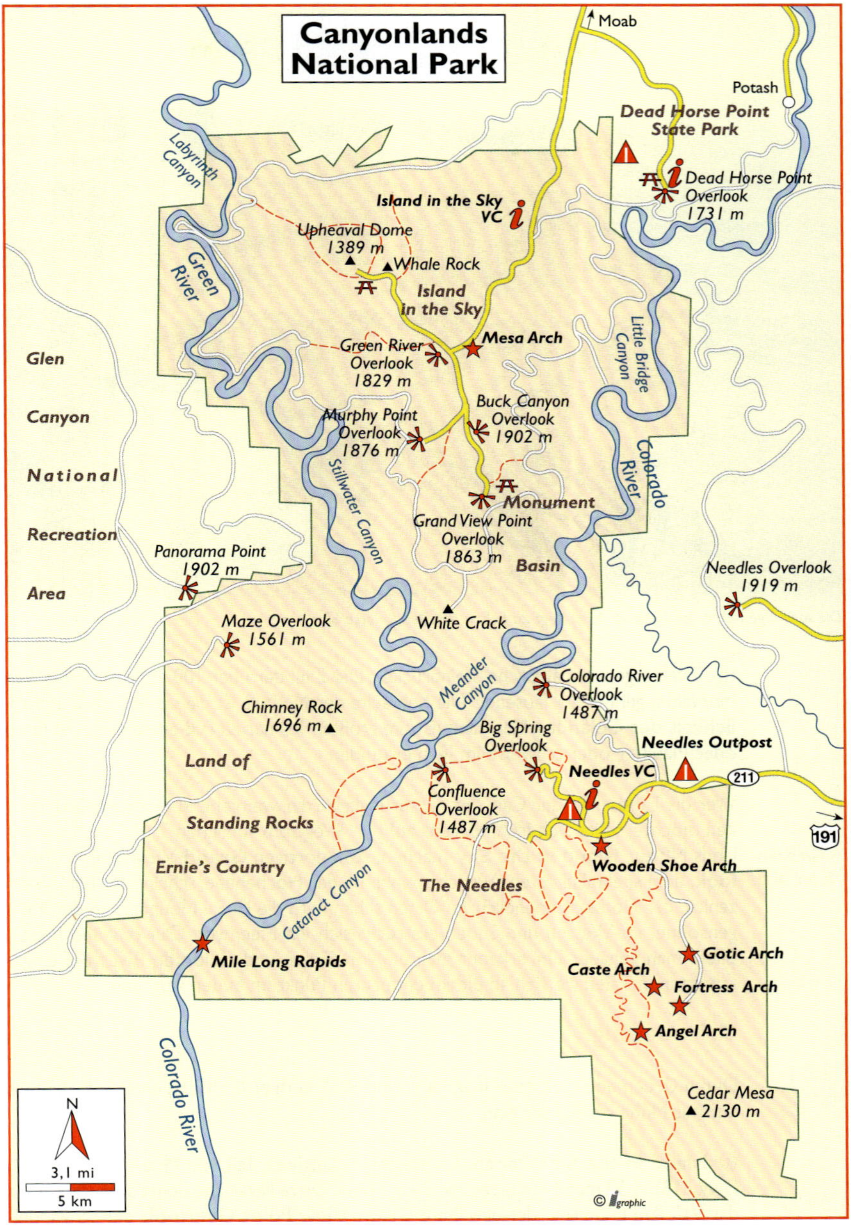
Canyonlands National Park
Moab
Potash
Dead Horse Point State Park
Dead Horse Point Overlook 1731 m
Labyrinth Canyon
Island in the Sky VC
Upheaval Dome 1389 m
Whale Rock
Green River
Island in the Sky
Mesa Arch
Green River Overlook 1829 m
Little Bridge Canyon
Glen Canyon National Recreation Area
Murphy Point Overlook 1876 m
Buck Canyon Overlook 1902 m
Colorado River
Stillwater Canyon
Monument
Grand View Point Overlook 1863 m
Basin
Panorama Point 1902 m
Needles Overlook 1919 m
White Crack
Maze Overlook 1561 m
Meander Canyon
Colorado River Overlook 1487 m
Chimney Rock 1696 m
Big Spring Overlook
Needles Outpost
Land of Standing Rocks
Needles VC
211
Confluence Overlook 1487 m
191
Ernie's Country
Wooden Shoe Arch
The Needles
Cataract Canyon
Mile Long Rapids
Gotic Arch
Caste Arch
Fortress Arch
Angel Arch
Colorado River
Cedar Mesa 2130 m
N
3,1 mi
5 km
© igraphic

Die mächtige Kehre des Colorado River liegt zu Füßen des Dead Horse SP

tige Tafelberge und natürliche Steinbrücken. Die Zahl der über 100 m hohen schlanken Monolithe geht in die Tausende. Die Kehrseite der Medaille ist die **schlechte Zugänglichkeit des Geländes**: Man kann es zum größten Teil nur zu Fuß erwandern, mit Pferd oder Maultier oder teilweise im Jeep erkunden.

Grenzenloser Blick

Wer die Landschaft der Canyons „ursprünglich", d.h. weitgehend menschenleer erleben möchte, sollte sich frühmorgens auf den Weg zum südlichen Zipfel des Canyonlands NP, zur **Island in the Sky**, machen. Vom dortigen **Grand View Point Overlook**, dem spektakulärsten Aussichtspunkt auf der Hochebene, scheint der Blick grenzenlos, der Horizont unendlich: Im Osten schimmern die La Sal Mountains in der Morgensonne, im Westen und Süden erstreckt sich ein Meer von Canyons und Mesas. Blickt man genauer hin, erkennt man die von Green und Colorado River tief eingeschnittenen Täler, die sich an einem entfernten Punkt im Süden vereinen.

Orientierung

Durch Green und Colorado River wird der Park in **drei Gebiete** unterteilt, die teils nur mit Mühe erreichbar sind:

① **Island in the Sky**: Der am leichtesten zugängliche Teil, von Moab (ab Hwy. 191, Hwy. 313) in 30 mi/50 km erreichbar. Am Scenic Drive liegt nahe dem Parkzugang auch das **VC**. Am Ende liegt der erwähnte **Grand View Point Overlook**, der schwindelfreien Besuchern ein einmaliges Erlebnis bietet: Direkt an der Kante der „Himmelsinsel" entlang führt der 3 km lange, unbefestigte **Grand View Point Trail**. Fast 400 m fällt das Land von dieser sogenannten *White Rim* senkrecht nach unten auf ein Plateau, in das sich noch einmal 300 m tief die beiden Flüsse eingegraben haben. Der Blick schweift über 150 km weit hinaus auf das Becken und die verschiedenen Felsformationen. Einfacher zu begehen sind die Pfade zum **Mesa Arch** (ca. 30 Min.) und zum **Upheaval Dome** (ca. 1 Std.). Nicht-asphaltierte Stichstraßen führen zu weiteren ausgeschilderten Aussichtspunkten. Um und teilweise an der Kante der Insel entlang führt der **White Rim Trail**, eine etwa 100 mi/160 km lange Schotterpiste (Startpunkt kurz vor dem VC, ausgeschildert).

Durch die Canyons

② **The Needles**: Zu erreichen ist dieser Teil vom Hwy. 191 über die Straße 211, auf der man nach etwa 35 mi/56 km das **Needles VC** erreicht. Die Straße ist bis zum **Big Spring Canyon Overlook** asphaltiert. Von hier aus gelangt man zu Fuß über einen 5 mi/8 km langen Trail zum **Confluence Overlook**, 300 m hoch über der Mündung des Green River in den Colorado gelegen. Weitere längere Trails beginnen weiter entfernt vom Parkplatz.

③ **The Maze**: Steinerner „Irrgarten", ein Gewirr von Canyons und Mesas, das für „Normaltouristen" am schlechtesten erreichbar ist. Die Route, die von Hwy. 24 oder 95 (ab Green River bzw. Hanksville) abzweigt, ist nur für geländegängige Pkws zu empfehlen. Dementsprechend ist das abgeschiedene Gebiet nahezu menschenleer.

Schwer zu erreichen

Ausflug zum Dead Horse SP

Auf der Strecke zum Canyonlands NP (Hwy. 313) führt eine Stichstraße (ausgeschildert) zu einem weiteren Highlight: dem **Dead Horse Point Overlook** im gleichnamigen SP (mit VC). Der 1731 m hoch gelegene Platz, gegenüber der engen Schleife des Colorado um das Kap Goose Neck, bietet fantastischen Ausblick. **Dead Horse Point SP**, *www.utah.com/stateparks/dead_horse.htm, $ 10/Pkw.*

Reisepraktische Informationen Canyonlands National Park

Information

Canyonlands NP, *www.nps.gov/cany, ✆ (435) 719-2313, VC – Island in the Sky und The Needles, beide Teile bzw. VCs des NP tgl. 9–16 Uhr, $ 10/Pkw.*

Besuchszeit

Die besten Zeiten sind, trotz möglicherweise kalter Nächte, Frühjahr und Herbst. Im Winter ist es bitterkalt und es liegt regelmäßig Schnee, während im Sommer das Thermometer auf über 35 °C steigen kann.

Alternativroute: vom Lake Powell durch die Rocky Mountains nach Moab/Utah

Film-Pioniere

Von Page am Lake Powell (S. 301) führt der Hwy. 98 südwärts ins **Navajo-Reservat** und ins legendäre **Monument Valley**. Wie die Canyonlands in Utah (S. 330) diente auch diese Region als **Kulisse für Westernfilme**. Besonders Western-Regisseur *John Ford* (1894–1973) liebte diesen Landstrich – was letztlich dem **Ehepaar *Goulding*** zu verdanken ist. In einer alten Handelsstation im Grenzland zwischen Arizona und Utah, am Rand des Monument Valley, hatten die *Gouldings* in den 1920ern eine Mischung aus Restaurant, Hotel und Laden eröffnet. Überzeugt davon, dass sich hier die ideale Kulisse für Westernfilme befände, fuhren *Harry Goulding* und seine Frau mit ihren letzten Ersparnissen 1937 nach Hollywood und begeisterten mit Fotos der grandiosen Landschaft mitten im Land der Navajo-Indianer *John Ford* und seine Mitarbeiter – der Rest ist Filmgeschichte.

Über 200.000 Navajo-Indianer oder „Diné“ leben noch heute in ihrer angestammten Heimat und sehen sich als größte und wichtigste Gruppe der nordamerikanischen Indianer, als „Nation in der Nation“. Das heutige Reservatsgebiet erstreckt sich auf knapp 70.000 km^2 in der Four-Corners-Region, doch leben in dieser Ecke des Südwestens etliche weitere indianische Völker, beispielsweise mitten im **Navajoland** auf schwer zugänglichen Tafelbergen oder „Mesas“ die **Hopi**.

Der nächste größere Ort im Umfeld von Monument Valley und Navajo NM ist **Kayenta**, ein ziemlich ödes Nest, dessen Hütten von den schlechten Lebensbedingungen der Indianer zeugen. Für den örtlichen Tourismus hat Kayenta insofern Bedeutung, als es verkehrsgünstig an der Kreuzung der Highways 160/163 liegt und über eine Reihe von Motels verfügt, die letzten, ehe man das Monument Valley erreicht.

Monument Valley und Navajo National Monument

Fast intakte prähistorische Wohnstätten

Rote Mesas und enge Canyons, silbrige Artemisia-Sträucher und Kakteen sind als atemberaubende Hintergrundkulisse aus unzähligen Western bekannt. Das Monument Valley liegt auf Reservatsgrund der Navajo-Indianer und steht als „Tribal Park“ unter Schutz. In einer kleinen Ecke im Norden wurde darüber hinaus bereits 1909 ein besonderes Schutzgebiet ausgewiesen: das **Navajo NM**. Hier befinden sich drei fast völlig intakte **Felsensiedlungen prähistorischer Indianer**. Diese Wohnsitze der Anasazi vermitteln den Eindruck, die Indianer seien nur eben mal kurz auf ihre Felder zur Arbeit gegangen. Dabei gaben sie die Felsenwohnungen schon um 1300 auf. Der Besuch beginnt im VC, wo es neben einem Einführungsfilm Informationen zu den prähistorischen Indianern gibt. Anschließend führt der knapp 1 km lange **Sandal Trail** zu einem Aussichtspunkt, von dem man die riesige Felshöhle sehen kann, in deren Schutz sich die prähistorischen Mauern verbergen. Die Ruinen der drei Siedlungen können – mit Ausnahme des *Inscription House* – in Begleitung eines Rangers besucht werden.
Navajo NM, *Shonto/AZ, Hwy. 564 (ab Hwy. 160, ausgeschildert), www.nps.gov/nava, frei; self-guided trails sowie kostenlose Ranger-Touren tgl. 10 Uhr (im Sommer auch 8.15 Uhr), anstrengende Wanderung (insg. 5 mi/8 km), 3–5 Std., Wasser mitnehmen!*

Zum **Monument Valley Navajo Tribal Park** führt ab Kayenta der Hwy. 163 (Richtung Bluff/UT). Bald tauchen die ersten Mesas auf und schließlich eröffnet sich eines der bekanntesten und spektakulärsten Bilder des US-Westens und man hält den Atem an. Vom Highway führt eine Stichstraße (Monument Valley Rd., an der Grenze zwischen AZ und UT, ausgeschildert) in den Park, vorbei an einem „Indianerdorf" mit Souvenirläden. Auch vor dem VC verkaufen Straßenhändler Decken und Schmuck. Der Weg setzt sich von hier aus als für Mietwagen wenig empfehlenswerte Schotterpiste zu den Riesenmonolithen fort. Stilvoller ist es, in Indianerbegleitung auf dem Pferderücken das Gelände zu erkunden (s. S. 340).

Bekanntestes Bild des Westens

Bei **Goulding's Lodge** (Monument Valley Rd.) gibt es ein kleines Museum, das in der exakten Replik einer alten Postkutschenstation untergebracht ist. In seinen drei Abteilungen werden Relikte der Pionierzeit gezeigt, der Stamm der Navajo vorgestellt und die im Monument Valley gedrehten Filme dokumentiert.

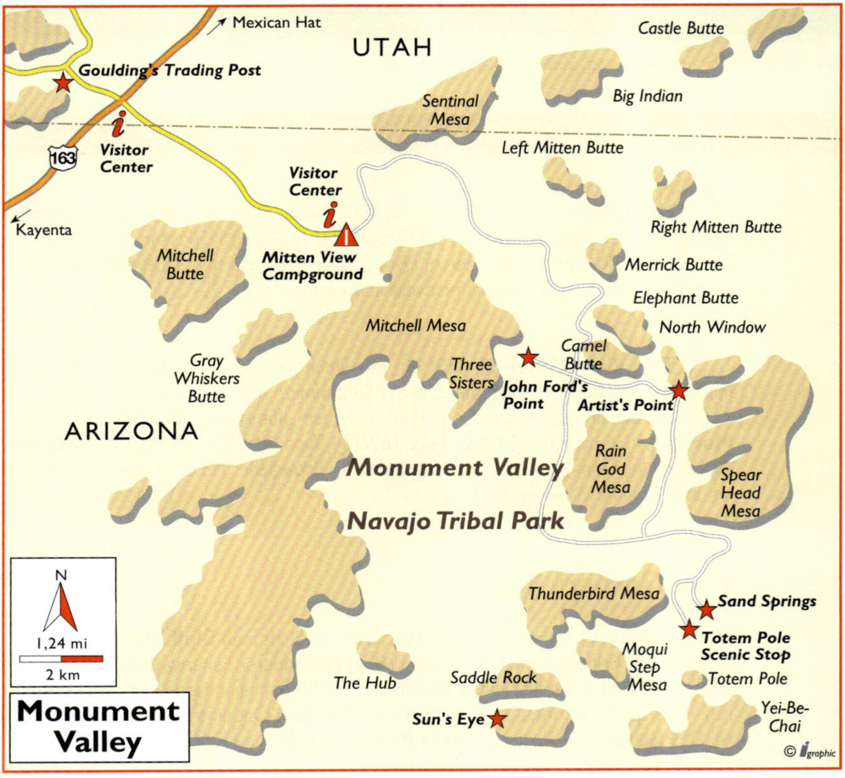

Bekannt als Kulisse zahlreicher Westernfilme: das Monument Valley

Reisepraktische Informationen Monument Valley

Information

Monument Valley Navajo Tribal Park, *http://navajonationparks.org/html/monumentvalley.htm, ☎ (435) 727-5874, tgl. 6/8–17/20 Uhr, $ 5/Person.*
Eine Liste von **Touren**, *die Indianer zu Pferd oder per Jeep anbieten, findet sich unter: http://navajonationparks.org/htm/monumentvalleytours.htm.*

Übernachten, Restaurant

The View Hotel $$-$$$, *im Monument Valley, ☎ (435) 727-5555, www.monumentvalleyview.com; moderner Bau mit 90 Zimmern mit Balkonen in Superlage! Navajo-Spezialitäten im zugehörigen Restaurant, außerdem gibt es eine „Trading Post".*
Moenkopi Legacy Inn $$-$$$, *Hwy. 169/264, Tuba City/AZ, ☎ (928) 283 4500, www.experiencehopi.com/hotel.html; von Hopi-Indianern betriebenes Hotel im Pueblo-Stil, ca. 100 km vom Monument Valley entfernt.*

Four Corners Region

Über die kleine Ortschaft **Mexican Hat**, Utah, erreicht man **Bluff** – idealer Ausgangspunkt für die Erkundung des Monument Valley und anderer Sehenswürdigkeiten. In Bluff scheint die Zeit stehengeblieben zu sein und das Nebeneinander verschiedener Kulturen – Navajo, Mormonen und Christen – verleiht dem Ort eine besondere Atmosphäre. Das Gebiet wird **Four Corners Region** genannt, da hier Utah, Colorado, Arizona und New Mexico aneinandergrenzen.

Empfehlenswert ist ein Abstecher zum **Goosenecks State Park** (nordwestlich Mexican Hat, Hwy. 163, 261 und 316). Modelliert wurde dieser Canyon vom San Juan River: Der Talabschnitt misst Luftlinie zwar nur 1,5 km, doch die Mäander des Flusses summieren sich auf 6 km.

Ein weiterer Abstecher führt über eine 18 mi/29 km lange Schotterstraße (nicht für kleine Mietwagen geeignet) ins östliche **Valley of the Gods**, ins „kleine Monument Valley“ (Valley of the Gods Rd., ab Hwy. 163).

Wirklich lohnend ist die Fahrt zum **Natural Bridges National Monument** über Hwy. 95 sowie 275. Nach Besuch des VC passiert eine 13 km lange, asphaltierte Ringstraße (Bridge View Dr.) gleich drei Naturbrücken: Sipapu (88 m Spannweite, 72 m Höhe), Kachina (68/69 m), Owachomo (60/35 m). Von jeder einzelnen ist die Aussicht

Spektakuläre Naturbrücken

spektakulär. Erst im Jahre 1883 waren die Steinbrücken durch einen Goldsucher „entdeckt" worden, die Indianer kannten und verehrten sie schon seit Urzeiten. Um Zerstörungen vorzubeugen, erklärte im Jahre 1908 Präsident *Theodore Roosevelt* die mächtigen Steingebilde dann zum National Monument.

Goosenecks SP, *Blanding/UT, www.utah.com/stateparks/goosenecks.htm, tgl. das ganze Jahr über geöffnet, frei.*

Natural Bridges NM, *www.nps.gov/nabr, Hwy. 275 (ab Hwy. 95), VC tgl. 8/9–17 Uhr, $ 6/Pkw.*

Auf der Weiterfahrt von Bluff nach Mesa Verde kann man das **Four Corners Monument** „mitnehmen". Man erreicht es über Hwy. 162/41, dann Hwy. 160, nach knapp 50 mi/80 km. Von einem Aussichtsplateau dort blickt man auf die vier Bundesstaaten Arizona, Colorado, New Mexico und Utah.

Four Corners Monument, *Window Rock/AZ, www.navajonationparks.org/htm/fourcorners.htm, tgl. 8–19 Uhr (NS 8–17 Uhr), $ 3.*

Reisepraktische Informationen Bluff/UT

Information

www.bluffutah.org

Übernachten, Restaurants

Valley of the Gods B&B $$, *Mexican Hat, ✆ (970) 749-1164, www.zippitydodah.com/vog; im Valley of the Gods gelegene Herberge, ein rustikales Steinhaus mit Gästezimmern in atemberaubender Landschaft.*

Desert Rose Inn & Cabins $$-$$$, *701 Main St., ✆ (435) 672-2303, www.desertroseinn.com; größtes Hotel am Ort, alles aus Holz, mit geräumigen, gemütlichen Zimmern, auch rustikale Cabins.*

Twin Rocks Café, *913 E. Navajo Twins Dr.; schön zum üppigen Frühstück auf dem Patio, aber auch sonst günstiges, gutes Essen. Zugehöriger Souvenirshop.*

Cottonwood Steakhouse, *Main/4th St. (ab Hwy. 191) ✆ (435) 672-2282; rustikales „Old-West"-Lokal mit Super-Steaks und gutem Preis-Leistungsverhältnis.*

Routenhinweis

Von Bluff erreicht man auf dem Hwy. 191 zunächst **Blanding** – mit sehenswertem **Dinosaur Museum** (*754 S. 200 W. St., www.dinosaur-museum.org*) und **Edge of the Cedars SP** (*660 W. 400 N., www.stateparks.utah.gov/parks/edge-of-the-cedars*), Ruinen einer prähistorischen Indianersiedlung mit interessantem Museum. Von dort geht es weiter nordwärts nach **Moab**, mit Anschluss an die Hauptroute (S. 353). Die Gesamtstrecke misst rund 100 mi/160 km und dauert etwa 2 Std.

Mesa Verde National Park

Vom **Four Corners Monument** führt der Hwy. 160 Richtung Nordosten nach **Cortez/CO** (40 mi/64 km). Cortez kann als Standort für den Mesa Verde NP dienen, der nur 10 mi/16 km östlich am Hwy. 160 liegt. Dieser 1906 gegründete National Park enthält die vollständigste Ansammlung von Hinterlassenschaften der Basketmaker-, Anasazi- und klassischen Pueblokultur. Bei einer Gesamtfläche von über 210 km² und rund 600 Felsenwohnungen ist der Park das größte archäologische Schutzgebiet der USA und dazu eines der **meistbesuchten** mit rund 580.000 Besuchern jährlich.

Pueblokultur

Von der Zufahrt am Hwy. 160, östlich der Ortschaft Cortez, führt die Straße 20 km weit hinein in die Canyon- und Mesalandschaft, ehe man das **Far View Lodge VC** erreicht. Hier befindet sich auch das einzige Hotel im NP: die grandios gelegene **Park Far View Lodge** *(www.visitmesaverde.com/accommodations/far-view-lodge.aspx)*. Bis zu den Felssiedlungen sind es dann auf der Stichstraße weitere 10 km nach Süden – insgesamt sollte man mindestens einen halben Tag einplanen.

Die bedeutendste Ruine der Anasazi-Kultur ist der **Cliff Palace**, mit rund 150 Wohnungen und 23 Kivas, runden Zeremonienräumen, die größte Felssiedlung der Region. Ebenfalls sehenswert sind das **Balcony House**, dessen Besichtigung mit dem Klettern auf hohen Leitern sowie einigem Kriechen und Krabbeln verbunden ist, und das **Spruce Tree House**, ein 114-Einheiten-Komplex unter einem massiven Felsüberhang. Informationen bietet das **Chapin Mesa Archeological Museum** nahe dem Spruce Tree House. Zudem lohnt eine Fahrt auf der **Mesa Top Loop Road** (10 km) vorbei an weiteren Ruinen (kurze Wege dorthin).

Infos

Mesa Verde NP, *www.nps.gov/meve, $ 15/Pkw, im Winter $ 10.*
Far View Lodge Mesa Verde VC, *www.mesaverde.com, tgl. 8–17/19 Uhr, sowie* **Colorado Welcome Center** *in Cortez, tgl. 8–mind. 16 Uhr; Tickets ($ 3/Pers.) nötig für Cliff Palace u.a. Felssiedlungen, außerdem diverse Ranger-Touren und -Programme.*

Faszinierende Hinterlassenschaften rätselhafter Indianer im Mesa Verde NP

info

Rätselhafte Indianer

Um 700 n. Chr. hatten sich verschiedene prähistorische Indianervölker im Südwesten herausgebildet: Im Grenzgebiet der heutigen Bundesstaaten Utah, Colorado, Arizona und New Mexico siedelten die **Anasazi**, eine kunstsinnige und friedliebende Gemeinschaft von Ackerbauern. Ihre Siedlungen, in steile Berghänge oder Canyons hineingebaut, waren solide konstruiert und haben daher die Zeiten überdauert.

Nordwestlich davon, im zentralen Utah, lebten die verwandten **Fremont-Indianer**, die an ihrem Leben in einfachen *pithouses* (Erdhäusern) festhielten. Im Süden, in den Tälern von Gila und Salt River nahe des modernen Phoenix, waren die **Hohokam** (S. 265) ansässig – zur Zeit ihrer kulturellen Blüte bekannt als geschickte Konstrukteure von Bewässerungskanälen. Die östlichen Nachbarn der Hohokam, im fruchtbaren Gebirgsland des heutigen New Mexico, waren die **Mogollon**.

Auch wenn die Völker geografisch weit voneinander entfernt lebten, wiesen sie dennoch Gemeinsamkeiten auf: Alle lebten vom Ackerbau, kultivierten Mais, Bohnen, Melonen und Kürbis. In den frühen Entwicklungsphasen wohnten alle in Erdhäusern (*pithouses*) oder Höhlen. Später entstanden z.T. mehrstöckige Lehmhäuser, deren einzelne Wohnungen mehreren Familien Platz boten und die die Spanier später ***pueblos*** nannten. Um 700 n. Chr. waren die Keramikherstellung sowie Pfeil und Bogen allgemein bekannt, schon viel länger kannte man Methoden der Baumwollverarbeitung. Die Übereinstimmungen waren nicht zufällig, vielmehr gab es einen Austausch zwischen den Kulturen des Südwestens untereinander sowie mit jenen Nordmexikos. Neue Ideen und Errungenschaften fanden schnell Verbreitung und Mitte des 11. Jh. herrschte im Südwesten ein Goldenes Zeitalter. Für den **plötzlichen Niedergang** und das **Verschwinden** der prähistorischen Indianervölker gibt es eine Reihe mehr oder weniger plausibler Erklärungen. So hat man herausgefunden, dass sich Mitte des 12. Jh. die klimatischen Bedingungen verändert hatten und eine lange Dürreperiode angebrochen war. In wasserreichen Gegenden waren die Auswirkungen minimal, dort aber, wo die Landwirtschaft auf Regenfälle angewiesen war, wurde das Überleben schwierig. Vielleicht gab man viele Siedlungen aus diesem Grund auf und vielleicht wanderten deshalb ihre Bewohner in Orte, die näher an natürlichen Wasserquellen lagen. Außerdem bedrohten zuwandernde kriegerische Völker die alten Siedlungen durch Überfälle und Plünderungen. Viele Menschen verließen möglicherweise darum ihre Siedlungen auf den Mesas und in den fruchtbaren Tälern und suchten in einsam gelegenen Höhlen und Schluchten Zuflucht; Folge war, dass Felssiedlungen entstanden. In der zweiten Hälfte des 13. Jh. erreichte die Trockenperiode anscheinend einen Höhepunkt. Migrationsprozesse setzten ein und als zu Beginn des 14. Jh. die Dürreperiode endete, waren die meisten Siedlungen aufgegeben.

Bis heute ist **rätselhaft**, wohin die Flüchtlinge gewandert sind. Viele werden ostwärts zum Rio Grande River gezogen sein, um sich im heutigen New Mexico in bestehende Pueblos einzugliedern oder eigene zu gründen. Einige Gruppen sind vermutlich südwärts, Richtung Mexiko, oder westwärts nach Kalifornien umgesiedelt. Wieder andere blieben wohl in ihrer Heimat und passten sich den neuen Gegebenheiten an, indem sie wieder als Jäger und Sammler herumzogen oder kleinere Siedlungen bildeten. O'odham und Hopi-Indianer sehen in dieser Gruppe ihre Vorfahren.

Routenhinweise

Von Mesa Verde bzw. Cortez erreicht man auf dem Hwy. 491 wieder Utah. Der nächste Ort ist das 2.120 m hoch gelegene **Monticello**, auch ***„City of Views"*** genannt und wegen seiner Nähe zum Abajo Peak (3.305 m) als Urlaubsort bekannt. Skilanglauf im Winter, Mountainbiking im Sommer, Wandern und Fischen sind beliebte Aktivitäten. Bei der Weiterfahrt in den Norden, nach Moab, führt der Hwy. 191 an Felsformation wie **Church Rock** vorbei. Hier zweigt auch der West Scenic Byway zum Needles District des **Canyonlands NP** (S. 334) ab. Auf dieser Nebenstrecke 211 passiert man zunächst das **Newspaper Rock State Historical Monument**, bei dem unter einem Felsüberhang mehr als 350 zum größten Teil prähistorische Petroglyphen versammelt sind.

Wer Zeit für die Fahrt nach Moab hat, sollte von Mesa Verde/Cortez durch die **Rocky Mountains** nordwärts nach Moab fahren. Dazu folgt man von Cortez dem Hwy. 160 bis Durango, dann dem Hwy. 550 über Silverton und Ouray nordwärts durch die Berge nach Montrose und auf dem Hwy. 50 via Grand Junction nach Moab.

Lesetipp: *Craig Childs,* **House of Rain**: *Tracking a Vanished Civilization Across the American Southwest (2007)*

Durango und Silverton

1879 gegründet als Bahnhof der legendären **Denver & Rio Grande Railroad** *(D&RG)* hat sich **Durango** viel alten Charme bewahrt. Vor allem im Zentrum um die Main Street scheint die Zeit stehengeblieben zu sein. Darüber hinaus machen die Lage mitten in den Bergen und nahe Attraktionen wie der Mesa Verde NP das Städtchen zu einem beliebten Touristenziel. Ein unbestrittenes Highlight, nicht nur für Eisenbahn-Nostalgiker, ist die Zugfahrt mit der historischen **Durango & Silverton Narrow Gauge Railroad** nach Silverton. 1881 war der Ausbau dieser Eisenbahnstrecke beendet, und während der folgenden 85 Jahre wurden Gold und Silber im Wert von über $ 300 Mio. mit dem Zug transportiert. Erst Ende der 1960er-Jahre demontierte man die Verbindung nach Antonito, sodass Durango vom amerikanischen Eisenbahnnetz abgeschnitten war – mit Ausnahme der 45 mi/72 km bis Silverton. Während sich die Straße (Hwy. 550) durch die Berge schlängelt, verläuft die Schienentrasse parallel zum *Animas River*, überquert ihn einige Male, passiert Canyons und Schluchten und verläuft in Reichweite der steilen Felswände.

Minenstädtchen entlang der Route

The Silverton – Durango & Silverton Narrow Gauge Railroad, *479 Main Ave., www.durangotrain.com, ab $ 59, Fahrzeit: 3,5 Std. je Strecke; nach etwa 2 Std. Aufenthalt Rückfahrt. An beiden Bahnhöfen gibt es Museen, die über die Geschichte der Bahn informieren.*

In der Region von **Silverton** wurden schon früh reiche Gold- und besonders Silbervorkommen entdeckt, die im 19. Jh. dem Städtchen seinen klangvollen Namen einbrachten. Der Ruf vom leicht zu verdienenden Geld lockte auch allerhand zwielichtige Gestalten an, die mit Überfällen und berühmt-berüchtigten Schießereien von sich Reden machten. Erst als man zur Abschreckung Revolverhelden aus dem Osten anheuerte, kehrte vorübergehend Ruhe ein. Das Zentrum der Westernstadt bestand aus zwei Stra-

Der Wilde Westen

ßen: In der Greene St. waren Läden, Banken und das Geschäftsleben konzentriert, in der Blair St. die Kneipen, Spielhallen und Bordelle. Auch nachdem 1893 die Preise für Silber in den Keller gefallen waren, lohnte sich in Silverton der Abbau noch wegen des hohen Silberanteils der Erze. Das Städtchen bekam den Beinamen „**The mining town that never quit**". Erst 1991 wurde die letzte Mine geschlossen. Mehr über die Geschichte erfährt man im kleinen **Historical Society Museum** im alten County Prison (Gefängnis, *www.silvertonhistoricsociety.org*) auf der Greene St. Täglich um 17.30 Uhr erwacht im Sommer außerdem der Wilde Westen zu neuem Leben, wenn die **Silverton Gunfighter Association** an der Ecke 12th St./Blair St. Schießereien nachstellt.

Reisepraktische Informationen Durango

Information

Durango Area Tourism Office & VC, *802 Main Ave., ✆ (970) 247-3500, www.durango.org.*

Unterkunft

Historic Strater Hotel $$-$$$$, *699 Main St., ✆ 1 (800) 247-4431, www.strater.com; prächtiger, mehrfach restaurierter Backsteinbau von 1887 mit 93 Zimmern im Stil des 19. Jh., komfortabel und gemütlich eingerichtet. Der angeschlossene* **Diamond Belle Saloon** *ist seit 100 Jahren eine weithin bekannte, lebhafte Institution, außerdem lohnt* **Henry's** *mit viktorianisch-eleganter Atmosphäre, Salatbar und italienisch angehauchter Küche.*

General Palmer Hotel $$$, *567 Main St., ✆ 1 (800) 523-3358, www.generalpalmer.com; elegantes historisches Haus von 1890, stilvoll restauriert mit 39 komfortablen Zimmern.*

Rochester Hotel $$$-$$$$, *721 E. Second Ave., ✆ (970) 385-1920, www.rochesterhotel.com; ein weiteres Prachthotel von 1892 mit Eleganz, Ambiente und historischer Ausstattung.*

Camping

Alpen Rose RV Park, *27847 Hwy. 550 N., Durango, ✆ (970) 247-5540, www.alpenroservpark.com.*

Durango East KOA, *30090 US Hwy. 160, 7 mi östlich, ✆ (970) 247-0783, www.durangokoa.com.*

Restaurants

Strater Hotel, *s. oben,*

Carver Brewing Co., *1022 Main Ave.; Restaurant und Brewery, tolles Bier, Burger, Sandwiches, Suppen, Salate oder auch Pasta; dazu eine gute Frühstücksauswahl.*

Ouray – Little Switzerland

Die Strecke von Durango in nördlicher Richtung folgt dem Hwy. 550. Besonders die Etappe bis Silverton ist landschaftlich begeisternd: Hohe Pässe wie der Coal Bank Hill Pass (3.243 m) oder die Molas Divide (3.325 m), die weiten Waldlandschaften der San Juan Mountains, verlassene Bergwerke und alte Minenstädte laden zu Stopps und spontanen

Kurzwanderungen ein. Die Bergstrecke ist auch als „**One Million Dollar Highway**" bekannt: Die einen glauben, dass die Straße mit goldhaltigem Teer asphaltiert wurde, andere behaupten, die Kosten der Asphaltierung betrugen in den 1920ern eine Million und wieder andere berichten, ein Reisender hätte angesichts der Straßenführung ausgerufen: *You couldn't pay me a million dollars to go back over that pass!* Wie dem auch sei – der Hwy. 550 windet sich tatsächlich in Haarnadelkurven zur Ortschaft **Ouray** hinab.

Dieser pittoreske 1.000-Seelen-Ort liegt von mehreren Viertausendern umgeben in einer natürlichen Senke. Die Lage erinnerte bereits die ersten Gold- und Silberschürfer an die Alpen, sodass sich der Beiname „**Little Switzerland**" einbürgerte. „Ouray" geht auf den berühmten Anführer der Ute-Indianer zurück. Wie in Silverton waren es auch hier die Silbervorkommen, die den Ort entstehen ließen. Drei Jahre nach dem Niedergang von 1893 fand der Zimmermann *Thomas F. Walsh* in einer alten Silbermine Gold, und damit eine neue Einnahmequelle. Heute lebt die Stadt vom Tourismus, von der Landschaft und den warmen Quellen. Ansonsten gibt es nichts Schöneres, als sich nach einer Bergwanderung abends im **Hot Springs Pool** (*1230 Main St., tgl. mind. 12–21 Uhr, $ 12*) zu entspannen.

Wie in den Alpen

Reisepraktische Informationen Ouray

Information

Ouray Chamber Resort Ass., *1230 Main St., ✆ 1 (800) 228-1876, www.ouraycolorado.com; VC im Zugangsgebäude zum Ouray Hot Springs Pool.*

Unterkunft

St. Elmo $$-$$$$, *426 Main St., ✆ (970) 325-4951, http://stelmobonton.com; restauriertes Hotel von 1898 mit 9 Zimmern, stilvoll mit historischen Möbeln ausgestattet.*

Box Canyon Lodge & Hot Springs $$$, *45 3rd Ave., ✆ (970) 325-4981, www.boxcanyonouray.com; angenehme Lodge mit 38 Zimmern und Suiten und Whirlpools, die aus warmen Quellen gespeist werden. Gelegenheit zu kurzen Wanderungen im nahegelegenen Canyon.*

Restaurants

Bon Ton, *im St. Elmo Hotel, s. oben; leckere Steaks, gute Weinkarte, Sonntagsbrunch.*

Coachlight, *118 W. 7th St., ✆ (970) 325-4361; altes Hotel mit Taverne im OG, bekannt für Fisch- und Steakgerichte.*

Abstecher nach Telluride

Obwohl es per Luftlinie nur etwa 10 mi/16 km sind, ist das sehenswerte **Telluride** von Ouray aus etwas umständlich zu erreichen. Man muss den Mt. Sneffels im Norden umfahren und erreicht nach etwa 50 mi/80 km Fahrt (Hwy. 550 bis Ridgeway, dann Hwy. 62 bis Placerville und Hwy. 145 nach Süden) den Ort in einem engen Tal und auf ca. 2.600 m Höhe. Er gilt neben Aspen als einer der schönsten Skiorte in den Rocky Mountains.

Grandiose Landschaft mit den Bridal Veil Falls, den höchsten Wasserfällen Colorados

Gegründet wurde das Städtchen als Basislager für die nahen Silberminen im Jahre 1875. Sein jetziger Name leitet sich vom Buntmetall Tellur ab, das man hier konzentriert fand. In seiner Glanzzeit um 1890 besaß der Ort 30 Saloons, von denen viele noch entlang der Hauptstraße, der Colorado Ave., erhalten sind. An *Butch Cassidy*, der 1889 eine Bank ausgeraubt hatte, erinnert im Juni das **Telluride Heritage Fest** im Resort Dunton Hot Springs *(www.duntonhotsprings.com)*. Nach dem Preisverfall des Silbers und Arbeiteraufständen, die sich gegen die Verhältnisse in den Bergwerken richteten, drohte die Stadt zur *Ghost Town* zu werden.

Die Entwicklung zum Wintersportort wurde anfangs durch die Lage abseits großer Städte und Autobahnen gebremst, doch dann wurde in den 1980ern der Flughafen gebaut und Telluride entwickelte sich zur eleganteren Alternative zum gelegentlich überlaufenen Aspen. Kehrseite waren explodierende Preise und enorme Bau- und Abholzungstätigkeit.

Abgesehen von der erhaltenen historischen Innenstadt stellt die grandiose Landschaft mit den **Bridal Veil Falls**, den höchsten Wasserfällen Colorados u.a. Sehenswürdigkeiten ein Highlight für Wanderer und Outdoorfans dar.

Reisepraktische Informationen Telluride

Information

Telluride & Mountain Village Visitor Service, *700 W. Colorado Ave., ✆ 1 (888) 605-2578, www.visittelluride.com bzw. www.telluride.com.*

Unterkunft / Restaurants

New Sheridan Hotel $$$, *231 Colorado Ave., ✆ 1 (800) 200-1891, www.newsheridan.com; schönes Backsteingebäude von 1891, das 1993 zum Hotel umgestaltet wurde; 32 stilecht eingerichtete, gemütliche Zimmer, sehenswerte Hotelbar.*

221 South Oak Restaurant *(221 S. Oak St., ✆ 970-788-9507) – exklusives Restaurant mit kalifornischer, französischer und Pacific-Rim-Küche; Reservierung empfohlen.*

Black Canyon of the Gunnison National Park

Von Ouray führt der Hwy. 550 nach Ridgeway zunächst durch das Tal des Uncompahgre River. Besonders reizvoll ist die Fahrt im Herbst, wenn das tiefgelbe Espenlaub attraktiv mit den schneebedeckten Bergen kontrastiert. Von **Montrose** sind es auf dem Hwy. 50 noch etwa 60 mi/96 km nach Grand Junction (s. u.) und 160 mi/256 km nach Moab. Interessant ist in Montrose das **Ute Indian Museum**, in dem die Kultur der Ute-Indianer und eine spanischen Expedition (1776) in diese Gegend dokumentiert wird.
Ute Indian Museum, *17253 Chipeta Rd., www.historycolorado.org/museums/ute-indian-museum-0, Di–So 9–16 Uhr, $ 4,50.*

Von Montrose lohnt ein Abstecher in den **Black Canyon of the Gunnison NP** (ca. 20 mi/32 km), östlich über Hwy. 50 und 347 erreichbar. Eine Stichstraße in den Park, die **South Rim Road**, führt zu zahlreichen Aussichtspunkten und Trailheads – Ausgangspunkte für kurze Wanderungen. Der Black Canyon wurde auf insgesamt 85 km Länge vom Gunnison River ins Gestein gefräst. Wer das erste Mal über den Rand der 700 m tiefen *Painted Wall* in den Abgrund schaut, ist sprachlos. Anders als beim Grand Canyon liegt der Reiz hier nicht nur in der Tiefe, sondern v.a. in der Enge der Schlucht: Sie beträgt an der Oberkante z.T. weniger als 400 m. Dadurch bedingt erhält der Canyon kaum Licht und da zudem das Gestein dunkel ist, weiß man, woher der Name kommt.

Enge Schlucht

Nach dem Abstecher zum Black Canyon geht es auf dem Hwy. 550 weiter nach Grand Junction. Dabei passiert man rechter Hand die **Grand Mesa**, das größte Hochplateau der Welt auf 3.000 m Höhe. Die Einheimischen bezeichnen die Mesa auch als **„Island in the Sky"**. Mit 200 Seen und riesigen Kiefernbeständen ist diese Region ideal für Naturfreunde, Wanderer, Fischer und Camper.
Black Canyon of the Gunnison NP, *www.nps.gov/blca, VC, South Rim Rd. (ab Hwy. 347), 8/8.30–16/18 Uhr, $ 15/Pkw.*

Grand Junction und Colorado National Monument

Der Hwy. 128 endet an der I-70 und auf ihr geht es 50 mi/80 km ins östlich gelegene **Grand Junction** im Bundesstaat Colorado. Bis 1921 war der Oberlauf des Colorado von seiner Quelle in den Rockies bis zum Zusammenfluss mit dem Green River als „Grand River" bezeichnet worden. Deshalb heißt das Städtchen am Zusammenfluss des Colorado mit dem Gunnison River auch „Grand Junction". Das fruchtbare Grand Valley hat sich in den letzten Jahren nicht nur einen Namen als Pfirsichanbauregion gemacht, sondern wurde v.a. bekannt als aufstrebende Weinregion.

Obst und Wein

Malerisch eingebettet zwischen den **Book Cliffs** im Norden, der **Grand Mesa** – mit 1.300 km² der größte Tafelberg der Welt – im Osten und dem **Colorado NM** im Südosten ist die Region ein Paradies für Naturfreunde und Outdoorfans. Wie Moab fungiert die Stadt als Standquartier für Ausflüge in die Umgebung. Sehenswert sind das **Museum of the West**, das die Geschichte der Region und der Ute-Indianer aufbereitet, sowie das **Dinosaur Journey Museum** im benachbarten Fruita. Weinfreunde kön-

nen im **Grand Valley Wine Country**, einer boomenden, bislang kaum bekannten Weinregion zwischen Grand Junction und Palisades auf beiden Seiten des Colorado River, über 20 Weingüter besuchen.
Museum of the West, *248 S. 4th St., www.museumofwesternco.com, 462 Ute Ave., Di–Sa 10–15/17 Uhr, $ 6,50.*
Dinosaur Journey Museum, *50 Jurassic Ct., Fruita, www.museumofwesternco.com, tgl. 9–17 Uhr, $ 8,50.*

Früher Naturschutz

Als 1906 **John Otto** (1870–1952), Sohn eines deutschstämmigen Pastors, erstmals das Grand Valley betrat, war er von der landschaftlichen Schönheit sofort angetan. Otto begann das südlich der Stadt gelegene Canyon- und Bergland zu erkunden: *„Für mich ist dies das* ***Herz der Welt***" schwärmte er und engagierte sich fortan energisch für die Ausweisung als Naturschutzgebiet. Mit seiner deutschen Sturheit gelang es ihm tatsächlich, die Behörden und die Öffentlichkeit zu überzeugen: 1911 wurde das **Colorado National Monument** eingerichtet und Otto als erster Park Ranger angestellt.

Heute ist das NM die **Hauptattraktion** der Region. Die vielfarbigen Sandsteinformationen bauen sich unvermittelt 600 m hoch über dem Grand Valley auf. Über Jahrmillionen haben in diesen Sandstein Hitze, Kälte, Regen und Wind gewirkt und tiefe Canyons, steile Felswände und kuriose Sandsteinskulpturen geschaffen. Das Farbenspektrum der Sandsteinschichten reicht von Orange über Rot und Purpur bis Braun, was auf Einlagerungen von Eisen und anderen Mineralien zurückzuführen ist.

Die Fahrt auf dem sich über etwa 30 km in engen Kehren durch das Naturschutzgebiet windenden **Rim Rock Drive** kommt einer Lehrstunde in Geologie und Biologie gleich. Auf dem Weg hinauf zum etwa 1.400 m über dem Meeresspiegel gelegenen Plateau lernt man quasi im Vorbeifahren die **unterschiedlichen Klimazonen** des Colorado Plateau, vom Wüstenklima der Sonora-Wüste bis zu hochalpinen Regionen mit entsprechender Flora und Fauna, kennen. Da das Plateau im Regenschatten der Sierra Nevada liegt, dominiert Hochwüsten-Klima mit geringen Niederschlägen, heißen, trockenen Sommern und kalten, schneereichen Wintern. Prägende Pflanzen sind neben Feigenkakteen *(prickly pears)*, *juniper* (Wacholder), *sagebrush* (Beifuß) und in den Flusstälern *cottonwoods* (Pappeln).

Während das Colorado NM die südliche Begrenzung des Grand Valley darstellt, bilden im Norden die **Book Cliffs** einen schroffen Übergang, leiten über zu einem

Das „Herz der Welt" liegt im Colorado NM

wilden, schwer zugänglichen Land der Canyons und Mesas. Hier befindet sich die Heimat einer der größten Mustang-Herden Nordamerikas.
Colorado NM, *Grand Junction/CO, www.nps.gov/colm, VC. Rim Rock Dr., tgl. 8/9–16/18 Uhr, $ 10/Pkw, Westzugang bei Fruita über Hwy. 340, Ostzugang bei Grand Junction über Monument Rd.*

Routenhinweis

Der schnellste Weg nach Moab geht über die I-70 bis Cisco (Utah, Exit 214), dann auf dem Hwy. 128 durch den Colorado River Canyon (S. 330) - 100 mi/160 km.

Durch das „Tal der zwei Münder“ nach Moab

Rot ist die Landschaft, nach der Farbe des Sandsteins, der ein prägendes geologisches Element auf dem Colorado Plateau ist. Durch den **Unaweep Canyon**, der sich südlich des Colorado NM durch die Bergwelt gefräst hat, windet sich der **Unaweep/Tabeguache Scenic & Historic Byway** (Hwy. 141), eine der schönsten Nebenrouten im Westen Colorados. Der indianische Name – „aus zwei Mündern“ – deutet die geologische Besonderheit des Tales an: Es wurde nicht durch einen einzigen Fluss gebildet, sondern durch zwei: Während der East Creek in den östlich gelegenen Gunnison River mündet, fließt der West Creek zum westlich gelegenen Dolores River.

Empfehlenswerte Nebenroute

Von Grand Junction geht es zunächst wenige Meilen auf dem Hwy. 50 südwärts, ehe man auf den Byway (Hwy. 141) ins „Tal der zwei Münder“ abbiegt. Hier im Herzen des **Red Rock Canyon Country** an der Grenze zwischen Colorado und Utah kann man sich an den bizarren roten Sandsteinformationen des **Uncompahgre Plateau** und der **Piñon Mesa** nicht satt sehen. Einer Bühnenkulisse gleich bauen sich dahinter die schneebedeckten Gipfel der La Sal Mountains auf.

Zwischen hohen, roten Canyonwänden und den Pappelwäldchen am Dolores River, markiert durch die rund 600 m hoch aufragenden „Palisades“, duckt sich bescheiden **Gateway Canyons**, ein ungewöhnliches Luxusresort im Adobestil (s. S. 352). Dieses entsprang einer Vision von *John S. Hendricks*, Gründer von „Discovery Communications“ (u.a. *Discovery Channel*), wurde 2005 eröffnet und seither mehrfach erweitert. Mindestens ebenso spektakulär ist das zugehörige Auto Museum, Hendricks hochklassige private Classic-Car-Sammlung.
Gateway Colorado Automobile Museum, *43224 Hwy. 141, Gateway/CO, www.gatewayautomuseum.com, tgl. 10–17 Uhr, im Winter nur Mi–So, $ 15.*

„Tabeguache“, dort „wo der Schnee zuerst schmilzt“, nannten die Ute-Indianer das sich südlich von Gateway erstreckende **Dolores River Valley**. Nach dem Zusammenfluss von Dolores und San Miguel River, dem der Byway auf dem Hwy. 145 in seinem Schlussabschnitt folgt, führt die Straße hinauf auf Wrights Mesa, von wo sich ein grandioser Blick auf die Bergwelt der Rockies eröffnet. Man stößt vor der Ortschaft Naurita auf den Hwy. 90, der über das Paradox Valley westwärts entlang der Südseite der La Sal Mountains zum Hwy. 191 und damit zurück nach Moab/UT führt (insgesamt ca. 180 mi/290 km).

Blick auf die Rockies

Durch das „Tal der zwei Münder" führt ein malerischer Scenic Byway

Reisepraktische Informationen Grand Junction und Umgebung

Information

Grand Junction Visitors & Convention Bureau, *740 Horizon Dr. (I-70, Exit 31), Grand Junction/CO, ✆ 1 (800) 962-2547, www.visitgrandjunction.com, Mo–Fr 8.30–17 Uhr.*

Infos zum Unaweep/Tabeguache Scenic and Historic Byway: *http://byways.org/explore/byways/2121.*

Unterkunft

Gateway Canyons Resort $$$, *43200 Hwy. 141, Gateway/CO, ✆ (970) 931-2458, www.gatewaycanyons.com; Resort-Hotel im Stil eines Pueblos inmitten der wilden Canyonlands. Große Zimmer mit allem Komfort, vielseitiges Freizeit-, Sport- und Wellnessangebot sowie attraktive Arrangements; mit Laden, Café, Restaurant sowie Classic-Car-Museum.*

The Chateau at Two Rivers Winery $$$$, *2087 Broadway, Grand Junction/CO, ✆ 1 (866) 312-9463, www.tworiverswinery.com/chateau.cfm; traumhaft gelegenes „Schlösschen", von Weinbergen umgeben, zu Füßen des Colorado NM. Zehn schöne, gut ausgestattete Zimmer; dazu ein Weingut.*

Restaurants

Il Bistro Italiano, *400 W. Main St., Grand Junction; kleines Restaurant, in dem Brunella Gualerzi traditionelle italienische Gerichte zubereitet.*

Palisade Brewery, *200 Peach Ave., Palisades (Grand Valley); eher ein Schuppen als ein Pub, schlicht, aber gemütlich, und v.a. bekannt für seine Lagerbiere.*
Paradox Grille, *Gateway Canyons Resort (s. oben); Chefkoch Terry Wayne Allen stellt hier u.a. seine in Bayern gewonnenen kulinarischen Erfahrungen unter Beweis. Haute Cuisine zu anständigen Preisen, dazu große Weinauswahl.*
Peach Street Distillers, *144 S. Kluge Ave, Palisades (Grand Valley); in einer Lagerhalle beim Bahnhof brennen Bill Graham, Rory Donovon und Dave Thibodeau ausgezeichneten Gin und Wodka, neuerdings auch Bourbon, und mixen verschiedene Cocktails an der kleinen Bar in der Brennerei (www.peachstreetdistillers.com).*
626 on Rood Restaurant, *626 Rood Ave., Grand Junction; ausgefallene Gerichte mit mediterranem und mexikanischem Flair, große Auswahl an lokalen Weinen.*

Von Moab nach Salt Lake City

Green River und San Rafael Swell

Hat man Moab und das Canyonland auf der Fahrt Richtung Salt Lake City (Hwy. 191 und I-70) hinter sich gelassen, stößt man erneut auf die Spuren von *Major Powell* (S. 294). In der Ortschaft **Green River**, mitten in Utah am gleichnamigen Fluss gelegen, widmet sich das sehenswerte **John Wesley Powell River History Museum** ganz dem Wissenschaftler und seinen Expeditionen.
John Wesley Powell River History Museum, *885 E.Main St., www.powellmuseum.org; Mo–Sa 9–17 Uhr, Sa nur April–Okt., $ 5.*

Lebenspendendes Wasser

Das grüne Band des Green River durchschneidet hier nicht nur die Hochwüste des Colorado Plateaus, der Fluss ist zugleich Lebensader für die ganze Region. Er bewirkt auch, dass das vorherrschende Rot und Braun der wüstenartigen Canyonlands um das saftige Grün der Felder und Wiesen bereichert wird. Die Hochwüstenregion, die **San Rafael Swell** am westlichen Rand des Colorado Plateaus, wird von Canyons und Mesas geprägt.

Der schnellste Weg nach Salt Lake City führt von Green River auf dem gut ausgebauten Hwy. 6 nach Nordwesten. Etwas abseits der Route, nämlich 30 mi/48 km südlich von Price, über Hwy. 10/155 erreichbar, gäbe es in der Ortschaft **Cleveland** das **Cleveland Lloyd Dinosaur Quarry** zu sehen. Hier sind Tausende von Knochen von insgesamt rund 70 verschiedenen Dinosauriern ausgegraben worden. Die Ausgrabungen dauern an, worüber das VC und das Museum informieren.
Cleveland Lloyd Dinosaur Quarry, *Cleveland, www.blm.gov/ut/st/en/fo/price/recreation/quarry.html, tgl. 10–17 Uhr (So ab 12 Uhr, im Winter nur am Wochenende), $ 5.*

Dinosaurier-Friedhof

In **Price** informiert das **USU Eastern Prehistoric Museum** ebenfalls über die paläontologischen und archäologischen Funde der Region. Eindrucksvoll sind insbesondere die kompletten Dinosaurier-Skelette und die naturgetreuen Rekonstruktionen von Alltagsszenen prähistorischer Indianerkulturen.
USU Eastern Prehistoric Museum, *155 E.Main St., Price, http://eastern.usu.edu/museum/, Mo–Sa 9–17 Uhr, $ 5.*

Tipp

Unvergleichlich ist die Lage der Ranch, am Rande des San Rafael Swell fernab jeglicher Zivilisation, und erst recht das Angebot. Rund 175 mi/280 km südlich Salt Lake City bzw. 60 mi/96 km südlich Price hat sich die **Castle Valley Outdoors Ranch** *ganz dem Outdoortourismus verschrieben: Gäste nächtigen im komfortablen, neuen Ranchgebäude oder renovierten historischen Cabins, können reiten, wandern, ATVs ausleihen, Petroglyphen entdecken, jagen oder fischen. Es gibt verschiedene Pakete mit Vollpension, wobei die Küche hervorragend ist.*

Castle Valley Outdoors Ranch, *1600 N. State Rd. 10, Emery/UT (I-70, Exit 91, dann Hwy. 10 bis ca. 5 km nördlich Emery, ausgeschildert), ✆ 1 (800) 586-6503, www.castlevalley outdoors.com.*

Die Castle Valley Outdoors Ranch, ideale Unterkunft für Naturliebhaber

Provo

60 mi/96 km nach Price stößt der Hwy. 6 bei **Provo** auf die I-15, die einen schnell in die Hauptstadt des Mormonenstaates bringt. **Provo**, mit über 110.000 Einwohnern die zweitgrößte Stadt Utahs, wurde benannt nach dem frankokanadischen Trapper *Etienne Provost*, der 1825 die Gegend erkundete.

Die Stadt wird dominiert vom **Provo Mormon Temple** (mit VC) und von der **Brigham Young University**, zu der eine Reihe von sehenswerten Museen zu Wissenschaft und Kunst gehört: *BYU Fine Arts Galleries, Monte L. Bean Life Science Museum, Museum of Art* oder *Museum of Peoples and Cultures*. 1877 wurde die BYU ins Leben ge-

Eintauchen in prähistorische Welten: im Museum of Ancient Life in Provo

rufen, heute ist sie mit knapp 30.000 Studenten die größte Universität der Mormonen und eine der größten weltweit, die einer religiösen Vereinigung untersteht.

Auf dem Weg Richtung Salt Lake City sollte man eine ungewöhnliche Attraktion nicht verpassen, zumal sie direkt an der I-15 liegt: **Thanksgiving Point**. Dank des **Water Tower** ist der 1996 auf Privatinitiative erbaute Komplex unübersehbar. Besonders empfehlenswert ist das **Museum of Ancient Life**: 60 komplette Skelette – die größte Dinosaurier-Ausstellung weltweit – sind zu bewundern, dazu gibt es 50 interaktive Displays und eine Open-Air-Ausstellung mit Fossilien-Steinbruch. Ebenfalls sehenswert: die **Gardens**, eine ausgedehnte botanische Gartenanlage, und **Farm Country**, ein Lehrbauernhof.

Neue Attraktion

Utah Valley CVB, *111 S. University Ave., gegenüber County Courthouse und Tabernacle, ✆ 1 (800) 222-8824, www.utahvalley.com, Mo–Fr 8.30–17, Sa 9–15 Uhr.*
Brigham Young University, *150 E. 1230 N. St., http://home.byu.edu/home/, Campustouren Mo–Fr 9–16 Uhr.*
Thanksgiving Point, *3003 N. Thanksgiving Way, Lehi, I-15 Exit 284, ✆ (801) 768-2300, www.thanksgivingpoint.org, Mo–Sa 10–18/20 Uhr, $ 10 (Museum bzw. Garten), $ 5 (Farm).*

Routenhinweis

Nach Salt Lake City führt von Provo die I-15. Für Kinofans lohnt ein Umweg von Provo auf Hwy. 189 (Provo Canyon Rd.) und 92 (Alpine Scenic Hwy.) auf die Ostseite der Wabash Mountains nach **Sundance** (15 mi/24 km). Hier befindet sich das berühmte **Sundance Resort** (S. 366), nicht nur beliebtes Ziel für Skifans, sondern v.a. bekannt wegen des legendären Sundance Film Festival (www.sundance.org).

Salt Lake City

Als 1847 Mormonenführer *Brigham Young* mit seinen erschöpften Getreuen – 143 Männern, drei Frauen und zwei Kindern – auf Planwagen am Rande der Salzwüste ankam, soll er dort, wo sich heute das gleichnamige Openair-Museum befindet, jenen berühmten Ausspruch „**This is the Place!**" gesagt haben. Die Gläubigen hatten den langen Weg von Osten über die Berge auf sich genommen, um einen Ort der religiösen Toleranz zu finden.

Bienenstaat

Ein Jahr später gründete *Young* offiziell die Stadt Salt Lake City und rief den „**State of Deseret**" (Bienenstaat) aus. Bei Ankunft der Siedler war das Land noch Teil Mexikos gewesen, wurde dann aber Mitte des 19. Jh. als *Utah Territory* den USA angegliedert. Bundesstaat wurde Utah jedoch erst 1896, nachdem die bis dahin herrschende Polygamie aufgehoben worden war. In den folgenden Jahrzehnten strömten in den Fußstapfen *Youngs* Siedler zu Tausenden auf dem **Mormon Trail** in die Region. Darunter befanden sich viele im Osten unerwünschte Mormonen, aber auch europäische Siedler, die konvertiert waren und dazu beitrugen, dass sich der Ort zu einem kosmopolitischen und multikulturellen Zentrum entwickelte. Mithilfe **ausgeklügelter Bewässerungssysteme** wurde eine vormals unfruchtbare Gegend zum Erblühen gebracht und in ein wirtschaftliches Zentrum verwandelt.

Der wichtigste öffentliche Bau, der Tempel, entstand zwischen 1853 und 1892. 1869 erreichte die Eisenbahn die Stadt und brachte Neugierige in die „**City of the Saints**". In der Folgezeit wurde außerdem der Abbau von Bodenschätzen zum neuen Wirtschaftsstandbein. Anfang des 20. Jh. entstanden außer dem State Capitol weitere öffentliche Bauten und Stadtparks. Der Aufschwung wurde während der *Great Depression* in den 1930er Jahren zwar gebremst, doch bereits während des Zweiten Weltkriegs setzte ein neuer Boom ein.

Bis heute werden Wirtschaft, Kultur und Politik **von der Mormonenkirche bestimmt**. Und das, obwohl sich in letzter Zeit ei-

Blick auf den Temple Square und die Innenstadt von Salt Lake City

Orientierung

Das Zurechtfinden in SLC fällt leicht, da die Stadt in **gleichmäßigem Schachbrettmuster**, ausgehend vom Temple Square, angelegt wurde. Am Tempel beginnt die Straßenzählung, sowohl in N-S- als auch in O-W-Richtung. Die Hauptattraktionen befinden sich im Innenstadtbereich, entlang der South Temple St., v.a. zwischen W. Temple und A Street, und sind leicht zu Fuß erreichbar. Das Herz der Stadt ist der **Historic Temple Square**. Das Geschäftszentrum befindet sich südlich davon mit City Creek Center und Crossroads Plaza.

ne vermehrte Zuwanderung von Nicht-Mormonen bemerkbar macht und sich immer mehr Firmen in SLC niederlassen, v.a. Hightechunternehmen. Die Stadt ist zum **florierenden Industriestandort** geworden, in dessen Großraum über 1,1 Mio. Menschen leben.

Im Jahr 2002 lernte die ganze Welt die Stadt als **Austragungsort der Olympischen Winterspiele** kennen, doch bis heute ist „**SLC**" keine überlaufene Touristendestination – und weder eine mondäne Großstadt noch eine verträumte Wüstenoase. Sie gilt als eine der saubersten Städte der USA und eine mit extrem niedriger Kriminalitätsrate. Inzwischen ist man dabei, die Innenstadt durch Renaturierungs- und Modernisierungsmaßnahmen attraktiver zu gestalten, z.B. durch das City Creek Center.

Die Stadt liegt, eingebettet zwischen zwei 2.900–3.500 m hohen Rocky-Mountains-Gebirgszügen – **Wasatch** und **Oquirrh Mountains** – im fruchtbaren **Salt Lake Valley**, am **Great Salt Lake**, dem zweitgrößten Salzwassersee der Welt.

Redaktionstipps

Sehens- und Erlebenswertes

▶ Sich von der Spitze des **Church Office Building** einen Überblick über SLC verschaffen und auf einer Tour über den **Tempelbezirk** die Religion der Mormonen kennenlernen (S. 359).

▶ Auf Ahnenforschung gehen im **Family Search Center** (S. 360).

▶ Der **Mormon Tabernacle Choir** ist weltberühmt, hat eine eigene Radioshow und gibt Gratiskonzerte (S. 359 und S. 367).

▶ Ein Naturschauspiel der besonderen Art: der **Great Salt Lake**. Ein „Salzwasserbad" ist im **Antelope Island SP** (S. 365) möglich.

▶ Ein Spiel der **Profi-Basketballer Utah Jazz** ist ein unvergessliches Erlebnis (S. 366).

▶ Im Juli nach SLC reisen, um **Days of 47 Parade – Founder's Day Spectacle** mitzuerleben (S. 366).

Übernachten

▶ Ungewöhnlich, luxuriös und gemütlich sind die Zimmer im Boutique-Hotel **Peery Hotel** (S. 365).

Restaurants

▶ Ein gepflegtes Bier (hausgebraut) gibt es in der **Squatter's Pub & Brewery**, Leckeres vom Grill im **Market Street Grill**, in einer historischen Feuerwehrstation (S. 366).

Rundgang um den Temple Square

Erste Anlaufstation sollte das städtische **Visitor Information Center (1)** (*90 S. West Temple St.*) im **Salt Palace** sein, einem Veranstaltungskomplex mit dem **Salt Palace Convention Center**. Dort gibt es Infomaterial aller Art und es lohnt ein Blick in das angegliederte **Salt Lake Art Center** mit dem **Utah Museum of Contemporary Art** (*www.utahmoca.org*). Gegenüber eröffnete um den neu angelegten Park am City Creek das **City Creek Center (10)** mit Wohnungen, Büros, Geschäften, Res-

Salt Lake City-Downtown
N Main Street
Wall Street
Columbus Street
E Capital Street
Memory Park
E 200 N
E 300 N
E 400 N
9th Ave.
8th Ave.
7th Ave.
6th Ave.
5th Ave.
4th Ave.
3th Ave.
2nd Ave.
1st Ave.
AVENUES DISTRICT
A Street
B Street
D Street
E Street
W 400 N
Apricot Avenue
N 4th W
N 300 W
N 200 W
W 300 N
Almond St.
Vine St.
Center St.
N 3r W
N 400 W
W 200 N
E 200 N
N State Street
N Canyon Road
City Creek Park
W North Temple
N Main Street
E South Temple
Light Rail TRAX
W 1st S
W 100 S
E 100 S
S 400 W
S 300 W
W 200 S
E 200 S
Salt Lake Central Station
Pioneer Park
S 200 W
SW Temple Street
W 300 S
E Broadway
E 300 S
UTA-Zone für kostenlosen Busverkehr
zur I-15
W 400 S
E 400 S
University of Utah
W 500 S
Caesar E. Chavez Boulevard
E 500 S
W 600 S
E 600 S
Martin Luther Jr. Boulevard
S Main Street
S State Street
W 700 S
E 700 S
W 800 S
E 800 S
N
0,31 mi
500 m
1 Salt Palace Convention Center / SL Art Center
2 Temple Square
3 Utah State Capitol
4 Pioneer Memorial Museum
5 Marmalade Historic District
6 Natural History Research Center & Collection
7 Exchange Place Hist. District
8 This is the Place State Park
9 Natural History Museum of Utah (Rio Tinto Center)
10 City Creek Center
© igraphic

taurants und Cafés. Der gegenüberliegende **Historic Temple Square (2)**, eingefasst von North, West und South Temple St. sowie State St., gleicht einem (ummauerten) Parkgelände, auf dem sich monumentale Gebäude, Grünflächen, Statuen und Gedenkstätten verteilen. Das Areal wird überragt von einem schlichten weißen Hochhaus, dem **Church Office Building**, Sitz der Verwaltung der Mormonenkirche.

Besuch nur mit Führung

Bereits am Zugang zum **North VC** (*W. North Temple St.*) wird man von einer freundlichen „Sister" in Empfang genommen. Touren in Eigenregie sind nicht erlaubt. Obwohl die Ausstellungsgalerien, weniger der knapp einstündige Film, durchaus informativ sind, könnten nach einer gewissen Zeit die bekehrerischen Elemente und die ausgeprägte Selbstdarstellung der Kirche etwas auf die Nerven gehen. Im **South VC** gibt es zwei weitere Ausstellungen, außerdem einen Meditationsraum (auch hier Touren).

Der **Salt Lake Temple** – der zentrale Teil – basiert auf einer Idee, die *Brigham Young* bereits in Illinois hatte. 1853 wurde mit dem Bau dieses monströsen und etwas eigenwilligen Gotteshauses begonnen. Da der größte Teil der insgesamt fast 7.500 t Granitsteine mit Ochsenkarren, erst das letzte Stück mit der Eisenbahn, aus dem 32 km entfernten Cottonwood Canyon hergeschafft wurde, zog sich der Bau rund 40 Jahre hin. Die Wände sind an ihrer Basis fast 3 m stark und die höchste der sechs Turmspitzen erreicht 63 m. Die solide neogotische Architektur war *Young* deshalb wichtig, weil sie **Ausdruck der Stabilität und Beständigkeit der Religion** war. Für kurze Zeit blieb der Tempel dem allgemeinen Publikum zugänglich, dann schlossen sich die Türen und nur „Auserwählte" dürfen ihn seither zu besonderen Anlässen betreten. Auf der höchsten Turmspitze thront der kupferne Engel *Moroni*, mit Blattgold überzogen und einer Trompete in der Hand.

Berühmter Chor

Der **Tabernacle** mit seiner ovalen Kuppel gehört zu den beeindruckendsten Bauten in SLC. Errichtet zwischen 1863 und 1867, bietet er ein Klangerlebnis erster Güte. Während einer der 30-minütigen mittäglichen Orgelvorführungen erhält man eine Kostprobe vom Klang der Orgel, die mit ihren fast 12.000 Pfeifen als zwölftgrößte der Welt gilt. Donnerstagabends probt der *Mormon Tabernacle Choir* und sonntagmorgens findet meist hier, gelegentlich im größeren Conference Center, das im Radio in der Sendung *Music and the Spoken Word* übertragene Konzert statt. Alle Konzerte sind wie die Museen gratis.

Beim Bau des Tempels blieben Granitsteine übrig, die zwischen 1877 und 1882 zum Bau einer Versammlungshalle, der **Assembly Hall**, genutzt wurden. Der neogotische Stil dieses Gebäudes passt stilistisch zum Tempel, nicht aber zu den eher klassizistisch angehauchten, pompösen übrigen Gebäuden. In der *Assembly Hall* bzw. von Juni bis August im Park *(SO-Ecke State St./2nd Ave.)* finden im Rahmen der **Temple Square Concert Series** kostenlose Konzerte lokaler und internationaler Künstler *(Fr/Sa abend)* statt. Vor der Assembly Hall steht das **Seagull Monument**, ein Hinweis auf die Seemöwen, die die ersten Siedler angeblich vor einer Heuschreckenplage befreit haben – was angesichts der Entfernung zur Küste als göttliches Wunder betrachtet wurde.

Touren (*Mo–Sa 9–20 Uhr*) gibt es auch durch das im Norden des Areals gelegene **Conference Center**. Im Inneren dieses auffälligen Baus, einer terrassenförmigen, einer Zikkurat-ähnlichen Anlage mit begrüntem Dach, finden 21.000 Menschen im Auditorium, 900 im Theater Platz. Jenseits der West Temple St. fallen zwei weitere Flachbauten ins Auge: das **Museum of Church History and Art** (*45 N. West Temple St., Mo–Fr 9–21, Sa/So 10–19 Uhr*) und die **Family History Library** (*35 N. West Temple St., www.familysearch.org, Mo 8–17, Di–Sa 8–21 Uhr*). Letztere lässt das Herz eines jeden Genealogen höher schlagen, birgt es doch Archive, die bis ins Jahr 1550 zurückreichen. Es soll es sich um die größte genealogische Sammlung der Welt mit rund 6,5 Mio. Stammbäumen handeln.

Ahnenforschung

Auch im monumentalen **Joseph Smith Memorial Building**, dem ehemaligen Utah Hotel (historische Lobby), kann im **Family Search Center** (*15 E. South Temple/Main St., Mo–Fr 9–21, Sa 9–17 Uhr*) an Computern Ahnenforschung betrieben werden. Im Legacy Theater wird ein Film zur Mormonengeschichte und *Joseph Smith* gezeigt (gratis, 70 Min.) und es gibt Touren durch das historische Hotel.

Im **Church Office Building** (*50 E. North Temple St., Mo–Fr 9–16.30/17 Uhr*) lohnt die Aussichtsplattform im 26. Stock, von der aus man das ganze Salt Lake Valley überblicken kann. Neben dem benachbarten, nicht öffentlich zugänglichen **Church Administration Building** duckt sich bescheiden das **Lion House** von 1856, das *Brigham Youngs* enorm große Familie bewohnte (heute: *The Pantry Restaurant*). Das **Beehive House** (*67 E. South Temple St., Mo–Sa 9–21 Uh, Touren*) von 1854 war das Privathaus *Youngs*, in dem er bis zu seinem Tod 1877 fürstlich lebte. Das **Eagle Gate** – benannt nach der Adlerskulptur – markierte den Zugang zum *Brigham-Young*-Familiensitz am City Creek Canyon, einst Wasserstelle der ersten Siedler. *Young* selbst ist an der Ecke State/South Temple mit einer Statue verewigt – dem **Brigham Young Monument** – und liegt an der First Ave. (State/A St.) begraben.

info

The Church of Jesus Christ of Latter-day Saints

Junge, höfliche Männer in weißem Hemd und dunkler Hose mit kurz geschnittenem Haar und glatt rasiert, durchstreifen zu Zweit die Straßen der Städte in aller Welt um ihre Mission zu erfüllen, nämlich über den Propheten *Joseph Smith* und sein Buch „Mormon" - daher der Name „**Mormonen**" - zu berichten. Sie gehören der „Kirche Jesu Christi der Heiligen der Letzten Tage" - offiziell **The Church of Jesus Christ of Latter-day Saints** - an und verbringen in deren Auftrag 18 Monate als Missionare im Ausland.

Die Wurzeln der Mormonen liegen in einer der zahlreichen **religiösen Wiedererweckungs-Bewegungen**, die die USA im Laufe ihrer Entstehung immer wieder erfassten. Das erste **Great Awakening** griff zwischen 1720 und 1750 auf die englischen Kolonien in Nordamerika über. Zu den damals herausragenden Figuren zählte der Prediger *George Whitefield*, der zum Führer der calvinistisch-protestantischen Gemeinschaft der Methodisten aufstieg. Zwischen 1795 und den 1840er-Jahren kam es zu einem zweiten *Great Awakening*. Evangelisten wie *Charles G. Finney* propagierten den freien Willen eines jeden Menschen und die Sündenvergebung für alle.

Am folgenreichsten erwies sich jedoch die Vision des **Joseph Smith** (1805-1844) im September 1823, dem der Engel *Moroni* vorhergesagt haben soll, dass er die Gläubigen ins Gelobte Land führen wird. Diese Prophezeiungen mündeten sieben Jahre später in seinem **Book of Mormon**, der „neuen Bibel". Gleichzeitig besiegelten am 6. April 1830 sechs Männer in Fayette (New York) per Urkunde die Religionsgemeinschaft der Mormonen und damit die **Gründung** der *Church of Jesus Christ of Latter-day Saints*. Wachsende Ablehnung trieb die Mitglieder immer weiter nach Westen. 1841 gründeten sie im Staat Illinois den Ort **Nauvoo**, wo damals bereits 8.000 Gläubige lebten. Die Umgebung war ihnen jedoch wenig wohlwollend gesonnenen und so stand Religionsgründer *Joseph Smith* wegen Spekulantentums und Betrugs in Carthago, Illinois, vor Gericht und wurde von einem erbosten Mob erschossen.

Eines der vielen religiösen Monumente auf dem Temple Square von Salt Lake City

1846 übernahm **Brigham Young** die Kirchenleitung und führte die mittlerweile rund 17.000 *Latter-day Saints* Richtung Iowa, wo sie nahe Omaha, Nebraska, ein Winterlager aufschlugen und sich auf den über 2.000 km langen Zug westwärts durch die Rockies vorbereiteten. Die von *Young* angeführte Vorhut erreichte am 24. Juli 1847 einen unwirtlichen, heißen Ort an einem großen Salzsee und gründeten ihre neue Heimat, den **Mormonenstaat Deseret** (Bienenstaat).

Die Kirche der Mormonen hat sich inzwischen zu einer der wichtigsten, wohlhabendsten und einflussreichsten in den USA entwickelt. Nach offiziellen Angaben zählt sie über 12,5 Mio. Mitglieder, davon leben mehr als die Hälfte außerhalb der USA. Die *Latter-day Saints* sind hierarchisch gegliedert, mit einem **perfekt organisierten Verwaltungsapparat**, an dessen Spitze die Priester als autoritäre Vertreter Gottes auf Erden stehen. Für die Glaubensanhänger ist das „*Book of Mormon*" der Bibel ebenbürtig. Daneben existieren zwei weitere Textsammlungen, die als „Heilige Schriften" anerkannt werden: die „Lehre und Bündnisse" („*The Doctrine and Covenants*") von 1835 und „Die Köstliche Perle", 1851 in Großbritannien erstmals, 1878 in den USA unter dem Titel „*The Pearl of Great Price*" publiziert. Erstgenannte Schrift enthält 136 Offenbarungen des *Joseph Smith* zu Organisation und Ritualen der Kirche, die „Perle" eine Auswahl Smith'scher Offenbarungen.

Nicht nur der (patriarchalisch geprägte) Familienverband und das Gemeinschaftsleben sind Mormonen wichtig, sondern auch **Erziehung und Bildung** des Einzelnen. Dazu unterhält die Kirche eigene Hochschulen, als berühmteste die **Brigham Young University** in Provo (s. S. 354), südlich SLC. Arbeit ist nicht nur Verpflichtung und göttliches Privileg, sondern zugleich notwendig zur Verbesserung der Lebensqualität und zudem „persönlichkeitsfördernd". Die Abgabe eines Teils des Monatseinkommens wird ebenso erwartet wie missionarische und wohltätige Tätigkeiten.

info

Nach *Smiths* **Gesundheitscode**, dem „*Word of Wisdom*“ von 1833, sind Alkohol, Kaffee, Tee, Tabak und Drogen (auch Medikamente) jeglicher Art tabu und werden gesunde Ernährung und Lebensführung propagiert. Die bis 1890 praktizierte **Polygamie** - *Young* selbst hatte 27 Ehefrauen und über 50 Kinder - bewirkte, dass Utah erst 1896 in die Union aufgenommen wurde. Heute ist es untersagt, Nebenfrauen zu haben, doch im 19. Jh. stellte die Vielweiberei die „Eheform für Heilige“ dar. Angeblich soll es auch heute noch unter den fundamentalistischen Anhängern der „Utah-Organisation“ - von denen sich die offizielle Kirche abgrenzt - polygame Eheformen geben.

Infos zur Kirche: www.lds.org

Weitere Attraktionen in der Innenstadt

Sehenswertes Regierungsgebäude

Das **Utah State Capitol (3)** *(Capitol Hill, tgl. 9–18 Uhr, Eintritt frei)* thront über Downtown, etwa 15 Gehminuten nördlich des Tempelgeländes, mit grandiosem Ausblick auf die Stadt und die schneebedeckten Wasatch Mountains. 1913 begonnen, entstand in nur zwei Jahren eines der schönsten Regierungsgebäude der USA. Beeindruckend im Inneren ist ein Deckengemälde, das den Mormonensiedlertreck darstellt, außerdem gibt es Statuen berühmter Bewohner des Staats, Porträts früherer Gouverneure und Interessantes zur Geschichte der Mormonen zu entdecken.

Im **Pioneer Memorial Museum (4)**, einen Block westlich, verteilen sich auf vier Stockwerken Relikte, Dokumente, Fotos und andere Artifakte aus der Zeit der Mormonenpioniere. Außerdem widmet sich das Museum lokalen Künstlern und deren Werken und präsentiert eine bunte Sammlung von Gewehren, Quilts, Puppen, Möbeln, Kleidern, Büchern. Durch einen Tunnel gelangt man ins benachbarte **Carriage House**, in dem u.a. jene Karren, mit dem *Brigham Young* das Salt Lake Valley erreicht haben soll, ausgestellt sind.

Historisches Zentrum

Nordwestlich des Capitols befindet sich der **Marmalade Historic District (5)** mit den ältesten Häusern der Stadt. Seinen Namen erhielt dieser Stadtteil von den Obstgärten, deren Früchte zur Herstellung von Marmelade genutzt wurden. Das **Natural History Research Center & Collections (6)** ist im imposanten ehemaligen Bahnhof der *Rio Grande Railroad* untergebracht.

Der **Exchange Place Historic District (7)** (*Main/300–400 South St.*) mit seinen historischen Bauten aus der Zeit um 1900 markierte einst das Geschäftszentrum der Stadt. Als die „grüne Lunge“ gilt der **Liberty Park** (*500–700 East St., 900–1300 South St.*), mit dem **Chase Home Museum of Utah Folk Arts** und dem sehenswerten **Tracy Aviary**, einem Vogelhaus von 1938.
Pioneer Memorial Museum, *300 N. Main St., www.dupinternational.org, Mo–Sa 9–17, Mi –20 Uhr, im Sommer auch So 13–17 Uhr, frei.*
Natural History Research Center & Collections, *300 S. Rio Grande St., http://history.utah.gov, Mo–Fr 9–16 Uhr, frei.*

Chase Home Museum of Utah Folk Arts, Liberty Park, *900 S. 700 East St., http://artsandmuseums.utah.gov, Mai–Sept. Mo–Mi 12–17, Do–Sa 14–19 Uhr, frei.*
Tracy Aviary, *589 E. 1300 South St., www.tracyaviary.org, tgl. 9–17 Uhr, $ 7.*

Attraktionen im Umkreis

An der Stelle des heutigen **This is the Place State Park (8)** erreichte einst der Mormonentreck das Salt Lake Valley. Ein Monument erinnert an den Punkt, wo *Brigham Young* seinen legendären Ausspruch getan haben soll und im VC wird der lange Treck von Illinois erläutert. Teil des Komplexes ist das **Heritage Village**, die Rekonstruktion eines alten Pionierdorfes aus der Mitte des 19. Jh. Dazu gehört u.a. das *Forest Farm House* von *Young*. Im Sommer finden hier Vorführungen verschiedener Handwerkstechniken statt und verkehrt ein Besucherzug.

Ankunftspunkt der Mormonen

This is the Place State Park, *2601 E. Sunnyside Ave., www.thisistheplace.org, Mo–Sa 9–17, So 10–17 Uhr, in der NS kürzer, $ 10 (NS $ 7, So $ 5), mit VC und Shop.*

Der **Campus der University of Utah** (*University St., www.utah.edu*) erstreckt sich im Südosten der Innenstadt, um den Hwy. 186. Dort gibt es interessante Museen, z.B. das **Natural History Museum of Utah (9)** im neuen Rio Tinto Center mit Aussicht auf Stadt und See, wo 200 Mio. Jahre Geschichte höchst interessant unter einem Dach vereint sind, oder das **Utah Museum of Fine Arts**, ein Kunstmuseum mit mittelalterlicher und moderner Kunst, Möbeln, Gemälden, Teppichen, chinesischem Porzellan, aber auch präkolumbianischer Kunst. Unübersehbar ist das Footballstadion, das bei den Winterspielen 2004 als Olympiastadion diente.
Natural History Museum of Utah – Rio Tinto Center, *301 Wakara Way, www.nhmu.utah.edu, tgl. 10–17, Mi bis 21 Uhr, $ 11.*
Utah Museum of Fine Arts, *370 S. 1530 East St./S. Campus Dr., http://umfa.utah.edu, Di–Fr 10–17, Mi –20, Sa/So 11–17 Uhr, $ 7.*

24 mi/38 km südwestlich von Salt Lake City entfernt ist die **Bingham Canyon Copper Mine**, heute *Kennekot Utah Copper*. Dieses größte von Menschenhand geschaffene Loch in der Erde misst heute 4 km im Durchmesser und ist über 800 m tief. Der Abbau begann schon 1863, obwohl damals noch Gold und Silber im Vordergrund standen. 1906 wurde komplett auf Kupfer umgestellt und man fing an, in größeren Dimensionen zu graben und zu fördern. Der Krater wuchs und wuchs, bis er 1950 sogar die Minenstadt verschluckte. Noch heute sind überdimensionale Bagger an den terrassierten Hängen aktiv.

Größtes Loch der Welt

Bingham Canyon Copper Mine, *www.kennecott.com, Apr.–Okt. 8–19 Uhr, VC mit Film und Aussichtsplattform, $ 5/Pkw.*

Great Salt Lake

Der **Great Salt Lake**, der Große Salzsee, erstreckt sich im Nordwesten der Stadt. Er gehört zu den **ungewöhnlichsten geografischen Erscheinungen** des Westens. Mit seinem enorm hohen Salzgehalt – nur das Tote Meer hat einen höheren – und wegen der sich um ihn rankenden Entstehungsmythen ist der See ein Kuriosum. Er soll nach

Großer Salzsee

einer Version auf den vorgeschichtlichen **Lake Bonneville** zurückgehen, der ursprünglich Utah, Nevada und Idaho bedeckte. Der Salzsee kann weder als Trinkwasserreservoir noch als richtiger Badesee genutzt werden, weist nur spärlichen Bewuchs und keine Fische auf; allerdings sind Aktivitäten wie Segeln, Wasserski und Surfen möglich. Die **Größe der Wasserfläche**, rund 4.400 km², variiert je nach Menge des zufließenden Wassers und Grad der Verdunstung – was wiederum Beeinträchtigungen der umliegenden Infrastruktur und Probleme mit der Bewässerung nach sich zieht. Allein wegen der heftigen **Sonneneinstrahlung und Verdunstung** wurde der See dezimiert und ist heute nur noch 117 km lang, dabei aber immer noch der größte See westlich des Mississippi. Seine Wassertiefe liegt bei durchschnittlich 6 m, maximal 10 m. Der letzte Wassertiefstand wurde 1963 erreicht; damals tauchten zehn Inseln auf, die größtenteils jedoch 1987 wieder verschwanden.

Ursprünglich erstreckte sich zwischen der **Great Salt Lake Desert** im Westen und den **Wasatch Mountains** ein riesiges Wasserreservoir, in das mehrere Flüsse mündeten, das aber selbst keinen Abfluss hatte. Deswegen sammelten sich die herantransportierten Mineralien als Salze an und sorgten für den hohen **Salzgehalt von 9 bis 28 %** im Vergleich zu 3 % in normalem Meerwasser. In dieser Salzlake sind lediglich Algen und winzige Shrimps überlebensfähig, aber ungeachtet dessen sind zahlreiche Vogelarten an den Ufern heimisch.

Bison auf Antelope Island, der Insel im Great Salt Lake

Lohnend ist ein Abstecher zum 1993 ausgewiesenen **Antelope Island State Park**. Antelope Island ist heute die bestzugängliche Insel, benannt nach einer Antilopenjagd, die *John C. Fremont* und *Kit Carson* 1845 hier veranstaltet haben sollen. Die mit Frischwasserquellen ausgestattete Insel wurde, wie archäologische Funde belegen, schon von Indianern besucht, später von den Mormonen, die ihre kircheneigene Viehherde hierher zum Grasen trieben. Antilopen leben hier heute noch, neben einer Bisonherde und Elchen, es gibt eine historische Ranch (Reiten), einen Bootsanleger, zahlreiche Trails und die Möglichkeit zur Wildbeobachtung.

Insel mit Süßwasserquelle

Die zweitgrößte Insel ist **Fremont Island**, vom Entdecker auch „Insel der Enttäuschung" genannt, da es weder Wasser noch Bäume, sondern nur Felsen gab.

Reisepraktische Informationen zu Salt Lake City

Information

Salt Lake CVB und Visitor Information Center, *90 S. West Temple St., im Salt Palace Convention Center, ✆ (801) 534-4900, tgl. 9–17 Uhr; Filiale im* **SLC International Airport** *(Terminal 2), www.visitsaltlake.com.*
Historic Temple Square, *Zugang W. South und W. North Temple St., mit* **North** *und* **South VC**, *www.visittemplesquare.com, Touren tgl. 9–20.45 Uhr nach Bedarf.*
Antelope Island SP, *I-15 Exit 332, nördlich SLC bei Layton (I-15, Exit 332, dann W. Antelope Dr.), VC, Antelope Island Rd., direkt nach Zufahrt zur Insel, http://stateparks.utah.gov/parks/antelope-island bzw. www.utah.com/stateparks/antelope_island.htm, tgl. 7–22 Uhr bzw. Sonnenauf- bis -untergang, $ 9/Pkw. Weitere Infos: www.utah.com/stateparks/great_salt_lake.htm.*

Tipp

*Der „**Visit Salt Lake Connect Pass**" für 1–3 Tage ($ 26/40/54) schließt den Besuch von 12 Attraktionen, Touren u.a. Vergünstigungen ein. Er ist erhältlich im VC oder im Internet unter www.visitsaltlake.com/things-to-do/connect-pass.*

Wichtige Telefonnummern

Notruf Polizei/Feuer/Ambulanz: *✆ 911*
Ärztliche Notfälle: *L.D.S. Hospital: ✆ (801) 408-1100, Salt Lake Regional Medical Center (1050 E. South Temple), ✆ (801) 350-4631*
Pannendienst *(AAA, Automobilclub): 560 E. 5th St., ✆ (801) 364-5615*

Unterkunft

Peery Hotel $$$, *110 W. Broadway/300 South St., ✆ (801) 521-4300, www.peeryhotel.com. Liebevoll renoviertes historisches Hotel von 1910 mit 73 schönen Zimmern in günstiger Downtown-Lage.*
Shilo Inn Suites Hotel $$-$$$, *206 S. West Temple St., ✆ 1 (800) 222-2244, www.shiloinns.com; Mittelklassehotel im Zentrum, 200 modern ausgestattete Zimmer.*
Hotel Monaco $$$-$$$$, *15 W. 200 South St., ✆ (801) 595-0000, www.monaco-saltlakecity.com; sehenswertes Boutique-Hotel im Art-déco-Stil in der Innenstadt, 225 Zimmer, alle ungewöhnlich luxuriös und gemütlich.*
Sundance Resort $$$-$$$$, *Sundance, etwa 50 mi/80 km nordöstlich SLC, Hwy. 92 (Alpine Scenic Hwy.), ✆ 1 (877) 831-6224, www.sundanceresort.com; traumhaft gelegenes Re-*

sorthotel mitten in den Wabash Mtns. aus mehreren Bauten und mit unterschiedlichen Zimmertypen, mit Restaurants, Spa, Ausstellungen und vielerlei künstlerischen Events.

Restaurants

Frontier Pies Restaurant & Bakery, *735 W. North Temple St.; Suppen und Pies nach Hausmacherart.*

Market Street Broiler & Fish Market/Bakery, *260 S. 1300 East St.; Fisch u.a. vom Grill serviert in einer historischen Feuerwehrstation.*

Market Street Grill, *48 W. Market St., ✆ (801) 322-4668; hervorragende Fisch- und Fleischgerichte in restauriertem Hotelgebäude von 1906, berühmt für sein Frühstück.*

Squatter's Pub Brewery, *147 W. Broadway; Pub mit verschiedenen hausgebrauten Bieren und Essen, serviert im „Bräustübchen" oder im Biergarten.*

Nightlife

Entgegen aller Gerüchte gibt es in SLC Alkohol, gleichermaßen in Restaurants (zum Essen) wie auch in Liquor Stores. Das Angebot beschränkt sich allerdings auf Bier und Wein, Hochprozentiges wird ausschließlich in Clubs ausgeschenkt, in denen man leicht Mitglied werden kann. Zudem bereichern in SLC zunehmend Microbreweries wie die oben aufgelistete Squatter's Pub Brewery die Szene.

Einkaufen

The Gateway, *400 W. 100 South St., www.shopthegateway.com; westlich des Basketballstadions gelegenes Shopping- und Entertainment-Center mit Kinos und Restaurants.*

City Creek Center (10), *68 S. Main St., www.shopcitycreekcenter.com; neues Shoppingcenter und Parkanlage an Stelle der alten ZCMI Center Mall in Downtown.*

Gardner Historic Village, *1100 W. 7800 South St., www.gardnervillage.com. In hierher umgesetzten historischen Häusern aus ganz Utah sind kleine Geschäfte und Lokale eingezogen.*

Trolley Square, *367 Trolley Sq. S. 700 East St., kleine Geschäfte und Lokale sowie sechs Kinos in renoviertem Straßenbahndepot von 1908.*

Factory Stores Park City, *6699 N. Landmark Dr., I-80 Exit 145/Hwy. 224, Park City, ca. 30 km östlich von SLC.*

Zuschauersport

Utah Jazz *(Basketball – NBA)*, **Energy Solutions Arena** *(300 West/S. Temple St.), Infos und Tickets: www.nba.com/jazz*

Real Salt Lake *(MLS – Fußball), Rio Tinto Stadium im Vorort Sandy, Infos und Tickets: www.realsaltlake.com*

Veranstaltungen

Days of '47 Parade – Founder's Day Spectacle, *www.daysof47.com; riesige Parade am 24. Juli zur Stadtgründung, den ganzen Monat über Veranstaltungen, auch Rodeo.*

The Mormon Tabernacle Choir, *http://mormontabernaclechoir.org, mehrfach ausgezeichneter Chor mit eigener Radioshow „Music and the Spoken Word", So 9.30–10 Uhr (Zutritt 8.30–9.15 Uhr); außerdem freie Proben im Tabernacle am Historic Temple Square, Do 20–21.30 Uhr, und Orgelkonzerte (Mo–Sa 12, So. 14, in der HS werktags auch 14 Uhr).*

Flughafen

Der **SLC International Airport** *(www.slcairport.com) liegt rund 10 km von der Innenstadt entfernt (I-80 Exit 115) und ist Drehscheibe von Delta Airlines und durch einen öffentlichen Bus mit Downtown verbunden (Linien 550 sowie 453/454). Außerdem verkehren mehrere Shuttlebusse zu den Hotels. Bis 2013 soll die neue Straßenbahnlinie in die Stadt fertiggestellt sein.*

Nahverkehr und Eisenbahn

Die **Utah Transit Authority/UTA** *betreibt innerstädtische Busse, die innerhalb Downtown in einer „free fare zone" kostenlos verkehren, zudem gibt es einen Pendelverkehr zur Uni und nach Ogden. Das zugehörige* **Light Rail System TRAX** *– Schnell-/Straßenbahn – verbindet die Vororte mit Downtown, 4 Linien bestehen bereits, weitere – auch zum Flughafen – sind in Planung bzw. im Bau. Infos: www.rideuta.com.*

Amtrak-Bahnhof, *340 S. 600 West St. (neben Greyhound Station), www.amtrak.com; California Zephyr je einmal tgl. nach Reno und San Francisco sowie nach Denver und Chicago.*

Die Skyline von Salt Lake City vor der Kulisse der Wasatch Mountains

7. ZWISCHEN SALT LAKE CITY UND SEATTLE

Überblick

Nach den Naturwundern des Südwestens und dem Besuch in der Mormonenhauptstadt gleicht der Weg durch den Nordwesten zum Pazifik einer Fahrt in eine andere Welt. Anstelle von Wüste sind es nun schneebedeckte Berge, statt Kakteen Tannen, statt Pueblos Tipis. Der vorher ständig blaue Himmel kann nun gelegentlich auch Regen und Nebel bringen. Gleichzeitig ist es eine lange Fahrt, für die man – je nach Route – zwischen ein und zwei Wochen einplanen sollte. Langweilig wird es keinesfalls, da sich über das gesamte Gebiet Naturdenkmäler mit besonderem Reiz verteilen.

Routenhinweis

Im Folgenden werden zwei Strecken empfohlen, wobei die Auswahl hauptsächlich eine Frage der Zeit und der Jahreszeit ist. Bis zum Yellowstone NP bietet sich eine Route an, dann gilt es zu entscheiden zwischen einer **Nord-** und **Südroute**. Während die Nordroute der I-90 nach Seattle folgt, führt die südliche am historischen *Oregon Trail* entlang.

- **Nordroute**: Salt Lake City - Hwy. 89 zu Grand Teton NP und Yellowstone NP - Bozeman - Butte - Missoula - evtl. Umweg über Glacier NP - Coer d'Alene - Spokane - Seattle
- **Südroute**: Salt Lake City - Hwy. 89 zu Grand Teton NP und Yellwostone NP - Crater of the Moon - Boise - Baker City - Hells Canyon - Pendleton - Mt. Rainier - Seattle

Unterwegs zum Yellowstone NP

Die erste Etappe folgt dem Hwy. 89 nach Brigham City erst geradewegs in die Bergwildnis, dann durch ausgedehnte Wälder. Die kurvenreiche Straße verläuft eine Zeitlang entlang dem Ufer des **Bear Lake**, der zur Hälfte in Utah, zur anderen im benachbarten Idaho liegt. Bevor man die erste Station Jackson Hole nach etwa 270 mi/430 km (ca. 5 Std.) erreicht, passiert man die Ortschaft Freedom/Wyoming. In deren westlichem Hinterland liegt **Grays Lake**, der aufmerksamen Lesern von *Karl Mays* Romanen bekannt vorkommen wird: Hier wurde Winnetou von einer Kugel tödlich getroffen. Erstaunlich ist dabei, wie exakt die Ortsbeschreibungen des Sachsen sind, der diese Gegend in Realität niemals sah. Winnetou wird dem Reisenden gleich noch einmal begegnen: Südlich von Jackson Hole soll sich in den Gros Ventre-Bergen Winnetous Grab befinden…

Redaktionstipps

Sehens- und Erlebenswertes

▶ Die beiden Nationalparks **Grand Teton** (S. 372) und **Yellowstone** (S. 375) gehören zu den Highlights jeden Besuchs im Westen.

▶ Nicht nur der Himmel ist endlos im Big Sky Country **Montana**, außer viel Natur gibt es überall Spuren der Vergangenheit wie in Butte (S. 386) oder Missoula (S. 391) zu entdecken.

▶ **Spokane**, „The Big City" (S. 393), ist die sehenswerte größte Metropole des Nordwestens zwischen Seattle und Minneapolis.

▶ **Yellowstone Safari Company** bietet unterschiedliche interessante **Touren** durch den Südwesten Montanas und den Yellowstone NP an (S. 383).

Übernachten

▶ Das **Old Faithful Inn** im Yellowstone NP (S. 384) liegt in nächster Nähe zum berühmten Geysir Old Faithful und vermittelt den Charme alter Zeiten in spektekulärer Lage.

Einkaufen/Restaurants

▶ **Jackson Hole** (S. 370) ist eine besuchenswerte Mischung aus Wild-West-Dorf und Touristenort.

Jackson Hole

Teewinot (viele Bergspitzen) nannten die Indianer die Bergspitzen der Grand Tetons, während die ersten weißen Trapper, darunter viele Frankokanadier, von *Les Trois Tetons* (umgangssprachlich „die drei Titten") sprachen. Das sich davor im Südosten ausbreitende Talbecken wurde nach *David E. Jackson*, einem der ersten Trapper in der Region, *Jackson's Hole* genannt, später abgeändert zu *Jackson Hole*.

Das lang gestreckte Talbecken entstand vor 13 bis 17 Mio. Jahren, als die Erdkruste begann, hier aufzubrechen: Eine der Platten stieg auf und formte über Millionen Jahre die Teton Range, die Ostseite sank hingegen ab und bildete die Talsenke. Die tiefste Stelle dieser *Teton Fault* befindet sich wenig südlich des Ortes Jackson – und gilt noch heute als Erdbebengebiet.

Daran haben sich aber weder die Indianer, die schon vor 11.000 Jahren hier gejagt haben, noch Trapper, Cowboys, Jetsetter oder Reiche gestört. Jackson ist heute **Dreh- und Angelpunkt des Berg- und Naturtourismus**, im Winter wie im Sommer – mit allen Vor- und Nachteilen.

Einen gewissen Charme hat sich der Ort trotz allen Rummels inklusive Boutiquen, Outdoor-Ausstattern, Tourveranstaltern und Souvenirshops dennoch bewahrt, wenn auch gelegentlich das Wildwest-Image etwas aufgesetzt wirkt.

Längst ist **Jackson Hole** mit seinen mehr als 50 Skipisten ein heißer Tipp für europäische Winterurlauber. Am Mt. Rendezvous bietet eine Piste die größte Höhendifferenz in den USA mit fast 1.300 m und die längste Abfahrt misst über 7 km.

Tier- und Landschaftsbilder

Die kleine Innenstadt mit ihren Läden, Cafés und Lokalen breitet sich um den **Town Square** aus. Nicht weit entfernt befindet sich das kleine **Jackson Hole Museum**, das sich mit der Geschichte der Stadt und ihren Bewohnern befasst. Beinahe noch sehenswerter ist im Norden des Städtchens das moderne **National Museum of Wildlife Art**, das sich ganz den wilden Tieren widmet und Landschaftsbilder – u.a. von *Albert Bierstadt, George Catlin*, dem Deutschen *Carl Rungius* oder *C. M. Russell* – und Tierskulpturen zeigt. Interessant sind besonders das nachgebaute Studio des Westernmalers *John Clymer* (1907–89) und die *American Bison Gallery*.

Jackson Hole Museum, *225 N. Cache St., www.jacksonholehistory.org, Di–Sa 9/10–17/18 Uhr, $ 6.*

National Museum of Wildlife Art, *Rungius Rd., US 89/26, www.wildlifeart.org, Mo–Sa 9–17, So 11–17 Uhr, $ 12.*

Vom Bau und der Terrasse (mit kleinem Café) hat man eine gute Aussicht auf das gegenüberliegende **National Elk Refuge**. Es handelt sich hierbei um ein 1.000 km^2 großes Rückzugsgebiet für Wapitihirsche, das sich in den Grand Teton National Park hinein erstreckt. Die Tiere ziehen im Winter von den Berghöhen im Yellowstone Park hierher und bis zu 7500 Hirsche versammeln sich dann auf der weiten Ebene – eine Attraktion der besonderen Art, zu der im Winter auch Schlittentouren angeboten werden. **National Elk Refuge VC**, *532 N. Cache St., www.fws.gov/nationalelkrefuge, tgl. 8/9–19/17, Areal rund um die Uhr geöffnet, frei.*

Schutzgebiet für Wapitihirsche

Das **Teton Village**, nordwestlich von Jackson, ist ein reiner Touristenort mit Hotels, Motels, Lokalen, Bars, Outfittern und Tourveranstaltern – ideal für Wanderer und Skifahrer mit Hang zu Fun und Unterhaltung. Eine Seilbahn fährt auf den 3.280 m hohen Mt. Rendezvous hinauf.

Reisepraktische Informationen Jackson Hole

Information

Jackson Hole & Greater Yellowstone VC, *532 N. Cache St., ✆ (307) 733-3316, tgl. 9–17 bzw. 8–19 Uhr, www.jacksonholechamber.com, www.jacksonholewy.com und www.jacksonholewy.net (Unterkünfte) sowie v.a. www.fs.fed.us/jhgyvc.*

Unterkunft

Trotz der über 11.000 zur Verfügung stehenden Betten empfiehlt sich im Sommer (v.a. Mai–Sept.) sowie im Winter eine möglichst frühzeitige Reservierung. Einige Tipps:

Anglers Inn $$, *265 N. Millward St., ✆ (307) 733-3682, www.anglersinn.net; gemütliches Motel nahe dem Zentrum am Flat Creek. Zimmer im Westernstil, mit Mikrowelle und Kühlschrank.*

Inn at Jackson Hole $$$, *3345 West Village Dr., Teton Village, ✆ 1 (800) 842-7666, www.innatjh.com; auch bei deutschen Reiseveranstaltern buchbares ordentliches Hotel in Teton Village mit geräumigen Zimmern und zwei guten Restaurants.*

Inn on the Creek $$$, *295 N. Millward St., ✆ 1 (800) 669-9534, www.innonthecreek.com; kleines Hotel mitten in Jackson, ruhig am Flat Creek gelegen. Es gibt neun bestens ausgestattete Zimmer verschiedener Größe, inkl. Frühstück.*

Wort Hotel $$$-$$$$, *50 N. Glenwood, Jackson, ✆ (307) 733-2190, www.worthotel.com; altehrwürdiges, eher elegantes Hotel im Stadtzentrum, Stilmix aus Wildwest und British Country Style.*

Camping

Über das breite Angebot im Nationalpark bzw. im National Forest informiert u.a. die Webseite **www.jacksonholenet.com/rv_camping**. *Im Park selbst stehen fünf Plätze zur Verfügung, einer davon (Jenny Lake) nur für Zelte, alle nur saisonal und auf „first-come, first-serve"-Basis. Details unter:* **www.grand.teton.national-park.com/camping.htm**.

Restaurants/Nightlife

Um den Town Square gibt es neben zahlreichen Shops auch viele Lokale und Cafés, u.a.:

The Bunnery, *130 N. Cache St; preiswert Frühstück und Lunch, im Sommer auch Dinner, dazu eigene Bäckerei.*

Million Dollar Cowboy Bar, *N. Cache St.; direkt am Town Square gelegener ehemaliger Saloon, der mit einem kleinen Spielsalon versehen heute eine Mischung aus Bar (mit Sätteln als Sitzgelegenheit) und Disko ist.*
Snake River Brewing Co., *265 S. Millward St., www.snakeriverbrewing.com; Kleinbrauerei (Lager, Kölsch und Stout) mit eigenem Pub (gutes Essen!); speziell während der Happy Hour (16–18 Uhr) empfehlenswert.*
Sweetwater Restaurant, *King/Pearl St., ✆ (307) 733-3553; seit über 30 Jahren existierend und zu den besten Lokalen der Stadt zählend. In gemütlicher Blockhausatmosphäre werden kreative Gerichte aus frischen Zutaten serviert.*

Einkaufen
Jackson Hole Hat Company, *245 N. Glenwood, www.jhhatco.com; Paul und Marilyn Hartman gründeten 1983 ein Hutmachergeschäft, genannt „Hatter to the Cowboys". Hier gibt's qualitativ hochwertige Hüte zu „Cowboy"-Preisen.*
Jackson Hole Buffalo Co., *1325 S. Hwy. 89 (neben Smith's Grocery Store), www.buybuffalomeat.com; seit 1949 wird hier Wild- und Bisonfleisch in allen Variationen zum Verkauf angeboten (auch Pakete zum Mitnehmen).*

Grand Teton National Park

Grandiose Naturkulisse

Das 64 km lange Rückgrat des Nationalparks (125.666 ha) bildet die Gebirgskette der Tetons, die auf spektakuläre Weise ganz unvermittelt aus der Ebene aufsteigen und mit dem Grand Teton eine maximale Höhe von 4.197 m erreichen. Seit 1929 ist diese einzigartige Landschaft mit ihren Seen, Gipfeln und dem Hochtal Jackson Hole als Nationalpark geschützt, wobei erst 1950 der große östliche Teil durch finanzielle Unterstützung des Großindustriellen *John D. Rockefeller* dazugewonnen werden konnte. Aus diesem Grund trägt der Hwy. 89 auch den Beinamen „**Rockefeller Memorial Parkway**".

Erster Anlaufpunkt ist das **Moose Visitor Center**, dem ein interessantes Museum angeschlossen ist, das die Geschichte von Jackson Hole und seiner frühen Bewohner (Indianer, Trapper, Händler, Pioniere) illustriert. Ab Moose verlässt man den Hwy. 89 und fährt auf der **Teton Park Road** vorbei an **Jenny Lake** und **Leigh Lake** durch den Park. Um die Seen sind zahlreiche (leichte) Wanderwege ausgeschildert. Von der Teton Park Rd. aus erreicht man auch einen Aussichtspunkt auf dem **Signal Mountain**.

Winnetous Grab

Die Straße folgt dem Ostufer des **Jackson Lake**, aus dem der **Snake River** fließt, der in *Karl Mays* „Schlangenfluss" verewigt wurde. Ein Großteil der Handlungen in „Winnetou III" spielt hier im Südwesten und Westen von Wyoming. Das Grab von *Winnetou* hat *Karl May* ebenfalls hier in der Berglandschaft angesiedelt. Kurz vor der Jackson Lake Lodge stößt man wieder auf den Rockefeller Parkway (Hwy. 89). Bevor man auf ihm nordwärts weiterfährt, lohnt es gut 3 km ostwärts zum **Snake Overlook** zu fahren, von dem aus man den Snake River, Jackson Hole, die Seen und das Bergpanorama in vollen Zügen genießen kann.

Auf dem Weg nach Norden passiert der Rockefeller Parkway **Colter Bay**, wo es ebenfalls ein VC gibt (sehenswerter Film über die Indianergeschichte). Von da aus verläuft die

Straße nah am Ufer des Jackson Lake zum nördlichen Parkausgang und dann – nach weiteren 13 km durch einen kurzen Waldabschnitt – zum Südzugang des Yellowstone NP.

Der Nationalpark bildet **ökologisch gesehen** mit dem nördlich angrenzenden Yellowstone ein geschlossenes System und die Tier- und Pflanzenwelt unterscheidet sich kaum von der dortigen. Im Vergleich zum fast ausschließlich nadelbaumbestandenen Yellowstone finden sich am Fuß der Tetons entlang der Bachläufe, Flüsse und Seen mehr Laubbäume, darunter Ahorne, Erlen, Espen, Weiden und Pappeln – die im Herbst für einzigartige Farbenpracht sorgen.

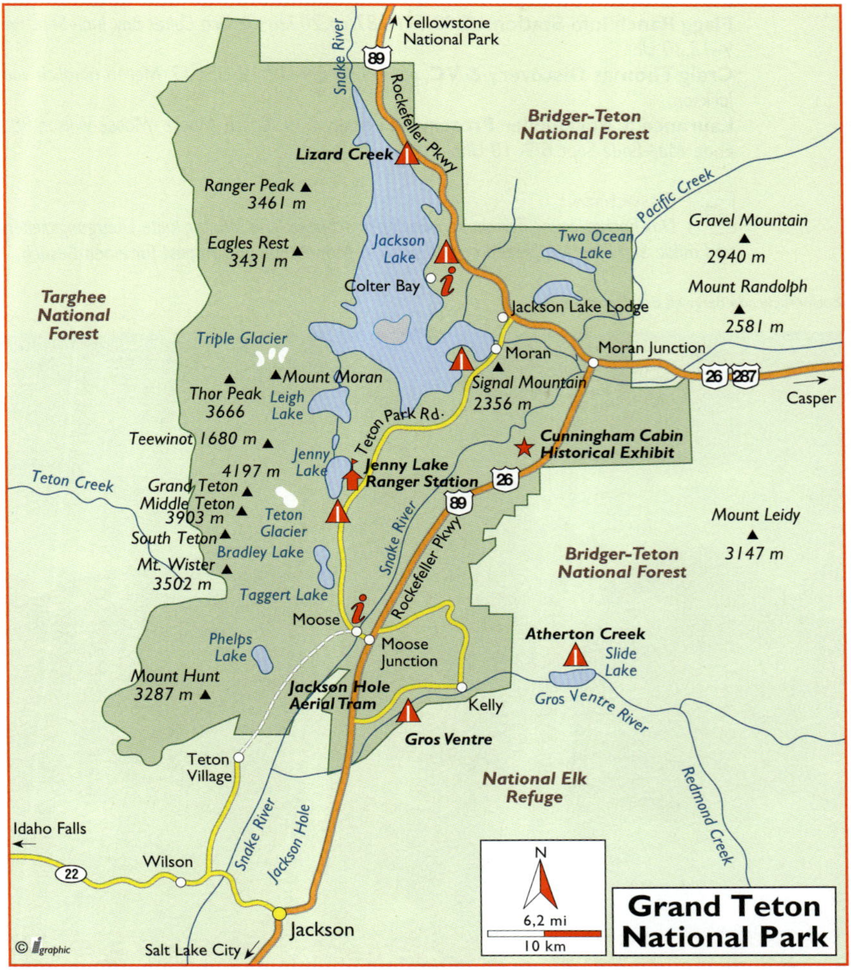

Reisepraktische Informationen Grand Teton National Park

Information

Grand Teton NP, *Moose/WY, www.nps.gov/grte, ✆ (307) 739-3300, $ 25/Pkw (gültig für Grand Teton* **und** *Yellowstone NP). Es gibt mehrere* **Besucherzentren**, *die permits für längere Wanderungen ausstellen, Ausstellungen bzw. Filme und Rangerprogramme anbieten:*

Jenny Lake VC, *Teton Park Rd., Ende Mai–Mitte Sept. tgl. 8–17 Uhr; Infos zur Geologie und kleiner Laden.*

Colter Bay VC, *Rockefeller Memorial Pkwy., im Norden, nahe Jackson Lake, Mai–Okt. tgl. 8–17/19 Uhr.*

Flagg Ranch Info Station, *US 89/191/287, ca. 20 km nördlich Colter Bay, Juni–Sept. tgl. 9–15.30 Uhr.*

Craig Thomas Discovery & VC, *ganzjährig 8/9–17/19 Uhr, 12 Meilen nördlich von Jackson.*

Laurance S. Rockefeller Preserve Center, *4 mi südlich Moose, Moose-Wilson Rd., Ende Mai–Ende Sept. 8/9–18 Uhr.*

Besuchszeit

Das hochgelegene Terrain kennzeichnen schneereiche Winter, kalte Übergangszeiten und milde Sommer. Am besten eignen sich die Monate Juli und August für einen Besuch.

Beeindruckende Bergwelt der Grand Tetons

Unterkunft

Das breiteste Angebot an Unterkunftsmöglichkeiten findet man in Jackson oder Teton Village, im Park empfehlen sich Jenny Lake Lodge und Jackson Lake Lodge. Eine Möglichkeit wäre, die erste Nacht in Jackson zu verbringen, am folgenden Tag durch den Grand Teton NP (mit Stopps) zum Yellowstone NP zu fahren und dort zu übernachten.
Reservierung von Unterkünften: **www.gtlc.com**, *dazu gehören z.B.*
Jackson Lake Lodge $$-$$$, Jenny Lake Lodge $$$$, Colter Bay Village Cabins $$ *oder* **Tent Cabins $.**
Headwarters Lodge & Cabins at Flagg Ranch $$$-$$$$, *US 89/191/287, ✆ 1 (800) 443-2311, www.gtlc.com/headwaters-lodge.aspx. 92 Zimmer in rustikaler, modern eingerichteter Lodge oder in Cabins, ideal zwischen Grand Teton und Yellowstone NP gelegen, auch Reiten möglich.*
Togwotee Mountain Lodge $$$-$$$$, *US 26/287 (östlich Moran Junction), ✆ 1 (866) 278-4245, www.togwoteelodge.com; traumhaft in den Bergwäldern gelegene Lodge mit gemütlichen Zimmern, Blockhütten, Steakhouse und Saloon; großes Wintersport- und Tourangebot.*

Camping

Camping ist im Colter Bay Village, bei der Flagg Ranch, an der Gros Ventre Rd., am Jenny Lake, am Lizard Creek und am Signal Mountain möglich. Infos unter: www.nps.gov/grte/planyourvisit/campgrounds.htm.

Wandern u.a. Aktivitäten

320 km an Reit- und Wanderwegen stehen zur Verfügung, dazu gilt der Park als eines der besten Bergsteigerreviere der Staaten (permit nötig!).
Wander-Informationen gibt es unter: **www.nps.gov/grte/planyourvisit/hike.htm**.

Reittouren *bieten an:* **www.nps.gov/grte/planyourvisit/horserides.htm**.

Auf den Seen wird **Wassersport** *(Segeln, Rudern etc.) angeboten, auf dem Snake River bieten viele Anbieter zweistündige Floß- und Schlauchbootfahrten an. Der NP ist außerdem als Wintersportgebiet (Skilanglauf) bekannt (www.nps.gov/grte/planyourvisit/outdooractivities.htm).*

Yellowstone National Park

Zusammen mit dem Grand Canyon und dem Yosemite ist der Yellowstone der bekannteste und mit etwa 3,4 Mio. Besuchern jährlich auch einer der **meistbesuchten Nationalparks** Nordamerikas. Zudem ist er nicht nur mit über 9.000 km² der flächenmäßig größte, sondern auch einer der historisch bedeutsamsten: Die Berichte von Trappern, v.a. von **John Colter**, Mitglied der *Lewis & Clark*-Expedition und 1808 der erste Weiße in dieser Region, waren zu Anfang nur belächelt worden. *Colter* hatte immer wieder von fantastischen Abenteuern und grandiosen Naturschauspielen, von Geysiren, heißen Quellen und Feuer speienden und stinkenden Felsspalten inmitten einer traumhaften Wald- und Berglandschaft berichtet, bevölkert von unzähligen wilden Tieren. Erst ganz allmählich wurden die Politiker in der fernen Hauptstadt Washington hellhörig und 1871 entschloss sich die Regierung eine **wissenschaftliche Expedition** in die Wildnis um den Yellowstone River zu schicken.

Erster Nationalpark der Welt

Der daraus resultierende Bericht des Leiters, **Dr. Ferdinand V. Hayden**, Direktor des *U.S. Geological & Geographical Survey of the Territories*, sorgte zusammen mit den Gemälden von *Thomas Moran* und den Schwarz-Weiß-Fotos von *William Henry Jackson* für derartiges Aufsehen, dass am **1. März 1872** zum ersten Mal ein Naturareal unter Aufsicht und Schutz der Regierung gestellt und als „öffentlicher Park, zum Nutzen und zur Freude des Volkes" ausgewiesen wurde. Von hier aus breitete sich die **Nationalparkidee** erst innerhalb der USA, dann in Kanada und schließlich weltweit aus.

Unproblematisch war dieser Entschluss nicht, denn schließlich diente die Region bis in die 1870er-Jahre verschiedenen Indianerstämmen als Jagdgrund und 1877 zogen die *Nez Perce* auf ihrer Flucht vor der Armee durch den Park. Für potenzielle Touristen war der

Yellowstone NP zu Anfang also durchaus nicht nur romantisch. Zur 200-Jahr-Feier der USA im Jahr 1976 wurde der Yellowstone zum **Biosphären-Reservat** und 1978 zur **UNESCO World Heritage Site** ernannt. Was aber macht den Reiz dieses abgelegenen Nationalparks aus, der selbst nach den verheerenden Bränden von 1988 den Besucherstrom nicht abreißen lässt?

Spuckt regelmäßig: der Geysir Old Faithful

Der Yellowstone liegt auf einem Hochplateau von 1.900 bis 2.600 m mitten in den Rocky Mountains, malerisch umgeben von bis zu 3.400 m hohen Bergen. Die Hochebene entstand vor rund 100.000 Jahren, als ein Vulkan explodierte und der Kegel abgesprengt wurde; an der tiefsten Stelle entstand der Lake Yellowstone. Von **vulkanischer Aktivität** zeugen in dem fast 50 x 64 km großen Kessel noch heute unzählige Geysire – als Bekanntester der *Old Faithful* –, außerdem gibt es heiße Quellen, Schlammvulkane, Calderas und Fumarolen. Dichte Wälder und steil aufragende Granitfelsen, wilde Flüsse und spiegelnde Seen, Hunderte von Wasserfällen bieten nicht nur grandiose Fotomotive, sondern auch **Lebensraum für vielerlei Tier- und Pflanzenarten**. Die Palette reicht von Hirschen und Elchen über Grizzly- und Schwarzbären, Wölfe und Büffel bis hin zu über 200 Vogelarten.

Faszinierende Naturschauspiele

Fast 2.000 km Wanderwege, zahlreiche Hotels und Campingplätze machen den Park zu einer im Sommer vielbesuchten Attraktion. Neben dem Old Faithful und dem Yellowstone Lake, der mit 160 km Uferlinie als der größte See Nordamerikas gilt und über 2.000 m hoch liegt, hat der Naturpark eine dritte atemberaubende Sehenswürdigkeit vorzuweisen: den **Grand Canyon of the Yellowstone River** mit **Lower** und **Upper Falls**.

Der Canyon erreicht nahe Artist Point seine größte Tiefe von 470 m und dort, wie vom gegenüberliegenden Grand View, bieten sich die wohl spektakulärsten Ausblicke auf das Tal und die 94 m hohen Lower Falls.

Orientierung und Anfahrt

Der Yellowstone misst 86 km von O nach W und gut 100 km von N nach S. Er liegt zu 96 % auf Staatsgebiet von Wyoming, nur im äußersten NW, im Yellowstone County, gehören kleine Teile zu Montana und Idaho. Dennoch befinden sich drei der insgesamt fünf Zugänge in Montana, nur zwei in Wyoming. Die Mammoth Hot Springs nahe dem *North Entrance* ist der einzige Teil des Parks, der auch im Winter uneingeschränkt zugänglich ist.

Der Yellowstone NP ist verwaltungstechnisch in **fünf Areale** gegliedert. Die einzelnen Regionen – alle gut 2000 m hoch gelegen – weisen jeweils eigene landschaftliche Charakteristika auf:
im NW: **Mammoth Country** – heiße Thermalquellen, die Kalksinterterrassen geformt haben
im NO: **Roosevelt Country** – der „Old West", wo die Geschichte der ersten Siedler im Mittelpunkt steht, aber auch Großtiere wie Bison, Hirsche, Wölfe und Grizzlys beobachtet werden können
im Zentrum: **Canyon Country** – mit dem „Grand Canyon of the Yellowstone" und spektakulären Wasserfällen als Hauptattraktion
im SW: **Geyser Country** – Geysire wie der Old Faithful, heiße Pools und blubbernde Schlammlöcher
im SO: **Lake Country** – um den Yellowstone Lake; ein Paradies für Angler mit Wiesen, Seen- und Sumpfarealen, wo Bison, Bären und Elche zu sehen sind

Der Nationalpark verfügt über **fünf Zufahrtsstraßen**, die alle zu einem **VC** mit unterschiedlichen thematischen Schwerpunkten führen. Ein guter Plan findet sich unter www.nps.gov/yell/planyourvisit/directions.htm. Die Öffnungszeiten können je nach Wetter/Straßenlage variieren, siehe: www.nps.gov/yell/planyourvisit/visitorcenters.htm.
South Entrance: *US Hwy. 89 von S/Grand Teton NP & Jackson, WY* – **Grant Village VC**, *Ende Mai–Ende Sept. 8–19 Uhr, zur Bedeutung der Brände im Park, etwas weiter nördlich*: **West Thumb Information Center**, *tgl. Ende Mai–Ende Sept. 9–17 Uhr*
East Entrance: *US Hwy. 14/16/20 von O/Cody, WY* – **Fishing Bridge VC**, *Ende Mai–Ende Sept. 8–19 Uhr, Wildlife, Flora und Fauna sowie See*
Northeast Entrance: *US Hwy. 212 von NO/Billings, MT* – **Canyon Visitor Education Center**, *am Grand Canyon of the Yellowstone, Anf. Mai–Ende Sept. mind. 9–15 Uhr, vulkanische Aktivitäten, Geologie*
North Entrance: *US Hwy. 89 von N/Livingston, MT* – **Albright VC & Museum** *in Mammoth Hot Springs, ganzjährig tgl. mind. 9–17 Uhr, Wildlife und Geschichte*
West Entrance: *US Hwy. 20 von W/Idaho Falls, ID* – **West Yellowstone VC**, *Mo–Fr 8–17 Uhr;* **Madison Info Station**, *tgl. Ende Mai–Ende Aug. 9–18 Uhr sowie* **Museum of the National Park Ranger** (*Norris, tgl. Ende Mai–Ende Sept. 9–17 Uhr; zu der Rolle der Parkranger) und* **Norris Geyser Basin Museum & Information Station** *(östl. Norris Junction, tgl. Ende Mai–Ende Sept. 9–17 Uhr)*

Im Park: Old Faithful VC: *South Loup West, Mitte Apr.–Ende Sept. und Mitte Dez.–Mitte März mind. 9–17 Uhr; mit Ausstellungen zu hydrothermischen Erscheinungen, Vulkanismus und wissenschaftlichen Phänomenen.*

Pflanzen- und Tierwelt im Yellowstone

Es gibt im Yellowstone und in der Umgebung den größten Bestand an wildlebenden Tieren in den Vereinigten Staaten. Das mächtigste Raubtier ist der **Grizzly**, einst unumschränkter Herrscher aller waldreichen Gebirge des Westens bis zu den Aléuten. In Winnetou I. beschreibt *Karl May* anschaulich die damals wohl häufigen Begegnungen zwischen Trappern oder Landvermessern und dem Giganten. Die Grizzlybären wurden fast bis zur Ausrottung dezimiert, nachdem sie sich allzu oft über die leichte Beute auf den Rinderweiden hergemacht hatten. Als daraufhin verschiedene Staaten Kopfprämien aussetzten, begannen einige, von der Jagd auf die braunen Riesentiere zu leben. Heute kommen die Bären fast nur noch in den westlichen Nationalparks Kanadas und der USA vor.

Reiche Flora und Fauna

Außer den Grizzlys leben im Yellowstone die etwas kleineren **Schwarzbären**. Beide Tierarten sind am besten im September und Oktober zu beobachten, wenn sie aus dem Dickicht auftauchen, außerdem im Winter, wenn sie sich im Gebiet der heißen Quellen aufwärmen.

Weitere Großtiere sind der **Elch**, amerikanisch **„moose"** und nicht mit dem *elk* oder Wapitihirsch zu verwechseln. Der mächtige Elch ist größer als der **Wapitihirsch**, der jedoch ebenfalls an die 450 kg schwer werden kann. Demgegenüber ist der Maultierhirsch *(mule deer)* vergleichsweise klein.

Bisonherde im Yellowstone NP

Sehr oft bekommt man **Bison**, umgangssprachlich „Büffel" genannt, zu Gesicht, jene legendären Tiere, von denen früher ganze Indianerstämme lebten. Die Wildrinder zogen einst in unvorstellbar großen Herden über Prärien und durch Wälder. Während die Indianer den getöteten Bison universell nutzten – das Fleisch zur Ernährung, Fell für Kleidung und Behausung, Knochen als Werkzeuge, Innereien als Behältnisse, Dung fürs Feuer – diente die Büffeljagd den Weißen zwar zunächst auch zur Fleischversorgung, besonders beim Eisenbahnbau, dann aber v.a. zum Zeitvertreib und zur Machtdemonstration, genauer zur Vernichtung der indianischen Existenzgrundlage. Bis zur Jahrhundertwende waren die Bestände auf 500 Exemplare dezimiert und es dauerte lange, bis Herden, v.a. auf Farmen und in Naturparks, wieder angesiedelt wurden.

Jagd auf die Bison

Gabelböcke, Dickhornschafe, Kojoten, Pumas, Baum- und Erdhörnchen, Biber und Hasen gehören zu den Waldbewohnern des Yellowstone Parks. Auch die **Wölfe** sind wieder zurückgekehrt. In der Luft und auf dem Wasser geben sich Dutzende von **Kleinvogelarten** und ab und zu auch Fischadler, Seeadler, Wildgänse, Weißpelikane und Kanada-Kraniche ein Stelldichein. Während die Vögel am meisten vom 1988er-Feuer betroffen waren, profitierten andere davon – v.a. niedrige Pflanzen, die sich nun durchsetzen konnten und Büffeln, Wapitihirschen, Rotwild und Elchen zu mehr Nahrung verhelfen.

Die Vegetation besteht hauptsächlich aus **Nadelwald**. Die Baumskelette im Geyser Country sind übrigens kein Anzeichen von saurem Regen, sondern Resultate eines Kontaktes mit dem siliziumhaltigen, heißen Wasser.

! Wichtig

Essensabfälle nur in die dafür vorgesehenen Abfalleimer geben, Tiere auf keinen Fall füttern. Wer zeltet, sollte seine Essensvorräte in luft- und geruchsdichten Behältern aufbewahren. Diese und andere Vorsichtsmaßnahmen dienen nicht nur dem Schutz der Tiere, sondern auch dem der Besucher: Grizzly- oder Schwarzbären sind Raubtiere und unberechenbar. Auch Bison sind keine Streicheltiere und sollten nur aus der Ferne betrachtet und fotografiert werden.

Der Grand Loop

Fünf Straßen führen in den NP hinein und laufen zu einer Route zusammen, die Teile des Parks in Form einer Acht erschließt. Nord- und Südteil (North/South Loop) sind zusammen rund 300 km lang; wer sie komplett abfährt, erhält einen umfassenden Einblick in Landschaft, Flora und Fauna. Erreicht man den Park von Süden, wie nach dem Besuch des Grand Teton NP naheliegt, sollte die erste Anlaufstation das **Grant Village VC** sein. Hier erhält man allgemeine Informationen und erfährt vor allem mehr über das Feuer von 1988 und die Bedeutung von Waldbränden im Allgemeinen.

Wege durch den Park

Von hier aus folgt man dem **südlichen Loop** im Uhrzeigersinn hinein in die Welt der Geysire und heißen Quellen. Erste Hauptattraktion ist der **Old Faithful** im Upper Geyser Basin. Hier befindet sich ein neues VC, das sich ausführlich mit den geologischen und geothermischen Erscheinungen befasst. Mit relativ großer Regelmäßigkeit spuckt Old Faithful etwa alle 90 Minuten (am VC sind die Zeiten angeschlagen) unter

Land unter Druck – es rumort unter dem Yellowstone

info

Der Yellowstone NP ist ein Musterbeispiel für die enormen Kräfte, die unter der Erdoberfläche wirken. So zischt, sprudelt und dampft es aus mehr als 200 Geysiren und 10.000 heißen Quellen, Schlammlöchern und Fumarolen pausenlos. Verantwortlich dafür sind **„Hot Spots“** - Stellen unterhalb der Erdkruste mit erhöhtem Wärmefluss. Über diesen bewegen sich die Platten der Erdkruste und im Laufe der Jahrmillionen entstanden an den Reibungspunkten Ketten von Vulkanen, von denen sich jeweils nur der jüngste über einem *Hot Spot* befindet und aktiv ist, während die älteren Vulkane erloschen sind. Der Vulkan unter dem Yellowstone ist dabei nahezu unsichtbar, da er keinen Kegel ausbildete, sondern bei der letzten großen Eruption vor etwa 640.000 Jahren einstürzte und einen gigantischen Krater hinterließ.

In Geysiren, Quellen, Dampffontänen und Fumarolen manifestiert sich die Hitze des Erdinneren. Durch das poröse Lavagestein versickert das Niederschlagswasser schnell in größere Tiefen, wird in dem dortigen verzweigten Netz aus Rissen und Spalten erhitzt und steigt wieder nach oben. Trifft es dabei auf kein Hindernis, tritt es als warme oder heiße, gleichmäßig fließende **Quelle** zutage. Oft jedoch wird es durch Gestein und von oben nachfließendes Wasser am Aufsteigen gehindert. Dann erhitzt es sich bis um das Dreifache des normalen Siedepunktes, der Druck erhöht sich und das darüberstehende Wasser wird durch den Wasserdampf herausgeschleudert. Diese Fontänen aus Wasser und Dampf nennt man nach dem isländischen Wort für „hervorbrechen“, *geysa* - **Geysir**.

Der berühmteste Geysir des Yellowstone NP ist der **Old Faithful**, der ungefähr alle 90 Minuten eine bis zu 60 m hohe Fontäne von heißem Dampf und Wasser produziert. An manchen Stellen gelangt die Wärme aus dem Erdinneren direkt an die Oberfläche und wenn sie z.B. auf ein Gemisch von Wasser und feinen Gesteinspartikeln trifft, entsteht ein kleiner **Schlammvulkan**, der ständig mehr oder minder heftig vor sich hin brodelt. Als **Fumarolen** bezeichnet man hingegen Stellen, an denen Gase (z.B. Chlor oder Schwefel) aus dem Erdinneren zutage treten.

Im Vulkan unter der Erdkruste des Yellowstone NP hat sich über Jahrhunderte eine riesige Magmablase gebildet: es ist ein sogenannter **Supervulkan** entstanden. In den letzten Jahren hat man beobachtet, dass der Boden sich an einigen Stellen bis zu 10 cm gehoben, andernorts aber gesenkt hat. Es hat den Anschein, als ob das „Monster“ atmen würde. Bislang war man der Meinung gewesen, nur das heiße Grundwasser rumore unter dem Boden und sei für die Deformationen an der Oberfläche verantwortlich - wie auf den *Phlegräischen Feldern* nahe Neapel, einem Gebiet mit ähnlicher **geologischer Sprengkraft**. Jetzt glauben Forscher, dass Magmaströmungen für diese Blase unter dem Yellowstone verantwortlich sein könnten.

Unterirdisch erstreckt sich diese etwa 15 km quer durch den Park und setzt den Boden in Bewegung. Das würde auch die unzähligen kleinen Erdbeben, bis zu 100 pro Tag, und die zuletzt etwa 14 neu entstandenen Geysire erklären. Sollte der Druck zu hoch werden, droht eine hydrothermale Explosion - Ausströmen von heißem Wasser und Gestein - oder gar ein Ausbruch des Supervulkans - schon dreimal in den letzten 2 Mio. Jahren geschehen - mit katastrophalen Folgen für die klimatischen Verhältnisse weltweit.

Lower Falls im Grand Canyon of the Yellowstone

Anteilnahme zahlreicher Besucher, für die Sitzbänke errichtet wurden, zwei bis fünf Minuten lang etwa 20.000–30.000 Liter kochendes Wasser aus. Die Fontäne erreicht eine Höhe von 40 bis 55 m. Früher wurde das heiße Wasser auch praktisch genutzt: General Sheridans Mannschaft soll Ende des 19. Jh. darin ihre Wäsche gewaschen haben.

In nächster Nachbarschaft zum Geysir liegt das **Old Faithful Inn**, das beste und architektonisch auffälligste Hotel im Park – allein wegen seiner Lobby mit Kamin, der Holzkonstruktion und der Dimensionen sehenswert.

Im **Umkreis des Old Faithful**, im Upper Geyser Basin, führen Wege und Holzstege zu weiteren Geysiren, darunter der Riverside, Grotto und Daisy Geyser, außerdem gibt es sogenannte Pools. Solche heißen Quellen – wie Morning Glory oder Gem Pool – stechen durch ihr intensiv farbiges, fast giftig wirkendes Wasser ins Auge. Sehenswert ist vor allem das **Midway Geyser Basin** mit verschiedenen geothermischen Erscheinungen, wie die *Grand Prismatic Spring* mit unglaublich surrealer Färbung. Das ausgefallene Farbspektrum ist auf bestimmte Mineralien und Bakterien zurückzuführen.

Einen Abstecher lohnt der **Firehole Lake Drive**, wo der Geysir Great Fountain etwa alle neun Stunden ausbricht. Kontrastprogramm bietet die Fahrt auf dem **Firehole Canyon Drive**, eine enge Schlucht mit Ausblicken auf die Firehole Falls.

Jenseits des Westzugangs zum Park liegt im Ort West Yellowstone das **Grizzly & Wolf Discovery Center**, wo man alles über Bären und Wölfe erfahren kann und einige Tiere in natürlichen Habitaten gehalten werden. Wer ohnehin plant, den Park im Westen zu verlassen, kann sich den Abstecher sparen.
Grizzly & Wolf Discovery Center, *201 South Canyon, West Yellowstone, www.grizzlydiscoveryctr.com, mind. 8.30–16/19 Uhr, $ 10,50.*

Geysire und Fumarolen

Folgt man der Rundstrecke weiter Richtung Norden, erreicht man das **Norris Geyser Basin**, ein Gebiet mit Fumarolen und heißen Quellen, der *hottest spot* im Yellowstone, und schließlich Norris mit einer Infostelle und dem **Museum of the National Park Ranger**. Hier beginnt der **nördliche Loop**. Vorbei geht es am **Obsidian Cliff**, einer Klippenformation aus schwarzem Obsidian (vulkanischem Glas), nach **Mammoth Hot Springs**, das berühmt ist für seine weißen Kalksinterterrassen. Die Nordroute folgt dem Blacktail Deer Plateau zum Petrified Tree, einem versteinerten Baumstamm, und zur **Roosevelt Lodge**, ehe sie sich wieder Richtung Süden wendet. Vorbei geht es am 42 m hohen **Tower Fall** und dem **Mount Washburn**, einem 3.122 m hoch gelegenen Aussichtspunkt. Über den eindrucksvollen Dunraven Pass (ca. 2.700 m) erreicht man bei Canyon Village wieder den Süd-Loop.

Empfehlenswerter Stopp

Unbedingt einen Stopp einlegen sollte man am neuen **Canyon Village VC**. Es handelt sich um das modernste und interessanteste Infozentrum mit Schwerpunkt Geologie und Vulkantätigkeit, einem großen Modell und sehenswerten Ausstellungen. Ein Highlight ist nachfolgend der **Grand Canyon of the Yellowstone**. Zahlreiche Aussichtspunkte und kurze Wanderwege erlauben Einblicke in die tiefe Schlucht des Yellowstone River und auf die eindrucksvollen Wasserfälle der Lower (94 m) und Upper Falls (33 m).

Vorbei am **Mud Volcano Geyser**, einem Schlammvulkan mit brodelnd-schwarzem Schlammauswurf, erreicht man schließlich wieder den Yellowstone Lake. Hier führt die Hauptroute nach Osten aus dem Park, vorbei am **Fishing Bridge VC** mit Infos zum *Wildlife* um den Yellowstone Lake.

Reisepraktische Informationen Yellowstone National Park

Information

Yellowstone NP, *www.nps.gov/yell,* ✆ *(307) 344-7381, $ 25/pro Pkw (gültig für Yellowstone NP* ***und*** *Grand Teton NP). Es gibt mehrere Besucherzentren, siehe oben, „Orientierung und Anfahrt“, S. 378.*

Busse

Im NP werden verschiedene Busverbindungen – auch von Jackson und Cody aus – angeboten, so dass man auch das Auto stehen lassen kann. Ein 2-Tage-Ticket kostet $ 2520, ein 5-Tage-Ticket $ 80. Infos: www.linx.coop/yellowstone-area-buses.

Besuchszeit

Wegen langer Winter und kalter Übergangszeiten ist der Park nicht vor Ende Mai und nicht nach Ende September für den Besuch zu empfehlen – es sei denn, man möchte Wintersport betreiben. Der Park ist ganzjährig geöffnet, im Winter allerdings nur über den nördlichen und nordöstlichen Eingang zu erreichen. Alle anderen Straßen sind von Anf. Nov.–Anf. Mai gesperrt.

Touren

Yellowstone Safari Company, *Bozeman/MT,* ✆ *(406) 586-1155, www.yellowstonesafari.com; unterschiedlich lange und thematisch verschiedene Touren mit dem Biologen Ken Sinay, seiner deutschen Frau Susi oder ihrem Team.*

Unterkunft

Rechtzeitige Buchung der Unterkunft, am besten schon von zu Hause, ist ratsam. Es gibt Unterkünfte und Campingplätze im Grant Village, in Old Faithful, in Mammoth Hot Springs, in Tower-Roosevelt, im Canyon Village sowie in Fishing Bridge/Lake Village/Bridge Bay. Außerhalb des Parks finden sich Hotels und Motels in West Yellowstone, Jackson, Dubois oder

Cody; die beiden nächstgelegenen Städte sind Cody im Osten und Jackson im Süden (S. 370). Wie im Grand Teton NP gibt es eine zentrale Buchungsstelle:
Xanterra Parks & Resorts, ✆ *(307) 344-7311, www.yellowstonenationalparklodges.com.*

Von den Park-Unterkünften sind v.a. empfehlenswert:
Geyser Country: **Old Faithful Inn $$$-$$$$**, *rustikal-nostalgisch anmutendes, riesiges mehrstöckiges „Blockhaus" von 1904, gemütlich mit viel Charme in nächster Nähe zum berühmten Geysir (Aussichtsterrasse), große Lobby mit Kamin und zugehöriges ausgezeichnetes Restaurant, unterschiedliche Zimmer; außerdem:* **Old Faithful Lodge & Cabins $$-$$$**, *mit großem Hauptbau (mit Cafeteria) und schön gelegenen Cabins, und* **Old Faithful Snow Lodge $$-$$$** *(auch im Winter geöffnet).*
Lake Country: **Lake Yellowstone Hotel & Cabins $$-$$$**, *edles und stilvolles Hotel, renoviert und mit modernstem Komfort, dazu Cabins;* **Grant Village $$-$$$** *und* **Lake Lodge & Cabins $$-$$$** *– der älteste Bau im Park.*
Mammoth Country: **Mammoth Hot Springs Hotel & Cabins $$-$$$**, *in den 1930er-Jahren erbaut, ganzjährig geöffnet.*
Canyon Country: **Canyon Lodge & Cabins $$-$$$**, *nahe Lower Falls.*
Roosevelt Country: **Roosevelt Lodge & Cabins $$-$$$**, *historische, Lodge von 1919.*
West Yellowstone: **Three Bear Lodge $$$**, ✆ *(406) 646-7353, www.threebearlodge.com, in Montana, außerhalb der Parkgrenzen gelegene neu eröffnete Lodge.*

Wandern u.a. Aktivitäten

Zu dem Wanderwegenetz von etwa 1.500 km gibt es Broschüren, Karten und Infos in den Besucherzentren und im Internet unter **www.nps.gov/yell/planyourvisit/hiking.htm**.
Vorsicht: *Man darf im Gebiet der Thermalquellen die Holzstege nicht verlassen, da man im dünnen und porösen Untergrund einbrechen und sich schwere Verbrühungen und Verbrennungen zuziehen kann.*
Neben Angeln, Bootfahren und Ausritten werden Rangertouren und im Winter verschiedene Wintersportarten angeboten. Infos: **www.nps.gov/yell/planyourvisit/things2do.htm**.

Wachsende Population: Wölfe im Yellowstone National Park

Nordroute durch Montana, Idaho und Washington

Der Himmel scheint kein Ende zu haben, das Firmament wölbt sich schier endlos über die Weiten Montanas und rechtfertigt den Beinamen „**Big Sky Country**". Es ist ein dünn besiedeltes Naturparadies von immensen Ausmaßen, geprägt von Viehherden und Wildnis, endloser Prärie und steil aufragenden Bergen, von Indianern, Cowboys und Goldsuchern, Ranches und Farmland. Montana ist der flächenmäßig viertgrößte amerikanische Bundesstaat nach Alaska, Texas und Kalifornien, steht allerdings von den Bevölkerungszahlen her nur an 44. Stelle. Die nicht einmal eine Million Einwohner verteilen sich locker über die Prärie und die bewaldeten Täler der Rocky Mountains.

Einsames Naturparadies

Trotz aller Wetterunbilden und Wildnis handelt es sich um einen Fleck Erde **voller Leben**: Pronghorns (Gabelböcke), nach dem Leopard das zweitschnellste Tier der Welt, Koyoten, Wölfe und nicht zuletzt Bison – Ende des 19. Jh. fast ausgerottet und nun wieder erfolgreich angesiedelt – sind hier zu Hause. Grizzly- und Schwarzbären lassen sich wie Eulen, Weißkopf-, Stein- und Fischadler eher selten sehen, Schwarz- und Weißwedelhirsche, Wapitis, Präriehunde, Murmeltiere, Erd- und Streifenhörnchen sind hingegen weniger scheu und Rebhühner und Truthähne kann man quasi aus dem fahrenden Auto fangen.

Endlose Weite im „Big Sky Country" Montana

Routenhinweis

Verlässt man den Yellowstone NP über den **Nordzugang** (Hwy. 89), stößt man nach knapp 50 mi/80 km bei Livingston auf die Autobahn I-90, die für die Weiterreise nach Westen den „roten Faden" bildet. Erster Halt ist **Bozeman**, ehe man die geschichtsträchtige Ortschaft **Three Forks** erreicht.

Hierher gelangt man auch, wenn man den Yellowstone NP über den **Westzugang** (Hwy. 287) in nordwestlicher Richtung verlässt. Auf halbem Weg würde sich dabei ein Abstecher nach **Virginia City** lohnen. Hier fand man 1863 Gold und schnell entwickelte sich eine Wildwest-Stadt. Eine Eisenbahnlinie förderte den Boom, und bis die Vorkommen erschöpft waren, waren an die $ 300 Mio. in Gold aus dem Fluss gewaschen worden. Virginia City mutierte nicht zur Ghosttown, sondern wurde mit dem benachbarten **Nevada City** durch eine historische Eisenbahn, der **Alder Gulch Short Line Railroad** (www.aldergulch.com), verbunden und zum Freiluftmuseum (www.virginiacitymt.com) umgestaltet.

Bozeman und Three Forks

Bozeman wurde nach dem gleichnamigen Trapper benannt und ist Sitz der Montana State University. Hauptsehenswürdigkeit ist auf dem Unicampus das **Museum of the Rockies**, das sich mit den geologischen Aspekten der Rocky Mountains, mit Ureinwohnern und Pionieren befasst und eine Dinosaurierausstellung zeigt; angeschlossen sind zudem ein Planetarium und eine Living History Farm.
Museum of the Rockies, *600 W. Kagy Blvd., www.museumoftherockies.org, Mo–Sa 9–17, So 12.30–17 Uhr, im Sommer 9–20 Uhr, $ 13.*

Quelle des Missouri River

Nahe der heutigen Ortschaft **Three Forks** schlägt die Geburtsstunde des Missouri River im **Missouri Headwaters State Park**. Hier vereinen sich drei Quellflüsse – Jefferson, Madison und Gallatin River – zu dem großen Strom. Das Auffinden dieser „Quellen" war eines der Ziele der 1805 hier eintreffenden *Lewis & Clark-Expedition*.
Missouri Headwaters SP, *US 10, Trident Junction, ca. 10 km nordöstlich von Three Forks, http://stateparks.mt.gov/missouri-headwaters/, tgl. Sonnenauf- bis -untergang, $ 5.*

Nicht weit entfernt, westlich am Hwy. MT 2, kann man die **Lewis & Clark Caverns** besichtigen. Dieses Tropfstein-Höhlensystem ist zwar weniger imposant als z.B. jenes in den Black Hills in North Carolina, aber für Höhlenfans dennoch ein Erlebnis.
Lewis & Clark Caverns, *19 mi. westl. Three Forks, MT Hwy. 2, http://stateparks.mt.gov/lewis-and-clark-caverns/, tgl. 8.30–19/21 Uhr, $ 5/Pkw, Touren 9–18.30 Uhr, $ 10.*

Butte

Das etwa 34.000 Einwohner zählende, 50 mi/80 km westlich von Three Forks an der I-90 gelegene Städtchen **Butte** blühte um 1870 aufgrund riesiger Silberminen auf, später kamen Kupferfunde dazu. Man siedelte auf einem Hügel, der den Beinamen **The Ri-**

chest Hill on Earth trägt. Bekannt wurde Butte durch den „**Krieg der Kupferkönige**". Sie bestimmten zwischen 1875 und 1910 das Schicksal Montanas und machten in Butte wenige Leute reich und beuteten viele in den Minen aus – v.a. Einwanderer aus Irland, Polen, Slowenien und Italien sowie aus China. Dabei galten unter den Kupferkönigen die Arbeitsbedingungen noch als „human", während deren Nachfolgerin, die *Anaconda Company*, die Leute dermaßen ausbeutete, dass es besonders während des Ersten Weltkriegs zu Streiks und Unruhen kam, die nicht selten von der Armee gestoppt werden mussten.

Reiche Kupfervorkommen

Butte war bis in die 1930er-Jahre hinein die dominierende Stadt in Montana. Als mit der hereinbrechenden Depression die Kupferpreise um nahezu 80 % fielen und die Produktion binnen vier Jahren auf 10 % heruntergeschraubt wurde, war der Boom vorbei. 1955 versuchten sich Investoren noch einmal mit der Ausbeutung der gigantischen *Berkeley-Grube*, doch auch sie wurde 1983 geschlossen. Seit 1985 wird wieder in kleinem Umfang Kupfer gefördert.

Das Stadtbild legt Zeugnis vom einstigen Reichtum ab, z.B. in Gestalt der luxuriösen Villen entlang der Granite Street und den Geschäftshäusern aus den 1920er-Jahren in der historischen Uptown. Ein sehenswertes Bergbaumuseum ist das **World Museum of Mining & Hell Roarin' Gulch**, das auf dem Gelände der einstigen *Orphan Girl Mine*, einer zwischen 1875 und 1956 betriebenen Silbermine, liegt. Im **Mineral Museum** auf dem Campus der *Montana Tech University* geht es dagegen um die unterschiedlichen Gesteine der Rockies.

Überreste einstigen Wohlstandes

World Museum of Mining & Hell Roarin' Gulch, *155 Museum Way, www.miningmuseum.org, April–Oktober tgl. 9–18 Uhr, $ 8,50, Touren $ 5.*
Mineral Museum, *1300 W. Park St., www.mbmg.mtech.edu/museum/museum.asp, tgl. 9–16/17 Uhr, frei (Spende erwünscht).*

Die Besichtigung der 1888 fertiggestellten und heute als B&B dienenden **Copper King Mansion**, das Wohnhaus des Kupferkönigs *W. A. Clark*, gibt Aufschluss über das gute Leben der Oberschicht Ende des 19. Jh. Zehn Jahre später ließ sich *Charles W. Clark* das **Clark Chateau** im Stil eines französischen Schlosses als Wohnresidenz erbauen.
Copper King Mansion, *219 W. Granite St., http://thecopperkingmansion.com, Touren Mai–Sept. tgl. 9–16 Uhr, Apr. nur an Wochenenden, $ 7,50.*
Clark Chateau, *321 W. Broadway, Anf. Sept.–Anf. Juni, Di/Do 11–14, Sa 11–15 Uhr. Zeitgenössisch ausgestattete Räume sowie Wechselausstellungen.*

Reisepraktische Informationen Bozeman, Three Forks und Butte

Information

Butte Montana CVB, *1000 George St., ✆ (406) 723-3177, www.buttecvb.com.*
Three Forks Chamber of Commerce, *Milwaukee Railroad Park, in einer alten Caboose, ✆ (406) 285-4753, www.threeforksmontana.com, von Memorial bis Labor Day geöffnet.*

info

Die Copper Kings

Die **Kupferkönige** *William Andrew Clark, Marcus Daly* und *Fritz August Heinze* bestimmten nicht nur das Geschehen in Butte zwischen 1875 und 1910, sondern die Geschicke des gesamten Staates Montana. Abgesehen von den Minen mischten sie nämlich auch kräftig in der Politik mit. Die zwischen den Dreien herrschende Rivalität wurde im Volksmund als „**Krieg der Kupferkönige**" bezeichnet.

William A. Clark war 1874 als Erster nach Butte gekommen. Der Banker und Politiker hatte sich seine Fachkenntnisse während des Goldrausches in Bannack, Montana, erworben. Er kaufte sich in eine der größten Silberminen ein, kontrollierte aber bald auch Handel, Transportwesen und Holzindustrie in Montana. 1876 traf **Marcus Daly**, vormals Minenprospektor in Colorado, beauftragt von einem finanziell einflussreichen Konsortium, in Butte ein. Beim Erkunden der Gegebenheiten erkannte er sofort die Bedeutung von Kupfer, kaufte die Anaconda-Minen, gut 40 km westlich von Butte, und gründete die gleichnamige Stadt.

In den folgenden Jahren lieferten sich *Clark* und *Daly* immer wieder heiße Auseinandersetzungen um politisches Ansehen und Macht. Um ihre Ideen verfolgen und ihre Stärke demonstrieren zu können, „kauften" sie Richter, Sheriffs, Politiker und Geschäftskontrahenten. Das Ganze gipfelte 1889 in der Wahl der neuen Hauptstadt Montanas: *Daly* wollte seine Stadt Anaconda als Staatssitz sehen, *Clark* dagegen Helena. *Clark* gewann, doch *Daly* wusste im Gegenzug zu verhindern, dass sein Kontrahent einen Sitz im US-Senat erhielt.

Der deutschstämmige **Fritz A. Heinze** trat erst danach in Erscheinung. Er war kein Minenexperte, sondern ein gewiefter Jurist, der sich den bereits vorhandenen Reichtum in Butte zunutze machte, indem er ihn zu seinen Gunsten „umverteilte". Auch er bestach dazu Richter und Juroren. Sein großer Coup war die Durchsetzung des *Apex Law*. Dieses Gesetz besagte, dass dem, der den Austritt einer Edelmetallader auf seinem Claim nachweisen konnte, die gesamte Ader gehöre, also auch die Abschnitte unter anderen Ländereien. Als Spätankömmling besaß *Heinze* gerade diese Randclaims und konnte entsprechend im Kupferpoker mitmischen. Meist verkaufte er seine Anteile für viel Geld.

Heinzes Engagement läutete aber zugleich das **Ende der Hierarchie der Kupferkönige** ein. Seine zerstörerischen Finanzmethoden führten bei den großen Firmen, besonders bei *Dalys Amalgamated Copper Company* (auch als *Anaconda Company* bekannt), zum Umdenken. *Dalys* Firma, hinter der schon seit Jahren *Standard Oil* (*Exxon, Esso*) steckte, hatte bereits das Imperium von *Clark* aufgekauft und begann, die Strukturen weiter zu straffen. Man kaufte schließlich auch *Heinzes* letzte Anteile auf. „The Company" hatte damit in Butte, wenn nicht in ganz Montana, alles in der Hand und wurde von New York aus gesteuert.

Unterkunft/Restaurants

Copper King Mansion B&B $$-$$$, *219 W. Granite St., Butte, ✆ (406) 782-7580, www.thecopperkingmansion.com; fünf luxuriöse Zimmer in 1884 erbautem viktorianischen „Palast" von William Clark, einem der Copper Kings der Stadt.*

Sacajawea Hotel $$-$$$, *5 N. Main St., Three Forks, ✆ (406) 285-6515, www.sacajaweahotel.com; 1910 erbautes, neu renoviertes Hotel mit 31 gemütlichen Zimmern und empfehlenswertem Restaurant sowie eigenem Spa/Wellness-Bereich.*

Grant-Kohrs Ranch National Historic Site

Auf der Weiterfahrt nach Missoula lohnt an der Ausfahrt 184 (ist ausgeschildert) in der Ortschaft **Deer Lodge** ein Halt an der **Grant-Kohrs Ranch NHS**. 1857 hatte hier im Deer Valley der kanadische Trapper *Johnny Grant* damit begonnen, Rinder zu züchten. Nach knapp 10 Jahren grasten auf *Grants* 12.000 ha Weideland über 2.000 Tiere. 1866 verkaufte er die Ranch an den deutschen Immigranten *Conrad Kohrs*, einen Metzger, der sich mit dem Rinderhandel auskannte. *Kohrs* vergrößerte das Imperium, indem er weitere Ranches und Weidegebiete in Idaho, Montana und Wyoming dazukaufte und mit seinem Halbbruder begann, hochwertigere Rinderrassen zu züchten.

Erfolgreiche Viehzucht

Das Ranching war damals noch hart und arbeitsintensiv: Über 1.000 km mussten die Herden teilweise getrieben werden, um gute Weiden zu erreichen, und auch der Abtransport nach Osten war nicht einfach. Die nächste Verladestation befand sich in Cheyenne, WY, später in Miles City, MT. Heute betreibt die Nationalparkbehörde die Ranch als Sehenswürdigkeit, wobei 600 ha davon noch bewirtschaftet werden. Sie vermittelt Besuchern eine gute Vorstellung über die Bedingungen und v.a. die Ausmaße des Ranchgeschäfts im Westen der USA im 19. Jh.

Grant-Kohrs Ranch NHS, *Dear Lodge, I-90 Exit 187, www.nps.gov/grko, tgl. 9–16.30/17.30 Uhr, stündlich Haustouren und „Talks" (frei), $ 5 für Kutschfahrten.*

Abstecher zum Glacier National Park

Wer Zeit hat, kann zwischen Butte und Missoula einen Abstecher zum Glacier NP einplanen. Von Butte erreicht man den beeindruckenden Nationalpark nordwärts auf der I-15 und dann, nördlich der Hauptstadt Montanas **Helena**, auf Hwy. 287 und 89. Durch den Park führt die 80 km lange **Going-to-the-Sun Road** (Hwy. 2). Hat man schließlich den Ort Kalispell westlich des Parks erreicht, geht es über den Hwy. 93 am Flathead Lake vorbei südwärts nach Missoula.

1910 wurde ein über 410.000 ha großes Bergareal im Grenzgebiet zwischen Kanada und den USA als **Glacier NP** unter Schutz gestellt. Etwa 1,8 Mio. Besucher lassen sich Jahr für Jahr von der vielseitigen Berg-, Wald- und Gletscherlandschaft begeistern. Seinen Namen verdankt der Park den Gletschern, deren Abschmelzen zur Folge hatte, dass viele malerische Seen entstanden.

Seenlandschaft

Der NP erstreckt sich an der Ostflanke der Rocky Mountains und umfasst deren in Nord-Süd-Richtung verlaufenden Hauptkamm. Der höchste Berg, der **Triple Divide Peak** mit 2.433 m bildet, wie schon der Name „Dreiteiler" andeutet, zugleich den Wasserscheidepunkt: Die westlich gelegenen Gewässer fließen in das Columbia River System und später in den Pazifik, die nordöstlichen in das Saskatchewan River System und dann in die Hudson Bay, und die südöstlichen in den Missouri River bzw. seine Nebenflüsse, um in den Golf von Mexiko zu münden.

Die Bergwelt Montanas ist ein Paradies für Fliegenfischer

Im Norden, jenseits der kanadischen Grenze, ändert der Park seinen Namen in Waterton Lakes National Park, doch wurde das ganze Areal schon 1932 gemeinschaftlich zum grenzüberschreitenden Naturschutzgebiet, zum **Waterton-Glacier International Peace Park** erklärt. 1976 wurde der Glacier National Park Biosphärenreservat und 1995 ernannte die UNESCO den „Friedenspark" zum Weltnaturerbe.

Die **Flora und Fauna** des Nationalparks entspricht seiner nördlichen Breite und seiner Höhenlage. Die Vegetation variiert stark zwischen dem niederschlagsreichen und dicht bewaldeten Westen und dem eher trockenen Osten. Großtiere wie Elche, Wapiti- und Maultierhirsche sowie Schwarz- und Waschbären sind zahlreich vertreten, vereinzelt Schneeziegen, Biber und Otter und sehr selten Grizzlys.

Die Fahrt auf der **Going-to-the-Sun Road**, die den Naturpark von Südwesten nach Nordosten durchquert, ist atemberaubend, führt durch eine zerklüftete Gebirgslandschaft, geprägt von Wasser und Eis. Hier gibt es nicht nur rund 200 kleine und acht langgestreckte, tiefe größere Seen, sondern auch etwa 50 Gletscher in den Hochlagen.

Glacier NP, *www.nps.gov/glac, $ 25/Pkw, im Winter $ 15, mehrere VCs, u.a.* **Apgar VC** *an der S-Zufahrt, ganzjährig mind. 9–16.30 Uhr; zum Angebot der Region und Unterkünften: www.glacierparkinc.com; mehr Details zum Park siehe Iwanowski's USA Nordwesten.*

Missoula

Weitere 80 mi/130 km auf der I-90 westlich erreicht man **Missoula**, einerseits geprägt von der Holzindustrie, andererseits von der Universität. Mit rund 67.000 Einwohnern ist das Städtchen alles andere als typisch: Hier treffen Studenten, Holzfäller, Schriftsteller, Geschäftsleute, Urlauber, Cowboys zusammen. Gesellschaftliche Veränderungen und neue Moden erreichen Missoula lange vor Helena, Butte oder Billings. Zudem ist Missoula das Zentrum des *Fly Fishing* (Fliegenfischen) und Angler finden optimale Bedingungen vor.

Trendsetter Missoula

Im **Caras Park**, westlich der N. Higgins St., steht der Stolz der Stadt: **The Carousel** *(101 Carousel Dr.)*, ein altes Holzkarussell – überdacht und angeblich das erste seiner Art in Amerika. Sehenswert im Süden der Stadt ist außerdem **Fort Missoula** mit seinem **Historical Museum**. Zwischen 1877 und 1950 befand sich hier eine Befestigungsanlage, von der noch 13 alte Gebäude, darunter eine Kirche, erhalten und zu besichtigen sind. Im Museum geht es um die Bedeutung der Holzindustrie, des Forts und um die frühe Besiedlung im County.
Fort Missoula Historical Museum, *South Ave., www.fortmissoulamuseum.org, Mo–Sa 10–17, So 12–17 Uhr, in der NS Di–So 12–17 Uhr, $ 3.*

Die **Rocky Mountain Elk Foundation** zeigt im kleinen *Wildlife VC* Kunstwerke und andere Ausstellungsstücke zu Wildtieren und deren Lebensweise. Eine ungewöhnliche Attraktion ist, ebenfalls in Flughafennähe, das **Smokejumping Base Aerial Fire Depot**, das Ausbildungszentrum der ***Smokejumpers***. Dieser spezielle Trupp von Feuerwehrleuten springt mit Fallschirmen über abgelegenen, brennenden Waldarealen ab, um im Team gegen die Flammen zu kämpfen. Ein kleines Museum im VC erläutert Ausbildung und Vorgehensweisen der *Smokejumpers* und darüber hinaus werden Führungen durch das Ausbildungszentrum angeboten.

Einsatzkommando gegen Waldbrände

Rocky Mountain Elk Foundation VC, *5705 Grant Creek Rd., www.rmef.org, Mo–Fr 8–17/18, Sa/So 9/10–18 Uhr, frei.*
Smokejumping Base Aerial Fire Depot, *5765 W. Broadway/US 93, direkt hinter dem Flugplatz im W, www.fs.fed.us/fire/people/smokejumpers/missoula, Mai–Sept. tgl. 8.30–17 Uhr, 45-min. Touren, Spende; zu Smokejumpern allgemein: www.smokejumpers.com.*

Reisepraktische Informationen Missoula

Informationen

Missoula CVB, *101 E. Main St., ✆ (406) 532-3250, www.destinationmissoula.org.*

Unterkunft

Goldsmith's Inn $$$, *809 E. Front St., ✆ 1 (866) 666-9945, http://missoulabedandbreakfast.com; am Clark Fork River gelegenes historisches Haus von 1911, einst Wohnhaus des Uni-Präsidenten, mit sieben Zimmern und eigenem Restaurant.*

Restaurants/Einkaufen

Goldsmith's, *s. o.*

Bayern Brewing, *1507 Montana St., www.bayernbrewery.com; Jürgen Knöller hat fern der Heimat eine Brauerei gegründet und braut nach bayerischem Reinheitsgebot; kleiner Laden und Tasting Room mit kleinen (deutschen) Gerichten.*

Iron Horse Brew Pub, *501 N. Higgins Ave.; im alten Bahnhof befindliche gemütliche Kneipe mit hausgebrauten Bieren und reichlich proportionierter, preiswerter Pub-Kost – v.a. Burger, Sandwiches und Salate.*
Two Sisters, *127 W. Alder St., ✆ (406) 327-8438; kreative Gerichte mit frischen, einfachen Zutaten vom Frühstück bis zum Dinner.*

Lesetipp
Norman Maclean, „Aus der Mitte entspringt ein Fluss“ *(verfilmt von Robert Redford mit Brad Pitt); in dem Buch steht das Fly Fishing nahe Missoula im Mittelpunkt, während* **„Junge Männer im Feuer“** *das Schicksal einer Gruppe von Smokejumpers nachzeichnet, die am 5. August 1949 bei einem Waldbrand (Man Gulch Fire) am Missouri River nahe Helena eingeschlossen wurden.*

Coeur d'Alene und das Silver Valley

Von Missoula aus schlängelt sich die Autobahn I-90 über 165 mi/265 km über die Bitterroot Mountains, eine der mächtigsten Bergketten der Rocky Mountains. Dabei passiert man am Lookout Pass, an der Grenze zwischen Montana und Idaho, mit 1.436 m den höchsten Punkt des Routenabschnitts. Nach dem Pass geht es hinab ins **Silver Valley**. Das Tal einschließlich seiner Seitentäler entpuppte sich um 1878 als eines der ergiebigsten Minengebiete der USA, der **Coeur D'Alene Mining District** war geboren. Bis dato wurden Gold, Silber, Blei und Zink im Werte von über $ 5 Mrd. aus dem Boden geholt.

Explosiver Streik

Kellogg, mit rund 2.100 Einwohnern der größte Ort im Tal, hat sich mit einem legendären Minenarbeiterstreik 1899 in den Geschichtsbüchern verewigt. Die Arbeiter hatten einen Lorenzug mit 1.400 kg Dynamit in den Schacht einfahren lassen – die Explosion zerstörte die gesamte Mine. Das benachbarte **Wallace** behauptet stolz von sich, das einzige komplett unter Denkmalschutz stehende Städtchen der USA zu sein. Minentouren, ein Minenmuseum, ein Eisenbahn-, ein Bordellmuseum und alte Minensiedlungen in der Umgebung berichten über die Geschichte. Am Exit 39 liegt zudem die **Cataldo Mission of the Sacred Heart** (*tgl. 9–17 Uhr, $ 5/Pkw*), eine Jesuitenmission von 1853.

Als um 1800 frankokanadische Trapper in der Region mit den hier ansässigen Ureinwohnern verhandelten, nannten sie die unerbittlich feilschenden Indianer **Coeur D'Alene** (frei übersetzt: die „Hartherzigen“). Der Name blieb an der Ortschaft haften, doch kürzen ihn die Einheimischen gern mit „**CDA**“ ab. Den eigentlichen Boom und die offizielle Anerkennung als Stadt 1878 verdankt das 44.000 Einwohner zählende Städtchen reichen Gold- und Silberfunden im *Coeur d'Alene Mining District*. Außerdem war es Sitz eines hier 1878 von General *William Tecumseh Sherman* eingerichteten Militärpostens.

Anschluss an die Eisenbahn

Die ersten transkontinentalen Eisenbahnlinien umgingen zunächst den schön am gleichnamigen See gelegenen Ort und verliefen stattdessen über Sandpoint. CDA wurde durch eine Stichbahn erschlossen, denn sowohl die Minenprodukte und Goldschürfer als auch später die Touristen wollten befördert werden. Heute ist Coeur D'Alene in erster Linie Standort von Holzfabriken und Feriendestination, Letzteres vor allem wegen seiner Lage am Ufer des **Lake Coeur D'Alene**.

Wassersport

Sehenswert im Zentrum ist das **Museum of North Idaho** mit interessanten Abteilungen zur lokalen Geschichte und Geologie. Um die Uferzone des Sees führt eine Promenade, und vom zentralen Steg *(Independence Point)* gehen Bootstouren ab; Paragliding und das Mieten von Kanus sind ebenfalls möglich. Zugehörig ist das **Fort Sherman Museum**, ebenfalls auf dem *North Idaho College Campus*. Nördlich der Stadt, an der US 95 bei Athol, liegt der **Silverwood Theme Park**. Der Vergnügungspark wurde einer alten Minenstadt nachgebaut.
Museum of North Idaho, *115 NW. Blvd., www.museumni.org, Apr.–Okt. Di–Sa 11–17 Uhr, $ 3.*
Silverwood Theme Park, *27843 N. Hwy 95, Athol, www.silverwoodthemepark.com, im Sommer tgl. 11–21/22 Uhr, im Winter nur an Wochenenden, Tagesticket $ 44.*

Reisepraktische Informationen Coeur D'Alene

Information
Coeur D'Alene CVB, *105 N. 1st St., ✆ 1 (877) 782-9232, www.coeurdalene.org.*

Unterkunft
The Roosevelt, A B&B Inn $$-$$$, *105 Wallace Ave., ✆ 1 (800) 290-3358, www.TheRooseveltInn.com; in einem Park gelegenes ehemaliges Schulhaus von 1905, 12 unterschiedlich große Zimmer, Sauna und Whirlpool.*
The Coeur D'Alene Resort on the Lake $$$-$$$$, *115 S. 2nd St., ✆ 1 (800) 688-5253, www.cdaresort.com; modernes Resorthotel mit 340 Zimmern, Restaurant zugehörig; verschiedenste Touren im Angebot, Bootsverleih, Rundflüge u.a.*

Restaurants
Beverley's, *im Coeur D'Alene Resort on the Lake (s. oben). Hervorragende regionale Küche mit Ausblick aus dem 7. Stock des Resorts.*
The Cedars Floating Restaurant, *1 Marina Dr., ✆ (208) 664-2922. Ungewöhnliches Lokal auf dem See mit Ausblick und Fine Dining mit Fisch und Steaks, nicht ganz billig.*

Spokane

Regionales Zentrum

Von CDA ist es auf der I-90 nur ein „Katzensprung" von 30 mi/48 km in den benachbarten Bundesstaat Washington und die Metropole **Spokane**. Als moderne und funktionelle Großstadt mit rasch wachsender Einwohnerzahl (ca. 209.000, im Großraum 470.000) ist Spokane die größte Stadt zwischen Seattle (460 km) und Minneapolis (2.390 km), regionales Wirtschafts- und Verkehrszentrum sowie Universitätsstadt. Der Name der Stadt geht zurück auf lokale Indianer und bedeutet soviel wie „Kinder der Sonne". Seine Gründung verdankt Spokane der geografischen Lage, denn nur hier war es möglich, die Eisenbahntrasse in den 1870er-Jahren durch die Berge hindurchzubauen. Die Wurzeln der Stadt reichen allerdings viel weiter zurück: Schon 1810 hatte die *Northwest Fur Company* am Little Spokane River, heute rund 15 km vom Zentrum entfernt, einen Handelsposten errichtet – die **erste nicht-indianische Siedlung** im Nordwesten.

Erst um 1870 entwickelte sich eine Siedlung an den Spokane Falls. Dank der Eisenbahn, der Goldfelder im Osten bei Coeur D'Alene und eines großen Sägewerks an den Wasserfällen wuchs der Ort rasch heran und wurde **1872 zur Stadt** erhoben. Ein einschneidendes Ereignis war ein **Großbrand 1889**, der fast die ganze Stadt vernichtete – doch der Wiederaufschwung war nicht aufzuhalten. 1974 Austragungsort der **EXPO 1974**, hat man diesem Event u.a. den Riverfront Park in der Innenstadt zu verdanken.

Universität

Spokane gilt für die Bewohner Nord-Idahos, Nordwest-Montanas und des Südens von British Columbia als „**The Big City**". Die *Gonzaga University* sorgt für eine bunte Studentenszene mit Straßencafés, Kneipen und entsprechenden Shops. Um den Wintertemperaturen zu trotzen, wurden in der Innenstadt wichtige Bauten und Geschäfte durch ein geschlossenes System von *Skywalks* miteinander verbunden.

Stadtrundfahrt

Am besten folgt man dem **City Drive** (Plan im VC, braun-weiße Schilder in Pfeilform) über etwa 50 km durch die Stadt und ihre nähere Umgebung. Der **Riverfront Park** liegt nördlich der Innenstadt, nahe der Main Street. Hier beginnt nicht nur der **Centennial Trail**, ein Wander- und Fahrradweg, der nach Idaho führt, sondern ist auch für Freizeitvergnügen gesorgt. Vor 1970 galt dieses Parkareal noch als das Industriegebiet der

Spokane, die größte Stadt zwischen Seattle und Minneapolis, nennt sich stolz „The Big City"

Stadt mit großem Rangierbahnhof, heute sind in **The Flour Mill** (*W. 621 Mallon St.*), eine Getreidemühle von 1890, Boutiquen, Shops und Restaurants eingezogen.

Wasserfälle und Lokalgeschichte

Die **Spokane Falls** – Wasserfälle – kann man am besten von der Monroe St. Bridge aus, westlich des Parks und nahe der City Hall, bewundern. Das **Northwest Museum of Arts & Culture**, westlich der Innenstadt, gibt Informationen zur Lokalgeschichte und zu den hier lebenden Indianern; angeschlossen sind eine kleine Kunstgalerie und das *Campbell House*, eine Villa von 1898. Im Nordosten der Innenstadt, am Flussufer, liegt der Campus der **Gonzaga University** (*www.gonzaga.edu*) und hier lohnen zwei Attraktionen: Die **Bing Crosby Collection** – ein Muss für Fans des Sängers und Schauspielers – und das **Jundt Art Museum** für Kunstfreunde.
Northwest Museum of Arts & Culture, *W. 2316 1st Ave., www.northwestmuseum.org, Mi–So 10–17 Uhr, $ 7.*

Reisepraktische Informationen Spokane

Information

Spokane Regional CVB, *801 W. Riverside Ave., ✆ (509) 624-1341.*
Spokane Regional Visitor Information Center, *201 W. Main Ave., ✆ (509) 747-3230, www.visitspokane.com, tgl. 9–17 Uhr.*

Unterkunft

Marianna Stoltz House B&B $$$, *427 E. Indiana, ✆ (509) 483-4316, www.mariannastoltzhouse.com; 1908 erbautes, denkmalgeschütztes Haus mit großem Garten nahe Uni und Downtown; vier unterschiedliche Zimmer, inkl. Frühstück.*
The Davenport Hotel & Tower $$$, *10 S. Post St., ✆ 1 (800) 899-1482, www.davenporthotelcollection.com; mitten in der Stadt gelegenes altehrwürdiges großes Hotel von 1917 mit geräumigen und bestens ausgestatteten Zimmern.*

Restaurants

Frank's Diner, *1516 2nd Ave.; klassischer Diner in einem umgebauten alten Eisenbahnwagen von 1906, preiswert und gut!*
Milford's Fish House, *719 N. Monroe St., ✆ (509) 326-7251; in dem alten Lager-/Kaufhaus von 1925 sind v.a. die Fischgerichte empfehlenswert.*
Steam Plant, *159 S. Lincoln St., ✆ (509) 777-3900; im ehemaligen Kraftwerk gelegener gemütlicher Pub, in dem die Biere der Coeur d'Alene Brewing Company ausgeschenkt werden.*

Einkaufen

Das größte Einkaufszentrum, die **Northtown Mall** *(www.northtownmall.com) mit rund 170 Läden und Filialen von Macy's, JC Penney und Sears, liegt nördlich der I-90 am US Hwy. 2/395 (Wellesley/Division St.).*
Hillyard District, *Market St., zwischen Wellesley-Francis St.. Im ehemaligen Eisenbahnerviertel locken v.a. Antiquitäten- und Secondhand-Shops.*

Sport

Berühmt ist die **Basketball-***Mannschaft der Gonzaga University, eine der besten der USA, Infos und Tickets: www.gozags.com.*

Routenhinweis

Von Spokane nach Seattle hat man die Wahl zwischen zwei ungefähr gleich langen Strecken:

① Auf dem **nördlicheren Hwy. 2** (300 mi/480 km) geht es durch eine landschaftlich reizvolle Gegend mit vielen Seen. In **Grand Coulee** entstand Mitte der 1930er ein Staudamm, der den Columbia River und Nebenflüsse zum schmalen und gewundenen Franklin Roosevelt Lake aufstaut, der ganze 200 km lang ist. Der Damm ist mit 168 m Höhe und 1.592 m Länge imposant, selbst im Vergleich zum Hoover Dam. Weiter auf dem Hwy. 2 gelangt man nach **Wenatchee**, das sich „Apple Capital" (Apfelhauptstadt) nennt. Von Bergen, Flüssen und Seen umgeben, ist der Ort zugleich beliebtes Ziel für Sommerfrischler und Wintersportler. In **Leavenworth** haben Emigranten aus Österreich und Deutschland ein Stück Alpen in den amerikanischen Westen verpflanzt. In **Monroe** verlässt man den Hwy. 2 und legt die letzten 30 mi/48 km bis Seattle in südwestlicher Richtung (Hwy. 522 und I-405) zurück.

② Der schnellste Weg nach Seattle verläuft über die **I-90**. Nachdem man den mächtigen Columbia River überquert hat, geht die Autobahn über die Kaskadenberge und führt direkt nach Seattle (290 mi/465 km).

Der Weg nach Seattle führt durch das Kaskadengebirge

Südroute entlang dem Oregon Trail

Die südliche Routenvariante verlässt den Yellowstone NP durch den Westzugang bei West Yellowstone auf dem Hwy. 20 und führt westwärts nach Idaho. Der Hwy. 20 verläuft über **Idaho Falls** weiter nach Westen zum **Craters of the Moon National Monument** (ca. 200 mi/320 km) in eine ganz andere Landschaft.

Redaktionstipps

Sehens- und Erlebenswertes

▶ Der **Hells Canyon** (S. 406), der tiefste Canyon in Nordamerika, gilt als „Grand Canyon des Nordwestens", das naheliegende **Wallowa Valley** (S. 407) ist ein wenig bekanntes landschaftliches Juwel.

▶ Ein Erlebnis ist das **Pendleton Round-Up** (S. 402), eine Mischung aus (Profi-)Rodeo und Powwow, Kunsthandwerksmarkt und Wildwest -Show, Cowboys und Indianern.

▶ Das **Tamastslikt Cultural Institut** in Pendleton (S. 403) gilt als eines der besten Indianermuseen.

▶ Atemberaubende Einblicke in die Berg- und Vulkanwelt der Kaskaden gibt der **Mt. Rainier NP** (S. 410).

Übernachten

▶ Traumhaft gelegen im Wallowa-Tal ist das **Bronze Antler B&B** (S. 407).

Restaurants

▶ Pendelton lohnt nicht nur wegen des Rodeos einen Stopp, **Hamley Steakhouse & Saloon** und **Raphael's** (S. 404) bieten ausgezeichnete Gerichte.

Einkaufen

▶ In den **Pendleton Woolen Mills** (S. 404) gibt es jene bunt gewebten Wolldecken (auch preiswerte zweite Wahl), die seit Generationen besonders von den Indianern geschätzt werden.

Craters of the Moon National Monument

Im Crater of the Moon NM begann vor 15.000 Jahren die Erdkruste auf einer Länge von knapp 100 km aufzubrechen, das **Great Riff** entstand und ließ durch den Bruch bis vor 2000 Jahren enorme Lavaströme austreten. Dies war als Warnsignal dafür zu werten, dass nicht nur die geografisch bekannten Vulkane eine Gefahr darstellen, sondern auch entlang den Verwerfungszonen Aktivität herrscht – wie das Erdbeben am *Borah Peak* 1983 bewies. Damals erschütterte ein Beben der Stärke 7,3 die Region, eines der schwersten auf dem nordamerikanischen Kontinent im 20. Jh. Der Berg wuchs innerhalb von 40 Sekunden um 15 cm, das angrenzende Tal senkte sich zugleich um 22 cm ab.

Ein Gebiet von über 200 km² verhärteter Lava ist hier am US Hwy. 20 als National Monument ausgewiesen. Lavatunnel, bizarre Bögen *(Natural Bridges)*, Schlackekegel und Lavafelder sind Relikte der erschreckenden Signale der Erde. Den Namen erhielt das Monument, weil die Oberfläche aus der Ferne wie die Mondoberfläche aussieht. Passenderweise nutz(t)en Astronauten das Areal als Trainingsgelände. Dennoch ist die Region nicht lebensfeindlich: Besonders im Frühjahr sprießen und blühen an die 300 Pflanzenarten und locken 2.000 Insekten- und 148 Vogelarten an.

Erste Anlaufstation sollte das **Robert Limbert VC** am US Hwy. 20 westlich der Ortschaft Arco sein. Hier gibt es Auskünfte und Infos, dazu einen instruktiven Film.
Crater of the Moon NM, *Hwy. 20, tgl. 8–16.30/18 Uhr, www.nps.gov/crmo, $ 8/Pkw.*

Routenhinweis

Weiter geht es auf dem Hwy. 20 bis **Carey**, dann auf dem Hwy. 93 südwärts bis **Twin Falls**, wo ein Blick auf den mächtigen Snake River und das enge Flusstal lohnt. Hier stößt die Route erstmals auf den **Oregon Trail**, dem man nun nach Oregon folgt. Zunächst erreicht man nach 130 mi/210 km die Hauptstadt Idahos, Boise.

info

Der Weg ins „Gelobte Land"

Bereits unter den ersten Siedlern, die sich im 17. Jh. an der Ostküste niederließen, befanden sich viele Unruhegeister, die neugierig ihren Blick gen Westen richteten. Ihnen ist es zu verdanken, dass sich die *Frontier* - die Grenze zwischen der europäisch-„zivilisierten" und der indianisch-„unzivilisierten" Welt - allmählich westwärts verschob. Es war 1803, als US-Präsident *Thomas Jefferson* mit dem **Louisiana Purchase** das Schicksal der jungen Nation schlagartig veränderte: Für nur 15 Mio. Dollar hatte er damals *Napoleon* den riesigen, weitgehend unbekannten Landstrich zwischen Mississippi und Rocky Mountains abgekauft.

Horace Greeley (1811-72), Gründer der „New York Tribune" und einer der politisch einflussreichsten Männer seiner Zeit, soll die Parole *„Go West, young man!"* aufgebracht haben, die schnell zum Lockruf für Abenteurer, Händler und Siedler wurde. An die verschiedenen, von den Siedlern eingeschlagenen Wege ins „Gelobte Land" erinnert heute eine Reihe von

Mit Planwagen zogen die ersten Siedler über den Oregon Trail in den Nordwesten

info

Trails, die dem *National Park Service* unterstehen: der **Oregon Trail**, der **California Trail** und der **Mormon Pioneer Trail**. Zwischen einer halben und einer Million Menschen sollen die **Trails nach Westen** im Laufe des 19. Jh. eingeschlagen haben - die größte, freiwillige Völkerwanderung der Menschheitsgeschichte! Wie viele davon letztlich am Ziel angekommen sind, liegt ebenso im Dunkeln wie genaue Zahlen. Dabei stellten jedoch weniger die angeblich so wilden Indianer die Hauptgefahr dar, vielmehr waren es Krankheiten wie Cholera, Erschöpfung, Unfälle, Mangelernährung oder verseuchtes Wasser.

Für die gesamte **Strecke von über 3.000 km** benötigten die Siedler bei einer durchschnittlichen Tagesetappe von 20 km etwa sechs Monate (Ruhephasen und Zwischenfälle eingerechnet), wobei man möglichst im April startete, um vor der einsetzenden Kälte im Herbst das Ziel zu erreichen und rechtzeitig vor Wintereinbruch ein Dach über dem Kopf zu haben. Für viele hieß das Ziel **Oregon**. Im Frühjahr 1841 war ein erster Treck von Independence/Missouri nach Kalifornien aufgebrochen, zwei Jahre später folgten rund 1.000 Siedler in den Fußstapfen der Missionare *Marcus Whitman* und *Henry Spalding* nach Nordwesten. Bis zur Westseite der Rocky Mountains verliefen die Routen gleich, erst westlich des heutigen Pocatello/Idaho trennten sich **California** und **Oregon Trail**. Letzterer folgte dem Snake River nordwestwärts nach Oregon.

Boise

Boise verdankt seinen Namen französischen Trappern, die bereits im späten 18. Jh. die Bäume in der Talsenke bewunderten und den Platz als „*boisé*", „bewaldet", bezeichneten. Gegründet wurde die Stadt jedoch erst 1863, nachdem ein Jahr zuvor Gold- und Erzsucher in der Region fündig geworden waren. Schon ein Jahr später wählte man den Ort, der sich schnell zum Zentrum der nahen Minenregion entwickelt hatte, zur neuen Hauptstadt des Idaho-Territoriums – und **1890** zur **Bundeshauptstadt**.

Zentrum der Minenregion

Nach dem Minenboom etwas in Vergessenheit geraten, hat sich die Stadt mittlerweile gemausert, die Einwohnerzahl ist auf über 205.000 angestiegen, und im Großraum leben über eine Viertelmillion Menschen. Boise verfügt zudem über ein angenehmes Klima, viel Grün und die *Boise State University* mit entsprechender Infrastruktur.

Die **O'Farrell Cabin** von 1864 auf der Fort Street zählt zu den ältesten Bauten der Stadt. Das Stadtbild dominiert jedoch das wenige Blocks südlich gelegene **State Capitol**, das inzwischen von Hochhäusern überragt wird. Es wurde zwischen 1905 und 1920 erbaut. Das nahe gelegene **Basque Museum & Cultural Institute** mag kurios anmuten, macht aber deutlich, dass gerade hierher viele Basken ausgewandert sind.

Immigranten aus dem Baskenland

State Capitol, *700 W. Jefferson/W. State/6th/8th St., www.capitolcommission.idaho.gov, Mo–Fr 6–18, Sa/So 9–17 Uhr, frei.*
Basque Museum & Cultural Institute, *611 Grove St., www.basquemuseum.com, Di–Fr 10–16, Sa 11–15 Uhr, $ 5.*

An der Ecke N. 8th/Broad St. befindet sich verteilt auf alte Lagerhäuser das Shoppingcenter **8th Street Marketplace** mit zahlreichen Spezialitätengeschäften. Es bildet das Zentrum von **BoDo, Bo**ise **Do**wntown, das Shoppingareal in der Innenstadt zwischen

Main und Front, 14th und 4th St. Hauptattraktion der Innenstadt ist der **Julia Davis Park** (Zufahrt über Capitol Blvd.) mit dem **Boise Art Museum /BAM** an der westlichen Schmalseite. Dort lohnen v.a. die Wechselausstellungen und die Kunstwerke des amerikanischen Realismus.
Boise Art Museum /BAM, *670 N. Julia Davis Dr., www.boiseartmuseum.org, Di–Sa 10–17, So 12–17 Uhr, $ 5.*

Ein Stückchen weiter, südöstlich der Innenstadt am Boise River Greenbelt, befindet sich das **Morrison Knudsen Nature Center**, das verschiedene Ökosysteme Idahos inklusive Flora und Fauna großflächig und mit Trails demonstriert.
Morrison Knudsen Nature Center, *600 S. Walnut St., http://fishandgame.idaho.gov/public/education/?getPage=234, VC Di–Fr 9–17, Sa/So 11–17 Uhr, frei.*

Reisepraktische Informationen Boise

Information
Boise CVB, *1199 Main St., ✆ (208) 344-7777, www.boise.org.*

Unterkunft
A JJ Shaw Historic B&B $$-$$$, *1411 W. Franklin St., ✆ (208) 344-8899, www.bnblist.com/id/shaw/; gemütliche 6-Zimmer und ungewöhnliche Suite im Dachgeschoss eines 1907 erbauten Hauses; zentral gelegen, modern ausgestattet, gutes Frühstück inklusive.*
Grove Hotel $$$-$$$$, *245 S. Capitol Blvd., ✆ (208) 333-8000, www.grovehotelboise.com. Tophotel der Stadt mit der Eleganz eines alten Grandhotels.*

Restaurants/Nightlife
Ram Restaurant & Brewing Co., *709 E. Park Blvd.; Sports Bar mit hausgebrautem Bier, große Auswahl an Burgern, Sandwiches und Salaten, preisgünstig.*
Goodwood Barbecue Co., *7849 W. Spectrum St., ✆ (208) 658-7173. Wer BBQ mag, ist hier richtig – Smoked Prime Ribs probieren!*
Big Easy Concert House & Bourbon Street Saloon, *416 9th St.; Livemusik und dazu Südstaatenküche mit würzigen Cajun-Gerichten.*
Table Rock Brewpub & Grill, *705 Fulton St.; Bier, Pubkost und Liveunterhaltung. Happy Hour!*

Einkaufen
8th Street Marketplace, *8th St., www.8thstreetmarketplace.com. Viele Spezialgeschäfte mitten in Downtown.*
Boise Outlets, *6806 S. Eisenman Rd., I-84 Exit 57 Gowen Rd., www.boisefactoryoutlets.com; mehr als 40 Läden mit Schnäppchen in Hülle und Fülle.*

Sport
Berühmt ist die Football-Mannschaft der lokalen Boise State University, eine der besten der USA, Infos und Tickets: www.broncosports.com.

Über die „Blauen Berge"

Die I-84 folgt dem alten Siedlertreck, dem **Oregon Trail**. Etwa 130 mi/200 km nordwestlich von Idaho, schon im Bundesstaat Oregon, kann sich man in der Ortschaft **Baker City** näher über den Oregon Trail informieren. Am östlichen Ortsrand erinnert das moderne, höchst sehenswerte **Oregon Trail Interpretive Center** eindrucksvoll an jene Siedlerzüge, und im Freien kann man sogar die alten Wagenspuren, in den Fels eingekerbt, noch erkennen.

Berühmtheit erlangte Baker City jedoch, als man 1862 in den nahen Blue Mountains – einer Bergkette, die sich zwischen die Hochwüsten des Columbia Plateau im Norden und das Great Basin im Süden schiebt – Gold fand. Der Ort wurde zum Versorgungszentrum und erlebte einen ungeahnten Boom. Daran erinnert heute die schmucke Innenstadt mit ihrer Main Street und dem liebevoll renovierten, majestätischen **Geiser Grand Hotel** (s. unten).

Goldboom

Oregon Trail Interpretive Center, *22267 OR Hwy. 86, I-84, Exit 302, www.blm.gov/or/oregontrail, tgl. 9–16/18 Uhr, $ 8 (NS: $ 5).*

Nur etwa 44 mi/70 km weiter nordwestlich liegt **La Grande**, das seinen Namen den ersten Siedlern verdankt, die von dem hier herrschenden Klima und der grandiosen Kulisse angetan waren. Obstanbau und Viehzucht sind die Haupteinnahmequellen, aber auch das kleine *Eastern Oregon State College* prägt den Ort mit.

Die Wallowa Mountains, Teil der „Blauen Berge", waren einst Heimat der Nez-Perce-Indianer

Durch die Bergwelt

Die Fahrt auf der I-84 zwischen La Grande und **Pendleton** (ca. 50 mi/80 km) zählt zu den landschaftlich schönsten Strecken Oregons. Gemächlich windet sich die Autobahn in weiten Kehren hinauf in die **Blue Mountains**, die „Blauen Berge", wobei der fast 2.000 m hohe **Mt. Emily** immer im Blick bleibt. Bei Hilgard Junction (I-84 Exit 252) hat man die Passhöhe erreicht. Im Südwesten liegt ein von den Wäldern des *Wallowa Whitman NF* umgebenes Hochplateau, im Osten breitet sich das *Grande-Ronde*-Hochtal mit der Ortschaft La Grande aus, dahinter die bis zu 3.000 m hohen Gipfel der **Wallowa Mountains** und im Norden der Mt. Emily.

Jedes Jahr Mitte September verwandelt sich **Pendleton**, ein sonst eher verschlafenes Provinznest im Nordosten Oregons, in ein Tollhaus: Dann findet nämlich eines der bedeutendsten Rodeos in Nordamerika, das legendäre **Pendleton Round-Up** (Arena im Westen der Stadt, 1205 SW. Court Ave.) statt. Zu den rund 16.000 Einwohnern stoßen dann rund 50.000 Besucher und vier Tage lang gibt es nur ein Thema: **Rodeo**.

Geburt des Pendleton Round-Up

Pendleton liegt auf kargem Land, umgeben von riesigen Weideflächen. Der Horizont scheint bis zu den **Blue Mountains** im Osten zu reichen. Die Landwirtschaft und ein unerschütterlicher *Frontier Spirit* prägen seit Generationen diese Region: 1909 hatte man erstmals zur Ablenkung vom harten Farmalltag ein Fest mit *Bronc Riding*, Pferderennen, einem *Powwow* (Indianertreffen) und anderen Cowboy-Vergnügungen gefeiert. Die Be-

Das Tamástslikt Cultural Institute gehört zu den besten „Indianermuseen" Amerikas

wohner waren begeistert und 1910 entschloss man sich, dieses Round-Up regelmäßig im September, nach der Ernte, abzuhalten. An die Geschichte wird in der **Round-Up & Happy Canyon Hall of Fame** gegenüber der Rodeo-Arena erinnert.
Round-Up & Happy Canyon Hall of Fame, *1114 SW. Court St., http://pendleton roundup.com/about/hall-of-fame, Mo–Sa 10–16 Uhr, $ 5.*

Doch Pendleton besteht nicht nur aus Cowboys und -girls, Rodeo und Wildwest, dazu liegt das Städtchen viel zu nahe an der Reservation dreier verwandter Indianerstämme, der **Confederated Tribes** *(www.umatilla.nsn.us)* – **Umatilla, Cayuse und Walla Walla** – mit rund 2.400 Mitgliedern. Bereits Mitte des 19. Jh. war die Reservation entstanden, aber erst in den letzten Jahren sorgen die Einnahmen von **Wildhorse Resort & Casino** und **Tamástslikt Cultural Institute**, beide östlich des Ortes an der I-5 (Exit 216) gelegen, für eine verbesserte Infrastruktur und wachsenden Wohlstand.

Hochinteressantes Kulturzentrum

Gerade das **Tamástslikt Cultural Institute** ist ein Muss, es gehört zu den besten Indianermuseen der USA. *Tuh-must-slikt* heißt „umdrehen, aufdecken", frei übersetzt „entdecken". Kaum hat man das luftige Foyer verlassen, gibt im Coyote Theater *Tspilyáy*, der „gewitzte Kojote", mittels modernster Sound- und Lichttechnik eine Einführung in die Welt der drei Indianervölker. Die spiralförmig angeordneten Ausstellungsbereiche beschäftigen sich dann mit Hilfe von Modellen, Nachbauten und Originalstücken mit den Fragen *Who we were, Who we are* und *Who we will be*. Dazu gehören außerdem ein Freiluftdorf mit Demonstrationen im Sommer und das Kinship Café mit ungewöhnlichen indianischen (und anderen) Spezialitäten sowie ein gut sortierter Laden mit Büchern, CDs und echtem indianischen Kunsthandwerk.
Tamástslikt Cultural Institute, *72789 Hwy. 331, I-84 Exit 216, www.tamastslikt.org, tgl. 9–17 Uhr, im Winter So geschl., $ 8, mit Café, Shop und Living Culture Village.*

Reisepraktische Informationen Baker City und Pendleton

Information

Eastern Oregon Visitors Association, *✆ 1 (800) 332-1843, www.visiteastern oregon.com.*

Unterkunft

Wildhorse Resort & Casino $$-$$$, *72777 Hwy. 331 (I-84 Exit 216), ✆ 1 (800) 654- 9453, www.wildhorseresort.com; Hotel-Casino-Komplex der Confederate Tribes mit gutem Service und komfortabler Ausstattung der großen, renovierten Zimmer. Pool und zugehöriger RV Park sowie Golfplatz.*
Geiser Grand Hotel $$$, *Main/Washington St., Baker City, ✆ 1 (888) 434-7374, www.geisergrand.com; erschwingliches Luxushotel in historischem Haus mitten in Downtown, mit alter Bar und Toprestaurant. Mit Antiquitäten ausgestattete, große helle Zimmer.*
Pendleton House B&B $$$, *11 N. Main St., Pendleton, ✆ (541) 276-8581, www.pendletonhousebnb.com; 6 individuell ausgestattete Zimmer in einem renovierten alten Wohnhaus, Frühstück und persönliche Betreuung inklusive.*

Restaurants

Geiser Grill, *im Geiser Grand Hotel Baker City, tgl. Lunch & Dinner. Chefkoch Reichenbach verwendet lokale Produkte und zaubert hervorragendes Prime Rib, Lachs oder Corned Beef Hash.*

Hamley Steakhouse & Saloon, *SW. Court/Main St., Pendleton, ✆ (541) 278-1100, http://hamleysteakhouse.com; Wildwestatmosphäre, Supersteaks und Prime Rib!*

Plateau, *Wildhorse Resort&Casino, s. oben; kreative Northwest-Küche, Kobe-Rind, Lachs u.a. Delikatessen.*

Einkaufen

Hamley's, *30 SE. Court Ave., Pendleton, www.hamleyco.com; seit 1905 existierende legendäre Sattlerei, heute auch Westernwear und Accessoires aller Art.*

Pendleton Woolen Mills, *1307 SE. Court Place, Pendleton, www.pendleton-usa.com, auch Touren durch die Produktionsstätte; seit über 100 Jahren werden hier qualitativ hochwertige, farbenfrohe Wollstoffe v.a. zu prächtigen Decken, aber auch zu Kleidung verarbeitet. Bei den Indianern gelten die Decken als besondere Geschenke oder Preisgaben. Im Shop gibt's auch günstige, leicht fehlerhafte Ware!*

Veranstaltungen

Pendleton Round-Up, *http://pendletonroundup.com. Alljährlich in der zweiten Septemberwoche stattfindendes traditionsreiches Rodeo mit Powwow (Tanz, Trommelwettbewerbe), Tipi-Dorf, Kunsthandwerks- und Imbissständen.*

Happy Canyon Night Show, *während des Round-Up Mi–Sa 20 Uhr Aufführungen im Open-Air-Theater, Tickets: ✆ (541) 276-2553; historisches Theaterstück, das mit öffentlichem Tanz und Barbetrieb endet.*

info

Let'er buck! – Rodeo, der Nationalsport der Cowboys

Plötzlich herrscht Stille im weiten Rund der Arena und die Anspannung wächst, dann schnellt das Holzgatter zur Seite und der Brahma-Bulle springt wie vom Teufel besessen aus der engen Box. Doch der Cowboy auf seinem Rücken lässt sich nicht abschütteln. Sekundenlang klebt er wie eine Klette auf dem wilden Stier und die Zuschauer sind aus dem Häuschen: *„Let'er buck! Let'er buck!"*.

Rodeos gehören in den Städten und Ortschaften des Nordwestens zwischen Frühjahr und Herbst zum Alltag, schließlich ist Rodeo der **Nationalsport der Cowboys**. Schon zur Blütezeit in der zweiten Hälfte des 19. Jh. gönnte man sich an Wochenenden auf den Ranches und in den Ortschaften etwas Ablenkung vom harten Farmalltag mit Pferderennen und anderen Geschicklichkeitswettbewerben. Zu Beginn des 20. Jh. entwickelten sich daraus feste Rodeo-Wettbewerbe. Zu den Legendärsten gehören das 1909 erstmals ausgetragene **Pendleton Round-Up**, die seit 1912 den ganzen Westen in den Bann ziehende **Calgary Stampede** oder die als *Daddy of 'Em All* bezeichneten **Cheyenne Frontier Days**.

Längst sind die Wettbewerbe mehr als nur ein Freizeitspaß für übermütige, junge Cowboys. Rodeo ist zum **Berufssport** geworden und die Teilnehmer sind in der *Professional Rodeo Cowboys Association* (PRCA, www.prorodeo.com) organisiert. Da es Preisgelder von insgesamt $ 150.000 und mehr zu gewinnen gibt, finden sich die besten professionel-

Warten auf den Start beim Pendleton Rodeo

len Rodeo-Cowboys aus den ganzen USA - v.a. aus Nebraska, Idaho, Texas, Arizona und Oklahoma -, Kanada und sogar Australien zu den Wettbewerben ein. In rund 40 US-Bundesstaaten werden **jährlich über 600 Rodeos** in verschiedenen Klassen veranstaltet. Die besten Rodeo-Cowboys treffen sich im Dezember **zum großen Finale in Las Vegas**.

Publikumsmagneten sind dabei das **Bareback** und **Saddle Bronc Riding** - auf wilden Mustangs mit und ohne Sattel - sowie das **Brahma Bull Riding** (wilde Stiere), doch das fachkundige Publikum weiß auch die „harmloseren“ Disziplinen zu schätzen, z.B. das **Calf** und **Steer Roping**, wo ein Kalb bzw. junger Stier von einem Cowboy oder einem Team möglichst schnell zu Pferd gefangen und gefesselt wird. Zu den härtesten Disziplinen zählt das **Steer Wrestling**: Aus vollem Galopp wirft sich der Cowboy - der *bulldogger* - auf einen jungen Stier, packt ihn bei den Hörnern und wirft ihn zu Boden. Einst waren in Pendleton auch Frauen an allen Disziplinen beteiligt, heute betreten sie nur mehr zum **Barrel Race** die Arena und sind sonst in der Women's Professional Rodeo Association (WPRA) zusammengeschlossen. Beim Barrel Race gilt es, möglichst schnell einen Parcours um drei Fässer abzureiten.

Lesetipp

Ken Kesey, *Last Go Round (1994), erzählt von den frühen Jahren des Pendleton Round-Up und den ersten Stars, dem Nez-Perce-Indiander Jackson Sundown, dem Afroamerikaner George Fletcher und dem Südstaatler J.E. Lee Spain.*

Hells Canyon Scenic Byway

Zwischen Baker City und La Grande bietet sich in den Sommermonaten eine Alternativroute von etwa 220 mi/350 km über den sogenannten **Hells Canyon Scenic Byway** (*http://hellscanyonbyway.com bzw. http://byways.org/explore/byways/2145*) an: Es geht auf dem Hwy. 86 zum Hells Canyon und von dort auf der (im Winter gesperrten) NF Rd. 39 ins traumhaft gelegene Wallowa Valley. Von hier aus führt der Hwy. 82 zurück zur I-84 bei La Grande.

Schlund zur Hölle

Hat man über die Route 39 durch den Whitman NF die östlichen Ausläufer der Wallowa Mountains überquert und das Wallowa Valley erreicht, versteht man die Wut der Nez Perce-Indianer über ihre Vertreibung, die unter Chief *Joseph* 1877 in die Geschichtsbücher einging. Eine gewaltige Bergkulisse – „**Little American Alps**" genannt –, erhebt sich im Südwesten des Wallowa-Tals, im Rücken hingegen erstreckt sich Hochwüste. Und dort öffnet sich die Erde wie der Schlund zur Hölle im Hells Canyon.

Der **Hells Canyon** ist ein Abenteuer für sich – er wird gern mit dem Grand Canyon verglichen. Dessen majestätische Ausmaße erreicht er zwar nicht, obwohl er an seiner höchsten Kante, zwischen *Hells Devil Mountain* und *Granit Creek*, 2.400 m steil zum Snake River abfällt und damit so tief ist wie kein anderer Canyon in Nordamerika. Auch der **Oxbow Dam** (Hwy. 86) ist beeindruckend (110 m hoch). Der spektakulärste Teil des Hells Canyon erstreckt sich jenseits der Staumauer nordwärts und kann zu Fuß oder Pferd erkundet oder mit dem Jet Boat befahren werden.

Das Wallowa Valley ist die Heimat einer Stammesgruppe der Nez-Perce-Indianer

Das **Wallowa-Tal** erinnert an einen Garten Eden. Bäche, Seen, Wälder und Wiesen waren bis 1877 die Heimat der *Wallowa Nez Perce*. Inzwischen sind Nachkommen der damals vertriebenen Indianer zurückgekehrt und haben am Rand der kleinen Ortschaft **Wallowa** ein großes Stück Land für das *Wallowa Band Nez Perce Homeland Project (mit kleinem VC, www.wallowanezperce.org)* erworben – ein spirituelles und gemeinschaftliches Zentrum der Indianer, das infrastrukturell ausgebaut werden soll. Hier findet jedes Jahr im Juli ein großes Fest, die *Tomkaliks Celebration*, statt. Dieses ist Teil der **Chief Joseph Days**, während der die Erinnerung an den berühmtesten Bewohner des Tals gefeiert wird, den Nez-Perce-Führer *Hinmaton-yalatkit* (Donner-der-über-das-Land-rollt), besser bekannt als *Chief Joseph* (1840–1904).

Neues Zentrum der Indianer

Blickt man vom Tal auf die Wallowa Mountains kann man an einem der Bergabhänge mit etwas Fantasie die Züge des legendären Häuptlings erkennen – deshalb wird der Berg auch **Chief Joseph Mountain** genannt. Auch der Hauptort des Wallowa Valley ist nach dem Nez-Perce-Führer benannt: **Joseph**. Obwohl mit knapp 1.000 Einwohnern eher klein, ist die Gemeinde bekannt für ihre Künstlerateliers und Bronzegießereien – wie man entlang der Main Street anhand der aufgestellten Bronzeskulpturen erkennen kann.

Zu den ungewöhnlichen Künstlern im Tal gehört *Roger McGee*, der in der kleinen Ortschaft **Enterprise** lebt. Der Chactaw-Indianer hält in seinem Atelier eine alte indianische Tradition aufrecht: den Flötenbau. Er stellt aber nicht nur Flöten her, er gehört auch zu den bekannten indianischen Flötenspielern *(www.wind-dancer-flutes.com/meet_the_artist.htm)*.

Traditioneller Flötenbau

Für Geologen hat der Landstrich noch eine andere Besonderheit auf Lager: Um den **Wallowa Lake** hat sich die Endmoräne eines Gletschers erhalten, die in ihrer ungestörten Erhaltung als geologisches Wunderwerk gilt.

Reisepraktische Informationen Wallowa Valley/Joseph

Information

Wallowa County Chamber of Commerce, *309 S. River St., Enterprise, ✆ (541) 426- 4622, www.wallowacountychamber.com, www.wallowalake.net.*

Übernachten

Bronze Antler B&B, *309 S. Main St., Joseph, ✆ (541) 432-0230, www.bronzeantler.com; Heather Tyreman und Bill Finney, die lange Zeit in Deutschland gelebt haben, haben ein Wohnhaus zum B&B umgestaltet, der besondere Tipp ist das angebaute kleine Gästehaus mit futuristischem Badezimmer.*

Wallowa Lake Resort, *84681 Ponderosa Lane, Joseph, ✆ (541) 432-2391, www.wallowalakeresort.com. Gästezimmer aber auch Cabins und Ferienhäuser in traumhafter Seelage.*

Restaurant/Einkaufen

Calderas, *300 N. Lake St., Joseph, ✆ (541) 432-0585; gemütliches Lokal, in dem regionale saisonale Produkte kreativ zubereitet und zwischen Kunstwerken serviert werden.*

Lamb Trading Co., *203 N. Main St., Joseph, „General Store", in dem es fast alles gibt.*

info

Die NiMiiPuu und Chief Joseph

Über die Vorurteile vom „schmutzigen Wilden“ können die *Nez Perce* wie viele Indianer nur den Kopf schütteln. Der stolze Indianerstamm, der einst Teile der heutigen Bundesstaaten Idaho, Oregon und Washington seine Heimat nannte und dessen Name - „durchlöcherte Nasen“ - auf französische Trapper zurückgeht, war seit dem Auftauchen der *Lewis & Clark*-Expedition stets freundlich zu den Weißen gewesen, den *stinking ones*, wie sie sie nannten. Während sich die Indianer täglich wuschen, mieden die Weißen damals nämlich das Wasser.

Nach der Tradition der **NiMiiPuu**, wie sich die *Nez Perce* selber nennen, war das Columbia Plateau ihre angestammte Heimat. Die alten Geschichten von *Ítse yee ya*, dem schlitzohrigen, mythischen Kojoten, das *Heart of the Monster* in Kamiah - ein kleiner Hügel, der im Gründungsmythos der *Nez Perce* eine zentrale Rolle spielt - und weitere heilige Orte sind Beleg dafür. Ihre Pferde, die Appaloosas oder *sÇík´em*, verhalfen den *Nez Perce* zu fort-

Die Indianer sind bis heute stolz auf ihre Geschichte und Traditionen

dauernder Berühmtheit als Pferdezüchter und Reiter. Außerdem belegen archäologische Funde eine über 10.000-jährige Geschichte dieser Indianer in der Region zwischen Clearwater und Snake River.

Lange vertrugen sich die Indianer gut mit den Siedlern, kritisch wurde die Situation erst, als Siedlertrecks größeren Umfangs und etwas später die ersten Gold- und Silbergräber die Region erreichten. Das den Indianern 1855 zugewiesene Wohngebiet wurde mehr und mehr beschnitten, 1863 wies es gerade noch die Größe des heutigen Reservats auf - nicht einmal mehr ein Zehntel des ehemaligen Stammesgebietes! In Folge dieser letzten Reduzierung spalteten sich die *Nez Perce* in zwei Lager: eines, das den staatlichen Einschränkungen zustimmte, die *Treaty Nez Perce* oder Loyalen, und ein anderes, das sich unter **Old Chief Joseph** dagegen auflehnte und in ihre alte Heimat, ins Wallowa Valley im Oregon-Territo-

info

rium, zurückzog. Diese *Non-Treaty Nez Perce* lehnten eine Umsiedlung ins Idaho Territory zu den *Treaty Nez Perce* vehement ab.

1877 eskalierte der Konflikt, als während des zähneknirschenden Umzugs der Sippe um *Chief Joseph* Schüsse fielen. Die Armee griff daraufhin gewaltsam ein. Angeführt von *Looking Glass* und *Chief Joseph* versuchten daraufhin etwa 800 Indianer (darunter nur 125 Krieger) nach Kanada zu entkommen. Nach einem militärisch genialen Rückzugsgefecht über rund 1.300 Meilen hatten sie die kanadische Grenze beinahe erreicht, als *General Miles* und seine Truppen den Großteil der Gruppe bei Chinook im Norden Montanas stoppten. Dort sprach *Chief Joseph* die legendären Worte: *„Where the sun goes down, I'll never fight again"*.

Einige *Nez Perce* entkamen bei Nacht und Nebel dennoch nach Kanada, während sich *Chief Joseph* und die überlebenden Flüchtlinge ergaben. Nach vielen Jahren im fremden Oklahoma durften die Flüchtlinge wieder in den Nordwesten zurückkehren, jedoch nicht in ihre alte Heimat, sondern in den Osten des Bundesstaates Washington, in ein Reservat bei Colville. Inzwischen kommen die Nachfahren der **Chief Joseph Band** zumindest im Sommer anlässlich der *Chief Joseph Days* zum Feiern und Familientreffen in ihre alte Heimat zurück.

Unterwegs zum Mt. Rainier

Etwa 30 mi/48 km westlich von Pendleton verlässt man die I-84 und folgt der I-82 Richtung Norden. Nachdem der breite Columbia River überquert ist, befindet man sich im Bundesstaat Washington. Die Autobahn führt zunächst noch ein paar Meilen nach Norden um dann nach Westen ins **Yakima Valley** umzubiegen. Dabei passiert man die **Tri-Cities** – **Pasco**, **Kennewick** und **Richland** – die das städtische Zentrum im Nordosten Washingtons bilden. Hier fließen gleich drei mächtige Ströme – **Columbia**, **Snake** und **Yakima River** – zusammen und man wundert sich angesichts des Wasserreichtums, wie trocken und wüstenartig die Landschaft hier im Grenzgebiet zwischen Washington und Oregon ist und wie gerade in dieser Mondlandschaft die Kornkammer und das Obst- und Gemüsezentrum des Nordwestens entstehen konnte.

Tri-Cities

Das Zauberwort heißt „künstliche Bewässerung", anders könnten die rasch gewachsenen Weinanbaugebiete und Obstplantagen im **Yakima Valley** nicht existieren. Das Weingebiet erstreckt sich über das Yakima und Columbia Valley hinaus bis **Walla Walla**, an der äußersten Südostecke des Staates. Schon im 19. Jh. hatte man hier Obst kultiviert, v.a. Äpfel, Kirschen, Birnen und dazu Hopfen.

Vor einigen Jahrzehnten begannen ein paar Farmer mit Trauben zu experimentieren. Die Böden waren hierfür ebenso optimal wie Klima, Sonnenscheindauer und -intensität. Wenige Mutige machten den Anfang, 1981 gab es 19 **Weingüter** in der Region, heute sind es über 700 in ganz Washington State. Auf einer Fahrt auf dem parallel zur I-82 verlaufenden Hwy. 22 – dem *Yakima Valley Highway* –, zwischen Prosser und Zillah, geht es durch die Obst- und Weinanbaugebiete und man kommt an mehreren Weingütern vorbei (ausgeschildert).

Wachsende Weinregion

Yakima-Kultur

In **Yakima**, der größten Stadt der Region, lohnt ein Besuch im **Yakima Valley Museum** mit *Children's Underground* und *Soda Fountain*. Hier geht es vor allem um die Geschichte des fruchtbaren Tals. Im südlich davon gelegenen **Toppenish** befindet sich der Verwaltungssitz der **Yakama Indian Reservation** und im **Yakama Nation Museum & Cultural Center** werden die Yakama-Indianer anhand von lebensgroßen Nachbauten, Dioramen, aber auch Filmen und Veranstaltungen vorgestellt. Außerdem gibt es in Toppenish das **American Hop Museum** zum Thema Hopfenanbau.

Yakima Valley Museum, *2105 Tieton Dr./Franklin Park, www.yakimavalleymuseum.org, Di–Sa 10–17 Uhr, $ 5 mit Soda Fountain (nur Sommer).*

Yakama Nation Museum & Cultural Center, *Spiel-yi Loop/US 97, www.yakamamuseum.com, Sa 9–18, So 9–17, Mo–Fr 8–17 Uhr, $ 6, mit Laden und Lokal.*

American Hop Museum, *22 S. B St., www.americanhopmuseum.org, Mai–Sept. Mi–Sa 10–16, So 11–16 Uhr, $ 3.*

Reisepraktische Informationen Yakima Valley

Information

Yakima Valley CVB, *10 N. 8th St., ✆ 1 (800) 221-0751, www.visityakima.com,* **VC:** *101 N. Fair Ave., Mo-Sa 9-17 Uhr, ✆ (509) 573-3388.*

Tri-Cities CVB, *7130 W. Grandridge Blvd., Kennewick, ✆ (509) 735-8486, www.visittri-cities.com.*

Infos zu **Weingütern**: *www.washingtonwine.org bzw. www.winesnw.com.*

Unterkunft

Birchfield Manor Country Inn $$$, *2018 Birchfield Rd., Yakima, ✆ (509) 452-1960, www.birchfieldmanor.com; stilvolle B&B-Unterkunft in einer Villa von 1919, 11 gemütliche Zimmer, prima Frühstück und angeschlossenes, empfehlenswertes Restaurant.*

Routenhinweis

Wer von Yakima aus direkt nach Seattle fahren möchte, braucht nur der I-82 zur I-90 zu folgen. Nachfolgend wird jedoch die Route über den Mt. Rainier NP beschrieben. Dazu fährt man auf dem Hwy. 12 von Yakima in westlicher Richtung und 5 mi/8 km nach Naches auf dem Hwy. 410 *(Mather Memorial Parkway)* zum östlichen Parkzugang am Chinook Pass (1.657 m).

Mount Rainier National Park

Unübersehbar ragt der knapp 4.400 m hohe **Mt. Rainier** – der höchste Berg der zum *Ring of Fire* gehörigen Vulkankette – aus der Cascade Range heraus. Auch in seiner Form unterscheidet er sich von anderen Vulkanen: Er ist nicht kegelförmig, sondern fällt durch eine abgerundete Spitze und stark zerfurchte Hänge auf. Der **letzte große Ausbruch** des Mt. Rainier liegt über 2.000 Jahre zurück und die letzten kleinen Eruptionen wurden im 19. Jh. registriert. Gelegentlich austretende kleine Rauchsäulen über dem Gipfel zeigen jedoch an, dass der Vulkan nicht erloschen ist.

Die **Gletscherwelt** um den Gipfel ist ungewöhnlich: Kein Areal Amerikas außerhalb Alaskas weist so viele Gletscher – 26 – und eine so große Eisfläche – fast 90 km² – auf. Zum Vergleich: „Nur" 55 km² sind es im Glacier NP. Durch seine Mächtigkeit sorgt der Mt. Rainier für ein **spezifisches Kleinklima**. Während der Gipfel meist über die Wolken hinausschaut und weithin sichtbar ist, sieht man ihn im Park selbst selten, da die Straßen in bzw. unterhalb der Wolken entlangführen. Diese Wolken enthalten so viel Wasser, dass besonders der Abschnitt südlich des Berges allein im Winter durchschnittlich 5 m (!) Schnee abbekommt.

Umgeben von Wolken

Geschaffen von „Feuer und Eis" bietet der 953 km² große Mt. Rainier NP eine **vielfältige Landschaft**. Er wurde schon 1899 unter Schutz gestellt.

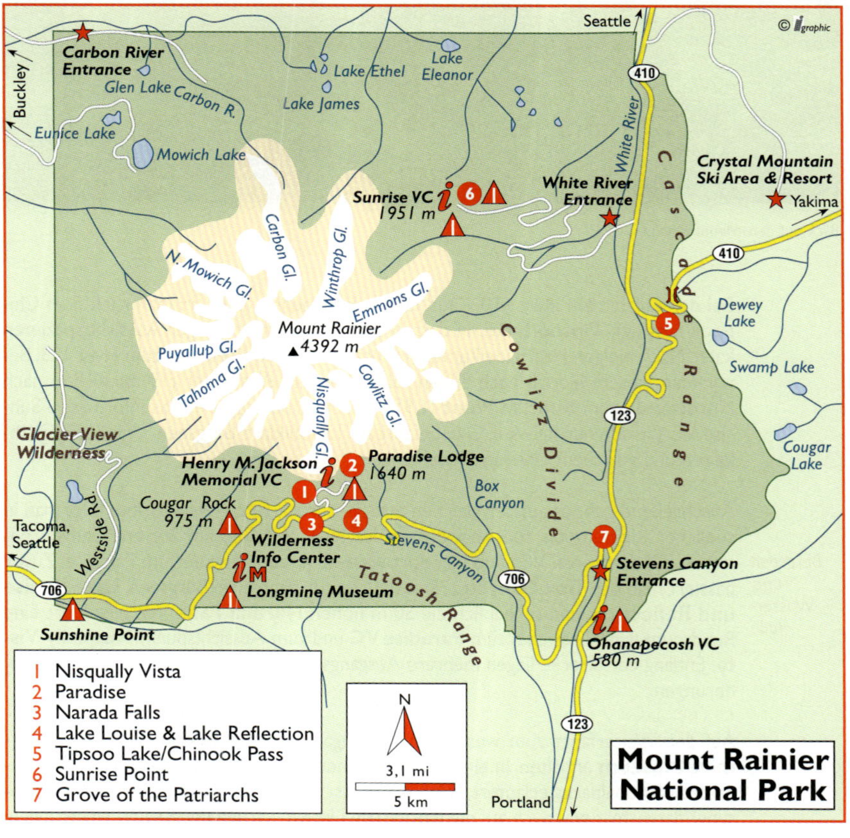

Blick auf den Mount Rainier

Bei der Zufahrt am Hwy. 410 – aus Yakima kommend – passiert man nach dem Chinook Pass den **Tipsoo Lake**, an dessen Ufern man mit prächtiger Aussicht spazieren kann. Nach einigen Haarnadelkurven gelangt man an die Kreuzung zum Hwy. 123. Bevor man diesem jedoch nach Süden folgt, lohnt ein Abstecher (19 mi/30 km) nach Nordwesten zum **Sunrise Point** (1.951 m). Dort oben gibt es das informative Sunrise VC (Straße nur Juli–Anf. Okt. befahrbar), kristallklare Bergseen, Wandermöglichkeiten und vor allem eine fantastische Sicht.

Bergseen und Wasserfälle

Anschließend geht es auf der gleichen Strecke zurück zum Hwy. 123. Ihm folgt man in südlicher Richtung bis zur Abzweigung des Hwy. WA 706 am Stevens Canyon Entrance (Ohanapecosh VC) und von dort westwärts zum Parkzentrum Paradise. Zuvor passiert man den **Box Canyon** (35 m tief), später dann zwei Bergseen, **Lake Louise und Reflection**, und schließlich die 50 m hohen **Narada Falls**. Von hier führt eine Rundroute (Einbahnstraße) zum **Paradise VC** und zum Aussichtspunkt **Nisqually Vista**. Entlang der Strecke liegen mehrere Ausgangspunkte für kürzere und längere Wanderungen.

Auf der Weiterfahrt zum westlichen Parkzugang sollte man schließlich am **Longmire Museum** anhalten. In einer ausgezeichneten Sammlung werden Flora und Fauna des Nationalparks erläutert, seine Naturgeschichte (Vulkanismus und Vergletscherung) dargestellt und auch auf die indianische Urbevölkerung der Region eingegangen.

Reisepraktische Informationen Mt. Rainier National Park

Information

Mt. Rainier NP, *www.nps.gov/mora, ✆ (360) 569-6575, $ 15/Pkw, vier Bereiche: Longmire, Paradise, Ohanapecosh, Sunrise, Carbon/Mowich sowie Zufahrten:*

- *Nisqually Entrance (SW), SR 706*
- *Stevens Canyon Entrance (SO), Hwy. 123*
- *White River Entrance (O), Hwy. 410*
- *Carbon River Entrance (NW), SR 165*

Die meisten der vier **Besucherzentren** *sind im Winter geschlossen:*
Henry M. Jackson Memorial VC *(Paradise), Mt. Mai–Anf. Okt. tgl., sonst nur an Wochenenden, mind. 10–17 Uhr.*
Longmire Museum/Wilderness Information Center *(im SW), tgl. 9– mind. 16.30 Uhr, Wilderness Center nur Ende Mai–Anf. Okt.*
Ohanapecosh VC *(im SO), Ende Mai–Anf. Okt. tgl. 9–18/19 Uhr*
Sunrise VC *(an der Stichstraße im NO), Juli–Anf./Mt. Sept. tgl. 10–18 Uhr*

Besuchszeit

Wie der gesamte Nordwesten ist das Gebiet des Mt. Rainier sehr niederschlagsreich. Wegen der Höhe fällt Niederschlag im Winter als Schnee. In Paradise gibt es Skilifte, abgesteckte Pisten und Loipen und die Verleihstationen für Wintersportausrüstung. Auch in den Übergangszeiten ist es im Allgemeinen kühl und feucht. Die besten Reisemonate sind Juli und August.

Unterkunft

Rechtzeitige Buchung einer Unterkunft ist nötig, zumal sich im Park selbst nur zwei Lodges **($$-$$$)** *befinden: das* **National Park Inn** *in Longmire (ganzjährig) mit General Store und – schöner und rustikaler – das* **Paradise Inn** *in Paradise (Mai-Sept., ✆ 360-569-2275). Beide Lodges u.a. Unterkünfte im Umkreis (v.a. in Elbe oder Eatonville/WA706) sind zu buchen über* **Visit Rainier**, *✆ 1 (877) 270-7155 www.visitrainier.com. Es gibt außerdem drei Campingplätze im Park (nicht Winter): www.nps.gov/mora/planyourvisit/camping.htm.*

Wandern

Ein gut 500 km langes Wanderwegenetz lädt zu Erkundungen ein. 150 km (ca. 10 Tage) lang ist der **Wonderland Trail**, *der um den gesamten Kegel herumführt. Es lohnen aber auch der kürzere Pfad um den Tipsoo Lake oder viele der Trails, die am Paradise VC starten. Im Spätsommer kann man hier auch Gletscherhöhlen besichtigen. Details unter: www.nps.gov/mora/planyourvisit/wilderness-camping-and-hiking.htm.*

Routenhinweis

Nach dem Passieren des südwestlichen Zugangs zum NP folgt man dem Hwy. WA 706 weiter nach Morton. Von dort erreicht der Hwy. WA 7 in rund 60 mi/96 km bei **Tacoma** den Puget Sound und hier beginnt der Großraum Seattle. Bis zum Stadtzentrum sind es dann noch 30 mi/48 km.

Seattle und der Puget Sound

Metropole mit hoher Lebensqualität

Seattle, am Rand des Puget Sound gelegen, ist mit seiner Mischung aus Bergkulisse und seinen etwas an San Francisco erinnernden, auf Hügeln gelegenen historischen Stadtvierteln, mit atemberaubenden Ausblicken auf Meer und Berge, dem Mix aus Historischem und Moderne eine der reizvollsten Metropolen Nordamerikas. Kein Wunder, dass die Stadt mehrfach zur „lebenswertesten Stadt der USA" gewählt wurde. Dass sie „**Emerald City**" genannt wird geht darauf zurück, dass, wenn die Sonne scheint, die von Bergen, Wäldern und Meer umrahmte Stadt tatsächlich in smaragdgrünem Licht erstrahlt. Doch es gibt auch eine Kehrseite der Medaille: Bei Seattle denken viele nämlich sofort an Dauerregen und graue Tristesse. Dabei handelt es sich dabei um eine Übertreibung, es gibt in den USA bewiesenermaßen weit schlimmere „Regenlöcher".

Die *Seattlites* gelten als seltsames Völkchen, einerseits etwas eigenartig und schrullig, andererseits besonders sozial gesonnen und politisch engagiert, liberal und tolerant. Die Stadt steht im Ruf, anders zu sein als andere US-Metropolen, und das hat in den letzten Jahren dazu geführt, dass Seattle – und der ganze Nordwesten – einen enormen Zuwandererstrom erlebte und zu den Boomregionen Nordamerikas zählt. Wer hierher zieht tut das nicht allein, um reich zu werden, sondern v.a. um das Leben zu genießen. Dabei ist Seattle auch eine **Stadt der Erfinder und Existenzgründer**. Die Namen reichen von *Microsoft* über *UPS* und *Boeing* bis *Starbucks*.

Musik hat in Seattle ebenfalls Tradition: *Jimmy Hendrix*, *Quincy Jones* oder *Ray Charles* wurden hier geboren oder lebten hier, ebenso Jazzmusiker *Kenny J.* Bekannt ist

Seattles malerische Skyline vor der Kulisse des Mount Rainier

Seattle aber v.a. wegen der alternativen Musikszene, die weltberühmte Bands wie *Nirvana* oder *Pearl Jam* hervorgebracht und den speziellen Seattle Sound, den *Grunge*, begründet hat. In jüngerer Zeit setzen Musikgruppen wie *The Presidents of the United States* oder die *Infernal Noise Brigade* diese Tradition fort.

Der **Freizeitwert** Seattles ist hoch. In der geschützten Meeresbucht, auf Seen und Flüssen gibt es Sportmöglichkeiten in Hülle und Fülle und in nächster Nähe locken einige der schönsten Nationalparks.

Städtebaulich viel beachtet sind die Wohnprojekte, die nah am Wasser liegen oder in Gestalt von Hausbooten eine menschenfreundliche Stadtarchitektur anstreben. Auch die **kulinarische Szene** ist vielseitig: Kaffeehäuser und Kleinbrauereien, Weingüter im Umkreis sowie ein breites Spektrum an Restaurants haben die Stadt zum Feinschmecker-Mekka und Ökoparadies gemacht. Seattle ist mit ihren heute über 620.000 Einwohnern (ca. 3,5 Mio. im Großraum Puget Sound) eine **lebhafte, bunte Stadt**, wozu auch die vielen Studenten beitragen.

Redaktionstipps

Sehens- und Erlebenswertes

- Die Aussicht von der **Space Needle** (S. 420) genießen.
- Kulinarischer Spaziergang über den **Pike Place Public Market** (S. 419).
- Unvergessliches Erlebnis für **Sportfans**: Besuch eines Spiels der *Seahawks* (Football) oder der *Seattle Sounders FC* (Fußball) im CenturyLink Field (S. 421).
- Für Kunstfreunde ein Muss: das **Seattle Art Museum** (S. 417).
- Rock 'n' Roll und der legendäre *Jimmy Hendrix* leben im **Experience Music Project** (S. 420) fort.

Übernachten

- Ganz dem Thema Wein widmet sich das luxuriöse **Hotel Vintage Park** (S. 426).

Restaurants, Vergnügen

- Trendig und energiegeladen wie das ganze Stadtviertel Belltown ist **Flying Fish** – auf Seafood spezialisiert (S. 426).
- Wie wäre es mit einem leckeren dunklen Bier wie dem *Pike Street Stout* im **Pike Pub & Brewery** (S. 426) im Pike Place Public Market?

Einkaufen

- Der **Pike Place Public Market** (S. 419) und Umgebung sind nicht nur ein kulinarisches Mekka, sondern auch ein Shoppingparadies, ebenso der **Pioneer Square** (S. 417) und die **Waterfront** (S. 419).

Historischer Überblick

Es war im November 1851, als Siedler aus dem Osten ihre Holzhäuser nahe der Elliott Bay errichteten, den Ort nach dem lokalen Indianerhäuptling *Sealth* benannten und versuchten, sich als Versorgungsstation für Seefahrer und mit Fischerei und Holzwirtschaft am Leben zu halten. Doch die geografische Lage barg auch Nachteile, da Ebbe und Flut lange Zeit für Probleme wegen Überschwemmungen und unzureichender Kanalisation sorgten. Zudem zerstörte ein großer Brand 1889 große Teile des jungen Ortes. Daraufhin entschloss man sich, ein Stockwerk höher (bis zu 10 m) über den Gassen und Ruinen der zerstörten Siedlung einen Neuanfang zu wagen – diesmal mit Häusern aus Stein. Auf diese Weise blieb der „**Underground**" der Pioniersiedlung erhalten und ist heute eine beliebte Touristenattraktion.

Einen ersten Aufschwung brachte die **Eisenbahn**: Die *Northern Pacific Railroad* wurde im Jahr 1887 in Tacoma, südlich von Seattle, fertiggestellt und verband erstmals den Puget Sound mit dem Osten. Die *Great Northern Railroad* schloss dann fünf Jahre später Seattle direkt an den Rest der USA an. Als Glücksjahr für die Entwicklung der Stadt entpuppte sich das Jahr 1897: Damals legte der Dampfer „Portland" mit einer Tonne Gold aus Alaska im Hafen an. Der daraufhin ausbrechende **Klondike-Goldrausch** sorgte dafür, dass Seattle binnen kürzester Zeit zum Wirtschafts- und Handelszentrum des Nordwestens wurde.

Wichtiger Wirtschaftsstandort

Seattle konnte diese Stellung nicht nur behaupten, sondern ausbauen. Wichtige Triebfedern für die weitere Entwicklung waren der Zuzug der **Flugzeugindustrie**, darunter die *Boeing*-Werke und vor allem die städtebaulich und finanziell lukrative Ausrichtung der Weltausstellung 1962. Weitere große Veränderungen brachten die 1980er-Jahre, als in Downtown Bank-, Büro- und Hotelhochhäuser gen Himmel wuchsen und eine beeindruckende Skyline entstand.

Die im Vorort Redmont ansässige Softwarefirma *Microsoft*, die Café-Kette *Starbucks* – gegründet von *Howard Schultz* in den 1980er-Jahren aus einer Reihe lokaler Cafés –, die Internetbuchhandlung *Amazon* und der Outdoorartikel-Hersteller *Columbia* sorgten in den letzten Jahrzehnten für wirtschaftlichen Aufschwung.

Orientierung

Das großteils rasterförmig angelegte Straßensystem erleichtert das Zurechtfinden. Das Zentrum der Stadt liegt zwischen **Pioneer Square/International District** im Süden und **Seattle Center**, dem ehemaligen Weltausstellungsgelände, im Norden. Begrenzt wird Downtown im Osten durch die Autobahn I-5 und im Westen vom Puget Sound mit der Waterfront, Piers und dem Seattle Aquarium; daran anschließend befinden sich der **Pike Place Market** und **Belltown**, ein beliebtes Viertel.

Der **International District** - das ehemalige Chinatown - breitet sich östlich der Sportstadien, dem Pioneer Square und der Union Station (Amtrak-Bahnhof) aus.

Capitol Hill liegt in den Hügeln östlich von Downtown, jenseits der I-5. Hauptachse ist der pulsierende Broadway, die Heimat der Alternativszene, der Homosexuellen, Studenten, aber auch der alteingesessenen Seattlites. Es ist eines der lebendigsten Wohnviertel der Stadt zusammen mit dem **Queen Anne District**, im NW von Downtown. Zentrum ist die Queen Anne Ave. (Blaine-McCraw St.) und sie eignet sich gut zum Einkaufen und Bummeln.

Fremont (nördlich von Lake Union) ist ein weiterer Treff für Trendsetter und Ausgeflippte, mit Kneipen und Cafés sowie kuriosen Läden, und **South Lake Union** (SLU) ist derzeit „up and coming". Am **Lake Union** liegen die malerischen Hausboote. Im Norden der Stadt, am Lake Washington, liegt der **University District**, in dessen Zentrum die **University of Washington**.

Sehenswertes in Downtown Seattle

Abgesehen vom Pioneer Square, der die ältesten Spuren der weißen Besiedlung zu bieten hat, lohnen der International District u.a. mit Chinatown, der Pike Place Market, der eine eigene kleine Stadt darstellt, die Waterfront, Downtown mit einer beeindruckenden Skyline und sehenswerten Museen, sowie das EXPO-Gelände des Seattle Center.

Stadtbesichtigung

Tipp für Besucher

Der **Seattle CityPass** *bietet für $ 69 freien Eintritt zu sechs Attraktionen – Space Needle, Aquarium, Pacific Science Center, Woodland Park Zoo oder Museum of Flight, EMP Museum und Argosy Cruises Harbor Tour – an. Infos: www.citypass.com/seattle.*

Pioneer Square Historic District

Im Bereich des **Pioneer Square (1)**, im Süden von Downtown, steht sozusagen die Wiege der Stadt. Im **Pioneer Square Historic District** stehen die ältesten Gebäude der Stadt, Straßenlaternen von 1908 und im zentralen Pioneer Park ein 18 m hoher Totempfahl der Tlingit-Indianer. Die Überbleibsel der Stadt vor dem Brand von 1889 verbergen sich jedoch im „**Underground**", den man auf speziellen Touren kennenlernen kann (s. S. 425).

Unbedingt besuchen sollte man den südlich gelegenen **Klondike Gold Rush National Historic Park (2)**. In dem angeschlossenen Museum gibt es sehenswerte Ausstellungen und einen Film über den Goldrausch am Klondike und die Rolle der Stadt.
Klondike Gold Rush NHP, *117 Main St., www.nps.gov/klse, tgl. 9–17 Uhr, frei.*

Entlang der 1st Ave. Richtung Norden geht es vorbei an Geschäften und Cafés, die „den besten Kaffee Seattles" anpreisen, zum **Seattle Art Museum Downtown** – kurz **SAM (3)**. Die Skulptur des *Hammering Man* – bekannt von der Frankfurter Messe – kündigt den modernen, interessanten Museumsbau von *Robert Venturi* an. Raumkonzeption – mit loftartigen, ineinander übergehenden Sälen und

Das Seattle Art Museum mit dem „Hammering Man"

großzügigem Eingangsfoyer – sowie Präsentation der Objekte waren 1991 wegweisend für die moderne Museumsplanung.
SAM Downtown, *1300 1st Ave./Union St., http://seattleartmuseum.org, Di/Mi–So 10–17, Do/Fr bis 21 Uhr, $ 17.*

Berühmt ist das SAM wegen seiner Sammlungen afrikanischer und indianischer Kunst *(Northwest Coast Native Art oder African Art Galleries)*, aber auch wegen seiner Renaissance- und impressionistischen Gemälde, griechischen Münzen und Werken lokaler Künstler. Zum SAM gehört das **Seattle Asian Art Museum/SAAM** und, auf einem ehemaligen Industriegelände am Puget Sound im Viertel Belltown, der **Olympic Sculpture Park**. Dort geht es auf 670 m Fußweg vorbei an 21 Kunstobjekten von 16 Künstlern.
SAAM, *1400 E. Prospect St., Volunteer Park, Mi–So 10–17, Do 10–21 Uhr, $ 7.*
Olympic Sculpture Park, *2901 Western Ave., Sonnenauf- bis -untergang.*

Pike Place Market (4)

Oberhalb der Waterfront und mit dieser über den *Hillclimb Corridor* – einer Reihe von Treppen – verbunden, nur wenige Schritte nordwestlich des SAM, bildet der **Pike Place Market** (*www.pikeplacemarket.org*) fast ein eigenes Stadtviertel, das sich labyrinthisch über mehrere überdachte Ebenen und im Freien hinzieht und mit Buden, Lokalen, Shops und Veranstaltungen ein Eigenleben führt. Zu diesem ältesten kontinuierlich betriebenen Bauern- und Fischmarkt der USA aus dem Jahr 1907 gehören Marktschreier, Feinkoststände, ein Blumen- und Obstmarkt sowie Kleidungs- und Souvenirstände, ein Flohmarkt sowie eine Brauerei.

Köstlichkeiten aus dem Meer

Nördlich des Marktareals breitet sich **Belltown** (*www.belltown.org*) aus, ein revitalisiertes Viertel mit Edelboutiquen, Designerläden, Kunstgalerien und Lokalen. Hier wurden und werden auch vermehrt alte Lagerbauten in attraktive Wohnhäuser umgewandelt.

Waterfront Park (5)

Sehenswertes an der Uferstraße

Über Treppen bzw. per Aufzug gelangt man vom Markt hinunter zum Alaskan Way (Parkplätze!) und zur **Waterfront**. Zu Zeiten des Goldrauschs in Alaska als *The Gold Rush Strip* berühmt, reicht diese von Pier 51 im Süden bis Pier 70 im Norden. Attraktiv zum Einkaufen und Bummeln sind heute besonders die Piers 70, 57 und 54. Fähren und Boote legen von Pier 56/57 ab, Ausflugsboote und Fähren zum **Tillicum Village** (S. 425) von Pier 59, wo sich auch das Seattle Aquarium (s. S. 420) befindet, und ab Pier 55 starten im Sommer Hafenrundfahrten. Schade, dass die gesamte Waterfront durch den vielbefahrenen, zweigeschossigen Hwy. 99 wenig attraktiv von der Innenstadt abgetrennt ist.

Wochenmarkt der Superklasse, der Pike Place Market

Aquarium zum Anfassen

Im **Seattle Aquarium (6)** kann man verschiedene Wasserlandschaften (u.a. Korallenbänke) durchschreiten, Großfischen (Haien) in die Augen schauen, Ottern und Robben beim Spielen zusehen, die Flinkheit der Papageientaucher bewundern, in einem *Touch Tank* verschiedene Schalentiere anfassen oder im großzügig proportionierten, verglasten *Underwater Dome* das Geschehen von Höhe des Meeresbodens aus betrachten. Populär ist auch das *Omnidome Theater*, in dem auf Großleinwand Dokumentarfilme gezeigt werden.
Seattle Aquarium, *Pier 59, 1483 Alaskan Way, www.seattleaquarium.org, tgl. 9.30–17 Uhr, $ 19,95, mit Argosy Harbor Cruise $ 35.*

Downtown

Genau genommen gehört das zuvor beschriebene Areal ebenfalls zu Downtown, doch enger gefasst ist damit nur das Banken- und Hochhausviertel gemeint, das sein Aussehen erst in den letzten Jahrzehnten erhielt. Auf dem Weg zum Einkaufszentrum **Westlake Center (7)**, an dem die *Monorail* abfährt, kommt man vom Pike Place Market an sehenswerten Wolkenkratzern wie dem *Pacific First Center* oder dem *Security Pacific Tower* vorbei. In etlichen der modernen Bauten sind mehrstöckige und über mehrere Blocks reichende Einkaufszentren wie das erwähnte *Westlake Center* oder *Rainier Square* untergebracht.

Seattle Center (8)

Das **Seattle Center** bezeichnet ein 30 ha großes Gelände im Nordwesten der Stadt, das für die EXPO 1962 mit modernen und für die Entstehungszeit futuristisch anmutenden Gebäuden ausgestattet wurde. Die 185 m hohe **Space Needle (9)** ist längst zum Wahrzeichen der Stadt geworden. Der Aussichtsturm, der einem Ufo auf Stelzen gleicht, bietet vom **Observation Deck** einen grandiosen Rundumblick – an klaren Tagen bis hin zu den Gipfeln der Olympic, Mt. Rainier und North Cascade NP.
Space Needle, *www.spaceneedle.com, Mo–Do 10–21.30, Fr/Sa 9.30–22.30, So 9.30–21.30 Uhr, $ 19, mit SkyCity Restaurant.*

Abgesehen von der Space Needle lohnt ein Besuch im **Pacific Science Center (10)** mit seinen Lasershows, Hologrammen, naturwissenschaftlichen IMAX-Filmen, Riesenrobotern und anderem Interessanten, v.a. für Familien.
Pacific Science Center, *www.pacsci.org, tgl. außer Di 10–17/18 Uhr, $ 20 inkl. IMAX.*

Musik-Tempel

Ein Muss für Musikfreunde ist das **Experience Music Project – EMP (11)**. Gestiftet von Science-Fiction- und *Hendrix*-Fan *Paul Allen*, Mitbegründer von *Microsoft*, ist hier eine Erinnerungsstätte an *Jimmy Hendrix* und den Rock 'n' Roll entstanden – erbaut von *Frank Gehry* in Form einer Gitarre. Man kann aber hier nicht nur viel über Musik erfahren, es gibt auch eine Konzerthalle und ein Studio, in dem Besucher selbst musizieren können. Im gleichen Bau untergebracht ist außerdem das **Science Fiction Museum and Hall of Fame**, in dem ein Blick in die Zukunft gewagt und über das Genre und seine Vertreter informiert wird.
EMP, *325 5th Ave., www.empmuseum.org, tgl. 10–17/19 Uhr, $ 20; mit Lokal und Shop sowie Events.*

Auf dem Gelände gibt es zudem einen kleinen Vergnügungspark, ein Kindermuseum sowie verschiedene Theater- und Konzertbühnen. Am Rand des Areals liegt die **Key Arena (12)** (*www.keyarena.com*), in der abgesehen von Konzerten derzeit nur das Frauenteam *Storm* (WNBA) Profibasketball bietet.

Seattles Wahrzeichen ist die Space Needle

International District – Chinatown (13)

Östlich vom Pioneer Square Historic District breitet sich der **International District** bzw. **SoDo** (South of Downtown) aus. Die chinesische Gemeinde dort gilt nach San Francisco, Vancouver und Los Angeles als die Größte im Westen. Rund um die **Asian Plaza** leben viele Vietnamesen und Koreaner, der **Kobe Terrace Park** demonstriert die engen Verbindungen zu Japan. Für Besucher ist das Areal wegen der Grünanlagen, Souvenirgeschäfte und der asiatischen Restaurants interessant.
Ein paar Blocks weiter südwestlich erheben sich wieder zwei moderne Wahrzeichen der Stadt: **CenturyLink Field (14)** und **Safeco Field (15)**. In Ersterem – ermöglicht durch ein paar von *Paul Allens* Millionen – spielen regelmäßig vor über 70.000 Fans die American-Football-Profis der NFL, die *Seahawks*, außerdem seit 2009 die beliebten Fußballer des *Seattle Sounders FC* – zumeist vor über 35.000 Fans. Im Safeco Field, einem der wenigen Baseballstadien mit verschließbarem Dach, treten die *Mariners*, Seattles Baseballer, an. Südlich davon entsteht mit der **Sonics Arena** gerade eine neue Sporthalle für die wiederbelebte NBA-Mannschaft der Stadt, die **Seattle SuperSonics**.

Seattle Neighborhoods

Westlich der Innenstadt

Capitol Hill ist eines der lebhaftesten Viertel der Stadt und liegt direkt östlich von Downtown, jenseits der I-5. Hauptachse ist der **Broadway**, ideal zum Einkaufen und Treff der Nachtschwärmer. In seinem Zentrum liegt die private **Seattle University** mit dem *College of Arts*. Über 6.000 Studenten sorgen hier für eine bunte Szene und vielerlei Kneipen, Cafés und Shops.
Seit 1994 befindet sich idyllisch ins Grün des **Volunteer Park** eingebettet das **Seattle Asian Art Museum – SAAM (1)** (*1400 E. Prospect St., s. S. 418, SAM, s. Karte S. 422*). Es beherbergt eine beachtliche Kunstsammlung aus Japan, China, Korea, Indien, der Himalaya-Region und Südostasien. Angeschlossen ist außerdem der **Kado Tea Garden** und es finden sehenswerte Wechselausstellungen statt. Gute Aussichten eröffnen sich vom nahen alten Wasserturm und im nicht weit entfernten **Greenwood Cemetery** befindet sich u.a. das Grab von *Jimi Hendrix*.

Museum für asiatische Kunst

Seattle Metro Area
Carkeek Park
Vancouver
NORTH SEATTLE
LAKE CITY
Lake City Way
Sand Point Way
Northgate Way
Holman Road
Aurora Avenue N
Golden Gardens Park
Matthews Beach
NW 85 St.
N 85 St.
NE 75th Street
ROOSEVELT
Magnuson Park
Seaview Ave NW
15th Ave NW
Greenwood Ave
Green Lake
BALLARD
GREEN-WOOD
GREEN-LAKE
NE 65th Street
Roosevelt Way NE
UNIVERSITY DISTRICT
Sand Point Way
NW Market St.
Discovery Park
N 45th St.
NE 45th St.
Leary Way
W Emerson St.
Fremont
Pacific Street
W Nickerson St.
MAGNOLIA
QUEEN ANNE
Queen Anne Avenue N
Eastlake
Evergreen Point Bridge
Madison Park
Magnolia Street
Lake Union
Broadway
Puget Sound
Elliott Avenue
CAPITOL HILL
W Mercer St.
Denny Way
E John St.
Madison Street
Lake Washington Blvd
Lake Washington
7th Avenue
Western Avenue
Pike Place Market
CENTRAL AREA
22nd Ave
E Yesler Way
MADRONA
Elliott Bay
CHINATOWN/ INTERN. DISTRICT
LESCHI
Spokane
Alki Beach
Alki Ave SW
Doren Street
MT. BAKER
Admiral Way SW
Beach Dr. SW
WEST SEATTLE
Spokane Street
COLUMBIA CITY
GEORGETOWN
Columbia Way
Seward Park
SOUTHEAST SEATTLE
Airport Way S
King County International Airport
Seward Park Ave
Sea-Airport, Tacoma
Sea-Airport, Tacoma, Portland
1,24 mi
2 km
1 Seattle Asian Art Museum
2 Washington Park Arboretum
3 Museum of History and Industrie (MOHAI)
4 University of Washington Burke Museum of Natural History and Culture
5 Woodland Park Zoo
6 Ballard Locks
7 Museum of Flight
© igraphic

Nördlich der Innenstadt

Queen Anne, das Viertel mit historischen Häusern, Läden und Restaurants, liegt nur wenige Blocks nordwestlich des Seattle Center und sein Herz schlägt zwischen Queen Anne Ave. N, Blaine und McCraw St. Vom Kerry Park (W. Highland Dr.) eröffnen sich spektakuläre Ausblicke auf Space Needle und Downtown.

Um den großen **Lake Washington** im Osten gruppieren sich die begehrtesten Wohnadressen und schönsten Parks der Stadt – Madison, Washington, Denny Blaine, Madrona oder Mt. Baker Park. Hier liegt auch das **Washington Park Arboretum (2)**, eine 80 ha große Parkanlage, die zum Spaziergang einlädt, v.a. zwischen März und Juni, wenn die Rhododendren und Azaleen blühen *(tgl. Sonnenauf- bis -untergang, VC tgl. 10–16 Uhr, frei)*. Sehenswert sind auch der Japanische Garten am Südende des Parks und der auf 33 Pontons gelegte *Waterway Trail* am Nordende, der zum **Museum of History and Industry (MOHAI) (3)** führt. Interessant in dem industriegeschichtlichen Museum ist v.a. die Ausstellung zur Stadtgeschichte; daneben erhält man einen Überblick über die wirtschaftliche Entwicklung der Region.

Spaziergang durch Parks und Gärten

MOHAI, *2700 24th St., McCurdy Park/Lake Washington, www.seattlehistory.org, tgl. 10–17 Uhr, $ 14.*

North Seattle wird dominiert von der **University of Washington (4)** mit ihren fast 35.000 Studenten. Der Campus breitet sich malerisch am Nordwestufer des Lake Washington aus; Hauptachse des lebendigen Viertels ist der University Way. Sehenswert ist neben dem *Husky Stadium* (College Football, 72.500 Plätze) v.a. das **Burke Museum of Natural History and Culture**. Die interessantesten Abteilungen dieses naturkundlichen und kulturhistorischen Unimuseums sind jene zur Geschichte der Pazifikküste und zu den einzelnen Indianerstämmen der Region.

Burke Museum of Natural History and Culture, *Uni of Washington Campus, 17th Ave./NE. 45th St., www.burkemuseum.org, tgl. 10–17 Uhr, $ 10.*

Der **Woodland Park Zoo (5)** zählt wegen seiner wegweisenden natürlichen Biotope, z.B. *African Savanna, Elephant Forest, Thai Camp, Tropical Rain Forest, Northern Trail* oder *Nocturnal House* zu den zehn besten Tierparks der USA.

Woodland Park Zoo, *5500 Phinney Ave. N, www.zoo.org, tgl. 9.30–17/18 Uhr, $ 18,75.*

Lake Union, zwischen Lake Washington und Puget Sound, bzw. die am Nordostufer vertäuten Hausboote mögen Kinofans aus dem Film „Schlaflos in Seattle“ mit *Tom Hanks* und *Meg Ryan* kennen. Einen Abstecher wert ist der 13 km lange **Lake Washington Ship Canal**. Von einer Aussichtsplattform blickt man auf die 1917 erbauten **Ballard Locks (6)**, offiziell *Hiram M. Chittenden Locks*. Das U.S. Army Corps of Engineers betreibt hier ein Visitor Center (*im Sommer tgl. 10–18, im Winter Do–Mo 10–16 Uhr, Gratistouren*) und dieses informiert über die Geschichte dieser Schleusen und die eigens angelegte Fischleiter.

Binnensee mit Hausbooten

Südlich der Innenstadt

Im Süden lohnt ein Abstecher zum **Museum of Flight (7)** gegenüber dem ehemaligen *Boeing*-Entwicklungszentrum. Es zeigt in einer riesigen Halle und auf dem Rollfeld

Geschichte der Luftfahrt

über 50 Originalflugzeuge (u.a. die Präsidentenmaschine von *Eisenhower*, *Kennedy* und *Johnson*), daneben wird die Geschichte der Luft- und Raumfahrt durch Fotos, Dokumente und Filme illustriert. In der *Red Barn* begann 1916 die Erfolgsstory der *Boeing*-Werke, initiiert durch die Flugzeugpioniere *William Boeing* und *Charles Westervelt*, die zuerst mit dem Bau von Wasserflugzeugen ihr Geld machten.

Museum of Flight, *I-5, Exit 158, 9404 E. Marginal Way S, www.museumofflight.org, tgl. 10–17 Uhr, $ 18.*

Ausflug zum Boeing-Werk nach Everett

In Everett, knapp 50 km nördlich der Downtown (I-5 Exit 189), liegt die **Zentrale des Boeing-Konzerns**. Weitere Fabrikationsstätten befinden sich in Renton (südlich von Seattle) und in Wichita (Kansas), kleinere sind über das ganze Land verteilt. Die Hauptfertigungshalle – eines der größten Gebäude Nordamerikas – bedeckt eine Fläche von 39.000 m². *Boeing* ist die größte Flugzeugfabrik und zeichnet seit der Fusion mit *McDonell-Douglas (MDD)* 1997 für etwa die Hälfte aller Verkehrsflugzeuge verantwortlich – *Airbus* (Frankreich-Deutschland) ist der zweite Großkonzern. Auch Hubschrauber und Militärflugzeuge sind Teil der Produktion.

Am Flugplatz *Paine Field* bietet das **Future of Flight Aviation Center & Boeing Tour** eine einzigartige Kombination aus futuristischem Museum und Werksbesichtigung. Neben Einblicken in Gegenwart und Zukunft des Flugzeugbaus wirft das Museum einen Blick zurück auf die Geschichte der Luftfahrt. Flugzeugfans können von einer Ga-

Seattle liegt malerisch am Puget Sound

lerie aus bei der Fertigung der „Großen", der 747-, 777-, 767- und 787-Modelle, zuschauen. Die 90-minütige Tour umfasst zudem einen 20-minütigen Einführungsfilm zur Geschichte von *Boeing*.
Future of Flight Aviation Center, *8415 Paine Field, I-5 Exit 189 zu Hwy. 526 W, www.FutureOfFlight.org, tgl. 8.30–17.30 Uhr, Touren 9–15 Uhr, $ 10, nur Gallery $ 18–20 je nach Saison (Reservierung).*

Ausflug zum Tillicum Village auf Blake Island

Auf **Blake Island**, nur rund 13 km vorgelagert im Puget Sound, wurde 1959 der **Blake Island State Park** eingerichtet. Trails führen durch die herrlichen Laubwälder, Maultierhirsche sind zu beobachten und vom Strand aus ist der Ausblick auf die Nachbarinseln und den eisbedeckten Mt. Rainier unschlagbar. Teil des SP ist ein altes indianisches Fischerdorf – Häuptling *Seathl* soll auf dieser Insel geboren worden sein –, in dem lokale Indianer Besuchern ihre Kultur und Lebensweise demonstrieren.

Indianisches Fischerdorf

Tillicum Village – *Tillicum* bedeutet in der *Chinook*-Sprache „freundliche Menschen" – entstand 1962 und ist Sitz von indianischen Kunsthandwerkern, die hier die alten Traditionen und Techniken pflegen und versuchen, die Indianerkultur des Nordwestens am Leben zu halten. Interessant sind vor allem die meterhohen und im ganzen Gelände aufgestellten Totempfähle. Besucher können im Rahmen eines „Pakets" auch an einer indianischen Mahlzeit teilnehmen und z.B. auf traditionelle Weise geräucherten Lachs, Muschelsuppe und Tillicum-Brot genießen.
Tillicum Village & Northwest Coast Indian Cultural Center, *www.tillicumvillage.com; Fähren ab Seattle, Pier 55, je nach Saison mehrmals tgl. (Daten/Zeiten s. Website) „Black Island Cruises", $ 40, im Paket mit Dinner/Show $ 80 (ca. 4 Std.).*

Reisepraktische Informationen Seattle

Information

Seattle VC & Concierge Services, *7th Ave./Pike St., Lobby des Washington State Convention Center, ✆ (206) 461-5840, www.visitseattle.org, Mo–Fr, im Sommer auch an Wochenenden 9–17 Uhr. Vielerlei Infomaterial, Veranstaltungstickets aller Art, Hotelbuchungen u.a.*
Market Information Center, *SW-Ecke 1st Ave./Pike St. (Pike Place Market), tgl. 10–18 Uhr.*
In Deutschland: **Fremdenverkehrsamt Washington State**, *Wiechmann Tourism Service GmbH, Scheidswaldstr. 73, D-60385 Frankfurt/Main, ✆ (069) 255-38240, www.experiencewashington.de bzw. www.experiencewa.com.*

Touren

Bill Speidel's Underground Tour, *608 1st Ave./Pioneer Sq., ✆ (206) 682-4646, www.undergroundtour.com, tgl. mehrere Führungen ab 10/11 bis mind. 16 Uhr, $ 16, im Sommer Reservierung empfohlen; 90-minütiger Spaziergang durch die alte Stadt unter dem Pioneer Sq., ab Doc Maynard's Bar.*
Kulinarische Touren, z.B. *http://seattlefoodtours.com oder www.savorseattletours.com.*

Unterkunft

Preiswerte Motels befinden sich in Downtown an der Aurora Ave., nördlich des Seattle Center, bzw. an der 85th St. und entlang der I-5 zwischen Seattle und SEA-TAC Airport. Ansonsten empfehlen sich:

HI Seattle $, *520 S. King St., ✆ (206) 622-5443, www.hiusa.org/seattle; günstige Lage im historischen American Hotel von 1926, 2009 renoviert, knapp 300 Betten, freies WiFi.*

Gaslight Inn $$-$$$$, *1727 15th Ave., ✆ (206) 325-3654, www.gaslight-inn.com; zwei Wohnhäuser von Anfang des 20. Jh. wurden zu einem netten kleinen B&B mit 9 Zimmern und 6 Suiten umgestaltet, mit kleinem Garten und Pool.*

The Edgewater $$$-$$$$, *2411 Alaskan Way, Pier 67, ✆ (206) 728-7000, www.edgewaterhotel.com; direkt am Wasser gelegenes First-Class-Hotel, nahe zum Stadtzentrum, große und freundlich eingerichtete Zimmer, viele mit Blick auf die Elliot Bay, alle Annehmlichkeiten.*

Hotel Monaco Seattle $$$-$$$$, *1101 4th St., ✆ (206) 621-1770, www.monaco-seattle.com; geschmackvolles, ausgefallenes Boutique-Hotel mit luxuriösen Zimmern und zugehörigem Restaurant.*

Bacon Mansion B&B $$$-$$$$, *959 Broadway East, ✆ 1 (800) 240-1864, www.baconmansion.com; eines der schönsten B&Bs der Stadt: Haus im Tudor-Stil von 1909, elegant ausgestattet mit Patio, Leseraum, Speise- und Kaminzimmer; 10 unterschiedlich gestaltete, verschieden große Zimmer.*

Alexis Hotel $$$$-$$$$$, *1st/Madison St., ✆ (206) 624-4844, www.alexishotel.com; historisches Hotel (1908), toprenoviert, 91 unterschiedlich gestaltete Zimmer sowie 33 ungewöhnliche Suiten, mit empfehlenswertem Restaurant* **The Painted Table**.

Hotel Vintage Park $$$$, *1100 5th Ave., ✆ (206) 624-8000, www.hotelvintagepark.com; schön in der Stadtmitte, nahe Pike Place Market gelegenes kleines, gemütliches Spitzenhotel. In der Lobby mit offenem Kamin wird jeden Abend Wein serviert. Im selben Haus:* **Tulio Ristorante**.

Restaurants

Fangfrischer Fisch und Meeresfrüchte sind die Spezialitäten der Stadt, doch daneben gibt es dank der ethnisch stark gemischten Bevölkerung eine vielseitige internationale Küche. Für den schmalen Geldbeutel bieten sich u.a. die Imbissstände im Pike Place Market oder an der Waterfront an.

Flying Fish, *2234 1st Ave., ✆ (206) 728-8595, Reservierung nötig; trendig und energiegeladen wie das Stadtviertel Belltown, auf Seafood spezialisiert; riesige Auswahl lokaler Weine.*

Ivar's Salmon House, *401 NE. Northlake Way, ✆ (206) 632-0767; seit 1938 existierendes Restaurant im Nachbau eines indianischen Langhauses, mit offenem Grill, auf dem v.a. Lachsspezialitäten zubereitet werden.*

The Pike Pub & Brewery, *1415 1st Ave., Pike Place Market, www.pikebrewing.com; legendär sind die dunklen Biere wie das Pike Street Stout, dazu leckere Pub-Gerichte.*

Pyramid Alehouse, Brewery & Restaurant, *1201 1st Ave S, www.pyramidbrew.com; Kleinbrauerei mit Pub, hervorragendes Bier und gutes Essen sowie Brauereitouren.*

Queen City Grill, *2201 1st Ave., ✆ (206) 443-0975; eher rustikales Restaurant mit gutem Essen, ungewöhnlicher Weinliste und Fassbieren.*

Nightlife

Allgemeine Infos zur Musikszene finden sich unter: **www.seattle.gov/music**, *besonders attraktive Viertel sind:*

Belltown *(www.belltown.org), die Region um die Bell St., gilt als Seattles „Soho" mit Musikclubs, Boutiquen, Galerien und Restaurants – hier ist die Szene zu Hause.*

Rund um den **Pioneer Square** *(www.pioneersquare.org) gibt es zahlreiche Clubs mit Livemusik wie* **New Orleans** *(114 1st Ave. S, ✆ (206) 622-2563).*

Auf **Capitol Hill, Queen Anne Hill** *und im* **Uni District** *sind ebenfalls eine ganze Reihe kleiner Cafés und Bars mit Livemusik (v.a. Grunge) zu finden.*

Dimitriou's Jazz Alley, *2033 6th Ave./Lenora (NW), ✆ (206) 441-9729, www.jazzalley.com; Top-Jazzclub von Seattle mit Live-Auftritten großer Jazz- und Blueskünstler; mit Restaurant.*

Liquid Lounge at Experience Music Project, *325 5th Ave. N. (Seattle Center), ✆ (206) 770-2779, www.empmuseum.org; jeden Abend Gratis-Livemusik 21–2 Uhr und wochentags 16–19 Uhr Happy Hour.*

Einkaufen

Northgate Mall, *555 NE Northgate Way, www.simon.com/mall/northgate-mall. Im Norden der Stadt mit Nordstrom und JC Penny sowie über 150 Läden.*

Southcenter Mall, *633 Southcenter Blvd., Kreuzung I-5/I-405, www.westfield.com/southcenter; größte Mall Seattles, mit Kaufhäusern und insgesamt rund 180 Läden.*

University Village, *2623 NE. University Village St., University District, www.uvillage.com; über 100 Shops, Lokale etc., nördlich des Husky Stadium gelegen.*

Westlake Center, *400 Pine St., www.westlakecenter.com, 80 Läden, Food Court.*

Zuschauersport

Seattle Mariners *(MLB – Baseball), Safeco Field, Infos und Tickets: http://seattle.mariners.mlb.com*

Seattle Seahawks *(NFL – American Football), CenturyLink Field, www.seahawks.com*

Seattle Storm *(WNBA – Frauen-Profibasketball), Key Arena, www.storm.wnba.com*

Seattle Sounders FC, *(MLS – Fußball), CenturyLink Field, www.soundersfc.com*

University of Washington Huskies *(College Football und Basketball), www.gohuskies.com*

Veranstaltungen

Details sind zu finden unter: **www.visitseattle.org/Visitors/Events**, *zu den größten Events zählen folgende:*

Juli: Bite of Seattle, *Seattle Center, große „Fressmesse" (www.biteofseattle.com)*

Juli: Seafair Indian Days Powwow *(Discovery Park), großes Fest der in und um Seattle lebenden Ureinwohner (www.unitedindians.org/powwow)*

Juli/Anfang August: Seafair Festival, *drei Wochen lang Veranstaltungen am Wasser (www.seafair.com)*

August: Chief Seattle Days, *Stadtfest (www.suquamish.nsn.us)*

Flughafen

Der **Seattle-Tacoma International Airport**/*SEA-TAC (www.portseattle.org), liegt rund 30 km südlich der Innenstadt und ist via WA 518 bis I-5 Exit 154 angeschlossen. Es ist ein sehr übersichtlicher und besucherfreundlicher Flughafen. Die Büros der* **Mietwagenfirmen** *befinden sich im „Kellerdeck" unter der Passagierzone.*
Gray Line Airport Express-Busse fahren in die Stadt, ebenso **Metro-Busse** *(Infos: www.portseattle.org/seatac/ground). Die beste Verbindung ist jedoch die Schnellbahn* **Link Light Rail** *(s.u.), Ticket $ 2,75.*

Eisenbahn

Am **Amtrak-Bahnhof** *(www.amtrak.com),* **King Street Station** *(303 S. Jackson St.), halten die Züge aus/nach Portland, San Francisco und Spokane/Chicago sowie Vancouver (Kanada).*

Nahverkehr

Seattle ist eine fußgängerfreundliche Stadt mit vorbildlichem öffentlichem Nahverkehrssystem. Busse, Straßenbahnen, Hochbahn/Monorail und Fährboote unterstehen **King County Metro Transit**. *Die Preise sind nach Zonen gestaffelt (ab $ 2,25).*
Die **Monorail**, *eine Hochbahn, verkehrt zwischen Downtown (Westlake Center, 5th Ave./Pine St.) und Seattle Center (www.seattlemonorail.com, $ 2,25).*
Die **Buslinie 99** *(statt der früheren Waterfront Streetcar) startet an der Jackson St. nahe International District und Amtrak Station, führt vorbei am Pioneer Square und geht entlang Alaskan Way (Waterfront) bis Pier 70/Broad St., ideal, um in Downtown und SoDo herumzukommen.*
Link Light Rail (Central Link) *ist die neue Schnellbahn in Downtown (Transit Tunnel, u.a. University St., Pioneer Square, Intern. District/Chinatown und Stadium), südlich bis zum Flughafen (SeaTac) reichend. Ein Ausbau nach Norden ist in Planung. Einzelfahrt in Downtown $ 2. Infos: http://metro.kingcounty.gov (Busse) und www.soundtransit.org (Schnellbahn).*

Fährverbindungen

Ab **Seattle Ferry Terminal (Pier 52)** *geht es z.B. mit Fähren durch den Puget Sound nach Bremerton (Olympic Peninsula, ca. 1 Std. Fahrt), nach Bainbridge Island (35 Min.) oder nach Vashon (25 Min.). Infos:* **Washington Ferries**, *www.wsdot.wa.gov/ferries.*
Nach Vancouver Island (Victoria/BC, Kanada) und auf die San Juan Islands verkehren teils Autofähren, teils Fußgängerschiffe oder Schnellboote. Auskünfte: **Victoria Clipper**, *www.clippervacations.com.*
Argosy Cruises *(www.argosycruises.com) veranstaltet ab Pier 55/6 verschiedene Rundfahrten, u.a. zur Blake Island mit Tillicum Indian Village.*

Island Hopping im Puget Sound

Der **Puget Sound** ist ein tief ins westliche Washington hineinreichender Fjord des Pazifiks. Der Meeresarm reicht vom *Strait of Juan de Fuca* an der amerikanisch-kanadischen Grenze im Norden bis weit nach Süden, nach Olympia, Hauptstadt des Bundesstaats Washington. Im Osten liegt die Metropole Seattle, im Westen die Kitsap-Halbinsel, die

Teil der Olympic Peninsula ist. **Tiefseehäfen** gibt es in Olympia, Tacoma und Seattle, außerdem einen Navy-Stützpunkt in Bremerton. Der Puget Sound ist zugleich der südlichste Teil der sogenannten *Inside Passage (www.bcferries.com/schedules/inside)*, jenem legendären Seeweg zwischen Festland und Inseln bis hinauf nach Alaska.

Archipel im Nordpazifik

Im Puget Sound liegen unzählige **Inseln und Inselchen**, allein die am Übergang zwischen *Puget Sound* und *Strait of Juan de Fuca* gelegenen **San Juan Islands** sollen aus über 500 bestehen. Nur etwa 200 tragen einen Namen und nicht einmal drei Dutzend sind besiedelt. Die lokalen Indianer hielten diese Inseln für die Geburtsstätte der Menschheit – erlebt man den tiefblauen Puget Sound an einem strahlenden Sonnentag mit der mächtigen, schneebedeckten Bergkette der Cascades im Hintergrund, versteht man die Ehrfurcht der Ureinwohner vor diesem traumhaften Stück Erde.

Wer genügend Zeit hat, der sollte die eine oder andere Insel besuchen – dazu ist jedoch mindestens ein halber Tag einzuplanen. Die Fähren der staatlichen **Washington State Ferries** verkehren zwischen Seattle und den Inseln, den Olympic- und Kitsap-Halbinseln sowie dem kanadischen Sidney. Grundsätzlich gilt, besonders an Sommerwochenenden, dass Autofahrer 1–2 Stunden vor Abfahrt der Fähre am Terminal eintreffen sollten. Da nur maximal vier Fähren am Tag zu den einzelnen Inseln fahren und keine Reservierungen angenommen werden, riskiert man sonst lange Wartezeiten. Für Fußgänger und Radler ist hingegen immer Platz. Die Fahrtdauer der Fähren liegen zwischen 45 Min. (Lopez Island) und 90 Minuten (San Juan Island).

Reisepraktische Informationen Puget Sound

Information

San Juan Islands Visitors Bureau, *Friday Harbor (San Juan Island), ✆ 1 (888) 468-3701, www.visitsanjuans.com.*

Fähren

Infos unter www.wsdot.wa.gov/ferries

Touren

San Juan Safaris, *www.SanJuanSafaris.com, HS tgl. 11/15 Uhr ab Roche Harbor bzw. 11/17.30 Uhr ab Friday Harbor; mehrstündige Bootsfahrten in Gruppen von 18 bis 24 Personen zum Whale Watching, daneben auch Kajaktouren.*

San Juan Excursions, *Friday Harbor (Spring Street Landing), www.watchwhales.com. Whale Watching (mehrere Boote tgl.), Kajaktouren und andere Bootstrips im Puget Sound.*

Reiseführer

Wer sich intensiver für die Inseln im Puget Sound interessiert, sollte folgendes ***Reise-Handbuch*** *aus Iwanowski's Reisebuchverlag zu Rate ziehen: Margit Brinke – Peter Kränzle, USA-Nordwesten, ISBN: 978-3-86197-015-6.*

8. ZWISCHEN SEATTLE UND SAN FRANCISCO

Überblick

Von Seattle bis San Francisco – das ist nicht nur eine Fahrt vom regenreichen Nordwesten durch die malerischen Weinberge des Napa Valley zur berühmten Stadt am Goldenen Tor. Es ist auch eine Route, die eine breite Palette an Naturschönheiten zu bieten hat, idyllische Ortschaften, historische Monumente und kulturelle Sehenswürdigkeiten.

Routenhinweise

Für die Strecke zwischen Seattle und San Francisco bieten sich zwei Routen an: zum einen entlang der Küste, zum anderen durch das Innenland. Wer Zeit hat, kann beide kombinieren und einen Zickzackkurs zwischen Küste und Landesinnerem wählen. Die Hauptroute folgt der Küste, da es sich dabei um einen der schönsten Küstenabschnitte Nordamerikas handelt. Man folgt dem legendären **Pacific Coast Hwy.** (Hwy. 101), einer der Traumstraßen der Welt. Die Fahrt durch das Landesinnere orientiert sich hingegen an den Vulkanen des Kaskadengebirges. Egal, welche Route man einschlägt - es ist sinnvoll, mindestens vier Tage einzuplanen.

- **Hauptroute entlang der Küste**: Seattle - Olympic Peninsula - Astoria - Newport - Eureka - Mendocino - Point Reyes - San Francisco
- **Alternativroute durch das Landesinnere**: Seattle - evtl. Abstecher zum Mt. St. Helens - Portland - Bend - Crater Lake NP - Klamath Falls (Lava Beds NM - Lassen Volcanic NP - Redding/Chico - Sacramento - San Francisco

„Highway to Heaven" – die Küstenroute nach San Francisco

Nur in den USA kann eine scheinbar gewöhnliche Straße **Kultcharakter** haben. Die berühmte **Route 66**, jener Highway, auf dem sich während der Weltwirtschaftskrise verarmte Farmer aus dem Mittleren Westen ins Gelobte Land Kalifornien aufmachten, ist das Pendant zum **Pacific Coast Highway** (PCH). Bei diesem waren es allerdings weniger Geschichte und Schicksale als vielmehr Landschaft und Geografie, die ihn zum Mythos machten.

Beiden Straßen haftet noch **das alte Flair des Reisens** an, als man noch Zeit hatte, am Wegrand in einem einsamen *Diner* einen Burger zu essen und in der *Gas Station* mit dem Besitzer über Baseballergebnisse oder die Getreideernte zu plaudern. Auf solchen Straßen ist es auch heute noch zweitrangig, möglichst schnell von Punkt A nach Punkt B zu kommen, hier ist „der Weg das Ziel".

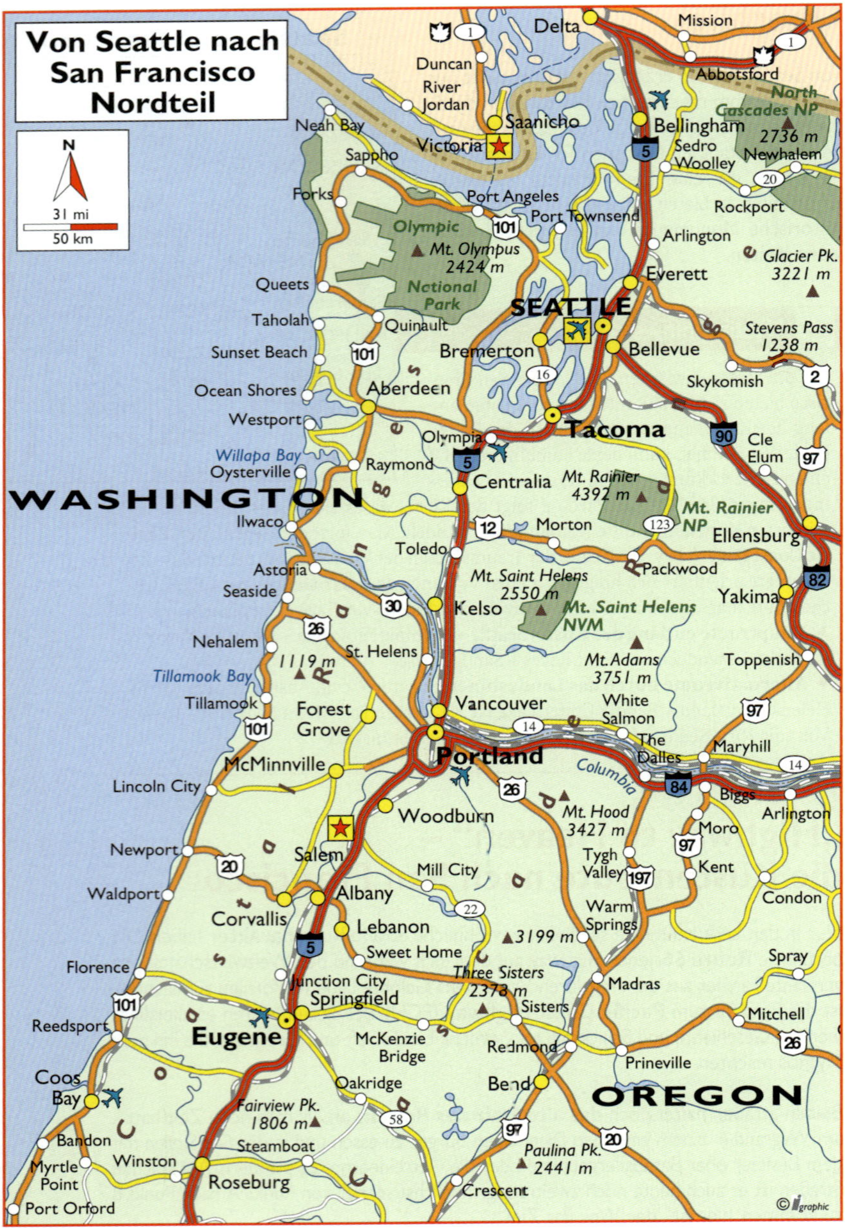
Von Seattle nach San Francisco Nordteil
N
31 mi
50 km
WASHINGTON
OREGON
Delta
Mission
Abbotsford
Duncan
River Jordan
Saanicho
Victoria
Neah Bay
Sappho
Bellingham
North Cascades NP
2736 m
Sedro Woolley
Newhalem
Rockport
Forks
Port Angeles
Port Townsend
Olympic National Park
Mt. Olympus 2424 m
Arlington
Glacier Pk. 3221 m
Everett
Queets
SEATTLE
Taholah
Quinault
Bremerton
Bellevue
Stevens Pass 1238 m
Sunset Beach
Skykomish
Ocean Shores
Aberdeen
Westport
Tacoma
Olympia
Cle Elum
Willapa Bay
Oysterville
Raymond
Centralia
Mt. Rainier 4392 m
Mt. Rainier NP
Ilwaco
Morton
Ellensburg
Toledo
Astoria
Packwood
Seaside
Mt. Saint Helens 2550 m
Mt. Saint Helens NVM
Kelso
Yakima
Nehalem
St. Helens
Mt. Adams 3751 m
Toppenish
Tillamook Bay
1119 m
Tillamook
Forest Grove
Vancouver
White Salmon
The Dalles
Maryhill
McMinnville
Portland
Columbia
Lincoln City
Biggs
Arlington
Woodburn
Mt. Hood 3427 m
Moro
Newport
Salem
Tygh Valley
Kent
Mill City
Waldport
Albany
Condon
Corvallis
Warm Springs
Lebanon
3199 m
Sweet Home
Spray
Florence
Junction City
Three Sisters 2373 m
Madras
Springfield
Sisters
Mitchell
Reedsport
Eugene
McKenzie Bridge
Redmond
Prineville
Coos Bay
Oakridge
Bend
Fairview Pk. 1806 m
Bandon
Steamboat
Paulina Pk. 2441 m
Myrtle Point
Winston
Roseburg
Crescent
Port Orford
© graphic

Von Seattle nach San Francisco Südteil
OREGON
CALIFORNIA
SAN FRANCISCO
SACRAMENTO
OAKLAND
Berkeley
Fremont
San José
Concord
Modesto
Stockton
Reno
Carson City
Grants Pass
Medford
Ashland
Klamath Falls
Crater Lake NP
Crater Lake
Redwood National Park
Redwood Empire
Klamath Mountains
Fremont Mountains
Lassen Volcanic NP
Lava Beds NM
Yosemite NP
Point Reyes National Seashore
Avenue of the Giants
Fort Ross
Humboldt Bay
Tomales Bay
Lake Tahoe
Mono Lake
Pyramid Lake
Clear Lake
Clear L. Res.
Clair Engle
Riddle
Titler
Union Creek
Chemult
Silver Lake
Agness
Illinois
1554 m
Brookings
Kerby
Chiloquin
Paisley
Smith River
Crescent City
2228 m
Happy Camp
Bly
Klamath
Merrill
Yreka
Lakeview
Orick
Somes Bar
2530 m
Mt. Hebron
Willow Ranch
Weitchpec
Weed
Mt. Shasta
4317 m
Arcata
Thompson Pk.
2744 m
Bartie
Canby
Eureka
Burnt Ranch
Alturas
Scotia
Fall River Mills
Adin
Weaverville
Burney
Likely
1246 m
Redding
Shelter Cove
Platina
Ravendale
Eel
Lassen Pk.
3187 m
Leggett
Red Bluff
Paynes Creek
Westwood
Susanville
Mt. Lynn
2466 m
Litchfield
Belden
Fort Bragg
Elk Creek
Orland
Mendocino
Chico
Keddie
Redwood Valley
Snow Mtn.
2151 m
Ukia
Blairsden
Chilcoot
Upper Lake
Oroville
Pt. Arena
Williams
645 m
Grass Valley
Sierraville
Lower Lake
Yuba City
Cloverdale
Emigrant Gap
Auburn
Rubicon
Calistoga
Jenner
Santa Rosa
Woodland
South Lake Tahoe
Napa
Gardnerville
Petaluma
Vacaville
Elk Grove
Fairfield
Topaz Lake
S. Anselmo
Jackson
Sausalito
S.F. Bay
Lodi
Angels Camp
3528 m
San Mateo
Sonora
Bridgeport
Groveland
Palo Alto
N
31 mi
50 km
5
97
101
1
36
299
99
29
80
50
395
140
120
© igraphic

info

Pacific Coast Highway

Der **PCH** beginnt nördlich von San Diego, doch erst ab Malibu, nördlich von Los Angeles, hält die Route, was ihr legendärer Ruf verspricht. Dicht entlang der Küste schlängelt sie sich nordwärts, schraubt sich hoch in die Küstengebirge, um im nächsten Moment steil auf Meereshöhe abzufallen. Sie passiert endlose Sandstrände und durchquert dichte, dunkle Wälder, führt durch interessante Kleinstädte und streift malerische Fischerdörfer. Bis nördlich der San Francisco Bay entspricht der PCH dem CA Hwy. 1, dann dem US Hwy. 101, der der nordkalifornischen sowie der Küste Oregons und Washingtons bis zur Hauptstadt Olympia vor den Toren Seattles folgt.

Der Pacific Coast Highway überquert auf einer mächtigen Brücke die Bucht in Newport/OR

Olympic National Park

Die Olympic Peninsula ist auf drei Seiten von Wasser umgeben: Im Westen brandet der Pazifik gegen Klippen und Sandstrände, im Norden trennt die *Strait of Juan de Fuca* das Land von der kanadischen Vancouver Island, und im Osten erstreckt sich schließlich der durch Buchten und Inseln gegliederte Puget Sound.

Als 1788 der britische Seefahrer *John Meares* den schneebedeckten Gipfel über dem dichten Regenwald auf der Halbinsel im Nordwesten erblickte, glaubte er anscheinend, hier die zweite Heimat des antiken Göttervaters vor sich zu haben und nannte den Berg deshalb „**Mount Olympus**“. Präsident *Theodore Roosevelt* hatte 1909 große Be-

Routenhinweis

Von Seattle aus kann man zunächst auf der I-5 bis Olympia fahren und dann auf dem Hwy. 101 die Olympic Peninsula umrunden. Vorzuziehen ist es jedoch, mit der Autofähre von Seattle nach **Bremerton** zu fahren und dabei den grandiosen Blick auf Stadt und Berge zu genießen. Ab Bremerton, praktisch ein „Vorort" von Seattle auf einer der Inseln im Puget Sound, führen Hwy. 3 und dann 104 zum US Hwy. 101 an der Nordostecke der Olympic Peninsula. Hier bietet sich ein Abstecher in das historische Hafenstädtchen **Port Townsend** an. Bei **Port Angeles** bietet sich ein erster Abstecher in den Olympic NP an, von dort führt der US Hwy. 101 um den Olympic NP herum zur Pazifikküste und anschließend weiter nach Süden.

reiche um den rund 2.600 m hohen Berg zum „National Monument" erklärt; 1938 wurde das Gelände vergrößert und zum „National Park" erhoben. Der gut 370.000 ha große, wenig bekannte Park ist ungeheuer vielseitig: Er vereint alpine Wildnis mit Sandstränden und Klippen und weist zudem große Areale des seltenen nichttropischen Regenwaldes auf.

Nahe der Hafenstadt **Port Angeles** führt eine Stichstraße zur 1.600 m hohen **Hurricane Ridge** in den Park hinein. Direkt am Parkzugang in der Ortschaft befindet sich das Haupt-Besucherzentrum, ein weiteres liegt am Hurrican Ridge. Bei klarem Himmel ist von hier aus die Sicht auf den Mt. Olympus mit seinen drei Gipfeln und auf andere Berge fantastisch. Noch weiter führt eine unbefestigte Straße, nämlich zum 1.966 m hohen **Obstruction Peak**, von dem aus der Panoramablick am besten ist.

Im äußersten Nordwesten der Halbinsel liegen **Neah Bay** und die **Makah Indian Reservation**, allein wegen des kleinen Museums einen Abstecher wert. Vor Forks, dem zentralen Versorgungsort an der Westküste, zweigt eine Seitenstraße vom Hwy. 101 ab, die entlang dem *Sol Duc River* westwärts zur Küste bei **La Push** führt. Hier, nördlich der Flussmündung am **Rialto Beach**, präsentiert sich die Küste mit ihren Klippen und dem rund 80 km langen Sandstrand besonders fotogen.

Zurück auf dem Hwy. 101 ist anschließend der Abstecher zum **Hoh Rain Forest** (ausgeschildert) ein unbedingtes „Muss". Hier, an der Westseite des Naturparks, wirkt das grüne Dickicht mit Moosen und Pilzen, Sequoias, Tannen und Ahornen fast un-

Redaktionstipps

Sehens- und Erlebenswertes

- Spaziergang durch den Regenwald im **Hoh Rain Forest, Olympic NP** (S. 435).
- Bergauf und bergab durch das „San Francisco des Nordens": **Astoria** (S. 438).
- In den **Sea Lion Caves** (S. 442) und im **Oregon Coast Aquarium** in **Newport** (S. 440) den Seehunden zusehen.
- Ein Kuriosum zwischen Meer und Wäldern: die **Oregon Dunes NRA** (S. 442).
- Die **mystische Welt der Redwoods** an der **Avenue of Giants** (S. 449) oder im **Redwood NP** (S. 445) kennenlernen.
- **Kajaktour** an der Point Reyes National Seashore (S. 451).

Restaurants

- Die dunklen Rauchbiere der **Rogue Brewery** in **Newport** (S. 441) sind schon mehrfach prämiert worden.
- In der **Tillamook Cheese Factory** Eis und Käse probieren und kaufen (S. 440 und 444).

Einkaufen

- Steuerfrei Schnäppchen einkaufen in den **Lincoln City Factory Outlet Stores** (S. 440).

Übernachten

- Das **Pacific Reef Resort** in Gold Beach (S. 444) ist ein wenig bekanntes Juwel an der Pazifiküste Oregons.

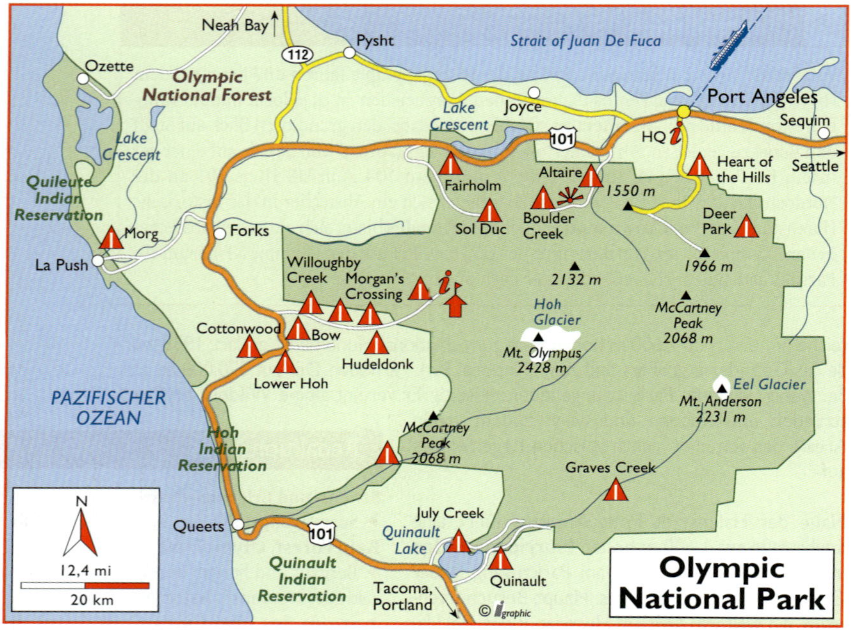

wirklich. Während solche Regenwaldlandschaften in den tieferen Lagen der Berglandschaft der Olympic Peninsula zu finden sind, wächst mit zunehmender Höhe und Trockenheit der Anteil an Misch-, dann an Nadelwald. Vom **Hoh Rain Forest VC** aus kann man auch als ungeübter Wanderer auf zwei kurzen Rundwegen den Wald und seine Flora und Fauna kennenlernen.

Nahe der Küste über Queets geht es zum südlichen Parkeingang. Dort ist ein Spaziergang am **Quinault Lake** empfehlenswert, je nach Zeit empfiehlt sich auch eine Übernachtung. Die reine Fahrstrecke von Port Angeles bis Quinault auf dem Hwy. 101 (ohne Abstecher) ist immerhin rund 220 km lang.

Reisepraktische Informationen Olympic National Park

Information

Olympic NP, *600 E. Park Ave., Port Angeles, www.nps.gov/olym, ✆ (360) 565-3100, $ 15/Pkw, mit folgenden VCs:.*

Olympic NP VC/Wilderness Info Center, *3002 Mt. Angeles Rd. (ab US Hwy. 101), Port Angeles, tgl. 9–16.30 Uhr, Info, Ausstellung und Film.*

Hurricane Ridge VC, *17 mi/27 km südl. Port Angeles, wie die Straße nur April–Sept.*

Hoh Rain Forest VC, *im Westen des NPs, ab US Hwy. 101, im Sommer tgl. geöffnet, sonst nur Fr–So.*

Forks NPS/USFS Recreation Info Center, *551 S Forks Ave., ✆ (360) 374-5877, www.forkswa.com, außerdem hilfreich sind:*
Olympic Peninsula Visitor Bureau, *338 W. 1st St., Port Angeles, ✆ (360) 452-8552, www.olympicpeninsula.org.*
Port Angeles Chamber of Commerce, *✆ (360) 452-2363, www.portangeles.org.*

Abwechslungsreiche Natur im Olympic NP

Besuchszeit

Das milde, aber feuchte Klima hier im Nordwesten hat zur Folge, dass man am Boden das ganzeJahr über mit Regen und Nebel, kaum aber Frost rechnen muss. In den höheren Lagen kann es kalt werden, im Winter fällt dort Schnee. Im Juli, August und September wird es tagsüber verhältnismäßig warm, und die Niederschläge sind dann am geringsten.

Unterkunft

In **Port Angeles** *(und in* **Forks***) gibt es viele M/Hotels, etwas Besonderes sind jedoch die beiden historischen Park Lodges (Infos und Buchung: www.olympicnationalparks.com):*
Kalaloch Lodge $$-$$$, *am US Hwy. 101, zwischen Queets und Roby Beach, www.thekalalochlodge.com; traumhaft direkt am Pazifik gelegene rustikale Lodge mit einfachen Cottages und Zimmern im Hauptbau. Die Lodge liegt am Rand des Olympic NF.*
Lake Crescent Lodge $$-$$$, *416 Lake Crescent Rd., ab US Hwy. 101 am Barnes Point im Olympic NP; historische Lodge mit 35 Zimmern und 17 Cottages für das rustikale Erlebnis. Herrliche Lage direkt am See.*
Quileute Nation Oceanside Resort $$-$$$, *320 Ocean Dr., La Push, www.quileuteoceanside.com; Cabins direkt am Meer, Campinggelegenheit und kleines, gemütliches Motel, vom lokalen Indianerstamm verwaltet.*

Camping

Im Olympic NP gibt es 16 Nationalparks mit insgesamt 910 Plätzen. Stellplätze für RVs gibt es am Sol Duc Hot Springs Resort und am Log Cabin Resort am Lake Crescent. Infos: www.nps.gov/olym/planyourvisit/campgrounds.htm.

Wandern u.a. Aktivitäten

Insgesamt stehen mehr als 900 km an Wanderwegen zur Verfügung, kurze und einfach zu begehende Lehrpfade – wie jenen am Hoh Ran Forest VC – ebenso wie mehrtägige „backcountry trails". Infos gibt es unter **www.nps.gov/olym/day-hiking.htm**.
Bergsteigen unterschiedlicher Schwierigkeitsgrade steht ebenfalls im Angebot und es gibt ein Netz von etwa 100 km an Reitwegen. Packtiere und Reittouren werden u.a. in Port Angeles und Forks angeboten. Auf den meisten Flüssen und Seen sind Kajaks, Kanus, Schlauch-, Ruder- und Segelboote zugelassen, auf einigen Gewässern auch Motorboote.

Astoria und die Oregon Coast

Nach Queets verlässt der Hwy. 101 die Küste und kehrt nur kurz an der Willapa Bay dorthin zurück. Ansonsten verlaufen die etwa 145 mi/230 km nach Astoria/OR großteils im Hinterland. Auf der 6,6 km langen **Astoria Bridge** überquert man den mächtigen Columbia River, der 1788 von den englischen Seeleuten *Meares* und *Douglas* erstmals gesichtet worden war. Die Engländer hielten die breite Mündung jedoch zunächst für eine weit ins Land reichende Meeresbucht; erst vier Jahre später erkannte man den Fluss und seine Möglichkeiten zur Erschließung des Hinterlandes. Allerdings waren es erst die Offiziere *Meriwether Lewis* und *William Clark* mit ihrer Expedition 1804–06 im Auftrag von Präsident *Jefferson*, die den Landweg von Osten hierher erkundeten.

Riesige Flussmündung

Astoria

1811 war Astoria als Pelzhandelsstation von Europäern gegründet worden – ein für den Westen beachtliches Alter für eine Siedlung. Nachdem der Pelzhandel an Bedeutung verloren hatte, war es v.a. die Lage an der Flussmündung und damit Fischfang und Holzhandel, die die Stadt am Leben erhielten. Zahlreiche Gebäude aus dem ausgehenden 19. Jh. zeugen noch heute vom einstigen Wohlstand Astorias. Der wohl beste Ausblick auf Stadt und Umland bietet sich von der fast 40 m oder gut 160 Stufen hohen **Astoria Column** auf dem höchsten Hügel der Stadt, dem *Coxcomb Hill*. 1926 erbaut und der

info

Johann Jakob Astor

Johann Jakob Astor war eine der ersten großen amerikanischen Unternehmerpersönlichkeiten. 1763 in Walldorf bei Heidelberg geboren, kam er im Alter von 20 Jahren als einer unter zahlreichen **deutschen Emigranten** nach New York. Zunächst versuchte er sich als Musikinstrumentenhändler, tauschte dann jedoch die Instrumente gegen Pelze ein und gründete 1809 ein Pelzhandelsunternehmen, die **American Fur Company**, das den Grundstock zu seinem späteren Reichtum und seiner Bilderbuchkarriere legte. Die Pelze verschiffte er in den Fernen Osten, erwarb dort dafür Tee, den er wiederum in New York verkaufte - alles mit Profit. *Astor* schaffte es, fast den gesamten Pelzhandel an sich zu ziehen und gründete an strategisch wichtigen Punkten ständig besetzte Stationen. Das so entstandene **Fort Astoria** am Pazifik war 1811 der erste amerikanische Vorposten westlich des Mississippi.

Einen Großteil seines Wohlstands verdankte *Astor* allerdings der Bodenspekulation, v.a. in Manhattan. Als er 1848 starb, wurde sein Vermögen auf $ 25 Mio. geschätzt, und damit war er der reichste Mann der USA. Die Familie *Astor* entwickelte sich zu einer der gesellschaftlich führenden in der Neuen Welt. 1894 gründete ein Spross dieses Clans in New York das Hotel „Waldorf“, benannt nach dem Geburtsort von *Johann Jakob*. Ein weiteres Familienmitglied ließ daneben das Hotel „Astoria'“ bauen, und aus der Zusammenlegung der beiden Häuser entstand das weltberühmte „Waldorf-Astoria“. Bekannt ist auch das tragische Schicksal des Ururenkels, *John Jacob IV.*, der beim Untergang der *Titanic* (1912) ums Leben kam.

Trajanssäule in Rom nachempfunden, umgibt sie ein spiralig angeordnetes Wandbild mit Darstellungen regionaler Ereignisse.
Astoria Column, *Coxcomb Hill, www.astoriacolumn.org, tgl. Sonnenauf- bis -untergang, Infokiosk 9–18 Uhr, $ 1 Parkgebühr.*

Sehenswert ist außerdem das neu gestaltete **Columbia River Maritime Museum** am Hafen, das einen Überblick über die Schifffahrt auf dem Columbia River und im Pazifik bietet. Ein altes Feuerschiff im Hafenbecken kann ebenfalls besichtigt werden. *Schifffahrtsgeschichte*
Columbia River Maritime Museum, *1792 Marine Dr., www.crmm.org, tgl. 9.30–17 Uhr, $ 12.*

Entlang dem Columbia River läuft der **Riverwalk** vom Pier 39 (Shops und Café) am *Maritime Museum* vorbei, unter der Brücke hindurch zum *Cannery Pier*. Ins Leben im späten 19. Jh. führt das viktorianische **Flavel House** ein, erbaut zwischen 1883 und 1887, und im **Heritage Museum** der *Clatsop County Historical Society* in der City Hall geht es um Lokalgeschichte.
Flavel House, *441 8th St., tgl. 10–17 bzw. NS 11–16 Uhr, $ 5.*
Heritage Museum, *1618 Exchange St., Di–Fr 10–12, 13–15 Uhr, $ 5.*

Lewis & Clark National Historical Park

Vier Monate lang erkundeten im Winter 1805/06 die Teilnehmer der Lewis & Clark-Expedition die Region um die Flussmündung. Der 2004 eingerichtete **Lewis & Clark NHP** reicht von Cannon Beach/OR im Süden über ca. 65 km bis Ilwaco/WA im Norden und umfasst mehrere historische Sehenswürdigkeiten im Mündungsgebiet des Columbia, die in Bezug zur Expedition stehen. Kernstück ist das schon vorher zum Nationalparksystem gehörige **Fort Clatsop NM**, ein Nachbau des damaligen Forts der Expedition mit interessantem VC/Museum und Shop, neu hinzu kamen in Oregon der **Fort to Sea Trail**, die früheren State Parks **Fort Stevens**, **Sunset Beach** und **Ecola**, **Salt Works** im Küstenort Seaside sowie **Netul Landing**. In Washington, jenseits des Columbia River, gehören die ehemaligen State Parks **Cape Disappointment** und **Fort Columbia** sowie **Station Camp** und **Clark's Dismal Nitch** dazu. *Wegweisende Expedition*

Im Fort Clatsop berichten die Ausstellungen und Informationstafeln über diese historische Expedition. Zugleich bietet die **vielseitige Landschaft** hier an der Pazifikküste mit ihren zerklüfteten Felsklippen, feinen Sandstränden, dichten Regenwäldern und klaren Flüssen und Bächen Gelegenheit zu **Wanderungen** oder **Kajaktouren**. Dabei bleibt freilich zu hoffen, dass dem Reisenden die Wetterverhältnisse, die einst Lewis & Clark beklagten, erspart bleiben.
Fort Clatsop, *92343 Fort Clatsop Rd., www.nps.gov/lewi, $ 3/Person, VC 9–18 bzw. –17 Uhr in der NS, weitere Adressen und Zeiten des NHP siehe Webseite.*

Oregons nördlicher Küstenabschnitt

Nach Astoria folgt der Hwy. 101 zumeist direkt der traumhaften **Oregon Coast**. Im nördlichen Abschnitt passiert man das bei den Bewohnern Portlands beliebte **Sea-** *Traumhafte Küste*

Die Oregon Coast ist der schönste Abschnitt der Pazifikküste

Sandstrand und Felsformationen

side und hat vom **Ecola SP** einen weiten Blick über die dramatische Küstenlandschaft mit ihren Stränden und Klippen. In der folgenden Ortschaft **Cannon Beach** sind die Felsnadeln und der mächtige Felsklotz **Haystack Rock** mitten im Pazifik vor dem Sandstrand beliebte Fotomotive. Mitte Juni schaffen hier „Sandkünstler" während des *Sandcastle Contest* ebenso schöne wie vergängliche Skulpturen, die mit herkömmlichen Sandburgen nichts mehr zu tun haben. Eine weitere Attraktion sind **Winddrachen** *(Paragliding)*, die hier bei ständig wehender Brise die besten Startbedingungen haben.

Südlich von Cannon Beach schraubt sich der Highway hoch über die Küste und umrundet den **Neahkahnie Mountain**. Ein lohnender Zwischenstopp ist **Tillamook** mit seinen beiden berühmten Käsefabriken (am Hwy. 101 ausgeschildert, s. S. 444). Der zentrale Ort am nördlichen Küstenabschnitt ist das Hafenstädtchen **Lincoln City**, bekannt für das *Outlet Shopping Center* (am Hwy. 101), das besonders lohnt, da Oregon keine *sales tax* erhebt. Auch wegen des Hotel- und Motelangebots empfiehlt sich Lincoln City als Zwischenstopp. Hier kann man zudem stundenlang am feinsandigen Dünenstrand entlangspazieren, Krabben fischen, Muscheln sammeln oder durch den **Suislaw NF** wandern.

Vielfältiger Lebensraum Küste

Nur etwa 30 mi/48 km südlich liegt **Newport** an einer weit ins Land reichenden Bucht. Hier muss man das **Oregon Coast Aquarium** gesehen haben, eine ungewöhnliche Mischung aus Aquarium, Zoo und Parkanlage. Viele vorbildlich angelegte, großzügig proportionierte Habitate befinden sich im Freien, z.B. Reviere für Seeotter, Robben und Seelöwen sowie Seevögel. Große Aquarien und sehenswerte Wechselausstellungen im Inneren stellen den Lebensraum „Küste" auf instruktive und unterhaltsame Weise vor, dazu gibt es interessante *Behind-the-Scenes*-Touren.

Oregon Coast Aquarium, *2820 SE Ferry Slip Rd., ab US 101, www.aquarium.org, tgl. 9–18 bzw. NS 10–17 Uhr, $ 18,95, Spezialtouren und Shop.*

Nahe dem Aquarium, beinahe versteckt unter der gigantischen **Yaquina Bridge**, über die der US Hwy. 101 den gleichnamigen Fluss quert und in die Stadt führt, befindet sich in einem alten Hafenlagerhaus die **Rogue Brewery**.

Einen Stopp wert

Der besondere Tipp

In dem Pub der **Rogue Brewery** *gibt es leckere Gerichte, weit über Oregon hinaus berühmt sind aber die Biere, die Braumeister John Maier kreiert. Neben dem legendären Dead Guy Ale sind es besonders die dunklen Biere, großteils „Rauchbiere", wie sie in Bamberg zu finden sind, die den Ruhm der Brauerei begründet haben. Daneben werden ungewöhnliche Whiskeys, Rums und Gins destilliert.*
Rogue Brewery, *2320 OSU Dr. (ab US 101, nahe Aquarium), www.rogue.com. Brauerei mit Pub, außerdem Restaurant und Biermuseum an der Historic Bay Front (748 SW Bay Blvd.).*

Gleich nördlich der Brücke führt eine Straße hinunter zur **historischen Bayfront** von Newport, wo Fischlokale, ein Pub der *Rogue Brewery* (*748 SW Bay Blvd.*), Läden und Imbissstände mit frischem Lachs, Austern und Krabben locken. Von hier aus stechen Boote in See, zur Walbeobachtung, zum Angeln oder zu Ausflugsfahrten. Wer eine Pause am Strand einlegen möchte, sollte den nahen **Nye Beach** ansteuern, ein schöner, weitläufiger Strand, der bereits Anfang des 20. Jh. Urlauber anlockte.

Imbiss aus dem Meer

Das Heceta Head Lighthouse gehört zu den beliebten Fotomotiven an Oregons Küste

Zwischen Meer und Wäldern

Nächste interessante Station ist **Cape Perpetua**. Hier kann man nicht nur die Küste, sondern auch das waldreiche Hinterland erkunden. Vom VC am Hwy. 101 (ausgeschildert) gehen sowohl kurze Wanderwege zu den Gezeitenpools und Klippen am Pazifik als auch zu Bächen und Quellen und hinein in die dichten Wälder des **Suislaw National Forest**.

Weiter geht es, das Meer zur Rechten, den Wald zur Linken, vorbei an der Ortschaft **Yachats**, am **Devil's Churn** („Butterfass des Teufels“), eine tiefe Felsspalte, aus der die Meeresbrandung als gelber Schaum quillt, und am **Strawberry Hill**. Letzterer ist nicht nur wegen der wilden Erdbeeren bekannt, sondern v.a. aufgrund der dramatischen Klippen, auf denen sich Seelöwen in der Sonne aalen.

Besuch bei den Seelöwen

Nach dem **Heceta Head Lighthouse**, noch heute aktiver Leuchtturm und zugleich ein B&B, erreicht man die **Sea Lion Caves**. Es handelt sich dabei um eine der größten durch Meeresgewalten geschaffenen Grotten Amerikas, in denen sich als zusätzliche Attraktion eine Seelöwen-Kolonie aufhält.

Heceta Head Lighthouse, *92072 Hwy. 101 S, Yachats, ✆ 1 (866) 547-3696, www.hecetalighthouse.com, Touren April–Okt. $ 5, sonst nur Viewpoint zugänglich. Mit B&B.*

Sea Lion Caves, *91560 Hwy. 101 N, Florence, www.sealioncaves.com, tgl. 9–16/18 Uhr, $ 12.*

Routenhinweis

Von Lincoln City aus erreicht man über den Hwy. 18 in nur zwei Autostunden (90 mi/145 km) die Metropole **Portland** (S. 459).

Oregons Südküste

Rund 50 mi/80 km südlich von Newport hat man als nächste größere Stadt **Florence**, die „*City of Rhododendrons*“ mit einem beliebten *Rhododendron Festival* im Mai erreicht. Es handelt sich um einen der **schönsten Fischerorte** an der Oregon Coast mit liebevoll restaurierter Altstadt und sehenswertem historischen Fischereihafen, der **Historic Harborfront** mit Boutiquen, Kneipen und Fischrestaurants.

Mit dem ATV die Dünen auf und ab

Der **Siuslaw River** in Florence markiert die Grenze, an der die bisher stark bewaldete Küste plötzlich breiten Sandstränden und ausgedehnten Feldern mit gigantischen Dünen weicht. Die 50 km lange **Oregon Dunes National Recreation Area** bietet Naturgenuss der besonderen Art. Einige der Sandberge sind immerhin bis zu 150 m hoch. Teilweise steht das Gebiet unter Naturschutz, teilweise sind hier die beliebten *dune buggy*-Fahrten erlaubt (s. S. 444). In ATVs (All Terrain Vehicles), vierrädrigen offenen Gefährten, geht es rasant steil die Dünen hinauf und im 90-Grad-Winkel wieder hinab. Am besten überschaut man die Dünen nördlich von **Reedsport** vom **Oregon Dunes Overlook** am Hwy. 101.

Oregon Dunes NRA, *US 101, zwischen Coos Bay/North Bend und Florence, VC in Reedsport, 855 Highway Ave., US 101, www.stateparks.com/oregon_dunes.html, tgl. 8–16.30 Uhr, im Winter Sa/So geschl.*

Mit einem Buggy geht es über die Oregon Dunes bis zum Pazifik

Am Ende des Sandstreifens verbreiten die Zwillingsstädte **North Bend** und **Coos Bay** eine unerwartete industrielle Geschäftigkeit. Tatsächlich liegt hier in der Bay der wichtigste Hafen zwischen Seattle und San Francisco. Schließlich muss der Holzreichtum (u.a. Redwood und Myrte) des Bundesstaates verarbeitet und verschifft werden.

Auf den nächsten 160 mi/260 km wird es dann wieder ruhiger, doch ist die Strecke nie langweilig, sondern wildromantisch. Man spricht wegen des warmen Klimas auch vom „Banana Belt", obwohl eigentlich v.a. Lilien angepflanzt werden. Neben dem kleinen Hafenstädtchen **Gold Beach**, mit traumhaftem Strand an der Mündung des Rogue River, ist das Städtchen **Brookings** sehenswert. Mehr über diese malerische **Gold Coast** erfährt man im **Crissey Field VC**. Gold Beach

OR Welcome Center at Crissey Field, *14433 US Hwy 101, Brookings, tgl. 8–17 Uhr, frei, mit Nature Trail.*

Reisepraktische Informationen Oregon Coast

Information

Oregon Coast Visitors Information, *137 NE First St., Newport, ✆ (541) 574-2679, http://visittheoregoncoast.com.*

Southern Oregon: *www.southernoregon.org, www.brookingsharborchamber.com, www.goldbeach.org.*

Astoria: *www.oldoregon.com*
Newport: *http://discovernewport.com bzw. www.newportchamber.org*

Tipp

Sand Dunes Frontier, *83960 Hwy. 101 S, Florence, ✆ (541) 997-5363, www.sanddunesfrontier.com; Fahrten mit unterschiedlich großen Gefährten (sandrails) über die Dünenlandschaft mit erfahrenen „Piloten" oder auch Verleih von Odysseys, Quads und ATVs.*

Unterkunft

Pacific Reef Resort $$-$$$, *29362 Ellensburg Ave. (US 101), Gold Beach, ✆ 1 (800) 808-7263, www.pacificreefresort.com. Gepflegte, grüne Anlage mit Motelbau (DZ) und zweistöckigen Cottages mit voll eingerichteter Küche, Schlaf- und Wohnzimmer sowie Balkon und Terrasse mit Meerblick. Innenpool, Frühstück inkl. Exzellentes Preis-Leistungs-Verhältnis!*

Benjamin Young Inn $$-$$$, *3652 Duane St., Astoria, ✆ (503) 325-6172, www.benjaminyounginn.com; schönes B&B in einem Queen-Anne-Wohnpalast von 1888, vier unterschiedlich gestaltete Zimmer, darunter die Honeymoon Suite.*

Elizabeth Street Inn $$$, *232 SW Elizabeth St., Newport, ✆ (541) 265-9400, www.elizabethstreetinn.com; Balkonzimmer mit Meerblick und Kaminen, Pool und Nähe zum Historic-Nye-Beach-Viertel.*

Inn at Spanish Head $$$$, *4009 SW Hwy. 101, Lincoln City, ✆ 1 (800) 452-8127, www.spanishhead.com; mehrstöckiges großes Hotel in traumhafter Lage direkt am Pazifikstrand, alle Zimmer mit Balkon und Meerblick, unterschiedliche Größen vom einfachen Zimmer bis hin zur Suite. Angeschlossen sind ein Restaurant, Fitnesszentrum, Spieleraum und Swimmingpool.*

Restaurants

Pier 11 Feed Store Restaurant & Lounge, *77 11th St., ✆ (503) 325-0279; das Top-Lokal Astorias in einem umgebauten alten Lagerhaus am Hafen, bekannt für Fischgerichte wie Captain's Platter oder Blue Cheese Halibut.*

The Bridgewater, *1297 Bay St., Florence, ✆ (541) 997-9405; historischer Bau von 1901, kreative Gerichte mit lokalen frischen Zutaten, viel Fisch, super Desserts.*

Nor'Wester Steak & Seafood, *10 Harbor Way, Gold Beach, ✆ (541) 247-2333. Lokal mit Hafenblick, in dem Steaks und Fischgerichte kreativ zubereitet werden. Zugehörige gut sortierte Bar.*

Rogue Brewery, *s. S. 441*

Einkaufen

Tanger Outlet Center, *1500 SE Devils Lake Rd., Lincoln City, www.tangeroutlet.com/lincolncity/area-information. Größtes Outlet-Center im pazifischen NW mit rund 60 Filialen bekannter Markenhersteller (wie Eddie Bauer oder Columbia).*

Tillamook Cheese Factory, *4175 US 101, Tillamook, tgl. 8–18/20 Uhr, www.tillamook.com; es gibt eine Gratistour durch die Käserei sowie einen großen Laden mit angeschlossenem Imbiss, sehr gutes Eis. In der Nähe (ausgeschildert ab Hwy 101):* **Blue Heron French Cheese Factory**, *www.blueheronoregon.com.*

In den Redwoodwäldern Nordkaliforniens

Nach der Grenze zu Kalifornien erreicht man **Crescent City**. Die Tatsache, dass der Ort trotz lebhafter Geschichte als Goldgräbercamp und Zentrum der alten Holzindustrie kaum interessante Gebäude aufzuweisen hat, liegt an einem schweren Erdbeben in Alaska, das 1964 Anchorage verwüstete und eine enorme Flutwelle *(Tsunami)* auslöste. Diese bewegte sich auf die nordkalifornische Küste zu und traf die Kleinstadt mit voller Wucht. Außer elf Toten waren damals Zerstörungen an fast allen Häusern und den Hafenanlagen zu beklagen.

Heute dient das Hafenstädtchen hauptsächlich als Tor zum **Redwood NP**. Der Parkeingang liegt südlich, am Hwy. 101. Aber nicht nur der Nationalpark schützt heute die verbliebenen Redwood-Wälder, es gibt auch südlich von **Eureka** staatliche Schutzgebiete wie die **Avenue of the Giants** oder weiter im Norden der **Jedediah Smith SP**.

Redwood National Park

Der Hwy. 101 quert den Park zwischen dem nördlichen und südlichen VC fast in gesamter Länge. Da jedoch die Straße zwischen Klamath und Orick zur wenig attraktiven Umgehungsstraße ausgebaut ist, wählt man besser den **Newton B. Drury Scenic Byway** mitten durch den Park. Die Route führt am **Prairie Creek VC**, einem der Besucherzentren, und einigen Baumgiganten vorbei. Immer wieder zweigen Wanderwege ab, die tiefer in den Wald hinein und sogar bis zum Pazifik führen. Insgesamt gibt es fünf Besucherzentren, wobei das **Kuchel VC** am Hwy. 101 südlich der Ortschaft **Orick** als größtes und wichtigstes auf keinen Fall verpasst werden sollte.

Verschiedene Sehenswürdigkeiten kann man allerdings nur zu Fuß erreichen, für manche Scenic Drives braucht man ein Permit. Unbedingt ge-

info

Redwoods – stille Riesen

Als „Dinosaurier" unter den Bäumen gelten die Redwoods, begünstigt durch das milde, neblig-feuchte Klima der Coast Range. Der größte *Sequoia sempervirens* (Küstenmammutbaum) steht im Redwood Creek und ist gut 112 m hoch. Doch nicht nur die Höhe der „Stillen Riesen" beeindruckt, sie können zudem buchstäblich steinalt werden, bis zu 2.000 Jahre, wobei das Durchschnittsalter bei 500 bis 700 Jahren liegt.

Die hohen **Küsten-Redwoods** wachsen heute nur noch in wenigen eng begrenzten geografischen Regionen, so entlang dem nur rund zwei bis fünfzehn Kilometer schmalen Küstenstreifen in Nordkalifornien und Südoregon. Die unterschiedlich hoch gelegenen geografischen Zonen - vom Meeresspiegel bis in knapp 1.000 m Höhe - ließen verschiedene Mikroklimate entstehen, die optimale Bedingungen für eine vielfältige Flora und Fauna bieten.

Wer die Sierra Nevada und die Kings Canyon und Sequoia NPs besucht hat, kann vergleichen: Küsten-Redwoods erscheinen schlanker und höher als ihre Verwandten am Westhang der Sierra Nevada, die *Giant Sequoias (sequoiadendron giganteum)*. Diese werden „nur" rund 70 m hoch, messen dafür aber leicht 6 m im Durchmesser. Sequoias sind wahre **Überlebenskünstler**: Dank ihrer dicken Rinde werden sie durch Feuer und Insekten nur selten ernsthaft geschädigt. Und falls doch, dann wachsen einfach um den Stamm kreisförmig neue Ableger heraus, die das Wurzelsystem des alten Baumes mitbenutzen - eine Besonderheit unter den Nadelbäumen!

Da Redwoods **Flachwurzler** sind und keine Stabwurzeln ausbilden, können v.a. Trockenheit, Erosion und Winde dem Baum gefährlich werden. Die größte Gefahr stellt jedoch der Mensch dar. Bereits in den 1870er-Jahren hatten sich die Eisenbahnbauer des Holzes bedient und nach dem Erdbeben von 1906 in San Francisco wurden mit gestiegenem Bedarf an Baumaterial die Wälder rigoros abgeholzt. Erst in den 1960ern regte sich Widerstand: Die von Naturschützern ins Leben gerufene ***Save the Redwoods*-Liga** organisierte Proteste und 1968 stellte die Regierung die geringen Restbestände unter Schutz. Aufforstungsmaßnahmen haben mittlerweile dafür gesorgt, dass beispielsweise im *Humboldt County* wieder 90 % der Fläche von Wald bedeckt sind.

In grauer Frühzeit galt der Redwood noch als **Hauptbaum der nördlichen Hemisphäre**. Klimaveränderungen hatten dann eine allmähliche Reduktion des Bestandes zur Folge, sodass sich die Bäume heute nur noch auf den Küstenbereich am Pazifik und einige Bergregionen konzentrieren. Als 1769 der spanische Pater *Juan Crespi* einen ersten Vorstoß in den unbekannten Norden Kaliforniens unternahm, staunte er über die reichlich wachsenden riesigen Nadelbäume, die er *palo colorado* - roten Baum - nannte, woraus später *Redwood* wurde.

sehen haben sollte man beispielsweise den größten bekannten Redwood Tree, den **Libbey Tree**, mit einst knapp 120 m Höhe und 13,5 m Umfang. In den 1980ern verlor er allerdings seine Krone und misst nun ca. 112 m. Der 600 Jahre alte Baum steht im **Tall Trees Grove** am Redwood Creek südlich von Orick. Dieser Platz ist etwas mühsam

Die Redwoods sind die „Dinosaurier" unter den Bäumen

über eine Schotterpiste plus anschließende Wanderung erreichbar (Permit nötig, erhältlich im Kuchel und Crescent City VC).

Schneller und einfacher ist dagegen der Spaziergang zur **Lady Bird Johnson Grove**, ca. 1,5 km vom Parkplatz, der bereits wenige Kilometer nach der Abzweigung der Nebenroute vom Hwy. 101 ausgeschildert ist.

Reisepraktische Informationen Redwood National Park

Information

Redwood NP & SPs, *www.nps.gov/redw, ✆ (707) 465-7335, frei. Es gibt fünf VCs:*
Crescent City Information Center, *1111 Second St., Crescent City, Sommer tgl. 9–17, Winter –16 Uhr, mit Bookstore.*
Jedediah Smith VC, *US Hwy. 199, Hiouchi, Mt. Mai–Sept. 9–17 Uhr, kleine Ausstellung.*
Hiouchi Information Center, *US Hwy. 199, Hiouchi, Mt. Juni–Mt. Sept. 9–18 Uhr, mit Buchladen und Rangertouren, Film über die Redwoods und self-guided walk.*
Prairie Creek VC, *ab Hwy. 101, Newton B. Drury Scenic Pkwy. im Süden des Parks, im Sommer tgl. 9–17 Uhr, in der NS nur sporadisch; mit Buchladen, Rangerprogrammen, Film und Ausstellungen.*

Thomas H. Kuchel VC, *Hwy. 101, Orick, Sommer 9–17, Winter –16 Uhr, auch für Kinder interessante Redwood-Ausstellung und Rangerprogramme, größtes und wichtigstes VC der Redwood-Region.*

Reisezeit

Das pazifische Klima sorgt für **ganzjährig milde Temperaturen** *einerseits und erhebliche* **Niederschläge** *andererseits. Winterlicher Nieselregen und sommerlicher Nebel sind häufig, am niederschlagsärmsten sind das Frühjahr und der Herbst, obwohl dann die Nächte recht kühl werden können.*

Wandern u.a. Aktivitäten

Es gibt **Wanderwege** *von einer Gesamtlänge von* **rund 200 km** *im NP. Von fast allen Parkplätzen aus sind Wanderwege mit Meilenangaben ausgeschildert und in den VCs (s. oben) sind Infos, Wanderführer und Karten erhältlich.*
Flüsse, Flussmündungen und Meeresbuchten sind ausgezeichnete Fischreviere und locken Angler von weither an. Redwood Creek, Klamath River und Smith River eignen sich für Kajak- und Floßfahrten unterschiedlicher Schwierigkeitsgrade.
Infos: www.nps.gov/redw/planyourvisit/outdooractivities.htm

Eureka und die Avenue of the Giants

„Heureka – ich hab's gefunden!“ – dieser Ausruf des *Archimedes*, der gerade den Lehrsatz des Auftriebs entdeckt hatte, muss auch den Abenteurern auf der Zunge gelegen haben, als sie in Nordkalifornien Mitte des 19. Jh. Gold fanden. So erklärt sich der Name der Hafenstadt **Eureka**, jenes Ortes, der die Goldgräber im Hinterland mit allem Lebensnotwendigen versorgte und danach Bedeutung als Fischereihafen und Umschlagort für Holz erlangte.

Heute ist Eureka eine Kleinstadt zwar ohne große Attraktionen, doch, auch dank der *Humboldt State University* im benachbarten **Arcata**, mit kulturellem Angebot. **Kunstkenner** werden die Galerien und die Kulturszene zu schätzen wissen, **Feinschmecker** die Austern. 90 % der kalifornischen Austern stammen aus der Humboldt Bay, doch auch Shrimps, Krabben, Lachse und andere Fische werden im Fischerhafen an Land gebracht. Mit über 45.000 Einwohnern ist die Doppelstadt **Eureka/Arcata** die „Metropole“ der Region. Das Sehenswerteste ist die **Historic Old Town**, die sich parallel zur Waterfront im Bereich von 2nd und 3rd zwischen C und M St. erstreckende Altstadt. Die zahlreichen viktorianischen Häuser erinnern noch an die Gründerzeit um 1850. Herausragender Bau und bestes Beispiel für den vormaligen Wohlstand des Ortes als Handelszentrum ist die **Carson Mansion** *(2nd/143 M St.)*. Dieses 1884–86 erbaute Haus, das in keiner Architekturgeschichte fehlt, kann leider nur von außen bewundert werden.

Viktorianische Holzhäuser

Im **Fort Humboldt Museum & State Historical Park** steht der 1853 gegründete Militärposten, der Siedler vor Übergriffen der Indianer schützen sollte, mit Unterkünften, Eisenbahn und Ausstellungen zu Militär und Indianern.
Fort Humboldt SHP, *3431 Fort Ave., ab US 101 über Highland St., www.parks.ca.gov/?page_id=665, tgl. 8–17 Uhr, frei.*

Auf der Weiterfahrt kommt man an dem mit gut 20.000 ha größten Schutzgebiet der Region vorbei, dem **Humboldt Redwoods SP** *(http://humboldtredwoods.org)*, der zu etwa einem Drittel aus alten Redwoodbeständen besteht. Schon hier beeindrucken die bis zu 110 m hohen Baumriesen, besonders wenn man auf der parallel zum Eel River verlaufenden **Avenue of the Giants** zwischen Pepperwood im Norden und Garberville im Süden unterwegs ist. Hier stehen die wirklich größten „Giganten" der Erde, unter denen man sich wie ein Zwerg unter Riesen fühlt. In **Leggett** kann man mit dem Auto durch den Stamm des **Chandelier Tree** mit 96 m Höhe und 6,40 m Durchmesser fahren.

Riesenhafte Bäume

Routenhinweis

Nördlich von Eureka führt der Hwy. 299 über das Küstengebirge nach Redding zur **Inlandsroute** (S. 476).

Reisepraktische Informationen Eureka

Information

Eureka CVB, Chamber of Commerce, *2112 Broadway, Eureka, ✆ (707) 442-3738, www.eurekachamber.com bzw. http://redwoods.info (Humboldt County).*

Unterkunft

The Eureka Inn $$$-$$$$, *518 7th St., ✆ (707) 497-6093, www.eurekainn.com; historisches Hotel von 1922 im englischen Tudorstil mit 105 luxuriösen Zimmern. Es gibt einen beheizten Außenpool und das Restaurant* ***Rathskeller****.*

The Daly Inn $$$$, *1125 H St., ✆ (707) 445-3638, www.dalyinn.com; nicht gerade billiges, aber luxuriöses und elegantes B&B in einem Bau aus der Jahrhundertwende 19./20. Jh. mitten in der Stadt. Fünf große, geschmackvoll ausgestattete Zimmer, schöner Garten und hervorragendes Frühstück.*

Tipp

Lost Coast Brewery, *617 4th St., www.lostcoast.com. Brauerei mit Pub, ausgestattet im Stil des späten 19. Jh. Deftige Hausmachkost zu ordentlichen Preisen und dazu gute Biere.*

Zeichen einstigen Wohlstands: die Carson Mansion

An der Lost Coast

Die **Lost Coast** reicht von Eureka bis hinunter nach Fort Bragg und gilt als der längste noch unerschlossene Küstenstreifen der kontinentalen USA. An die „verlorene Küste“ – eine Bezeichnung, die von *John Steinbeck* stammt – gelangt man nur zu Fuß oder zu Pferd, es führt keine Straße hin.

Zentrum der Holzindustrie

In Leggett verlässt man den Hwy. 101, denn nun folgt der Pacific Coast Highway dem Verlauf des CA Hwy. 1. Die schmale Serpentinenstraße schraubt sich zunächst einige hundert Meter höher durch ein dicht bewaldetes Redwoodgebiet und nähert sich bei **Fort Bragg** der *Lost Coast*. Aus dem einstigen Militärposten hat sich ein wichtiges Zentrum der Holzindustrie entwickelt. Das Fort wurde 1887 als Wachstation gegründet um die weißen Siedler vor den angeblich so wilden Indianern zu schützen. Dabei wollten die Bewohner der *Mendocino Indian Reservation* eigentlich nur ihre Ruhe.

Von Fort Bragg lohnt ein Abstecher ins Hinterland und zwar mit dem **California Western Railroad's Skunk Train** (*www.skunktrain.com, Reservierung empfehlenswert, Rundfahrttickets ab $ 49*). Diese **Holzfällereisenbahn** von 1885 legt auf idyllischer Strecke rund 60 km zwischen Fort Bragg (*Skunk Depot, Laurel/Main St.*) und Willits (*299 E. Commercial St.*) zurück. Dabei durchquert der Zug ansonsten kaum zugängliche Redwood-Areale, verläuft großteils parallel zum Noyo River und bezwingt die *Coastal Range*. Der Name *skunk* (Stinktier) *train* soll daher rühren, dass ein Zug einst auf einen Haufen Stinktiere gestoßen sein soll, die sich, derart bedroht, heftig zur Wehr setzten.

Künstlerkolonie

Weiter geht der Weg an der Küste entlang, vorbei an **Mendocino**, Filmkulisse und in den 1960er-Jahren ein Geheimtipp unter Aussteigern, und einer Künstlerkolonie, bis man auf einer schmalen Stichstraße das **Point Arena Lighthouse** erreicht. Der 35 m hohe Leuchtturm von 1906 bietet ein kleines Museum und eine ungewöhnliche Übernachtungsmöglichkeit in vier Häuschen der Leuchtturmwärter und einem Zimmer.
Point Arena Lighthouse, *45500 Lighthouse Rd., ausgeschildert ab Hwy. 1, www.pointarenalighthouse.com, tgl. 10–15.30 Uhr, $ 7,50,* **B&B** ✆ *(707) 882-2777, www.pointarenalighthouse.com/lodging.html.*

Fort Ross – Russlands kalifornischer Außenposten

Nächste Station auf dem Weg nach San Francisco ist **Fort Ross**, ein früherer **russischer Außenposten** mit ungewöhnlicher Geschichte. Bereits im 18. Jh. hatte sich der russische Zar für die „Neue Welt“ interessiert und 1784 war eine erste feste Siedlung auf Kodiak Island in Alaska entstanden. Mit der Gründung der *Russian-American Company* 1799, die v.a. Pelzhandel betrieb, begann die Kolonisierung von Alaska nach Süden überzugreifen.

Um 1806 gelangten die Russen auch in die Bay Area, wo sie mit den Spaniern Handel trieben. Die Errichtung eines Handelspostens lag nahe und der russische Offizier *Ivan Kuskov* wählte den Standort nördlich der Bodega Bay. Er kaufte das Land für etwas

Krimskrams den Indianern ab und ließ binnen weniger Wochen 1812 Fort Ross errichten, dessen Name sich vom damaligen Wort für Russland, *Rossiya*, ableitete. *Russischer Vorposten*

Die erbeuteten Felle wurden z.T. nach Alaska geschickt oder als Tauschobjekte im Handel mit den Spaniern benutzt. Als 1820 Seeottern wegen ihrer begehrten Felle weitgehend ausgerottet waren und der Landbau nicht mehr einträglich war, wurde der Posten 1841 aufgegeben und der Schweizer *Johann August Sutter*, der in Sacramento sein New Helvetia erbaut hatte (S. 486), erwarb das Fort von den Mexikanern.

Die **Befestigungsanlage** wurde im 20. Jh. **originalgetreu wiederaufgebaut** bzw. restauriert. Heute kann man eine kleine russisch-orthodoxe Kirche aus der Mitte der 1820er-Jahre besichtigen, die durch das Erdbeben von 1906 beschädigt wurde. Neben den Baracken für einfache Arbeiter – die meisten russischen Familien lebten zusammen mit den Aleuten und Indianern außerhalb des Forts – gibt es eine nach 1833 gebaute Küche, ein zweistöckiges Vorratshaus, das auch als Gefängnis genutzt wurde, eine 10-Zimmer-Baracke für unverheiratete Offiziere, die Wohnung des letzten Kommandanten und seiner Familie sowie ein Warenlager, vor 1814 nach Vorbildern aus Alaska erbaut, zu sehen.
Fort Ross SHP, *Hwy. 1, 12 mi/19 km nördl. Jenner, www.parks.ca.gov/?page_id=449, Park Sonnenauf- bis -untergang, VC tgl. 10–16.30 Uhr, $ 8/Pkw.*

Point Reyes National Seashore

Aus ganz anderem Grund bekannt ist das nächstgelegene Fischerdorf **Bodega Bay**: Es war u.a. Drehort des Filmklassikers *The Birds* (Die Vögel) von *Alfred Hitchcock*. Allerdings nutzte der englische Regisseur in seinem Thriller zwei Drehorte, nämlich Bodega Bay am Hafen und das einige Meilen entfernte Bodega. *Fischereihafen*

Hinter Bodega Bay schlägt der Hwy. 1 zunächst eine große Schleife landeinwärts, ehe er an einer langgestreckten schmalen Bucht, der **Tomales Bay**, wieder die Küste erreicht. Hierbei handelt es sich um nichts anderes als die Verwerfungslinie des St. Andreas-Grabens. Die vorgelagerte Halbinsel, **Point Reyes Peninsula**, liegt schon auf der pazifischen Erdplatte.

Die 10 mi/16 km in den Pazifik hinausragende Halbinsel, deren Küste als **Point Reyes National Seashore** den Rang eines Nationalparks einnimmt, vermittelt das Bild einer sturmgepeitschten, von breiten Sandstränden gerahmten Landschaft mit vielfältiger Flora und Fauna. Allein 430 Vogelarten wurden gezählt, was 45 % aller in Nordamerika beheimateten Spezies entspricht. Vor der Küste ziehen Wale und entlang der Küste Seelöwen die Blicke auf sich. *Malerischer Küstenstreifen*

Im Jahr 1579 war *Sir Francis Drake* auf der Halbinsel gelandet und hatte das Land für die englische Krone in Anspruch genommen. 1603 erklärte es *Sebastián Vizcaíno* zum spanischen Hoheitsgebiet. Lange Zeit kaum beachtet und nur von den *Miwok*-Indianern als Heimat betrachtet, begann man Mitte des 19. Jh. mit extensiver Viehzucht und Milchwirtschaft, ehe der malerische Küstenstreifen **1962 zum Nationalpark** erklärt wur-

Endlose Strände sind auch Teil der Point Reyes National Seashore

de. In letzter Zeit drängt die Parkverwaltung zunehmend darauf, das Areal komplett als Naturschutzgebiet zurückzugewinnen, und das zieht Diskussionen nach sich: Landwirte – die vermehrt dem Beispiel der *Drakes Bay Farm* folgen, die als Muster-Biobetrieb gilt – und sogar Naturschützer möchten wie bisher **ökologische Landwirtschaft** im Naturschutzgebiet erlaubt wissen. Manche Milchbauernfamilie lebt schon über 100 Jahre auf der Halbinsel. Ihr Argument: Landwirte und Austernzüchter waren bereits lange vor der Parkbehörde da und setzen sich zudem für ökologischen Landbau ein. Inzwischen gilt nämlich die ganze Region in Sachen **biologischer Anbau und Umweltschutz** als führend. Da der Pachtvertrag zwischen Landwirten und Parkbehörde in Kürze ausläuft, ringt man derzeit auf höchster Ebene um einen Kompromiss.

Wal- und Wildbeobachtung

In erster Linie ist Point Reyes ein **unberührtes Naturidyll** mit Pinienwäldern, Felsenkliffs, Sandstränden, grünen Hügeln und Viehweiden – ein Paradies für Vogelbeobachter, Wanderer, Naturfreunde, Reiter und Wassersportler. Wale lassen sich v.a. zwischen Dezember und April beobachten. Dann verkehrt auch an Wochenenden ein eigener *Whale Watch Shuttle* vom Parkplatz an *Drake's Beach* (ausgeschildert) zum *Chimney Rock* (*$ 5, Tickets Drakes Beach, 9–15 Uhr, alle 20 Min.*). Die selten gewordenen *Tule Elk*, eine Rotwildart, die nur in Kalifornien vorkommt und durch ihr helles Fell auffällt, sind im Nordteil des Parks reichlich vertreten.

Rundfahrt Point Reyes

Die Region wird von einem bunt gemischten Völkchen aus ehemaligen Aussteigern, Ökofreaks, Künstlern und wohlhabenden San Franciscans bevölkert – **„Bohemian Coast“** nennt man sie daher im Volksmund. Die kleinen Ortschaften am Rande des Parks, **Point Reyes Station**, **Marshall**, **Inverness** und **Inverness Park** sowie **Olema**, haben keine großen Sehenswürdigkeiten zu bieten, vermitteln aber den Eindruck, als seien hier Hektik und Stress noch unbekannt und es scheint, als würde Jede/r Jede/n kennen. *Idyllische Halbinsel*

Dass Point Reyes ein **Zentrum der Ökobewegung** ist, signalisieren auch Naturkostläden, ein *Farmers' Market* (Pt. Reyes Station), Käsehersteller – wie *Cowgirl Creamery*, *Point Reyes Farmstead Cheese Company* oder *Straus Family Creamery* –, Weinproduzenten wie die *Pt. Reyes Vineyards*, die *Drakes Bay Oyster Farm* oder die *McEvoy* Olivenölfarm. Sogar die Unterkünfte unterscheiden sich: Hier nächtigt man nicht in stereotypen Hotels oder Motels, sondern in komfortablen Inns oder Cottages mit Familienanschluss und gesunder Kost, zusammengeschlossen zu *Point Reyes Lodging*.

Das **Bear Valley VC** der National Seashore ist Ausgangspunkt für eine Vielzahl unterschiedlich langer Trails zum Meer; es gibt insgesamt fast 200 km an Wanderwegen. Schön ist der Pfad auf den *Mount Wittenberg* (guter Ausblick!) oder der knapp 1 km lange **Earthquake Trail**. Die Fahrt auf der einzigen Hauptstraße, dem **Sir Francis Drake Blvd.**, führt durch grüne Hügellandschaft vorbei an Kuhweiden und historischen, mit Buchstaben bezeichneten Ranches zum grandios auf einer Felsennadel über dem Pazifik gelegenen **Point Reyes Historic Lighthouse**. Ein Abzweig geht zuvor zum zweiten Infozentrum ab, dem **Kenneth C. Patrick VC** in der **Drakes Bay**. Ein anderer Pfad führt etwa 2 km vor dem Leuchtturm zum **Chimney Rock**. Um diese kleine Halbinsel führen Wanderwege, von denen man nicht nur den Ausblick auf die Drakes Bay und den Pazifik genießen, sondern auch Herden von Seelöwen und See-Elefanten beobachten kann. *Wanderwege zu Seelöwen*

Nordwärts führt die Pierce Point Rd. zum **Tomales Point**, wie der Leuchtturm und Chimney Rock beliebt für Wal- und Seelöwenbeobachtung. Zwischen beiden Punkten reihen sich mehrere Strände aneinander, die wegen starker Winde und Wellengang nur mutige Surfer anlocken. Geschützter sind hingegen die Strände in der **Drakes Bay** im Süden – z.B. Drakes Beach oder der beliebte **Limantour Beach**.

Reisepraktische Informationen Point Reyes

i Information

Allgemein: *www.pointreyes.org.*

Point Reyes National Seashore, ✆ *(415) 464-5100-2, www.nps.gov/pore, Zufahrt gratis, Shuttle-Bus ($ 5) während Walwanderungen, mehrere VCs:*

Bear Valley VC, *Bear Valley Rd., tgl. mind. 9–17 Uhr.*

Lighthouse VC, *Sir Francis Drake Blvd., Do–Mo 10–16.30 Uhr.*

Kenneth C. Patrick VC, *ab Sir Francis Drake Blvd., Sa/So 10–17 Uhr, im Sommer Fr–Di 10–17 Uhr.*

Unterkunft

HI-Point Reyes $, *1390 Limantour Spit Rd., Point Reyes, ✆ (415) 863-1444, http://norcalhostels.org/reyes/, ab $ 24 pro Bett. Das Hostel befindet sich in einer Wilderness Area in einer ehemaligen Ranch, die zuletzt 2010 umgebaut und erweitert wurde. Traumhaft im Naturpark gelegen und ideal für Wanderer. Neben Gemeinschaftszimmern gibt es in einem Neubau Familien-/Doppelzimmer. Check-in ab 16.30 Uhr, mit Küche (Proviant muss selbst mitgebracht werden).*

Inn at Roundstone Farm $$-$$$, *9940 Sir Francis Drake Blvd., Olema, ✆ (415) 663-1020, www.roundstonefarm.com; fünf große, liebevoll gestaltete Zimmer mit Ausblick in einem Ranchhaus mitten in der Natur, gemeinsames Wohnzimmer und Küche, gutes Frühstück.*

In Ferrando's Bungalow lässt es sich herrlich ruhig schlafen

Point Reyes Lodging $$-$$$$$, *www.ptreyes.com; Zusammenschluss einer Reihe unterschiedlicher Unterkünfte, Hotels, Inns und B&Bs, die über die Webseite gebucht werden können. Besonders empfehlenswert ist:*

Ferrando's Hideaway $$$$, *31 Cypress Rd., Point Reyes Station, ✆ (415) 663-1966, www.ferrando.com; zwei romantisch mitten im Grünen gelegene separate Häuschen – Alberti Cottage und Bungalow – mit jeweils eigenen Terrassen, Whirlpool im Freien, voll ausgestatteter Küche, Wohn- und Schlafzimmer. Zum Frühstück ist der Kühlschrank mit frischen Eiern von eigenen Hühnern, Obst/Gemüse aus dem großen Garten der Besitzerin, hausgebackenem Brot und Gebäck, selbstgemachter Marmelade etc. gefüllt.*

Camping

Backcountry Camping *an der Drakes Bay ist mit permit möglich. Infos: www.nps.gov/pore/planyourvisit/camping.htm.*

Restaurants

Olema Farm House Restaurant, *10005 Hwy. 1, Olema, ✆ (415) 663-1264, www.pointreyesseashore.com/farmhouse_restaurant.htm; Seafood, Hamburger, Pasta u.a. in großen Portionen, lecker und preiswert.*

Osteria Stellina, *11285 Hwy.1 (Main St.), Point Reyes Station, ✆ (415) 663-9988, http://osteriastellina.com. Christian Caiazzo zaubert in seinem kleinen, gemütlichen Restaurant italienisch-mediterran angehauchte Köstlichkeiten aus teils ungewöhnlichen Produkten zu günstigen Preisen nach Slow-Food-Maximen und dem Motto: einfach und simpel, aber nur aus regionalen Spitzenprodukten. Die Kräuter kommen aus dem eigenen Garten.*

Einkaufen

Bovine Bakery, *11315 Shoreline Hwy., Main St. Pt. Reyes Station. Hervorragendes Brot und Gebäck, aber auch kleiner Imbiss.*

Pt. Reyes Books, *Main St., Pt. Reyes Station. Neue und gebrauchte Bücher, zudem ein Treff der Einheimischen.*

Toby's Feed Barn, *Main St., Pt. Reyes Station. Seit 1942 existierender Familienbetrieb, Lebensmittel und Frischobst-/gemüse. Jeden Sa (Juli–Okt. 9–13 Uhr) findet ein farmers' market mit großer Auswahl an Bioprodukten der Region statt, zugehörig ist eine empfehlenswerte* **Coffee Bar**.

Aktivitäten

Five Brooks Ranch, *✆ (415) 663-1570, www.fivebrooks.com, Abzweiger von Hwy. 1, in Olema ausgeschildert. Ranch, die Ausritte von 1 bis 6 Stunden Dauer, auch für Anfänger, anbietet.*

Point Reyes Outdoors, *✆ (415) 663-8192, http://pointreyesoutdoors.com; Kajaktouren in der Drakes Estero und Tomales Bay, wobei alles nötige Zubehör gestellt wird, auch für Anfänger und Kinder geeignet, dazu Spezialkurse für erfahrene Paddler. Außerdem Fahrradverleih, -touren und Wanderungen.*

Routenhinweis

Von Point Reyes Station sind es auf dem **direkten Weg** auf dem Hwy. 1 - auf malerischer Route entlang der Küste bis Stinson Beach und dann durch dicht bewaldete Küstenberge - noch gut 45 mi/70 km bis nach San Francisco. Es bietet sich aber auch die Möglichkeit, von Point Reyes Station aus über die Pt. Reyes-Petaluma Road nach Petaluma und damit ins **Sonoma County** (S. 533) zu fahren bzw. das **Wine Country** (S. 527) zu erkunden und dann erst weiter nach San Francisco.

Muir Woods National Monument

Nach dem kleinen Ort **Stinson Beach** schraubt sich der Hwy. 1 die Küste hinauf und überquert die Küstenberge auf malerischer und kurvenreicher Route. Hat man etwas Zeit, sollte man einen kleinen Umweg zum Muir Woods NM nehmen. Dazu folgt man der **Muir Woods Road** (ab Hwy. 1 ausgeschildert), die direkt in den Redwood-Wald führt, der am Südabhang des **Mt. Tamalpais** unter Naturschutz steht.

Abstecher zu den Redwoods

Die außerhalb des Parks auffällig dichten Eukalyptuswälder sind aufgeforstet, an Stellen, wo viele der ursprünglichen Redwoods längst abgeholzt wurden. Dass die Bäume in einigen Arealen diesem Schicksal entgingen, liegt am schwierigen Transport wegen kurviger Straße. Trotzdem waren auch sie bedroht, bis *William Kent* das Gelände aufkaufte und es 1908 der amerikanischen Bundesregierung zum Geschenk machte – unter der Voraussetzung, dass das Gelände geschützt würde. Er wählte den Namen nach *John Muir*, dem Schriftsteller und großen Naturliebhaber (1838–1914).

Bedrohte Natur

Die **Mammutbäume** *(Sequoia sempervirens*, vgl. S. 446 u. 591) erreichen in diesem Park nicht die Mächtigkeit der Exemplare an der nordkalifornischen Küste, sind aber mit ihren rund 65 m Höhe immer noch eindrucksvoll. Eine Wanderung in die Muir Woods kann am VC (Muir Woods Rd.) beginnen, wo man auch Pläne und Broschüren erhält; angeschlossen sind eine Cafeteria und ein Souvenirladen. Ab hier geht es bis zu 7 km in den Wald hinein, doch allein der Weg bis zur Brücke bei der Cathedral Grove lohnt.

Der Hwy. 1 folgt zumeist hautnah der Pazifikküste

Nach Überquerung des *Redwood Creek* kann man auf der anderen Seite zurücklaufen (insgesamt knapp 3 km). Nach dem VC verlässt die Muir Woods Rd. das Schutzgebiet und trifft auf den *Panoramic Highway*, der nach wenigen Meilen wieder auf den Hwy. 1 trifft.
Muir Woods NM, *11 mi/17 km nördl. Golden Gate Bridge, Hwy. 101, Stinson Beach Exit, Mill Valley, www.nps.gov/muwo; tgl. 8 Uhr bis Sonnenuntergang, VC tgl. 9–mind. 18 Uhr $ 7. An Wochenenden: Route 66 Muir Woods Shuttle, Infos: http://goldengate.org/news/transit/muirwoods.php.*

Nördlich von San Francisco

Auch der von den Miwok-Indianern als heilig verehrte **Mt. Tamalpais** und seine nähere Umgebung sind heute als State Park geschützt. Dort findet man eine Vielzahl heimischer Vogelarten sowie Hirsche, Rehe und meist harmlose Schlangen, riesige Redwoods und mehr als 750 Pflanzenarten. Bei den Bay-Anwohnern ist der Park ein beliebtes Naherholungsgebiet, das v.a. wegen der ausgezeichneten Wanderbedingungen – 80 km an markierten Trails – geschätzt wird.
Mount Tamalpais SP, *801 Panoramic Hwy., Mill Valley, www.parks.ca.gov/?page_id=471, tgl. 7 Uhr bis Sonnenuntergang, $ 8/Pkw.*

Routenhinweis

Der Hwy. 1 trifft nördlich von Marin City auf den Hwy. 101 – zusammen führen beide zur **Golden Gate Bridge** und nach **San Francisco** (s. S. 489).

Durchs Landesinnere nach San Francisco

Hat man die Inlandsstrecke nach San Francisco gewählt, verlässt man Seattle auf der I-5 und fährt über Tacoma und Olympia in etwa 180 mi/290 km nach **Portland**, die größte Stadt des Bundesstaates Oregon.

Redaktionstipps

Sehens- und Erlebenswertes

- Einen umfassenden Einblick in die Geschichte Oregons bietet das **Oregon History Center** (S. 462) in Portland.
- Das **Portland Art Museum** (S. 462) gehört zu den besten im Nordwesten.
- Im **Crater Lake NP** (S. 471) den Seeblick vom **Rim Village** genießen.
- Den Ausblick auf das **Lava Beds NM** (S. 474) vom **Schonchin Butte** genießen und den Spuren der Modoc-Indianer folgen.
- Die **Burney Falls** (S. 476) auf dem 2 km langen **Falls Loop** entdecken.
- In Redding die **Sundial Bridge** von Santiago Calatrava bewundern und das **Museum on and off the River** (S. 477) erkunden.
- Einblick in die Vulkanwelt gibt der **Lassen Volcanic NP** (S. 478).
- Für Eisenbahnfans ist das **California State Railroad Museum** (S. 484) in Sacramento ein absolutes Muss.

Übernachten

- Zu den besten Hotels Portlands gehören **The Governor** und **The Heathman Hotel** (S. 466).
- In einem Baumhaus nächtigt man höchst luxuriös im **O'Brien Mountain Inn** (S. 478) am Shasta Lake.
- Traumhaft gelegen ist das **Kah-Nee-Ta Desert Resort & Casino** (S. 470) nahe Warm Springs.

Restaurants

- Bierfreunde sollten den **Sierra Nevada Taproom and Restaurant** in Chico (S. 481), den **Deschutes Brewpub** in Bend (S. 470) und die vielen Pubs und Brauereien in der **Bierhauptstadt Portland** (S. 460, 467) nicht versäumen.
- Im **Wildwood** (Portland) zaubert *Cory Schreiber* aus besten lokalen Zutaten leckere Gerichte (S. 466).

Mount St. Helens National Volcanic Monument

Auf dem Weg von Seattle nach Portland lohnt zunächst ein Abstecher (ca. 50 mi/80 km einfach) zum **Mount St. Helens National Volcanic Monument**. Die beste Möglichkeit, das Areal zu erkunden, bietet der **Spirit Lake Memorial Hwy.** (Hwy. 504), der auf Höhe der Ortschaft Castle Rock (Exit 49) von der I-5 abzweigt. Wenige Meilen nach der Autobahn befindet sich am Silver Lake das **Mount St. Helens VC**, das einen ersten Überblick gibt. Auch das einige Meilen weiter östlich, ebenfalls am Hwy. 504 gelegene **Hoffstadt Bluffs VC** informiert über das Naturschutzgebiet.

Die Straße führt weiter hinauf auf den Vulkan – vorbei an dem seit 2007 geschlossenen **Coldwater Ridge VC** und dem **Coldwater Lake**, ein idyllischer, von dichten Wäldern umgebener Bergsee. Am Endpunkt der Straße liegt das **Johnston Ridge VC & Observatory**. Der Name dieser Aussichtsplattform auf 1.266 m Höhe erinnert an den Geologen *David A. Johnston*, der beim Vulkanausbruch 1980 im Dienst ums Leben kam. Von hier aus ist der Blick in den Krater des noch qualmenden Mount St. Helens einzigartig.

Hier brach am 18. Mai 1980 – nach „nur" 123 inaktiven Jahren – in einer gewaltigen Explosion der Vulkan aus und von seiner 2.950 m hohen Kuppe wurden rund 400 m abgesprengt. Dabei wurden über drei Milliarden Kubikmeter Lava, Asche, Gestein und Er-

Seit dem letzten großen Ausbruch 1980 gleicht der Mount St. Helens einer Mondlandschaft

Erinnerung an den Vulkanausbruch

de herausgeschleudert, verfolgt von vielen Menschen vor den Fernsehgeräten, die erstmals live einen Vulkanausbruch miterleben wollten. Frühzeitige Warnungen – die zunächst nur wenig Beachtung gefunden hatten – konnten nicht verhindern, dass es Opfer gab. Die Asche stieg bis zu 20 km in die Atmosphäre auf und lag selbst an der knapp 100 km entfernten I-5 noch bis zu einem halben Meter hoch. Bis nach Montana hinein war der Boden grau, und Staubpartikel des Mt. St. Helens konnten sogar in Europa registriert werden. 390 km² Berghang waren einfach weggeblasen worden, der aufgerissene Krater wies rund 600 m an Tiefe und 1,7 bis 3 km im Durchmesser auf; im Umkreis von 27 km wurden Bäume wie Streichhölzer umgeknickt. Noch heute zeugen im Park Lavafelder, geknickte Bäume und eine veränderte Vegetation von den Ereignissen 1980.

Reisepraktische Informationen Mt. St. Helens NVM

Information

Mt. St. Helens National Volcanic Monument, *www.fs.usda.gov/mountsthelens, ✆ (360) 449-7800, $ 8/pro Person. Mehrere VCs bieten umfangreiche Infos:*

Mt. St. Helens VC at Silver Lake, *3029 Spirit Lake Hwy. (SR 504), mi 5 östl. I-5, Castle Rock, tgl. 9–16/17, $ 3; großes Besucherzentrum mit interessanten Ausstellungen und Boardwalks im Freien.*

Johnston Ridge Observatory, *24000 Spirit Lake Hwy., Toutle, im Sommer tgl. 10–18 Uhr.*

Hoffstadt Bluffs VC, *15000 Spirit Lake Hwy./SR 504, Toutle, www.hoffstadtbluffs.com, tgl. 9.30–16 Uhr, mit Lokal und Ausstellung.*

Routenhinweis

Nach dem Ausflug zum berühmtesten Vulkan des Westens geht es zurück auf der I-5, auf der Portland in nur einer Fahrstunde (etwa 60 mi/96 km) erreicht wird.

Portland – City of Roses

Um **1840** pendelten bereits Händler, Trapper und Indianer zwischen dem bereits existierenden Oregon City und dem Handelspunkt der *Hudson's Bay Company*, Fort Vancouver. Bevorzugt verweilten sie auf halber Strecke nahe der heutigen *Burnside Bridge* in einer Lichtung und nannten diese „Clearing". Einige Jahre später wurde ein Siedler namens *William Overton* auf die guten Böden aufmerksam und tat sich mit dem Anwalt *Asa Lovejoy* aus Oregon City zusammen um einen Claim für eine Siedlung abzustecken. Sie gaben dem Ort den Namen *Stumptown* – wegen der Baumstümpfe. *Overton* lockte wenig später das Gold nach Kalifornien und er verkaufte seine Anteile an den Händler *F.W. Pettygrove*.

Fruchtbare Böden

Dieser, aus Portland/Maine stammend, und *Lovejoy*, ursprünglich aus Boston/Massachusetts, entschieden sich **1851**, die heruntergekommene Siedlung zu einer Stadt auszubauen. Als sie sich auf keinen Namen einigen konnten, warfen sie eine Münze, die später als *Portland Pennie* in die Geschichte eingehen sollte: Da *Pettygrove* gewann, oblag ihm die Namenswahl und er entschied sich, nach seiner Heimatstadt, für „**Portland**".

Dieses entwickelte sich dank der geografisch günstigen Lage zu Columbia River und Küste zur boomenden **Hafenstadt** und als **1883 die Eisenbahn** kam, war der Aufstieg unaufhaltsam: Bereits um die Jahrhundertwende hatte sich Portland zur wichtigsten Stadt zwischen San Francisco und Seattle gemausert und das einst bedeutende Oregon City weit hinter sich gelassen.

Mit der Einrichtung großer Parkanlagen, besonders des *Rose Test Gardens* im Washington Park im Jahr **1907**, war bald nur noch von „**The City of Roses**" die Rede. Heute ist Portland stolz auf diesen ältesten Rosengarten Nordamerikas und

Blick vom berühmten Rose Garden über Portland

gilt auch unter anderen Gesichtspunkten als **Stadt der Superlative**: Hier befinden sich der größte Buchladen der USA *(Powell's City of Books)*, der größte amerikanische Freiluftmarkt *(Portland Saturday Market)*, die zweitgrößte Kupferstatue der Welt nach der *Statue of Liberty*, die *Portlandia*, und der größte Sportartikelhersteller der Welt *(Nike)*.

Zentrum der Brauereien

Mittlerweile rühmt sich die Stadt als „**City of Books, Beers, Bikes and Blooms**" – kommt doch auf jeweils 3.000 der über 580.000 EW im eigentlichen Stadtgebiet ein Buchladen und auf nur 1.200 eine *Microbrewery*! Gerade Letzteres verhalf Portland zu dem Beinamen „**Microbrew Capital of the World**" – und das nicht zu Unrecht, bedenkt man, dass es hier mehr Brauereien und Kneipen gibt als in jeder anderen Stadt: An die 50 Brauereien zählt Portland, und niemand soll angeblich mehr als 10 bis 15 Minuten von einem *Brew Pub* oder einer Brauerei entfernt wohnen – nicht schlecht angesichts der über 160 *Breweries* im Staat Oregon, der den höchsten Bierkonsum in den USA verzeichnen soll.

Portland, dessen Großraum sich über mehrere Anhöhen um Willamette und Columbia River hinzieht, hat viel zu bieten: Neben einer ausgesprochen **vielseitigen Kulturszene** mit hochkarätigen Museen, kleinen Bühnen und Musikclubs besticht es durch das **viele Grün im Stadtzentrum**. Zudem versteht sich die Stadt als Vorreiter im **Umweltschutz**, **Energiesparen** und in der **Nachhaltigkeit**. Der Nahverkehr ist perfekt ausgebaut, das Radwegenetz ist riesig, grünes Bauen und Energiesparen wird im öffentlichen und privaten Bereich forciert. Portland gilt deshalb auch als **ökologische Musterstadt** und Zentrum der „Eco-Hipster-Bewegung".

Ökologischer Vorreiter

Der **Pearl District** in der westlichen Downtown macht außer als Bummelareal (*www.explorethepearl.com*) auch als **Eco District** von sich reden. Hier liegt das **EcoTrust Building** (*721 NW 9th St.*), ein Musterbeispiel für grünes Bauen und zugleich Sitz des *Office of Sustainable Development*. Interessant ist auch das **ReBuilding Center** (*3625 N. Mississippi Ave., http://rebuildingcenter.org/*) im *Historic Mississippi District* im Nordosten der Stadt. In diesem von einer ehrenamtlichen Initiative betriebenen „Baumarkt" kann man gebrauchte Materialien vom Nagel über Möbel und Badewannen bis zu Dachbalken kaufen, die zuvor freiwillige Helfer beim Abriss alter Bauten recycelt haben. Natürlich kann man hier auch selbst Altmaterialien „entsorgen".

Es sind also nicht allein die Sehenswürdigkeiten, sondern vielmehr ist es der **Lebensstil**, der diese Stadt besonders macht, oder wie ein Bewohner einmal meinte: *„Portland hat von allem etwas … es riecht wie in New York, hat Neighborhoods wie Pittsburgh, ist freizügig wie New Orleans, eklektisch wie San Francisco, kulturorientiert wie Chicago und hat dabei den Biss einer aufstrebenden, liberal denkenden Nordwest-Metropole wie Seattle …"*

Rundgang durch Downtown

Idealer Startpunkt für die Erkundung der Innenstadt ist der zentrale **Pioneer Courthouse Square (1)**, „Portlands gute Stube". Die sich anschließende *Mall* ist eine Fußgängerzone zwischen 5th und 6th Ave. bis zur Jefferson St. mit zahlreichen Shops, Cafés und Restaurants (*www.thesquarepdx.org*).

Portland Downtown
0,62 mi
1 km
Flughafen
The Dalles
3rd Avenue
2nd Avenue
Olympia, Vancouver
Water Avenue
Pacific Highway
Steel Bridge
Burnside Bridge
Morrison Bridge
Hawthorne Bridge
Marquam Bridge
Willamette River
Waterfront Park
OLD TOWN
3rd Ave
4th Ave
CHINATOWN
6th Ave
Broadway
PEARL DISTRICT
10th Avenue
12th Avenue
13th Avenue
14th Avenue
15th Avenue
Everett St.
Davis St.
SW Naito Parkway
Naito Parkway
1st Avenue
Ash St.
Pine St.
Oak St.
Stark St.
Washington St.
Alder St.
Morrison St.
Park Ave
Taylor St.
Salmon St.
Main St.
Madison St.
Jefferson St.
Columbia St.
Clay St.
Market St.
9th Avenue
Harbor Way
Salem, Eugene
Harrison St.
Lincoln St.
College St.
Jackson St.
Sheridan St.
Hoffman Ave
Clifton Ave
Astoria, Olympia, Vancouver
18th Avenue
20th Avenue
Burnside Street
12th Avenue
13th Avenue
14th Avenue
18th Avenue
20th Avenue
King Avenue
St. Clair Avenue
Vista Avenue
Market Street Drive
Upper Hall St.
16th Ave
17th Ave
18th Ave
19th Ave
Vista Ave
Elm Ave
Spring St.
Elisabeth St.
Hawthorne Dr.
Davenport Ave
Terrace Dr.
Montgomery Drive
Sunset Highway
Buena Vista Drive
Lower Drive
Marshall St.
Kearney St.
Johnson St.
Irving St.
Hoyt St.
Glisan St.
Flanders St.
Nob Hill
Washington Park
Fairview Drive
Kingston Drive
Knights Drive
Fischer Drive
Cannon Beach
5
405
26
1 Pioneer Courthouse Square
2 Oregon History Center
3 Portland Art Museum
4 Portlandia
5 Nike Portland
6 Oregon Maritime Center & Museum
7 Portland Saturday Market
8 Powell´s City of Books
9 Oregon Zoo
10 World Forestry Center
11 International Rose Test Garden
12 Japanese Garden
13 Hoyt Arboretum
14 Pittock Mansion
15 Jeld-Wen Field
16 Rose Garden Arena
17 Oregon Convention Center
18 OMSI
© graphic

Stadtgeschichte

Das **Oregon History Center (2)**, das seit 1898 existiert, ist ein großes historisches Museum unter der Ägide der *Oregon Historical Society*, das über Geschichte, Geografie und Kultur des Staates informiert. An der West- und Südwand des ehemaligen *Sovereign Hotels* (Park Ave./Madison St.) – 1923 erbaut und Sitz der *Oregon Historical Society* – schuf der Künstler *Richard Haas* 1989 in Trompel'Oeil-Technik beeindruckende **Wandbilder**: im Westen die *Lewis & Clark*-Expedition und auf der Südseite geht es um die historische Entwicklung Oregons.

Oregon History Center, *1200 SW Park Ave., www.ohs.org, Mo–Sa 10–17, So 12–17 Uhr, $ 11.*

Die „Portlandia" ist das Wahrzeichen der Stadt

Auf der anderen Seite der Grünanlage, die East und West Park Ave. voneinander trennt und Denkmäler von *Teddy Roosevelt* und *Abraham Lincoln* birgt, befindet sich gleich gegenüber das **Portland Art Museum (3)**. An das Museum, das als **eines der besten Kunstmuseen des Westens** gilt, schließt ein Skulpturengarten und das *Northwest Film Center* an. Neben einer breiten Palette an permanent ausgestellten Kunstwerken sind die Abteilung zu Kunst und Kunsthandwerk der Indianer sowie die hochkarätigen Wechselausstellungen sehenswert.

Portland Art Museum, *1219 SW Park Ave., www.portlandartmuseum.org, Di–Sa 10–17, So 12–17, Do/Fr bis 20 Uhr, $ 15.*

Das **Portland Public Service Building** (*1120 SW 5th Ave.*) ist ein programmatischer Bau der Postmoderne und wurde von dem Architekten *Michael Graves* 1980 bis 1983 geplant. Davor steht die 11 m hohe **Portlandia (4)** aus gehämmertem Kupfer, die mit ihrem Dreizack in der Hand auf die Passanten herabschaut. Es ist die zweitgrößte Bronzestatue der USA nach der Freiheitsstatue in New York. In der Nähe liegt **Nike Portland (5)**, der Hauptladen des berühmten Sportartikelherstellers aus Portland.

Am Ufer entlang

Der Rundgang geht weiter zum Willamette River, an dem entlang sich der **Governor Tom McCall Waterfront Park** zwischen Marquam und Steel Bridge erstreckt. Am Flussufer hat man einen herrlichen Blick auf die fünf großen Brücken und das Treiben auf dem Wasser. Ein Kuriosum ist der **Mills End Park** *(Front/SW Taylor)* mit einem Durchmesser von nur 60 cm, der angesichts seiner „Größe" den Eintrag ins *Guinness-Buch der Rekorde* geschafft hat.

Um die Taylor St. herum erstreckt sich über sechs Blocks der **Yamhill Historic District**, Ende des 19. Jh. das wirtschaftliche Herz der Stadt. Heute befinden sich in den Gebäuden kleine Geschäfte, Boutiquen, Kunstgalerien und Restaurants. Der historische **Skidmore/Old Town Historic District** (*www.oldtownchinatown.net*) schließt sich fünf Blocks weiter nördlich an und zieht sich parallel zwischen Fluss und SW 5th Ave. bis zur Everett St. hin. Auch hier lassen sich gute Restaurants und Kneipen entdecken und am Abend herrscht reges Nachtleben. An Sehenswürdigkeiten lockt das **Oregon Maritime Center & Museum (6)** an der Waterfront auf Höhe Pine St. Es ist im alten *Sternwheeler* „Portland" eingerichtet, der im Film „Maverick" mit *Jodie Foster* und *Mel Gibson* die Kulisse bildete und heute Modelle, Instrumente und eine Fotosammlung beinhaltet.

Historischer Stadtteil

Oregon Maritime Center & Museum, *198 SW Naito Pkwy., www.oregonmaritimemuseum.org, Mi, Fr–Sa 11–16, So 12.30–16.30 Uhr, $ 7.*

Der **Portland Saturday Market (7)** (*1 SW Front Ave., www.portlandsaturdaymarket.com*) findet von März bis Weihnachten jeden Samstag von 10–17 und Sonntag von 11–16.30 Uhr statt. Mit über 300 Händlern und einer Konzertbühne gehört er zu den größten Freiluftmärkten der USA – mit Kitsch und Kunst, Kunsthandwerk, Selbstgebasteltem, Secondhandware, Kuriosem und Unnützem.

Großer Markt

Nördlich der Burnside Bridge gelangt man zur **Japanese-American Historical Plaza**, die jenen Japanern gewidmet ist, die während des Zweiten Weltkriegs in den USA in Camps interniert waren. Sie ist Teil des **New Chinatown/Japantown Historic District** und der Zugang zum Chinesenviertel erfolgt durch das **Chinatown Gate** (*NW 4th Ave./Burnside St.*). Einige Blocks westlich befindet sich der **Pearl District**, ein ehemaliges Lagerhausviertel, im Prozess der Revitalisierung. Er gehört inzwischen zu den Hotspots des Nachtlebens und wartet mit einer Reihe guter Restaurants und Brewpubs (*http://explorethepearl.com*) auf.

Ein Muss ist ein Besuch von **Powell's City of Books (8)** (*Burnside St., NW 10th-11th Ave.*). Die Erfolgsstory von *Powell's*, des angeblich **größten Buchladens der Welt**, begann damit, dass *Michael Powell* die Nase voll hatte vom Studieren und kurzerhand in Chicago einen Buchladen eröffnete, der in kürzester Zeit zum Renner wurde. *Michaels* Vater *Walter*, ein Malermeister in Rente, arbeitete einen Sommer über im Laden mit und beschloss dann, zurück in Portland, 1971 einen eigenen Gebrauchtbuchladen zu eröffnen. Im Nu platzte der Laden aus allen Nähten und *Walter* zog mit seinen Büchern in ein leeres Autogeschäft um, diesmal in besserer Lage am Rand von Downtown. 1979 kam *Michael* nach und begann zusammen mit dem Vater ein ungewöhnliches und bis heute **einmaliges Konzept** umzusetzen: gebrauchte und neue Bücher, Hardcover und Paperback, alles im selben Regal, in unterschiedlichem Erhaltungszustand und zu verschiedenen Preisen. In vier Läden – dem Stammgeschäft im Stadtzentrum, einem an der Cascade Plaza, in der Hawthorne Ave. und am Flughafen – gibt es alles für Leseratten.

Alt und Neu

Ähnlich wie der *Pearl District, Yamhill* und *Old Town* hat sich auch das westlich der Innenstadt gelegene **Nob Hill** (*www.nobhillbiz.com*) zum In-Treff und Trendviertel entwickelt. Das **Herz des „jungen" Portland** schlägt um die **23rd St.** zwischen Burnside und Lovejoy St. Die Straßencafés, kleinen Restaurants, Bistros, Boutiquen, erlesenen und kuriosen Läden sind bequem per Straßenbahn zu erreichen.

Washington Park

Der Washington Park im Südwesten der Stadt wurde wie der Central Park in New York und der Golden Gate Park in San Francisco von *Frederik Law Olmsted* geplant. Zufahrten in das in einen Berghang eingebettete Parkareal befinden sich am Hwy. 26 westwärts, an der W. Burnside St. und der Canyon Rd. (hinter dem Tunnel der Ausschilderung „Zoo" folgen).

Stadt der Rosen

Auf dem Gelände befinden sich das **Hoyt Arboretum (13)** mit über 700 Baum- und Pflanzenarten aus aller Welt und der 1888 gegründete **International Rose Test Garden (11)**, seit 1940 als offizieller Testgarten der *All-America Rose Selection (AARS)* fungierend. Von hier aus bietet sich ein **fantastischer Blick** auf die Stadt mit Mount Hood und St. Helens im Hintergrund.
Hoyt Arboretum, *4000 SW Fairview Blvd., www.hoytarboretum.org, tgl. 6–22 Uhr, VC Mo–Fr 9–16, Sa 9–15 Uhr, frei.*
International Rose Test Garden, *400 SW Kingston Ave., www.rosegardenstore.org/thegardens.cfm, tgl. 7.30–21 Uhr, Spende, mit schönem Gartenshop.*

Der **Japanese Garden (12)** ist eine meditative, grüne Ruheoase, während der **Oregon Zoo (9)** zu den modernsten und fortschrittlichsten der USA gehört. Das unlängst modernisierte **World Forestry Center (10)** nebenan widmet sich mit dem zugehörigen **Discovery Museum** ganz dem Thema „Wald" und dessen Erhalt.
Japanese Garden, *611 SW Kingston Ave., http://japanesegarden.com, Mo 12–16/19, Di–So 10–16/19 Uhr, $ 9,50.*
Oregon Zoo, *Washington Park, 4001 SW Canyon Rd., www.oregonzoo.org, tgl. 9–18 bzw. im Winter 10–16 Uhr, $ 11,50.*
Discovery Museum, *4033 SW Canyon Rd., www.worldforestry.org, tgl. 10–17 Uhr, $ 9.*

Nördlich des Washington Parks liegt die **Pittock Mansion (14)**, ein für die Erbauungszeit (1909–14) erstaunlich modern und luxuriös ausgestattetes Haus, im Besitz von *Georgiana* und *Henry Pittock*, dem Gründer der lokalen Tageszeitung „The Oregonian".
Pittock Mansion, *3229 NW Pittock Dr., ab NW Burnside Rd., http://pittockmansion.org, Mansion tgl. 10/11–16/17 Uhr, Gelände frei, Haustour $ 8,50.*

Jenseits des Willamette River

Im Osten liegen neben Wohnvierteln und Industriearealen auch der Flughafen und einige interessante Attraktionen, außerdem um den **Hawthorne Boulevard** ein boomendes Restaurant- und Kneipenviertel (*www.thinkhawthorne.com*). Weithin sichtbar erhebt sich am Fluss die 1996 eröffnete **Rose Garden Arena (16)** (One Center Court, Straßenbahn-Stopp) – mit ihren 20.000 Plätzen eines der modernen Wahrzeichen der Stadt und Heimat des beliebten NBA-Teams **Portland TrailBlazers**. Das nahe gelegene **Oregon Convention Center (17)** (*777 NE Martin L. King, Jr. Blvd.*) fällt durch seine Größe und die moderne Architektur auf.

Moderne Architektur

Etwas südlich davon, ebenfalls auf der östlichen Uferseite, befindet sich in einem auffälligen modernen Gebäude das **Oregon Museum of Science & Industry (OMSI)**

Bootshafen am Willamette River vor der Skyline Portlands

(18). Es gilt als **fünftgrößtes Wissenschaftsmuseum der USA**, mit *OMNIMAX Theater, Murdock Sky Theater* (Laser- und Astronomieshows) sowie sechs sehenswerten Ausstellungshallen mit zahlreichen interaktiven Objekten, einem Flugsimulator, Laboratorien, einem Computerraum etc. Besonders interessant ist die „USS Blueback", ein am Flussufer vertäutes dieselbetriebenes U-Boot der US-Navy von 1959.

Für Techniker

OMSI, *1945 SE Water Ave., www.omsi.edu, tgl. 9.30–17.30, Fr/Sa bis 21 Uhr, $ 12, OMNIMAX, Lasershows, Planetarium, U-Boot u.a. kosten extra, mit Café und Lokal.*

Das 1924 gegründete katholische Heiligtum *The National Sanctuary of our Sorrowful Mother*, kurz **The Grotto** genannt, ist eine Mischung aus Pilgerort und Kloster, Park und Botanischem Garten, Skulpturen- und Meditationsgarten auf zwei Ebenen, die per Aufzug miteinander verbunden sind.

The Grotto, *8840 NE Skidmore St., Sandy Blvd./NE 85th Ave., www.thegrotto.org, tgl. 9–17/20 Uhr, Eintritt frei, Aufzug $ 3.*

Reisepraktische Informationen Portland

Information

Travel Portland Visitor Information Center, *Pioneer Courthouse Sq., 701 SW 6th Ave (Yamhill-Morrison St.), ✆ (503) 275-8355, www.travelportland.com, Mo–Fr 8.30–17.30, Sa 10–16, Mai–Okt. auch So 10–14 Uhr.*

Repräsentant *für D/AU/CH:* **Wiechmann Tourism Service GmbH**, *Scheidswaldstr. 73, 60385 Frankfurt/M., ✆ (069) 255-38240, www.traveloregon.de.*

Unterkunft

Crystal Hotel $$-$$$, *303 S.W. 12th Ave., ✆ (503) 972-2670, www.mcmenamins.com/CrystalHotel; McMenamin-Hotel in Downtown in historischem Bau nahe dem legendären Crystal Ballroom. 51 flippige Zimmer, Zeus Café, Keller-Bar mit Livemusik.*

Hotel Vintage Plaza $$$-$$$$, *422 SW Broadway, ✆ (503) 228-1212, www.vintageplaza.com; 107 luxuriöse, geschmackvoll ausgestattete und geräumige Zimmer in historischem Gebäude, ganz dem Motto „Wein und Genuss" verschrieben, mit abendlicher Weinverkostung.*

The Governor Hotel $$$$, *611 SW 10th/Alder St., ✆ (503) 224-3400, www.governorhotel.com; kleines Luxus-Boutiquehotel der Kette Historic Hotels of America, in superzentraler Lage, hervorragender Service, geschmackvolle Zimmer, zugehöriges Restaurant.*

The Heathman Hotel $$$$, *1001 SW Broadway, ✆ 1 (800) 551-0011, www.heathmanhotel.com; historisches Top-Hotel nahe dem Portland Center for the Performing Arts, mit hervorragendem Restaurant im Hause.*

River Place Hotel $$$$, *1510 SW Harbor Way, ✆ (503) 228-3233, www.riverplacehotel.com; schön am Tom McCall Waterfront Park gelegen, geräumige Zimmer mit tollem Ausblick, angeschlossenes Restaurant.*

Restaurants

Die Vergnügungsviertel der Stadt mit Cafés, Lokalen, Musikspots, aber auch Galerien, Shops und Boutiquen, befinden sich im SE District (Hawthorne Blvd.), in **Skidmore/Old Town**, *um die 23rd St.*

Auf dem **Nob Hill** *(www.nobhillbiz.com) schlägt das Herz der Stadt und dort hat sich eine lebhafte Kneipenszene entwickelt, z.B. mit:*

Papa Haydn, *701 NW 23rd Ave. Der Topspot für Desserts, traumhafte Torten u.a.*

Wildwood, *1221 NW 21st Ave., ✆ (503) 225-0130. Der deutschstämmige Chef Cory Schreiber nutzt beste frische Zutaten aus Oregon und kreiert einfallsreiche, dennoch bodenständige Gerichte.*

Tipps in **Downtown/Pearl District**:

Bluehour Restaurant, *250 NW 13th Ave., ✆ (503) 226-3394. Schickes Restaurant mit innovativer Küche.*

Jake's Grill, im **Governor Hotel** *(s. o.), ✆ (503) 220-1850; Nordwestküche der Spitzenklasse mit viel Fisch, tollen Desserts und umfassender Weinkarte. Auch ideal zum Frühstück!*

Heathman, *im gleichnamigen Hotel (s. o.), ✆ (503) 790-7752; sehr elegant, kreative Nordwestgerichte (viel Fisch) mit mediterranem Touch.*

Stumptown Café, *SW 3rd Ave/SW Pine. Hervorragender Kaffee. Einen Block westlich (SW 3rd Ave/SW Ankeny):* **Voodoo Doughnut** *(22–10 Uhr!) mit riesiger Donut-Auswahl.*

Brauereien & Brewpubs

Allgemeine Informationen bietet die kostenlose Broschüre der Oregon Brewers Guild „Microbreweries of Oregon" bzw. die Webseite **http://oregonbeer.org**. *Brandneu in Portlands Central Eastside Industrial District ist der Zusammenschluss von fünf Destillerien zur* **Distillery Row** *(www.distilleryrowpdx.com).*

Alameda Brewhouse, *4765 NE Fremont St.; gemütliches Brewhouse mit guten Bieren, z.B. Black Bear Stout XX.*

BridgePort Brewpub, *1313 NW Marshall St. In einer alten Seilfabrik im Pearl District, mit Bäckerei, Restaurant (Pizza aus Bierhefe!) und Bar; bekannt für Ales.*

Lucky Labrador Brew Pub, *915 SE Hawthorne Blvd. In einem alten restaurierten Lagerhaus gibt es vielseitiges (auch vegetarisches) Essen, Livemusik und mehrere Sorten Bier, z.B. Black Lab Stout, Hawthorne's Best Bitter und König's Kölsch.*
Rogue Ales Distillery & Public House, *1339 NW Flanders St. Brauerei aus Newport mit Lokal und Laden in alter Molkerei im historischen Pearl District.*
Widmer Brothers Brewing Co., *929 N. Russell St. Im Stil eines alten Münchner Wirtshauses, bekannt für deutsche Kost und unfiltriertes Hefeweißbier; Fr/Sa Touren.*

Nightlife

Schwerpunkt ist neben dem **Pearl District** *und* **Nob Hill** *der* **Alberta Arts District** *(N. Alberta St.).*
Mount Tabor Theatre, *4811 SE Hawthorne Blvd., www.thetabor.com; Microbrews, Filme, Musik (v.a. Rock, Alternative live Di–Sa).*
Someday Lounge, *125 NW 5th Ave., www.somedaylounge.com. Lounge, Bar, Livemusik (v.a. House, Hip Hop), aber auch Lesungen u.a. Shows.*

Einkaufen

Es gibt in Oregon keine Sales Tax und daher lohnt sich das Einkaufen. Die **Galleria** *ist die größte Mall in der Innenstadt (921 SW Morrison St.), während das* **Lloyd Center** *(2201 Lloyd Center/Grand Ave./NE Weidler, www.lloydcenter.com) mehr als 250 Läden, einen Kinokomplex und einen Food Court aufweist.*
Lohnend sind überdies **Nike Portland** *(638 SW 5th Ave.), Museum und Laden der in Portland beheimateten weltberühmten Sportartikelfirma, der riesig große Buchladen* **Powell's City of Books** *(1005 W. Burnside St., www.powells.com), in dem es gebrauchte Bücher aller Preiskategorien neben neuen gibt, oder* **Made in Oregon** *(Souvenirs, Kulinarisches) am Pioneer Place.*

Märkte

Portland Saturday Market, *SW Ankeny St./Naito Pkwy, Sa 10–17, So 11–16.30 Uhr (jeweils März bis 24. Dez.), www.portlandsaturdaymarket.com.*
Portland Farmers' Market *an verschiedenen Stellen der Stadt und an verschiedenen Tagen, Info: www.portlandfarmersmarket.org, z.B. auf dem Pioneer Courthouse Square Mo 10–14 Uhr.*

Zuschauersport

Portland TrailBlazers *(Basketball–NBA), Rose Garden Arena, Tickets und Infos: www.nba.com/blazers*
Portland Timbers *(MLS – Fußball),* **Jeld-Wen Park**, *Tickets und Infos: www.portland timbers.com*

Veranstaltungen und Touren

Ende Mai–Mitte Juni: **Portland Rose Festival**, *www.rosefestival.org, mit drei Paraden, Veranstaltungen, Ausstellungen und Unterhaltungsprogramm*
Ende Juli: **Oregon BrewFest** *an der Waterfront, www.OregonBrewFest.com*
Mitte August: **The BITE – A Taste of Portland**, *im Tom McCall Waterfront Park, www.biteoforegon.com*
Portland Walking Tours, *✆ (503) 774-4522, www.portlandwalkingtours.com, bietet versch. interessante Touren, u.a. eine „Chocolate Decadence"- oder Underground-Tour.*
Mehr **Infos** *zu Veranstaltungen unter: www.travelportland.com/calendar/calendar.*

Flughafen

Portland International Airport *(PDX), NE Airport Way (via I-84 und I-205 bis Exit 24), www.flypdx.com.*

Vom **Flughafen nach Downtown** *gelangt man am preiswertesten mit der* **MAX-Schnellbahn** *(s. u.). Am Flughafen befinden sich die Büros aller großen Mietwagenfirmen.*

Eisenbahn

Union Station, *800 NW 6th Ave., am Nordrand von Downtown, nahe Chinatown, www.amtrak.com. Sehenswerter Bahnhof von 1894, von dem Amtrak-Züge nach Kalifornien, Seattle und Vancouver sowie entlang dem Columbia River und durch Ost-Washington, Idaho, Montana und North Dakota Richtung Chicago verkehren.*

Nahverkehr

Die Stadt ist gut mit öffentlichen Verkehrsmitteln erschlossen. **Tri-Met Transit** *und* **MAX** *(Metropolitan Area Express, http://trimet.org) betreiben Busse, Schnell- und Straßenbahnen. Die Fahrpreise sind entfernungsabhängig, innerhalb des Fareless Square, dem Innenstadtbereich, sind alle Nahverkehrsmittel kostenlos.*

Die **Portland Streetcar** *(www.portlandstreetcar.org) fährt für $ 1 ($ 5 Tagesticket) alle „In-Viertel" (wie NW District, Pearl District und West End) von Downtown aus an und wurde zuletzt bis zur Waterfront und jenseits des Willamette River ausgeweitet.*

Das Willamette Valley südlich von Portland ist eine berühmte Weinregion

Routenhinweis

Es ist möglich über das Willamette Valley, eine Weinregion, in der auch die Hauptstadt Oregons, **Salem**, liegt, und vorbei an der Uni-Stadt **Eugene** zum Crater Lake zu fahren. Man benutzt die I-5 und ab Eugene den Hwy. 58. Die unten beschriebene Route führt jedoch von Portland auf dem Hwy. 26 ostwärts, am Mt. Hood vorbei nach Bend und von dort zum Crater Lake NP.

Über Bend zum Crater Lake National Park

Der 3.420 m hohe Vulkan **Mount Hood** ist der höchste Berg und das **Wahrzeichen Oregons**. Er dominiert sogar den Horizont auf nahezu jeder Ansicht von Portland. Die Ähnlichkeit des Mt. Hood mit dem Schweizer Matterhorn – v.a. bezüglich der kantigen Spitze – sowie die Tatsache, dass er im Winter, in höheren Lagen auch im Sommer, schneebedeckt ist und als Skigebiet fungiert, hat ihm den Spitznamen „Amerikas Matterhorn" eingebracht.

Beliebtes Skigebiet

Der rund 10 km lange Abstecher vom US Hwy. 26 zur **Timberline Lodge** (*www.timberlinelodge.com*), einem Berghotel auf knapp 2.000 m Höhe direkt an der Baumgrenze, lohnt. Das altehrwürdige Hotel mitten in einem Wintersportgebiet entstand in den 1930er-Jahren im Rahmen der Roosevelt'schen Arbeitsbeschaffungsmaßnahmen.

Government Camp am Hwy. 26 und am Fuß des Mt. Hood ist ein kleiner, malerisch gelegener Ort mit zahlreichen Hotels und einigen Lokalen und Läden am Hwy., zudem idealer Standpunkt für Wanderer oder Skifahrer.

Nach dem Mt. Hood weicht der Gebirgswald auf der Ostseite des Kaskadengebirges plötzlich der Hochwüste des Columbia-Plateaus. Die Straße quert nun die **Warm Springs Indian Reservation**, mit 2.600 km² das größte Reservat in Oregon, mit einem luxuriösem Resort/Casinohotel. Das sehenswerte **Museum at Warm Springs** befasst sich mit der Kultur und Geschichte der hier lebenden Indianerstämme, den Wasco und Wanapam vom Columbia River sowie den Northern Paiute, die als die **Confederate Tribes of Warm Springs** (*www.WarmSprings.com*) organisiert sind.
Museum at Warm Springs, *2189 SR 26, Warm Springs, www.museumatwarmsprings.org, tgl. 9–17 Uhr, im Winter außer So/Mo, $ 7.*

Das zentrale **Versorgungszentrum** östlich der Cascades ist das Städtchen **Bend**. Bereits an der Ostseite gelegen, fungiert Bend zum einen als Tor in die Vulkan- und Schneewelt der Berge, zum anderen in die endlose Weite der Hochwüste des Columbia Plateaus im Osten. Eine Menge Outfitter (Outdoor/Sport-Zubehör, Tourveranstalter), Einkaufszentren wie die liebevoll renovierte **Old Mill**, Holzfabriken und Industrie prägen den ersten Eindruck, doch die Innenstadt mit ihren Boutiquen, kleinen Geschäften, Cafés und Kneipen ist alles andere als verschlafen. Mitten in der Stadt liegt malerisch der **Riverside Park** an einer Biegung des Deschutes River. Von dessen Flussschleife erhielt der Ort auch seinen Namen: „Farewell Bend". Dieser Abschiedsgruß soll von

Outdoor-Zentrum

einem abreisenden Siedler stammen, ein Postbote soll es später zu „Bend“ verkürzt haben.

Südlich von Bend ist das **High Desert Museum** ein absolutes Muss. Hier erfährt man alles über die Flora und Fauna der Halbwüste östlich der Cascade Range auf dem sogenannten *Columbia Plateau*, das sich von Kalifornien über Nevada bis nach Utah und Idaho hinzieht. Doch auch die Geschichte der Indianer und der ersten Siedler, Holzfäller und Goldsucher wird eindrucksvoll und multimedial geschildert.
High Desert Museum, *ca. 5 km südlich von Bend, US 97, www.highdesertmuseum.org, tgl. 9–17 bzw. 10–16 Uhr, $ 15 ($ 12 in der NS).*

Reisepraktische Informationen Bend/Warm Springs

Information

Bend Visitor Center & Gift Shop, *750 NW Lava Rd., ✆ 1 (877) 245-8484, www.visitbend.com, Mo–Fr 9–17, Sa/So 10–16 Uhr, im Winter So geschl.*
Central Oregon Visitors Ass. (COVA), *The Old Mill District, 661 SW Powerhouse Dr., ✆ (541) 389-8799, www.VisitCentralOregon.com*

Unterkunft

Kah-Nee-Ta High Desert Resort, *ca. 20 km nördlich Warm Springs, ab US 26 (ausgeschildert), ✆ (541) 553-1112, www.kahneeta.com. Resorthotel in der Warm Spring Indianer-Reservation in traumhafter Landschaft, auch Tipis als Unterkünfte und zugehöriger RV Park. Reitmöglichkeit u.a Freizeitaktivitäten. Gut isst man im zugehörigen* **Chinook Room Restaurant** *und gut zum Drink ist die* **Appalousa Lounge**.
McMenamin's Old St. Francis School, *700 NW Bond St., Bend, ✆ (541) 382-5174, www.mcmenamins.com/421-old-st-francis-school-home; ungewöhnliches Hotel in renoviertem Schulgebäude in Downtown, geräumige 19 Zimmer in ehemaligen Klassenzimmern, mit Pub, Bar und zugehörigem Kino.*

Restaurants

Deschutes Brewery & Public House, *1044 NW Bond St.; Brewpub der bekannten Kleinbrauerei mit leckerer (preiswerter) Nordwestküche mit lokalen Zutaten, selbstgebackenem Brot und hausgemachten Würsten, außerdem Suppen, Salate und prima Käse. Auch Brauereitouren mit Proben (www.deschutesbrewery.com).*
West Side Bakery & Café, *1005 NW Galveston St.; hausgemachte Backwaren, dazu eine kleine Speisekarte.*
Bendistillery Martini Bar & Sampling Room, *850 NW Brooks St., Bend; hier werden die heißesten Cocktails, v.a. Martinis, gemixt aus hausgebrautem Vodka oder Gin, teils mit Aromen wie Espresso oder Chili, empfehlenswert: Crater Lake Vodka.*

Touren

Wanderlust Tours, *143 SW Cleveland Ave., ✆ (541) 389-8359, www.wanderlusttours.com. „Discover What's Around This Bend“ heißt der Slogan von Wanderlust, einem kleinen Veranstalter von Höhlen-, Kanu-, Kajak-, Schneeschuh- und anderen Touren, 1993 gegründet von David und Aleta Nissen.*

Crater Lake National Park

Mittelpunkt des 1902 eingerichteten **Crater Lake NP** und gleichzeitig größte Attraktion ist ein fast kreisrunder See mit einem Durchmesser von etwa 5 km und bis zu 537 m Tiefe. Bei diesem tiefblauen Gewässer handelt es sich um eine *Caldera*, um einen eingestürzten Vulkankegel. Ursprünglich befand sich hier ein Berg, der *Mount Mazama*, dessen Höhe auf 3.600 m geschätzt wird und der eine dem Mt. Rainier vergleichbare Form gehabt haben dürfte. Dieser gletscherbedeckte **Vulkan** – der die gleiche Entstehungsgeschichte wie Mount Rainier, Olympus, St. Helens usw. hatte – brach vor etwa

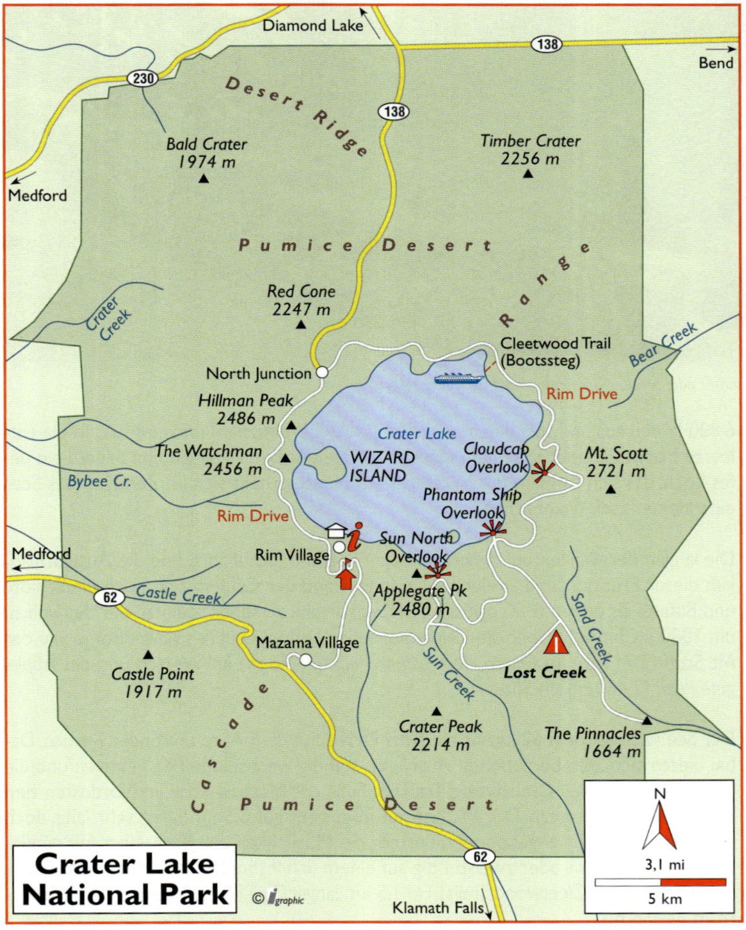

Egal, ob im Sommer oder Winter, der Crater Lake ist immer reizvoll

Vulkankegel im Wasser

6.800 Jahren aus und spie eine riesige Menge Asche, Bimsstein und Lava aus. In die entleerte Magmakammer in seinem Inneren stürzte der Bergkegel ein und bildete ein tiefes Loch, das sich langsam mit Wasser füllte. Heute erhebt sich im Zentrum des Sees eine kleine Insel, *Wizard Island*.

Die langen Bergflanken, auf denen man zum Seerand hinauffährt, sind die Auswurfflanken dieser Eruption, und an der steilen Innenwand der Caldera sind noch die Schlote und Basalte als erstarrte Zeugnisse der Katastrophe zu sehen. Zuletzt war der Vulkan um 1000 n.Chr. aktiv. Über die Caldera erheben sich im Umkreis einige Berge wie der *Mt. Scott* (2.713 m) im Osten, der *Hillman Peak* (2.486 m) im Westen und der *Applegate Peak* (2.480 m) im Süden.

Rundfahrt um den Krater

Der See kann auf dem 52 km langen **Rim Drive** mit dem Auto umrundet werden. Dabei bieten sich atemberaubende Ausblicke, ständig wechselnde Perspektiven und die Möglichkeit über den **Cleetwood Trail** am Fuße des Mazama Rock im Nordosten zum Seeufer hinabzuklettern. Der Pfad ist mit insgesamt gut 3,5 km nicht sehr lang, doch ziemlich steil. Unten angekommen besteht die Möglichkeit zur Bootsfahrt mit gemieteten Ruderbooten oder zweistündig auf einem Schiff (beides ab **Cleetwood Cove** am Endpunkt des Cleetwood Trails). Ein 1,5 km langer Trail führt hinauf auf den **Watchman** (2.455 m).

Reisepraktische Informationen Crater Lake National Park

Information
Crater Lake NP, *www.nps.gov/crla, ✆ (541) 594-3000, $ 10/Pkw.*
Es gibt zwei Besucherzentren: **Steel VC**, *ca. 6 km nördl. OR 62 an der Südzufahrt, tgl. 9–17, Winter 10–16 Uhr, und* **Rim Village VC**, *am See-Südufer, Ende Mai–Ende Sept. tgl. 9.30–17 Uhr.*

Besuchszeit
Obwohl der Park ganzjährig geöffnet ist, empfiehlt sich der Besuch zwischen Ende Mai und Anfang Oktober. Der Rim Drive wird bei stärkeren Schneefällen geschlossen, während die Straße zum Rim Village meist befahrbar ist, ebenso der Hwy. 62.

Unterkunft
Reservierung und Infos zu den Parkunterkünften und Campingplätzen unter ✆ 1 (888) 774-2728, www.craterlakelodges.com.
Crater Lake Lodge $$$, *Crater Lake; renovierte historische Unterkunft direkt an der Caldera, 71 stilvoll eingerichtete Zimmer (teils Seeblick), mit Restaurant, Ende Mai–Mt. Okt.*
The Cabins at Mazama Village, *Ende Mai–Anf. Okt., 40 Zimmer, 10 km vom Rim entfernt.*

Camping
Es gibt saisonal den großen **Mazama Campground** *im S (Mt. Juni–Mt. Sept.) und den kleinen* **Lost Creek Campground** *im SO (16 Zeltplätze, Mt. Juli–Anf. Okt.).*

Klamath Falls und Captain Jack's Stronghold

Verlässt man den Crater Lake NP über den südlichen Parkausgang geht es auf dem Hwy. 62 zunächst vorbei an **Fort Klamath**, einem historischen Militärposten aus dem Jahre 1863 (*Juni–August Do–Mo 10–18 Uhr*), zum **Klamath Lake**, an dessen südlichem Ende die Kleinstadt **Klamath Falls** liegt. Zu den Sehenswürdigkeiten hier zählt das **Favell Museum of Western Art & Indian Artifacts**. Ausgestellt ist eine sehenswerte Mischung aus archäologischen Funden und Kunst zum Thema Siedler, Cowboys und Indianer.

Ehemaliger Militärposten

Favell Museum of Western Art & Indian Artifacts, *125 Main St., www.favellmuseum.org, Di–Sa 11–16 Uhr, $ 8, Jan./Feb. geschl.*

Zur Besichtigung offen steht auch das **Baldwin Hotel Museum**, ein historisches Hotel, das 1908 in einem ehemaligen *Hardware Store* von 1906 eröffnet wurde. Es ist Teil des **Klamath County Museum**, in dem es um die lokale Kultur- und Naturgeschichte geht. Klamath Falls dient als touristisches Zentrum und Ausgangspunkt für die Erkundung zahlreicher Naturparks, u.a. Lava Beds NM, Klamath Lake sowie Crater Lake NP.
Baldwin Hotel Museum, *31 Main St., Touren Juni–Sept. Mi–Sa 10–14.30 Uhr, $ 5.*
Klamath County Museum, *1451 Main St., Di–Sa 9–17 Uhr, $ 5.*

Information
Discover Klamath, *205 Riverside Dr., Klamath Falls, ✆ (541) 882-1501, http://travelklamath.com und www.co.klamath.or.us/museum/index.htm (Museen).*

Lava Beds National Monument

Von Klamath Falls erreicht man auf dem Hwy. 39 in südöstlicher Richtung bei Merrill die Grenze zu Kalifornien. Dort ändert die Straße ihre Nummer in 139. Hinter der Ortschaft Tulelake führt der NF Hwy. 10 zum **Lava Beds NM**. Rund 300 Lavatunnel (Taschenlampe nicht vergessen!), Aschekegel, Geröllwüsten, erstarrte Lavaflüsse und Minivulkane formten eine monumentale, erstarrt wirkende, fast unwirkliche Landschaft, die vor einem Jahrtausend noch Zentrum vulkanischer Aktivitäten war.

Erstarrte Lava formte im Lava Beds NM bizarre Landschaften

Einen guten Überblick über das Areal erhält man vom etwa 1.616 m hohen **Schonchin Butte**. Zum *Fire Lookout* auf der Bergkuppe, von dem aus Ranger Ausschau nach Waldbränden halten, führt ein nur 2 km langer, dafür aber recht steiler Fußweg von der Zugangsstraße, die an einem Parkplatz endet. Durch diese karge und doch faszinierende Lavalandschaft schlängelt sich auf ca. 20 km der NF Hwy. 10 und von ihm zweigen immer wieder ausgeschilderte Trails ab, die tiefer in das Gebiet des National Monuments hineinführen.

Auf dem **Captain Jack's Stronghold Historic Trail** kurz vor der Nord-Ost-Ausfahrt mit seinem Irrgarten aus Höhlen, Canyons und Felsgebilden kann man sich beinahe verlaufen. Er erinnert daran, wer hier einst zu Hause war: die **Modoc-Indianer**.

Lava Beds NM, *1 Indian Well Headquarters, Tulelake, www.nps.gov/labe, ✆ (530) 667-8113,* ***VC*** *am NF Hwy. 10, tgl. 8/8.30–mind. 17 Uhr, $ 10/Pkw, Touren in Fern Cave und Crystal Ice Cave (Reservierung nötig).*

Am südlichen Ausgang des NM stößt man automatisch wieder auf den Hwy. 139, danach folgt man dem Hwy. 299 Richtung Westen in die Region **Shasta Cascades**.

Der Biggest Little War

info

Als 1864 die US-Regierung die **Modoc-Indianer** aus ihrer Heimat in Nordwesten Kaliforniens in ein Reservat in Klamath Falls, Oregon, umsiedelten, kam es schnell zu Konflikten. Von den dort lebenden Klamath-Indianern nicht eben mit offenen Armen empfangen, hatten viele *Modoc* Sehnsucht nach der Vulkanlandschaft und deshalb machte sich drei Jahre später eine Gruppe Indianer auf den Weg zurück in ihre angestammte Heimat.

Das ging nicht lange gut, denn 1872 erhielt die *US Army* auf Druck weißer Siedler, die sich die fruchtbaren Regionen um die Seen des Klamath Basin angeeignet hatten, den Auftrag, die *Modoc* erneut zusammenzutreiben und zurück in das Reservat im Norden zu schaffen. Dieses Mal gaben die *Modoc* jedoch nicht nach und es kam zu gewalttätigen **Auseinandersetzungen**. Eine Gruppe von 53 Kriegern mit ihren Familien verschanzte sich unter Führung von *Kei-in-to-poses*, den die Weißen der Einfachheit halber *Captain Jack* nannten, auf dem Gebiet des heutigen Lava Beds NM.

Mit großem Geschick und aufgrund ihrer Ortskenntnis konnten sich die *Modoc* fast fünf Monate in den Lava Beds verstecken. Die Region, in der sie untertauchten und einer Übermacht von Militär Paroli boten, wird „**Captain Jack's Stronghold**" genannt. Bei Friedensverhandlungen töteten die *Modoc* aus Angst vor Verrat weiße Unterhändler und zogen sich noch weiter zurück. Erst als sich einige der Führer nach Zusicherung von Straffreiheit ergaben und die Armee zu den Verstecken der *Modoc* führten, gab *Kei-in-to-poses* auf.

Aus Rache für den Zwischenfall bei den Verhandlungen wurde *Kei-in-to-poses* und weiteren *Modoc*-Anführer der Prozess gemacht und er wurde zusammen mit drei weiteren Indianern erhängt. Dieser als **Biggest Little War** in die Geschichtsbücher eingegangene Freiheitskampf der *Modoc* wurde zu einem weiteren **unrühmlichen Kapitel der amerikanischen Indianerpolitik**.

Routenhinweis

Der NF Hwy. 10 führt im Süden aus dem Lava Beds NM heraus und trifft nach wenigen Meilen auf den Hwy. 139, der wiederum auf den Hwy. 299 stößt. Diese Straße geht südwestwärts in die Region Shasta Cascades. An der Kreuzung mit dem Hwy. 89 kurz vor **Burney** gilt es sich zu entscheiden: Hat man Zeit, sollte man eine Rundfahrt durch **Shasta Cascade** unternehmen, ansonsten führt der Hwy. 89 nach Süden direkt zum **Lassen Volcanic NP**. Erstgenannte Variante führt auf dem Hwy. 89 nach Norden, vorbei am Mt. Shasta, dann auf der I-5 nach Süden, vorbei am Shasta Lake, in den zentralen Ort Redding und schließlich über den Hwy. 44 zum Lassen Volcanic NP.

Rundfahrt durch Shasta Cascades

Den Namen *Shasta Cascades* erhielt das nordöstliche Kalifornien von der vulkanischen Bergkette, die sich von der Sierra Nevada nördlich des Yosemite Valley und dem Lake Tahoe bis hinauf in den Nordwesten der USA und nach Kanada erstreckt. Dieser Landstrich zwischen der Bergkette der Kaskaden und dem Great Basin steckt voller Kontraste: Die Palette reicht von Hochgebirgskulissen über bewaldete Mittelgebirge, bizarre Vulkanlandschaften und karge Wüstenregionen bis hin zu warmen Quellen, Wasserfällen und glasklaren Seen.

Gebirgs- und Flusslandschaft

Berühmt ist die Region um die Kreuzung von Hwy. 199 und 89 wegen ihrer Wasserfälle; die sehenswertesten sind die **Burney Falls**. Die Abfahrt zum **McArthur-Burney Falls Memorial SP** (*8 km nordwärts am CA 89, www.parks.ca.gov/?page_id=455, tgl. Sonnenauf- bis -untergang, $ 8/Pkw*) liegt kurz hinter Burney, einer ehemaligen Holzfällerstadt, und ist ausgeschildert. Hier am Südrand der Kaskaden, mitten im Vulkanland, fließen unterirdisch vier Flüsse zusammen. Das Wasser sickert durch Lava, bis es auf eine darunterliegende undurchlässige Schicht stößt und an dieser entlangfließt, auf der Suche nach einem Weg an die Oberfläche.

Auf diese Weise entstanden die knapp 40 m hohen **Burney Falls**. Nicht die Höhe ist es aber, die sie so spektakulär macht, sondern die Wassermassen: Konstant sollen es rund 340 Mio. Liter sein, die gefiltert durch Lavafelsen, sauber und klar, bei gleichbleibenden 15,5 °C herabfallen. Unten bildet sich ein smaragdgrün glitzerndes Becken, der **Lake Britton**. Die Wasserfälle sollen Präsident *Theodore Roosevelt* so beeindruckt haben, dass er sie als „achtes Weltwunder" bezeichnete.

Aktiver Vulkan

Auf dem Hwy. **CA 89** geht es Richtung Nordwesten weiter durch die Waldlandschaft bis zum Ort **Mount Shasta** (ca. 50 mi/80 km). Egal, wo genau man sich in der Shasta-Cascade-Region befindet, den schneebedeckten Gipfel des Mount Shasta sieht man immer und überall. Die ganzjährig vorhandene **Schneekappe** lässt nicht ahnen, dass der mit knapp über 4.300 m zweithöchste Berg der Kaskaden zu den höchsten und größten Stratovulkanen der Welt zählt und immer noch aktiv ist.

Die einstige Holz- und Minen-Ortschaft **McCloud** am Südabhang von Mt. Shasta ist beliebter Standort für Outdoorfans und Skifahrer sowie Ausgangspunkt für Wanderungen auf den Berg. Trotz touristischer Infrastruktur ist der Ort ruhig und idyllisch. Eine Attraktion ist das historische **McCloud Hotel** (408 Main St.), das 1915 als einfache Herberge für Holzfäller und Minenarbeiter erbaut und vorbildlich renoviert wurde. Entlang der Historic Main Street erlaubt das **Heritage Junction Museum** (*nur Mai–Sept. Mo–Sa 11–15, So 13–15 Uhr*) mit Fotos u.a. Ausstellungsstücken einen Blick in die Vergangenheit der Holz- und Minenregion.

Castle Crags State Park

Nach McCloud geht es auf der I-5 Richtung Süden. Vorbei an **Dunsmuir** mit dem **Rail Road Park Resort** (*I-5 Exit Railroad Park, www.rrpark.com*), wo eine Reihe alter, liebevoll renovierter Zugwaggons zum Hotel umfunktioniert wurde, passiert man die sich im Westen erhebenden Berge der **Castle Crags**. Die Zufahrt zum gleichnamigen **State Park** (*www.parks.ca.gov/?page_id=454*) ist ausgeschildert und liegt nur 10 km südlich von Dunsmuir.

Nächste Attraktion an der I-5 ist der **Shasta Lake**. Hier wurde in den frühen 1960er-Jahren mit dem **Bau eines Damms** der Sacramento River aufgestaut, der nun einen vielarmigen See von knapp 600 km Küstenlinie bildet. Er dient nicht nur der Versorgung des Central Valley, sondern ist zugleich eines der Hauptwasserreservoirs Kaliforniens.

Der **Shasta Dam** *(I-5, Shasta Dam Blvd. Exit)* ist etwa 180 m hoch und gilt als zweitgrößte Betonkonstruktion der Welt. Unter guten Bedingungen ist der Stausee über 70 m tief, an der tiefsten Stelle sogar 157 m. Bekannt wurde der See als „**Houseboat Capital of the West**" (*www.shastalake.com/boatrentals*): Es gibt mehrere Bootshäfen, an denen man vom Kanu bis zum Hausboot für 16 Personen alles mieten kann, was schwimmt. Eine weitere Attraktion der Region sind die **Lake Shasta Caverns** (*Shasta Caverns Rd., I-5 Exit „Shasta Caverns", http://lakeshastacaverns.com, $ 24, Schiffsfahrt und Höhlenbesichtigung*). Man erreicht sie per Boot über einen Seitenarm des Lake Shasta.

Ideal für Hausboote

Redding

Redding ist das städtische Zentrum Nordkaliforniens. Dieser angeblich heißeste Fleck Kaliforniens ist **idealer Ausgangspunkt** für die Erkundung der Region. Auf den ersten Blick ist Redding eine heiße, staubige und wenig auffällige amerikanische Kleinstadt, wären da nicht zwei ungewöhnliche Attraktionen: die **Sundial Bridge** und der **Turtle Bay Exploration Park**. Kernstück des *Turtle Bay Exploration Parks* ist das **Turtle Bay Museum** , ein mehrteiliger Komplex mit sehenswerter naturwissenschaftlicher Abteilung und dem *Visible River* – dem Fluss hinter Glas. Beidseitig des Flusses lädt

Berühmte Brücke

Reddings ganzer Stolz ist die ungewöhnliche Sundial Bridge

Botanischer Garten

das Feuchtgebiet des Sacramento River zur Erkundung ein; jenseits der Brücke befinden sich die **McConnell Arboretum & Botanical Gardens** und vor dem Museum **Paul Bunyan's Forest Camp** für Kids.

Turtle Bay Exploration Park, *840 Auditorium Dr., ab Hwy. 299W, http://turtlebay.org, tgl. 9–17 Uhr, im Winter Mi–Sa 9–16, So 10–16 Uhr, $ 14 (ab 14.30 Uhr $ 9), Gärten allein $ 4, mit empfehlenswerter Coffee Bar und Museum Store.*

Die **Hauptattraktion**, die Redding weit über Kalifornien hinaus bekannt gemacht hat, ist die **Sundial Bridge**, die vom Museum über den Sacramento River führt. Kein Geringerer als der weltberühmte spanische Architekt *Santiago Calatrava* stellte sich der Herausforderung, mitten in der Natur ein architektonisches Kunstwerk zu schaffen. Die strahlend weiße **Sundial Bridge**, eine Fußgänger-Hängebrücke mit Glasboden, durch den man die zum Laichen gekommenen Lachse beobachten kann, erhielt ihren Namen von einem hohen Pfeiler, der die Funktion des Zeigers einer Sonnenuhr hat.

Reisepraktische Informationen Shasta Cascade

Information

Die **Shasta Cascade Wonderland Association** *betreibt in Anderson, 1699 Hwy. 273, I-5 Abfahrt „Factory Outlets Drive" (***Shasta Outlets** *– lohnendes Einkaufszentrum!), ✆ (530) 365-7500, www.shastacascade.org, ein großes Besucherzentrum.*

Unterkunft/Restaurant

McCloud Hotel & Restaurant $$$, *408 Main, McCloud, ✆ (530) 964-2822, http://mccloudhotel.com; neu renoviertes historisches Hotel mit Restaurant.*

O'Brien Mountain Inn $$$$, *18026 O'Brien Inlet Rd., nahe Shasta Lake, ✆ (530) 238-8026, www.bedbreakfasthome.com/obrienmtn/; herzliche Gastgeber und liebevoll eingerichtete Zimmer, Highlight ist das luxuriöse Baumhaus.*

Jack's, *1743 California St, Redding; für diese Steaks wartet man gerne an der langen Bar auf einen der wenigen verfügbaren Tische (keine Reservierung!).*

Routenhinweis

Von Redding aus stößt man auf dem Hwy. 44 Richtung Osten zunächst auf den Hwy. 89 und nach etwa 60 mi/96 km auf den Lassen Volcanic NP.

Lassen Volcanic National Park

Die Vulkane der Cascade Range sind parallel zur Küstenlinie angeordnet und bilden einen Teil des sich um den Pazifik ziehenden Vulkangürtels, des **Ring of Fire**. Die Vulkane entstanden dort, wo die *Juan de Fuca-Platte*, eine Teilscholle der pazifischen Platte, auf die sich westwärts bewegende nordamerikanische Platte trifft und reibt. Sie erstreckt sich von Vancouver Island bis etwa 200 km nördlich von San Francisco.

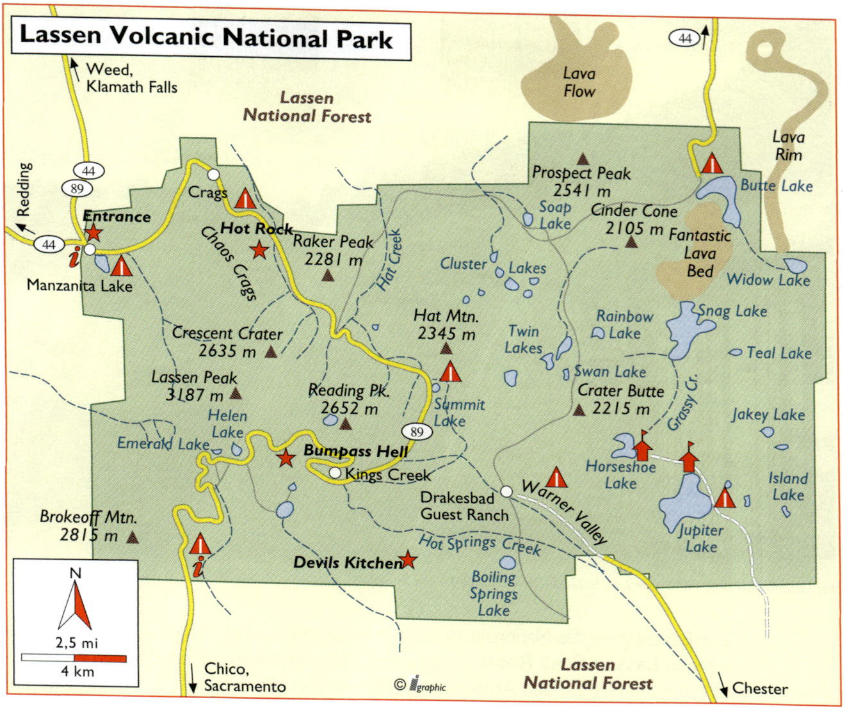

Der letzte große Ausbruch ereignete sich 1980 am Mount St. Helens im US-Bundesstaat Washington, aber auch der **Lassen Peak** (3.187 m) ist immer noch aktiv. Der letzte größere Ausbruch des oft fälschlich als *Mount Lassen* bezeichneten Vulkans liegt zwar mehrere Jahrzehnte zurück, doch gelegentlich aufsteigender Rauch deutet an, dass es unterhalb der Oberfläche immer noch brodelt. Vor allem zwischen 1914 und 1921 sorgte der Lassen Peak für Aufsehen als er 300-mal spuckte und sich 1915 ein Aschepilz von 11 km Höhe bildete.

Es brodelt unter der Erde

Asche und Bimsstein ergossen sich damals über das gesamte Umland – ein Szenario, das von dem Fotografen *Benjamin F. Loomis* festgehalten wurde. Ihm zu Ehren entstand ein **Museum** am Nordausgang des Nationalparks. Noch während der aktiven Phase, 1916, wurde das Vulkangebiet mit 446 km² als **National Park** ausgewiesen.

Die jahrhundertelangen Vulkanausbrüche haben eine **Landschaft von seltsamem Reiz** entstehen lassen, die außer dem Lassen Peak weitere Berggipfel, Schlackenkegel, Lavamulden, Fumarolen, heiße Quellen, Wildseen und ein vielfältiges Tier- und Pflanzenleben aufzuweisen hat. Seinen Namen erhielt der Lassen Peak Nationalpark von dem dänischen Einwanderer *Peter Lassen*, der hier eine Farm baute und nach Gold suchte.

Im Lassen Volcanic NP brodelt es noch an vielen Stellen

Zur Besichtigung des Nationalparks folgt man der etwa 50 km langen, 2.000 m hoch gelegenen **Lassen Peak Road**, die dem Hwy. 89 entspricht, der den Park in N-S-Richtung durchquert. Zu den Attraktionen gehören von Norden nach Süden: der **Manzanita Lake**, die **Chaos Crags** oder die **Devastation Area**, das sichtbare Resultat der damaligen Katastrophe. Hwy. 89 passiert den **Summit Lake** am Fuße des Hat Mountain (2.345 m) und wendet sich dann dem **Lassen Peak** zu, den man auch besteigen kann (s. unten).

Bei der Weiterfahrt sollte man am **Emerald Lake** parken und den Trail zum dampfenden Areal der **Bumpass Hell** wandern. Am südlichen Ende der Lassen Peak Rd. liegt schließlich das Gebiet der **Sulphur Works**. Beide Areale gehören zu den größten und bekanntesten Fumarolen – Dampfaustrittsstellen des Vulkans – im Park.

Fumarolen

Hinweis

Der **Lassen Scenic Byway**, *Teil des Volcanic Legacy Scenic Byway (Hwy. 89), erschließt auf ca. 50 km den Park. Der östliche, von Seen durchsetzte Teil ist überwiegend nur zu Fuß oder per Pferd erreichbar. Die beste Besuchszeit ist im Sommer. Der Lassen Scenic Byway (Hwy. 89) ist meist Ende Okt.–Ende Mai wegen winterlicher Straßenverhältnisse gesperrt. Infos: http://byways.org/explore/byways/2195.*

Reisepraktische Informationen Lassen Volcanic National Park

Information

Lassen Volcanic NP, *US Hwy. 89, www.nps.gov/lavo bzw. www.lassen.volcanic.national-park.com, ☎ (530) 595-4480, $ 10/Pkw. Es gibt zwei* **VCs**:

Kohm Yah-mah-nee VC, *ganzjährig 9–mind. 17 Uhr, im Winter Di/Mi geschlossen, am SW-Zugang zum Park, SR 89 (ab Hwy. 30), mit Lassen Cafe & Gift.*

Loomis Museum, *Information, & Bookstore, Ende Mai–Mt. Okt. mind. 9–17 Uhr, am NW-Zugang zum Park, SR 89 (ab Hwy. 44), Manzanita Lake; Ausstellung mit B.F. Loomis Fotografien über den Ausbruch 1914/15. Außerdem:* **Manzanita Lake Camper Store** *(Ende Mai–Mt. Okt.)*

Unterkunft

Drakesbad Guest Ranch, *am Ende der Warner Valley Rd., Chester, ☎ 1 (866) 999-0914, www.drakesbad.com, nur Anf. Juni–Mt. Okt.; an der Grenze zum Lassen Volcanic NP gelegenes Naturidyll fernab der Zivilisation. Die über 110 Jahre alte Ranch erhielt ihren Namen vom Besitzer E. R. Drake und von der auf dem Grundstück befindlichen heißen Quelle, die bereits die Indianer schätzten. Ausritte und Wanderungen in die Vulkanlandschaft, aber auch Bäder im warmen Quellwasser sind möglich.*

Wandern

Auf dem 240 km langen Netz von Wanderwegen sind kurze bis mehrtägige Exkursionen möglich, deren Ziel die Seenwelt des Hinterlandes und die Berggipfel einschließlich des Lassen Peak sind. Über den **Lassen Peak Trail** *ist auf einem anstrengenden, etwa 4 km langen Weg (einfach) die Besteigung dieses höchsten Berges möglich (insgesamt 4–5 Std.). Der* **Bumpass Hell Trail** *(ca. 3 km einfach) erschließt das beeindruckendste Areal mit heißen Quellen und Fumarolen. Im VC ist die Broschüre Lassen Trails erhältlich, die alle Wanderwege en detail beschreibt; auch auf der Webseite www.nps.gov/lavo/planyourvisit/hiking_lassen_park.htm gibt es Infos.*

Reiten

Im Sommer veranstaltet das **Wild Horse Sanctuary** *(www.wildhorsesanctuary.org) – eine gemeinnützige Gesellschaft zum Schutz der Wildpferde – mehrtägige Ausritte in den Süd- und Ostteil des Parks. Während der Geländeritte haben Teilnehmer die Gelegenheit, wilde Mustangherden aus nächster Nähe zu beobachten und den Spuren von Pionieren und Indianern zu folgen.*

Routenhinweis

Wenige Meilen südlich des NP verlässt man den Hwy. 89 und fährt auf der Nr. 32 weiter nach Süden. Die Straße führt durch die Laubwälder aus der Sierra Nevada hinaus in das breite Sacramento Valley und stößt in dem Städtchen **Chico** (www.chicochamber.com) auf den Hwy. 99. Der Ort, heute Sitz der *California State University Chico* und der im ganzen Westen bekannten **Sierra Nevada Brewery** *(Sierra Nevada Taproom & Restaurant,* 1075 E. 20th St., www.sierranevada.com, auch Touren und Shop), ging 1860 aus der riesigen Ranch von *General John Bidwell* hervor, der eine lebenswerte grüne Stadt gestalten wollte. Der **Bidwell Park** gilt mit seinen knapp 1400 ha als größter Stadtpark westlich des Mississippi. Von Chico führt die Route südwärts (Hwy. 99 und dann 70) über Oroville und erreicht nach 90 mi/144 km die kalifornische Hauptstadt **Sacramento**.

Wer direkt nach San Francisco möchte, fährt vom NP über den Hwy. 36 westwärts nach **Red Bluff** (www.redbluffchamber.com) und zur I-5, die zur I-80 führt. Diese Autobahn geht direkt zur **San Francisco Bay**. Das alte Goldgräbercamp Red Bluff lohnt im April einen Besuch, wenn das legendäre **Red Bluff Round-Up Rodeo** (www.redbluff roundup.com) stattfindet.

Es bietet sich darüber hinaus die Möglichkeit, durch das **Wine Country** (S. 527) nach San Francisco zu fahren. Dazu verlässt man die I-505 bei Winters/Liwaito (Exit 11) und folgt dem Hwy. 128 ins Napa Valley.

Sacramento, Kaliforniens Hauptstadt

Wäre es nach dem Schweizer Pionier *John Augustus Sutter* (S. 486) gegangen, wäre Sacramento noch heute ein verschlafenes Nest am Zusammenfluss von Sacramento und American River. Doch der **Goldfund** des Zimmermanns *James W. Marshall* im Flussbett des American River am **24. Januar 1848** sollte alles verändern.

Einfluss der Eisenbahn

Auch der Bau der **transkontinentalen Eisenbahnlinie** trug zum Wandel bei: 1863 waren vier Geschäftsmänner aus San Francisco, die „Big Four" – *Charles Crocker, Leland Stanford, Mark Hopkins* und *Collis Huntington* – zu dem Schluss gekommen, dass die Zukunft nicht im Gold, sondern auf den Schienen läge. Während die von ihnen gegründete Eisenbahngesellschaft *Central Pacific Railroad* den Bau von Sacramento ostwärts vorantrieb, begann die *Union Pacific* vom Missouri aus westwärts zu bauen. Am **10. Mai 1869** trafen die beiden Eisenbahnlinien in **Promontory/Utah**, nördlich von SLC, aufeinander und die Nation war erstmals sichtbar zusammengeschweißt.

Sacramento, mit rund 478.000 EW die sechstgrößte Stadt Kaliforniens und seit 1854 die Staatshauptstadt, wirkt auf den ersten Blick wie eine **steril-saubere Verwaltungsmetropole**, in deren modernem *Business District* es sich gut bummeln lässt. Zwischen dem Central Valley, dem Zentrum des kalifornischen Agrobusiness, und den Aus-

Orientierung

Die Sehenswürdigkeiten im Innenstadtbereich lassen sich leicht zu Fuß erkunden, zudem verkehren neben Straßenbahnen im Sommer auch ***DASH Trolleys***. Sie pendeln zwischen Old Sacramento und Convention Center (13th/K St.). Von Old Town führt eine Fußgängerunterführung unter der I-5 hindurch zur **Downtown Plaza**, einem modernen Shopping Center, wo dann die K Street Mall, eine Art Fußgängerzone, beginnt. Dieser Business District erstreckt sich zwischen 7th und 13th sowie K und I St.

läufern der Sierra Nevada gelegen, hat die Stadt jedoch mehr zu bieten, v.a. **Old Sacramanto**. Diese restaurierte Altstadt am Sacramento River erinnert noch an jene Zeiten, als hier während des Goldrauschs und des Eisenbahnbaus wildes Treiben herrschte.

Old Sacramento und Downtown

Altstadtviertel am Fluss

Old Sacramento (1), der *Historic District* am Sacramento River, westlich der Autobahn zwischen Capitol Mall und I St., ist durch eine Fußgängerpassage (unter der I-5) mit der modernen Downtown verbunden. Hier am alten Hafen waren nach den Goldfunden 1848 Saloons, Handelshäuser, Hotels und Absteigen entstanden. Mit dem Ende der rauen Pioniertage und dem Beginn der Industrialisierung versank *Old Sacramento* in einen Dornröschenschlaf, der erst endete, als mit dem Bau der I-5 das stark vernachlässigte Viertel abgerissen werden sollte. In den 1980er-Jahren wurde eine für die USA **vorbildliche Sanierungsaktion** ins Leben gerufen und in 53 restaurierte historische Bauten zogen Museen, Läden, Lokale, Bars und ein *Farmers Market* ein.

Heute ist Old Sacramento ein beliebtes **Flanier- und Vergnügungsareal**, in dem noch immer ein Hauch von „Old West" weht. Am besten beginnt man den Rundgang am

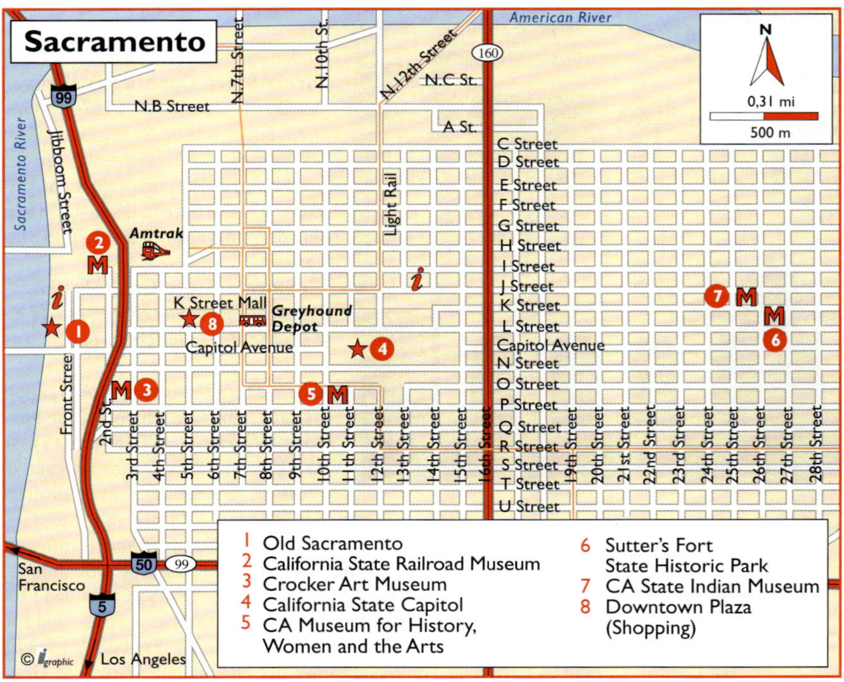

California Steam Navigation Company Depot (Front/K St.), denn hier versorgt das VC Besucher mit Infos und Plänen. Mit der Rolle der Eisenbahn bei der Eroberung des Westens befasst sich das sehenswerte **California State Railroad Museum (2)**. Am ehemaligen Startpunkt der transkontinentalen Eisenbahn entstand das größte Eisenbahnmuseum der USA, das laufend vergrößert wird.

California State Railroad Museum, *125 I St./2nd St., www.csrmf.org, tgl. 10–17 Uhr, $ 10, mit Shop.*

Nicht weit von Old Town entfernt, steht mit dem **Crocker Art Museum (3)** ein weiteres Highlight der Stadt. Dieses älteste öffentliche Museum des Westens ist dem reichen Kunstsammler und Richter *Edwin Bryant Crocker* zu verdanken, Bruder des Eisenbahnmagnaten *Charles Crocker*. Er hatte das viktorianische Haus 1868 erworben und höchst geschmackvoll und komfortabel ausgestattet. *Margaret Crocker*, seine Frau, vermachte es samt Inhalt 1882 der Stadt; es wurde 2010 komplett renoviert und um einen Neubau erweitert.

Wahrzeichen der kalifornischen Hauptstadt Sacramento: das State Capitol

Crocker Art Museum, *216 O St., www.crockerartmuseum.org, Di–So 10–17, Do 10–21 Uhr, $ 10.*

In der Innenstadt dominiert das **California State Capitol (4)**. Weniger der Bau an sich, 1860 bis 1874 von *Miner F. Butler* erbaut, ist ungewöhnlich, als vielmehr die Tatsache, dass er das größte Restaurierungsprojekt der US-Geschichte darstellt. 1975 bis 1986 wurden insgesamt $ 68 Mio. investiert.

California State Capitol, *10th St., http://capitolmuseum.ca.gov/, Mo–Fr 8–17, Sa/So 9–17 Uhr, Gratis-Touren.*

Eine weitere sehenswerte Attraktion ist das **California Museum for History, Women and The Arts (5)**, einen Block südlich. Dieses interaktive Museum befasst sich in mehreren Abteilungen intensiv mit der Geschichte Kaliforniens, mit Natur und Geografie, Bevölkerung, Wirtschaft, Geschichte und Politik. Historische Dokumente, beeindruckende Nachbauten – wie von *Dr. Yee's Herbal Shop* oder *Posey's Cafe* – und Modelle, Filme und Tonaufnahmen, aber auch Informationen zu Naturkatastrophen und zur Wasserknappheit im Staat machen dieses Museum zum Multimedia-Erlebnis. Ein Teil ist die **California Hall of Fame**, die von *Maria Shriver*, der Ehefrau des ehemaligen Gou-

verneurs von Kalifornien *Arnold Schwarzenegger*, 2006 eröffnet wurde. *Ronald Reagan, Cesar Chavez, Walt Disney, Amelia Earhart, Clint Eastwood, Frank Geary, Alice Walker* und andere Persönlichkeiten sind hier verewigt.
California Museum, *1020 O St., www.californiamuseum.org, Di–Sa 10–17, So 12–17 Uhr, $ 8,50, auch Wechselausstellungen.*

Reise in die Vergangenheit

Im Osten von Downtown liegt **Sutter's Fort State Historic Park (6)**. Es ist die Rekonstruktion der von *Sutter* 1839 ins Leben gerufenen und bis 1849 existierenden Kolonie „New Helvetia". Teile der Räume wurden wiederhergestellt, so eine Schmiede, eine Bäckerei, ein Gefängnis, ein Speisesaal und *Sutters* Büro.

Keimzelle der Stadt

Direkt daneben fällt der flache Bau des **California State Indian Museum (7)** kaum auf. Obwohl klein, informiert dieses mit zahlreichen Ausstellungsstücken, Medien (wie Tonbandaufnahmen) und interaktiven Objekten anschaulich über das indianische Alltagsleben in Kalifornien. Verschiedene Abteilungen widmen sich Einzelaspekten wie Handwerk (hochklassige Korbwaren!), Kultur, Kunst, Familienleben oder Musik. In näherer Zukunft soll an der East Riverfront am Sacramento River in West Sacramento ein neues **California Indian Heritage Center (CIHC)** das Museum ersetzen.
Sutter's Fort SHP, *2618 K St./26th St., www.parks.ca.gov/?page_id=485, tgl. 10–16 Uhr, $ 5.*
California State Indian Museum, *2618 K St./26th St., www.parks.ca.gov/?page_id=486, tgl. 10–17 Uhr, $ 3. Zum neuen Projekt: www.parks.ca.gov/?page_id=26094.*

Der Sutter's Fort State Historic Park erinnert an „New Helvetia"

info

Sutters Traum vom „Gelobten Land"

John Augustus Sutter, 1803 im deutschen Baden als Sohn eines Schweizers geboren, war über New York 1839 nach Kalifornien gekommen und wollte am Sacramento River sein lange gehegtes utopisches Projekt **New Helvetia** realisieren. 1841 erhielt er vom mexikanischen Gouverneur das Landnutzungsrecht und legte den Grundstein zu **Sutter's Fort**.

Sutter kultivierte mit seinen Leuten das Land und war derart beliebt und erfolgreich, dass er 1847 beschloss zu expandieren. Dazu beauftragte er den Zimmermann *James W. Marshall* mit dem Bau einer Sägemühle am American River am Fuße der Sierra Nevada, im heutigen Ort Coloma. Dieses Projekt sollte *Sutters* Verhängnis werden, denn **am 24. Januar 1848 entdeckte Marshall** dort einen Klumpen **Gold**. Der Versuch, den spektakulären Fund geheim zu halten, scheiterte kläglich – die Folgen sind bekannt.

Auch wenn *Sutters* Familie mit der Gründung von **Sutterville**, dem späteren Sacramento, vom Goldrausch zu profitieren versuchte, kämpfte *Sutter* bis 1855 um seine Landrechte. Ab 1864 erhielt er eine monatliche Leibrente in Höhe von $ 250, aber dennoch verbrachte er die letzten fünf Jahre seines Lebens in einem Washingtoner Hotel, ehe er 1880 arm und hoch verschuldet starb.

Reisepraktische Informationen Sacramento

Infostellen

Sacramento CVB, *1608 I St., ✆ 1 (800) 292-2334, www.discovergold.org.*

Old Sacramento VC, *1002 2nd/K St., Old Sacramento, ✆ (916) 442-7644, http://oldsacramento.com, tgl. 10–17 Uhr, Infos und Broschüren, auch Hilfe bei Hotelsuche und Event-Infos, letzteres z.B. unter www.sacramento365.com.*

Übernachten

Best Western Sutter House $$, *1100 H St., ✆ (916) 441-1314, www.thesutterhouse.com; preiswertes Standardhotel im Herzen der Stadt mit geräumigen und gut ausgestatteten Zimmern, inkl. Frühstück.*

Amber House $$$-$$$$, *1315 22nd St., ✆ (916) 444-8085, www.amberhouse.com; elegantes B&B mit 9 unterschiedlichen, luxuriös ausgestatteten Gästezimmern, nahe dem Capitol.*

Delta King $$$-$$$$, *1000 Front St., Old Sacramento, www.deltaking.com; Hotel auf einem historischen Riverboat, 44 modern ausgestattete Kabinen, Bar und Restaurant.*

Inn At Parkside $$$$, *2116 6th St., www.innatparkside.com; schickes Boutique-Hotel im ehemaligen Haus des chinesischen Botschafters mit liebevoll ausgestatteten, individuell gestalteten Zimmern, zudem Wellness/Spa-Angebot.*

Restaurants

Enotria Café & Wine Bar, *1431 Del Paso Blvd., ✆ (916) 922-6792; vorzügliche nouvelle cuisine mit ausgezeichneter Weinliste (300 Weine).*

Hoppy Brewing Company, *6300 Folsom Blvd., www.hoppy.com; mehrere Ales und dazu herzhafte und preiswerte Pub-Gerichte wie Huhn, Salate oder Burger.*

Jazzmen's Art of Pasta, *1107 Front St., ✆ (916) 441-6726; innen oder im Freien italienisch essen zu günstigen Preisen, auch Sonntagsbrunch und an Wochenenden Live-Jazz.*
Rio City Café, *1110 Front St., ✆ (916) 442-8226; in Old Sacramento gelegenes Lokal mit vielen frischen lokalen Zutaten in kreativen Zubereitungsweisen.*

Einkaufen

Sacramento Downtown Plaza (8), *547 K St. Mall/3rd-7th St., www.sacdowntownplaza.com; rund 100 Shops, darunter das Kaufhaus Macy's.*
Old Sacramento, *http://oldsacramento.com: z.B. Capitol Crimes Mystery Book Store (2nd/I St.) oder Discover California (129 J St.) – Geschenke und Souvenirs.*
Vacaville Premium Outlets, *321–2 Nut Tree Rd., Vacaville, www.premiumoutlets.com/outlets/outlet.asp?id=50; an der I-80 im Westen Sacramentos gelegene Outlet-Mall mit über 120 Läden.*
Farmers' Markets *an verschiedenen Tagen und Plätzen der Stadt, z.B. So 8–12 8th/W St. oder Mi 10–14 Uhr Chavez Plaza, 10th/J St. vor der City Hall.*

Zuschauersport

Sacramento Kings *(Basketball – NBA), Arco Arena (One Sports Pkwy.), Tickets und Infos: www.nba.com/kings; das Team zieht möglicherweise 2013 nach Seattle um.*

Flughafen

Sacramento International *(SMF) Airport, ca. 20 km nordwestl. Downtown (I-5), www.sacairports.org bzw. www.sacramento.aero/smf, Shuttle- und öffentliche Busse, ab 2015 wird die Green Line (Straßenbahn) für die Anbindung an die Stadt sorgen.*

Nahverkehr

Neben Bussen betreibt **Sacramento Regional Transit** *auch Straßenbahnlinien –* **Blue** *und* **Gold Line** *–, die das Herumkommen in der Stadt erleichtern. 2012 nahm zudem die* **Green Line** *den Betrieb auf. Einfache Fahrt: $ 2,50, Tagespass $ 6, Infos: www.sacrt.com.*

Routenhinweis

Von Sacramento führt die I-80 in etwa 1,5 Stunden **direkt nach San Francisco** (ca. 90 mi/140 km). Wer das **Wine Country** (S. 527) besuchen möchte, verlässt bei Green Valley die I-80 und folgt dem Hwy. 12 Richtung Napa.

9. SAN FRANCISCO – DIE „SCHÖNE AN DER BUCHT“

Überblick

Hinweis
Eine Übersichtskarte zu San Francisco befindet sich in der hinteren Umschlagklappe.

Kaum eine andere Stadt der Welt zieht Besucher derart in ihren Bann wie San Francisco – trotz latenter Erdbebengefahr und omnipräsenter Nebelschwaden. Sicher sind es nicht allein Golden Gate Bridge, Cable Cars und viktorianische Bilderbuchhäuser, die die „*Belle of the Bay*“, die „Schöne an der Bucht“, zu einem Unikum machen. Auch die Geografie ist ungewöhnlich: San Francisco befindet sich auf der Nordspitze einer Halbinsel, ist also von drei Seiten von Wasser umgeben: Westlich liegt der Pazifik, östlich die San Francisco Bay, und im Norden das „Goldene Tor“. Aufgrund dieser Halbinsellage im Norden Kaliforniens zwischen Meer und Bucht wurde unkontrolliertes Wachstum im Keim erstickt und gleichzeitig bewirkt, dass die Stadt **leicht überschaubar und gut erkundbar** ist. Von vielen der insgesamt 43 Hügel bieten sich spektakuläre Ausblicke und die Devise in San Francisco heißt **„Go climb a street“** – hügelauf und -ab, zu Fuß oder per Cable Car.

Multikulturelle Stadt

„The City“ ist ein Musterbeispiel für eine multikulturelle und bunte, vielseitige und schillernde Stadt: Hier das Italienerviertel North Beach mit unzähligen Cafés, Restaurants, Bars und Clubs, unvermittelt daneben das wuselige Chinatown und im Süden, im Mission District, das „Barrio Mexicano“ – die Enklave der Süd- und Mittelamerikaner. Haight-Ashbury, Geburtsstätte von Flower-Power und Wohnort der Hippies in den 1960ern und 70ern, ist bis heute das dynamische Stadtviertel der Künstler und Aussteiger, der Alternativen und Junggebliebenen, während Castro als Viertel der Homosexuellen gilt.

Als In-Viertel der Stadt gelten SoMa, das vormalige Industrie- und Hafenviertel südlich der Market Street, das sich zum modischen Kneipen- und Kulturzentrum gemausert hat, Cow Hollow, ein Wohnviertel mit Boutiquen, Shops und Cafés um die Union Street, oder auch Hayes Valley, die Region im Schatten des Rathauses. Die Regionen um den zentralen Union Square und Fisherman's Wharf gelten hingegen als die rund um die Uhr belebten Touristenzentren der Stadt.

Historischer Überblick

Wie alles begann

Wie in Los Angeles waren auch hier die **Spanier** die ersten Europäer. 1769 hatte *Don Gaspar de Portolá* per Zufall die Halbinsel entdeckt, doch erst 1775 erkundete sie *Juan Manuel de Ayala* näher. Im folgenden Jahr wurde mit dem Bau eines Militärpostens, dem Presidio, begonnen und etwas weiter im Landesinneren entstand die *Mission San Fran-*

„Ort mit den guten Kräutern“

cisco de Asis, kurz **„Mission Dolores“** genannt. Nach und nach entwickelte sich etwas östlich davon, dort, wo sich heute die Innenstadt erstreckt, ein kleines Fischerdorf namens **„Yerba Buena“**, der „Ort mit den guten Kräutern“; 1847 wurde das 450-Seelen-Dorf nach der Mission in **„San Francisco“** umbenannt.

Hätte man nicht 1848 nahe Sacramento Gold entdeckt, wäre die Zukunft der Siedlung ungewiss gewesen. So aber stieg die Einwohnerzahl innerhalb weniger Jahre von kaum 1.000 auf über 35.000 an – das vormalige Fischerdorf war zur Finanz- und Handelsmetropole und zum Tor ins Hinterland geworden.

Verheerender Brand

Dann kam der **18. April 1906**: Um 5.12 Uhr bebte die nordkalifornische Küste auf fast 400 km Länge und 50 km Breite von San Juan Bautista im Süden bis Fort Bragg im Norden, nach neuesten Untersuchungen mit einer Stärke von 7,8 auf der Richterskala. Schlimmer als das Beben selbst war der dadurch ausgelöste Großbrand, der drei Tage und drei Nächte wütete und vier Fünftel der Stadt zerstörte. Die Bilanz: über 700 Tote, mehrere Hunderttausend Obdachlose und Schäden in Höhe von $ 500 Mio. Man machte sich jedoch sofort an den Wiederaufbau und so konnte die Stadt anlässlich der „Panama-Pacific International Exposition“ 1915 ihre **Wiedergeburt** feiern.

Besichtigungsprogramm

Anders als in Los Angeles fährt man in San Francisco nicht gezielt bestimmte Sehenswürdigkeiten ab, sondern unternimmt Spaziergänge durch Neighborhoods, um die unverwechselbare Atmosphäre der Stadt und der einzelnen Viertel einzufangen. Trotzdem gibt es natürlich auch hier „Highlights“ und das absolute Minimum für einen Stadt-Aufenthalt sollten **zwei Tage** sein. Wer darüber hinaus noch Ausflüge in die Umgebung einplant oder sich einfach mehr Zeit lassen möchte, dürfte **mit vier Tagen gut bedient** sein. Ist nur ein Tag, z.B. als Zwischenstopp, vorgesehen, dann wäre der 49-Mile Scenic Drive (S. 509) eine Möglichkeit, die Stadt übersichtsartig kennenzulernen. Natürlich ist außerdem eine Fahrt mit der Cable Car ein touristisches „Muss“.

Am **ersten Tag** steht die Erkundung der Stadt mit Cable Car, Bahnen und Bussen auf dem Programm. Nach Chinatown geht es über North Beach und den Telegraph Hill zur Waterfront, Fisherman's Wharf. Von hier zur Golden Gate Bridge, deren Überquerung lohnt. Gegen Abend lockt SoMa mit Museen und zahlreichen innovativen Lokalen.
Der Vormittag des **zweiten Tages** gehört dem Golden Gate Park mit seinen Museen, von wo aus es ein Katzensprung nach Haight-Ashbury und Castro ist, von letzterem Viertel auch in den Mission District.

Ein **drei- oder viertägiges Besichtigungsprogramm** erlaubt Ergänzungen und Varianten, gibt es doch neben interessanten Museen weitere sehenswerte Stadtviertel und Attraktionen wie Twin Peaks (Aussicht!), Point Lobos mit dem Cliff House, die Mission Dolores, der California Palace of the Legion of Honor im Lincoln Park, Fort Mason und Presidio, Cow Hollow, Hayes Valley oder Western Addition (Fillmore District und Japantown). Ausflüge in die Umgebung, z.B. nach Alcatraz, Point Reyes, Sausalito, ins Wine Country, nach Oakland oder Berkeley kann man mit der Weiterfahrt verbinden.

Malerisches San Francisco: Blick von der Lombard Street zum Telegraph Hill

20 Jahre später, in der Zeit der wirtschaftlichen Rezession, bescherte Präsident *Roosevelts* Wirtschaftspolitik der Stadt zwei weitere Wahrzeichen: Im Abstand weniger Monate eröffneten 1936/37 erst die Bay Bridge, dann die Golden Gate Bridge. Nach dem 2. Weltkrieg versammelten sich 1945 die Vertreter der Völkergemeinschaft im *War Memorial Opera House* und gründeten die **UNO**. Es sollte nicht der einzige Anlass sein, bei dem der Blick der Welt auf die Bay gerichtet war.

In den 1950er- und vor allem 1960er-Jahren geriet San Francisco erneut ins internationale Rampenlicht: Die **Beat-Generation** um *Jack Kerouac* und *Alan Ginsberg* legte die Basis für **Flower Power** und **Gay Liberal and Free Speech Movement**, die ihren Höhepunkt im berühmt-berüchtigten **Summer of Love 1967** erlebten. Seither gilt San Francisco als liberale und linke Stadt, deren Bewohner immer wieder ihre Stimme erheben. Trotz oder gerade wegen ihrer Dynamik war, ist und bleibt die Stadt eine der ganz großen Attraktionen in den USA, es ist eines der beliebtesten Reiseziele für Amerikaner wie Ausländer.

Liberaler Ruf

San Francisco ist unsterblich, in unzähligen Liedern und Gedichten verewigt: von *Frank Sinatra* oder *Otis Redding*, von *Scott McKenzie*, der von Hippies mit „flowers in their hair" sang oder durch den britischen Rockmusiker *Eric Burdon*, der von einer „Warm San Franciscan Night" schwärmte. Abgesehen von der kosmopolitischen und liberalen Atmosphäre ist es natürlich das stets milde, nie zu warme oder zu kalte Klima, mit dem die Stadt punkten kann.

Redaktionstipps

Sehens- und Erlebenswertes

▶ Eine Fahrt mit der **Cable Car** (S. 494) oder mit einer historischen **F-Line-Streetcar**.

▶ Unter den Museen sind das **SFMoMA** (S. 496), das **DeYoung Museum** (S. 507), die **California Academy of Science** (S. 507) und das **Exploratorium** (S. 501) herausragend.

▶ Sporterlebnis: ein Spiel der **Giants** (Baseball) im **AT&T Park** (S. 498).

▶ Durch **Cow Hollow** (S. 509), **Hayes Valley** (S. 499) oder **Haight-Ashbury** (S. 508) bummeln.

▶ Im „authentischen“ **Chinatown** (S. 495) in eine andere Welt eintauchen, am besten auf einer Tour von Tom Medin (S. 512).

▶ Am Samstagvormittag den Wochenmarkt vor dem Ferry Building, den **Ferry Plaza Farmers Market** (S. 495) genießen.

▶ Ein Hubschrauberflug mit **SF Helicopters** (S. 512) nach Sausalito.

▶ Sich in der **Barber Lounge** (S. 517) verwöhnen lassen.

Übernachten

▶ Schicke Hotels zu erschwinglichen Preisen sind das **Hotel Metropolis** (S. 513) oder das **Stratford on the Square** (S. 513).

▶ Preiswert und sehr empfehlenswert ist das **Renoir Hotel** (S. 513) mit Restaurant *Little Joe's* und Bar/Lounge.

Restaurants

▶ In **Alexander's Steakhouse** exquisite japanisch-amerikanische Kochkunst kennenlernen, sich gemütlich im Bistro **Garcon** im Mission District verwöhnen lassen. In **La Mar** Peruanisch essen oder bei **Chez Papa Resto** in SoMa *haute cuisine* mit tollen Weinen genießen (S. 514).

▶ Das **Café de la Presse** (S. 514) lohnt zur Pause, v.a. zum Frühstück oder Lunch. **Historic John's Grill** (S. 514) wurde durch den Krimi „Der Malteser Falke“ von *Dashiell Hammett* berühmt.

Hinweis

San Francisco ist wie New York eine amerikanische Metropole, in der ein Auto eher hinderlich als hilfreich ist. Dafür ist der ***öffentliche Nahverkehr*** *perfekt organisiert und preiswert. Zusammengefasst zur San Francisco Municipal Railway* ***(MUNI)*** *gibt es ein dichtes Netz an verschiedenen Bussen und Straßenbahnen (Plan im VC), besonders schön sind die historischen Fahrzeuge der F Line. Dazu kommen die legendären* ***Cable Cars****. Obwohl eine Fahrt ein Erlebnis der besonderen Art ist, kann es zu Stoßzeiten vor den Endhaltestellen zu langen Schlangen kommen. Schneller ist man mit Bus oder Straßenbahn unterwegs. Am besten kauft man sich ein Tages- bzw- Mehrtagesticket im Infobüro* *(S. 511)**.* ***BART****, die U-Bahn, ist von MUNI unabhängig und ideal als Flughafenverbindung und für Ausflüge nach Berkeley und Oakland.*

Sehenswürdigkeiten

Downtown San Francisco

Die Besichtigung San Franciscos beginnt man am besten in **Downtown**, wo sich auch das Infozentrum befindet. Hier liegen die meisten Hotels und sind andere Viertel und Attraktionen leicht mit öffentlichen Verkehrsmitteln oder zu Fuß erreichbar.

Um die zentrale Achse *Market Street* pulsiert das Leben, der Hauptplatz der Stadt ist der nahe gelegene *Union Square*, dahinter breitet sich ostwärts, Richtung Wasser, der *Financial District* und nach Nordosten *Chinatown* aus. Südlich der Market Street laden *SoMa* und im Westen das *Civic Center*-Areal mit dem unübersehbaren Rathaus, der *City Hall*, ein.

Hallidie Plaza

Im Untergeschoss der **Hallidie Plaza**, dort, wo die Powell in die Market Street mündet, befindet sich die **Touristen-Information (1)**. Ringsum wimmelt es den ganzen Tag vor Menschen, von Touristen über Straßenmusiker bis hin zu Obdachlosen und jungen Aussteigern. Vor dem *turntable*, der Drehscheibe, auf der die Cable Cars gedreht werden, bilden sich fast ganztägig lange Schlangen.

1 Visitor Information Center
2 Union Square
3 Market Street
4 Ferry Building
5 Embarcadero Center
6 Chinatown Gate
7 Pacific Heritage Museum
8 Museum of Modern Art
9 Yerba Buena Gardens
10 Moscone Convention Center
11 Museum of African Diaspora
12 Grace Cathedral
13 Cable Car Museum
14 Lombard Street
15 Washington Square
16 Coit Tower
17 Aquarium of the Bay
18 Hyde Street Pier
19 Cannery
20 Ghirardelli Square
21 Maritime Museum

info

„Hallidie's Folly“: die Cable Cars

Sie stinken nicht, brauchen kein Benzin, schnurren vor sich hin und halten gleichmäßig ihr Tempo - selbst wenn sie einen Hügel mit 20-prozentiger Steigung und mit 80 Menschen pro Wagen erklimmen. Und sie sind einzigartig auf der Welt: die **Cable Cars von San Francisco**.

Was heute wieder ein Touristenmagnet ist, sollte 1947 aus dem Straßenbild verschwinden. Es ist einer resoluten Dame und der von ihr initiierten Aktion *Save the Cable Cars* zu verdanken, dass die insgesamt 39 historischen Bahnen, die auf rund 18 km Gesamtstrecke unterwegs sind, 1964 unter Denkmalschutz gestellt und renoviert wurden.

San Franciscos beliebtestes und legendäres Verkehrsmittel, die Cable Car

1873 war die erste von Zugseilen in Gang gesetzte Bahn unter den kritischen Augen des zuständigen englischen Ingenieurs *Andrew Smith Hallidie* und im Beisein von Journalisten, Stadtvätern und Neugierigen am Nob Hill in Betrieb genommen worden. Endlich waren damit jene Zeiten vorbei, als sich Pferde über die zahlreichen Hügel der Stadt quälten und es zu etlichen fatalen Unfällen kam. **„Hallidie's Folly“** - der verrückte Einfall *Hallidies* -, bestand die Bewährungsprobe, 1880 existierten bereits acht Linien und im späten 19. Jh. wurden rund 180 km von 500 Wagen befahren!

Ein Blick ins *Powerhouse* des Cable Car Museums (S. 499), v.a. in den Maschinenraum, offenbart die **Funktionsweise** dieser kuriosen Bahnen: Vier unabhängige Kabelsysteme werden über gigantische Rollen geführt und kontinuierlich in Gang gehalten. Etwa 0,5 m unterhalb der Schienen auf Straßenniveau laufen Endlosstahlkabel mit rund 15 km/h Geschwindigkeit in Gleiskanälen. Der sogenannte **Grip Man**, der Fahrer des Wagens, hakt einen Eisenhaken in das Kabel ein und ab geht die Post - bei zweimaligem Glockenschlag. Aushaken und Bremsen, verbunden mit einmaligem Läuten, heißt „Stopp“.

Fürs Abkassieren und das Zuteilen der wenigen Sitz-, Steh- und der begehrten „Hänge“-Plätze außen an den Stangen ist der Schaffner oder **Conductor** zuständig. Beide zusammen müssen an den Wendemarken an der Market Street oder beim Ghirardelli Square ihre Muskeln unter Beweis stellen, denn dort werden die Wagen per Hand gedreht.

Union Square (2) und Financial District

Am **Union Square** pulsiert das Leben, stehen Luxushotels wie das *St. Francis* oder das *Sir Francis Drake Hotel*, befinden sich zahlreiche Nobelboutiquen, Läden und Kaufhäuser wie *Neiman-Marcus* oder *Levi's*, Theater und Lokale. Der Name des Platzes erinnert an die Versammlungen, Demonstrationen und Events, die bis heute hier stattfinden. Vom Platz aus sind es nur wenige Schritte nach Chinatown und in den geschäftigen *Financial District*, den man über die **Maiden Lane** – einst Teil des Rotlichtviertels – erreicht.

Zentraler Platz

Hauptschlagader und Südgrenze des Financial District ist die **Market Street (3)**. In ihrem Umfeld residieren Finanz- und Geschäftswelt; besonders an der nach Norden abzweigenden Montgomery Street reihen sich Banken und Versicherungen aneinander. Im Schatten der **Transamerica Pyramid**, 1969 bis 1972 erbaut und mit einer Kunstsammlung im Inneren, hat sich um den **Jackson Square** *(Jackson/Montgomery St.)* ein schickes Viertel mit Cafés, Galerien, Antiquitätenläden und Büros entwickelt. Sie sind in alte, renovierte Bauten eingezogen, in denen sich zu Goldgräberzeiten harte Raubeine zu Whiskey, Bier und anderen Vergnügungen trafen. Schließlich lag hier einmal die **Barbary Coast**, das im 19. Jh. berühmt-berüchtigte Hafenviertel.

Das östliche Ende des Financial District bildet der **Embarcadero**, die Uferstraße, an der das neu renovierte **Ferry Building (4)** steht, mit zahlreichen Geschäften, vor allem Feinkostläden und einem der besten Wochenmärkte in den USA. Gegenüber erstreckt sich die Justin Herman Plaza, Teil des aus insgesamt sechs Gebäuden bestehenden **Embarcadero Center (5)**, eines ab 1967 entstandenen Büro- und Shoppingkomplexes.

Wochenmarkt

Chinatown

Chinatown *(www.sanfranciscochinatown.com)* mit offiziell etwa 100.000 Bewohnern gilt als **Top-Touristenattraktion**. Die ersten Chinesen waren während des Goldrauschs gekommen, ein weiterer großer Strom folgte in den 1860er-Jahren, als die Eisenbahngesellschaften billige Arbeitskräfte anwarben. *Dai Fao*, wie das Viertel in der Sprache der Bewohner heißt, ist unter den zahlreichen ethnischen Vierteln der Stadt das auffälligste. Ein Bummel durch die Straßen lohnt allein wegen der bunt-exotischen Atmosphäre. Es gibt an jeder Ecke *Dim Sum* oder andere Köstlichkeiten, chinesische Souvenirs und Spezialitäten – Ginseng und andere „Drogen", Tee und Reiswein, aber auch Porzellanschälchen, Stäbchen, Seifen und Handarbeiten – billig zu kaufen.

Ein Rundgang offenbart, dass Chinatown **zweigeteilt** ist: Zum einen das „echte" (und lohnendere) Viertel um die **Stockton Street**, zum anderen der touristische, bunt-kitschige Teil in der parallel verlaufenden **Grant Avenue**, die man durch das fotogene **Chinatown Gate (6)** *(Grant/Bush St.)* betritt.

Rundgang durch Chinatown

Der zentrale Platz in Chinatown ist der **Portsmouth Square**, wo man sich zu Qi Gong oder Brettspielen trifft. Im gegenüberliegenden Hilton Hotel befindet sich das **Chinese Culture Center** (*750 Kearny St.*), doch beinahe sehenswerter ist das **Paci-**

Eine Welt für sich: San Franciscos Chinatown

fic Heritage Museum (7) mit Wechselausstellungen zu verschiedenen Aspekten des asiatischen Lebens.

Pacific Heritage Museum, *608 Commercial St., www.sfstation.com/pacific-heritage-museum-b347, Di–Sa 10–16 Uhr, frei.*

SoMa – South of Market

Kulturelles Aushängeschild

Vor einigen Jahren noch war „**So**uth of **Ma**rket“, südlich der Market Street, ein heruntergekommenes Industrieareal, heute ist es vor allem bekannt wegen seiner Galerien, Boutiquen, Cafés, Toplokale, Bars und Clubs – für **Nachtleben** und **kulinarische Vielfalt**. SoMa's „Aushängeschild“ ist jedoch das spektakuläre **Museum of Modern Art (SFMOMA) (8)**. Der auffällige dunkelrote Ziegelbau mit schwarz-weißem zylindrischem Lichtschacht wurde komplett aus Spenden finanziert und nach Plänen des Schweizer Architekten *Mario Botta* 1995 fertiggestellt. Nicht nur die Architektur ist sehenswert, auch die Sammlung ist ungewöhnlich: Neben moderner amerikanischer Kunst *(Lichtenstein, Johns, Warhol, Rosenquist* u.a.) gibt es moderne europäische Kunst (z.B. *de Koning* oder *Klee)*, Architekturzeichnungen und -modelle sowie Design, Grafiken, Fotos und Videokunst zu bewundern. Geplant ist bis 2016 eine Erweiterung auf der Rückseite von Howard bis Minna St.

SFMOMA, *151 3rd St., 151 3rd St., www.sfmoma.org, Mo/Di/Fr/Sa/So 10/11–17.45, Do bis 20.45 Uhr, $ 18, mit zwei Cafés und großem Laden.*

In nächster Nachbarschaft wurde 2008 das **Contemporary Jewish Museum/JMSF** in einem ebenfalls ungewöhnlichen historischen Bau eröffnet, der von *Daniel Libeskind* umfunktioniert und ergänzt wurde. Gezeigt werden sehenswerte Wechselausstellungen zu jüdischen Themen mithilfe verschiedener Medien, dazu kommen Film und Musik, Lesungen und Diskussionen, Liveaufführungen und Workshops.
JMSF, *736 Mission St., www.jmsf.org, So–Do 12–18 Uhr, $ 5.*

Gegenüber SFMOMA, von viel Grün umgeben, rücken die **Yerba Buena Gardens (9)** ins Blickfeld mit dem **Yerba Buena Center for the Arts/ybca** (*701 Mission/3rd St., www.ybca.org*) – einem mehrteiligen Kunst- und Kulturkomplex mit Theater, Ausstellungsflächen und Parkanlagen.
ybca Gallery, *701 Mission/3rd St., www.ybca.org/visit, Do–Sa 12–20, So 12–18 Uhr, $ 10.*

Kunst- und Kulturkomplex

Ein Stück weiter befinden sich gleich zwei Unterhaltungskomplexe: Das **Metreon** (*101 4th St.*) wurde 1999 von Sony mit zehn Restaurants, zahlreichen Shops, 15 Kinos und IMAX-Theater ins Leben gerufen und 2012 von Westfield übernommen und attraktiver gestaltet (*www.westfield.com/metreon*), während sich das **Children's Creativity Museum** (*221 4th/Howard St., http://creativity.org/*) v.a. an Familien richtet. Diese Einrichtung bietet interaktive Ausstellungen, ein Theater, eine Eislaufbahn und verschiedenste Veranstaltungen. Angrenzend breitet sich das **Moscone Convention Center (10)** – das Messezentrum – aus.

Einen Blick lohnt die **California Historical Society** mit einer interessanten Kunstausstellung zur Geschichte Kaliforniens. Ein Muss für jeden Comicfan ist das gegenüberliegende **Cartoon Art Museum**, 1984 mit Unterstützung von *Charles M. Schulz,*

Ein Erlebnis der besonderen Art ist der Besuch eines Baseballspiels im AT&T Park

dem Vater der *Peanuts*, gegründet. Das daneben befindliche **MoAD**, das **Museum of African Diaspora (11)**, schließlich ist wegen seiner modernen Multimedia-Präsentation und der Thematik – die Rolle Afrikas und der Afroamerikaner – sehenswert.

California Historical Society, *678 Mission St., www.californiahistoricalsociety.org, Mi–Sa 12–16.30 Uhr, $ 5.*

Cartoon Art Museum, *655 Mission St., http://cartoonart.org, Di–So 11–17 Uhr, $ 7.*

MoAD, *685 Mission/3rd St., www.moadsf.org, Mi–Sa 11–18, So 12–17 Uhr, $ 10.*

Gewinner der World Series 2010/2012

An diesen meistbesuchten Teil von SoMa schließt sich südlich, jenseits der Autobahn (I-80), ein zweiter Teil von SoMa an: das **China Basin** mit dem neuen Baseballstadion, dem **AT&T Park** *(3rd/King St./24 Willie Mays Plaza)*, in dem die beliebten ***Giants*** spielen, und weiteren Lokalen und Nightlife-Spots. Auch das weiter südlich gelegene **Dog Patch** erlebt derzeit einen Boom.

Civic Center Area

Um das **Civic Center** und den zugehörigen Park, die **Joseph L. Alioto Performing Art Plaza**, westlich des Financial Districts, erstreckt sich die Regierungszentrale der Stadt, großteils zwischen 1911 und 1930 entstanden und in den letzten Jahren mit großem Aufwand renoviert und erdbebensicher gemacht. Den Kern bildet das dem Kapitol ähnelnde bzw. dem Petersdom in Rom nachempfundene **Rathaus** *(**City Hall**)*, gerahmt von mehreren eintönigen Verwaltungsbauten. Der beste Zugang zum Civic Center bietet sich von der Market Street, wo von der **UN Plaza** eine breite Fußgängerzone auf die City Hall zuführt. Hier findet immer mittwochs und sonntags ein Wochenmarkt statt.

Benachbart steht der Kulturkomplex der Stadt mit dem **San Francisco War Memorial & Performing Arts Center** (*401 Van Ness Ave., http://sfwmpac.org*) mit der *Louise M. Davies Symphony Hall, War Memorial Opera House, War Memorial Veterans Building (Herbst Theatre/Green Room)* und *Harold L. Zellerbach Rehearsal Hall.*

Die Grenze zu dem ehemals verrufenen **Tenderloin District** bildet die von *Pei Cobb Freed & Partners* aus New York geplante **Main Library**, die Stadtbücherei, deren Bestände und Angebot alles Bekannte übertreffen.

Unübersehbar erhebt sich im Civic Center District die City Hall

Daneben eröffnete 2003 eines der größten asiatischen Museen der Welt: das **Asian Art Museum**.
Asian Art Museum, *200 Larkin St., www.asianart.org, Di–So 10–17, Do (Feb.–Sept.) –21 Uhr, $ 12.*

An der Ecke Franklin/Fell St. im Hayes Valley wurde am Martin L. King Day, dem 21. Januar 2013, das archtektonisch sehenswerte **Jazz Center** (*205 Franklin St., www.sfjazz.org*) neu eröffnet. Abgesehen vom Hauptkonzertsaal und kleineren Veranstaltungsräumen gibt es ein Café und einen Shop. SFJAZZ macht sich seit fast 30 Jahren für den Jazz stark.

Ehemalige Prachtallee

Die im Westen verlaufende **Van Ness Avenue** (Hwy. 101) war 1854 als Prachtallee angelegt worden, doch da sie bei dem Großbrand 1906 als Feuerschneise diente, sind die meisten heutigen Bauten neu und die Straße insgesamt eher unattraktiv. Sie durchquert als Hauptachse die Innenstadt und dient als Zubringer zur Golden Gate Bridge. Jenseits der Van Ness Ave. hat sich hingegen im Schatten der Verwaltungsbauten im **Hayes Valley** *(Hayes/Gough/Octavia St.)* ein neues „In-Viertel" mit kleinen Boutiquen und netten Cafés und Restaurants entwickelt.

Stadt der Hügel

Wohnsitz der Wohlhabenden

Von Roms sieben Hügeln haben die Meisten gehört, die Namen aller **43 Hügel San Franciscos** hingegen kennen nicht einmal die Einheimischen. Einige davon sollte man sich merken: **Nob Hill**, mit sehenswerter Architektur und Cable Car Museum, **Russian Hill**, ehemaliger Künstler- und Literatentreff mit der kurvenreichsten und meistfotografierten Straße der Welt, der **Lombard Street**, und **Telegraph Hill** wegen seines Ausblicks vom **Coit Tower**. Den **Nob Hill**, nördlich des Union Square gelegen, nennen die Einheimischen gerne „Snob Hill". Wer Pacific Union Club (*1000 California St.*), University Club (*800 Powell/California St.*), Mark Hopkins Hotel (*999 California St.*), Fairmont Hotel, Bohemian Club (*625 Taylor/Post St.*), Leland Stanford Estate oder Huntington Hotel (*1075 California/Taylor St.*) gesehen hat, versteht warum. Seit dem späten 19. Jh. ist der gut 100 m hohe Hügel Wohnsitz der Hautevolée.

Am Rande des zur Pause einladenden **Huntington Park**, gleich neben dem **Pacific Union Club**, fällt die neogotische **Grace Cathedral (12)** ins Auge. Sie wurde nach dem Vorbild der Pariser Notre-Dame erbaut und ist mit Nachbildungen der Paradies-Türen *Ghibertis* vom Florentiner Baptisterium ausgestattet. Hörenswert sind die regelmäßig dort stattfindenden Konzerte *(www.gracecathedral.org)*.

Cable Car Museum

Ein Stück weiter östlich, an der Kreuzung California und Powell St., lohnt der Ausblick, ehe man den Weg zum **Cable Car Museum & Powerhouse Viewing Gallery (13)** einschlägt. In dem dreistöckigen Ziegelbau von 1907 befindet sich die Schaltzentrale für die kabelgezogenen Bahnen. Man sieht die riesigen Kabelspulen, alte und neue Wagen und Zubehör, Fotos, Zeichnungen, Modelle und bekommt die Technik erklärt. Angeschlossen ist ein Museumsshop.
Cable Car Museum & Powerhouse Viewing Gallery, *1201 Mason/Washington St., www.cablecarmuseum.org, tgl. 10–17/18 Uhr, frei.*

Jeder möchte gerne einmal die kurvenreiche Lombard Street hinunterfahren

Kurvigste Straße der Welt

Russian Hill besucht man in erster Linie wegen der **Lombard Street (14)**, jenen acht Haarnadelkurven von der Hyde zur Leavenworth Street, auf denen sich speziell an Wochenenden Stoßstange an Stoßstange die Mietwagen drängeln. Russian Hill hat jedoch mehr als nur diese eine Straße zu bieten, z.B. malerische Treppenaufgänge und Aussichtspunkte wie jener im **Ina Coolbrith Park** oder am Ende der **Vallejo Street Steps**. Zudem bietet dieses Nobelwohnviertel der Bohemians sehenswerte Architektur.

North Beach und Telegraph Hill

Italienische Spezialitäten

In **North Beach** sucht man vergeblich nach einem Strand, denn wo einst die Wellen ans Ufer schlugen, befinden sich heute Asphalt und Beton. Ein Großteil des Viertels wurde im 19. und zu Beginn des 20. Jh. künstlich aufgeschüttet und nördlich und östlich entstand der heutige Hafen mit seinen Piers. North Beach steht synonym für **Little Italy**, denn bereits im späten 19. Jh. haben sich hier Europäer niedergelassen. In den 1930er-Jahren war eine blühende Italiener-Kommune entstanden, viele darunter waren Fischer, und diese ist bis heute dafür verantwortlich, dass es in dem Viertel den besten Espresso, das knusprigste Weißbrot und die schmackhafteste Pizza, Pasta oder Panettone gibt. North Beach ist bekannt für seine italienischen Spezialitätengeschäfte und Bäckereien, wie die Liguria Bakery, Cafè Roma (Kaffee) im Palermo Deli oder XOX (Schokotrüffel).

Geburt der Beatniks

In North Beach liegt eine altehrwürdige Institution: der 1953 von *Lawrence Ferlinghetti* gegründete **City Lights Bookstore** (*261 Columbus St.*), der eine entscheidende Rolle bei der Geburt der *Beatniks* spielte. Dass in den letzten Jahrzehnten der asiatische Bevölkerungsanteil in North Beach erheblich gestiegen ist, erkennt man auf dem **Wash-**

ington Square (15). Diese beliebte Grünanlage im Schatten der 1922 erbauten monumentalen **St. Peter & Paul Roman Catholic Church**, in der *Marilyn Monroe* Baseballstar *Joe Dimaggio* heiratete, wird morgens von vielen Asiaten zur Morgengymnastik genutzt.

Südlich von North Beach schließt sich der **Telegraph Hill** an. Die Aussicht ist besonders vom **Coit Tower (16)** aus grandios *(tgl. 9/10–16.30/17.30 Uhr, $ 7 Aufzug, kostenlose Touren: www.sfcityguides.org)*. An seiner Stelle befand sich Mitte des 19. Jh. die erste Telegrafenstation, heute fungiert der Aussichtsturm auch als Museum. Sehenswert sind v.a. die Wandmalereien von 1934. 25 Künstler schufen im Rahmen eines Arbeitsbeschaffungsprogramms großformatige, farbenfrohe Bilder zu sozialkritischen und historischen Themen, inspiriert von *Diego Rivera*.

An der Waterfront

Touristentreff mit Highlights

Hauptattraktion der Stadt ist die **Waterfront**, deren Zentrum **Fisherman's Wharf** bildet. Besonders um **Pier 39** schlägt das touristische Herz der Stadt. In den letzten Jahren erlebte die ganze Waterfront – auch wegen des 2013 hier stattfindenden America's Cup – ein Revival, Piers wurden renoviert, ein neuer Passagierhafen entstand, das Exploratorium zog hierher um und eine attraktive Promenade entstand, die zu Fuß oder per Straßenbahn bis zum China Basin (s. S. 498) erkundet werden kann.
Im Frühjahr 2013 eröffnete das interaktive Wissenschaftsmuseum **Exploratorium**, vormals im alten Palace of Fine Arts untergebracht, auf dem historischen Pier 15 von 1915/1931. Hinter historischer Fassade befinden sich moderne Ausstellungshallen, dazu ein Openair-Areal und der neue Glas-Stahl-Bau des Bay Observatory – alles umweltfreundlich und energiesparend konstruiert.
Exploratorium, *Pier 15/Embarcadero, www.exploratorium.edu, Zeiten, Preis u.a. Details waren bei Drucklegung noch nicht bekannt.*

Fisherman's Wharf

Fisherman's Wharf (*www.fishermanswharf.org*) ist mit der Cable Car oder der Streetcar Line F von der Market Street via Embarcadero einfach erreichbar. An **Pier 39** treffen sich seit 1978 Besucher aus aller Welt, um zu essen, zu shoppen, die legendären bellenden Seelöwen zu beobachten und sich zu vergnügen. Hier ist das **Aquarium of the Bay (17)** eingezogen und befindet sich das gut mit Informationsmaterial ausgestattete **California Welcome Center**. Von der Veranda aus sieht man in der Ferne Alcatraz und die Bucht und landeinwärts fällt der Blick auf Ghirardelli Square und Telegraph Hill.
Aquarium of the Bay, *Pier 39, www.aquariumofthebay.com, tgl. 9/10–mind. 18 Uhr, $ 16,95.*

Interessante Bäckerei

Auch die dem Ufer folgende **Jefferson Street** wird derzeit parkartig umgestaltet und attraktiver gemacht. Vorbei an dem großen Komplex der **Boudin Bakery** *(Jefferson St./Pier 43–45, www.boudinbakery.com, Museum und Touren Mi–Mo 11.30–18 Uhr)* mit Museum und interessanter Tour durch die Schaubäckerei sowie großem Laden, Imbiss

Pier 39 lockt seit 1978 zum Bummeln an der Fisherman's Wharf

und Restaurant gelangt man zu Pier 45. Dort befindet sich nicht nur das **Musée Mécanique** – eine kuriose Privatsammlung vielerlei Maschinen –, sondern am Pier liegen das **Liberty Ship „S.S. Jeremiah O'Brien"** und das U-Boot **„U.S.S. Pampanito"** vor Anker.

Musée Mécanique, *Pier 45, www.museemechanique.org, Mo–Fr 10–19, Sa/So –20 Uhr, frei.*

S.S. Jeremiah O'Brien, *Pier 45, www.ssjeremiahobrien.org, tgl. 9– mind. 16 Uhr, $ 12.*

U.S.S. Pampanito, *Pier 45, www.maritime.org/pamphome.htm, tgl. 9– mind. 17 Uhr, $ 12.*

Ein Stück weiter folgen zwei weitere Shoppingkomplexe: **The Anchorage** und die **Cannery at Del Monte Square (19)**, letztere 1906 erbaut und lange Zeit von der Firma *Delmonte* zum Eindosen von Pfirsichen benutzt. Interessanter als diese beiden ist der **Hyde Street Pier (18)** als Teil des **S.F. Maritime NHP**, ein Freilichtmuseum mit historischer Flotte bestehend aus dem Segler „Balclutha", dem Schoner „C.A. Thayer" von 1895, dem Raddampfer „Eureka", dem Schlepper „Hercules" und anderen Booten; sie dürfen mit Ticket allesamt bestiegen und erkundet werden.

Historische Schiffsflotte

S. F. Maritime NHP, *Hyde Street Pier, www.nps.gov/safr, tgl. 9.30–mind. 17 Uhr, $ 5. VC: 499 Jefferson/Hyde St. (Argonaut Hotel), mit Shop und Ausstellung.*

Gegenüber, landeinwärts, liegt der **Victorian Park**. Am dortigen Wendepunkt der Cable Car, dem *Hyde Street Cable Car Turntable*, bilden sich an Wochenenden und Sommerabenden oft lange Schlangen. Im Hintergrund erkennt man dank des weithin sichtbaren Uhrenturms mit Firmenschriftzug den **Ghirardelli Square (20)** *(www.ghirardelli sq.com)*. Der Italiener *Domingo Ghirardelli* war während des Goldrauschs hergekommen und hatte begonnen, Schokolade herzustellen. 1893 erwarben seine Söhne eine hier befindliche alte Textilfabrik und erweiterten sie.

Alcatraz, der sicherste Knast der Welt

info

Alcatraz, die „raue Insel der Pelikane“, liegt nur gut 2 km von Fisherman’s Wharf entfernt. Bekannt wurde die Gefängnisinsel durch Filme wie „Die Flucht von Alcatraz“ mit *Clint Eastwood*, *„The Bird Man of Alcatraz“* mit *Burt Lancaster* oder *„The Rock“* mit *Sean Connery* und *Nicolas Cage*. Lange Zeit unbewohnt, wurde sie Mitte des 19. Jh. als „Fort Alcatraz“ zur **bestgesicherten Befestigungsanlage** an der amerikanischen Westküste umfunktioniert. Verteidigungszwecken diente das Fort allerdings nie: Die aufgestellten Kanonen und sonstigen Waffen waren bei der Einweihung bereits veraltet und so wurde die Anlage schon zwei Jahre später zum **Militärgefängnis** degradiert.

1909 bis 1912 ließ man die Insassen selbst einen neuen, noch aufwendiger gesicherten Zellentrakt aus Stahlbeton errichten. Allerdings konnten alle Sicherheitsmaßnahmen die Häftlinge nicht von Fluchtversuchen abhalten: 14 sollen geflüchtet sein, doch von keinem Einzigen ist bekannt, ob er jemals das Festland erreichte. 1934, während Prohibition und Depression, wurde das Gefängnis zum Staatsgefängnis und im selben Jahr gelangte auch der legendäre Gangsterboss *Al Capone* nach Alcatraz. Das Personal lebte auf der Insel im *Warden’s House* oder in den *Officers’ Quarters* und es gab Einrichtungen wie Postamt, Schule und Läden.

Von vielen Hügeln der Stadt aus geht der Blick hinüber nach Alcatraz

1963 erloschen die Lichter in Alcatraz für immer, das **Staatsgefängnis** war unrentabel geworden. Sechs Jahre später **besetzten** zunächst fünf, dann weitere 80 *Sioux*, zumeist Mitglieder des **AIM** *(American Indian Movement)*, die Insel. Sie wollten auf jahrhundertelang begangenes Unrecht an den Indianern hinweisen und zogen nach einigen Monaten friedlich ab. In den 1970er-Jahren wurde die Insel der *Golden Gate National Recreation Area* angegliedert und damit Besuchern zugänglich gemacht. Seither laufen Restaurierungen und seit Kurzem sorgen die Gartenanlagen, die nach alten Fotos und Zeichnungen rekonstruiert wurden, für einen bunten Farbtupfer.

Infos: www.nps.gov/alcatraz, www.alcatrazgardens.org (Gärten) und www.alcatrazcruises.com (Fähren)

Gegenüber liegt unübersehbar das **Maritime Museum (21)**, ein dank auffälliger *Streamline*-Architektur im Stil eines Luxuskreuzers markantes Gebäude. Ausgestellt sind Schiffsteile und Galionsfiguren sowie maritime Memorabilien aller Art, Fotos, Gemälde und Modelle (*Polk/Aquatic Park, tgl. 10–16 Uhr, derzeit nur EG zugänglich, Infos unter www.nps.gov/safr, ✆ (415) 561-7100*).

Fort Mason und Crissy Field

Ruhiger wird es, wenn man sich an der Waterfront weiter westwärts Richtung **Fort Mason** (*Marina/Buchanan St., www.fortmason.org*) bewegt. Auf dem parkartigen Gelände dieses früheren Militärareals sind mehrere historische Gebäude verstreut und stehen mehrere Baracken westlich des Municipial Pier. In eben diesen sind ein paar kleinere Museen zu Hause: das **Museo Italo-Americano** und die **SF Museum of Modern Art Artists Gallery**, außerdem Kulturinstitutionen, Kunstateliers, Cafés und Lokale, ein Buchladen, mehrere Theater und eine Veranstaltungshalle.

Erholungsareal „Crissy Field“

Hier beginnt die **Golden Gate National Recreation Area/GGNRA** (*www.nps.gov/goga*). Nach Osten hin geht Fort Mason in einen Grünstreifen am Wasser, *Marina Green*, über, der es mit dem Presidio verbindet. Grünflächen und Jachthafen dürften dazu beigetragen haben, dass hier ein nobles Wohnviertel – **Marina** – entstand. Der Uferstreifen, der sich von hier aus Richtung Golden Gate Bridge zieht, ist der bis dato neueste Teil der GGNRA und heißt „**Crissy Field**“. Das Erholungsareal wird auch für zahlreiche Veranstaltungen und Aktivitäten genutzt und neben einer Promenade mit Picknickplätzen gibt es ein naturbelassenes Stück Marschland. Interessantes dazu erfährt man im hier befindlichen neuen **Crissy Field Center** (*www.parksconservancy.org/visit/park-sites/crissy-field.html, mit Café*).

Presidio

Beim **Presidio** handelt es sich um einen seit 1776 existierenden Militärstützpunkt. Gleich an der Westgrenze des Parkgeländes, am Marina Blvd., sieht man die architektonischen Überreste der Pan-Pacific Ausstellung von 1915. Beliebtes Fotomotiv ist der **Palace of Fine Arts**, eine antikisierende Rotunde mit monumentalen Säulen und Gebälk.

Eukalyptuswälder

Das Presidio-Areal ist großzügig proportioniert und Auto oder Fahrrad sind zur Erkundung nötig. Man fährt durch Eukalyptuswälder, ehe man ins Zentrum vordringt, wo sich mehrere Bauten, darunter ein Besucherzentrum und im **Officers' Club** ein Museum für Wechselausstellungen befinden (*ausgeschildert, 50 Morago Ave./Arguello Blvd.*). Neueste Attraktion ist das **Walt Disney Family Museum**, das über Disneys Leben, Familie und Arbeit informiert.
Walt Disney Family Museum, *104 Montgomery St., www.waltdisney.com, Mi–Mo 10–18 Uhr, $ 20, mit Café*.

An der **Fort Point NHS** ist vor allem die ungewöhnliche Perspektive der Golden Gate Bridge sehenswert: Das Fort liegt direkt unter einem Pfeiler der Brücke. Die

Anlage, zu der auch ein Leuchtturm gehört, war 1853 bis 1861 von der *US Army* als einzige und erste Artillerie-Befestigung westlich des Mississippi zum Schutz der Bucht erbaut worden.

Fort zum Schutz der Bucht

Fort Point NHS, *Lincoln Blvd./Long Ave., www.nps.gov/fopo, derzeit nur Fr–So 10–17 Uhr, frei.*

Golden Gate Bridge

Das Wahrzeichen der Stadt, die Golden Gate Bridge, ist nur eine von insgesamt fünf Brücken. Für die Einheimischen ist beispielsweise die *Oakland Bay Bridge* die wichtigste Brücke und zugleich ist sie die verkehrsreichste und älteste. Der Bau der **Golden Gate Bridge** geschah nicht aus ästhetischen Gründen, sondern aus praktischen und profanen Überlegungen: Wegen des ständigen Nebels hatte sich der Fährverkehr als unzuverlässig erwiesen und deshalb machte sich jener Mann, der bereits geplant hatte, die Straße von Gibraltar zu überbrücken, an die Arbeit.

Der deutschstämmige Ingenieur *Joseph Baermann Strauss* begann im Januar 1933 mit der Konstruktion einer Brücke über die Meerenge namens „Goldenes Tor". Insgesamt 1.500

Die Golden Gate Bridge ist das Wahrzeichen San Franciscos

Schwierige Arbeitsbedingungen

Arbeiter wurden rekrutiert, die anfangs wegen der Gezeiten nur viermal täglich, je eine Stunde an den Fundamenten arbeiten konnten. Dennoch war der auf felsigem Grund errichtete Nordpfeiler bereits im Mai 1934 fertig. Eröffnet wurde die **„Rote Lady aus Stahl“**, die damals als weltgrößte und längste freitragende Brücke galt, am 27. Mai 1937 im Beisein von Präsident *F. D. Roosevelt* – sechs Monate nach der gut 13 km langen *Oakland Bay Bridge*.

Golden Gate Bridge in Zahlen

Hauptkabel: Länge: 2,5 km, Durchmesser: 1 m, Gewicht 24.000 t
Stützpfeiler: 228 m (65 Stockwerke) aus dem Wasser ragend, 31 m unter der Wasseroberfläche
Spannweite zwischen den Pfeilern: 1.280 m, 67 m über dem Meeresspiegel gelegen
Gesamtlänge: 2.800 m, Breite 27 m (6 Fahrspuren und Fußweg)
Schwingung: bis zu 6 m
Kosten: rund $ 33 Mio.

Lincoln Park, Point Lobos und Cliff House

Westlich der Golden Gate Bridge liegt im Lincoln Park der **Palace of the Legion of Honor**, ein Kunsttempel der besonderen Art und Teil der Fine Arts Museums of San Francisco. Der klassizistische Bau samt Kunstwerken ist dem Zuckerindustriellen *Adolph* und seiner Frau *Alma Spreckels* zu verdanken und beherbergt rund 87.000 Objekte, die ein breites Spektrum an verschiedenen Genres und rund 4.000 Jahre Kunstgeschichte abdecken: antike Kunst, mittelalterliche Werke, Gemälde der Niederländer und italienische Renaissance ebenso wie englische Künstler und französische Impressionisten und nicht zuletzt Kunst des 20. Jh. Zum Museum gehören auch ein Café mit Dachterrasse und ein Shop. Dank der malerischen Lage auf dem Landzipfel, wo der Pazifik in die San Francisco Bay fließt, bietet sich vom Parkplatz des Museums, nahe einer Holocaust-Installation von *George Segal*, ein grandioser Ausblick.

Palace of the Legion of Honor, *34th Ave./Clement St., http://legionofhonor.famsf.org, Di–So 9.30–17.15 Uhr, $ 10 (inkl. deYoung Museum, Sonderausstellung extra).*

Tolle Aussicht vom Cliff House

Auch der Blick vom **Cliff House** (*www.cliffhouse.com*), einst Nobelhotel heute ein Restaurant, ist nicht zu verachten. Bei fast jedem Wetter und ungeachtet eisiger Wassertemperaturen sind an dem östlich angrenzenden **Ocean Beach** Surfer aktiv und bevölkern Seelöwen und brütende Vögeln die *Seal Rocks*. Steil hinab führt der Weg zu den **Sutro Baths Ruins**. Ein Preuße gleichen Namens, der mit Silber reich geworden war, hatte hier 1886 das damals weltgrößte Hallenbad mit Süß- und Salzwasser für 1.600 Besucher eröffnet – das wohl weltweit erste „Erlebnisbad“!

Oberhalb der Suthro Baths eröffnete 2012 ein Besucherzentrum des National Park Service, der **Lands End Lookout**. Um eine Plaza gruppieren sich eine Infostelle mit Shop, Café und Aussichtsterrasse.

Lands End VC, *680 Point Lobos Ave., tgl. 9–17 Uhr, frei*

Golden Gate Park und zentrale Viertel

Wo sich heute am Sonntag die San Franciscans bevorzugt erholen, befand sich vor 1871 noch eine unfruchtbare Sanddüne. Der Bürgermeister plädierte für mehr Grün und so entstand zunächst der *Panhandle*, ein schmaler Grünstreifen, ehe *William Hammond Hall* nach dem Vorbild des New Yorker Central Parks einen **vielseitigen Erholungspark** mit Seen und Rasenflächen, Museen und Gartenanlagen, Bühnen, Sport- und Spielplätzen schuf. Was den Golden Gate Park von vielen anderen Stadtparks unterscheidet ist die Tatsache, dass er neben Freizeitvergnügen auch hochkarätige Kultur bietet.

Im Oktober 2005 wurde das **de Young Museum** neu eröffnet. Den ungewöhnlichen, kupferblechverkleideten, umweltfreundlichen und energiesparenden Bau entwarf das Schweizer Architekturbüro *Herzog & de Meuron*. Er birgt die stadtälteste und größte Kunstsammlung, 1894 ins Leben gerufen: amerikanische Kunst und Kunsthandwerk von der Kolonialzeit bis ins 20. Jh., British Galleries, Volkskunst von allen Kontinenten, antike und ägyptische Kunst. Neben einem Skulpturengarten gibt ein Museumscafé und einen Shop.
de Young Museum, *75 Tea Garden Dr., http://deyoung.famsf.org, Di–So 9.30–17.15, Fr –20.45 Uhr, $ 10, inkl. der Legion of Honor, s. o.*

Mitten im Golden Gate Park steht das ungewöhnliche de Young Museum

Im Herbst 2008 folgte dann gegenüber die **California Academy of Sciences**, ein Musterbeispiel für „grünes Bauen" vom Reißbrett *Renzo Pianos*. Beeindruckend im Inneren ist v.a. der **mehrstöckige Regenwald** mit seiner Vogel- und Schmetterlingssammlung. Im Untergeschoss breitet sich das neu gestaltete **Steinhart Aquarium** mit unterschiedlichen Abteilungen zu Sumpf-, Korallenriffs und zur kalifornischen Küstenlandschaft aus, dazu gibt es naturgeschichtliche Abteilungen und das Morrison Planetarium. Ungewöhnlich ist das mit regionaler Flora **begrünte, teilweise begehbare Dach**.
California Academy of Sciences, *55 Music Concourse Dr., www.calacademy.org, Mo–Sa 9.30–17, So 11–17 Uhr, $ 29,95.*

Über Blumen und Pflanzen

Direkt am Platz (Music Concourse), um den sich die Museen gruppieren und der Kennedy Drive vorbeiführt, befindet sich der Zugang zum **Japanese Tea Garden**, einem Japanischen Garten mit Pagode, Teehaus und Shop. Größer und vielseitiger sind die **Strybing Arboretum & Botanical Gardens**. Besonders sehenswert sind in diesem Botanischen Garten Rock Garden, California Native Plants, der Redwood Nature Trail und Succulent Garden. Eine üppige tropische Pflanzenvielfalt erwartet den Besucher auch im **Conservatory of Flowers**, einem sehenswerten viktorianischen Glashaus mit tropischen Regenwaldpflanzen.

Japanese Tea Garden, *Tea Garden Dr., http://japaneseteagardensf.com, tgl. 9–16.45/18 Uhr, $ 7.*

Strybing Arboretum & SF Botanical Gardens, *96th Ave./Lincoln Way bzw. ML King Jr. Dr., www.sfbotanicalgarden.org, tgl. 9–17/18 Uhr, $ 7.*

Conservatory of Flowers, *100 John F. Kennedy Dr., www.conservatoryofflowers.org, Di–So 10–16.30 Uhr, $ 7.*

Haight-Ashbury, Western Addition und Pacific Heights

Die Luft ist zwar etwas heraus aus dem **Zentrum der „Blumenkinder"**, doch ein lebhaft-verrücktes, buntes Viertel ist **Haight-Ashbury** (*www.haightashbury.org*) immer noch. Das Herz schlägt um Haight und Ashbury zwischen Masonic und Cole Street. Zu wahren Pilgerstätten entwickelten sich die Wohnhäuser von *Greatful Dead*-Boss *Jerry Garcia* und Sängerin *Janis Joplin* und wie eh und je ist die **Haight Street** Flanierallee und Ort zum *people watching*. Man schmökert in Buchläden, wühlt in Secondhand-Shops nach alten Hippie-Klamotten oder sitzt einfach nur in oder vor einem der zahlreichen Cafés herum.

Haight-Ashbury ist zusammen mit dem Golden Gate Park entstanden, damals fungierte die Stanyan Street als Hauptachse. In den 1930er-Jahren befand sich hier ein Arbeiterviertel, das erst zum Rückzugsgebiet der Afroamerikaner wurde, ehe in den 1960ern „Haschbury", die *Hippie-Hauptstadt der Welt*, aus der Wiege gehoben wurde. Nach dem Niedergang von Flower-Power und Hippies waren

Haight-Ashbury ist bis heute die Heimat der „Blumenkinder"

es die *Urban Pioneers*, die sich in den späten 1980er-Jahren daran machten, die damals preiswert angebotenen viktorianischen Häuschen zu renovieren und so das Viertel ganz allmählich wieder zu einer gefragten Adresse wurde.

Ganz in der Nähe in der Nordostecke des Viertels, an der Grenze zu Western Addition, befindet sich der **Alamo Square**. Dort muss man die hübsche Reihe historischer Häuschen vor der modernen Skyline von Downtown fotografieren, um danach beim Bummel durchs Viertel festzustellen, dass es auch andernorts sehenswerte Bauten im *Queen Anne Style* gibt. Nach dem Stadtplan heißt das ganze Viertel **Western Addition**, bekanntester Teil ist jedoch sein Kern, das sechs Blöcke umfassende **Japantown** mit dem *Japan Center* an der Geary Street. Südlich schließt sich der **Fillmore District** an, berühmt für seine Jazzszene. Western Addition geht nördlich von Japantown unmerklich in **Pacific Heights** über. Dort hat sich um Union, Chestnut und Fillmore Streets, in **Cow Hollow**, ein weiteres Trendviertel mit Kneipen, Cafés und Läden herausgebildet.

Berühmter Fotospot

Mission District und Castro

Der **Mission District** (*www.sfmission.com*), das Areal um die alte spanische Mission südlich der 14th St., stellt das mexikanische Pendant zum italienischen North Beach oder zu Chinatown dar. Vor allem an der Mission St. zwischen 16th und 24th St. und an der Kreuzung 24th/Mission St. herrscht südländisches Treiben. Besonders am **24th Latino Shopping Strip prägen** Basaratmosphäre, Straßenhändler, Stände, billige Kneipen und bunte Obst-, Gemüse- und Ramschläden das Bild. In letzter Zeit mogeln sich jedoch zunehmend Gourmetlokale, Boutiquen und nette Läden dazwischen.

Buntes Treiben

Der Mission District ist jedoch auch bekannt für seine rund 200 **Wandmalereien**. Auskünfte dazu, einen Shop und Touren bietet das **Precita Eyes Mural Arts & Visitor Center** (*2981 24th/Harrison St., www.precitaeyes.org/tours.html*).

Ein Ruhepol und gleichzeitig die Keimzelle der Stadt ist die strahlend weiße **Mission Dolores**. Sie wird durch eine weitere Hauptachse, die Dolores St., mit dem spanischen

Entlang dem 49-Mile Scenic Drive

info

1938 wurde der 49-Mile Scenic Drive (s. hintere Umschlagklappe) ins Leben gerufen, eine durch weiß-blaue Schilder mit einer weißen Seemöwe und entsprechende Aufschrift markierte Route, die über fast 80 km an den wichtigsten Sehenswürdigkeiten, Aussichtspunkten und Vierteln vorbeiführt. Sie beginnt und endet an der Kreuzung Van Ness Ave./Hayes St., nahe dem Rathaus. Man muss nicht die gesamte Strecke abfahren, denn v.a. in Chinatown und anderen zentrumsnahen Stadtvierteln verhindert an Werktagen starker Verkehr ein unbeschwertes Vorankommen. Diese *Neighborhoods* sollte man sich für Stadtspaziergänge aufheben. Eine weitere Abkürzungsmöglichkeit bestünde darin, den südlichen Harding Park auszulassen und die Route damit auf etwa 30 km zu reduzieren.

Infos: http://usmotogpfans.com/roads/49mdplus

Castro ist das berühmte Homosexuellenviertel San Franciscos

Zentrum und der Market St. verbunden. Die **Mission San Francisco de Asis**, wie sie offiziell heißt, war als sechste Mission 1776 von *Junipero Serra* gegründet worden. Der Komplex besteht aus einer prächtigen spanisch-mexikanischen Adobekirche und wird umgeben von Gärten, Konvent, Friedhof und verschiedenen Nebengebäuden. Im Innenhof gibt es eine Ausstellung zur Geschichte der Mission.

Mission Dolores, *3321 16th/ Dolores St., http://missiondolores.org/old-mission/visitor.html, tgl. 9–16/16.30 Uhr, $ 5.*

Südlich der Market entlang der Castro bis etwa zur 20th Street erstreckt sich **Castro**, das Homosexuellenviertel der Stadt, das allerdings in den letzten Jahren mehr und mehr zum ganz „normalen“ Wohnviertel geworden ist. Idealer Ausgangspunkt für einen Rundgang ist die *Muni Metro Station* an der Ecke Market/Castro St., an der **Harvey Milk Plaza**. Von hier aus starten auch die interessanten **Cruisin' the Castro Tours** von *Kathy Amendola* (s. S. 511). *Harvey Milk* war der erste, der sich offen zu seiner sexuellen Neigung bekannte und in ein politisches Amt gelangte. Er wurde 1978 zusammen mit dem damaligen Bürgermeister *Moscone* ermordet, was schwere Unruhen zur Folge hatte. 2010 wurde sein Todestag, der 22. Mai, zum kalifornischen Feiertag erklärt.

Schwulenzentrum der Stadt

Vorbei am **Castro Theatre** (*429 Castro St., www.castrotheatre.com*) im spanisch-barocken Stil von 1922 geht es zur Kreuzung Castro/18th St., ins Herz des Viertels bzw. zu den „gayest four corners of the earth“. Sehenswert ist das kleine, instruktive **GLBT History Museum** (*4127 18th St., www.glbthistory.org/museum, Mo/ Mi–Sa 11–19, So 12–17 Uhr, $ 5*), das über die Geschichte der LGBT-Szene erzählt.

Von der Liberty St. führen die **Liberty Steps** zu einem lohnenden Aussichtspunkt. Im südlich angrenzenden **Noe Valley** überwiegen *Health Shops*, spirituelle und esoterische Läden, Buch- und Schallplattenläden, Gourmetshops, Kleiderboutiquen und preiswerte Kneipen.

Reisepraktische Informationen San Francisco und Umgebung

Information

San Francisco Visitor Information Center, *900 Market St./Powell–Market, Hallidie Plaza (UG), Mo–Fr 9–17, Sa/So 9–15 Uhr, im Winter So geschl., Hotelreservierung, Tickets, Fahrkarten, Broschüren und Pläne; Filiale im Flughafen. ✆ 391-2000, Events-Hotline ✆ (415) 391-2004, Unterkünfte: ✆ 1 (800) 637-5196,* **www.sanfrancisco.travel** *– vielerlei Infos, Buchungsmöglichkeit, ausführliche Listen zu Essen & Trinken und Shopping sowie umfassender Veranstaltungskalender.*
California Welcome Center, *Level 2 Pier 39, tgl. 10–17 Uhr.*
Golden Gate National Recreation Area (GGNRA), *www.nps.gov/goga/planyourvisit/hours.htm, mehrere VCs wie* **Lands End VC** *(tgl. 9–17 Uhr) oder* **Golden Gate Bridge Pavilion** *(tgl. 9–18 Uhr).*

Außerdem hilfreich im **Internet: http://sanfrancisco.citysearch.com** *– hilfreiche Listen zu Restaurants, Hotels, Bars, Clubs, Einkaufen etc.,* **www.sfstation.com** *(v.a. Events und Veranstaltungen),* **www.sfgate.com** *(Tageszeitung SF Chronicle) oder* **www.sanfrancisco.com**.
Buchtipp: *M. Brinke/P. Kränzle, San Francisco (Reise Know-How Verlag Bielefeld, ISBN 3-8317-1366-9, regelmäßig aktualisiert).*
Empfehlenswert ist der **San Francisco City Pass** *(www.citypass.com/san-francisco), da außer einem 7-Tage-MUNI-Ticket (auch Cable Car) 5 Attraktionen eingeschlossen sind. Überlegenswert ist auch der Wharf Pass (www.wharfpass.com).*

Wichtige Telefonnummern und Adressen

Notruf Polizei/Feuer/Ambulanz: ✆ *911*
Polizei: ✆ *(415) 553-0123.*
Deutscher Sperrnotruf *(von den USA): ✆ 011-49-116116 oder ✆ 011-49-3040504050*
Medizinische Notfälle
Traveler Medical Group/Current Health, *490 Post St., ✆ (415) 981-1102, www.travelermedicalgroup.net. Täglich rund um die Uhr medizinische Hilfe ohne Termin.*
Urgent Med Housecalls, ✆ *(415) 680-4153, 1 (800) 767-4058*
Visitors' Medical Services *im Saint Francis Memorial Hospital, 900 Hyde St., Notfälle: (415) 353-6300 (24 Std.), Ärztevermittlung: ✆ 1 (800) 333-1355*
1-800-DENTIST, *24-Std.-Zahnarztvermittlung, ✆ 1 (800) 336-8422 bzw. www.1800dentist.com*
CSAA Travel/California State Automobile Association, *160 Sutter St., ✆ (415) 773-1900, http://calstate.aaa.com, Mo–Fr 8.30–17.30 Uhr*

Touren

Adventure Cat Sailing Charters, *Pier 39/Dock J, ✆ 1 (800) 498-4228, www.adventurecat.com; Katamarantouren in der San Francisco Bay.*
Cruisin' the Castro Tours, *www.cruisinthecastro.com, ✆ (415) 255-1821; interessante historische Touren durch das Stadtviertel Castro von Kathy Amendola.*
Haight-Ashbury Flower Power Walking Tour, ✆ *1 (800) 979-3370, www.haightashburytour.com; 2,5-stündiger Spaziergang durch das „Hippie-Viertel".*

Hobnob Tours, ✆ *(650) 814-6303, www.hobnobtours.com. Interessante Tour über den Nob Hill, außerdem um den Union Square/Chinatown sowie durch den Financial District. Jeweils rund 2 Std. ($ 30).*
Local Tastes of the City Tours, ✆ *1 (888) 258-8687, www.localtastesofthecitytours.com; Tom Medin bietet interessante und unterhaltsame Einblicke in die kulinarische Szene von Chinatown und/oder North Beach.*
Mission Trail Mural Walks, ✆ *(415) 285-2287, www.precitaeyes.org/tours.html; verschiedene Walkingtouren im Mission District vorbei an den Wandbildern.*
SF Bay Whale Watching, ✆ *(415) 331-6267, www.SFBayWhaleWatching.com; Tagesexkursionen von Biologen begleitet zum Farallones National Marine Sanctuary.*
SF Helicopters, ✆ *(650) 635-4500, www.sfhelicoptertours.com; verschiedene Hubschraubertouren über die Stadt, Alcatraz, Marin Headlands, die Bridges und Sausalito mit Abholung vom Hotel. Bei der längeren Vista Grand Tour ist man gut eine halbe Stunde in der Luft (Endpunkt: Sausalito).*
Victorian Home Walk, ✆ *(415) 252-9485, www.victorianwalk.com; architektonische Entdeckungsreise durch Pacific Heights und Cow Hollow.*

Ausflugsboote & Fähren

Ausflugsboote fahren v.a. von Fisherman's Wharf (Pier 39, 43 1/2) ab, reguläre Fähren (nach Sausalito, Tiburon, Larkspur, Alameda, Oakland und Vallejo) am Ferry Building bzw. Pier 41. Die wichtigsten Unternehmen sind **Blue & Gold Fleet** *(www. blueandgoldfleet.com),* **Golden Gate Ferry** *(http://goldengate.org) und* **Red & White Fleet** *(www.redand white.com).*
Tipp: Red & White Fleet Bridge 2 Bridge Cruise, *Ende Mai–Anf. Sept., ab Pier 43 ½ tgl. 15.30 Uhr, www.redandwhite.com/bay-cruises/bridge-2-bridge.asp. Mit mehrsprachiger Audioführung in rund 90 Min. unter der Golden Gate und der Oakland Bay Bridge hindurch, rings um Treasure Island, vorbei an Alcatraz und am AT&T Park mit Skyline-Blick.*

Unterkunft

Boutique- und Luxushotels *befinden sich rund um den Union Square bzw. in Nob Hill, im Financial District und an der Market Street, die großen* **Kettenhotels** *liegen v.a. an der Waterfront,* **billige Bleiben** *finden sich v.a. in der Civic Center Area, entlang Post und Sutter St., sowie im angrenzenden Viertel Tenderloin, außerdem in Teilen von SoMa.* **Preiswerte Motels** *stehen an der Van Ness Ave. und der Lombard St. (v.a. im Bereich der Nr. 1500–1700 bzw. 2000–2300).*
Eine **ausführliche Liste** *von Hostels und sonstigen „Billigunterkünften“ (Hotels) mit Beschreibungen, Wertungen und Sofortbuchungsmöglichkeit findet sich unter: www.hostels.com/san-francisco/usa oder www.sfhostels.com.*

Hinweis

Empfehlenswerte **Hotelketten** *sind:*
Personality Hotels *(Hotel Diva, Union Square, Kensington Park, The Steinhart), relativ kleine „Boutiquehotels“ mit individuellem Flair, die auch bei manchen deutschen Reiseveranstaltern und Internetbrokern günstig gebucht werden können, Infos: www.personalityhotels.com*
Joie de Vivre *(u.a. Hotel Carlton, Galleria Park, Vitale, Kabuki, Del Sol, Phoenix Hotel), Infos: www.jdvhotels.com*
Kimpton Group *(u.a. Hotel Monaco, Palomar, Sir Francis Drake, Triton), zumeist 4-Sterne-Kategorie und etwas teurer. Infos: www.kimptonhotels.com*

Zu den empfehlenswerten und günstigen Herbergen San Franciscos gehört das Renoir Hotel

Tipps

San Remo $, *2237 Mason St., ✆ (415) 776-8688, www.sanremohotel.com; saubere Zimmer, hübsch und geschmackvoll ausgestattet, aber ohne Luxus, dafür preiswert und in guter Lage nahe Waterfront. Mit Fior d'Italia Restaurant.*

Hotel Stratford $-$$, *242 Powell St., ✆ (415) 397-7080, www.hotelstratford.com. Auch in Deutschland buchbares, am Union Square gelegenes günstiges Hotel mit rund 80 Zimmern in vier verschiedenen Kategorien. Inklusive kleinem Frühstück.*

Handlery Union Square Hotel $$-$$$, *351 Geary St., ✆ (415) 781-7800, http://sf.handlery.com. Neu renoviertes Hotel mit knapp 300 Zimmern in superzentraler Lage. Mit Pool, Kaffeemaschine, Kabel-TV etc.*

Hotel Metropolis $$-$$$, *25 Mason/Market St., ✆ 1 (800) 828-6544, www.hotelmetropolis.com; Boutiquehotel mit 104 Zimmern und 5 Suiten auf 9 Stockwerken in ungewöhnlichem Zen-Design.*

Queen Anne Hotel $$-$$$, *1590 Sutter St., ✆ (415) 441-2828, www.queenanne.com; 49 „historische", gemütliche Zimmer – in Pacific Heights, nahe Cable Car, inkl. Frühstück.*

Hotel Union Square $$-$$$, *114 Powell St., ✆ (415) 397-3000, www.hotelunionsquare.com. 131 geschmackvoll-modern eingerichtete Zimmer in historischem Bau nahe Cable Car und Union Square.*

Renoir Hotel, *45 McAllister St./Market St., ✆ (415) 626-5200, www.renoirhotel.com; die insgesamt 130 Zimmer in dem Anfang des 20. Jh. errichteten Bau wurden unlängst renoviert und präsentieren sich hell und freundlich. Man wohnt zentral, in der Nähe von Civic Center, Union Square, SoMa. Frühstück im Caffè Moda im Hotel.*

Restaurants

Hayes Valley *und v.a. in* **SoMa** *sind Viertel, die sich kulinarisch ungeheuer vielgestaltig geben. Multi-ethnische Lokale finden sich auch in Trendvierteln wie* **Cow Hollow** *(Union/Chestnut/Fillmore St.) oder* **Polk Gulch** *(zwischen Green–Union St.), Seafood-Restaurants um Pier 39. Tipps gibt es z. B. unter http://sanfrancisco.citysearch.com und www.sanfrancisco.com/restaurants. Hier ein paar ausgewählte Tipps:*

Alexander's Steakhouse, *448 Brannan St., tgl. ab 17.30 Uhr, ✆ (415) 495-1111. Neu eröffnetes amerikanisches Steakhouse mit japanischem Einschlag. In schlicht-modernem Lagerhaus-Ambiente mit offener Küche und eine attraktiver Bar. Qualitativ hochwertige Produkte saisonaler und lokaler Herkunft. Tipp: Festmenü „Omakase".*

Alioto's, *8 Fishermans Wharf/Taylor St., ✆ (415) 673-0183; legendäres Seafood-Lokal mit langer Gästeliste, seit 1938 in (sizilianischem) Familienbesitz. Angegliedert: Alioto's Crab Stand (im Freien) und Alioto's Oysteria & Pizzeria im Untergeschoss.*

Café de la Presse, *352 Grant Ave., ✆ (415) 398-2680; im Stil eines französischen Kaffeehauses, Café und Restaurant sowie Zeitungsladen. Frühstück. Lunch und Dinner hervorragend, gute Weine.*

Chez Papa Resto, *4 Mint Plaza, ✆ (415) 546-4134; kreative Küche, inspiriert von französischen, marokkanischen und kalifornischen Einflüssen unter Verwendung lokaler Zutaten, riesige Weinliste.*

Dobbs Ferry, *405-409 Gough St., ✆ (415) 551-7700. Mischung aus New Yorker und kalifornischer Küche, z.B. „Braised Pork Belly" und Spargel mit Ziegenkäsefondue. Zugehörige Bar und Sa/So Brunch.*

Garcon, *1101 Valencia St./Ecke 22nd St., tgl. außer Mo. Dinner, ✆ (415) 401-8959. Gemütliches französisches Bistro mitten im Mission District, in dem Chefkoch Arthur Wall kreative Gerichte aus saisonalen, lokalen Zutaten zubereitet. Günstiges Tagesmenü.*

Historic John's Grill, *63 Ellis St., ✆ (415) 986-0069; eines der ältesten Restaurants der Stadt, das u.a. Steaks und Seafood-Gerichte anbietet und in „Der Malteser Falke" von Dashiell Hammett vorkommt.*

La Mar Cebichería Peruana, *Pier 1 ½, Embarcadero, ✆ (415) 397-8880; peruanische Gerichte mit asiatischem Einschlag, z.B. „cebiches", „leche de tigre" oder „empanadas", viel Fisch und Meeresfrüchte. Plätze im „Wintergarten" mit Blick auf Piers und Bay.*

Local Kitchen & Wine Merchant, *330 1st St., ✆ (415) 777-4200; Happy Hour Di–Sa 17–19 Uhr. Saisonale, organisch und lokal produzierte Zutaten, Frühstück, zugehöriger Weinladen und modernes Ambiente.*

O3 Bistro & Lounge, *524 Van Ness Ave./McAllister St., ✆ (415) 934-9800; eklektische Mischung aus amerikanisch-kalifornischen und asiatischen Einflüssen, großteils lokale, oft biologisch hergestellte Zutaten.*

Source, *11 Division/Deharo St., tgl. 11–22 Uhr, Wochenendbrunch. Vegetarisch-veganes Imbissrestaurant mit ungewöhnlichem Konzept, in dem internationale Kost, saisonal und möglichst aus organischen Zutaten lokaler Herkunft zubereitet wird.*

Tartine Bakery & Café, *600 Guerrero St., www.tartinebakery.com; Chad Robertson gilt als einer der besten Bäcker der Welt, im Café gibt's auch andere Leckereien und in der* **Bar Tartine** *(561 Valencia St.) auch ganze Gerichte.*

Nightlife

Als **Zentren des Nachtlebens** *gelten neben SoMa das Hayes Valley, Cow Hollow, Potrero Hill/Dogpatch, Polk Gulch und der Fillmore District (Western Addition). In Downtown, rings um den Union Square und vielfach in Hotels, gibt es zahlreiche schicke Bars, während*

in Haight-Ashbury und in North Beach gemütliche Neighborhood-Treffs und Cafés vorherrschen. Im Mission District umfasst die Palette große Klubs und Diskos, wo nicht nur Hispanic und Mariachi Bands, sondern Funk, Soul, Jazz, Indie Rock gespielt werden.
Achtung: **Alkohol** *wird erst ab 21 Jahren (Ausweiskontrolle!) ausgeschenkt und in Clubs sind ein Gedeckpreis (cover) und ein Getränkeminimum üblich.*

Infos zum Nachtleben *finden sich in den Wochenblättern wie „SF Weekly" (kostenlos), den Tageszeitungen „San Francisco Chronicle" („Datebook"-Sektion) oder „Examiner" und auf speziellen Websites wie www.sanfrancisco.com/nightlife, http://sanfrancisco.citysearch.com („Bars & Clubs") oder www.all-sanfrancisco.com/info/clubs.html.*

Einkaufen

Zu den ausgeschilderten Preisen kommt auf die meisten Artikel noch eine **Sales Tax**, *eine Art Mehrwertsteuer von 8,5 % in San Francisco. Interessante Geschäfte verteilen sich über die ganze Stadt, doch ein paar Viertel bzw. Straßenzüge lohnen besonders:*
Union Square *(Sutter/Geary/Powell/Kearny/Post St. und südlich der Grant Ave. bis Market St.): Kaufhäuser und Bekleidungsläden, Modeboutiquen, Schuhläden und Schmuckläden.*
Fisherman's Wharf: *Souvenirs und Kitsch, T-Shirts und Kuriosa aller Art sowie mehrere Shoppingcenter (Cannery, Ghirardelli Square, Pier 39).*
Chinatown: *an der Grant Ave./Commerce St. chinesischer Kitsch und Souvenirs, Goldschmuck, Seide, Jade, Antiquitäten, an der Stockton St. hingegen authentisch Chinesisches wie Tee, Kräuter und „Drogen" aller Art, Lebensmittel, Hauswaltwaren, Porzellan.*
North Beach *(Columbus Ave.): Lebensmittel (italienisch), Boutiquen, Secondhandläden.*
Haight-Ashbury *(Haight St.): Secondhand und Ramsch aller Art, Bücher, Schallplatten, trendige Kleiderläden, ausgefallene Accessoires und Kurioses.*
Hayes Valley *(Hayes/Gough St.): einige hippe Designerboutiquen.*
Castro *(Castro St., Market–19th St.): ausgefallene Läden und Cafés.*
Noe Valley *(24th St., Castro–Church St.): Galerien, Boutiquen, Cafés.*
Cow Hollow *(Union/Fillmore St.): kleine Boutiquen und Läden sowie einige Lokale.*
Ferry Building Marketplace *(www.ferrybuildingmarketplace.com) mit kulinarischen Läden innen, außerdem Farmers' Market (Di, Do und Sa, http://cuesa.org/) im Freien mit regionalen Farmprodukten, Imbiss und Events.*

Theater

San Francisco verfügt über eine vielseitige **Theaterszene**, *wobei das Viertel um den Union Square (v.a. Powell/Sutter St.) auch als „theater district" gilt. Außerdem reihen sich rund ums Civic Center mehrere Bühnen, ebenso in SoMa – dort besonders kleinere Studiotheater – und im Mission District.* **Broadway-Bühnen** *(www.shnsf.com) sind das* **Curran Theatre** *(445 Geary St.), das* **Golden Gate Theatre** *(1 Taylor St.) und das* **Orpheum Theatre** *(1192 Market St.). Interessant ist auch die musikalische Revue Beach Blanket Babylon im* **Club Fugazi** *(678 Green St., www.beachblanketbabylon.com).*

Tipp

Tickets, auch zu ermäßigten Preisen, für Veranstaltungen am selben Tag (bzw. Matineen am nächsten) gibt es bei: ***TIX Bay Area****, Union Square Pavilion, Powell zwischen Geary und Post St., ✆ (415) 433-7827, Di–Fr 11–18, Sa 10–18, So 10–15 Uhr. Tickets zum halben Preis ab 11 Uhr tgl. (Liste im Internet), außerdem reguläre Tickets.*

Kostenlose oder preiswerte Konzerte finden auch in verschiedenen Kirchen statt, z.B. in der **Grace Cathedral** *(1100 California St., www.gracecathedral.org/visit/concerts-and-events), in der Old First Church (***„Old First Concerts"***, 1751 Sacramento St./Van Ness Ave., www.oldfirstconcerts.org), Old St. Mary's (***„Noontime Concerts"***, 660 California St., http://noontimeconcerts.org).*

Der mehrteilige Komplex des **San Francisco War Memorial and Performing Arts Center** *erstreckt sich entlang der Van Ness Ave. zwischen McAllister und Hayes St. und besteht aus mehreren Gebäuden, u.a. Sitz von Oper, Ballett, Symphonie. Weitere große Aufführungsorte sind die folgenden:*
Yerba Buena Center for the Arts, *701 Mission St., www.ybca.org.*
The Palace of Fine Arts Theatre, *3301 Lyon St., www.palaceoffinearts.org.*
Fort Mason Center, *Marina/Buchanan, www.fortmason.org.*
San Francisco Conservatory of Music (SFCM), *50 Oak St., www.sfcm.edu.*
Fillmore Auditorium, *1805 Geary/Fillmore St., www.livenation.com/venues/14270/the-fillmore.*
Great American Music Hall, *859 O'Farrell/Polk St., www.slimspresents.com.*
Jazz Center, *205 Franklin St., www.sfjazz.org, mit Café und Shop.*

Über Veranstaltungen, Theater- und Kinoprogramm informieren außer den Tageszeitungen und kostenlos ausliegenden Wochenmagazinen u.a. folgende Websites:
www.sanfrancisco.com/theater
www.sanfrancisco.travel/events
www.san-francisco-theater.com

Sport & Freizeit

Der Golden Gate Park bietet zahlreiche Möglichkeiten der Freizeitgestaltung, von Baseball- und Softballfeldern über Tennis- und Golfplätze bis hin zu Rad- und Wanderwegen. Die **GGNRA** *(www.nps.gov/goga) ist der größte städtische Nationalpark der Welt und reicht weit über die Stadtgrenzen hinaus. Baker und China Beach nahe Lincoln Park/Presidio sind ideal zum Surfen. Die ganze Stadt eignet sich gut zum Fahrradfahren. Radverleih und Touren z.B. bei:* **Bay City Bike Rentals and Tours**, *2661 Taylor St. (Fisherman's Wharf), North Point-Beach St., ✆ (415) 827-2453, http://baycitybike.com.*

Zuschauersport

San Francisco Giants *(Baseball), AT&T Park, www.sfgiants.com*
San Francisco 49ers *(Football), Candlestick Park (ab 2014 im neuen Stadion im Vorort Santa Clara), www.49ers.com*

Veranstaltungen

Ein detaillierter Veranstaltungskalender ist beim Visitor Information Center (900 Market St.) bzw. unter www.sanfrancisco.travel/events erhältlich. Auch in verschiedenen Stadtmagazinen und Tageszeitungen gibt es tagesaktuelle Programme. Die wichtigsten Veranstaltungen sind:
Ende Jan./Anfang Feb. *(je nach Mond):* **Chinese New Year Parade and Celebration**, *www.chineseparade.com.*
Mitte/Ende April: **Cherry Blossom Festival und Parade** *in Japantown, http://sfcherryblossom.org.*

Ende April-Anfang Mai: S.F. Internatonal Film Festival, *www.sffs.org.*
Um den 5. Mai: Cinco de Mayo Festival, *www.sfcincomayo.com.*
Mitte Mai: S.F. Bay to Breakers Footrace, *Marathon, http://zazzlebaytobreakers.com.*
2. Juni-Hälfte: S.F. Lesbian/Gay/Bisexual/Transgender Pride Celebration Parade *und* **S.F. International Lesbian and Gay Film Festival**, *http://sfpride.org.*
Anfang Okt.: Castro Street Fair, *www.castrostreetfair.org.*
Außerdem stehen im Sommer zahlreiche Veranstaltungen im **Golden Gate Park**, *teils gratis, auf dem Programm. Infos: www.golden-gate-park.com/category/events.*

Flughafen

Der **San Francisco International Airport/SFO** *(www.flysfo.com) liegt rund 24 km südlich der Stadt, bei San Bruno; kleinere Flughäfen befinden sich in Oakland und San Jose. Sämtliche Terminals in SFO, Parkhäuser, die BART Station sowie das Rental Car Center sind durch eine automatisierte Magnetbahn,* **AirTrain**, *miteinander verbunden. Es gibt zwei Linien:* **Red Line** *(zwischen Terminals, Parkhäusern und BART Station) und* **Blue Line** *(zusätzlich zum Rental Car Center).*
Der Airport ist einfach und preiswert durch die **Schnellbahn BART** *an die Stadt angebunden (ab International Terminal Departures/Ticketing Level, Infos: www.bart.gov), es gibt überdies Shuttlebusse direkt zu verschiedenen Downtown-Hotels.*

Öffentlicher Nahverkehr

San Francisco verfügt über ein hervorragendes Nahverkehrssystem (MUNI) mit Streetcars, Bussen, Cable Cars, U/S-Bahn (BART) und Fähren (Infos zu allen Verkehrsmitteln: ✆ 511, gratis). **MUNI** *betreibt historische Trambahnen, Straßenbahnen, Diesel- und Hybridbusse, elektrische Oberleitungsbusse und die weltbekannten Cable Cars. Der Fahrpreis beträgt $ 2, Cable Cars $ 6, günstiger sind* **MUNI Passports** *(inkl. Cable Car), z.B. 1 Tag: $ 14, 3 Tage: $ 22, 7 Tage: $ 28. Auch im City-Pass ist ein 7-Tage-MUNI-Ticket enthalten (Infos: www.sfmta.com).*

Es gibt drei **Cable-Car-Linien:**
Powell-Hyde-Linie, *ab Powell/Market St. über Nob und Russian Hills zur nördlichen Waterfront (Victorian Park)*
Powell-Mason-Linie, *ab Powell/Market zu Bay/Taylor St. bei Fisherman's Wharf*
California Street-Linie, *California/Market bis Van Ness Ave., durch Financial District, Chinatown und Nob Hill; weniger frequentiert als die beiden anderen Linien*
Sechs **MUNI Metro Streetcars** *(J-N und T) bedienen alle von Downtown aus (unterirdisch) die südlichen Stadtteile. Besonders die Fahrt mit der oberirdischen* **Market Street Railway/Historic F Linie** *entlang Market St. bzw. Embarcadero zur Fisherman's Wharf mit historischen Wagen aus aller Welt lohnt (www.streetcar.org).*

Mit **BART** *(www.bart.gov) ist der Preis abhängig von der Entfernung. Es gibt fünf Linien, u.a. die gelbe („Pittsburg/Bay Point") zum Flughafen.*

Hinweis

Brückenmaut

Brückenmaut wird nur stadteinwärts kassiert: auf der Golden Gate Bridge kostet es $ 6, auf der San Francisco-Oakland Bay Bridge $ 4 bzw. 6 (je nach Tageszeit). Auch bei Befahrung anderer Brücken wird eine Gebühr von $ 5 fällig, und zwar bei der Richmond-San Rafeal Bridge nord-

wärts, der San Mateo-Hayward Bridge westwärts, der Carquinez Bridge ostwärts, der Dumbarton Bridge westwärts, der Benicia-Martinez Bridge nordwärts und der Antioch Bridge nordwärts.

Der besondere Tipp

Die **Barber Lounge** *(854 Folsom St., ✆ (415) 934 0411, www.barberlounge.com) ist eine ungewöhnliche, hippe „Wellnessoase" in einem Loft, in der man sich rasieren, die Nägel machen oder enthaaren, bräunen, massieren, die Haut behandeln oder die Haare stylen lassen kann. Zudem finden hier Modenschauen, Parties und andere Veranstaltungen statt. Günstigere Preise an flauen Tagen/Zeiten.*

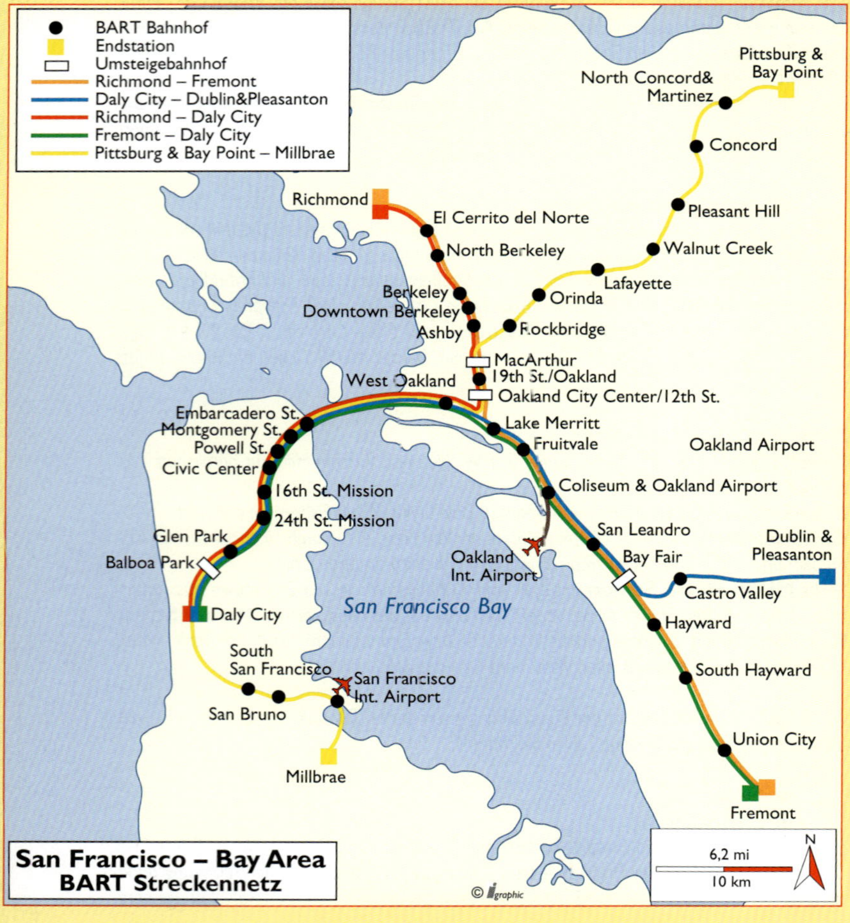

San Francisco – Bay Area
BART Streckennetz

Ausflüge in die Bay Area

San Francisco überstrahlt alles und die Tourismusindustrie hat es schwer, die jenseits der Bay gelegenen Gemeinden, deren Bevölkerungszahl insgesamt immerhin die von San Francisco deutlich übersteigt, Besuchern schmackhaft zu machen. Drei Ziele bieten sich dabei ganz besonders an, die zudem mit dem öffentlichen Nahverkehr (BART bzw. Fähre) leicht zu erreichen und so als Ausflug in ein paar Stunden machbar sind. Neben **Sausalito** im Norden sind dies die beiden Metropolen auf der Ostseite der Bucht, **Oakland** und **Berkeley**.

Besuchenswerte Bay

Routenhinweis

Auf der Weiter- oder Rückfahrt bietet es sich an einige weitere interessante Orte, Sehenswürdigkeiten und Regionen „mitzunehmen". Daher werden die Ziele nördlich (wie Pt. Reyes oder Wine Country, S. 527) und südlich (wie die Bucht von Monterey, S. 544) bei den jeweiligen Routenkapiteln ausführlicher vorgestellt.

Sausalito und Marin Headlands

Der spanische Name *saucelito* bedeutet übersetzt „kleiner Weidenhain" und leitet sich von der ersten Ranch des Gebietes ab, der *Rancho Saucelito*, die 1838 dem in London geborenen *William A. Richardson* vom mexikanischen Gouverneur *José Figueroa* überschrieben wurde. Diese Zeiten sind jedoch längst vorbei, auch die Epoche, in der Sausalito nichts anderes war als ein kleines, idyllisches Fischerdorf.

Via Golden Gate Bridge in nur wenigen Fahrminuten und mit der Fähre ebenfalls in kaum einer Stunde erreichbar, hat es sich seit den 1930er-Jahren zu einem beliebten und in letzter Zeit sogar mondänen Vorort mit Boutiquen und Restaurants entwickelt. Die Lage, die Architektur und die Atmosphäre lohnen ebenso wie der Blick von der palmenbestandenen Uferstraße auf die Skyline von San Francisco.

Mondäner Vorort mit Aussicht

In den 1960er-Jahren waren die Hippies gekommen, daneben eine Reihe von Freigeistern, Künstlern und sonstigen Kreativen, und sie alle haben den Ort geprägt und die Basis für die legendären **Hausbootsiedlungen** gelegt. Viele der Boote wurden aus Baumaterial zusammengeschustert, das bei der Stilllegung der Werften nach dem Ende des Zweiten Weltkriegs nicht mehr genutzt wurde. Die heutigen Besitzer haben ihre Boote teilweise zu schwimmenden Villen mit jeglichem Komfort ausgebaut, aber ein wenig ist von der Stimmung der 1968er dennoch übriggeblieben. Die Hausbootsiedlungen sind aus der Nähe nur zu besichtigen, wenn man Gast eines Bewohners ist.

Hinweis

Ein Abstecher nach Sausalito lässt sich auch mit Fähren (s. S. 522), mit dem Fahrrad (s. S. 516) oder sogar mit dem Hubschrauber (s. S. 512) unternehmen.

San Francisco – Bay Area
1 Mission San Rafael Arcangel
2 Muir Woods National Monument
3 Mt. Tamalpais State Park
4 Sausalito
5 Point Bonita Lighthouse
6 Golden Gate Bridge
7 Cliff House
8 Presidio
9 Fisherman's Wharf
10 Treasure Island
11 San Francisco Zoo
12 Twin Peaks
13 Jack London Square
14 University of California
Benicia
Suitsun Bay
San Pablo Bay
Martinez
China Camp SP
Pinole Point
Point Pinole Regional Park
Tara Hills
San Anselmo
San Rafael
San Pablo
Redwood Regional Park
Richmond
Strawberry
Berkeley
Tiburon
Golden Gate NRA
Sausalito
ALCATRAZ IS.
Golden Gate
Oakland
San Francisco
Alameda
Redwood Regional Park
Daly City
Castro Valley
San Leandro
San Francisco Bay
South San Francisco
San Lorenzo
Valpert Ridge
San Bruno
Hayward
Union City
San Andreas Lake
San Mateo
Fremont
Hillsborough
Montara Mts.
Coyote Hills Regional Park
El Granada
San Carlos
Half Moon Bay
Redwood City
Golden Gate NRA
Half Moon Bay
Palo Alto
Santa Cruz Mountains
PAZIFISCHER OZEAN
6,2 mi
10 km
N
© igraphic

Blick auf die San Francisco Bay bei Sausalito

Kommt man mit dem Auto über die Golden Gate Bridge, sollte man auf der nördlichen Seite gleich die erste Abfahrt zu einem ausgewiesenen Aussichtspunkt („Vista Point") wählen und dort erstmal den Ausblick genießen. Ein weiterer, fast noch besserer Aussichtspunkt befindet sich auf der jenseitigen Straßenseite in den Bergen der **Marin Headlands**, die Teil der **Golden Gate National Recreation Area** sind. Über die erste Ausfahrt nach Sausalito und Marin Headlands erreicht man zunächst das an der Horseshoe Bay gelegene **Fort Baker**, das nördliche Gegenstück zu Fort Point und wie jenes längst als militärischer Posten aufgegeben. In einigen der alten Gebäude ist das **Bay Area Discovery Museum** untergebracht, das sich vor allem an Kinder und Jugendliche richtet.

Riesiges Naturschutzgebiet

Bay Area Discovery Museum, *557 McReynolds Rd., www.baykidsmuseum.org, Di–So 9–17 Uhr, $ 11.*

Nach dem Besuch dort fährt man unter der Golden Gate Bridge hindurch auf die westliche Seite und dann auf der Conzelman Road immer höher hinauf ins Marin Headland. Auch diese Seite war einst militärisches Sperrgebiet und lange Zeit nicht öffentlich zugänglich. Heute fungiert das Areal als Recreation Area und eines der beliebtesten Naherholungsziele. Die Conzelman Rd. wird ab der Battery 129, eine von vielen aufgelassenen einstigen Wehranlagen, als Einbahnstraße weitergeführt und stößt auf einen Parkplatz, von wo aus man zu Fuß zum etwa 40 m hohen **Point Bonita Lighthouse** gelangt. Der Pfad dorthin *(März–Okt., nur Sa/So 12.30–16.30 Uhr, nicht bei stürmischem*

Wetter) mit vielen Stufen und einem Felsdurchbruch, der 1877 in die Felsen gehauen wurde, endet an einer Steilklippe hoch über dem Pazifik.

Zurück auf der Straße passiert man an der Rodeo Lagoon das **Marin Headlands VC** (*Field/Bunker Rd., nahe Point Bonita Lighthouse, tgl. 9.30–16.30 Uhr*). Auf der Nordseite der Lagune lohnt ein Abstecher zum **Marine Mammal Center**, eine Aufzuchtstation für verletzte und elternlose Walrosse, Robben und Seelöwen.

Aufzuchtstation

Marine Mammal Center, *2000 Bunker Rd., Fort Cronkhite/Sausalito, www.marinemammalcenter.org, tgl. 10–17 Uhr, frei.*

Zurück auf der Conzelman Rd. führt die Alexander Ave. als Nebenstrecke direkt ins Zentrum von Sausalito. Dort lohnt abgesehen von einem Bummel entlang der Promenade das **Bay Model**. Es handelt sich um eine 1957 konstruierte verkleinerte Nachbildung der gesamten Bay, in der mit Hilfe von 120.000 l Wasser Strömungen simuliert werden. Besucher können die geografische und geologische Situation der Bucht von erhöhten Plattformen studieren.

Bay Model, *2100 Bridgeway/Spring St., www.spn.usace.army.mil/bmvc, Di–Fr 9–16, Sa/So 10–17 Uhr, im Winter So/Mo geschl., frei.*

Informationen

Sausalito VC & Downtown Ice House Historical Exhibit, *780 Bridgeway, ✆ (415) 331.7262 ext.10, www.sausalito.org; Infostand und kleines Museum am Ferry Terminal, 11.30–16 Uhr.*

Floating Homes Tour, *www.floatinghomes.org; Ende Sept. finden Touren durch die Hausbootsiedlungen statt.*

Fähren

Blue & Gold Fleet, *http://blueandgoldfleet.com; mehrmals tgl. ab Pier 41 (San Francisco).*

Golden Gate Ferry, *http://goldengateferry.org/schedules/Sausalito.php, mehrmals tgl. ab Ferry Bldg.*

Insel-Ausflug nach Angel Island

Größte Insel in der Bay

Angel Island ist die größte Insel in der Bucht, die einst von Miwok-Indianern besiedelt war. Heute kann man das autofreie Naturschutzgebiet auf einem rund 8 km langen Rundtrail erwandern, während einer Tram-Tour kennenlernen oder mit dem Fahrrad erkunden. Im Gegensatz zur idyllischen Ruhe heute, ging es in der Vergangenheit eher lebhaft zu: Erst im 19. Jh. eine Quarantänestation, dann Stützpunkt während des amerikanischen Bürgerkriegs, Internierungslager für Indianer und schließlich 1910 bis 1940 Quarantänestation für asiatische Einwanderer.

Angel Island SP, *Tiburon, www.angelisland.org und www.angelisland.com, tgl. 8 Uhr–Sonnenuntergang, VC in Ayala Cove (Fähranlagestelle), Tramtouren, Fahrradverleih, Kayak- und Segway-Touren, Naturführungen u.a. von Mai–Okt. tgl. 10–16 Uhr*

Anfahrt: Blue & Gold Fleet, *http://blueandgoldfleet.com, mehrmals tgl. ab Pier 41 bzw.* **Angel Island Tiburon Ferry** *(www.angelislandferry.com) ab Tiburon.*

Oakland

Die längere, ein halbes Jahr früher als die Golden Gate Bridge eröffnete **San Francisco-Oakland Bay Bridge** wurde von *Charles H. Purcell* konstruiert und nach nur dreijähriger Bauzeit am 12.11.1936 dem Verkehr übergeben. Sie galt mit einer Länge von 13,3 km (davon 6,8 km über Wasser) bei Eröffnung als technisches Wunderwerk. Aufgrund des Alters, der Erdbebenschäden in der Vergangenheit sowie der Überlastung wird derzeit gebaut: Von der Oakland-Seite wird die Trasse nördlich der heutigen Konstruktion auf Betonpfeilern höher gelegt. Bis kurz vor Yerba Buena Island wird eine „unechte Hängebrücke" (mit nur einem Pylon) die Bucht überspannen. Anders als bisher sollen die Fahrspuren nicht doppelgeschossig, sondern nebeneinander angeordnet werden. Das Projekt *(http://baybridgeinfo.org/projects/sas)* soll im Herbst 2013 abgeschlossen sein.

Verkehrstechnisch wichtige Brücke

Auf den ersten Blick erschließt sich **Oakland** dem Besucher weit weniger schnell als das berühmtere San Francisco. Anstelle pittoresker viktorianischer Häuschen prägen hier hochaufragende verglaste Bankpaläste und viel Industrie in den Randzonen das Bild. Oakland ist mit rund 390.000 EW die **sechstgrößte Stadt Kaliforniens**; über 40 % der Bevölkerung sind Afroamerikaner. Mit eigenem Flughafen *(Oakland International Airport)* und wichtigem Hafen zählt Oakland zu den am schnellsten wachsenden Städte Amerikas. Die Rivalität zu San Francisco spürt man besonders deutlich auf sportlichem Gebiet: Im American Football und Baseball geht es heiß her, wenn sich die Lokalrivalen gegenüber stehen.

Mit der Ankunft der *Central Pacific Railroad* 1869 erlebte Oakland einen wirtschaftlichen Aufschwung und lief San Francisco den Rang als Hafenstadt während bzw. nach dem Zweiten Weltkrieg ab, als hier die **Alameda Naval Air & Supply Station** entstand und zahlreiche Afroamerikaner v.a. aus den Südstaaten herströmten um auf den Werften zu arbeiten. Bis heute spielt die Marine eine wichtige Rolle, ebenso der 1927 entstandene **Port of Oakland**, einer der fünf größten Containerhäfen der USA und weltweit unter den Top 20.

Eine Besichtigung Oaklands beginnt man am besten in der Innenstadt (BART Station 12th St./City Center) –

Downtown Oakland

im Bereich von Broadway und 14th St. – mit beeindruckender Skyline. Das Herz der Stadt schlägt rund um die **City Hall** (*14th St.*), 1914 als erstes Beaux-Arts-Hochhaus westlich des Mississippi erbaut; sehenswert ist auch das **Paramount Theatre** (*2025 Broadway, www.paramounttheatre.com*) von 1931 im Art-déco-Stil.

Einige Blocks weiter südlich erstreckt sich **Old Oakland**, der in den 1870er-Jahren entstandene Kern der Stadt (*Washington/10th–7th St.*). In die restaurierten viktorianischen Häuser und Lagerhallen sind Lokale, Cafés, Kunstgalerien und Läden eingezogen und erhalten so den alten Stadtkern.

Berühmtester Bewohner

Der **Jack London Square** (*www.jacklondonsquare.com*) am Ende des Broadway, Ecke Embarcadero, ist eine Ehrbezeugung an Oaklands bekanntesten Einwohner. Besonders Sonntagvormittags, wenn *Farmers Market* ist, lohnt ein Besuch, und danach geht man, wie einst der berühmte Autor, der hier den „Seewolf" geschrieben haben soll, zum Drink in **Heinhold's First and Last Chance Saloon**.

Lake Merritt, ein Salzwassersee nahe Downtown, der in den 1860er-Jahren angelegt wurde und über das erste Vogelschutzgebiet in Amerika verfügte, gilt als die grüne Lunge und das Wohnzimmer der Stadt. Am Seeufer steht das **Camron-Stanford House**, ein prachtvoll ausgestattetes viktorianisches Haus von 1876, in dem bis 1967 das Oakland Museum zu Hause war.
Camron-Stanford House, *1418 Lakeside Dr., www.cshouse.org, Touren am 3. Mi im Monat 13–16 Uhr, $ 5.*

Das **Oakland Museum of California** (BART Station Lake Merritt) steht heute weiter südlich, hinter der schlichten Fassade eines 1969 fertiggestellten großen Baus von Stararchitekt *Kevin Roche*. Im Inneren präsentiert wird nicht nur eine hochrangige Sammlung kalifornischer Kunst, sondern auch eine einzigartige historische und naturwissenschaftliche Abteilung. Besonders sehenswert ist die neu gestaltete **Gallery of California History**.

Universalmuseum

Oakland Museum of California, *Oak/10th St., http://museumca.org, Mi–So 11–17, Fr bis 21 Uhr, $ 12, mit Laden und Café.*

Ein lohnender Abstecher führt zum **Chabot Space & Science Center**, in erster Linie ein Pilgerort für alle an Astrologie und Raumfahrt Interessierten, mit Planetarium und Observatorium.
Chabot Space & Science Center, *10000 Skyline Blvd./Joaquin Miller Park, www.chabotspace.org, Mi–Do 10–17, Fr/Sa 10–22, So 10–17 Uhr, $ 15,95 inkl. Planetarium.*

i Informationen, Restaurants und Nahverkehr

Oakland CVB, *463 11th St., ✆ (510) 839-9000, www.visitoakland.org.*
Jack London Square, *Broadway/Embarcadero, Läden und Lokale wie* **Kincaid's Bayhouse** oder **Yoshi's Jazzclub & Restaurant** *sowie Farmers' Market (So) und* **Heinold's First and Last Chance Saloon**
BART *von San Francisco nach „12th St./Oakland City Center" oder „Lake Merritt" bzw. verschiedene Fähren.*

Berkeley

Reverend *Henry Durant* plante in den 1860er-Jahren auf dem Land, wo heute Berkeley liegt, eine Universität in „arkadischer Ruhe und Abgeschiedenheit". 1866 wurde kein Geringerer als der Landschaftsarchitekt und Schöpfer des New Yorker Central Park, *Frederick L. Olmsted*, mit der Planung des Campus beauftragt, und 1873 nahmen die ersten 200 Studenten, darunter 22 Frauen, ihr Studium auf.

Lebendiges Universitätsstädtchen

Doch anders als geplant, entwickelte sich die Uni in den 1960er- und 1970er-Jahren zum „Berserkerley", zum **Zentrum politischer und sozialer Revolution**. Heute wird zwar in „**Cal**", wie die **University of California at Berkeley** kurz genannt wird, noch immer gerne mal gestreikt, in erster Linie gilt sie jedoch als renommiertes Forschungsinstitut.

Das Städtchen **Berkeley** (ca. 112.000 EW), dessen Wurzeln ins Jahr 1876 zurückreichen, hat zwei Gesichter: einerseits beschauliche Provinzstadt, andererseits lebhafte, junge Universitätsstadt. Es ist außerdem die Stadt der Verlage und Druckereien, Buchhandlungen und Archive, Cafés und Restaurants, der Subkulturen und skurrilen Typen. Am östlichen Rand von Downtown liegt der **Unicampus** und hier konzentrieren sich die Highlights der Stadt. Damals hatte ein Herr namens *Francis Kittrege Shattuck* die *Southern Pacific Railroad* überzeugt, dass die Eisenbahnschienen über seinen Grund und Boden laufen müssen, und ein Bahnhof war entstanden.

Der Campus der **UC Berkeley** *(www.berkeley.edu)* – mit rund 36.000 Studenten – erstreckt sich östlich der Oxford Street (nahe BART Station „Berkeley") zwischen Hearst Street und Bancroft Way auf knapp 500 ha Fläche. Das **Infozentrum** an der Sproul Plaza *(King Student Union)* am Bancroft Way im Süden ist idealer Ausgangspunkte für eine Besichtigung.

Berühmt ist das **Sather Gate**, das Tor, an dem die meisten Demos ihren Ausgang nahmen. Einen guten Überblick bekommt man vom Aussichtsdeck des unüberseh-

Der Campanile ist das Symbol der University California at Berkeley

baren **Campanile** oder **Sather Tower**, nach venezianischem Vorbild erbaut und mit 61 Glocken versehen, die dreimal täglich zum Konzert aufspielen. Zu den Sehenswürdigkeiten gehören der **UC Botanical Garden**, eine der größten und vielseitigsten botanischen Anlagen in den USA, und das **Hearst Greek Theatre**, dem antiken griechischen Theater von Epidauros nachgebaut und 1903 als Geschenk von Medienmogul *W. R. Hearst* übergeben.
UC Botanical Garden, *Centennial Dr./Strawberry Canyon, http://botanicalgarden.berkeley.edu, tgl. mind. 9–17 Uhr, $ 10.*

Archäologische Privatsammlung

Im **Berkeley Art Museum/BAM** wird vorwiegend moderne Kunst präsentiert, sehenswert ist aber auch die asiatische Sammlung. Das **Phoebe Apperson Hearst Museum of Anthropology** birgt hingegen eine herausragende anthropologische und archäologische Privatsammlung, die das Spektrum von Kalifornien über Mexiko bis Südamerika und Ägypten abdeckt.
BAM, *2626 Bancroft Way, http://bampfa.berkeley.edu, Mi–So 11–17 Uhr, $ 10.*
Phoebe Apperson Hearst Museum of Anthropology, *103 Kroeber Hall, Bancroft Way/College Ave., http://hearstmuseum.berkeley.edu, bis 2014 wegen Renovierung geschlossen.*

Reisepraktische Informationen Berkeley

Informationen

Visit Berkeley, *2030 Addison St., ✆ (510) 549-7040, http://visitberkeley.com, Mo–Fr 9–13 und 14–17 Uhr.*
UCal VC, *101 Sproul Hall, UC Campus, http://visitors.berkeley.edu, Mo–Fr 8.30–16.30 Uhr, auch Campustouren (10 Uhr).*

Restaurants

Gather, *2200 Oxford/Allston St., ✆ (510) 809-0400, tgl. Dinner, zur Hälfte vegetarische/vegane Gerichte, gesunde, saisonale Küche aus lokalen Zutaten.*
Spenger's Fresh Fish Grotto, *1919 4th St., ✆ (510) 8457771; Fisch und Meeresfrüchte in Perfektion zubereitet, traditionsreiches Lokal 1888 von einem bayerischen Einwanderer gegründet.*
The Cheese Board Collective, *1504/1512 Shattuck Ave., ✆ (510) 549-3183; Bäckerei, Käseladen, vegetarische Pizza (Di–Sa) und Livemusik.*
Chez Panisse, *1517 Shattuck Ave., ✆ (510) 548-5525; Starköchin Alice Waters bietet kalifornische Küche in höchster Qualität und gehört zu den Initiatoren des „Slow Food Movement".*

Nahverkehr

BART *von San Francisco nach „Downtown Berkeley".*

Ausflug ins Wine Country

Hinweis für Weinliebhaber

Viele größere Weingüter sind im Sommer und Frühherbst meist 10–17 Uhr, in der NS verkürzt bzw. nur an Wochenenden geöffnet. Es gibt manchmal Touren, fast immer Gelegenheit zu Weinproben, die im Napa Valley fast immer, im Sonoma County gelegentlich eine Gebühr kosten. Zugehörig ist oft ein Laden, in dem Wein, Souvenirs und Zubehör, manchmal auch Feinkost, verkauft werden, und vielfach gibt es einen Picknickplatz.
Im Internet *helfen www.winecountry.com oder www.wineinstitute.org bei der Orientierung.*
Kalifornische Weine in Deutschland*: Auf kalifornische Spitzenprodukte spezialisiert ist:*
K&U Weinversand-Weinhalle *in Nürnberg, ✆ (0911) 525153, www.weinhalle.de.*
Tipp in San Francisco: *Napa Valley Winery Exchange, 415 Taylor/Geary St., www.nvwe.com. Topweine kleinerer kalifornischer Produzenten, v.a. aus Napa und Sonoma.*

In nächster Nachbarschaft zu San Francisco liegen mit **Napa Valley** und **Sonoma County** die bekanntesten und größten Weinanbaugebiete der USA. Wer behauptet, die US-Amerikaner verstünden nichts von Essen und Trinken, ist ebenso arrogant wie unwissend. Kalifornien hat sich mittlerweile zur Hochburg der Haute Cuisine und des Weins entwickelt. Die **Weine** zählen weltweit zu den Besten und selbst die Franzosen müssen vor den kalifornischen Edeltropfen und ihren innovativen Winzern den Hut ziehen. *Feinkost und Wein*

Das **Sonoma County**, nördlich anschließend ans Marin County, gilt wie das parallel weiter östlich verlaufende **Napa Valley** als „Garten Eden“ Kaliforniens. Allerdings

Besichtigung des Wine Country mit einem Ballon

Unterschiede zwischen Sonoma und Napa

unterscheidet die beiden Regionen, die durch die Weinregion **Los Carneros** im Süden verbunden werden, vieles, z. B. die Größe: Das Napa Valley ist ein begrenztes, dicht bebautes Weingebiet, das Sonoma County besteht dagegen aus ausgedehnten, abwechslungsreichen Agrar- und Naturregionen.

Was die Beliebtheit angeht, bestehen ebenfalls Unterschiede: Während sich an Wochenenden die Blechlawinen durchs Napa-Tal wälzen und sich in den *Boutique Wineries* Besucher drängeln, um für viel Geld von edlem Stoff mit großem Namen nippen zu dürfen, gibt sich das Sonoma County eher ländlich-idyllisch und weitläufig. Hochwertige Agrarprodukte, vermehrt aus biologischem Anbau, machten in den letzten Jahren das Sonoma County zum **Aushängeschild für *Organic Food*** (Bioprodukte).

Routenhinweis

Ein Ausflug ins Weinland ist an einem Tag gut möglich, besonders ins Napa Valley, wenn auch angesichts der Entfernungen nicht allzuviel Zeit für Weinproben bleibt. Alternativ böte sich eine Übernachtung in einem der zahlreichen, guten Hotels oder B&Bs in der Weinregion an. Eine Fahrt ins Wine Country könnte mit dem Besuch von Sausalito (s. S. 519) oder mit der Fahrt von San Francisco nach Sacramento und Yosemite NP (s. S. 482, 564) kombiniert werden. Auch wer von Nordkalifornien über die Küstenstraße (s. S. 431) oder das Landesinnere (s. S. 457) anreist, könnte als letzte Station vor San Francisco im Wine Country Halt machen.

Eine eintägige **Rundfahrt** könnte wie folgt aussehen: aus San Francisco kommend nordwärts auf dem Hwy. 101 bis kurz vor Novato, wo man ostwärts auf den Hwy. 37 abbiegt. Von diesem zweigt der Hwy. 121 Richtung **Napa** ab. Dann führt der Hwy. 29 Richtung Norden bis **Calistoga** und von dort geht es südwestwärts nach **Santa Rosa** im Sonoma County. Auf dem Hwy. 12 sind das Sonoma Valley und der Ort **Sonoma** schnell erreicht. Anschließend führt der Hwy. 116 nach **Petaluma** und von dort auf dem Hwy. 101 zurück nach San Francisco.

Napa Valley – die berühmteste Weinregion der Welt

Renommierte Weinregion

Das 56 km lange und 2–8 km breite Napa Valley gilt als „**World Famous Wine Growing Region**" und als Aushängeschild des kalifornischen Weins. Das Wort *napa* bedeutete in der Sprache der Indianer „Fülle" und tatsächlich sind zwischen den Orten Napa im Süden und Calistoga im Norden nicht nur riesige Anbauflächen, sondern auch eine Fülle von Weingütern, mehrere Hundert, versammelt.

Die großen drei Städte sind Napa, St. Helena und Calistoga. **Napa** gilt als „Tor" zum Tal und zum Weinland und ist mit seinen rund 78.000 EW das städtische Zentrum. Das Herz des Tals schlägt allerdings in **St. Helena**, dem wirtschaftlichen Mittelpunkt des Areals, auf dem sich über 50 Weinkellereien befinden. **Calistoga** im äußersten Norden des Tals gilt wegen seiner Schwefelquellen zuallererst als Kurort.

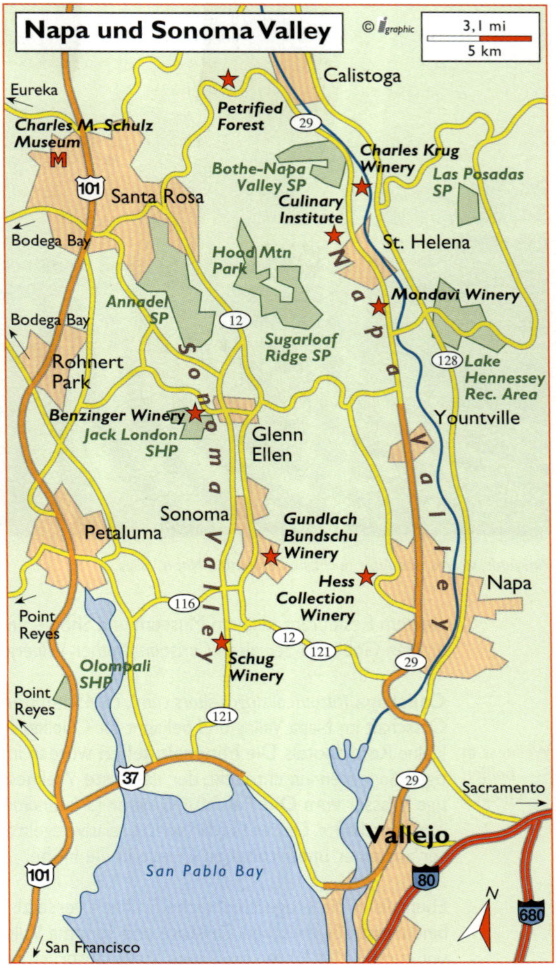

Historic Downtown Napa *(http://donapa.com)* wirkt proper, etwas provinziell, ist jedoch wegen einiger historischer Bauten, die sich um Main Street und im Bereich von Randolph, Coombs und First St. konzentrieren, durchaus einen Bummel wert.

Kaum hat man Napa hinter sich gelassen, passiert man auf dem Hwy. 29 das 1835 gegründete **Yountville** *(http://yountville.com)*, das seinen Namen einem Trapper verdankt, der 1831 hierher gekommen war.

Die Topattraktion im Ort ist das **Napa Valley Museum**, das eine Einführung in Kultur und Geschichte des Tales gibt. Es geht in der Ausstellung um die Besiedlung des Napa Valley und den Weinbau, um Landwirtschaft, Bodenschätze und Tourismus.
Napa Valley Museum, *55 President's Circle, http://napavalleymuseum.org, Di–So 10–16 Uhr, $ 5.*

Die beiden nächsten Ortschaften, **Oakville** und **Rutherford**, bieten außer Weingütern keine eigentlichen Sehenswürdigkeiten. Attraktiver ist **St. Helena** *(www.sthelena.com)*, etwa 28 km nördlich von Napa, mitten im Tal gelegen. Hier spielt sich das Leben an der Main Street ab. Interessant ist das **Silverado Museum** (*1490 Library Lane, www.silveradomuseum.org, Di–Sa 12–16 Uhr, frei)* zum Leben und Wirken des Schriftstellers *Robert Louis Stevenson* (1850–94), u.a. mit Erstausgaben seiner Werke, Briefen, Manuskripten und Fotos. Der Autor der „Schatzinsel" verbrachte seine Flitterwochen 1880 im Tal.
St. Helena ist auch Sitz des **Culinary Institute of America** *(2555 Main St., www.ciachef.edu)*, einer Ausbildungsstätte für Köche und verwandte Berufe mit empfehlens-

Vineyards, so weit das Auge reicht, im berühmten Napa Valley

wertem Restaurant, kleinem Museum und Shop – unübersehbar untergebracht im burgartigen Gebäude der alten *Christian Brother Winery* von 1889.

Wellness in heißen Quellen

Calistoga *(http://calistogavisitors.com)*, ca. 45 km nördlich von Napa, ist die attraktivste Ortschaft im Napa Valley und bekannt für Quellen, Heilschlamm, Schönheitsfarmen und kleine Resorthotels. Die **Mineralquellen** wurden im Jahr 1860 von dem geschäftstüchtigen *Sam Brennan* entdeckt, der das erste Wellnesshotel errichtete und sich das nötige Wasser vom **Old Faithful Geyser** *(3 km nördlich, Tubbs Lane, www.oldfaithfulgeyser.com)* beschaffte. Dieser Geysir spritzt relativ regelmäßig jede halbe Stunde heißes Wasser aus einer unterirdischen Quelle in die Höhe.

Ebenfalls in die erdgeschichtliche Frühzeit versetzt der **Petrified Forest** an der Verbindungsstraße zwischen Calistoga und Sonoma Valley. Ein kompletter Wald wurde hier vor rund 3 Mio. Jahren bei einem Vulkanausbruch unter Asche und Lava begraben; dadurch wurde das Holz dauerhaft konserviert.
Petrified Forest, *4100 Petrified Forest Rd., www.petrifiedforest.org, tgl. 9–17/19 Uhr, $ 10.*

Nördlich von Calistoga, im äußersten Nordwesten des Napa Valley, bietet sich nach etwas anstrengendem Aufstieg (einfacher Weg ca. 8 km) vom **Mount St. Helena** ein fantastischer Rundblick bis nach San Francisco und zur Sierra Nevada. Der Berg liegt im **Robert Louis Stevenson SP** *(www.parks.ca.gov/?page_id=472)*, wo 1880 der frisch verheiratete Autor in einer Blockhütte Urlaub machte.

Reisepraktische Informationen Napa Valley/CA

Information

Napa Valley Welcome Center, *600 Main St., Napa, ✆ (707) 260-0106, www.visitnapavalley.com, tgl. 9–17 Uhr. Infos und Auskünfte sowie Hotelreservierungen und vielerlei Infos zur ganzen Region.*
Informativ sind auch: **www.napavintners.com** *oder* **www.napawineproject.com** *zur Weinszene.*

Weintouren

Napa Valley Wine Train, *✆ 1 (800) 427-4124, www.winetrain.com. Verschiedene Touren im historischen Luxuszug. Auf der Fahrt zwischen Napa und St. Helena und zurück (ca. 60 km) kann man delikat speisen und Weine probieren. Die Eisenbahnlinie war 1864 von Sam Brannan gegründet worden, wurde ab 1885 durch die Southern Pacific Railroad Company betrieben, dann stillgelegt und seit 1987 zu Weintouren genutzt.*
California Wine Tours, *✆ 1 (800) 294-6386, www.californiawinetours.com; Limousinen-Service – ideal bei ausgiebiger Weinverkostung!*

Unterkunft

Calistoga Inn $$, *1250 Lincoln Ave., Calistoga, www.calistogainn.com. Ein Schnäppchen, mit Lokal s.u.*
Cottage Crove Inn $$$$, *1711 Lincoln Ave., Calistoga, ✆ (707) 942-8400, www.cottagegroveinn.com. Perfekt zum Erholen; 15 Cottages mit Veranda, Küchenzeile, Bad, Kamin und Stereoanlage; abendlicher Käse und Wein sowie Frühstück inklusive.*

Restaurants

All Seasons, *1400 Lincoln Ave., Calistoga, ✆ (707) 942-9111; kalifornische Bistroküche mit frischen Ingredienzien ohne großen Schnickschnack und zu annehmbaren Preisen. Gute Weinkarte und angegliederter Weinladen.*
Calistoga Inn Restaurant & Napa Valley Brewing Company, *1250 Lincoln Ave., Calistoga, ✆ (707) 942-4101; im „Biergarten" am Fluss genießt man Tex-Mex-Gerichte oder Deftiges vom Grill, dazu ein kühles Bier aus der hauseigenen Kleinbrauerei.*
Wine Spectator Greystone Restaurant, *2555 Main St., St. Helena, ✆ (707) 967-1010; in der alten Christian Brother Winery betreibt das Culinary Institute of America eine Ausbildungs- und Seminarstätte für Fachleute und Laien sowie ein Lokal.*

Einkaufen

Dean & Deluca, *Hwy. 29, gegenüber dem Weingut Sattui in St. Helena. Die Filiale des New Yorker Feinkosttempels bietet alles, was man zum Gourmet-Picknick braucht.*
V Marketplace 1870, *6525 Washington St., Yountville. Kleiner Shoppingkomplex mit etwa 40 Shops und Lokalen in historischem Weingut von 1870.*
St. Helena Wine Center, *1321 Main St., St. Helena. Unvergleichliche Auswahl an kalifornischen Weinen.*

Weingüter im Napa Valley

Eine vollständige Liste aller zu besichtigenden Weingüter würde den Rahmen sprengen, Details gibt es u.a. im Besucherzentrum in Napa bzw. in Broschüren und Magazinen. Besonders lohnend sind: Beaulieu Vineyards, Beringer, Charles Krug, Clos Pegase, Domaine Chandon, Gloria Ferrer, Hess Collection Winery, Robert Mondavi, Niebaum-Coppola Estate Winery, Opus One, Schug Winery, Silver Oak Cellars, Stag's Leap oder Sterling Vineyards.

info

Weinhochburg Kalifornien

Kalifornien ist mit über 3.000 Weingütern das **größte und traditionsreichste Weingebiet der USA**. Das Aushängeschild, Napa Valley, geriet durch eine internationale Blindverkostung 1976 in Paris in den Blickpunkt: Damals belegte ein Cabernet Sauvignon von *Stags Leap* den ersten Platz und begründete damit das **hohe Ansehen der Weinregion**, die aus dem eher touristisch aufgeputzten Napa Valley und dem eher ländlicheren, geografisch abwechslungsreicheren Sonoma County besteht.

Die „Großen" im Geschäft, z.B. *Gallo*, *Mondavi* oder *Fetzer*, geben zwar seit den 1960er-Jahren den Ton an, heimsen Auszeichnungen ein, treiben aufwendige Werbekampagnen und unterhalten die attraktivsten Besucherzentren und Shops, doch basiert Kaliforniens aufstrebende Weinszene und deren Zukunft besonders auf den **kleineren Weingütern**. Sie sind meist in Familienhand und hier ist vielfach noch Handarbeit angesagt, die Winzer begutachten und bewirtschaften ihre Weinberge noch selbst.

Diese *Winemaker* verlassen sich nicht auf Computerdaten und modernste Technik, um möglichst gleichförmige Weine zu produzieren, sondern setzen auf **Können und Erfahrung** und auf ein Naturprodukt, das jedes Jahr anders ausfallen kann. Kalifornische Winzer wie *Ric Forman, Jim Clendenen, Doug Nalle, Cathy Corison* oder *Philip Togni* haben sich eine **undogmatische Kombination von Experimentierfreudigkeit, Innovations- und Improvisationsgeschick** bei allem Respekt vor europäischen Traditionen zu eigen gemacht. Selbst im schillernden, von „Megastars" wie *Opus One* oder *Mondavi* geprägten Napa Valley verbergen sich noch genügend kleine Weingüter, deren Tropfen das Herz eines jeden Weinliebhabers höher schlagen lassen.

Napa und Sonoma sind die beiden bekanntesten Weinregionen Kaliforniens, doch in letzter Zeit machen auch Weine aus der Region südlich der Bucht von San Francisco sowie besonders die **Central Coast** zwischen San Luis Obsipo und Santa Barbara von sich Reden. Daneben werden „edle Tropfen" im nördlichen Mendocino County, in den Sierra Foothills und südlich von San Diego angebaut. Die größte Menge, zumeist Massenware, kommt aus dem Central Valley, wo in Modesto mit *Gallo* die größte Winery der Welt zu Hause ist.

Infos: www.wineinstitute.org oder www.californiawineinfo.com

Unterwegs im Sonoma County

„**Slonoma**" nennen die Bewohner ihre Region scherzhaft, denn hier gehen die Uhren langsamer, fahren weniger Touristenbusse, gibt es kaum Staus und die Weingüter sind kleiner und überschaubarer, vielfach noch in Familienbesitz. Anders als im benachbarten Napa Valley spielen Viehzucht, Gemüse- und Obstanbau, Gärtnereien und Baumschulen eine gleichberechtigte Rolle.

Tipp für Gourmets

Zudem gilt die Region als **Geheimtipp** für gesundheitsbewusste und erholungssuchende Städter und Gourmets. Mehr und mehr Landwirte haben sich in den letzten Jahren dem **Organic Farming**, dem biologischen Obst- und Gemüseanbau, verschrieben und stellen Bioweine, Marmelade, Käse und Olivenöl her, brauen Bier oder Cidre oder füllen eigenen Honig ab. Sonoma ist längst aus dem Schatten des Napa Valley herausgetreten und hat sich zur eigenständigen Gourmet-Destination entwickelt.

Das Sonoma County erstreckt sich vom Sonoma Valley bis hin zur Pazifikküste. Die städtischen Zentren heißen **Sonoma**, **Glen Ellen**, **Santa Rosa**, **Petaluma**, **Sebastopol**, **Healdsburg** und **Geyserville**. Geografisch und weinbautechnisch dominieren das *Russian River Valley* und das *Alexander Valley* die Region. Insgesamt sind **13 Weinappellationen** ausgewiesen, in denen Chardonnay, Cabernet Sauvignon, Zinfandel und Pinot Noir vorherrschen. Anders als im Napa Valley liegen hier die Weingüter nicht entlang einer „Rennstrecke", sondern verstreut in Naturgebieten und Agrarregionen.

Von Calistoga im Napa Valley führt die Petrified Forest bzw. Calistoga Road hinüber ins westliche Sonoma County und in die zentrale Stadt **Santa Rosa** *(www.visitsantarosa.com)* mit etwa 168.000 Einwohnern. Eine der beiden Hauptsehenswürdigkeiten von Santa Rosa ist **Luther Burbank Home & Gardens**. Der Komplex besteht aus Botanischem Garten und Wohnhaus und erinnert an *Luther Burbank* (1849–1926). Dem passionierten Gärtner, Pflanzenforscher, -sammler und -züchter sind mehr als 800 neue Pflanzensorten zu verdanken, darunter ein stachelloser Kaktus ebenso wie lila Kartoffeln oder diverse Apfelsorten.

Luther Burbank Home & Gardens, *100 Santa Rosa Ave., www.lutherburbank.org, tgl. 8–Sonnenuntergang, Museum/Laden Di–So 10–16 Uhr, Touren $ 7.*

Im Schulz-Museum in Santa Rosa sind Charlie Brown, Snoopy und ihre Freunde zuhause

Museum der Peanuts

Das zweite Highlight, im Norden gelegen, ist das **Charles M. Schulz Museum**. Es wurde 2002, zwei Jahre nach dem Tod des Schöpfers der **„Peanuts“** eröffnet. Zum Komplex gehören neben dem architektonisch gelungenen Museumsbau ein großer Laden mit Galerie und kleiner Eishalle. Ausgestellt sind rund 7.000 der 17.800 Strips, die Schulz geschaffen hat, sein Studio wurde rekonstruiert und es finden wechselnde Ausstellungen statt. Sehenswert sind die beiden überdimensionalen Kunstwerke des Japaners *Yoshitesu Otani*, eine Holzskulptur namens „Morphing Snoopy“ und ein Fliesenmosaik, „Tile Mural“ im Foyer, aus 3588 Comic-Strips auf Fliesen.
Charles M. Schulz Museum, *1 Snoopy Place, W. Steele Lane/Hardies Lane, http://schulzmuseum.org, Mo–Fr 11–17, Sa/So 10–17 Uhr, $ 10.*

Wer sich für Spitzenweine interessiert, sollte von Santa Rosa eine Rundfahrt in den Norden unternehmen. Der Hwy. 101 führt zunächst nach **Healdsburg** *(www.healdsburg.org)* und von dort ins *Dry Creek Valley*, wo einige der besten Zinfandels produziert werden *(Doug Nalle, Peterson* oder *Gallo of Sonoma)*. Das Tal endet im Norden am **Lake Sonoma**, einem künstlichen Stausee mit Möglichkeit zu Camping, Bootstouren *(Lake Sonoma Marina)*, Picknick, Schwimmen, Wasserski oder Wandern. Zurück geht es nach Santa Rosa über Geyserville und durch das malerische **Alexander Valley**, östlich des Hwy. 101, mit seinen mehr als 30 Weingütern.

Besuchenswert ist auch das südlich Santa Rosa gelegene kleine Städtchen **Petaluma** *(www.visitpetaluma.com)*, direkt am Hwy. 101. 1858 als Holzstadt gegründet, hat sich Petaluma viel von seinem historischen Charme und seiner alten Bausubstanz bewahrt und genießt heute seine Rolle als Antiquitätenzentrum. Mitten durch Downtown zieht sich der Petaluma River, schön gerahmt von *River Walk* und *Marina*.

Von Petaluma führt der Hwy. 116, auch **Gravenstein Highway** nach der Apfelsorte genannt, mitten durch große Apfelhaine nordwärts zum beschaulichen **Sebastopol**. Das kleine Städtchen ist einer der nettesten Orte im County und zugleich **Zentrum des *Organic Farming***. Im Umkreis, v.a. entlang dem Gravenstein Highway, häufen sich Verkaufsstände mit Obst und Gemüse und finden sich Baumschulen und Selbstpflück-Farmen.

Einige der zahlreichen Weingüter sollte man unbedingt besuchen

Weingüter im Sonoma County

*Zu den **empfehlenswerten Wineries** der Region zählen jene der Familie Benzinger bei Glen Ellen, besonders aber ihre Imagery Estate Winery (Hwy. 12), mit sehenswerter Kunstgalerie und interessanten Erläuterungen zu biodynamischen Anbaumethoden. Eine vollständige Liste aller zu besichtigenden Weingüter im Sonoma County gibt es im Internet unter www.sonomawine.com oder www.sonomacounty.com/sonoma-listings/wineries sowie in zahlreichen Broschüren.*

Nachfolgend einige Namen, nach denen man Ausschau halten kann: Benzinger, Buena Vista, Davis Bynum, Ferrani-Carano Vineyards & Winery, Gundlach & Bundschu, Imagery Etate Winery & Art Gallery, Korbell Champagne Cellars (mit Russian River Brewing Co.), Matanzas Creek, Ravenswood, Rochioli, Topolos oder Viansa Winery & Italian Marketplace.

Besuchenswerte Weingüter

Im Valley of the Moon

Von Sebastopol führt der Hwy. 12 nicht nur zurück nach Santa Rosa, sondern auch weiter hinein ins **Sonoma Valley** *(www.sonomavalley.com)*. Berühmt geworden ist das Tal durch *Jack London*, der es „**Valley of the Moon**" taufte. Es erstreckt sich im Südosten des County **von Santa Rosa über Glen Ellen bis Sonoma**. Abgesehen von Indianern lebten hier schon ab 1809 russische Pelzjäger, die eigentliche europäische Besiedlung begann jedoch erst mit der Gründung der *Mission San Francisco de Solano de Sonoma* 1823 durch Pater *Jose Altimira*.

Eine Episode ließ Sonoma wenig später, 1846, in die Geschichtsbücher eingehen: die **Bear Flag Revolt**. Eine Handvoll Abenteurer hatte die mexikanische Verwaltung entmachtet, *General Vallejo* gefangen genommen und die „Freie Republik von Kalifornien" ausgerufen. Diese hatte nur wenige Wochen Bestand, dann fiel die Region in Folge des mexikanisch-amerikanischen Kriegs an die USA.

Von Santa Rosa erreicht man auf dem Hwy. 12 nach knapp 25 km das Dorf **Glen Ellen** mit dem *Jack London Village (14301 Arnold Dr., Shops und Restaurants)*. Im nahegelegenen **Jack London State Historic Park** lebte und starb *Jack London*. Besichtigen kann man die Reste seines *Wolf House*, wo er mit seiner Frau *Charmian Kittredge London* als Farmer und Schriftsteller bis zu seinem Tod 1916 lebte. Als das Traumhaus für 80.000 Dollar Baukosten im August 1913 kurz vor der Vollendung stand, brannte es ab und *London* wohnte fortan in dem kleinen Cottage.

Wohnhaus von Jack London

Jack London SHP, *2400 London Ranch Rd., Glen Ellen, www.parks.ca.gov/?page_id=478, Do–Mo 9.30/10–17 Uhr, $ 8, mit Cottage und Museum, siehe auch: www.parks.sonoma.net/JLPark.html.*

Hauptattraktion im Städtchen **Sonoma** ist der **Sonoma State Historic Park**, ein mitten in der Innenstadt gelegenes Konglomerat historischer Bauten. Dazu gehört an der Nordostecke der Sonoma Plaza die **Mission San Francisco Solano de Sonoma**, die 1823 gegründete nördlichste kalifornische Mission. Die Kirche von 1827 ist nicht mehr erhalten, dafür eine Kapelle (1840/41) mit kleiner Ausstellung und ein paar Adobebauten aus den 1830er-Jahren. *General Mariano Vallejo* war 1834 als mexikanischer Militärkommandant nach Sonoma geschickt worden um die Säkularisierung durchzuführen, die Ureinwohner aus der Obhut der Mission zu entlassen und das Land aufzuteilen.

Nördlichste Mission Kaliforniens

San Francisco Solano in Sonoma war die letzte spanische Missionsgründung

Sonoma SHP, *20 E. Spain St., www.parks.ca.gov, Di–So 10–17 Uhr, $ 3 für Mission, Barracks und General Vallejos Haus, auch Touren.*

Vallejo gründete das Pueblo von Sonoma und wohnte selbst in *La Casa Grande*, einem der größten und bestausgestatteten Privathäuser Kaliforniens. In den **Sonoma Barracks** *(El Cuartel de Sonoma)* von 1841 waren die mexikanischen Truppen *General Vallejos* untergebracht, die für Ruhe vor den im nahen Fort Ross ansässigen Russen sorgen sollten. **La Casa Grande**, das Privathaus des Kommandanten, um 1840 fertiggestellt, fungierte als Zentrum des gesellschaftlichen und diplomatischen Lebens, zeitweise auch als Schule. Nach einem Brand 1867 ist heute nur noch der Dienstbotenflügel zu sehen.

Die **Sonoma Plaza** (*Mission/Barracks/E. Spain St.*) gilt als die größte ursprüngliche Platzanlage Kaliforniens, schon in den 1830er-Jahren von *General Vallejo* in Auftrag gegeben. Hier konzentriert sich das Leben und im kleinen Park stehen die **Sonoma City Hall** (1908) mit vier identischen Fassaden und das **Carnegie Library Building**. Auf dem Platz davor erinnert eine Bronzestatue mit *Bear Flag* an die 25 Tage als Hauptstadt der *„Independent Republic of California"* 1846. Rund um den Platz, besonders an der East Spain Street, reihen sich nicht nur historische Bauten, sondern auch Restaurants, Läden und die viel besuchte *Sonoma Cheese Factory* auf. Am Stadtrand liegt am Ende einer hübschen Allee *General Vallejo's Home*, auch **„Lachryma Montis"** (s. oben, Sonoma SHP) genannt. Um 1840 im gotisierenden Stil erbaut, diente es bis zum Tod des Generals 1890 als Wohnhaus für seine 13-köpfige Familie.

info

Jack London

Jack London gehört zu den meistgelesenen Schriftstellern der Neuen Welt, was sicher auch an dem schillernden Charakter des Kaliforniers liegt. Am 12. Januar 1876 in San Francisco (615 3rd St., SoMa) geboren, verbrachte London eine ärmliche und unruhige Jugend in zerrütteten Familienverhältnissen. Der kleine *Jack* las viel, musste aber mit 13 Jahren schon die Schule verlassen. Zu diesem Zeitpunkt verdiente er sich bereits durch Hilfsarbeiten Geld. Früh kam er mit Alkohol in Kontakt und machte die Kneipe *First and Last Chance* in Oakland zu seiner eigentlichen Heimat. Schließlich kaufte er sich ein Austernboot namens „Razzle Dazzle" und lebte auf diesem mit einer 16-Jährigen zusammen, ging auf Fischfang und feierte wüste Orgien und Trinkgelage.

Von seinem Hang zu Depressionen kündete ein Selbstmordversuch, den er, gerade 20 Jahre alt, überlebte. Zu Fuß, mit Fischerbooten oder als blinder Passagier auf Güterzügen durchstreifte er den gesamten Westen und versuchte sich kurzzeitig als Student. Angelockt durch den Goldrausch, zog London dann hinauf nach Alaska und verbrachte am Klondike einen entbehrungsreichen Winter. Gesundheitlich angeschlagen, bewarb sich der 24-Jährige anschließend in Kalifornien als Postbeamter. Gleichzeitig stellten sich die ersten literarischen Erfolge ein, beginnend damit, dass ihm die Zeitschrift „The Black Cat" eine Kurzgeschichte abkaufte. Er beschloss, von nun an als Schriftsteller zu leben und heiratete im gleichen Jahr, 1900, *Bess Maddern*.

Zwei Dinge bestimmten sein Leben fortan: Frauen und Alkohol zum einen, sein ausgeprägtes Bewusstsein für soziale Ungerechtigkeit andererseits. Er entwickelte sich bald zur Galionsfigur des Sozialismus, trat der Partei bei und formulierte kompromisslose Hasstiraden auf Alles, was nach Kapitalismus aussah. Er legte keinen Wert auf sein Äußeres und wirkte auf Zeitgenossen wie ein Genie, Landstreicher und Sozialist in einer Person.

Nach der Scheidung heiratete London erneut, und seine zweite Frau *Charmian* sollte später seine Biografie schreiben, die 1921 veröffentlicht wurde. Obwohl er als Schriftsteller nun überaus erfolgreich und dazu bodenständiger geworden war, verzichtete er nicht auf ausgedehnte Reisen - z.B. nach Indien, Korea, Europa. Gleichzeitig blieb er aber ein glühender Verehrer der Natur und pries die Schönheit des *Valley of the Moon* bei Glen Ellen, wo er inzwischen lebte.

Erfolg und Ruhe hinderten ihn nicht, übermäßig zu trinken und sich in die Politik einzumischen. Zu jener Zeit beschloss er alle seine Briefe mit dem Satz „Es lebe die Revolution!". Andererseits trug er unverhohlen seinen Rassismus zur Schau, der letztlich auch zum Bruch mit der Sozialistischen Partei führte. Das war kurz vor 1916, als sein körperlicher Verfall bereits voll eingesetzt hatte. Fettleibig und geplagt von chronischen Leiden wandte er sich mehr und mehr Medikamenten und Alkohol zu. 1916 starb *Jack London* in Glen Ellen im Alter von nur 40 Jahren - offiziell infolge einer Nierenkolik, aber auch ein Selbstmord durch Drogen wurde nicht ausgeschlossen.

Es ist verwunderlich, wie ein Schriftsteller bei diesem Lebenswandel und der Energie, die er auf politische Arbeit verwandte, es schaffte, so viel - und so gut - zu schreiben. Auf sein erstes erfolgreiches Werk, die 1900 erschienene Kurzgeschichtensammlung „The Son of the Wolf" folgten bis zu seinem Tod etwa 50 Bücher. Das kommt bei einer Schaffenszeit von 16 Jahren durchschnittlich drei Büchern pro Jahr gleich. Abgesehen von Short Stories befanden sich darunter (verfilmte) Bestseller wie „Der Seewolf", „Wolfsblut", „Lockruf des Goldes" oder „Die Rote Pest".

Reisepraktische Informationen Sonoma County/CA

Information

California Welcome Center/Santa Rosa CVB, *9 4th St., Santa Rosa, ✆ (707) 577-8674, www.visitsantarosa.com, Mo–Sa 9–17, So 10–18 Uhr.*
Sonoma Valley Visitors Bureau, *453 1st St. E., Historic Plaza Sonoma, sowie 23570 Arnold Dr. (Hwy. 121), Sonoma, ✆ (707) 996-1090, www.sonomavalley.com, tgl. 9–17 Uhr.*
Sonoma County Tourism Bureau, *3637 Westwind Blvd., Santa Rosa, ✆ (707) 522-5800, www.sonomacounty.com, Infos auf Deutsch: www.sonomacounty.com/deutsch.*
Zur **Weinszene**: *www.sonomawine.com, www.sonomacounty.com/sonoma-listings/wineries.*

Touren

Getaway Adventures, *✆ 1 (800) 499-2453, http://getawayadventures.com; Radtouren mit Winery-Besuchen, Hiking- und Walking-Touren, aber auch Kanu- und Kajakfahrten im Lower Russian River Valley und in der Tomales Bay.*
Balloons above the Valley, *Napa, ✆ 1 (800) 464 6824, www.aerostat-adventures.com; Ballonfahrten für 3–8 Personen in einem Ballon für gut eine Stunde; am Ende Champagner-Brunch mit Urkundenverleihung.*
Green Dream Tours, *✆ (415) 692-1644, http://greendreamtours.com; ganztägige Weintouren durch das Sonoma Valley im bequemen Kleinbus mit Abholung vom Hotel inkl. Lunch und Proben in drei Weingütern.*

Unterkunft

The Gables B&B Inn $$$, *4257 Petaluma Hill Rd., Santa Rosa, ✆ (707) 585-7777, www.thegablesinn.com; B&B mit persönlichem Flair und geräumigen Zimmern in viktorianischem Haus, umgeben von viel Grün; im Preis sind ein Gourmetfrühstück und Nachmittagstee enthalten.*
Hotel La Rose $$$, *308 Wilson St., Santa Rosa, ✆ (707) 579-3200, http://hotellarose.com; renoviertes historisches Hotel inmitten des revitalisierten Bahnhofsviertels von Santa Rosa, geräumige Zimmer, inkl. Frühstück.*
Gaige House Inn $$$$, *13540 Arnold Dr., Glen Ellen, ✆ 1 (800) 935-0237, www.gaige.com; kleine Luxusherberge mit insgesamt 23 Zimmern und spektakulären (Zen-) Suiten. Haupthaus aus dem 19. Jh. mit Dachterrasse und Gästeküche. Beheizter Pool, Weinstunde am Abend und Gourmetfrühstück inklusive.*

Restaurants

Dempsey's Restaurant & Brewery, *50 E. Washington, Petaluma; in schöner Lage am Petaluma River gelegene Microbrewery mit handfesten, preiswerten Gerichten aus farmfrischen Produkten und mit hausgebrautem Bier.*
The Girl & the Fig, *110 W. Spain St., Sonoma, ✆ (707) 938-3634; französisch angehauchte Gerichte, für die nur die frischesten und besten Zutaten der Region verwendet werden. Außerdem empfehlenswert ist* **Fig Cafe & Winebar**, *13690 Arnold Dr., Glen Ellen.*
Lala's Creamery, *134 Petaluma Blvd. N, Petaluma. Ice Cream Parlor in Downtown mit „handgemachtem" Eis.*

Einkaufen

Es gibt gratis die Broschüre **„Sonoma County Farm Trails"** *(halbjährlich, www.farmtrails.org), die organische Betriebe aller Art auflistet, außerdem den interessanten Führer in Buchform* **„The Organic Guide to Sonoma, Napa and Mendocino Counties"**, *erhältlich in vielen Läden und Buchhandlungen.* **Farmen** *bieten oft Geschenkartikel, Honig oder Kerzen, Soßen, Senf, Olivenöl oder Apfelerzeugnisse an. Im Sonoma County finden sich zahlreiche* **Baumschulen** *und* **Spezialgärtnereien**, *aber auch* **Selbstpflückfarmen** *(Beeren, Äpfel, Kürbisse).*

Vella Cheese Co., *315 2nd St. E, Sonoma; hervorragende Käsesorten.*

Sonoma Cheese Factory, *2 Spain St., Sonoma; vielbesuchte Großkäserei an der Sonoma Plaza.*

Zu den bekannten Farmen gehört:

Kozlowski Farms, *5566 Gravenstein Hwy. N, Forestville; seit 1947 hausgemachte Produkte wie Marmeladen, Chutneys, Senf, Essig, Soßen und Geschenkartikel, dazu Imbiss.*

Weinberge im Sonoma County

Märkte

Empfehlenswert sind die Wochenmärkte in den Städten, z.B. der **Sonoma Farmer's Market** *(Depot Park, Fr. Vormittag), der* **Healdsburg Farmers Market** *(Vine/North St., Sa. Vormittag), der* **Santa Rosa Downtown Market** *(Downtown, Mi.abend), der* **Sebastopol Farm Market** *(Town Plaza, So.vormittag) oder der* **Petaluma Farmers Market** *(Walnut Park, Sa.nachmittag). Details s. http://sonoma.com/thingstodo/farmers_markets/featured.html.*

10. ZWISCHEN SAN FRANCISCO UND LOS ANGELES

Überblick

Routenhinweis

Die Wahl der „besten“ Strecke zwischen den beiden kalifornischen Metropolen fällt schwer: Einerseits gehört die Fahrt auf dem legendären CA Hwy. 1 entlang der zerklüfteten Pazifikküste zu den absoluten Highlights, andererseits hat auch die Inlandsroute durch die Sierra Nevada mit dem berühmten Yosemite NP ihre Reize. Am besten wäre es, Teile beider Routen miteinander zu verbinden.

Man könnte die Strecke zwischen S.F. und L.A. an einem Tag auf der I-5 zurücklegen, ansonsten sind jedoch für Küsten- wie Inlandsroute zwei bis drei Tage sinnvoll. Bei geplantem Besuch der Nationalparks im Inland wäre sogar noch ein Tag mehr nötig.

- **Küstenroute** (Hwy. 1): San Francisco - Santa Cruz - Monterey Bay - Big Sur - San Simeon (Hearst Castle) - San Luis Obispo - Santa Barbara - Los Angeles
- **Inlandsroute**: San Francisco - Gold Country (Variante über Lake Tahoe, Mono Lake und Tioga Pass) - Yosemite NP - Kings Canyon und Sequoia NP - Bakersfield - Los Angeles

Küstenroute nach Los Angeles

Die Küstenroute zwischen San Francisco und Los Angeles folgt durchgehend dem **CA Hwy. 1**, dem „Number One“. Die Dramatik der Nordküste setzt sich hier fort, allerdings lässt sich nach Süden hin die Sonne häufiger sehen. Strände, hohe Klippen und Aussichtspunkte laden immer wieder zu Pausen ein. Ein Bad im Pazifik wird ebenfalls immer verlockender, denn mit Annäherung an L.A. steigen die Wassertemperaturen.

Auf dem Hwy. 1 nach Santa Cruz

Südlich von San Francisco erreicht man bei **Pacifica**, etwa 20 km südlich der Golden Gate Bridge, die Pazifikküste. Der Hwy. 1 folgt zumeist „hautnah“ der Küstenlinie und passiert mehrere Buchten, die bei Surfern beliebt sind. Einer der schönsten Strände ist der **Montara State Beach** mit dem 1875 erbauten **Montara Lighthouse**, heute als Jugendherberge (*www.norcalhostels.org/montara*) in Funktion. Nächste Station ist die **Half Moon Bay**, deren sichelförmiger

Von San Francisco nach Los Angeles
SACRAMENTO
SAN FRANCISCO
OAKLAND
Berkeley
Concord
Fremont
San José
Modesto
Stockton
Fresno
Bakersfield
LOS ANGELES
Glendale
Pasadena
Hollywood
Anaheim
Torrance
Long Beach
Huntington Beach
Santa Ana
Santa Barbara
Oxnard
Ventura
Petaluma
Napa
Vacaville
Fairfield
Elk Grove
Lodi
Jackson
S. Anselmo
Sausalito
San Mateo
Half Moon Bay
Palo Alto
Point Reyes National Seashore
Año Nuevo State Park
Big Basin Redwoods State Park
Morgan Hill
Santa Cruz
Monterey Bay
Salinas
Monterey
Carmel
Point Lobos State Res.
Big Sur
Hollister
Soledad
King City
San Lucas
Bradley
Coalinga
Alder Pk. 1142 m
Alder Point
Hearst Castle
San Simeon
Paso Robles
Atascadero
Estero Bay
Morro Bay
Pt. Buchon
San Luis Obispo
Pismo Beach
Arroyo Grande
Guadalupe
Santa Maria
Pt. Arguello
Lompoc
Solvang
Sta. Ynez
Gaviota
San Rafael Mts.
2107 m
Santa Barbara Channel
SANTA ROSA I.
SANTA CRUZ I.
Channel Islands National Park
SANTA BARBARA I.
SAN NICOLAS I.
PAZIFISCHER OZEAN
Coast Range
Santa Lucia Range
Diablo Range
San Benito Mtn. 1597 m
San Joaquin Valley
San Joaquin
Salinas
Los Banos
Merced
Madera
Mendota
Hanford
Visalia
Tulare
Corcoran
Porterville
Tulare Lake
Cholame
Lost Hills
Wasco
Delano
McKittrick
Maricopa
Wheeler Ridge
Gorman
Caliente
Cantil
Mojave
Lancaster
Palmdale
Los Angeles Aqueduct
Little Lake
Ponderosa
Cartago
Mt. Whitney 4418 m
Sequoia National Park
Giant Forest
Pinehurst
Kings Canyon National Park
North Palisade 4345 m
Bishop
White Mts.
Benton
June Lake
Mt. Ritter 4010 m
Mono Lake
Bridgeport
Yosemite National Park
3528 m
Hawthorne
Walker Lake
Topaz Lake
Gardnerville
Angels Camp
Sonora
Groveland
Mariposa
Sierra Nevada
Hanford
Sierra
N
31 mi
50 km
101
5
50
395
95
120
41
99
25
1
58
178
166
154
138
14
15
© igraphic

Sandstrand bei Wochenendausflüglern populär ist. Im Süden der Bucht befindet sich die gleichnamige Ortschaft, ein an Wochenden überlaufenes Hafenstädtchen.

Der anschließende Streckenabschnitt ist gekennzeichnet durch windzerzauste Bäume und oft menschenleere Buchten. Man passiert das 1872 erbaute **Pigeon Point Lighthouse** *(www.norcalhostels.org/pigeon)*. Mit 35 m ist der Leuchtturm, in dem sich ebenfalls eine Jugendherberge befindet, einer der höchsten des Landes und ist ideal zur Walbeobachtung. Bei dem nachfolgenden **Año Nuevo State Park** handelt es sich um ein Schutzgebiet für Seeelefanten, deren Population nach Jahrhunderten intensiver Bejagung inzwischen wieder angewachsen ist. Vorbei am **Big Basin Redwoods SP**, dem größten und auch ältesten Redwood-Schutzgebiet Kaliforniens, erreicht man Santa Cruz.

Año Nuevo SP, *I New Years Creek Rd., Pescadero, www.parks.ca.gov, Apr.–Nov. 8.30–15 Uhr, $ 10, im Winter Guided Walks (Reservierung).*

Big Basin Redwoods SP, *21600 Big Basin Way, Boulder Creek, www.bigbasin.org, tgl. 9–17 Uhr, $ 10.*

Santa Cruz war einmal der berühmteste Ferienort von ganz Nordkalifornien. Durch das Erdbeben von 1989, dessen Epizentrum in der Nähe lag, war der Ort stark in Mitleidenschaft gezogen worden, inzwischen sind die Schäden behoben. Die touristischen Aktivitäten konzentrieren sich auf den 1,5 km langen Strand, an dem sich der **Santa Cruz Municipal Wharf** fast 800 m weit in die Bucht hinausschiebt.

Östlich des Piers erstreckt sich der 1903/04 angelegte **Beach Boardwalk** *(www.beachboardwalk.com)*, dessen Vergnügungspark noch ein Stück altes Amerika darstellt. Die Anlage, die vom ehemaligen **Casino** (1907) dominiert wird, ähnelt traditionellen englischen Seebädern. Die alte Zeit wird mit einem Kinderkarussell von 1910 und mit der bereits 1924 installierten hölzernen Achterbahn *Giant Dipper*, die unter Denkmalschutz steht, zu neuem Leben erweckt.

Redaktionstipps

Sehens- und Erlebenswertes

- Die Fahrt auf der Traumstraße der Welt, dem **Hwy. 1** entlang der Pazifikküste, erreicht einen Höhepunkt bei Big Sur (S. 551).
- Historisches Ambiente erlebt man in **Monterey** (S. 544) und **Carmel** (S. 548).
- Das **Hearst Castle** (S. 553), der „Zauberberg“ über dem Pazifik, ist ein „Kuriosum“ der besonderen Art.
- Bummel durch das lebendige Hafenstädtchen **Santa Barbara** (S. 558) und Besuch der **Queen of the Missions** (S. 559).
- **Whalewatching**: Beobachtung der Wanderung der Grauwale (S. 562).

Kulinarisches

- Fahrt durch die **Weinregion im Santa Ynez Valley** nahe Santa Barbara (S. 556).

Übernachten

- Eine Unterkunft der ungewöhnlichen Art ist das **Madonna Inn** bei San Luis Obispo (S. 556).

Zwischen San Francisco und L.A. schlängelt sich der Hwy. I die Küste entlang

Ansonsten lohnt der Spaziergang über den Cliff Drive zum **Mark Abbott Memorial Lighthouse**, in dem sich ein kleines **Surfing Museum** befindet. Surfer schätzen den sich nordwärts anschließenden Cowell Beach als beliebtes Revier.
Surfing Museum, *701 W. Cliff Dr., www.santacruzsurfingmuseum.org, Mi–Mo 10–17 im Sommer, sonst Do–Mo 12–16 Uhr, frei.*

Information
Santa Cruz County Conference & Visitors Council, *303 Water St., ✆ 1 (800) 833-3494, www.santacruzca.org.*

Nach Santa Cruz folgt der Hwy. 1 in weitem Bogen der Monterey Bay und erreicht nach etwa 40 Meilen (64 km) Monterey.

Monterey Bay

Sommerfrische für Intellektuelle

Die **Monterey Peninsula** mit den drei Orten **Monterey**, **Carmel** und **Pacific Grove** erstreckt sich im Süden der Bucht. Bereits um 1900 war dieses Zentrum der Fischindustrie zugleich eine beliebte Sommerfrische und ein Rückzugsort für Intellektuelle. *John Steinbeck, Henry Miller, Robert Louis Stevenson* oder *Ansel Adams* wohnten in Monterey, der ersten Hauptstadt Kaliforniens. Dort soll es die erste Zeitung, das erste Theater und das erste Gerichts- und Regierungsgebäude des Staates gegeben haben.

Die Spanier hatten die Ureinwohner ab dem 17. Jh. aus *La Bahia de los Pinos* (Pinienbucht) verdrängt. *Sebastián Vizcaíno* nannte die Bucht zu Ehren des neuen Vizekönigs von Neuspanien, *Conte de Monte Rey*, offiziell „**El Puerto de Monterey**". Im Juni 1770 gründeten *Junípero Serra* und Kapitän *Gaspar de Portolá* eine Siedlung mit Mission und Befestigungsanlage und machten Monterey zum militärischen und kirchlichen Zentrum von Alta California.

Mit dem Beitritt Kaliforniens zur Union 1850 rückte Monterey in den Hintergrund, und auf diese Weise blieb viel alte Bausubstanz erhalten. Ende der 1870er verband die Eisenbahn die Stadt dann mit San Francisco und Fischindustrie und Tourismus blühten auf. Nach dem Erdbeben 1906 zogen die Bohème, Künstler und Literaten bevorzugt nach Carmel und Big Sur, in den 1960ern kamen die Hippies dazu und heute sind es Besucher aus aller Welt. Der Tourismus ist zum wirtschaftlichen Standbein der Region geworden.

Monterey

Geschichtsträchtiger Ort

Der **Monterey State Historic Park** bildet den alten Stadtkern mit seinen historischen Bauten, die man entlang des **Path of History** erkunden kann *(www.historicmonterey.org)*. Zu den sehenswerten Bauten gehören dabei die 1794 erbaute **Royal Presidio Church** und das **Custom House** (frei), das älteste öffentliche Gebäude in Kalifornien, wo 1846 die US-Flagge aufgezogen wurde. Noch älter ist die **Colton Hall** mit dem **Art Museum** (*559 Pacific St.*, *s. S. 546*), erbaut von dem ersten US-Bürgermeister, *Reverend Walter Colton*, 1847 bis 1849. Im Saal im Obergeschoss fand 1849 die ers-

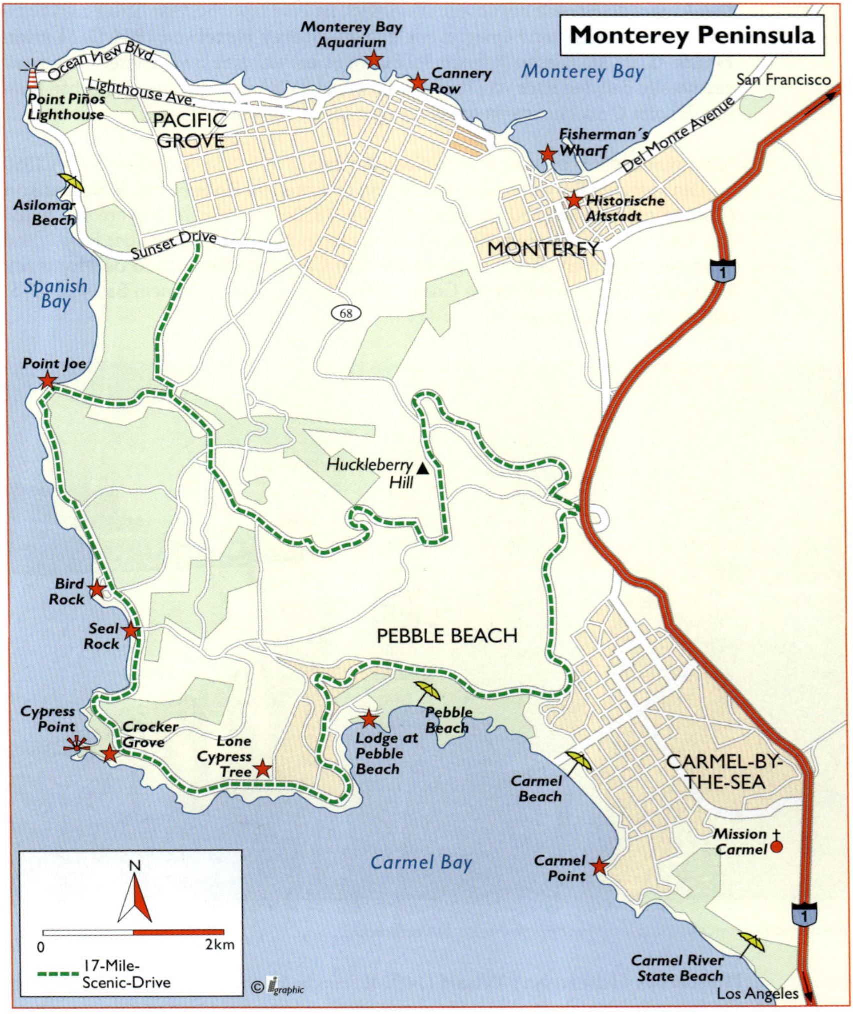

te konstitutionelle Versammlung statt. Daneben liegt das **Old Jail**, 1854 aus Granit erbaut, mit sechs Zellen, die bis 1959 belegt waren. Heute wird hier eine Ausstellung zur Geschichte Montereys gezeigt. Weitere alte Bauten sind das erste Theater von 1840 und *Jack Swan's Tavern* (1846/47, heute Restaurant).

Monterey SHP, *20 Custom House Plaza, tgl. 10–15 Uhr, versch. Touren, frei, www.parks.ca.gov/?page_id=575, Gratis-Tourtickets im Pacific House bzw. im VC erhältlich.*

Typische Main Street

Die **Alvarado Street** etwas weiter nördlich ist eine typische *Main Street* zum Bummeln und Einkaufen, mit Highlights wie dem **Monterey Hotel** von 1904. Das **Larkin House** (*510 Calle Principal/Jefferson St., Touren*) ist ein weiteres Juwel. Dieser erste zweigeschossige Bau der Stadt von 1835, mit Laden und Wohnung des amerikanischen Konsuls *Thomas O. Larkin*, ist sehenswert wegen seines antiken Inneren.

Nicht weit entfernt befindet sich die **Casa Amesti** (*516 Polk St., Sa/So 14–16 Uhr*), 1850 für den späteren Bürgermeister *José Amesti* errichtet. Im **Robert Louis Stevenson (Gonzales) House** (*530 Houston St.*), in den 1830ern erbaut, verbrachte der Autor den Sommer 1879. Heute beherbergt es ein kleines Museum zu Ehren des Poeten und ist von einem großen Garten umgeben. Die **San Carlos de Borromeo de Monterey Cathedral** (mit Royal Presidio Chapel, Church St.) basiert auf einem Bau von 1775; die heutige Kirche datiert ins Jahr 1795.

Montereys Fisherman's Wharf, einst Fischerhafen, heute Touristenmekka

Montereys Fisherman's Wharf (*140 W. Franklin St., www.montereywharf.com*), der alte Pier von 1846, an dem einst Handelsschiffe ihre Waren abluden und der dem Verfall preisgegeben war, präsentiert sich heute als Touristenmekka mit Events, Seafood-Restaurants, Imbissständen und Giftshops sowie dem Nautilus-U-Boot. In der Nähe ist die Municipal Wharf No. 2 von 1926 gelegen. Heute sind hier die wenigen gebliebenen Fischer noch aktiv.

Kunst aus Kalifornien

Für Kunstfreunde zeigt das **Monterey Museum of Art** eine beachtliche Sammlung kalifornischer Kunst in einem Bau aus den 1920ern, z.B. Bilder von *Albert Bierstadt*, Fotos von *Ansel Adams*, Bronzeskulpturen von *Frederic Remington*. Die Zweigstelle, **La**

Mirada (*720 Via Mirada*), befindet sich in einem Komplex aus altem Adobebau (1790er) und modernem *Charles Moore*-Neubau.
Monterey Museum of Art, *559 Pacific St., www.montereyart.org, Mi–Sa 11–17, So 13–16 Uhr, $ 10 (für beide Museen).*

John Steinbeck hat ab 1945 die **Cannery Row** *(www.canneryrow.com)* unsterblich gemacht. 1895 war hier die erste Sardinen-Konservenfabrik entstanden. In New Montgomery, am Hügel hinter der Cannery Row, trafen sich Fischer und Arbeiter, entstanden Spelunken, billige Absteigen und Lagerhäuser. Die Blütezeit der „Sardinenhauptstadt der Welt" lag in den 1940ern, danach schwanden allmählich die Sardinenschwärme, und die letzte Dosenfabrik schloss 1973. Dank Steinbecks Romanen *Die Straße der Ölsardinen* (1945) und *Wonniger Donnerstag* (1954), die in der Cannery Row handeln, entwickelte sich die Straße zum Anziehungspunkt von Monterey mit Shops, Kneipen und Restaurants.

Straße der Ölsardinen

Berühmt ist Monterey wegen des **Monterey Bay Aquarium**. Es handelt sich um eines der berühmtesten und besten Aquarien in den USA, das Teile des offenen Meeres, genauer das *Monterey Bay National Marine Sanctuary* integriert und sich schwerpunktmäßig mit Lebewesen und Lebensräumen der Monterey-Bucht befasst. Filmvorführungen aus dem Forschungs-U-Boot, das in Bucht und Pazifik unterwegs ist, berichten aktuell über die Arbeit der Wissenschaftler in der Tiefe. Das Aquarium steht auf dem Grund einer alten Fischfabrik, von der Teile integriert wurden, und ist sowohl architektonisch als auch didaktisch hervorragend.
Monterey Bay Aquarium, *886 Cannery Row, tgl. 10–18 Uhr, www.montereybayaquarium.org, tgl. 9.30–18/20 Uhr (NS tgl. 10–17 Uhr), $ 34,95.*

Eines der sehenswertesten Aquarien der Welt ist das Monterey Bay Aquarium

Carmel

Beliebter Urlaubsort

Aus dem um 1900 beliebten Literaten- und Intellektuellensitz ist ein Nobelwohnort mit rund 4.000 Einwohnern geworden, in dem 1986 bis 1988 *Clint Eastwood* Bürgermeister war. Beliebt ist der **17-Mile-Drive** (*Zufahrt via Carmel oder Pebble Beach/Hwy. 1, $ 10/Pkw, Motorräder nicht erlaubt, www.pebblebeach.com*), auf dem man etwa 27 km mit ca. 20 Stopps um die Halbinsel, durch den *Del Monte Forest* und vorbei an malerischen weißen Sandstränden fährt. Das Land gehörte einst zur *Rancho el Pescadero*, die der Schotte *David Jacks* 1858 billig erworben und mit Gewinn an den Eisenbahnmagnaten *Crocker* verkauft hatte. Er eröffnete hier das berühmte „Del Monte Hotel", das vor seiner Zerstörung 1924 als erste Adresse an der Küste galt. Neonschilder, Hochhäuser, elektrische Straßenlampen, Plastikpflanzen und Fastfood zum Mitnehmen sind in Carmel untersagt.

In **Carmel-by-the-Sea**, mit dem Shopping- und Vergnügungsviertel und dem traumhaften Strand, befindet sich mit der **Mission San Carlos Borromeo de Carmelo** die zweitälteste Mission Kaliforniens. 1771 gegründet, wurde sie erst 20 Jahre später in Stein, mit barockisierender Fassade, gebaut. Die große Mission soll das „Hauptquartier" Pater *Serras* gewesen sein; er starb 1784 und wurde hier begraben. In den 1850ern war der Kirchenbau verfallen und erst 1924 wurde ein umfassendes Rekonstruktions- und Sanierungsprojekt in Angriff genommen.
Mission San Carlos Borromeo de Carmelo, *3080 Rio Rd./Lasuen Dr, www.carmelmission.org, Mo–Sa 9.30–17, So 10.30–17 Uhr, $ 6,50.*

Pacific Grove und Abstecher nach Salinas

„*Butterfly Town U.S.A.*" hat nicht nur bunte Schmetterlingsschwärme zu bieten, sondern auch sehenswerte viktorianische Architektur aus den 1880ern. Damals wollten Methodisten hier ein Paradies auf Erden schaffen (und verboten bis 1969 den Alkoholausschank). Ein Muss sind das **Pacific Grove Museum of Natural History**, eines der besten Naturkundemuseen der USA, und das **Monarch Grove Sanctuary** (*Ridge Rd., www.ci.pg.ca.us/monarchs/default.htm*), wo man mehr über die Monarchfalter erfährt, die hier von Oktober bis März in Massen überwintern.

Exzellentes Naturkundemuseum

Pacific Grove Museum of Natural History, *165 Forest/Central Ave., www.pgmuseum.org, Di–Sa 10–17 Uhr, $ 3 (Spende).*

In Pacific Grove wohnte viele Jahre Autor und Nobelpreisträger *John Steinbeck*, der 1856 im nahegelegenen **Salinas**, heute Landwirtschaftszentrum und „*Salad Bowl of the Nation*", geboren worden war. Dort wurde dem einstmals ungeliebten Sohn auch das 1998 eröffnete sehenswerte, moderne **National Steinbeck Center** gewidmet. Mit viel Multimedia erinnert es an Leben und Werk des Literaturnobelpreisträgers. Ausgestellt sind u.a. *Rocinante*, Steinbecks Camper aus *Travels with Charley*, Briefe und Ausrüstung aus *East of Eden* und persönliche Gegenstände der Steinbecks. Ein anderer Teil der Dauerausstellung ist das **Rabobank Agricultural Museum**, in dem es um die Agrargeschichte des Salinas Valley geht.
National Steinbeck Center, *1 Main St., www.steinbeck.org, tgl. 10–17 Uhr, $ 14,95.*

John Steinbeck

info

Der amerikanische Schriftsteller deutsch-irischer Abstammung wurde am 27.2.1902 in Pacific Grove geboren. Nachdem er zwischen 1918 und 1924 zunächst Naturwissenschaften studiert und sich anschließend als Gelegenheitsarbeiter durchgeschlagen hatte, beschloss *Steinbeck*, sich als freier Schriftsteller in Monterey niederzulassen. Dort beobachtete er aufmerksam die Misere, Freud und Leid der Unterprivilegierten, der Fischer, Farmer und kleinen Leute, und machte sie zum Gegenstand vieler seiner Romane.

Erster Erfolg war ihm 1935 mit dem Buch *Tortilla Flat* (Die Schelme von Tortilla Flat) beschert, das das Leben der armen mexikanischen Landarbeiter reflektiert. Dabei bleibt seine Schilderung nicht neutral, sondern nimmt direkt oder ironisch-distanziert Stellung: Steinbeck wird zum Anwalt der Armen. Neben der sozialen Lage interessierten ihn immer auch die menschlichen Triebe und die durch sie hervorgerufenen Handlungsweisen. Sein 1937 erschienenes Buch *Of Mice und Men* („Von Mäusen und Menschen") setzte den Erfolg fort und machte *Steinbeck* zur festen literarischen Größe in Amerika.

John Steinbeck wird im National Steinbeck Center in Salinas geehrt

Nach einem Intermezzo als Kriegsberichterstatter im Zweiten Weltkrieg schrieb er jenes Buch, das am meisten mit seiner Wahlheimat und deren sozialer Lage zu tun hat: *Cannery Row* (Die Straße der Ölsardinen). Dieser 1945 erschienene Roman, dessen Inhalt das Leben der Gelegenheitsarbeiter, Taugenichtse und Dirnen im kalifornischen Monterey ist, kann als Klassiker der Weltliteratur bezeichnet werden. Der Roman wurde auch als Kinofilm (mit *Nick Nolte* in der Hauptrolle) ein Erfolg. Weitere Werke waren u.a. das 1953 erschienene *Cup of Gold: A Life of Henry Morgan* („Eine Handvoll Gold") und besonders *East of Eden* („Jenseits von Eden"), das in einer aufsehenerregenden Produktion mit *James Dean* in der Hauptrolle verfilmt worden ist. Eine ganze Generation junger Amerikaner ist

info

mit Steinbeck groß geworden – wie z.B. Bob Dylan – und verwendete seine Haltung als Ausdruck ihres eigenen Jugendprotestes. Lesenswert ist überdies sein „Roadbook" einer Reise durch die USA, *Travels with Charley: In Search of America* (1962, „Reise mit Charley"). *John Steinbeck*, dem 1962 der Nobelpreis für Literatur verliehen wurde, starb am 20.12.1968 in New York City.

Reisepraktische Informationen Monterey Bay

Information

Lake El Estero VC, *E. Franklin St./401 Camino El Estero, ✆ 1 (877) 66683739, www.seemonterey.com, tgl. 9–16/17, So 9/10–16/17 Uhr; Infos zur gesamten Monterey Bay bzw. dem County.*

Carmel VC, *San Carlos/5th-6th St., ✆ 1 (800) 550-4333 www.carmelcalifornia.org, tgl. 10–17 Uhr.*

Weitere Infos: *www.centralcoast-tourism.com (Infos zur Region von Santa Cruz bis Ventura Counties), www.oldtownsalinas.com (Salinas).*

Unterkunft

Hotel 1100 $$$, *1100 Delmonte Ave., Monterey, ✆ (831) 655-0515, www.theinnatdelmontebeach.com; Boutiquehotel mit 18 Zimmern in historischem Bau und günstiger Lage zu Strand und Downtown. Inkl. Frühstück und Snacks, Tee und Wein.*

Carmel Mission Inn $$$, *3665 Rio Road, Carmel, ✆ (831) 624-1841, www.carmelmissioninn.com; gemütliches Motel mit verschiedenen Zimmertypen, Wireless Internet und Kühlschrank.*

Portola Plaza Hotel at Monterey Bay $$$-$$$$, *2 Portola Plaza, Monterey, ✆ (831) 649-4511, www.portolahotel.com; modernes Resorthotel mit 375 geräumigen Zimmern, direkt an der Monterey Bay neben dem Maritime Museum gelegen, gutes Restaurant, Bar, Pool, Fahrrad- und Kajak-Verleih.*

Asilomar Conference Grounds $$$-$$$$, *800 Asilomar Ave., Pacific Grove, ✆ 1 (888) 635-5310, www.visitasilomar.com; denkmalgeschützter Baukomplex im Arts&Crafts-Stil, mit gemütlichen Cottages und Lodge-Zimmern, ohne Telefon und TV, ruhig und romantisch.*

La Playa Carmel $$$$, *Camino Real/8th Ave., Carmel-by-the-Sea, ✆ (831) 624-6476, www.laplayahotel.com; altehrwürdiges, traumhaft gelegenes Hotel mit 73 Zimmern, teils mit Ozeanblick, WiFi, Pool und Restaurant.*

Restaurants und Einkaufen

Cannery Row *(www.canneryrow.com) mit Shops wie A Taste of Monterey, Cannery Row General Store, Simply California, Restaurants, Bars, Cafés.*

Fisherman's Wharf/Municipal Wharf *(www.montereywharf.com), mit Gelegenheit zum Imbiss oder Dinner z.B. bei Abalonetti Seafood Trattoria, zahlreiche Shops.*

Carmel-by-the-Sea, *Junipero St./Monte Verde Ave., 4th/8th Ave.; Antiquitätenläden, Boutiquen und Kurioses. Ein heißer Tipp hier ist*

PortaBella, *Ocean/Monte Verde Ave., ✆ (831) 624-4395; in dem gemütlichen Ambiente eines historischen Hauses (auch Freiplätze) wird rustikale Mittelmeerküche in großen Portionen und zu erschwinglichen Preisen serviert, dazu prima Weinauswahl.*

American Tin Cannery Factory Outlets, *Pacific Grove, 125 Ocean View Blvd., www.americantincannery.com; preiswerter Fabrikverkauf in alter Dosenfabrik.*

Von Carmel nach Santa Barbara

Etwa 4,5 km südlich von Carmel liegt die **Point Lobos State Natural Reserve**. Das Naturschutzgebiet umfasst eine kleine felsige Halbinsel mit Buchten und vorgelagerten Inselchen. Pfade erschließen den Park, von dem aus auch gelegentlich vorbeiziehende Grauwale zu beobachten sind, besonders gut vom nördlich gelegenen **Cannery Point**. Seinen Namen erhielt das Naturreservat von den kalifornischen Seelöwen, deren Bellen die spanischen Seefahrer an das Heulen von Wölfen erinnerte. Sie nannten daraufhin die Felsen, auf denen sich die Seelöwen räkeln, *Punta de los Lobos Marinos* („Ort der Seewölfe").

Seelöwen-Kolonie

Point Lobos SNR, Hwy. *1, 3 mi südlich Carmel, www.pointlobos.org, tgl. 8–16.30/18.30 Uhr, $ 10/Pkw.*

Die steil abfallenden Felsen und zerklüfteten Buchten sind es, die den Reiz des folgenden Küstenabschnittes zwischen Carmel und Santa Barbara ausmachen. *Robert L. Stevenson* charakterisierte ihn mit den Worten: *„Das schönste Zusammentreffen von Land und Meer auf der ganzen Welt."* In der Tat zählen die folgenden rund 100 mi/160 km auf dem Hwy. 1 bis zur Morro Bay zu den eindrucksvollsten an der kalifornischen Westküste.

Einen ersten Eindruck von der Großartigkeit der Landschaft erhält man am Vista Point von Willow Creek am Los Padres Forest. Kurz darauf überquert man die kühn geschwungene **Bixby Creek Bridge**, 1932 vollendet, und ahnt, wie schwierig es war, diesen Landweg zu ermöglichen. Wenige Meilen später geht es über die Mündung des *Little Sur River*, der sich durch Sandbänke und an Felsen vorbei dem Pazifik entgegenschlängelt. Als die Spanier kurz nach 1700 in diese Gegend kamen, nannten sie sie **El Pais Grande del Sur** – „Das große Land des Südens". Nur „Sur" blieb übrig und so heißt die von Sandstränden gesäumte vulkanische Halbinsel, die malerisch von einem Leuchtturm bekrönt wird, auch **„Point Sur"**.

Eindrucks-volle Brücke

Wenig später verlässt der Highway die Küste und macht eine Schleife durch das grandiose **Big Sur River Valley**, bevor er bei **Nepenthe** erneut auf den Pazifik stößt.

Big Sur

Die Region um das Flusstal wird gemeinhin **Big Sur** genannt und ist in Form von zwei State Parks – **Andrew Molera** und **Pfeiffer Big Sur SP** – unter Naturschutz gestellt. Berühmt wurde Big Sur durch *Henry Miller*, der von 1944 bis 1962 hier lebte und an den bei **Nepenthe** die **Henry Miller Memorial Library** erinnert. Er beschrieb seine Erlebnisse in dem Roman *Big Sur oder die Orangen des Hieronymus Bosch*.

Miller war nicht der einzige Poet von Weltrang, der die Region durch seine Werke populär machte: Auch *Jack Kerouac*, Autor der Beatnik- und Aussteiger-Generation, gab einem seiner Romane den Titel *Big Sur*. Zeitgleich, nämlich zu Ende der 1950er-Jahre, gründete in Big Sur *Michael Murphy* sein berühmtes **Esalen Institute**, das man als Geburtsstätte der *New-Age*-Bewegung bezeichnen kann. Kein Wunder, dass man in den

Inspiration für Schrift-steller

Wasserfall im Pfeiffer Big Sur State Park

Ortschaften entlang dem Hwy. 1 immer wieder auf esoterische Clubs und Institute, Restaurants mit mikrobiotischer, veganer oder sonstwie gesunder Küche, auf exotische Massage-Angebote und Buchläden mit alternativer Literatur stößt. Die Klientel hat sich freilich gewandelt – waren es früher eher Hippies und Zivilisationsmüde, genießt die *New-Age*-Gemeinde heutzutage Zulauf aus den begüterten Kreisen der Computer-Branche, des Industrie-Managements oder der Elite-Universitäten von Stanford und Berkeley. Die Mehrzahl der Touristen wird hingegen von der Natur und den Wanderpfaden angezogen und entsprechend reihen sich entlang der Straße Campingplätze, Motels und Hotels auf.

Nach **Nepenthe** geht es auf hoch gelegener Trasse mit vielen Aussichtspunkten wieder direkt an der Küste entlang. Nach fast 70 mi/112 km nähert man sich **San Simeon**. Nahe **Point Piedras Blancas**, rund 6 mi/10 km vor der Ortschaft, passiert man einige Buchten, die ein beliebter Rastplatz von Robben sind. Dahinter erstreckt sich ein von niedrigen Dünen gerahmter Sandstrand, jedoch ist das Terrain zu steinig, um baden zu können. Dafür kommen in der fast immer hohen Brandung die Surfer voll auf ihre Kosten.

Reisepraktische Informationen Big Sur

Informationen

Big Sur Chamber of Commerce, *✆ (831) 667-2100, www.bigsurcalifornia.org.*

Unterkunft und Restaurant

Deetjens Big Sur Inn & Restaurant $$-$$$, *48865 Hwy. 1, Big Sur, ✆ (831) 667-2377, www.deetjens.com; rustikal-gemütlich im Grünen, sehr luxuriös innen und mit persönlicher Atmosphäre in historischem Haus aus den 1930ern, das der Norwerger Helmuth Dettjens mit seiner Frau Hellen erbaute; zugehöriges Restaurant.*

Big Sur Lodge $$$$, *47225 Hwy. 1, Big Sur, ✆ (831) 667-3100, www.bigsurlodge.com; 61 schöne Blockhäuser mitten im Grünen und ohne TV, Telefon etc. im Pfeiffer Big Sur SP; mit Lokal.*

Post Ranch Inn $$$$$, *47900 Hwy. 1, Big Sur, ✆ (831) 667-2200, www.postranchinn.com; luxuriöses Boutique- und Öko-Hotel, 30 Zimmer und Suiten in 400 m über der Steilküste gelegenen „Ozeanhütten" oder „Baumhäusern", die mit edelsten Materialien harmonisch in die Natur eingefügt wurden. Ausgestattet mit allen Annehmlichkeiten, Pool, Spa, dazu vorzügliches Restaurant* ***Sierra Mar****.*

San Simeon und das Hearst Castle

Bei **San Simeon** erreicht man eine ungewöhnliche Sehenswürdigkeit: **Hearst Castle**. Beim Näherkommen glaubt man eine Fata Morgana vor sich zu haben, denn was da oberhalb der Bucht von San Simeon ins Blickfeld rückt, sieht nicht real aus, sondern gleicht vielmehr einer Mischung aus Renaissancepalast, Privatfestung, Schloss und Kloster. Der Industrielle *George Hearst* hatte sich hier eine Ranch bauen lassen, die ihre heutige Gestalt aber erst durch den berühmteren Sohn *William Randolph Hearst* (1863–1951) und seine Architektin *Julia Morgan* erhielt. Der Pressemogul ließ sich für Unsummen Geld in allen denkbaren Stilen und mit Originalen und Nachbildungen aus aller Welt eine Art „amerikanisches Neuschwanstein" komponieren. Auch für das Innere seines Anwesens, seiner *Cuesta Encantada* (Zauberberg), war das Beste gerade gut genug.

An Exzentrik kaum zu überbieten

Hearst Castle, *vom Hwy. 1 geht es auf einer Stichstraße zu einem Parkplatz mit großem* ***VC****, Gift Shop und Kinosaal, www.hearstcastle.org, ✆ 1-800-444-4445. Dort fahren zwischen 8.20 und mind. 15.20 Uhr Shuttle-Busse ab, im Sommer länger. Die Standardtour (Grand Rooms Museum Tour) kostet $ 22,50, es gibt auch Abendtouren. Eine Übersicht über die angebotenen Führungen findet sich unter* **www.hearstcastle.org/tours**, *dort kann auch eine Ticketreservierung vorgenommen werden.*

Ein „amerikanisches Neuschwanstein" am Pazifik, das Hearst Castle

info

Der „Medici des Westens“ und sein Zauberberg

Zeitungsmogul *William Randolph Hearst* kam am 29.4.1863 als Sohn von *George* und *Phoebe Hearst* in San Francisco zur Welt. Der Vater, ein einfacher Mann aus Missouri, war innerhalb weniger Jahre durch den richtigen Riecher für Bodenschätze, v.a. für Silber in Nevada, zu viel Geld gekommen. Mutter *Phoebe*, eine zarte, willenstarke und kluge Frau, war für Klein-Billys Erziehung und Ausbildung zuständig und trug dazu bei, dass sich der Sohn zum größten Kunstsammler, -liebhaber und -kenner seiner Zeit entwickelte.

Hearst war vielseitig, nie auf ein Genre, eine Landschaft oder eine Epoche fixiert, und ließ sich auch durch Größe oder Transportprobleme nicht abhalten: Vom römischen Tempietto bis zum Klosterrefektorium, Kunsthandwerk und Gemälde, Teppiche und Sakralobjekte, Waffen, Dokumente und Möbel – was ihm auf seinen ausgedehnten Reisen ins Auge stach und gefiel, wurde gekauft. Geld war da, denn *Hearst* war mittlerweile zum Großunternehmer und Medienmogul aufgestiegen und genoss auf der politischen Bühne hohes Ansehen. *Phoebe Apperson Hearst* (1842–1919), seine zweite Frau, die ihm an Bildung, Kunstkenntnis und Aktivität nicht nachstand, unterstützte seine Kunstliebe nach Leibeskräften.

Hearsts Sammlerwut nahm im Laufe der Zeit abstruse Formen an und als auch die Abstellkammern seines Hauses gefüllt waren, musste etwas geschehen. Baugrund war vorhanden – der Vater hatte bei San Simeon ein Stück Land gekauft, wo er als Kind bereits die Ferien verbracht hatte. *William* kaufte angrenzendes Land dazu und engagierte die Architektin *Julia Morgan*, die eben ihr Studium an der Pariser *Ecole des Beaux Arts* abgeschlossen hatte und über den Monumentalauftrag begeistert war. Sie wusste damals noch nicht, dass sie 28 Jahre hier verbringen sollte.

Ein prächtiges Schloss, etwas Nie dagewesenes, Spektakuläres – so lautete der Auftrag. *Hearst* wollte nicht nur seine Kunstsammlung unterbringen, sondern zugleich ein repräsentatives Ferienhaus zum Bewirten seiner illustren Gäste haben. *Morgan* entschied sich für einen Baukomplex im mediterranen bzw. Neorenaissance-Stil, angepasst an Topografie und Landschaft. Es war trotz der 130 geplanten Zimmer nicht einfach, die diffuse Kollektion, die von flämischen Wandbehängen und Ausgrabungsobjekten über moderne Kunst bis hin zu Möbeln und Gemälden reichte, adäquat zu präsentieren; dazu kamen ganze Gebäude oder -teile, die integriert werden mussten. Erschwerend kam hinzu, dass *Hearst* ständig weitersammelte. Es wurde schwierig zu unterscheiden, was echte Antiquität und was Imitation und falscher Gips war – Ergebnis war ein buntes Durcheinander aus Alt und Neu, Echt und Unecht, die perfekte Illusion.

Die ursprünglichen Baupläne wurden mehrfach abgeändert und erweitert und zwischen 1922 und 1937 sowie 1945 und 1947 liefen die Baumaschinen auf Hochtouren. Das Faible des Besitzers für Historisches und für Monumentalität kam überall zum Tragen: im gotisierenden Speisesaal, im römischen Bad oder in dem riesigen Kinosaal à la Hollywood. Drei imposante Gästehäuser im Neorenaissancestil – *Casa del Mar, del Monte* und *del Sol* genannt – und ein Flugplatz entstanden für seine Gäste. Bereits ab Mitte der 1920er lud der Millionär alles, was Rang und Namen hatte, zu rauschenden Festen ein: Hollywoodstars und Großindustrielle, Filmbosse und Adelige. Sie planschten in einem der beiden Schwimm-

info

bäder von olympischen Ausmaßen, übten sich im Tennisspiel oder bestaunten Löwen, Bären, Yaks und andere exotische Tiere im zu damaliger Zeit weltgrößten Privatzoo. Man schlenderte auf verschlungenen Pfaden vorbei an Aussichtsterrassen und Brunnen, an Skulpturen, Rosenrabatten und Lauben durch einen von Menschenhand geschaffenen „Garten Eden“. Das einzige Vergleichbare ist vielleicht die Villa Adriana in Tivoli, die sich der römische Kaiser *Hadrian* (117-138) - wie *Hearst* ein vielgereister Kunstliebhaber und -sammler - errichten ließ.

Als *Hearst* am 14.8.1951 88-jährig starb, war seine Villa noch nicht fertig. Auch seine Bestattung lief wesentlich bescheidener ab, als erwartet: Er erhielt kein Mausoleum auf dem Zauberberg, sondern ein einfaches Grabmal auf dem *Cypress Lawn Cemetery* in Colma, seinem Geburtsort bei San Francisco. Die Uni California lehnte angesichts der Kosten für Fertigstellung und Erhaltung das Erbe dankend ab und erst 1957 akzeptierte der Staat Kalifornien Hearst Castle als Geschenk und machte daraus einen *State Park*.

Reisepraktische Informationen San Simeon

Unterkunft

Der kleine Ort verfügt dank des Hearst Castle über mehrere H/Motels, z.B.:

San Simeon Pines Seaside Resort $$-$$$, *Moonstone Beach Dr., ✆ 1 (866) 927-4648, www.sspines.com; Motel am Strand mit 60 Zimmern und Cottages, Swimmingpool und Golfplatz.*

Best Western Cavalier Oceanfront Resort $$$, *9415 Hearst Dr., ✆ (805) 927-4688, www.cavalierresort.com; schön gelegene Hotelanlage direkt am Strand, ca. 3 mi südlich von Hearst Castle. Standardzimmer, Pool, zwei Restaurants.*

Morro Bay und San Luis Obispo

Nach Vista del Mar verläuft der ausgebaute Hwy. 1 im Hinterland und kehrt erst in **Morro Bay** ans Wasser zurück. Während das Kraftwerk des Ortes nicht gerade eine Augenweide darstellt, ist der kilometerlange, von Dünen gesäumte Sandstrand besuchenswert. Ins Auge fällt der höckerartige **Morro Rock**, ein vulkanischer Klotz, der eine kleine, von Sandflächen eingerahmte Halbinsel bildet.

Hinter Morro Bay biegt der Hwy. 1 („Cabrillo Hwy.“) ins Landesinnere ab und steuert **San Luis Obispo** an. Dort folgt er bis Pismo Beach dem altbekannten Hwy. 101. „SLO“ liegt fast genau auf halber Strecke zwischen L.A. und San Francisco. Der Ursprung des Ortes hängt mit einer Mission zusammen – **San Luis Obispo de Tolosa** –, 1772 von *Junípero Serra* gegründet. *The Prince of Missions* befindet sich am Ortsrand. Ungewöhnlich ist der schlichte Stil der Architektur, der im Gegensatz steht zur üppigen Pracht der Gärten. Im Inneren findet sich eine Ausstellung zu Leben und Kultur der spanischen, mexikanischen und indianischen Bewohner (Chumash-Indianer).

Mission am Königsweg

San Luis Obispo de Tolosa, *Chorro/Monterey St., www.missionsanluisobispo.org, tgl. 9–16/17 Uhr, frei, mit Ausstellung, Gärten und Shop.*

Hinweis
*Immer Do abends, 18–21 Uhr, findet der erlebenswerte **SLO Farmers' Market** in Downtown San Luis Obispo (Higuera St./Osos–Nipomo St.) statt, Infos dazu und zu anderen Märkten unter www.slocountyfarmers.org.*

Albtraum in Pink

Südlich von SLO (Hwy. 101/1, Exit 201) liegt eine weitere ungewöhnliche Attraktion: das **Madonna Inn** (*www.madonnainn.com*), ein „Albtraum in Pink". Dieses von *Alex* und *Phyllis Madonna* in den 1960ern erbaute Motel beschrieb *Umberto Eco* einmal als „Märchenschloss des kleinen Mannes": *„Sagen wir, Albert Speer oder Piacentini hätten beim Blättern in einem Buch über Gaudi eine zu starke Dosis LSD geschluckt und sich plötzlich vorgenommen, eine Hochzeitsgrotte für Liza Minelli zu bauen ... Aber das trifft es noch nicht. Sagen wir, Arcimboldi ersinnt für Heino eine Sagrada Familia. Oder Carmen Miranda entwirft für McDonald's ein Lokal à la Tiffany".* Wer es ungewöhnlich mag, sollte hier übernachten, z.B. im „Jungle Room", in der „Madonna Suite" oder im „Matterhorn Room". Auf alle Fälle nicht versäumen sollte man einen Blick in die Toiletten...

Von San Luis Obispo verläuft der Hwy. 1/101 geradeaus nach Süden und erreicht die **San Luis Obispo Bay** mit kleinen Badegemeinden wie **Pismo Beach**. Die meilenweiten Sandstrände mit ihrer Dünenlandschaft ziehen zwar massenweise Besucher an, doch ist hier genügend Platz für alle.

Solvang und Santa Ynez Valley

Relativ jung ist das **Weingebiet im Hinterland**. Erst seit den 1980ern werden hier unter anderem Cabernet Sauvignon, Chardonnay, Zinfandel, Sauvignon Blanc und Rhônesorten angebaut und mittlerweile haben sich Betriebe wie *Saucelito Canyon*, *Alban Vineyards* oder *Edna Valley Vineyard* einen Namen gemacht. Die meisten Weingüter reihen sich entlang dem Hwy. 227 zwischen Arroyo Grande und San Luis Obispo auf, viele sind außerdem im Umkreis des nördlich gelegenen Paso Robles zu finden.

Dänisches Erbe

In Pismo Beach trennen sich die beiden Highways, wobei für die nächsten Meilen der mehrspurige Hwy. 101 empfehlenswerter ist, da der Hwy. 1 bis Lompoc ebenfalls durchs Hinterland verläuft. Kurz bevor bei **Gaviota** die beiden Straßen wieder zusammentreffen und die Küste erreichen, sollte man die Route durchs **Santa Ynez Valley** nach Santa Barbara (Hwy. 246 und 154) einschlagen. Dabei geht es nicht nur durch weiteres Weingebiet, sondern auch in das lustige Städtchen **Solvang** (*www.solvangusa.com*), die amerikanisierte Kopie eines dänischen Dorfes mit Bäckereien, Souvenirläden, Holzschuhen und Käse. Das **Elverhoj Museum** erklärt, wie es 1911 zur dänischen Besiedelung kam und das **Hans Christian Andersen Museum** wurde bereits 1911 von dänischen Lehrern gegründet.
Elverhoj Museum, *1624 Elverhoy Way, www.elverhoj.org, Mi–Do 13–16, Fr–So 12–16 Uhr, $ 3 (Spende).*
Hans Christian Andersen Museum, *1680 Mission Dr., im OG des Book Loft Bldg., tgl. 10–17 Uhr, frei.*

Nur einen Katzensprung entfernt, erinnert in Santa Ynez die 1803 gegründete **Old Mission Santa Inés** *(1760 Mission Dr., www.missionsantaines.org, tgl. 9–16.30 Uhr, $ 5)* an

Im Hinterland verbergen sich bedeutende Weinregionen wie das Santa Ynez Valley

die ersten europäischen Siedler. Der Hwy. 246 führt von Solvang vorbei an der Mission und dem Ort Santa Ynez zum Hwy. 154, dem man südwärts nach Santa Barbara folgt (ca. 30 mi/48 km).

Er führt mitten durch eine aufstrebende Weinregion, in der es zwei Weinappellationen gibt: **Santa Ynez Valley** (zwischen Santa Barbara und Santa Ynez) und das **Santa Maria Valley** (um das nördlich gelegene Santa Maria). Prägend für das Klima sind die Santa Ynez Mountains, einer der wenigen Bergzüge Kaliforniens in Ost-West-Ausrichtung, und der damit verbundene Einfluss des Pazifiks. In dieser wohl kühlsten und trockensten **Weinregion** überhaupt haben sich um die 50 Weingüter angesiedelt; sie gelten als besonders innovativ und experimentierfreudig. Aushängeschilder sind Chardonnay und Pinot Noir, daneben werden Rhône- und italienische Sorten an- und ausgebaut.

Experimentierfreudige Winzer

Information

San Luis Obispo County Visitors & Conference Bureau, *811 El Capitan Way, ✆ (805) 541-8000, www.sanluisobispocounty.com.*

Santa Ynez Valley Visitors Association, *✆ 1 (800) 742-2843, www.visitthesantaynezvalley.com, www.santaynezwinecountry.com*

Santa Maria Valley, *www.santamariavalleywinecountry.com, http://santamariawines.com*

Santa Barbara und Ventura

Der Küstenabschnitt um Santa Barbara, zwischen Goleta im Norden und Carpinteria im Süden, nennt sich stolz **American Riviera**. Obwohl noch im Einflussbereich von L.A. gelegen, gehen hier die Uhren langsamer. Mediterranes und mexikanisches Flair haben **Santa Barbara** zu einem der beliebtesten Reiseziele Südkaliforniens gemacht. Nicht nur der Geldadel, sondern auch die intellektuelle und kulturelle Elite siedelte sich hier an. Die im Sonnenlicht weiß strahlende **Santa Barbara Mission**, auch „Queen of the Missions" genannt, gilt als die schönste der 21 Missionen Kaliforniens, doch auch sonst ist Santa Barbara ein Vorzeigestädtchen – ohne Wolkenkratzer, Verkehrsstaus und Hektik, dafür mit sauberen Straßen und sehenswerter mexikanisch beeinflusster Architektur.

Queen of the Missions

Die Stadt verdankt ihr heutiges Aussehen einer Naturkatastrophe: Nach einem Erdbeben 1925 entschied man sich gegen den üblichen Betonbaustil und für das spanisch-mexikanische Erbe. Dieses wird auch während der **Old Spanish Days Fiesta** (*www.oldspanishdays-fiesta.org*), die jedes Jahr im August gefeiert wird, hochgehalten. Während dieses Fests wird an die Gründung der Militärbasis 1782 und der Missionsstation vier Jahre später erinnert.

Am besten parkt man am palmenbestandenen Strandboulevard nahe der **Touristeninformation** am *Chase Palm Park*, nahe *Stearns Wharf*, und deckt sich zunächst mit Infos ein, dann geht es über die State Street in die Altstadt. *Historic Markers* geben Hinweise auf besonders interessante historische Gebäude. Für Autofahrer gibt es in San-

Die Santa Barbara Mission gehört zu den schönsten in Kalifornien

ta Barbara einen **Scenic Drive**, der an der Küste entlangführt, später in weitem Bogen zur Mission kommt und dann über die Berge von Montecito wieder zum Ausgangspunkt (Wharf) zurückkehrt.

Die schönsten Häuser der **Altstadt** liegen an der Achse der Anacapa und State Street, ihren Seitenstraßen und an der Plaza de la Guerra. Unübersehbarer Mittelpunkt ist hier das **Santa Barbara Courthouse** von 1926, dessen Architektur als *Spanish Mission Style* bezeichnet wird. Das Gerichtsgebäude und die Gartenanlage sind frei zugänglich.
Santa Barbara Courthouse, *1100 Anacapa St., tgl. 8–17 Uhr, Sa/So 10–16.30 Uhr, frei, Touren außer So 14 Uhr.*

Sehenswertes Gerichtsgebäude mit Garten

Unweit vom Courthouse steht man im **El Presidio de Santa Bárbara State Historic Park**, der Teile der ältesten spanischen Bebauung enthält. Hier war 1782 das spanische Fort entstanden, die letzte militärische Befestigung der Spanier in Kalifornien. An einer Nachbarstraße liegt das 1965 errichtete **Historical Museum**, das sich in seiner Architektur mit dem schattigen Innenhof an die Adobe-Häuser der Spanier anlehnt. Es enthält Sammlungen zur kalifornischen Geschichte und zur Stadtgeschichte.
El Presidio SHP, *122 E. Canon Perdido St., www.sbthp.org, tgl. 10.30–16.30 Uhr, $ 5.*
Historical Museum, *136 E. De la Guerra St., www.santabarbaramuseum.com, Di–Sa 10–17, So 12–17 Uhr, Spende.*

Einen Steinwurf entfernt lohnt zunächst die **Casa de la Guerra** (1819–27), das Haus des Kommandanten *José de la Guerra*, einen Besuch, dann das in den 1920ern aufgebaute Einkaufszentrum **El Paseo** (812 State St.), das den Block zwischen State St., De la Guerra St. und Anacapa St. einnimmt. Die Anlage mit verwinkelten Gassen, Arkaden und Innenhöfen lädt zum Shopping und zur Pause in Cafés oder Restaurants ein.
Casa de la Guerra, *15 E. De la Guerra St., www.sbthp.org/casa.htm, Sa/So 12–16 Uhr, $ 5.*

Geschäfte und Restaurants

Zwei Blocks weiter auf der State St. liegt das **Santa Barbara Museum of Art**, das über eine hochkarätige Sammlung an amerikanischer, europäischer und asiatischer Kunst verfügt. Besonders gut vertreten sind in der europäischen Abteilung neben *Chagall* die französischen Impressionisten wie *Monet, Matisse* und *Degas*. Daneben befindet sich ein weiterer architektonisch interessanter Komplex: das Einkaufszentrum **La Arcada**.
Santa Barbara Museum of Art, *1130 State St., www.sbmuseart.org, Di–So 11–17, $ 10.*

Folgt man im Auto dem **Scenic Drive**, liegt erhöht an einem Berghang am nördlichen Stadtrand die **Mission Santa Barbara**, das wohl schönste Sakralgebäude Kaliforniens. Das sandsteinfarbene Gotteshaus, das von zwei jeweils mit einer roten Steinkuppel bekrönten Türmen flankiert wird, wurde 1786 gegründet und fungiert seit seiner Fertigstellung im Jahre 1826 als Pfarrkirche der Stadt. Die originalen Mönchszellen und Besucherzimmer dienen heute als Museum und auch in der beeindruckenden Kirche sind spanische und mexikanische Kunstwerke zu sehen.
Mission Santa Barbara, *2201 Laguna St., http://santabarbaramission.org, tgl. 9–17 Uhr, $ 5, auch Touren ($ 8).*

Pfarrkirche

Ganz in der Nähe, in üppiger Vegetation, in der sich noch spärliche Überreste der alten Indianermission finden lassen, liegt der Komplex des **Museum of Natural History**. Neben der Architektur sind die Sammlungen sehenswert: abgesehen von den üb-

lichen naturhistorischen Abteilungen samt riesigem Blauwal-Skelett lohnen besonders die Ausstellungen zu den Indianern der Region.
Museum of Natural History, *2559 Puesta del Sol Rd., www.sbnature.org, tgl. 10–17, $ 12, zugehörig sind das Ty Warner Sea Center, s. unten, und das Gladwin Planetarium.*

Kalifornische Vegetation

Ein Stückchen weiter nördlich führt der Scenic Dr. zum **Botanic Garden**, der auf Privatinitiative bereits 1926 gegründet worden ist. Pfade und Spazierwege von insgesamt knapp 8 km zeigen typische kalifornische Flora (u.a. viele Kakteen, Redwoods, Wildblumen) und lassen einen zudem die landschaftliche Schönheit des Mission Canyon erholsam erleben.
Botanic Garden, *1212 Mission Canyon Rd., www.sbbg.org, tgl. 9–17/18 Uhr, $ 8.*

Teil des Reizes der Stadt machen der palmengesäumte **Chase Palm Park** und die **Waterfront** aus. Der 40.000 m² große Erholungs- und Strandpark besitzt u.a. ein historisches Karussell mit 37 handgeschnitzten Pferden. Im Zentrum liegt **Stearns Wharf** (*www.stearnswharf.org*), ein Pier, den man bereits 1876 in den Ozean hinausbaute. Am Ende des langen befahrbaren Holzstegs gibt es Läden und Lokale, außerdem zeigt das **Ty Warner Sea Center** eine Ausstellung über das maritime Leben in der Umgebung.
Ty Warner Sea Center, *211 Stearns Wharf, www.sbnature.org/twsc/2.html, tgl. 10–17 Uhr, $ 8 (inkl. Museum of Natural History).*

Ein Spaziergang auf dem Cabrillo Blvd. in westlicher Richtung führt zur Chapala St. mit dem **Moreton Bay Fig Tree**, einem australischen Feigenbaum, der 1877 an dieser Stelle gepflanzt wurde. Er ist der mit Abstand größte Baum dieser Art in den USA, und schon allein wegen seiner mehr als 50 m breiten, schattenspendenden Krone augenfällig. Am nahen **Jachthafen**, wo auch Angeltouren, Hafenrundfahrten oder Whalewatch-Touren angeboten werden, befindet sich das interessante **Maritime Museum**.
Maritime Museum, *113 Harbor Way, www.sbmm.org, tgl. außer Mi 10–18 Uhr, $ 7.*

Zentrum des Obst- und Gemüseanbaus

Inzwischen hat sich auch **Ventura**, keine 30 mi/48 km südlich von Santa Barbara (Hwy.101/1), zu einem beliebten Ausflugsziel der Los Angelenos entwickelt – schließlich ist Hollywood nur rund 1,5 und LA Downtown nur 2 Autostunden entfernt. Zudem ist die Kleinstadt eines der Hauptzentren des Obst- und Gemüseanbaus an der Küste. Es gibt hier kaum eine Zeit, in der nicht frische Erdbeeren, Avocados, Zitrusfrüchte oder anderes Obst und Gemüse an einem der zahlreichen Straßenstände vor der Stadt angeboten werden. Der Strand lädt ganzjährig zum Baden ein und in der **Historic Downtown** um die Main St. gibt es Läden, Cafés und Lokale. Sehenswert unter den historischen Bauten ist besonders die **Mission San Buenaventura** aus dem Jahr 1782.
Mission San Buenaventura, *211 E. Main St., www.sanbuenaventuramission.org, Mo–Fr 10–17, Sa 9–17, So 10–16 Uhr, $ 4, mit Museum und Shop.*

Routenhinweis

Von Santa Barbara bzw. Ventura nach Los Angeles gibt es **zwei Routenalternativen**: auf dem hier autobahnähnlich ausgebauten **Hwy. 101** durch das Hinterland oder auf der Küstenstraße **Hwy. 1** über Malibu und Santa Monica.

Reisepraktische Informationen Santa Barbara

Information

Santa Barbara VC, *1 Garden St./Cabrillo Blvd. (am Chase Palm Park, nahe Stearns Wharf), ✆ (805) 965-3021, Mo–Sa 9–16/17, So 10–16/17 Uhr (NS nur bis 16 Uhr), www.santabarbara.com.*

Ventura VC, *101 S. California St., ✆ 1 (800) 333-2989, www.ventura-usa.com, Mo–Do 8.30–17, Sa 9–17, So 10–16 Uhr.*

Unterkunft

Cabrillo Inn at the Beach $$, *931 E. Cabrillo Blvd, ✆ (805) 966-1641, www.cabrillo-inn.com; schlichtes, aber gemütliches Motel und einzelne Cottages mit Pool, zum Teil mit Meerblick und inkl. Frühstück.*

Oceana Santa Barbara $$-$$$, *202 W. Cabrillo Blvd., ✆ (805) 965-4577, www.hoteloceanasantabarbara.com; kleines Hotel direkt am Strandboulevard, 32 unterschiedliche Zimmer, z.T. mit Küchenzeile, dazu Pool, viel Grün und Meerblick.*

Santa Barbara Inn $$$-$$$$, *901 E. Cabrillo Blvd., ✆ 1 (800) 231-0431, www.santabarbarainn.com; Resorthotel in Superlage direkt am Wasser, große, gut ausgestattete Zimmer, mit ausgezeichnetem Restaurant.*

The Simpson House Inn $$$-$$$$, *121 E. Arrellaga St, ✆ (805) 963-7067, www.simpsonhouseinn.com; spektakuläres B&B, umgeben von einer schönen Gartenanlage. Außer den geschmackvoll ausgestatteten Zimmern im Hauptbau von 1874 gibt es Suiten und Cottages. Gourmet-Frühstück sowie Hors d'Oeuvers und Wein am Abend gehören dazu.*

Restaurants

Detaillierte Infos über die zahlreichen Restaurants in der Stadt gibt es auf: www.santabarbara.com/Dining.

Carlitos Cafe & Cantina, *1324 State St., ✆ (805) 962-7117; Mexikaner mit guter Küche, große Portionen. Live-Flamenco an Freitagen.*

Moby Dick, *220 Stearns Wharf, ✆ (805) 965-0549; direkt am Hafen gelegen, mit schönem Ausblick. Serviert werden v.a. frischer Fisch und Seafood zu akzeptablen Preisen.*

The Wine Cask, *813 Anacapa St., www.winecask.com; neben empfehlenswertem Restaurant auch Laden mit großer Auswahl an lokalen Weinen.*

Einkaufen

Stearns Wharf, *www.stearnswharf.org; Läden und Lokale am Pier.*

Paseo Nuevo, *www.paseonuevoshopping.com; Fußgängerzone mit Kaufhäusern wie Macy's und Nordstrom sowie vielen kleinen Läden und Boutiquen. An der State Street zwischen Cañon Perdido und Ortega donnerstags bunter Wochen- und Flohmarkt.*

Santa Barbara Winery, *202 Anacapa St, www.sbwinery.com; Überblick über die Weinregion, Weinproben und große Auswahl an lokalen Weinen.*

info

Whale Watching – wenn Wale wandern

Entlang der Pacific Coast gibt es zahlreiche Standorte, von denen der alljährliche Zug der Wale gut beobachtet werden kann. *Whale Watching* von *Whale Overlooks*, *Whale Walks* oder *Whale-Watching*-Bootstouren sind beliebt, allerdings gehört ein wenig Glück dazu, tatsächlich die mächtigen Tiere vor die Linse zu bekommen.

Am meisten verbreitet ist der **Grauwal** *(gray whale/Eschrichtius robustus)*. Mit bis zu 14 m Länge gehört er zu den kleineren Walen, ist sehr hell (blau-weiß) und hat einen überproportional dicken Kopf. Jedes Jahr im späten September verlassen die Tiere die Arktis, bevor ihre Futterplätze in der Beringsee und im Ochotskischen Meer zufrieren, und machen sich auf den über 22.000 km langen Weg entlang der Pazifikküste zur mexikanischen Halbinsel Baja California. Tag für Tag legen sie dabei bis zu 150 km zurück.

Der Orca, auch „Großer Schwertwal" genannt, gehört zu den bekanntesten Walen

An der Westküste lassen sich Grauwale auf der Südwanderung zwischen November und Dezember sehen. In den flachen und planktonreichen Lagunen des kalifornischen Golfes (z.B. Magdalene Bay) bringen die Walkühe ihren Nachwuchs, gut 680 kg schwere Kälber, zur Welt. Nach zwei Monaten sind die Jungtiere kräftig genug für die Rückreise ins Nordpolarmeer, sie werden allerdings noch acht Monate lang ausschließlich mit Muttermilch ernährt. Mit rund 5 bis 8 km/h Geschwindigkeit und 110 bis 130 km Strecke täglich geht es nordwärts, was man mit Glück zwischen März und Mai beobachten kann.

Der Grauwal gehört zur Familie der **Bartenwale** *(Mysticeti)*, die ihren Namen von den „Barten" erhielten, kammartigen Hornplatten anstelle von Zähnen, mit denen sie Kleintiere wie Plankton aus dem Meerwasser filtern. Bis vor Kurzem galten die Riesensäuger noch als vom Aussterben bedroht, jetzt sind sie durch internationale Abkommen geschützt.

Grauwale sind aber beileibe nicht die einzigen Meeressäuger, die man im nährstoffreichen Pazifik sichten kann. Von Juli bis November wandern **Buckelwale** *(humpback whale/ Megaptera novaeangliae)* an der Küste entlang. Wie der Blauwal gehört der Buckelwal zur Familie der Bartenwale, genauer zu den Furchenwalen. Buckelwale ernähren sich von winzig kleinen Lebewesen (Plankton, Krill, Kleinfische und -krebse), obwohl sie selbst zu den Größten der Welt gehören: Bis zu 15 m Länge und 45 t Gewicht erreicht ein ausgewachsenes Tier. Ihren Namen tragen die Säugetiere wegen ihres charakteristischen Schwimmverhaltens, bei dem ihr Rumpf als „Buckel" über der Wasseroberfläche auftaucht. Langsam rollt dieser gekrümmte Rücken nach hinten, bis nur noch die Schwanzflosse herausragt. Nach einem kurzen Moment, in dem die Flosse fast senkrecht steht, verschwindet der Wal wieder in der Tiefe.

Auch der **Blauwal** *(blue whale/Balaenoptera musculus)*, ebenfalls ein Bartenwal, lässt sich zwischen Juni und November an der Küste sehen. Diese Tiere werden bis zu 30 m lang und sind damit nicht nur die größten Wale, sondern die größten Lebewesen überhaupt. Blauwale können bis zu 175 t wiegen, sind graublau und haben oft einen gelblich gefärbten Bauch.

Außer den genannten Bartenwalen sichtet man in dieser Region auch verschiedene Arten von **Zahnwalen** *(Odontoceti)*. Sie sind im Allgemeinen kleiner als die Bartenwale und zu ihnen werden auch die Delfine *(Delphinidae)* gerechnet. Häufig zu sehen bekommt man die an ihrer kontrastreichen schwarz-weißen Färbung leicht erkennbaren **Orcas** *(Orcinus orca)*, auch „Großer Schwertwal" genannt. Ihren blutrünstigen Beinamen „Mörderwal" *(killer whale)* tragen die maximal 10 m langen Tiere zwar zu Unrecht, sie sind aber trotzdem Raubtiere, die u.a. Jagd auf Delfine machen. Eng verwandt mit den Orcas sind die verschiedenen **Delfinarten**. Am häufigsten kommen dabei die *bottle-nosed dolphins (Tursiops truncatus)*, die auffällig mit weiß-grauen Streifen gemusterten *pacific white-sided dolphins (Lagenorphynchus obliquidens)* und der Gemeine Delfin *(Delphinus delphius)* vor. Pott-, Schweins- und Schnabelwale gehören ebenfalls zur Familie der Zahnwale.

Inlandsroute nach Los Angeles

Die schnellste Inlandsroute folgt der Autobahn I-5 rund 380 mi/600 km und dauert 7–8 Stunden. Empfehlenswerter ist jedoch die Strecke über die Sierra Nevada, die einerseits Natur, andererseits „Wilden Westen" bietet.

Routenhinweis

Bevor man mit dem Yosemite NP eines der bedeutendsten Naturdenkmäler des Westens erreicht, gilt es erneut zu entscheiden: Von der kalifornischen Hauptstadt **Sacramento** (S. 482), die man von San Francisco aus auf der I-80 in nur 2 Fahrtstunden (90 mi/145 km) erreicht, kann man entweder durch das **Gold Country** (160 mi/256 km), vorbei an alten Goldgräberorten, in etwa einem halben Tag zum Westzugang des NP gelangen, oder aber in 2-3 Tagen über **Lake Tahoe** und **Mono Lake** den Ostzugang ansteuern. Plant man dazu noch einen „Schlenker" durch **Nevada** (Reno, Virginia City und Carson City), muss man einen weiteren Tag dazurechnen.

Redaktionstipps

Sehenswertes

- Auf den Spuren des *Springfrosches von Calavera* und seines Schöpfers *Mark Twain* durch das **Gold Country** (S. 564).
- Rundfahrt um den „Lake in the Sky" den **Lake Tahoe** (S. 570).
- Besuch in einer „echten" Geisterstadt, in **Bodie** (S. 575).
- Grandiose Naturerlebnisse im **Yosemite NP** (S. 578).
- Begegnung mit den „Giganten der Wälder" in den *Twin Parks*, **Kings Canyon NP** und **Sequoia NP** (S. 587).

Durch das Gold Country zum Yosemite NP

Hätte nicht der Zimmermann *James W. Marshall* an jenem kalten und grauen Januartag 1848 beim Bau eines Sägewerkes einen glänzenden Brocken im American River gefunden (s. S. 486), wäre der Westabhang der Sierra Nevada beschauliches Bergland geblieben. Doch kaum hatte sich die Nachricht über den Goldfund verbreitet, überrollten Abenteurer das Land. Ebenso schnell wie der Goldrausch aufgekommen war, ebbte er jedoch wieder ab und das boomende **Gold Country** versank rasch wieder in Vergessenheit.

Die Siedlungen trugen vielsagende Namen wie **Poker Flat**, **Rough and Ready**, **Hottentot** oder **Bedbug** (Wanze), doch kaum ein „Normalbürger" wagte sich dorthin, mit einer Ausnahme: **Mark Twain** (1835–1910). Wie in seiner Heimat, in den Südstaaten, genoss der vormalige Mississippi-Lotse die Atmosphäre in vollen Zügen, fand Gefallen an dem bunten Völkchen schrulliger und skurriler Gestalten, die in den Goldgräbersiedlungen zusammentrafen. Als Journalist setzte Twain, der eigentlich *Samuel Langhorne Clemens* hieß, dem Gold Country mit seinen volkstümlich-humoristischen Geschichtensammlungen *The celebrated jumping frog of Calaveras County* (1856, dt. Jim Smileys berühmter Springfrosch, 1874) und *Roughing it* (1872, dt.: Im Gold- und Silberland, 1892) ein Denkmal.

Noch heute erinnert man sich stolz an den berühmten Bewohner und feiert in **Angels Camp** im Calaveras County (*www.gocalaveras.com*) alljährlich ein Festival zu Ehren sei-

In Angels Camp erinnert alljährlich ein Festival an Mark Twains Geschichte vom Springfrosch

ner Froschgeschichte; außerdem gibt es im kleinen **Angels Camp Museum** (*753 S. Main St.*) eine Dauerausstellung zu Twain. Doch der Autor schrieb beileibe nicht immer lustig, er prangerte auch unverblümt Kommerz, Spekulantentum und Gesetzlosigkeit an, die das Gold Country zum skrupellosen „Wilden Westen" machten. Viele Orte verschwanden ebenso schnell wieder von der Karte wie sie aufgetaucht waren, ein paar wenige sind geblieben und laden heute Besucher zum Goldschürfen und zum Schwelgen in alten, goldenen Zeiten ein.

Gesetzlosigkeit

Das **Kerngebiet des Gold Country** erstreckte sich von Sonora und dem Yosemite NP im Süden bis hinauf nach Nevada City und Lake Tahoe im Nordosten. Entlang dem **„Golden Belt"**, dem rund 200 km langen Streifen zwischen Mariposa im Süden über Jacksonville, Jamestown, Columbia, Angels Camp, Jackson und Placerville nach Georgetown im Norden, wurden damals die reichsten Funde gemacht.

Auf dem Hwy. 49

Moderne Besucher können bequem im Auto den Spuren der Goldsucher folgen, am besten von Sacramento auf der I-80 bis Auburn, dann auf dem **Historic Hwy. 49**, dem *Golden Chain Highway*, Richtung Yosemite. Der Hwy. 49 folgt über gut 500 km von Vinton im Norden nahe der Nevada-Grenze, rund 50 km von Reno entfernt, bis Oakhurst im Süden der **Mother Lode**, der Hauptgoldader in den Bergen.

Auf den Spuren der Goldsucher

Erste Station nach Auburn ist **Coloma** mit dem **Marshall Gold Discovery SHP**, eingebettet in eine malerische Berglandschaft am American River. Hier begann 1848 alles und daher ist der Großteil der Ortschaft Teil des Freiluftmuseums. Am American Ri-

Zum Yosemite National Park
SAN FRANCISCO
SACRAMENTO
CALIFORNIA
PAZIFISCHER OZEAN
Berkeley
Concord
Oakland
Fremont
San José
Stockton
Modesto
Cloverdale
Stewarts Point
Fort Ross
Guerneville
Jenner
Bodega Bay
Tomales Bay
Sta. Rosa
Napa Valley
Calistoga
Lake Berryessa
Adams
Lower Lake
Guinda
Williams
Esparto
Winters
Dunnigan
Knights Landing
Woodland
Yuba City
Marysville
Linda
Wheatland
Lincoln
Auburn
Roseville
Folsom
Folsom Lake
Sonoma
Petaluma
Napa
Vacaville
Point Reyes National Seashore
San Pablo Bay
Vallejo
Rio Vista
Sacramento
MichiganBar
Elk Grove
Amador City
Sutter Creek
Jackson
Lodi
Valley Sprs.
S. Anselmo
Muir Woods National Monument
Sausalito
San Francisco Bay
Farmington
San Mateo
La Honda
San Gregorio
Pescadero
Palo Alto
Silicon Valley
Año Nuevo State Reserve
Big Basin Redwoods State Park
Los Gatos
Boulder Creek
Davenport
Santa Cruz
Morgan Hill
Watsonville
Gilroy
Monterey Bay
Hollister
Diablo Range
Cal. Aqueduct
San Joaquin
San Joaquin Valley
Atwater
Los Banos
1159 m
Salinas
Monterey
Carmel
1346 m
Soledad
Point Sur
Big Sur
Firebough
Mendota
N
15,5 mi
25 km
Gold Country
© igraphic

Nevada City
Grass Valley
Donner Pass 2355 m
Emigrant Gap
Truckee
Reno
Wadsworth
Fernley
Hazen
Virginia City
Fallon
Tahoe City
Lake Tahoe
Georgetown
Rubicon
Meeks Bay
Carson City
NEVADA
Camino
South Lake Tahoe
Stateline
Eldorado National Forest
Pacific House
Kyburz
Gardnerville
Diamond Springs
Woodfords
Plymouth
Kit Carson
Schurz
Topaz Lake
Pioneer
West Point
Bear Valley
Walker Lake
Arnold
San Andreas
Sonora Pass 2933 m
Babbitt
Hawthorne
Sonora Jct.
Angels Camp
Stanislaus
Strawberry
3528 m
Columbia
Long Barn
Bridgeport
Lunning
Sonora
Jamestown
Bodie
Mina
Keystone
Groveland
Yosemite National Park
2670 m
Big Oak Flat
Mono Lake
Lee Vining
Coulterville
La Grange
Excelsior Mts.
El Portal
Mt. Dana 3979 m
Yosemite Village
June Lake
Mt. Montgomery
Coaldale
Cathey's Valley
Mt. Ritter 4010 m
Benton
Merced
Mariposa
Fish Camp
Lake Crowley
Mammoth Lakes
White Mts.
Sierra Nevada
Oakhurst
San Joaquin
Chowchilla
Dyer
Lakeshore
Boundary Pk. 4263 m
Oasis
Bishop
Madera
Valley
Pine Ridge
Westgard Pass 2216 m
Kings Canyon National Park
North Palisade 4345 m
Big Pine
Clovis
Fresno
80
89
20
431
341
28
267
95
50
49
88
4
395
108
361
359
270
167
120
140
264
6
41
168
99
180

ver liegt das Herz des Parks, die **Gold Discovery Site** und der Nachbau von **Sutter's Mill**, außerdem das **Gold Discovery Museum**. Ein Stück weiter westlich: **Marshall's Cabin**, die alte Hütte von 1860, in der der Zimmermann *Marshall* lebte, in der Nähe befindet sich sein Grabmal. Er starb 1885 75-jährig – und ein Monument von 1889 zeigt ihn auf jene Stelle im Fluss deutend, wo er damals das erste Gold fand.
Marshall Gold Discovery SHP, *310 Back St., www.parks.ca.gov/?page_id=484, mit Museum, tgl. 8–17/19, Museum 10–15/16 Uhr, $ 8.*

„Hangtown"

An der Kreuzung von Hwy. 50 (Sacramento – Lake Tahoe) und 49 liegt mit **Placerville** ein vormals besonders verrufenes, auch *Hangtown* genanntes Örtchen, in dem Gesetzesbrecher schnell am Galgen endeten. Sehenswert sind einige Gebäude aus den Jahren nach der Stadtgründung 1848, beispielsweise die alte City Hall, außerdem steht noch der *Hangman's Tree* in der Main Street. Im Bedfork Park, 1 mi/1,6 km nördlich der Stadt, kann man die **Gold Bug Mine** besichtigen und sein Glück selbst beim Goldwaschen versuchen.
Gold Bug Park & Mine, *2635 Gold Bug Lane, 1 mi nördl. Hwy. 50, Bedford Ave., Park tgl. 8–17/19 Uhr, Museum: Di–So 10–15/16 Uhr, $ 5.*

Nächster interessanter Stopp auf der Fahrt auf dem Hwy. 49 Richtung Süden ist das *Jewel of the Mother Lode*, **Sutter Creek**. Mit seiner Main Street und den alten Wohnvierteln erinnert der Ort eher an New England als an den Wilden Westen. Obwohl großteils bei einem Brand 1862 zerstört, wurde das nur wenige Meilen südlich gelegene **Jackson** weitgehend wieder rekonstruiert. Ursprünglich wurde hier Quarz abgebaut, dann änderte die Entdeckung der ertragreichsten Goldmine der USA alles. **Angels Camp** (*www.angelscamp.com*) erhielt seinen Namen nicht von besonders christlichen Goldsuchern, sondern von einem Händler namens *George Angel*. Seit 1929 feiert der Ort jedes Jahr am dritten Maiwochenende das *Jumping Frog Jubilee*, u.a. mit einer Aufführung der berühmten Kurzgeschichte von *Mark Twain* vom Springfrosch, die hier spielt.

Living History Museum

Weiter südlich liegt **Columbia** (*www.columbiacalifornia.com*), 1854 noch zweitgrößte Stadt Kaliforniens und heute die besterhaltene *Gold Mining Town*. Als **Columbia State Historic Park** ausgewiesen, konnte der Großteil der alten Stadt vorbildlich als *Living History Museum* erhalten werden und man glaubt sich in die Mitte des 19. Jh. zurückversetzt. Ein paar Kilometer Richtung Süden folgt dann die erste von Goldgräbern besiedelte Stadt, **Sonora**. Lange einer der größten und reichsten Orte an der Hauptader, zugleich aber auch einer der verrufensten, lebt man heute vom Tourismus. Die *Queen of the Southern Mines* war 1848 von mexikanischen Siedlern aus Sonora gegründet worden, die hier ihre typischen Adobehäuser errichteten. Um die als gesetzlos geltenden Hispanos loszuwerden, entschied man sich für die Erhebung einer Steuer und 2.000 Mexikaner verließen daraufhin die Stadt. Infos zur Goldgräbergeschichte gibt es im **Tuolumne County Museum**, im alten Gefängnis von 1857.
Columbia SHP, *11255 Jackson St., www.parks.ca.gov/?page_id=552, tgl. 10–17, Museum 10–15/16 Uhr, frei, Gold Rush Days jeden 2. Sa im Monat 13–16 Uhr.*
Tuolumne County Museum & History Center, *158 Bradford Ave., http://tchistory.org/index.html, tgl. 10–16, Sa –15.30 Uhr, frei.*

In **Jamestown**, beliebt bei amerikanischen Besuchern wegen seiner Antiquitätengeschäfte, befindet sich das **Jimtown 1849 Gold Mining Camp**, ein nachgebautes

Goldgräberdorf, das als Filmkulisse und wegen seiner Camps und Goldsuchkurse beliebt ist. In der Nähe der Ortschaft (ausgeschildert) befindet sich ein Highlight für Eisenbahnfreunde, der **Railtown 1897 SHP**. Alte Loks und Wagen, das Roundhouse, der reich sortierte *Depot Store* und ein *Interpretive Center*, v.a. aber die Dampfzugfahrten lassen das Herz jedes Eisenbahnfreaks höherschlagen. *Filmkulisse*

Jimtown 1849 Gold Mining Camp, *18170 Main St., www.goldprospecting.com/jimtown.htm, versch. Programme und Veranstaltungen.*

Railtown 1897 SHP, *5th/Reservoir Rd, www.parks.ca.gov/ bzw. www.railtown1897.org, Do–Mo 9.30–16.30 Uhr, $ 5.*

Routenhinweis

Wenige Meilen südlich von Jamestown zweigt vom Hwy. 49 der Hwy. 120 in östlicher Richtung ab, dem man bis zum Yosemite NP folgt.

Reisepraktische Informationen Gold Country

Information

Infos zum **Gold Country** *und zum* **Historic Hwy. 49**: *www.historichwy49.com.*
Infos zu den **Orten**: *www.gocalaveras.com, www.frogtown.org, www.angelscamp.com.*

Unterkunft

American River Inn $$-$$$, *☽ 1 (800) 245-6566, http://americanriverinn.com; historisches Boarding House mit 13 Zimmern und persönlicher Betreuung, inkl. Frühstück.*

Sutter Creek Inn $$-$$$, *75 Main St, Sutter Creek, ☽ (209) 267-5606, www.suttercreekinn.com; ruhiges, gemütliches B&B in einem Haus von 1859 mit 17 Zimmern, teils mit offenen Kaminen, Swinging Beds, umgeben von viel Grün und gutes Frühstück inklusive.*

Camping

Angels Camp RV & Camping Resort, *3069 Hwy. 49, gut 3 km südlich, ☽ (209) 736-0404, www.angelscamprv.com; RV- und Zeltplätze mit allen Sanitäreinrichtungen, Picknickplätze mit Grill, Pool etc., auch Miet-Cabins.*

Lake Tulloch RV Campground & Marina, *19 km westlich Jamestown, Hwy. 120, 14448 Tulloch Rd., ☽ (800) 894-2267, www.laketullochcampground.com; 130 Privatplätze, auch Cabins für sechs Personen, schöne Lage am See mit Strand, Booten, Angelmöglichkeit.*

Restaurants

Gold Mine Winery/Old Stamp Mill Brewery & Crabpot, *22265 Parrots Ferry Rd., Columbia; Wein- und Bierproben gratis, auch sonst gute Küche und frisches Seafood. An Wochenenden Livemusik (siehe: www.GoldMineWinery.com).*

Mel & Faye's Diner, *31 Hwy. 49/88, Jackson; von morgens bis abends günstige Kost von Eiergerichten über Burger bis Steaks.*

Alternativroute über Lake Tahoe und Mono Lake

Von Sacramento aus erreicht man den Lake Tahoe am schnellsten auf der I-80. Die Autobahn quert den 2.200 m hohen **Donner Pass** und passiert die Ortschaft **Truckee**, ehe sie das Nordende des Sees (110 mi/176 km) erreicht. Der 1.900 m hoch gelegene **Lake Tahoe**, den Mark Twain „edles Blatt blauen Wassers" und „Lake in the Sky" nannte, ist mit einer Breite von 17 km, einer Länge von 31 km und einer maximalen Tiefe von 500 m das größte alpine Gewässer Nordamerikas. V.a. im Winter zieht es die Städter in Scharen hierher und das Seengebiet mit den umgebenden Bergen gilt als populärstes Ziel des Skitourismus in den USA. Dank der warmen und sonnenreichen Sommer und der schönen Übergangszeiten blüht der Fremdenverkehr hier jedoch ganzjährig.

Wintersport-Paradies

Der kalifornische Teil von Lake Tahoe ist verwaltungstechnisch zweigeteilt: **North Lake Tahoe** mit Tahoe City als Versorgungszentrum und **South Lake Tahoe** mit der sehenswerten **Emerald Bay** und dem Ort South Lake Tahoe. Auf Nevada-Gebiet gibt es nur wenige Orte: im Süden Zephyr Cove und im Norden Incline Village. Überhaupt sind die Siedlungen am Seeufer relativ klein, denn zum Glück sind dem Wachstum durch staatliche Vorschriften Grenzen gesetzt.

Im Süden des Lake Tahoe liegt die malerische Emerald Bay

Rund um Lake Tahoe

Der eigentliche Hauptort der Region, Verkehrsknotenpunkt (I-80, Hwy. 89 und Amtrak-Bahnhof) und *Gateway to the Sierra* ist **Truckee**. Rund 20 km via Hwy. 267 vom Nordufer des Sees entfernt, ist der Ort ideale Standbasis für Leute, die den relativ hohen Übernachtungspreisen direkt am See entgehen möchten. Ein bisschen meint man hier, die Zeit sei stehengeblieben, spaziert man auf der Hauptstraße von *Old Town* mit ihrer Ansammlung an Shops, Galerien, Lokalen und Bars. 1844 hatte sich *Joseph*

Gray hier niedergelassen, zunächst belächelt, doch das sollte sich ändern, als der erste Zug der transkontinentalen Eisenbahnlinie hier hielt. Die Holzindustrie wurde zum Haupterwerbszweig, daneben florierte der Eishandel, da bis in die 1920er, als die Kühltechnik erfunden wurde, die Städte mit Eis versorgt werden mussten.

Nur wenige Kilometer westlich von Truckee, von der I-80 aus erreichbar, liegt der über 140 ha große **Donner Memorial SP** *(www.parks.ca.gov/?page_id=503)*, ein Naturpark, der an jene Siedler erinnert, die auf dem Weg nach Kalifornien hier in größter Not den Winter 1846/47 verbringen mussten. Teil des Parks ist der *Donner Lake* mit seinen Stränden, Camping- und Picknickgelegenheiten sowie Wanderwegen und Skiloipen.

Auf der Fahrt vom Donner Lake zum Lake Tahoe (Hwy. 89) passiert man auf halber Strecke das Wintersportgebiet **Squaw Valley USA** *(www.squaw.com)*, 1960 Austragungsort der Olympischen Winterspiele, ehe **Tahoe City** am See erreicht wird. Im William B. Layton Park am See befindet sich die **Gatekeepers Cabin** mit dem **Marion Steinbach Indian Basket Museum** der *North Lake Tahoe Historical Society*. Im ehemaligen Haus des Wassermeisters, der die Menge des aus dem See abgezapften Wassers überwachte, sind v.a. die indianischen Korbwaren sehenswert. Am North Lake Blvd. steht die **Watson Cabin**, eine bescheidene Hütte von 1909, in der teilweise die Originalmöblierung erhalten ist und Ausstellungsstücke über das Leben am See um die Jahrhundertwende informieren.

Sehenswürdigkeiten am Lake Tahoe

Gatekeepers Cabin/Marion Steinbach Indian Basket Museum, *130 W. Lake Blvd., www.northtahoemuseums.org, Mai–Sept. tgl. 10–17, sonst Fr/Sa 10–16 Uhr, $ 5.*
Watson Cabin, *560 N. Lake Blvd, Memorial–Labor Day Do–Mo 10–17 Uhr, $ 3.*

Fast schon am Südende des Sees, zwischen Tahoe City und South Lake Tahoe, bietet sich über der **Emerald Bay** am Hwy. 89 der wohl beste Ausblick überhaupt, doch das ist nicht der einzige Grund zum Anhalten: Am Ufer liegt ein Kuriosum namens **Vikingsholm**. 4 km sind es auf einem gut ausgebauten Wanderweg hinunter zu diesem Schlösschen. Es war 1929 mit 38 Zimmern im skandinavischen Stil erbaut worden und kann im Sommer besichtigt werden. Dem Ufer dieses State Parks vorgelagert ist **Fanette Island** mit einem winzigen Teehaus aus Stein. **South Lake Tahoe** ist v.a. im Winter attraktiv, wenn die Seilbahn **Heavenly Tram** direkten Zugang zum Heavenly Ski Resort *(www.skiheavenly.com)* in wenigen Minuten ermöglicht.
Vikingsholm, *Hwy. 89, www.vikingsholm.org, Memorial–Labor Day Touren 10.30–16 Uhr, $ 8, Parken $ 10.*

Auf der Nevada-Seite kann, wer möchte, weiter am Seeufer entlangfahren; die gesamte Rundfahrt um den See ist 72 mi/115 km lang, reine Fahrzeit etwa 2 Stunden. Nächster Stopp wäre **Zephyr Cove** *(www.zephyrcove.com)*, wo jedes Jar im Juni ein *Wild West Weekend* und ein Dampferrennen ab dem Zephyr Cove Resort stattfinden. Weiter im Norden folgt dann der ausgedehnte **Lake Tahoe Nevada SP** (*http://parks.nv.gov/*) und am nordöstlichen Ende die weitgeschwungene **Crystal Bay**. Am Nordende liegt **Incline Village**, wo einst eine Kulissen-Westernstadt und die **Ponderosa Ranch** an die legendäre TV-Serie *Bonanza* erinnerte (derzeit geschlossen).

Rundfahrt

Reisepraktische Informationen Lake Tahoe

Information

Infos: *www.visitinglaketahoe.com, www.tahoe.com, www.gotahoenorth.com, http://tahoesouth.com.*

Mehrere VCs, *u.a.* **Lake Tahoe VC**, *Hwy. 89, Taylor Creek;* **Tahoe City Visitors Information Center**, *380 North Lake Blvd., Tahoe City/CA;* **Lake Tahoe Visitors Authority VC**, *3066 Lake Tahoe Blvd., South Lake Tahoe/CA;* **Lake Tahoe Visitors Authority**, *169 Hwy. 50, Stateline/NV.*

Unterkunft

Cedar Glen Lodge $$, *6589 North Lake Blvd, Tahoe Vista, ✆ (530) 546-4281, www.tahoecedarglen.com; nur durch die Straße vom Seeufer getrenntes Familienhotel mit zweistöckigem Motelgebäude und gut ausgestatteten Cottages mit Kochnische; außerdem Pool und Kinderspielplatz.*

The Truckee Hotel $$, *10007 Bridge St, Truckee, ✆ 1 (800) 659-6921, www.truckeehotel.com; kleines historisches Hotel mit unterschiedlichen Zimmern. Nahe Bahnhof und Commercial Row gelegen, mit eigenem Restaurant.*

Harvey's Resort $$-$$$, *Hwy. 50, Stateline, ✆ (775) 588-2411, www.harveystahoe.com; das erste Casinohotel am Lake Tahoe (gegründet 1944), alle Annehmlichkeiten, wobei die Zimmer mit Seeblick empfehlenswerter sind.*

Harrah's Lake Tahoe $$$, *Hwy. 50, Stateline, ✆ (702) 588-6606, www.harrahslaketahoe.com; modernes Hotel mit über 500 Zimmern, 5 Restaurants, Casino, Shows, Einkaufspassage, glasüberkuppeltem Swimmingpool u.v.m.*

Sunnyside Steakhouse & Lodge $$$-$$$$, *1850 W. Lake Blvd., Lake Tahoe, ✆ (530) 583-7200, www.sunnysidetahoe.com; schön gelegene 23-Zimmer-Lodge in Hanglage mit Treppe zum See; mit empfehlenswertem Restaurant.*

Restaurants

Graham's at Squaw Valley, *1650 Squaw Valley Rd., Squaw Valley, ✆ (530) 581-0454; gemütliches Lokal mit offenem Kamin und hervorragender, mediterran beeinflusster Küche. Super-Weinkarte, allerdings nicht ganz billig.*

Fire Sign Café, *185 W. Lake Blvd., Tahoe City, ✆ (530) 583-0871; kreatives, doch erschwingliches Essen in netter Atmosphäre, auch Frühstück und Lunch.*

Sunnyside Steakhouse, *s. oben, Übernachten*

Ski & Touren

Detaillierte Informationen finden sich auf der Webpage www.skilaketahoe.com.

Abstecher nach Nevada

Von Incline Village oder Truckee sind es gerade 60 km nach Reno, dem **Las Vegas en miniature** und diesen Abstecher sollte man einbauen, sofern Las Vegas nicht auf dem Programm steht. Für die Rückfahrt folgt man von Reno später dem Hwy. 395 nach Süden. Nach rund 40 km stößt man auf das Wildwest-Städtchen Virginia City und von dort sind es nur weitere 25 km in die historische Hauptstadt Nevadas, Carson City, die

Virginia City nennt sich „Liveliest Ghost Town in the West“

wiederum kaum 20 km östlich des Lake Tahoe liegt. Diesen Ausflug kann man auch an einem Tag unternehmen.

Das Symbol der Stadt, der **Reno Arch** – 1926 anlässlich der Fertigstellung des Lincoln Hwy. errichtet – mit seinen 1.600 Glühbirnen befindet sich direkt am Zugang zur **Downtown Casino Row**, der N. Virginia St. An ihr und im Umkreis reihen sich zahlreiche Casinos und Hotels – wie Harrah's Reno, El Dorado, Silver Legacy oder Circus Circus – aneinander, die zugleich die Skyline der Stadt prägen. Reno ist aber auch Sitz der *University of Nevada* und besitzt seit 1995 das wohl größte Bowling-Stadion der Welt. Das **National Bowling Stadium** (*300 N. Center St.*) verfügt über 78 Bahnen, eine Video-Wand und ein zugehöriges Theater mit Riesenleinwand. Die Hauptattraktion liegt im Norden, nahe der *University of Nevada at Reno*, nördlich der I-80: Der **Rancho San Rafael Park** *(www.washoecounty.us/parks/rsrp.htm)* mit dem Wilbur D. May Center (*1502 Washington St.*), einem Komplex aus Museum, Botanischem Garten und Vergnügungspark.

Spielerstadt

Fährt man von Reno auf dem Hwy. 395 südwärts, stößt man nach knapp 20 km auf eine Nebenstrecke, die SR 341, die nach wenigen Meilen durch eine Bilderbuch-Wildwestlandschaft **Virginia City** erreicht. Gäbe es nicht Autos und Motorräder, würde man seinen Augen nicht trauen: In der *Liveliest Ghost Town in the West* scheint die Zeit stehengeblieben zu sein. In den Blütezeiten des Gold- und Silberabbaus in der zweiten Hälfte des 19. und zu Beginn des 20. Jahrhunderts gab es hier 110 Saloons – und damit Seelenheil und Kultur gewahrt blieben, errichtete man eine Reihe von Kirchen und Theatern. Berühmtester Bewohner der Stadt war *Mark Twain*, der für die lokale Tageszeitung *Territorial Enterprise* arbeitete und diese mit kuriosen Geschichten versorgte.

Zeugnisse des Gold- und Silberrausches

Durch die Lage des Ortes an der **Comstock Lode**, einer der ertragreichsten Silber- und Goldadern im Westen, mauserte sich Virginia City in den 1870ern zu einer bedeutenden Minen-Metropole. Da der Ort nach dem Niedergang in einen Dornröschenschlaf versank, war es möglich, den Zustand der 1870er weitgehend authentisch zu rekonstruieren. Im Zentrum, v.a. entlang der C Street, reihen sich Saloons, Läden und mehrere kleine Museen aneinander. In der **Mackay Mansion** (*129 S. D St.*), die auch schon als Filmkulisse diente und in der es eine ansehnliche Tiffany-Silber-Sammlung gibt, wohnte ein Minenboss; ausgestellt ist daher auch Minen-Zubehör. Ebenfalls vom Reichtum vergangener Zeiten zeugt **The Castle** (*70 S. B St.*) von 1868 mit tschechischen Kristallleuchtern, italienischen Marmorkaminen und silbernen Türknäufen. Eines von zahlreichen Vergnügungs-Etablissements ist **Piper's Opera House** (*B/Union St.*) aus den 1880ern mit Ausstellung und Abendveranstaltungen.

Ideal für Familien ist eine Fahrt mit der **Virginia & Truckee Railroad** (*www.virginiatruckee.com*). Von Mai bis Oktober finden ab dem Bahnhof in der Washington/F Street 35-minütige Dampfzugfahrten von Virginia City nach Gold Hill durch die historische Comstock-Minen-Region statt.

Carson City

Beschauliche Hauptstadt

Schon seit 1861, drei Jahre nach der Gründung durch *Abraham Curry*, der bei einer heißen Quelle sein Warm Springs Hotel erbaute, ist **Carson City** Hauptstadt von Nevada. 1864 drängte Präsident *Lincoln* Nevada zum Beitritt in die Union, mit Hintergedanken: Rohstoffe, v.a. Silber und Holz, sollten damit gesichert werden. Der Name der Stadt geht auf Wildwest-Zeiten zurück: *John C. Fremont* nannte den Fluss 1844 **Carson River**, um damit seinen berühmten Scout und Freund, *Kit Carson*, zu ehren.

Die Innenstadt mit ihren zahlreichen historischen Bauten aus der Zeit des Silberrauschs und des Eisenbahnbaus ist sehenswert. Kein Wunder, dass Hollywood hier gerne Western drehte, darunter als bekanntesten *The Shootist* mit *John Wayne*. Dominiert wird das Städtchen vom **Nevada State Capitol** (*Carson/Musser St.*), in dem es historische Ausstellungsstücke, Dokumente und Fotos zu sehen gibt. Mehr über die Stadt- und Staatsgeschichte erfährt man im **Nevada State Museum**. In der ehemaligen Münzprägeanstalt, die von 1870 bis 1893 in Betrieb war, wurden die Silbermünzen mit dem Aufdruck *CC* versehen. Heute ist eine Sammlung indianischer Kunst, Dokumente und Relikte zur Geschichte der Besiedelung des Great Basins und dessen Tierwelt sowie eine Abteilung zum Wilden Westen, mit dem Nachbau einer Mine von 1870 und einer *Ghost Town*, zu sehen.

Das **Nevada State Railroad Museum** widmet sich v.a. der **Virginia & Truckee Railroad Line**, die ab 1869, während der Blüte der *Comstock Mine*, zwischen Carson City, Reno und Virginia City verkehrte. Ausgestellt ist v.a. Eisenbahn-Zubehör dieser Gesellschaft, mehrere Dampfloks und Wagen und im Sommer finden Fahrten mit historischen Zügen statt (s. Virginia City).

Nevada State Museum, *600 N. Carson St., http://museums.nevadaculture.org, Mi–Sa 8.30–16.30 Uhr, $ 8.*

Für Eisenbahn-Nostalgiker

Nevada State Railroad Museum, *2180 S. Carson St., http://museums.nevadaculture.org, Fr–Mo 9–17 Uhr, $ 6.*

Reisepraktische Informationen Reno, Virginia City und Carson City

Information

Reno-Sparks Convention and Visitors Authority (RSCVA), *135 N. Sierra St./im Reno eNVy Store, ✆ 1 (800) 367-7266, www.visitrenotahoe.com, Mo–Fr 9–18 Uhr.*

Virginia City Tourism Commission, *86 S. C St., ✆ 1 (800) 718-7587, www.visitvirginiacitynv.com.*

Carson City CVB, *1900 S. Carson St., ✆ (775) 687-7410, www.visitcarsoncity.com.*

Unterkunft

Circus-Circus $-$$, *500 N. Sierra St., Reno, ✆ 1 (800) 648-5010, www.circusreno.com; das mit 1.600 Zimmern zweitgrößte Casino-Hotel der Stadt mit verlockend niedrigen Preisen.*

Gold Hill Hotel $$-$$$$, *1540 Main St., Virginia City, ✆ (775) 847-0111, www.goldhillhotel.net; 1858 erbaut und damit das älteste Hotel in Nevada, 3 km südlich der Stadt in Gold Hill gelegen; angeschlossen sind ein alter Saloon und ein Buchladen mit guter Auswahl zur Lokalgeschichte.*

Routenhinweis

Vom Südende des Lake Tahoe stößt der Hwy. 89 südlich auf den Hwy. 395 (aus Richtung Carson City), den **Eastern Sierra Scenic Byway** *(www.easternsierrabyway.com)*. Er durchquert die Eastern Sierra, die Ostseite der Sierra Nevada. Im Windschatten gelegen und ins Great Basin übergehend, weist die Region geringere Niederschläge und ein milderes Klima auf. Rund 400 km führt der Hwy. 395 im Grenzland zwischen Kalifornien und Nevada durch ständig wechselnde Landschaften: Von den Vulkanbergen im Norden vorbei am Lake Tahoe zum Mono Lake und weiter südwärts im Windschatten der mächtigen Berge der Sierra Nevada in die Mojave-Wüste.
Man sollte auf einen gefüllten Tank und genügend Proviant achten, denn je näher man dem Mono Lake kommt, umso spärlicher wird die Infrastruktur, umso teurer die Tankstellen. Zum Yosemite NP gelangt man über die **Tioga Pass Road** (Hwy. 120) direkt nach Lee Vining (im Winter gesperrt).

Geisterstadt Bodie

Wenige Fahrminuten nach Bridgeport zweigt der Hwy. 270 ab, der auf etwas holpriger Schotterstrecke zur Geisterstadt **Bodie** führt. Benannt wurde die Stadt nach *Waterman S. Bodie*, der hier 1859 Gold entdeckt und damit maßgeblich zum rapiden Wachstum beigetragen hatte. Von Bodie, das zur Blütezeit über 65 Saloons verfügte, sind neben etlichen Ruinen noch viele Häuser, z.T. mit Inneneinrichtung, erhalten. Der einsam in karger Berglandschaft gelegene Ort gilt als eine der „echtesten" Geisterstädte des Westens. Im *Park Office* erhält man eine Karte mit Eintragung der wichtigsten Gebäude, und das kleine Museum informiert über die Geschichte. Auf dem weitläu-

Gut erhaltene Geisterstadt

Bodie, eine der „echtesten" Geisterstädte des Westens

figen Gelände gibt es WCs, Trinkwasser und Picknickplätze, aber weder Lokale noch Unterkunft.
Bodie SHP, *Hwy. 270, Bridgeport, www.bodie.com bzw. www.parks.ca.gov/?page_id=509, im Sommer tgl. 9–18 Uhr, sonst bis 15 Uhr, $ 7, bei Schnee nicht zugänglich.*

Mono Lake

Wer auf dem Hwy. 395 Richtung Mono Lake fährt, wird überrascht: Kaum hat man den *Conway Summit* erklommen, eröffnet sich auf einem knapp 2.500 m hoch gelegenen Aussichtspunkt nach langer Fahrt durch Wälder und Bergland ein grandioser Blick auf Great Basin, See und Eastern Sierra. Der **Mono Lake** liegt am Schnittpunkt zweier völlig unterschiedlicher Naturregionen: der Wüstenregion des Great Basin im Osten und der Bergwelt der Sierra Nevada im Westen. Entlang dem Westufer führt die Hauptstraße nach **Lee Vining**, dem unscheinbaren und verschlafenen Hauptort der Region.

Ältestes Binnengewässer Nordamerikas

Der Mono Lake gilt mit seinen rund 750.000 Jahren als das älteste ununterbrochen bestehende Binnengewässer Nordamerikas. Er ist der letzte Rest eines riesigen Sees, der langsam versalzte und schrumpfte. Bis heute verkleinert sich die Wasserfläche, hauptsächlich dadurch verursacht, dass die Megalopolis L.A. die den See speisenden Flüsse als Trinkwasserreservoir anzapft. Das Ungewöhnlichste am Mono Lake sind die skurrilen Kalksteingebilde, die in Ufernähe weiß aus dem Wasser ragen.

Am Hwy. 395 liegt das **VC** des **Mono Lake Tufa State Natural Reserve**, das über Geologie, Geschichte und Ökosystem der Region informiert, das Leben der Kuzedika-Paiute-Indianer schildert, einen Film zeigt und Führungen anbietet. Südlich von Lee Vining (ab Hwy. 395, ausgeschildert) befindet sich am südlichen Seeufer die **South Tufa Area** mit dem *Navy Beach*. Ein Lehrpfad von 1,5 km Länge führt vorbei an beeindruckenden Salztürmen, die im Durchschnitt 200 bis 900 Jahre alt sind.

Mono Lake, das älteste ununterbrochen bestehende Binnengewässer Nordamerikas

Reisepraktische Informationen Mono Lake

Information

Mono County: *www.monocounty.org;* **Mono Lake Committee Info Center**, *Hwy. 395/3rd St., Lee Vining, ✆ (760) 647-6595, www.monolake.org.*
Mono Lake Tufa SNR, *Hwy. 395, nördl. Lee Vining, www.parks.ca.gov/?page_id=514, mit Mono Basin Scenic Area VC, Apr.–Nov.*

Unterkunft & Restaurant

Es gibt es lediglich ein paar kleine Läden und Lokale in Lee Vining, große Supermärkte fehlen, ebenso ist das Hotelangebot klein. Ideal für eine Übernachtung ist die
Tioga Lodge $$-$$$, *54411 US Hwy. 395, wenige Meilen nördlich Lee Vining, ✆ (760) 647-6423, www.tiogalodgeatmonolake.com; am See auf weitläufigem Grund gelegene Cottages sowie Hammond Station Restaurant. Mitte Juni bis Mt. Okt. geöffnet.*

Routenhinweis

Bei Lee Vining biegt der Hwy. 120 nach Osten ab und führt über den Tioga Pass zum **Yosemite NP**. Für die Strecke bis zum Yosemite Valley braucht man vom Mono Lake aus rund zwei Stunden. Die **Tioga Pass Road** ist je nach Schneehöhe normalerweise von Nov.- Anf. Mai nicht passierbar.
Wer den Yosemite NP auslassen möchte, hat mehrere Möglichkeiten weiterzufahren: ① über den Hwy. 395 weiter südwärts zum **Death Valley NP** (S. 212) und von dort entweder nach Las Vegas (S. 218) oder nach Los Angeles; ② über den Hwy. 395 und den Hwy. 14 direkt nach **Los Angeles**; ③ auf dem Hwy. 395 via Bakersfield zum Kings Canyon und Sequoia NP (S. 587).

Yosemite National Park

Zufahrt und Besichtigung

Nähert man sich dem Park von Nordwesten auf dem Hwy. 120, stößt man auf den **Big Oak Flat Entrance**, ggf. geht es weiter zum Hetch Hetchy Entrance (saisonal, Ausgangspunkt für Wanderungen). Über Merced und Mariposa (mit dem interessanten Mariposa Museum, *http://mariposamuseum.com*), von Westen kommend, führt der Hwy. 140 zum **Arch Rock Entrance**. Von Süden auf dem Hwy. 41, 100 km von Fresno entfernt, liegt der **South Entrance** bei Wawona. Die einzige Zufahrtsmöglichkeit von der Sierra-Ostseite ist der **Tioga Pass Entrance**, 20 km westlich Lee Vining am Hwy. 120 (nur im Sommer).

Erster Anlaufpunkt sollte das **Yosemite Village** sein. Hier mitten im Yosemite Valley entstand eine kleine Stadt mit Hotels, Cabins, Campingplätzen, Supermärkten, Lokalen, Museen und Sehenswürdigkeiten, hier können Aktivitäten, Busfahrten, Besichtigungstouren etc. organisiert werden. Das etwa 35 km lange Stück des Yosemite-Tals, in dem die „Urbanisierung" stattfand, bildet einen zwar nur kleinen, aber dichtbevölkerten Teil des Gesamtareals.

Derzeit darf der Park noch nach Belieben mit dem eigenen PkW befahren werden (keine Tankstellen, max. 45 mp/h), doch empfiehlt es sich, das Auto auf einem der Parkplätze im Village abzustellen und zu Fuß oder per kostenlosem **Shuttle Bus** die nähere Umgebung zu erkunden. Im Sommer fahren Busse auch von Wawona bis Mariposa Grove und zwischen Tenaya Lake, Tuolumne Meadows Lodge und Tioga Pass, im Winter zur *Badger Pass Ski Area*.

Beginn der Nationalparkidee

Der **Yosemite NP** mit seinen 308.041 ha Fläche kann sich nicht nur einer grandiosen Berglandschaft rühmen, er verkörpert auch beispielhaft staatlichen Naturschutz. Das ist US-Präsident *Abraham Lincoln* zu verdanken: Er hatte bereits im Jahr 1864 den *Yosemite Grant* unterzeichnet, ein Gesetz, das Teile des Yosemite Valley zum ersten geschützten Naturareal der Welt machte. Das Naturschutzgebiet unterstand damals jedoch noch dem jungen Bundesstaat Kalifornien als SP.

Der Park befindet sich mitten auf der fast 650 km langen und bis zu 4.400 m hohen Bergkette der **Sierra Nevada.** Diese stellt heute nicht mehr jene unüberwindliche Barriere dar, die sie für Reisende im 19. Jh. war, doch der Eindruck ist immer noch überwältigend: schneebedeckte Berge, dichte Wälder, klare Bergseen, grüne Täler – eine Bilderbuchlandschaft, der der Fotograf *Ansel Adams* (S. 581) zu Beginn des 20. Jh. ein bleibendes Denkmal setzte.

Grandiose Landschaften der Sierra Nevada

Gleich drei Nationalparks – *Yosemite, Sequoia* und *Kings Canyon*– liegen in der **Sierra Nevada**. An der Südostecke der Sierra überragt der majestätische **Mount Whitney**, der höchste Berg der USA außerhalb Alaskas mit 4.418 m, die eindrucksvolle Gebirgslandschaft, deren Täler großteils während der letzten Eiszeit entstanden sind, als sich Gletscher formten und dann wieder abschmolzen. Über 2.000 m hoch sind viele der Berge und zahlreiche Wasserfälle und Flüsse sorgen für üppige Flora und Fauna. Es wachsen hier die mächtigsten Bäume der Erde, die *Sequoia gigantea* (s. S. 591).

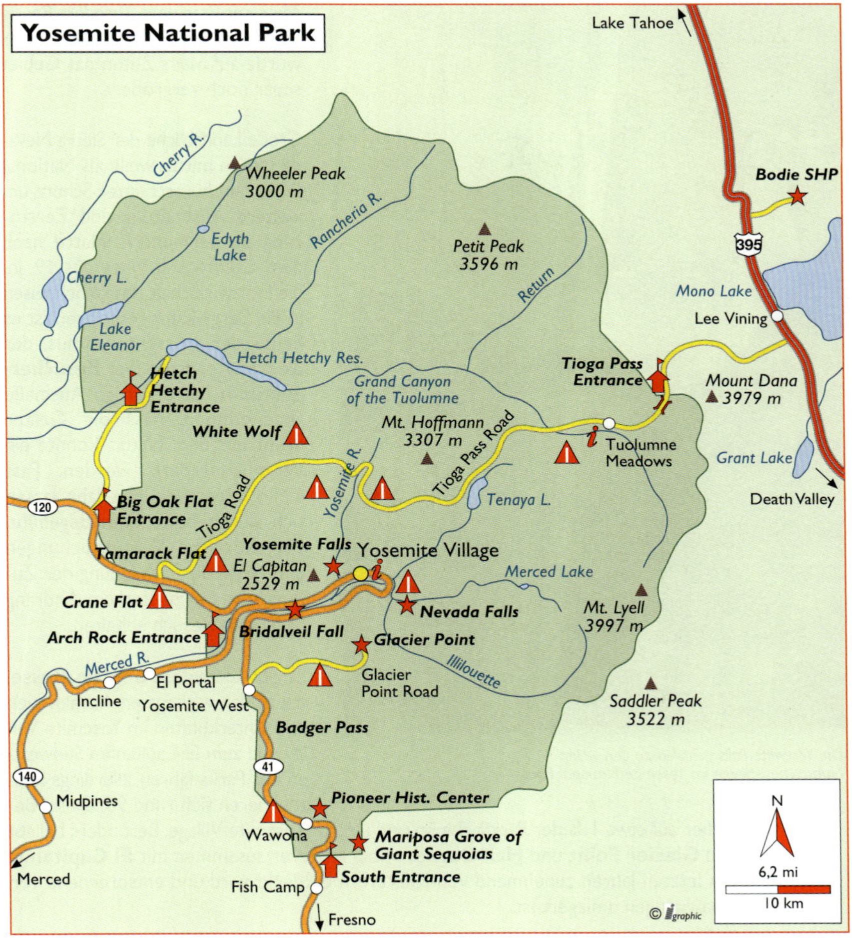

Bis Mitte des 19. Jh. lebten im Yosemite-Tal die Miwok-Indianer noch wie im Paradies. Selbst der Goldrausch von 1849 sorgte nur kurz für Unruhe und bald gehörte das Yosemite Valley wieder Indianern und Naturfreunden. Letztere waren es auch, die durchsetzen konnten, dass das Tal 1864 zum Schutzgebiet erklärt wurde. Doch bereits 1889 beklagten öffentlich *John Muir* und *Robert Underwood Johnson*, dass die zunehmende Schafzucht die Landschaft um den Park zerstören würde.

Die Beiden initiierten eine großangelegte Naturschutz-Kampagne und ihr Einsatz wurde belohnt: 1890 wurde das ganze Areal um Yosemite Valley und Mariposa Grove zum **Nationalpark** erklärt. 1903 traf der eifrige Verfechter der Naturpark-Idee, *John*

Die Yosemite Falls gehören zu den vielen Naturschauspielen im Yosemite National Park

Muir, mit Präsident *Theodore Roosevelt* zusammen und drei Jahre später wurde auf *Muirs* Zutun das Gebiet sogar noch vergrößert.

Große Landstriche der Sierra Nevada stehen mittlerweile als National Parks und Forests unter Schutz, um weitere Ausbeutung und Zerstörung zu verhindern. Hatte nach dem Goldrausch Mitte des 19. Jh. die Holzwirtschaft riesige Schneisen in die Bergwälder geschlagen, ist es heute der Massentourismus, der die Natur bedroht. Der **Besucheransturm** hat derartige Ausmaße angenommen, dass die Gefahr droht, aus dem Natur- könnte ein Vergnügungspark werden. Fast 4 Mio. Menschen pro Jahr lassen sich durch hohe Eintrittsgebühr, obligatorische Vorausbuchungen und zeitweilige Schließung der Zugangstore bei zu starkem Andrang nicht vom Besuch abhalten.

Es gibt kostenlose **Shuttle-Busse**, die zu den wichtigsten Attraktionen und Unterkünften im Yosemite Valley und zum El Capitan im Südwesten des Parks fahren, allerdings konzentrieren sich rund 90 % aller Besucher auf etwa 1 % der Parkfläche im und um das Yosemite Village. Besonders beliebt sind **Glacier Point** und **Half Dome**, wobei letzterer zusammen mit **El Capitan** in den letzten Jahren zunehmend von Kletterern entdeckt wird und entsprechend von Schaulustigen umlagert ist.

Weniger frequentiert ist hingegen die nur ein paar Monate im Jahr befahrbare **Tioga Road** im Norden des Parks. Diese Traumroute führt hoch hinauf auf das Sierra-Hochplateau und stellt die einzige West-Ost-Verbindung im Park dar.

Geologie, Flora und Fauna

In der traumhaften Bergwelt um das Yosemite Valley verstecken sich interessante **geologische Erscheinungen**: Gletscher, Vulkane, Geysire, Wasserfälle und Quellen sind Relikte der Eiszeiten. Überhaupt ist die Sierra Nevada erdgeschichtlich mit nur rund 10 Mio. Jahren recht jung. Die Bergkette entstand beim Aufeinandertreffen der pazifi-

Ansel Adams und die Liebe zur Natur

info

Im Yosemite Village erinnert ein kleines Museum an den Fotografen *Ansel Adams* (1902-84). Wer die dort ausgestellten Fotos sieht, spürt, dass *Adams* nicht nur Naturliebhaber war, sondern zugleich ein Meister der Landschaftsfotografie. Er hielt die großartigsten Landschaften des amerikanischen Westens in ihrer ursprünglichen, vom Menschen unberührten Gestalt fest. Seine gestochen scharfen Schwarzweiß-Fotos strahlen eine beeindruckende Stille und Zeitlosigkeit aus.

Adams, 1902 in San Francisco geboren, war ein Mamasöhnchen und Einzelgänger mit abstehenden Ohren und verunstalteter Nase, galt als hyperaktiv und wurde der Schule verwiesen. Das Yosemite Valley sollte den jungen Adams maßgeblich beeinflussen: Von 1916 an war er immer wieder im Yosemite-Areal unterwegs, durchwanderte mit einer einfachen *Kodak No. 1 Box Brownie* die Sierra Nevada und bannte die Naturkulisse auf über 50.000 Fotoplatten. Als Mitglied des *Sierra Clubs* publizierte *Adams* seine ersten Fotos in dessen Bulletin und stellte 1928 im Clubhaus in San Francisco erstmals seine Aufnahmen aus.

Kontakte zum großen *Alfred Stieglitz* und zu *Paul Strand* und die Gründung der Gruppe *f.64* (Blende 64) 1932 verhalfen ihm zu Ruhm und Ansehen, nicht aber unbedingt zu viel Geld. Seine technische Meisterschaft und Kreativität waren jedoch gefragt, er fungierte als Berater für *Polaroid* und *Hasselblad*, verfasste zehn Handbücher der Fotografie und erarbeitete ein spezielles Entwicklungsverfahren.

Adams zog 1937 ins Yosemite Valley um, bereiste jedoch auch andere Nationalparks, Hawaii, Alaska und die Küste um Big Sur, fotografierte die Redwoods und die Seelöwen vor Kaliforniens Küste. Vor allem ab 1940 entstanden Serien der amerikanischen Nationalparks und sie waren wesentlicher Bestandteil seines Kampfes um die Ausweitung des staatlichen Nationalparksystems und gegen Privatisierung, Highway-Bau und infrastrukturelle Überentwicklung. Auch wenn Kritiker *Adams* vorwarfen, einem idealisierten Naturbild nachzuhängen, ist es letztlich ihm zu verdanken, dass große Teile der amerikanischen Wildnis erhalten blieben - wenn auch nur auf seinen Fotos.

Als Adams am 22. April 1984 in Monterey starb, hinterließ er über 40.000 Negative und 10.000 Drucke und hatte an zahllosen Büchern und 500 Ausstellungen als Autor und/oder Fotograf mitgewirkt. Erst 2010 kamen neue Werke zu Vorschein, als Fachleute die bei einem Mann in San Francisco aufbewahrten Fotos vom Flohmarkt als Originalnegative des Künstlers identifizierten.

schen und der nordamerikanischen Erdplatte und die Hebungen dauern bis heute an. Erosionen und Flüsse schufen Canyons und das Einwirken von Gletschern bestimmte maßgeblich die Landschaft mit.

Das Grundmaterial besteht aus hartem Granit, den die Eiszeiten abgeschliffen und modelliert haben. Entstanden sind abgerundete Bergkuppen, die wie mächtige „Dome" wirken, mit bis zu 1.000 m hohen, senkrechten Felswänden und Wasserfällen, die eine Höhe von bis zu 740 m erreichen, und mit sogenannten Trogtälern. Diese sind mit Mammutbäumen, Tannenwäldern und Alpenwiesen bewachsen.

Die Berge erstrecken sich in Höhenlagen zwischen 600 bis knapp 4.000 m, wobei 80 % der Region von Wald bedeckt sind. Allein fünf der sieben in den USA anzutreffenden **Vegetationsstufen** sind zu finden und besonders beeindruckend ist die **Vielfalt von Flora und Fauna**: rund 1.400 Blumenarten, 37 verschiedene Bäume – darunter Sequoia, Douglasie, Zuckerpinie, Zeder, Kiefer und Silberfichte. Vorherrschend sind Nadelwälder mit Tannen und Kiefern, an den Flussläufen auch Laub- und Mischwälder mit Pappeln, Eichen, Birken und Ahorn sowie den eindrucksvollen *Giant sequoias* (Mammutbaum). Die „Giganten der Wälder" sind v.a. im südlichen Parkteil *(Mariposa Grove)* zu finden (s. auch S. 584).

Abwechslungsreiche Vegetation

Es soll an die 250 Vogelarten, 80 verschiedene Säugetiere und über 20 Reptilien geben. Zwar hat der Park nach den Grizzly-Bären seinen Namen *(uzumati* in der Sprache der Miwok-Indianer), doch sind diese Raubtiere bereits seit Längerem ausgestorben. Stattdessen sind Schwarzbären häufig zu beobachten, ebenso Murmeltiere, Erdhörnchen, Rotfuchs, Stinktiere oder Pfeifhasen, wohingegen Berglöwen, Dickhornschafe, Wanderfalken oder die Weißkopfseeadler selten geworden sind.

Tioga Pass Road

Vom Mono Lake aus schraubt sich der Hwy. 120 von Osten her in das Parkgelände hinauf, das mit dem **Tioga Pass** (3.031 m hoch) beginnt. Die hochalpine Landschaft mit ihren Gebirgsseen und Berggipfeln kann von mehreren Aussichtspunkten bewundert werden. Unbedingt anhalten sollte man bei den Grasflächen der **Tuolumne Meadows**, die im Sommer mit Blumen übersät sind.

Parsons Memorial Lodge *und* **Soda Springs** *lohnen einen Abstecher. Im Tuolumne Meadows VC (Ende Juni–Anf. Sept.) gibt es Infos.*

Einen Überblick gewinnt man auch etwas später am **Olmsted Point**, von dem aus man bis zum 10 km entfernten Half Dome schauen kann. Die Tioga Pass Road ist im Winter geschlossen und wird frühestens Anfang Mai wieder geöffnet.

Yosemite Valley

Idealer Ausgangspunkt für eine Erkundung des Parks ist das Yosemite Village mitten im durch Gletscher entstandenen Yosemite-Tal. Egal, von wo aus man in den Park hineinfährt, alle vier Zufahrtswege enden in dem 1.200 m hoch gelegenen, ringsum von hohen Bergen umgebenen Talkessel. Von Westen her verlaufen zwei parallele Routen zum Village, mit Querverbindungen entlang dem Merced River. Bei der Einfahrt ins Tal werden diese zu Einbahnstraßen.

Erster Stopp sollte der **Tunnel View Overlook** am Ostende des Wawona Tunnels an der SR 41 (Southside Dr.) sein, denn von dort bietet sich ein atemberaubender Blick auf das ganze Tal. Auf dem Weg zum Dorf passiert man als nächstes Highlight **Bridalveil Fall**, von den Ahwahneechee-Indianern *Pohono* (Windgeist) genannt, da der Wind das Wasser des fast 190 m hohen Wasserfalls zerstreut. Gegenüber erhebt sich auf der nördlichen Talseite der 1.200 m hohe **El Capitan**. Von der Wiese unterhalb des gigan-

Wie ein Brautschleier

Der 2.695 m hohe Half Dome überragt das Yosemite Valley

tischen Granitfels kann man gut die Climber in der Wand beobachten. Am Endpunkt der Straße erkennt man den **North Dome** mit der bogenförmig hinausgebrochenen **Royal Arch** und, alles überragend, den berühmten **Half Dome** (2.695 m) mit seiner wie „halb" abgeschnitten wirkenden Granitformation. In seiner Nähe sind ebenfalls die weißen Bänder von Wasserfällen zu sehen: **Vernal Fall** (97 m) und **Nevada Fall** (181 m).

Im **Yosemite Village** gibt es Versorgungseinrichtungen aller Art und ein hilfreiches Informationszentrum (Shuttle Bus Stop 6). Abgesehen von einem 20-minütigen Video lohnt das angrenzende kleine Yosemite Museum und die Rekonstruktion eines Indianerdorfes, des **Indian Village of The Ahwahnee**. Außer einer Ausstellung zu den Miwok- und Paiute-Indianern von 1850 bis heute finden dort regelmäßig Vorführungen statt. In unmittelbarer Nachbarschaft befinden sich der **Yosemite Cemetery** und die **Ansel Adams Gallery**. Nahe dem Parkplatz steht die **LeConte Memorial Lodge**, das erste VC im Park, vom Sierra Club betrieben *(Mai–Sept.)*, und ein Stück weiter östlich erhebt sich majestätisch **The Ahwahnee**, ein Hotel von 1927, in das man unbedingt einen Blick werfen sollte.

Höchster Wasserfall der USA

Nah am Ort liegen die **Yosemite Falls**. Der Shuttlebus (Stopp 7) fährt zum Ausgangspunkt des Wanderweges und von dort ist es eine einfache 1 km-Wanderung zum Fuß **des Lower Yosemite Fall**. Die rund 6 km zum **Upper Yosemite Fall** (ab Sunnyside Campground, nahe Bus-Stopp 8) sind mühsamer, allein wegen der rund 600 m Höhenunterschied, und es sind hin und zurück rund 4 bis 5 Stunden zu veranschlagen. Steht man am Ende jedoch vor dem mit 740 m höchsten Wasserfall der USA – neunmal so hoch wie die Niagara Falls – weiß man, wofür man die Mühe auf sich genommen hat.

Der **Ostteil des Tals** lässt sich gut zu Fuß oder mit dem Fahrrad erkunden (ausgewiesene Wege) oder man kann abschnittsweise den Shuttlebus nutzen. Beliebt ist die kurze Wanderung ins Tal des Tenaya Creek zum **Mirror Lake** (leicht, etwa 1,6 km, ab Bus-Stopp 17), von wo aus man einen herrlichen Blick auf den *Half Dome* hat.

Wanderpfad ins Tal

Folgt man dem Merced River, der südlich um den Half Dome fließt, erreicht man eine Region, in der sich 1996 ein Felssturz ereignete. Steine fielen zwischen Washburn und Glacier Point Richtung Tal, darunter zwei riesige Felsblöcke, die auf ihrem Weg nach unten viel zerstörten und deren Brocken ein 20-ha-Areal bedecken. Informationen dazu gibt es im **Nature Center at Happy Isles** *(Ende Mai–Anf. Sept., Bus-Stopp 16)*, und von dort führt ein Wanderpfad ins Tal hinein.

An einer Gabelung zweigt der **Mist Trail** zum **Vernal Fall** (1.538 m, ca. 2,5 km einfache Strecke, mittelschwer, 300 m Höhenunterschied, gesamt 2–4 Std.) ab, folgt man hingegen dem **John Muir Trail** steht man vor dem **Nevada Fall** (1.801 m, ca. 6 km einfach, anspruchsvolle Route bei 600 m Höhenunterschied, 6–8 Std.). Hinter beiden Wasserfällen kann man in malerisch gelegenen Seen, zum Beispiel dem **Emerald Pool**, ein erfrischendes Bad nehmen. Der **John Muir Trail** gehört zu den legendären Fernwanderwegen, er führt über etwa 340 km vom Yosemite Valley zum Mt. Whitney *(Infos: http://johnmuirtrail.org)*.

Glacier Point Road und Mariposa Grove

Nach dem Besuch des Yosemite Valley geht es auf dem Hwy. 41 zum südlichen Zugang. Zuvor biegt man jedoch auf die **Glacier Point Road** ab, die sich den Berg hinaufschraubt. Von der Spitze des 2.199 m hohen **Glacier Point** eröffnet sich ein atemberaubender Blick auf das Massiv der Sierra Nevada, das Yosemite Valley und den Half Dome; besonders Drachenflieger schätzen diesen Berg als Startpunkt für einen abenteuerlichen Flug über das Tal.

Zum Glacier Point

Ein anderer, anspruchvollerer Pfad (2,5 km) führt zum westlich liegenden **Sentinel Dome** (2.476 m). Ambitionierte Wanderer können vom Southside Drive (Parkplatz Sentinel Beach, südwestlich Yosemite Village) den etwa 8 km langen Wanderweg (etwa 1.000 m Höhenunterschied, einfach 3–4 Std.) auf den Glacier Point wählen.

Den südlichen Parkteil nimmt ein gigantischer Wald, **Mariposa Grove**, mit jahrhundertealten *Giant sequoias* ein. Auf der Wawona Rd. (Hwy. 41) erreicht man zunächst das *Wawona Hotel* und das **Pioneer Yosemite History Center** mit einer Ausstellung zur Frühgeschichte im Yosemite und der Sierra Nevada. Etwa 10 km weiter südlich liegt an einer Abzweigung die *Mariposa Grove of Giant Sequoias*. Zu den ältesten Bäumen gehören der 2.700 Jahre alte *Grizzly Giant* mit 10 m Durchmesser und 70 m Höhe und der 75 m hohe *California Tree*. Die Bäume der Upper Grove sind nur zu Fuß erreichbar; am Parkplatz beginnt ein 4-km-Trail, der am **Mariposa Grove Museum** endet. Dort gibt es eine Ausstellung zu den Bäumen, außerdem Bücher und Infos. Das **Wawona VC** at Hill's Studio (nur Sommer) zeigt Bilder des gleichnamigen Künstlers.

Reisepraktische Informationen Yosemite National Park

Information

Yosemite NP, *www.nps.gov/yose, ✆ (209) 372-0200, $ 20/Pkw, auch: www.yosemitepark.com, Zufahrt:* **Hetch Hetchy Entrance Station**, *tgl. mind. 8–17 Uhr.*
Im und am NP gibt es mehrere VCs:
Yosemite Valley VC, *tgl. 9–17 Uhr, das meiste Infomaterial, außerdem wilderness permits, Buchladen, Film und Ausstellung zu Geologie, Flora und Fauna.*
Tuolumne Meadows Wilderness Center, *nur im Sommer tgl. mind. 8–16.30 Uhr; guter Anlaufpunkt für Wanderer und Camper, außerdem Ausstellung zu Flora und Fauna, Geologie und Besiedelung sowie zu John Muir.*
Big Oak Flat Information Center, *Ranger-Station an der Zufahrt im Westen am Hwy. 120, nur Mai–Sept. 8–17 Uhr; Lesestoff und Auskünfte.*
Wawona VC – *auf Wawona-Hotel-Grund im historischen Hill's Studio, Mai–Sept. 8.30–17 Uhr; Informationen, Programme u.a. Aktivitäten.*
Valley Wilderness Center, *Yosemite Village, zwischen Ansel Adams Gallery und Postamt, Mai–Okt. tgl. 8–17 Uhr (sonst im Valley VC); wilderness permits, Infomaterial und Hilfe bei der Planung von Wanderungen oder Camping.*
Im Internet *helfen auch www.yosemitepark.com und www.yosemite.com weiter.*

Besuchszeit

Der ganzjährig geöffnete Nationalpark ist immer besuchenswert, allerdings wird der Naturgenuss durch den Andrang im Sommer geschmälert. Günstiger sind das Frühjahr, wenn die Blumen blühen, oder der Herbst, wenn der große Ansturm vorbei ist und die Färbung der Laubbäume einsetzt. Selbst im Winter hat der Park seinen Reiz.

Unterkunft

Für die Hochsaison ist eine Reservierung dringend angeraten, bei den beliebten Hotels mindestens einige Monate im Voraus. Anfragen oder Buchungen sind zu richten an:
Yosemite Hotel & Camping Reservations, *✆ (801) 559-4884, www.yosemitepark.com/lodging.aspx.*

Im Park stehen u.a. folgende Unterkünfte zur Verfügung:
Curry Village $-$$, *am östlichen Ende des Yosemite Valley gelegen, bietet das 1899 eröffnete Camp mit 18 Hotelzimmern, 427 Hauszelten und 183 festen Cabins die größte Bettenkapazität des Nationalparks. Unterkünfte z.T. einfach eingerichtet und ohne eigenes Bad.*
Wawona Hotel $$-$$$, *am Südrand des Parks nahe Mariposa Grove gelegen, schönes, zweistöckiges Hotel aus den 1870ern, originalgetreu eingerichtet und restauriert. 104 Zimmer mit und ohne Bäder, romantischer Speisesaal, Swimmingpool, Golfplatz, Tennis, Pferdeställe.*
Yosemite Lodge, *große Anlage mit 495 Zimmern in verschiedenen Kategorien, von den komfortablen Deluxe Rooms* **$$$** *bis zu den einfachen Cabins* **$$***; nahe Mirror Lake und Merced River mit Blick auf die Yosemite Falls gelegen.*
The Ahwahnee $$$-$$$$, *ein unter Denkmalschutz stehendes Holz- und Feldsteingebäude aus dem Jahr 1927 im Herzen des Yosemite Valley, 123 Zimmer mit modernstem Komfort in grandioser Lage und mit exzellentem Restaurant, Bar, eindrucksvolle Lobby, Pool, Tennis. Schnell ausgebucht.*

Außerhalb des Parks *stehen v.a. in El Portal, Mariposa und Oakhurst Hotels, Motels und Campingplätze aller Kategorien zur Verfügung. Ein paar Tipps:*
Mariposa Lodge $$-$$$, *5052 Hwy. 140, Mariposa, ✆ 1 (800) 966-8819, www.mariposalodge.com; 45 schnell ausgebuchte Zimmer, teils mit Balkon, inmitten schöner Grünanlage.*
Yosemite Cedar Lodge $$$, *9966 Hwy. 140, El Portal, ✆ 1 (888) 742-4371, www.stayyosemitecedarlodge.com; nicht weit vom Zugang entfernt und malerisch am Merced River gelegenes Hotel mit über 200 Zimmern, Innen- und Außenpool, dazu zwei Lokale.*
Yosemite View Lodge $$$, *11136 Hwy. 140, El-Portal, ✆ 1 (888) 742-4371, www.stayyosemiteviewlodge.com; modernes Hotel mit geräumigen Zimmern, dem Parkzugang am nächsten gelegenes Hotel mit Restaurant und Blick auf den tosenden Merced River.*
Tenaya Lodge $$$-$$$$, *1122 Hwy. 41, Yosemite, ✆ 1 (888) 514-2167, www.tenayalodge.com; Lodge am Bass Lake (Südzugang), rustikal-komfortabel mit über 240 Zimmern und Suiten, mehreren Restaurants, Innen- und Außenpool sowie neuem Spa, breites Freizeitangebot, parkartige Anlage mitten im Bergwald nahe am südlichen Parkzugang bei Fish Camp – der besondere Tipp!*

Aktivitäten

Wanderern *steht ein 1.200 km großes Wegenetz zur Verfügung. Kürzere Trips sind von den Parkplätzen und Haltepunkten des Shuttle-Bus möglich (s. oben). Weitere Infos erhält man in den VCs oder unter:* **www.nps.gov/yose/planyourvisit/hiking.htm**.

Die Steilwände bieten für **Kletterer** *die besten Voraussetzungen in allen Schwierigkeitsgraden. Die Bergsteigerschule Go Climb A Rock (www.yosemitepark.com/rock-climbing.aspx) bietet ein- und mehrtägige Kurse samt entsprechender Ausrüstung an.*

Weiter ist **Angeln** *populär (Lizenzen im VC), genauso* **Kajaking** *(Bootsverleih am Lake Merced Camp),* **Reiten** *(Pferde und Maultiere für Reittouren u.a. bei Yosemite Valley Stables, www.yosemitepark.com/yosemite-valley-stable.aspx) und* **Fahrradfahren** *(Radwegenetz von ca. 15 km).*

Ein besonderes Vergnügen ist **River Rafting** *mit kleinen Schlauchbooten auf dem Merced River (Ausrüstung im Curry Village, Rückkehr zum Startpunkt mit Shuttle-Bussen möglich). Daneben gibt es Rangerprogramme, Seminare, Workshops u.Ä.* **Im Winter** *sind Skilanglauf und -abfahrt, Eislaufen, Schneeschuhwandern möglich und es gibt Skilifte, Skischulen und über 500 km an Pisten und Loipen im Park.*

Allgemeine Infos zu Aktivitäten: *www.nps.gov/yose/planyourvisit/things2do.htm oder www.yosemitepark.com/Activities.aspx.*

Routenhinweis

Der Hwy. 41 führt südwärts aus dem Yosemite NP hinaus, hinein ins **San Joaquin Valley**, Teil des **Central Valley**. Bekannt ist das Tal für seine ausgedehnten Obstanbauflächen und Gemüsefelder, seine Orangenhaine und Weingärten. Neben Kürbissen, Artischocken und Orangen gedeihen hier Baumwolle, Feigen, Melonen und Weintrauben. Das geschäftliche und kulturelle Zentrum der Region heißt **Fresno**, die sechstgrößte Stadt Kaliforniens. Der Weg von Fresno zum Sequoia und Kings Canyon NP verläuft auf dem Hwy. 180 - **Kings Canyon Scenic Byway** - schnurgerade in östlicher Richtung. Auf der etwa 60 mi/95 km langen Strecke verlässt man allmählich das weite Tal und nähert sich erneut der waldbedeckten Sierra Nevada, auf die sich die Straße in steilen Serpentinen hinaufschraubt. An der Kreuzung mit dem Hwy. 198 hat man den Eingang zu den beiden NPs erreicht.

Sequoia und Kings Canyon National Park

Da der 162.884 ha große **Sequoia NP** und der 186.821 ha große **Kings Canyon NP** direkt aneinandergrenzen, werden sie oft in einem Atemzug genannt und touristisch als Einheit, als **„Twin Parks"**, behandelt. Zusammen erstrecken sie sich über 100 km in Nord-Süd-Richtung und bieten einige der schönsten Landschaftseindrücke in Amerikas. Das Rückgrat des Areals ist das schneebedeckte Bergmassiv der Sierra Nevada. **Mt. Whitney**, der höchste Gipfel des amerikanischen Festlandes südlich von Alaska, erhebt sich majestätisch über dieses Gebiet und bildet die Ostgrenze des Parks.

Zwillingsparks

Trotz ihrer geografischen Nähe und der wilden Urwüchsigkeit beider, sind die Sehenswürdigkeiten von Sequoia und Kings Canyon dann doch ganz unterschiedlich. **Sequoia**, die südlichere Region, hat 32 Areale mit riesigen Mammutbäumen, die dem Park den Namen gaben. **Kings Canyon** dagegen hat zwar ebenfalls prächtige Bestände an *giant sequoias* zu bieten, ist aber ansonsten durch zwei tiefe Schluchten – gebildet durch den Kings River und seine Nebenflüsse – und steil aufragende Felswände, unzählige Seen, tosende Wasserfälle und Bergwiesen geprägt.

Den Berichten der ersten Abenteurer und Pioniere über die Sierra Nevada wollte niemand glauben. Dass in den Wäldern „riesenhafte Bäume" wachsen sollten, konnten sie erst anhand von abgesägten Baumteilen, die sie in den Osten mitbrachten, belegen. Allmählich stieg die Bereitschaft, diese einzigartigen Gehölze zu retten. Der Entschluss, Sequoia unter Naturschutz zu stellen und als Nationalpark auszuweisen, ist einerseits, wie beim Yosemite NP, auf die Aufklärungsarbeit von *John Muir* zurückzuführen, wurde andererseits aber dadurch erleichtert, dass eine wirtschaftliche Nutzung der Mammutbäume schwierig war.

Schutz der Mammutbäume

Im Gegensatz zu den Redwoods sind die Riesensequoien nämlich nicht leicht zu verarbeiten und zudem zu schwer für den Transport; die in der zweiten Hälfte des 19. Jh. gefällten Exemplare waren daher für Brennholz genutzt worden. 1890 war es so weit: Man erklärte das Sequoia-Gebiet zum **zweiten Nationalpark der Vereinigten Staa-**

ten, nur fünf Tage bevor der Yosemite Nationalpark wurde. Im selben Jahr folgte *Grant Grove* als Schutzgebiet, das dann 1941 im Kings Canyon NP aufging.

Das immens große Gebiet der beiden Nationalparks, das sehr unterschiedliche Landschaften umfasst, hat auch eine vielseitige **Flora und Fauna** zu bieten. In den unzugänglichen Bergregionen leben Pumas, Dickhornschafe und Schwarzbären, es sind 160 Vogelarten heimisch, darunter Kolibris und Steinadler. Es wachsen Nadelbäume wie Kiefern, Tannen und Weihrauchzedern und in höheren Lagen Steinkiefern und Krüppelbäume.

Rundfahrt durch den „Wald der Giganten"

Wer im Yosemite NP die Ruhe vermisst hat, kann sie wenige Autostunden südlich in den Twin Parks finden. Da die beiden Parks – Kings Canyon im Norden, Sequoia im Süden – nur wenig erschlossen sind, präsentiert sich hier die Sierra Nevada noch weitgehend im Urzustand. Endlose Wälder und weite Täler, v.a. aber riesige **Sequoiae giganteae** bleiben im Gedächtnis. Allerdings verkehren auch hier im Sommer Shuttlebusse. Während in den Kings Canyon NP nur eine Stichstraße (Kings Canyon Scenic Byway/Hwy. 180) hineinführt, durchquert den Sequoia NP der Hwy. 198 (Generals Hwy.) in Nord-Süd-Richtung.

Der „Wald der Giganten" ist durch die Nationalparks Sequoia und Kings Canyon geschützt

Erste Anlaufstation nach dem Big Stump Park Entrance ist **Grant Grove Village** am Hwy. 180 mit dem **Kings Canyon VC** und einigen der beeindruckendsten Baumriesen. An erster Stelle steht der **General Grant Tree**, der zweitgrößte bekannte Baum dieser Erde, doch auch die benachbarten Giganten weisen enorme Dimensionen auf. Man erreicht diesen Hain auf der schmalen und kurzen Stichstraße, die nördlich des Besucherzentrums vom **Kings Canyon Scenic Byway** abgeht. Wer genügend Zeit hat, kann dem kurvenreichen und nur zwischen Juni und September geöffneten Byway tief hinein in den Kings Canyon NP folgen. Auf der Panorama-Stichstraße kommt man an schäumenden Kata-

Kings Canyon und Sequoia National Parks
N
6,2 mi
10 km
San Joaquin R.
North Lake
Mt. Darwin 4215 m
McClure Meadow
Mt. Powel 4453 m
Big Pine
Big Pine Creek
395
Colosseum Mtn. 4157 m
Le Conte Canyon
John Muir Wilderness
Inyo National Forest
Mt. Woodworth 4083 m
Upper Kings River
Bench Lake
South Fork Kings R.
Middle Fork Kings R.
Kings Canyon National Park
Kings R.
Diamond Peak 4375 m
Kings Canyon Scenic Byway
180
General Grant Tree
Hume
Boyden Cave
Kings R.
Cedar Grove
Bubbs R.
Grant Grove
Wilsonia
Mt. Brewer 4136 m
Inyo National Forest
180
198
Generals Highway
Pinehurst
Roaring River
Mt. Silliman 3409 m
Stony Creek
Tyndall Creek
245
Dorst Creek
Lodgepole
Triple Bridge Pk. 3861 m
Crystal Cave
Wolverton
General Sherman Tree
Mt. Whitney 4418 m
North Fork Kaweah R.
Giant Forest
Middle Fork Kaweah R.
Potwisha
Moro Rock
Sequoia National Park
Kern River
Cirque Peak 4300 m
Rock R.
Buckeye Flat
Rock Creek
Silver City
198
Mineral King
Lake Kaweah
Three Rivers
East Fork Kaweah R.
South Fork Kaweah R.
Kern Canyon
Hockett
Lemoncove
South Fork
Coyote Peak 3320 m
© igraphic

Im „Wald der Giganten" ist der Mensch nur eine Miniatur

rakten, tiefen Schluchten und der Cedar Grove vorbei, ehe die Straße an einem Parkplatz mit Aussicht u.a. auf den Gipfel des Glacier Monument (3.403 m) endet. Auf der Rückfahrt kann man auf den schmalen 6 km langen **Cedar Grove Motor Trail** ausweichen, eine unbefestigte Einbahnstraße mit Erläuterungstafeln zu Flora und Fauna der Region; sie verläuft über ein paar Meilen parallel zum Byway und stößt dann wieder auf die Hauptstraße.

Zum größten Baum der Welt

Zurück in Grant Grove biegt man südlich auf den **Generals Hwy.** (Hwy. 198) ab, der sich durch die Bergwelt südwärts schlängelt. Er erreicht häufig über 2.000 m und bietet grandiose Ausblicke von zahlreichen Aussichtspunkten. Er führt in den Sequoia NP hinein und gleich nach dem Stopp am **Lodgepole VC** folgt der **Giant Forest** – der „Wald der Giganten". Er verdankt seinen Namen nicht allein dem **General Sherman Tree**, dem größten Baum der Welt. Auf zahlreichen kurzen Pfaden kann man sich den Baumriesen nähern und auch das **Giant Forest Museum** (am Hwy. 198) informiert darüber. Nach dem Giant Forest führt eine Stichstraße zum **Moro Rock** (2.050 m), der über eine Felsentreppe erstiegen werden muss. Die Mühe wird mit weitem Ausblick belohnt. Zurück auf dem Hwy. 198 führt bald ein weiterer 15 km langer Abstecher zur **Crystal Cave**. Die Tropfsteinhöhle erreicht man vom Parkplatz aus auf einem knapp 1 km langen, steilen Pfad (Tickets nur im VC).

Auf dem Hwy. 198 geht es am **Foothills VC** hinaus aus dem Sequoia NP. Über viele Serpentinen führt die Strecke von über 2.000 m hinunter ins nur noch rund 500 m hoch gelegene Central Valley.

Giganten der Wälder

info

Die Mammutbäume oder **Giant Sequoia** *(Sequoiadendron giganteum)*, deren nächste Verwandte die **Redwoods** *(Sequoia sempervirens*, S. 446) an der Pazifikküste sind, gehören zu den größten und ältesten Bäumen der Welt. Es gibt sie nur an den Westhängen der Sierra Nevada im mittleren Kalifornien und nur in einer Höhenlage zwischen 1.200 und 2.400 m. Mit den Redwoods haben sie die rötliche Holzfärbung, die Resistenz gegen Schädlinge und Feuer sowie die archaische Struktur gemeinsam.

Der Unterschied zu den nahen Verwandten liegt darin, dass Mammutbäume noch älter werden können - man schätzt 3.200 bis 4.000 Jahre - und zwar etwas kleiner sind, dafür aber viel größeren Umfang aufweisen. Während der Höhen-Weltrekord im Redwood NP verbleibt, gelten die Riesensequoien als die mächtigsten Bäume der Welt was das Volumen angeht.

Der **General Sherman Tree** im *Giant Forest* ist mit einer Höhe von 84 m, einem Gewicht von 1.200 t und einem Basisdurchmesser von 10 m der absolute Gigant und wird als *„größtes Lebewesen der Welt“* bezeichnet. Ihm folgt der **General Grant Tree** (Grant Grove), der genauso stark, aber 2 m niedriger ist.

Reisepraktische Informationen Sequoia und Kings Canyon National Park

Information

Sequoia & Kings Canyon NP, *www.nps.gov/seki, ✆ (559) 565-3341, $ 20/Pkw, mehrere VCs:*

Kings Canyon NP:
Kings Canyon VC, *Kings Canyon Scenic Byway (Hwy. 180), Grant Grove, tgl. 8–16.30 Uhr, zur Geografie und zu den Teilen des Parks, mit Film;*
Cedar Grove VC, *Kings Canyon Scenic Byway (Hwy. 180), Cedar Grove Village, mit Shop, Ende Mai–Ende Sept. tgl. 8–16.30 Uhr;*
Roads End Wilderness Permit Station, *Hwy. 180, 10 km östl. Cedar Grove Village.*

Sequoia NP:
Lodgepole VC, *Lodgepole Rd./ab Generals Hwy. (Hwy. 198), tgl. 8–16.30 Uhr, im Winter verkürzt, nahe General Sherman Tree, Natur- und Sozialgeschichte der Sierra;*
Foothills VC, *Generals Hwy. (Hwy. 198), 1,6 km vom Sequoia Park Entrance entfernt, tgl. 8–16.30 Uhr, 3 km nördl. General Sherman Tree, Ausstellungen zur Biologie der Sierra Foothills, Film;*
Giant Forest Museum, *Mt. Mai–Mt. Okt., 26 km vom Ash Mountain Entrance entfernt, Ausstellung und Film zu den Sequoias;*
Mineral King Ranger Station, *Three Rivers, nur saisonal.*
Crystal Cave, *Sequoia NP; Generals Hwy., saisonal, Touren siehe: www.sequoiahistory.org/default.asp?contentid=632.*

Besuchszeit

Der Park ist ganzjährig geöffnet, im Winter aber kalt und schneereich. Die Sommer sind warm, und auch die Übergangszeiten weisen angenehme Temperaturen auf, allerdings häufig kombiniert mit kühlen, frostigen Nächten. Es wird versucht, den gesamten Hwy. 198 durch den Nationalpark auch im Winter frei zu halten, doch kann es gelegentlich zur Vollsperrung kommen. Der Kings Canyon Byway ist nur zwischen Juni und Sept. befahrbar.

Unterkunft

In den beiden Ortschaften Grant Grove und Lodgepole konzentriert sich das touristische Leben, das im Winter allerdings stark eingeschränkt ist. Dort gibt es Unterkünfte, die man über www.sequoia-kingscanyon.com reservieren kann. Empfehlenswert sind z.B.:

Grant Grove Cabins & John Muir Lodge $$$, *Hwy. 180; knapp 2.000 m hoch im Kings Canyon NP gelegene Lodge mit modernen Zimmern, im Sommer auch Blockhäuser. Restaurants, Laden und VC in nächster Nähe.*

Cedar Grove Lodge $$$, *Hwy. 180; im Kings Canyon NP gelegenes Hotel mit nur 18 Zimmern, nur Mai bis Okt.*

John Muir Lodge $$$, *Hwy. 180; im Grand Grove Village (Kings Canyon NP) gelegene neue Lodge mit 36 Zimmern, ganzjährig geöffnet.*

Camping

In den beiden Parks gibt es gut ein Dutzend **Campingplätze**, *drei davon groß und komfortabel. Nur wenige sind ganzjährig geöffnet. Infos unter: www.nps.gov/seki/planyourvisit/camping.htm.*

Wandern u.a. Aktivitäten

Angesichts der fast 1.500 km an Wanderwegen schlägt das Herz jedes Hikers höher. Bevorzugte Ziele sind die Baumriesen-Haine wie Giant Forest, Grant Grove oder Cedar Grove. Schöne kürzere Wege führen auf den Moro Rock, zur und durch die Tropfsteinhöhle Crystal Cave und über die Zumwald Meadows.
Details finden sich unter: **www.nps.gov/seki/planyourvisit/dayhikes.htm**.

Im Sommer können in Wolverton, Grant Grove und Cedar Grove Ritte auf Pferden und Maultieren unterschiedlicher Länge arrangiert werden. Forellenangeln ist im King's River und in den Nebenarmen des Kaweah River beliebt.
Allgemeine Infos unter: **www.nps.gov/seki/planyourvisit/horseride.htm**.

Routenhinweis

Der Hwy. 198 stößt nach etwa 60 mi/96 km bei Visalia auf den autobahnähnlich ausgebauten Hwy. 99 im Central Valley. Hier befindet man sich mitten in einem riesigen Gemüse- und Obstanbaugebiet, das ohne intensive Bewässerung aus der Sierra Nevada nicht bewirtschaftet werden könnte. Das Zentrum des San Joaquin Valley im Süden ist das 80 mi/130 km (Hwy. 99) südlich von Visalia gelegene **Bakersfield**. Von hier sind es weiter auf Hwy. 99 und dann I-5 nurmehr 110 mi/180 km nach Los Angeles.

11. ANHANG

Literaturhinweise

Die nachfolgende Titelauswahl soll lediglich Anregung geben, sich näher mit dem Westen zu beschäftigen bzw. Hintergrundinformationen liefern.

Reiseführer

Für zusätzliche Informationen zu angrenzenden Regionen sei auf die anderen Reise-Handbücher im Iwanowski's Reisebuchverlag verwiesen, die in regelmäßigen Zeitabständen aktualisiert werden:

- Dirk **Kruse-Etzbach**, Reise-Handbuch USA/Südwesten
- Margit **Brinke** und Peter **Kränzle**, Reise-Handbuch USA/Nordwesten
- Von den Autoren dieses komplett neu bearbeiteten Reise-Handbuchs, Margit **Brinke** und Peter **Kränzle**, liegen außerdem im *Reise Know-How Verlag* die ebenfalls laufend aktualisierten CityGuide San Francisco und Umgebung sowie ein CityTrip Los Angeles vor

Alte Reiseberichte

- Paul **Lindau**, Aus der Neuen Welt. Briefe aus dem Osten und Westen der Vereinigten Staaten, Reisebericht aus dem Jahr 1884
- D. H. **Lawrence**, Mexikanischer Morgen – Reisetagebücher (2007), der Autor lebte 1922–24 auf einer Ranch in den Bergen nahe Taos/New Mexico und schildert seine Eindrücke, wobei sein besonderes Interesse der Indianerkultur galt.
- Balduin von **Möllhausen**, Reisen in die Felsengebirge Nordamerikas (1861), Erlebnisse des „deutschen Coopers" auf einer US-Forschungsreise auf Colorado River und Rio Grande
- Gary E. **Moulton**, The Lewis and Clark Journals. An American Epic of Discovery (University of Nebraska Press 2003), in einen Band zusammengefasste Auszüge aus dem Tagebuch der Expedition von 1804–1806
- John Wesley **Powell**, The Exploration of the Colorado River and its Canyons (1895), spannender und mit vielen künstlerisch hochwertigen Stichen illustrierter Reisebericht des ersten Colorado-Reisenden

Sachbücher

- Edward **Abbey**, Desert Solitaire. A Season in the Wilderness (1968), faszinierende Liebeserklärung an die Hochwüstenlandschaft im Südosten Utahs – ein Muss für Reisende in die Canyonlands-Region
- Fran A. **Barnes**, Canyon Country Prehistoric Rock Art (2000); illustrierter Führer zu indianischen Felsbildern und ritzungen in den Bundesstaaten Arizona, Colorado, New Mexico und Utah
- S.M. **Barrett** (Hrsg.), Geronimo. The True Story of America's Most Ferocious Warrior (1906/2011, auch auf deutsch), der berühmte Indianer erzählt sein Leben, spricht über sein Volk, die Apache, und stellt seine Sicht der Konflikte im Südwesten dar.
- Claus **Biegert**, Seit zweihundert Jahren ohne Verfassung. 1976: Indianer im Widerstand (1986), immer noch eines der wegweisenden Bücher über die Misere und den Widerstand in den Indianerreservaten
- **ders.**, Indianerschulen. Als Indianer überleben – von Indianern lernen (1985), faszinierender Bericht über indianische Weltsicht, Kindererziehung und den Willen, die eigene Traditionen und Vorstellungen gegen die moderne Welt zu behaupten
- Dee **Brown**, Begrabt mein Herz an der Biegung des Flusses (1970, seither zahlreiche Neuauflagen), beeindruckende Schilderung des Schicksals der Indianer 1860–1890
- Alston **Chase**, Playing God in Yellowstone: The Destruction of America's First National Park (1987), besonders angesichts der derzeitigen Diskussionen um den Klimawandel lesenswertes Buch, in dem der Autor am Beispiel des Yellowstone NP aufzeigt, wie leicht Wissenschaft von Politik und Ideologie umgedeutet und missbraucht werden kann.
- Craig **Childs**, House of Rain: Tracking a Vanished Civilization Across the American Southwest (2007); spannend zu lesende Einführung in die Forschungen um die von vielen Legenden und Mythen umgebenen prähistorischen Anasazi-Indianer.
- Mike **Davis**, City of Quartz (1990/2006); eindrucksvolle und spannende Sozialgeschichte Los Angeles' von den Anfängen bis heute – eine Stadt als Symbol der zukünftigen Gesellschaft.

- Alvin M. **Josephy Jr.** (Hrsg.), Lewis and Clark Trough Indian Eyes (2006), Ansichten bedeutender indianischer Autoren und Persönlichkeiten zu den Kontakten mit den Weißen seit der US-Forschungsexpedition durch den Nordwesten vor 200 Jahren.
- ders., The Nez Perce Indians and the Opening of the Northwest (1965/1997), immer noch das beste Buch über die Geschichte des berühmten Indianervolks und des Nordwestens.
- Marlene **Deahl Merrill** (Hrsg.), Yellowstone and the Great West. Journals, Letters, and Images from the 1871 Hayden Expedition (1999), Bericht über die legendäre Expedition zum Yellowstone, die zur Ausweisung des ersten Nationalparks führte.
- Gregory F. **Michno**, Encyclopedia of Indian Wars. Western Battles and Skrimishes 1850-1890 (2003), Übersicht über den Freiheitskampf der Indianer im Westen der USA.
- **National Audubon Society** (Hrsg.), Field Guide to the Rocky Mountain States; Field Guide to the Pacific Northwest; Field Guide to California, Field Guide to the Southwest – Naturführer mit umfassender Einführung in Geologie, Flora und Fauna.
- Gert **Raeithel**, Geschichte der nordamerikanischen Kultur, 3 Bd. (1997), immer noch lesenswertes Kompendium über Geschichte und Kultur der USA.
- Paul Chaat **Smith**, Everything You Know About Indians Is Wrong (2009). Der Comanche und Kurator am National Museum of the American Indian in Washington DC räumt auf amüsante Art mit all den Klischees über die Indianer auf.
- John **Vaillant**, Am Ende der Wildnis (2005, deutsch 2012), eindrucksvolle Geschichte über das Verschwinden des Umweltaktivisten und Holzfällers Grant Hadwin. Spielt zwar in British Columbia, ist jedoch auch Teil des Nordwestens und schildert ähnliche Umstände.
- Geoffrey C. **Ward**/Dayton **Duncan**, The West: An Illustrated History (1996), kurze und übersichtliche Einführung in die Geschichte des Westens.
- **Frank Waters**, Das Buch der Hopi – Mythen, Legenden und Geschichte eines Indianervolkes (2000); umfangreiche Darstellung zu Kunst und Kultur der Hopi.

Belletristik

- Sherman **Alexie**, *War Dances* (2009) u.a. Titel, moderner indianischer Autor, dessen Werke gefüllt mit indianischem Humor.
- David **Guterson**, Schnee der von den Zedern fällt (2003), spielt auf einer fiktiven Insel der San Juan Islands bei Seattle.
- Jack **Kerouac**, On the road (1957), *der* Kultroman der Beatniks.
- Ken **Kesey**, Last Go Round (1994), lesenswerter Roman über die Anfänge des *Pendleton Round-up* und des Rodeos allgemein.
- William **Least Heat-Moon**, Blue Highways. Eine Reise in Amerika (1989), interessante Erlebnisse und Reflektionen eines Indianers bei einer Rundfahrt durch die USA.
- Jack **London**, „Der Seewolf", „Wolfsblut" oder „Lockruf des Goldes" heißen die großen Werke des legendären Schriftstellers aus der San Francisco Bay Area.
- Norman **MacLean**, Junge Männer im Feuer (1994), schildert das Schicksal einer Gruppe von Smokejumpers, die bei einem Waldbrand eingeschlossen wurden.
- **ders.**, Aus der Mitte entspringt ein Fluss (1999), hier stehen die Landschaft im Westen Montanas und das *Fly Fishing* im Mittelpunkt.
- Armistead **Maupin**, Stadtgeschichten (ab1981), in bislang 8 Bänden erzählt der Autor komisch-tragische Geschichten aus San Francisco.
- Cormac **McCarthy**, Blood Meridian or the Evening Redness in the West (1985, dtsch. Die Abendröte im Westen); einer der besten Romane über den skrupellosen und gewalttätigen Westen, drastische Schilderung, etwas schwer zu lesen, jedoch eine der besten literarischen Werke des 20. Jh.
- Johnston **McCulley**, Zorro (1919, dtsch. 2006 bei Anaconda); der weltberühmte „Rächer der Armen" wirkte im spanischen L.A. **Isabel Allende** lieferte 2005 ebenfalls einen Roman über Zorro und dessen Jugend.

- Mark **Twain**, Roughing it (1872, Im Gold- und Silberland und andere Erzählungen, 1988) und The Celebrated Jumping Frog of Calaveras County (dt.: Der berühmte Springfrosch von Calaveras), ironische Erzählungen aus dem Goldgräbermilieu.
- John **Vernon**, The Last Canyon (2001), schildert in packender Romanform *Powells* erste Expedition vom Green River (Flaming Gorge) zum Grand Canyon.
- Scott N. **Momaday**: Haus aus Morgendämmerung (1988), fesselnde Geschichte eines jungen Indianers, der sich mit der Kultur des Weißen Mannes auseinandersetzen muss.
- John **Steinbeck**, Die Straße der Ölsardinen (1945) und Früchte des Zorns (1940), zwei Klassiker über das Leben der einfachen Leute in Kalifornien und der Bauern auf der Flucht vor dem Dust Bowl aus dem Zentrum nach Kalifornien.

Krimis und Western

- J.C. **Box**, Nowhere to Run (2010) u.a. Titel; Protagonist ist Joe Pickett, in den ersten von bisher zehn Krimis noch als Ranger im Bighorn NF in Wyoming tätig, roter Faden ist die Umweltproblematik im Westen.
- Raymond **Chandler** u. a. The Big Sleep (1939), Farewell My Lovely (1940) oder The Long Goodbye (1953), Chandler schuf mit seinem Philip Marlow einen der klassischen Privatdetektive.
- James D. **Doss**, Snakedreams (2008) u.a., ist würdiger Nachfolger von Tony Hillerman. Seine Helden, Ute-Detektiv Charlie Moon und seine Tante, die Schamanin Daisy, agieren in bislang 13 Krimis im Ute-Reservat im Süden Colorados.
- Dashiell **Hammett**, The Maltese Falcon (1930, dt.: Der Malteser Falke, 1951) – Privatdetektiv *Sam Spade*, im Film von *Humphrey Bogart* verkörpert, in San Francisco.
- Tony **Hillerman**, The Shape Shifter (2006) u.a. Titel. Hillerman verstand es, die Legenden und Landschaften des Südwestens der USA in seinen 18 Krimis aufleben zu lassen. Seine beiden Krimihelden, die Navajopolizisten Joe Leaphorn und Jim Chee, lösen ihre Fälle im „Navajoland", der Four-Corners-Region.
- Marcia **Muller**, z. B. Burn out (2008), Privatdetektivin *Sharon McCone* löst mit viel Fingerspitzengefühl ihre Fälle in San Francisco und Kalifornien.
- Lauran **Paine**, Open Range (1990), fesselnder Western der Zeit des Übergangs von Viehzucht ohne Land und Zäune im weiten Land (Open Range) zu Zucht auf abgezäuntem Landbesitz, verfilmt 2003 mit Kevin Costner und Robert Duvall
- Jack **Schaefer**, Monte Walsh, lesenswerte Geschichte über einen der letzten Cowboys, 2003 mit *Tom Selleck* verfilmt.
- **ders.**, Shane (1949), gilt nach *Wisters* „Virginian" als zweitbester Western der Literaturgeschichte, 1953 verfilmt.
- Owen **Wister**, The Virginian (1902), der erste und immer noch beste Western der Literaturgeschichte, verfilmt 1929 mit *Gary Copper.*
- **Westernautoren:** Louis **L'Amour**, u. a. Hondo, Flint sowie die Abenteuer der Sackett- Brüder (mehrere Bände), Zane **Grey** – u. a. Riders of the Purple Sage, The Vanishing American oder The Thundering Herd –, Max **Brand** oder Elmer **Kelton** gehören zu den besten und produktivsten Westernautoren.

Stichwortverzeichnis

M

Abbildungsverzeichnis